会计
经典

工商管理经典译丛
会计与财务系列

高级管理会计 第3版

ADVANCED MANAGEMENT
ACCOUNTING
(THIRD EDITION)

[美] 罗伯特·卡普兰（Robert S. Kaplan） 著

[加] 安东尼·阿特金森（Anthony A. Atkinson）

吕长江　丁友刚　陈建林　译

中国人民大学出版社
·北京·

图书在版编目（CIP）数据

高级管理会计：第 3 版/（美）罗伯特·卡普兰，
（加）安东尼·阿特金森著；吕长江，丁友刚，陈建林译.
北京：中国人民大学出版社，2025.3.--（工商管理经
典译丛）.-- ISBN 978-7-300-33554-4

Ⅰ.F234.3

中国国家版本馆 CIP 数据核字第 2025Q6V381 号

工商管理经典译丛·会计与财务系列

高级管理会计（第 3 版）

［美］罗伯特·卡普兰

［加］安东尼·阿特金森   著

吕长江　丁友刚　陈建林　译

Gaoji Guanli Kuaiji

出版发行	中国人民大学出版社				
社　　址	北京中关村大街 31 号		**邮政编码**	100080	
电　　话	010 - 62511242（总编室）		010 - 62511770（质管部）		
	010 - 82501766（邮购部）		010 - 62514148（门市部）		
	010 - 62515195（发行公司）		010 - 62515275（盗版举报）		
网　　址	http://www.crup.com.cn				
经　　销	新华书店				
印　　刷	涿州市星河印刷有限公司				
开　　本	890 mm×1240 mm　1/16		**版　　次**	2025 年 3 月第 1 版	
印　　张	28.75 插页 2		**印　　次**	2025 年 3 月第 1 次印刷	
字　　数	779 000		**定　　价**	98.00 元	

序　言

穿越信息迷雾，抵达决策本质

在商业世界被各种理论、数据和故事洪流裹挟的今天，管理会计的作用正经历着前所未有的挑战和重塑。我们比以往任何时候都更容易获取时髦理论、海量数据和传奇故事，却也比以往任何时候都更难从中提炼出真正有价值的信息，以支持企业决策。作为管理会计领域的一部经典名著，罗伯特·卡普兰教授等撰写的《高级管理会计》一直以来都是帮助我们穿越这些信息迷雾的明灯。

这本书并非传统意义上的教材，而是一部引领管理者回归决策本质的指南。卡普兰教授以其深厚的学术造诣和丰富的实践经验，为我们构建了一个理解管理会计的全新框架。他敏锐地指出，在各种理论爆炸、数字浪潮汹涌和创富传奇盛行的时代，管理会计需要坚守的是透过理论本质，洞察数据逻辑，走出传奇迷雾，帮助企业从最根本的成本与绩效视角识别价值驱动因素，优化资源配置，最终实现战略目标。

在本书中，卡普兰教授用其标志性的清晰逻辑和生动案例，深入浅出地阐述了作业成本法、平衡计分卡、战略地图等管理会计工具的精髓。他不仅解释了这些工具的使用方法，更重要的是，他揭示了这些工具背后的管理思想，以及如何将它们灵活运用于不同的商业场景，解决实际问题。

更为难得的是，卡普兰教授并没有盲目追随各种层出不穷的新式理论、概念和技术，没有陷入纷乱繁杂的故事、案例和传奇，而是以深邃的眼光审视了成本动因和业绩动因及其对价值创造的影响。他提醒我们，所有的理论、概念和技术只是工具，所有的故事、案例和传奇只是载体，真正的挑战在于如何利用这些工具，借智这些载体，更好地服务于企业的战略决策。

阅读本书，你将获得的不仅仅是管理会计的知识和技能，更是一种思维方式，一种在复杂多变的商业环境中，始终保持清醒头脑，洞察事物本质的能力。即便是在数智化日益发展的将来，这种底层思维的逻辑能力也是无法替代的。相反，这种能力，无论是今天，还是将来，都是管理者最宝贵的财富。它帮助你理解复杂的商业实践，理解各种人工智能算法的基础，更好地管理和驾驭你的商业决策。

无论你是经验丰富的企业高管，还是初出茅庐的管理新人，这本书都将为你打开一扇新的窗户，让你以全新的视角审视管理会计，并从中获得启发，引领你的企业走向成功。

丁友刚

罗伯特·卡普兰（Robert S. Kaplan）是哈佛商学院（Harvard Business School）的荣誉教授，同时担任哈佛商学院领导力发展高级研究员和马文·鲍威尔讲席教授（Marvin Bower Professor），以其在管理会计领域的贡献而闻名。自 20 世纪 80 年代以来，卡普兰教授无疑是全世界管理会计理论与实践研究领域的领跑者和灵魂人物，他始终站在管理会计学的最前沿和制高点，引领大家思考管理会计的思想、方法和精髓，成为当代不可逾越的管理会计大师！今天，无论是从事管理会计学的研究，还是从事管理会计实践工作，我们都不能忽略他在成本管理系统和业绩管理系统这两个重要领域的成果和贡献。相反，我们需要不断地、更加贴近原旨地深入理解他在这两个领域从理念产生、概念形成、方法实践，到最终思想形成的完整历程，才能够真正对当代管理会计的历程、本质和内涵形成正确的理解和应用。财政部原副部长、国家税务总局原局长王军同志曾经在全国会计领军人才大集中集训时多次给全体学员亲自授课。他结合自己学习和成长的经历与体会，鼓励领军班学员们要向经典人物学习，研读经典名著，体悟经典案例。

一、卡普兰教授的研究历程与成果述略

纵观卡普兰教授迄今为止的学术生涯，可以大致分为三个阶段。

1. 专业筑基阶段（1968—1983 年）

卡普兰教授 1968 年从康奈尔大学获得运营学博士学位之前，已在麻省理工学院获得了电子工程学的学士学位和硕士学位。1968 年，博士毕业后进入卡耐基梅隆大学开始其学术生涯，并于 1977—1983 年担任该校商学院院长。在卡耐基梅隆大学 16 年的学术生涯中，运营学博士出身的卡普兰教授在《会计评论》（*The Accounting Review*）、《会计研究》（*Journal of Accounting Research*）、《管理科学》（*Management Science*）等各类学术期刊上发表学术论文 35 篇。在这一阶段，他的研究主题非常广泛，包括诸如权益联合法和购买法、固定资产折旧模型、通货膨胀会计等财务会计研究主题，诸如审计抽样等审计主题，诸如制造费用分配、成本差异分析等成本会计研究主题，贷款分类决策、债券

信用评级等财务分析主题，作业分析、激励控制等管理会计主题以及诸如调查研究、实证研究等会计研究方法主题，成果丰硕。这些会计学顶刊论文的发表，不仅体现了卡普兰教授扎实的学术研究功底，同时也反映了他对会计、审计、公司财务、管理会计等"大会计"类话题的广泛涉猎和理解。这一阶段为卡普兰教授从一名运营学博士转型为会计学教授奠定了扎实的专业和研究基础。

2. 创新研究阶段（1984—2010 年）

1984 年，卡普兰成为哈佛商学院的一名教授。哈佛商学院创新和务实的氛围为卡普兰教授的研究转型提供了丰厚的土壤和坚实的平台。哈佛商学院注重创新与案例研究的教学理念给卡普兰教授提供了思想创造的动力和激励。

进入哈佛之后，卡普兰教授的研究方向集中到管理会计领域，在研究方法上更加注重案例研究。1987 年，他和托马斯·约翰逊（H. Thomas Johnson）合著的《相关性遗失：管理会计兴衰史》（*Relevance Lost：The Rise and Fall of Management Accounting*）一书出版。这本书系统总结了管理会计的两大主要内容——成本管理系统和业绩管理系统自 19 世纪初的兴起至 20 世纪 20 年代的发展，同时对 20 世纪 20 年代到 80 年代之间管理会计的衰落进行了反思，指出了 20 世纪 80 年代管理会计的两大问题是：成本管理系统不能提供准确的生产成本，业绩管理系统仅仅局限于月度损益报表的短期视野。在对历史和现实批判的基础上，卡普兰教授开始了他在这两个方面开拓性的研究。在成本管理系统方面，他提出了作业成本法和作业成本管理的思想。在业绩管理系统方面，他提出并系统发展了平衡计分卡的思想。因此，从某种程度上说，《相关性遗失：管理会计兴衰史》这部著作可以看作卡普兰教授系统开展管理会计创新研究的宣言。该著作于 2007 年被美国会计学会授予会计文献"种子贡献奖"。该奖由美国会计学会于 1986 年设立，旨在奖励那些对未来的研究具有"种子"作用的会计文献。1987—2010 年这 20 多年时间里，卡普兰教授在作业成本法和平衡计分卡领域的研究正是在这本书的反思基础上逐步发展起来的。他本人也于 2006 年荣获美国会计学会管理会计"终身成就奖"，并于同年入选美国会计名人堂。

这一阶段，卡普兰教授共发表了 80 篇各类论文。这些论文与卡普兰教授第一个阶段的论文有两点不同之处：第一，80 篇论文中有 74 篇是以管理会计为研究主题的，其中，以管理会计的发展方向、教学方法和研究方法为主题的文章 12 篇，其中《先进制造环境下的管理会计》（*Management Accounting in Advanced Technological Environments*）发表在 1989 年 8 月 25 日的《科学》（*Science*）杂志上；以作业成本法（ABC）、作业成本管理（ABM）以及估时作业成本法（TDABC）为主题的成本管理系统研究文章 19 篇；以平衡计分卡（BSC）为主题的业绩管理系统研究文章 24 篇；以战略执行为主题的文章 10 篇。值得注意的是，平衡计分卡概念提出之后，大家感觉到平衡计分卡是一个很不错的关于业绩动因的动力管理系统，但是正如一辆汽车，如果只有动力管理系统，而没有一套识别风险、评估风险、应对风险的风险管理系统，则是非常危险的。而且，企业的价值管理本身就包含风险管理，因此，风险管理系统的研究自然就提上了议程。卡普兰教授和毕业自伦敦经济学院，研究银行风险管理的安妮特·米克斯（Anette Mikes）博士开启了风险管理系统研究项目，并于 2009 年在《哈佛商业评论》上合作发表了他们第一篇风险管理方向的论文。第二，在比较注重思想创新的《哈佛商业评论》上发表了 19 篇文章，主要介绍他在作业成本法、平衡计分卡、战略执行、风险管理方面的研究成果。

除了发表这些文章之外，卡普兰教授还在成本管理系统和业绩管理系统方面出版了一系列著作。在成本管理系统方面，他与合作者围绕 ABC 和 ABM 出版了四本专著：(1) 1992 年出版的《实施作业成本管理：从分析到行动》（*Implementing Activity-Based Cost Management：Moving from Analy-*

sis to Action）。该书获得美国会计学会管理会计分会 1993 年"管理会计文献突出贡献奖"。（2）1998 年出版的《理解成本》（*Understanding Costs*）。该书是哈佛商学院威廉·J. 布伦斯（William J. Bruns）教授编写的，其中收录了卡普兰教授成本管理方面的早期经典文章，其影印版于 2002 年由中国人民大学出版社出版。（3）1998 年出版的《成本与效益：运用整合的成本系统驱动盈利能力和业绩》（*Cost and Effect：Using Integrated Cost Systems to Drive Profitability and Performance*）。该书中文翻译版于 2006 年由中国人民大学出版社出版。（4）2007 年出版的《估时作业成本法：简单有效的获利方法》（*Time-Driven Activity-Based Costing：A Simpler and More Powerful Path to Higher Profits*）。该书中文翻译版于 2010 年由商务印书馆出版。在业绩管理系统方面，他与合作者出版了以下四本著作：（1）1996 年出版的《平衡计分卡：化战略为行动》（*The Balanced Scorecard：Translating Strategy into Action*）。这本书已经被翻译成 24 种文字，获得美国会计学会管理会计分会授予的"管理会计文献突出贡献奖"，此外还获得了来自《金融时报》（*Financial Times*）等其他组织的多项奖励。这本书的中文翻译版于 2004 年由广东经济出版社出版。（2）2000 年出版的《战略中心型组织：如何利用平衡计分卡使企业在新的商业环境中保持繁荣》（*The Strategy-Focused Organization：How Balanced Scorecard Companies Thrive in the New Business Environment*）。该书被 Cap Gemini Ernst & Young 授予了 2000 年度"世界最佳商业图书"称号，中文翻译版于 2004 年由人民邮电出版社出版。（3）2004 年出版的《战略地图：化无形资产为有形成果》（*Strategy Maps：Converting Intangible Assets into Tangible Outcomes*）。这本书被《战略与商业》（*Strategy & Business*）杂志和亚马逊图书网授予"2004 年度十佳商业图书"称号，中文翻译版于 2005 年由广东经济出版社出版。（4）2006 年出版的《组织协同：运用平衡计分卡创造企业合力》（*Alignment：Using the Balanced Scorecard to Create Corporate Synergies*）。中文翻译版于 2007 年由商务印书馆出版。

2008 年，他开始了对企业战略与运营系统的综合思考，与戴维·诺顿（David P. Norton）一起出版了两本著作：（1）2008 年出版的《平衡计分卡战略实践》（*The Execution Premium：Linking Strategy to Operations for Competitive Advantage*）。中文翻译版于 2009 年由中国人民大学出版社出版。（2）2008 年出版的《管理系统精要》（*Mastering the Management System*）。这本书国内目前没有中文翻译版出版。

除了上述三个方面比较集中的著作之外，这一阶段卡普兰教授还与合作者一起出版了《卓越制造评估体系》（*Measures for Manufacturing Excellence*，1990）、《会计与管理：实地研究视角》（*Accounting and Management：Field Study Perspectives*，1987）和《阅读财务报告》（*Reading Financial Reports*，2002）。这三本书国内目前都没有中文翻译版出版。

此外，卡普兰教授还围绕成本管理系统和业绩管理系统撰写发表了 85 个哈佛商学院经典案例。这些案例中的相当一部分或编进教材，或汇集成书，惠及世界。在成本管理系统方面，他编写了很多经典案例。诸如，案例《约翰迪尔配件公司》（John Deere Component Works（A），HBS Case 187 - 107，1987；（B），HBS Case 187 - 108，1987）第一次使用作业成本法术语；案例《经典钢笔公司：开发作业成本法模型》（Classic Pen Company：Developing an ABC Model，HBS Case 198 - 117，1998），用通俗易懂的方式阐释了作业成本法与完全成本法在产品成本计算结果和盈利能力分析上颠覆性的差异，以及作业成本法对公司战略决策的影响，通过对比充分展示"不同目的，不同成本"的道理，是学习作业成本法的必读入门案例，往往让学习者耳目一新，深受震撼；案例《康泰尔》（Kanthal，HBS Case 190 - 002，1989）第一次采用新的成本管理系统，用一条著名的"鲸鱼曲线"打开了制造企业微观层面的顾客盈利能力分析的大门，进而据此推动企业部门中观层面的改革，实现公司宏观层面成长与发展的战略目标；案例《印第安纳波利斯：市政服务的作业成本计算（A）》(Indianapolis：Activity-Based Costing of City Services (A)，HBS Case 196 - 115，1996) 将作业成本法应用于估算市政服务中的成本，再次展示了作业成本法不同于传统预算会计中的成本计算，进一步说明了"不同目的，不同成本"的道理，同时也生动地讨论了解决公营组织的效率问题，究竟是可以通过充分信息和竞争的手段，还是只有私有化一条路径，这与林毅夫教授等在《充分信息与国有企业改革》一书中的观点异曲同工；案例《合作银行》(Co-operative Bank，HBS Case 195 - 196，1995) 是将作业成本法应用于服务业的经典案例，展示了一家有着创新与变革传统基因的英国银行如何应用作业成本法进行产品盈利能力和顾客盈利能力分析，进而服务其产品与顾客选择决策，适应新的环境下更加激烈的竞争与变革。在业绩管理系统方面，他编写了诸如美孚美国营销与精炼分公司（Mobil USM & R (A)，HBS Case 197 - 025，1996；(B)，HBS Case 197 - 026，1996；(C)，HBS Case 197 - 027，1996；(D)，HBS Case 197 - 028，1996；(A1)，HBS Case 197 - 120，1997；(A2)，HBS Case 197 - 121，1997) 和化学银行（Chemical Bank：Implementing the Balanced Scorecard.，HBS Case 195 - 210，1995) 等营利组织，以及新英格兰东南区联合劝募组织（United Way of Southeastern New England (UWSENE)，HBS Case 197 - 036，1996) 等非营利组织关于平衡计分卡实施的经典案例。除了上面提到的这些之外，还有很多案例非常经典与生动，有着深厚的商业背景和理论功底，以及可借鉴的战略思维和创新实践，非常值得认真学习，实际上也是理解商业实践发展历史最为生动的素材。

为了推广卡普兰教授在管理会计领域的研究成果，培生出版公司出版了"罗伯特·S. 卡普兰管理会计系列"教材（Robert S. Kaplan Series in Management Accounting）。该系列共包含四本书，其中三本由卡普兰教授亲自参与编写：(1)《成本管理系统设计：教程与案例》(Design of Cost Management System：Text and Cases)。这本书实际上是《成本与效益》一书的教程化，中文翻译版于 2003 年由东北财经大学出版社出版。(2)《管理会计》(Management Accounting)。这本书是该系列教材中更新最为及时的一本，自 1995 年起已出版了 7 个版本（分别出版于 1995 年、1999 年、2001 年、2003 年、2007 年、2011 年、2020 年），卡普兰教授曾向笔者推荐使用这本教材，它更加适合高年级本科生和 MBA 学员。北京大学出版社在 2004 年和 2006 年分别翻译出版了其中文第三版和第四版；清华大学出版社则在 2001 年和 2009 年分别影印出版了英文第三版和第五版。(3)《高级管理会计》(Advanced Management Accounting)。该书共有三个版本，分别于 1982 年、1989 年和 1998 年出版。1998 年清华大学出版社影印出版了英文第三版，该版的中文翻译版则于 1999 年由东北财经大学出版社出版发行。尽管这本书对于研究生教学非常有用，但是遗憾的是，出版社方面一直没有向作者提出新版修订计划。

总体而言，这个阶段是卡普兰教授在管理会计领域创新研究的高峰期。他和合作者们总结和创新性地推出的作业成本法和平衡计分卡的概念、理念和方法，深得业界接受和认可，被广泛地采纳和应用。

3. 应用发展阶段（2011 年至今）

实际上，自 2010 年开始，卡普兰教授与哈佛商学院著名的"竞争战略之父"迈克尔·波特（Michael E. Porter）教授合作开展基于价值的医疗成本与绩效项目研究。波特教授早在 2006 年就提出基于价值的医疗服务理念（value based health care）。传统医疗服务以疾病治疗的"效果"为目标，然而，由于治疗效果难以确认和衡量，医生在追求"效果"的时候，往往忽视患者的整体健康状况、生活质量和成本。波特教授认为，医疗保健服务的重心是为患者提供高价值的护理，患者的综合医疗服务满意度才是医疗服务的价值目标。因此，价值医疗倡导的是以医疗服务的价值链管理为基础，激励医疗服务提供者以更低的社会成本实现卓越的患者治疗价值。价值导向医疗服务管理理念和思想为估时作业成本法的应用打开了窗口，同时也为医疗服务的"成本危机"难题找到了破题的空间。估时作业成本法因为这一理念的转变迅速成为全球医疗保健成本核算的标准。截至目前，卡普兰教授在医疗成本管理领域已经发表了 44 篇文章，详细地展示了他对传统医疗成本管理问题的关注、对价值医疗服务理念的认同、对估时作业成本法在医疗成本降低方面的可行性研究以及在各种医疗场景中的具体应用。同时，他也发表了 24 篇关于如何衡量和提升患者医疗过程价值的文章以及 12 篇医疗综合改革和价格研究方面的文章。

2021 年，卡普兰与牛津大学教授卡尔蒂克·拉曼纳（Karthik Ramanna）合作，开发了 E-liability 碳核算方法，这是首个准确测量和报告企业供应链及分销链中温室气体排放的系统。这一方法不仅为环境、社会和公司治理（ESG）报告提供了精准工具，还具备扩展至社会和其他环境结果评估领域的潜力。卡普兰将平衡计分卡战略执行理念扩展到了包容性增长的区域生态系统中。这些项目不仅带来了丰厚的财务回报，还显著改善了全球低收入社区居民的社会经济和环境状况。他们在这个领域已经发表了 13 篇文章。

此外，卡普兰还继续与合作者们研究战略地图和平衡计分卡的应用，以及如何实施反映其战略的风险管理流程，以实现有效的战略执行，截至目前已经发表了 13 篇文章，其中与现任职牛津大学的安妮特·米克斯教授合作发表了 7 篇风险管理领域的文章，另外 6 篇是关于平衡计分卡、战略管理等领域的。

与上个阶段一样，卡普兰教授还围绕医疗健康领域、可持续发展领域、风险管理和业绩管理等领域撰写发表了 21 个案例。例如，案例《波士顿儿童医院：衡量患者成本》（Boston Children's Hospital：Measuring Patient Costs，HBS Case 112 - 086，2012）将作业成本法拓展至医疗保健领域来估算患者成本；案例《瑞士国家电网公司：数字时代的企业风险管理》（Swissgrid：Enterprise Risk Management in a Digital Age，HBS Case 119 - 045，2018）探讨了瑞士国家电网公司在欧洲能源市场放松管制和自由化后建立的风险管理系统；案例《德国大众汽车巴西分公司：使用平衡计分卡的驾驶策略》（Volkswagen do Brasil：Driving Strategy with the Balanced Scorecard，HBS Case 111 - 049，2010）探讨了德国大众汽车巴西分公司的新管理团队制定并部署了战略地图和平衡计分卡，以在连续八年的财务亏损和市场份额下降后实现扭亏为盈和文化变革。

从这个阶段的研究成果来看，尽管卡普兰教授在平衡计分卡、战略执行和风险管理系统方面进行了推进性的研究，取得了一些新的发展，但是其主要研究成果还是在于将其在成本管理系统和业绩管理系统方面前期创新的研究成果应用到具体的医疗领域和可持续发展领域。

纵观迄今三个阶段的研究成果，卡普兰教授对当今世界管理会计的发展无疑产生了巨大的影响。他的学术成果在全球范围内产生深远影响。1988 年，美国会计学会授予他"杰出会计教育者奖"；1994 年，英国特许管理会计师协会（CIMA）授予他"会计职业杰出贡献奖"；2001 年，美国管理会计师协会（IMA）因其对实务与学术方面的贡献，授予他"杰出服务奖"；2002 年和 2003 年，埃森哲公司战略变革研究院（Accenture Institute for Strategic Change）将他列入管理领域的前 50 位思想家和作者；2004 年 12 月，意大利电信集团授予他"商业和经济思想领导者奖"；2005 年，《金融时报》将其列为前 25 位"企业思想家"之一；2008 年，美国管理会计师协会基于他对管理会计进步所做出的卓越贡献，授予他"终生成就奖"。

以中国人"立德、立行、立言"的观点来看，卡普兰教授无疑是典范。他投身学校教育，专注学术研究，笔耕不辍著书立说；同时，积极参与企业培训、商业咨询，还担任多家公司董事，身体力行地将学术成果应用于实践。在他众多个人荣誉中，不乏思想者、领导者、教育者、杰出贡献等称号，充分体现出他在立言、立行的同时，也树立起了令人敬仰的学术品德。

二、《高级管理会计》教材述略

总的来说，卡普兰教授通过平衡计分卡和作业成本法等创新工具和思想，深刻影响了管理会计和战略执行领域，其研究不仅具有理论价值，还在全球范围内推动了管理实践的变革。非常难能可贵的是他的经典教材《高级管理会计》。这本书总体上包括两大部分，从成本管理系统到业绩管理系统。第1～3章主要讲授成本性态、短期生产计划和资源分配以及间接成本的分配。成本性态分析从传统的单个产品情景拓展到多产品线情景，从简化模型分析拓展到更加贴近现实的案例分析，短期生产计划和资源配置决策引入了约束理论和线性规划的工具来解决多品种多约束条件下的最优生产计划问题。第4、第5章侧重于介绍基于战略管理的作业成本法和作业成本管理理念与方法，并使用多个案例展示从制造业到服务业，从企业到公共服务部门等场景下作业成本法的应用实践。第6章介绍了目标成本法、改善成本法及生命周期成本法等。第7章介绍了组织分散经营下的管理控制问题，包含了预算控制、业绩考核和转移定价等问题。第8～11章系统介绍了平衡计分卡思想、方法和工具，难能可贵的是，在业绩的财务指标部分，本书兼容并蓄，融汇贯通，将作业成本法和经济增加值（EVA）也运用其中。第12章讨论了新技术投资。第13和14章讨论了业绩管理系统最终的激励机制问题。全书体系完整，内容深入，用接近现实的案例而不是简化的商业模型来模拟管理会计应用的现实场景，使得学习起来的现实感和复杂性更为强烈，更容易激发学习兴趣。此外，全书站在组织宏观战略高度提出问题，站在组织中观层面思考管理变革，站在微观产品和顾客流程成本与盈利能力的角度思考战略的落地执行。很多案例既具有商业发展历史的演进背景，也具有商业竞争现实的严峻思考，而且这些素材都已经经过理论的梳理，读起来逻辑清晰，在潜移默化中让读者受益良多。

虽然出版年代已久，但是今天来看，这本书既是卡普兰教授在第一个阶段积淀和思考基础上的升华，也是他第三个阶段应用发展的基础，底蕴深厚，历久弥新，其中蕴含的理念、思想和方法共同构成了商业实践的底层逻辑，至今仍未过时！

《高级管理会计（第 3 版）》是在 1989 年出版的第 2 版的基础上做了较大幅度的修改而成。在第 2 版的前言中，我们阐述了制造业和服务业的巨大变化，强调了信息技术的快速发展，这些变革使管理会计面临一个充满挑战的全新环境。总之，管理会计的理论和实务均发生了巨大变化。为适应企业环境的新变化，我们删去了过时的章节，增添了新内容，编写出《高级管理会计（第 3 版）》。

管理会计的作用一直在变化。管理会计师不再仅是企业过去经营业绩的记账员，他们已成为企业管理队伍中增加企业价值的成员，为提高企业经营效率提供重要的信息，与管理者一道规划并执行企业的新战略。本书广泛介绍了国际上创新型企业采用的新的管理会计实践，包括作业成本法、改善成本法、目标成本法及平衡计分卡。

最近一项由美国管理会计师协会（Institute of Management Accountants）和高级财务管理人协会（Financial Executives Institute）主持的财务研究项目[①]向美国公司会计人员和财务高管调查了各种 AKSA（accounting knowledge and skill areas，会计知识和技能领域）的相对重要性以及 AKSA 在入门者工作中应用的程度。结果表明，对于管理会计师而言，最重要的 AKSA 依次是编制预算、产品和服务成本计算、控制和业绩评价、战略成本管理（包括作业成本计算）。这四方面的 AKSA 说明了企业需求与会计入门工作者的实际能力之间的差距。在第 3 版里，我们将对这四方面的 AKSA 做详细的阐述和分析。

本书引言部分，考察了管理会计在大型工业企业、服务企业发展过程中重要的历史作用。第 1 章对成本定义和成本分类进行了详尽的介绍。我们将利用一个生动的例子说明传统的固定成本和变动成本概念如何被移入更宽泛的约束性成本和弹性成本框架中。该章将约束性成本视为由企业管理决策引起的，用以支持预期项目运营的生产能力的成本。第 1 章阐明了提供资源成本与使用资源成本之间的重要区别，还研究了基于各个管理层次和决策点确认维持成本的重要性，因为这将影响管理者的长期决策。长期决策包括是否开发或继续生产某种产品，选择何种业务范围、顾客、渠道和细分市场。第

---

① *What Corporate America Wants in Entry-Level Accountants* (Institute of Mangement Accountants：Montvale, NJ：1994).

2章以企业既有资源供给能力为基础，为短期预算建立综合模型，以最优化短期约束性资源的使用效率。

第3章大量借鉴了第1版和第2版对服务部门成本的处理，并将服务部门的成本作为成本系统设计需要处理的一部分内容。因而，在设计生产运营控制和产品（服务）成本系统时，我们将服务部门及辅助生产部门成本的分配作为成本分配的第一阶段，即将资源成本分配到生产成本中心。第4章进一步扩展了成本分配的框架，引入作业成本法，使得资源成本不仅可以按生产成本中心而且可以按发生的作业进行分配。该章以作业为框架，强调作业成本计算，对如何利用不同类型的作业成本动因，将资源成本更准确地分配到产品、服务及顾客等成本目标进行了详细说明。第4章对作业成本系统的设计成本与其获取的收益进行了总结性分析。

第5章作业基础管理，结合第2版中定价一章的内容，着重从作业成本系统角度为企业经营和战略决策提供更准确的相关决策信息。作业基础管理主要采取产品重新定价、产品生产和销售组合决策、产品设计、生产过程改进、经营战略和技术投资等措施为企业管理者提供决策支持。第6章更加注重生产过程改进的作业成本，探讨在持续改善过程中改善成本法的作用，以及在产品设计阶段目标成本对预期产品成本的影响。

总之，在本书前六章中，我们以作业成本法为框架介绍相关内容。第1、4、5、6章几乎是第3版的全新素材，第2、3章则在第2版的基础上改写而成，以适应这一整合框架。

为了使内容与新材料相一致，我们删除了前两版中很重要的但目前已过时的两章内容——回归分析与联合成本。之所以删除回归分析，是因为统计分析技术仅能衡量决策的结果（需要多少资本、管理者如何尽快调整生产能力以改变资源需求）。对于管理者而言，重要的不再是提供资源成本的估计，而是衡量并管理占企业资源绝大部分的实际已耗资源的成本。统计分析已不能完成这一使命，而应由作业成本系统来完成。我们还删除了关于联合成本的一章内容，因为这部分内容与其说有利于管理决策和控制，不如说有利于解决成本会计中的存货估计问题。另外，第2版中的线性规划部分也被Excel软件取代，以解决第2章中短期资源分配的问题。

第7章分散经营可作为本书后半部分的导论。在第2版的基础上稍加修改，增加了作业成本法和平衡计分卡的内容。第7章高度关注分散经营组织激励、控制和业绩评价问题。第8章平衡计分卡，为企业战略和经营控制提供了新的综合框架。该章总结了20世纪90年代以来企业经营业绩评价指标体系的发展，提出了包含财务与非财务评价指标的整体评价指标体系，这些指标与顾客导向、产品创新、经营控制、提高员工及企业生产能力等密切相关。

第9章和第10章以利润中心和投资中心的建立为重点，在第2版的基础上增加了平衡计分卡的财务维度计量手段。另外，前两版中的剩余利益法亦被更新，以反映经济增加值的广泛应用。第11章是对第2版中质量与准时制一章的修改，该章从平衡计分卡的另外三个维度扩展了潜在的计量指标，其中包括产品质量和生命周期运作计量指标，还增加了一些非常重要的计量指标，这些指标与目标客户、目标产品和服务开发、员工及企业生产能力的计量相关。

第12章讨论新技术投资，扩展了第2版的相关内容，并增加了以企业运营能力为目标的投资的内容。在第2版中自成一章的高级资本预算，现已被合并到管理控制框架中。投资决策作为平衡计分卡四维度中的战略性指标，用以实现企业出色的业绩。财务收益固然重要，但是投资收益还包括改善客户服务、增强内部控制、提高企业运营能力等内容。

第13章激励与薪酬制度、第14章预算与激励合同的形式模型，都是在第2版相关章节的基础上更新而来的。这两章增加了近期研究和实践的新成果，还以更详细、更直接的方式展现了新模型与传统合同理论研究的不同。

纵观全书，除了第14章略有例外，几乎每一章都包含了曾经被企业成功地用于实践且能够立即应用于当代企业经营的材料。本书有大量案例，增强了相关理论的实用程度。我们所选择的用以说明每一章概念的材料都曾经或正在被应用于企业实践，而不仅仅是应用于理想状态下的企业。我们所提供的案例，可能没有简单的答案，但是我们相信在学生们离开学校后，这些案例能够帮助他们理解并应用相关概念，从而解决实际工作中遇到的问题。

致　谢

许多同事为本书的编撰作出了宝贵的贡献。感谢范德比尔特大学（Vanderbilt University）的杰曼·博尔（Germain Boer）、纽约州立大学杰纳西奥分校（SUNY-Geneseo）的威廉 D. J. 科顿（William D. J. Cotton）、加利福尼亚大学戴维斯分校（University of California-Davis）的迈克尔·马厄（Michael W. Maher）、俄勒冈大学（University of Oregon）的戴尔·莫尔斯（Dale C. Morse）、凯斯西储大学（Case Western Reserve University）的沃恩·拉德克利夫（Vaughan S. Radcliffe）和布鲁克大学（Brock University）的拉法特·鲁比（Raafat R. Roubi）对如何改进《高级管理会计（第2版）》提出的观点和建议。纽约州立大学杰纳西奥分校的比尔·科顿（Bill Cotton）为本书第3版提供了许多新案例，同样提供案例的有华盛顿大学（University of Washington）的卡瓦塞里·拉马纳坦（Kavasseri V. Ramanathan）、宾夕法尼亚大学（University of Pennsylvania）沃顿商学院的克里斯·伊特纳（Chris Ittner）、维克森林大学（Wake Forest University）的保罗·迪尔克斯（Paul Dierkes）。感谢美国管理会计师协会以及美国注册会计师协会允许我们分别从其管理会计实务（IMA/AAA 管理会计座谈会系列）及 AICPA 案例发展计划（由在富勒顿的加州州立大学（California State University）的保罗·富特（Paul Foote）和劳伦斯·卡尔（Lawrence Carr）编写）中选取相关案例。感谢哈佛商学院的教授鲍勃·安东尼（Bob Anthony）、乔治·贝克（George Baker）、比尔·布伦斯（Bill Bruns）、罗宾·库珀（Robin Cooper）、约翰·迪尔登（John Dearden）、比尔·弗拉汗（Bill Fruhan）、戴维·霍金斯（David Hawkins）、肯·麦钱特（Ken Merchant）、吉姆·里斯（Jim Reece）、比尔·萨尔曼（Bill Sahlman）、鲍勃·西蒙斯（Bob Simons）、戴维·厄普顿（David Upton）提供的 HBS 案例。

我们的主编博德曼（PJ Boardman）长期以来鼓励并支持我们完成这次改版。简·埃弗里（Jane Avery）和凯瑟琳·伊万（Katherine Evancie）认真负责地完成了编辑和出版。尽管时间有限，苏珊·里夫金（Susan Rifkin）仍然出色地完成了校对工作。衷心感谢你们的努力。

最后，感谢我们耐心体贴的妻子艾伦（Ellen）和安妮（Anne），给予我们充足的时间和空间。

罗伯特·卡普兰
安东尼·阿特金森

目 录

管理会计系统为协助管理者计划和控制企业的各种经济活动提供信息。管理会计工作包括为内部管理者收集、分类、处理、分析和报告信息。与财务会计为投资者、债权人、供应商、税务和监管机构等企业外部利益相关者提供信息服务不同，管理会计侧重于为企业内部经营决策的制定提供信息服务。因此，管理会计的职责范围从计量传统的已发生交易的成本与收入，延伸至记录销售积压、产量、价格、资源能力等信息和计量以实物或非财务指标为基础的广义业绩。

由于服务于内部计划和控制活动的信息不受对外报告要求的约束，管理会计系统对信息的客观性和可验证性的要求没有财务会计系统严格，因此更多被用来预测、估计企业未来事项及计量尚未发生的机会成本。归根结底，检验管理会计系统的最终标准就是系统能否及时、有效地激励和协助管理者实现企业的经营目标。尽管对于企业而言，所使用的信息必须是可靠的和明晰的，但对于管理会计系统，信息相关性的价值要远高于信息的客观性和可验证性的价值。

0.1　成本管理会计的起源[1]

早在中世纪，英国的同业工会就建议同业会员应详细地记录原材料和劳动力成本信息，用以证明其供给未来顾客的产品的质量。但是，在 19 世纪之前，企业与其他独立经济主体所开展的、几乎所有履行各自职能的交易活动，都是在制造过程中进行的。当大量的交易活动发生在企业外部，并且企业内部很少有长期投资，财务会计系统这一官方的交易记录就可以为企业经营效率和获利能力的评估提供充分的信息依据。

现代管理会计的起源可以追溯到 19 世纪初可控的、多层次管理的企业的出现，如军工企业、纺织企业等。[2] 这些企业都是在单一经济组织内完成多步骤产品生产。企业利用资金密集型规模经济的优势，雇用大量的工人从事生产。通常制造企业的设备或工厂位于可利用的能源附近，如湍急的河流沿岸，这使得设在城区的总厂与厂区间有一定的距离。为了了解厂区内部各步骤的生产效率，有必要获取有关内部生产的信息，而不仅仅是从市场交易中获得信息。同时，总厂需要建立一个信息系统以激励偏远厂区的管理者、评价厂区管理者和工人的工作效率。例如，纺织企业需要在各自独立的梳理、纺织、编织、漂白过程中按照每码成本或每磅成本建立内部经营效率评价指标。

或许管理会计系统发展的最大动力来自 19 世纪中叶铁路业的产生和迅速发展。铁路企业是当时人类创建的规模最大、经营最复杂的企业组织，必须在广阔的地理距离上运营和协调。幸运的是，电报几乎是在同一时期发明的，使得长距离通信能够及时、经济地实现。富有创意的铁路业管理者发明了在粗放经营下计量铁路经济业务的复杂方法。新的计量指标如每吨公里成本、每位顾客公里成本、经营比率（经营成本与收入的比率）被建立起来，用于帮助管理者评估其经营业绩。

铁路业管理者创立的许多管理会计新方法被随后发展起来的钢铁公司管理者应用和拓展。以重视成本管理闻名的钢铁企业家安德鲁·卡内基（Andrew Carnegie）特别注重掌握成本信息。相对于同业竞争者，卡内基更关注如何不断地改善其产品的成本结构：

> 每一个部门都要列示在每一个生产步骤所耗用的原材料、劳动力的成本和数量，这些信息用于及时编制每月报表。甚至要求提供每日生产一吨铁轨所耗用的矿石料、石灰石、煤、焦炭、生铁、镜铁、铸模、耐火材料、修补工作、燃料和劳动力成本等信息……

> 成本表是卡内基主要的成本控制工具。卡内基关注成本……他总是向部门经理询问单位成本变化的原因。卡内基……关注成本方面的经营比率，他善于将每一个经营部门的当前成本与前期成本进行比较，如果有可能，他还将其与其他企业的成本进行比较。实际上，卡内基采用贝西默炼钢法（Bessemer）的一个理由是降低成本、增加产量。这种成本控制是有效的……每天、每周的账户中都会反映每一个部门最详细的原材料和劳动力成本信息，不久，每一个部门的员工都认识到成本管理的重要性，员工们感觉到也时常注意到公司的眼睛总是通过账本注视着他们。

> 除了利用成本表评价部门管理者、工头和员工的业绩外，卡内基和他的经理们还依靠成本表来检查原材料的质量和组合。他们利用这些成本表评价生产过程和产品方面的改进，并对新产品的开发做出决策。在产品定价方面，特别是对像桥梁这样的非标准项目的定价，成本表更为重要。[3]

19世纪末，大型商业企业，如西尔斯-罗巴克（Sears-Roebuck）、马歇尔·菲尔德（Marshall Field）及伍尔沃斯（Woolworth），利用销售大量消费品的规模经济优势发展起来，这些商业企业同样需要计量评估企业经营的效率。传统的制造企业的业绩计量指标，如每磅成本、每公里成本，对于评价零售企业的采购、存货和销售活动已失去相关性。因而，这些商业企业采用了诸如毛利（销售收入减购买成本及经营成本）、存货周转率（销货成本与平均存货之比）等指标来评价企业的获利能力和存货的周转速度。

上述所有企业——纺织企业、铁路企业、钢铁企业和零售企业的管理者都已建立起相应的计量指标来提升和评价企业内部经营的效率。但是，很少有企业关注不同类型产品的成本计量甚至企业的周期"利润"。上述这些企业仅关注相关同类产品的生产效率：将原材料加工成如衣服或钢材等单一最终产品、运输乘客或货物、销售商品。如果这些基本经营活动被有效执行，那么管理者有理由相信企业将获利。计量指标因产品类型和经营过程的不同而不同，但有一个共同特征：它们都是通过将投入资源转化成完工产品或销售收入来计量经营效率。即使这些企业的生产过程十分复杂，涉及多步骤的转换和加工，但企业生产的产品类型仍很集中，这使得企业使用简单的产出汇总指标成为可能，如纺织企业生产的纺织品码数、铁路企业运输的货物的总吨公里数、钢铁企业产出钢材的吨数、商业企业的营业收入等。因此，这类企业的产品成本能够通过同类计量指标反映，并且这些指标可以用来评价企业经营效率。

0.2 科学管理运动

19世纪中叶兴起的复杂的金属制造业，对管理会计系统提出了一系列新的挑战。金属铸造和金属切割车间生产的产品种类繁多，不同的产品所耗用的资源千差万别。鉴于各种产品对企业资本、劳动力、辅助资源的需求不一样，过去单一的每磅成本、每单位产品成本指标难以评价企业生产经营的业绩。尽管早期的分批成本计算法能够得到原材料和劳动力的实际成本，但是此类成本不包括用于弯曲、铸造、切割金属的资本资源的成本，也没有标准或历史趋势表明这些已发生成本能否反映企业的生产效率。

金属制造业的一群机械工程师首先发起的**科学管理**（scientific management）运动弥补了该项成本计算的空白，弗雷德里克·泰勒（Frederick Taylor）是这些工程师中最有影响力的，其他工程师在此过程中也发挥了重要作用。这些工程师通过深入研究生产过程特点，重新设计原材料和加工流程，将复杂的生产过程分解成更简单的、更容易控制的生产过程，目标是简化工作流程，使工作更有效率，使管理者能更直观地观察工人的工作。他们建立起详细、准确的原材料和劳动力的使用标准，并以按科学方法确定的计件基础为标准来控制和支付工人的薪金。

弗雷德里克·泰勒主要关注工作效率，他按照理想状态制定原材料和劳动力的数量标准。其他工程师则更关注企业经营的评价，而不仅仅注重每个工人的工作效率。这些工程师和会计人员一道将过去的数量标准扩展成每小时劳动力成本、单位产品原材料成本等具体指标，以便按照产品的生产流程建立原材料和劳动力成本的标准。按照这种方式，就可以预测产品原材料成本与劳动力成本的标准量，并将以后的实际发生量与此标准量相比较。到20世纪初，这种成本系统已经能够记录并分析实际成本与标准成本的差异。

在金属制造业发展和科学管理运动兴起之前，管理会计系统的主要职能是计量与产量直接相关的原材料成本和劳动力成本，这些成本可以很容易地在产出产品中查到。尽管在当时的企业生产过程中也存在制造费用和资金成本，但早期制造业生产线的局限性几乎不需要尝试将间接费用分配到产品中去。管理者仅关注原材料和直接人工在生产过程中的使用效率，他们认为只要原材料和直接人工的使用是有效率的，就能获得足够的利润。在生产单一产品的企业中，人们很容易获得单位产量总成本。

对于金属制造业，由于产品种类多样，间接费用或辅助成本高，工程师和管理者必须找出这些高比例的间接费用分摊到具体产品中的方法，尤其是在投标承包新工程时。然而，以前信息的收集和加工成本高昂，与原材料、直接人工相比，间接费用并非重要项目，管理者没有必要投入巨大的财力物力准确地计量间接费用和辅助成本并将其分配到产品中去。因此，许多简单的间接费用和辅助成本分配方法出现，相应的分配指标包括直接人工小时分配率、直接人工工资分配率。这些分配方法操作成本极低，因为直接人工在管理者考察工人的工作效率和支付工资时已被计量。按直接人工分配间接费用的实践源于以前劳动密集型企业的生产过程。

即使在当时，这种简单近似的按直接人工分配间接费用到产品中的方法也受到了批评：

> 我们发现，对于100美元直接工资，我们会有59美元的间接费用，也就是说，企业该期间的各类杂项费用占直接人工的59%。当然，这很简单，但也是非常不精确的。当工厂的产量作为一个整体来源于工厂一般性成本开支时……在工厂的机器是同一规格和类型、由同样工资水平的工人进行操作的情况下，这种分配方法是合理的。
>
> 然而，在机器设备不同、工资水平高低不等、各种大小的零部件并存的企业环境下，除非计量方法被修正，否则这种按直接人工分配间接费用的方法不能令人信服。[4]

试图将机器加工小时、多种工资率或原材料耗用数量等作为间接费用的多种可供选择的分配基础之所以没有取得成功，可能是由于计量这些分配基础需要耗用更多的成本。机器并不需要按其工作量付费，计量机器加工小时的唯一理由是更准确地将间接费用分摊到产品成本中。由于机器并不是分别按产品零部件进行加工的，所以很明显，准确分配间接费用的收益要远远小于分配间接费用的成本。在化学、玻璃、石油等直接人工成本相对较低，加工时间需要准确计量以便控制每一步骤转换过程的加工企业，将间接费用按机器加工小时分配的方法被广泛采用。

间接费用分配第二个需考虑的问题是未使用的生产能力成本。与弗雷德里克·泰勒同时代的另一位工程师甘特（H. L. Gantt），首先讨论了应采用多少种分配基础（按实际产出分配）的问题[5]：

> 有很多种分配间接费用的常用方法。一种方法是按直接人工分配所有的间接费用，另一种方法是部分间接费用按直接人工分配、部分间接费用按机器加工小时分配，还有一些按原材料分配间接费用的方法。然而，大多数间接费用分配方法都是将工厂所有的间接费用拿来分配，而不考虑这些间接费用与实际产出的关系。

> 如果工厂正常或充分运用生产能力，那么单位产品的间接费用较低。如果工厂仅使用一部分或一半的生产能力生产正常产量一半的产品，那么单位产品的间接费用没有变化。如果用正常产量的一半去承担所有的间接费用，那么单位产品的间接费用将增加一倍。

> 当市场前景看好，销量和产量增加时，这种分配方法显示的成本较低；当市场萧条，企业经营滑坡时，则单位产量需要负担的成本大幅上涨……换言之，目前的成本会计系统在关键时刻对于所面临的问题束手无策。我们感觉到现行的理论存在根本性的问题。

甘特对于这个问题的结论是：

> 对于按企业产量分配间接费用的分配率，应该与企业正常产量水平下正常生产能力耗用间接费用所对应的分配率相一致。

甘特坚持认为，使用正常或实际的生产能力应以成本驱动率为基础，遗憾的是，这种以多种成本动因代表现行生产过程的思想未能得到足够重视。就像我们将要看到的一样，科学管理运动工程师们的真知灼见，在企业具体应用时被大打折扣——为了编制财务报告，将一定期间全部工厂成本按该期间的产量进行分配。仅有少数企业曾试图计量和报告闲置生产能力成本。

0.3 综合型企业的管理控制

20世纪初管理会计系统的进一步创新促进了从事多元化经营的综合型企业的发展。1903年，杜邦家族企业和多个单一经营公司合并创立杜邦公司（DuPont Powder Company），为这一时期的新型企业组织结构提供了原型。面对需要协调的多种经营业务、市场组织以及如何将资本投向利润最大的经济活动等问题，一批企业率先决定多元化经营，而不是仅关注哪些产品应该扩大生产规模，杜邦公司即是其中之一。

杜邦公司的最高层管理者设计了多个重要的经营和预算指标，以协调各部门的经营活动，并将资源有效地在各部门之间分配。其中最重要、持续时间最长的管理会计创新是提出了投资报酬率（ROI）指标，投资报酬率为企业整体及各部门的经营业绩提供了评价依据，高层管理者借助投资报酬率指标将资本分配到最获利的部门。杜邦公司财务主管唐纳森·布朗（Donaldson Brown）说明了如何将投资报酬率分解成两个重要的财务指标——销售净利率（净利润除以销售收入）和资产周转率（销售收入除以投资额），销售净利率和资产周转率是19世纪单一作业企业创立并使用的重要指标。

这两个财务指标还可以进一步分解成利润、费用、资产和负债，以反映分散经营管理者的责任履行情况（见第 10 章的讨论）。

20 世纪 20 年代，随着杜邦公司、通用汽车公司这类多部门企业组织形式的发展，投资报酬率指标的应用范围进一步扩展。[6] 这种分散经营或多部门的企业组织的建立是为了获得范围经济效益——从提供范围广泛的一系列相关产品中获利。然而，这些大公司为市场提供多样化产品需要采用新的系统、新的计量指标来协调公司内部分散经营组织的活动。各分支部门的管理者成为提高部门获利能力和投资报酬率的负责人，并有一定的资本要求权。整个企业范围的市场营销、采购、筹资等活动不可能通过职能部门获得所需的全部信息，分散经营迫在眉睫，企业高层管理者的职能需要转换，从过去参与所有经营活动转换为在企业内部建立一个有效的资本和劳动力市场，以协调、激励和评估各分支部门管理者的业绩。这样，投资报酬率指标发挥了重要的作用，同时，预算和预测方法被建立起来以规划和协调各分支部门的经济活动。[7]

回顾 1825—1925 年这 100 年来成功的大型工业企业和管理会计实践的产生和发展历程，可以看出企业的发展与管理会计实践是紧密相关的。事实上，如果没有管理会计系统为企业提供其内部分散经营组织运营效率的信息，杜邦公司、通用汽车公司、美国钢铁公司等这些大公司不会发展起来。另外，交通运输（铁路交通）、通信（电报电话通信）等设施的技术创新和基础技术（如冶炼、制铝、金属切割和铸造、机床、化学和内燃机等其他的技术）的发展，为这些大公司利用规模经济和范围经济获取潜在收益创造了条件。但是，如果没有计量指标系统的创新，这些大公司也不会实现其潜在的收益，因为计量指标系统将公司目标与其内部分散经营组织的目标联系在一起，并为公司内部各层次的管理者提供经营效率的信息，这些信息能够有效地促进公司采购原材料并将其产品提供给顾客。

0.4　从成本管理到成本会计

1925—1985 年的 60 年间，管理会计系统没有明显发展。虽然管理会计系统发展停滞的确切原因至今尚无定论，但是至少在一定程度上与服务于财务会计报告的产品成本信息需求有关。为编制财务报告对存货进行计价的各种方法取代了过去的成本管理系统。间接费用或辅助生产部门成本被全部按工厂范围归集，再按简单的作业指标，如直接人工小时，分配到产品成本中。20 世纪初，由丘奇（Church）和甘特等工程师提出的将间接费用准确地分配到产品成本中的方法没有得到重视。

企业外部对公开、客观、经过审计的财务报表的需求日益增长，以及对编制财务报表方法的规定增加，原则上没有理由对管理会计系统的发展施加影响。企业也许可以继续建立内部计量指标以提供各种产品成本更准确的信息并及时地反映经营业绩。在德语语系国家的公司里，财务会计系统与管理会计系统一直各自独立地行使其职能，当编制期末财务报表时，财务会计与管理会计运用一个对账模块为两套报表建立联系。然而，在 20 世纪初，信息成本变高、产品品种变少，此时大多数西方企业的管理者认为，为企业建立两套账务处理系统（一套提供给外部利益集团，一套提供给内部管理者）的成本要高于建立两套系统带来的收益。

鉴于信息收集、处理及编报的高成本，加上企业在开发同类产品品种方面缺乏变通，企业向外部利益集团报告的信息也用于指导企业的内部经营。因此，产品成本通过制造费用的汇总和平均分配来计算，控制程序则使用从总分类账财务账户计算出的每月差异。

0.5　近年来制造业和服务业的发展变化

　　20世纪80年代，制造企业的创新向管理会计系统的发展提出了新的挑战。制造业又一次为企业经营创造了竞争优势，主要表现在：重视产品生产质量、产品设计，降低存货水平，准时制生产和分销，计算机集成控制生产（CIM）等。所有这些创新都强调持续改善企业经营活动，即一种以过去已实现水平为基础，改善企业经营活动的要求。

　　这些新的（或者说，创新的）制造技术不同于20世纪前70年的大规模生产标准产品的相对稳定的制造技术。在新的制造环境下，许多企业发现传统的成本会计方法不利于新制造技术的应用。例如，计量每位工人工作效率及机器利用效率的方法与企业改善产品质量、提高生产能力、降低存货水平等目标相冲突。[8] 传统成本会计中，试图通过提前生产产品（远早于需求时间）来将工厂间接费用计入产品确实能将固定制造间接费用计入存货，并且确实会增加报告期收入（由于有利的数量差异，将当前经营费用转移至未来期间）。但是，这种成本计算方法与降低存货水平、减少产品瑕疵、加速产品周转速度及改善顾客服务水平等目标背道而驰。

　　当今的管理会计系统必须重新设计以支持并促使新制造技术在企业中应用，而不是与其相违背。业绩计量系统必须更新以改善产品质量、提高生产能力、适应准时制生产系统和计算机集成控制生产系统，并协助管理者在新的技术环境下进行有效投资。这些问题将在第6、11、12章中详细论述。

　　表面看来，我们的讨论集中于制造业而非服务业。关于存货和制造过程的讨论似乎与金融业、运输业、保健业、零售业及通信业的企业的管理者无关。对制造业术语的大量使用可能会使读者忽略与服务业的联系以及本章和本书其他章节的基础信息。制造业与服务业的差异对于设计一个有效的管理会计系统来说并不重要，制造业与服务业的实质差异在于财务会计要求制造业定期将生产成本分摊到生产的全部产品中而不只是未销售的产品中。

　　服务业管理者对管理会计信息的使用要求远不及制造业管理者。服务业管理者只是使用财务信息规划和控制其各职能部门的支出。尽管服务业的生产经营与制造业一样错综复杂、多样化，但是服务业管理者通常既不了解提供和交付服务的成本，也不掌握为不同类型顾客提供服务的成本。服务业仅是组织产品生产并将其提供给顾客。与制造业相比，服务业产品成本较难界定。但是，为满足服务业各种规划和控制决策的需要，必须对服务业产品成本进行界定和分析。这时，计算服务企业生产能力成本至关重要，因为服务企业的几乎所有支出都与其为顾客提供服务的能力相关，在为顾客提供服务的短期范围内变动成本仅占其费用支出的很小部分。

　　为有效地计量业绩情况，与制造业相比，服务业的员工更倾向于与其顾客建立直接联系，这样，服务业更加注重其员工为顾客提供服务的时效和质量。因为服务业的顾客对所需要的服务质量和交付时间非常敏感，一旦出现一次令顾客不满意的质量问题，顾客就会选择其他供应商，这样的结果对原供应商很不利。

0.6　当代管理会计的发展

　　20世纪80年代以来，学术界和实务界一直致力于研究建立管理会计新方法，以适应行业调整变化和全球性竞争带来的挑战。管理会计新方法用来支持改进企业技术条件和实施新的管理程序——如全面质量管理、准时制、流程再造，以及持续追求竞争优势等。

本书第 1 章将介绍一种现代管理会计方法——将管理会计视为报告企业约束性资源（committed resources）和弹性资源（flexible resources）的系统，该系统区别于过去按成本性态将成本分为固定成本（fixed cost）和变动成本（variable cost）的方法。第 2 章强调企业成本和资源信息对于优化产品组合、执行近期现金预算等短期经营决策的作用。第 3 章通过将间接和辅助资源分配到生产成本中心介绍成本系统的结构（structure of cost stsystem）。第 4 章通过介绍作业成本法（activity-based costing）扩展了第 3 章的内容，即将资源成本按其发生的作业进一步追溯到产品、服务和顾客中。第 5 章以作业成本法为基础，说明管理会计系统如何提供改善了的产品和顾客信息，使管理者能够更好地制定关于产品定价、生产组合、产品设计及建立客户关系等决策。第 6 章介绍如何应用作业信息激励经营业绩的改善，通过使用财务与非财务计量指标为企业经营控制系统提供及时的信息反馈，并以此把握和改善目标成本、生命周期成本，从而对企业产品生命周期成本的管理产生有利影响。

第 7～14 章集中于复杂、分散经营组织的控制。第 7 章介绍分散经营的原因、分散经营组织的类型及为分散经营组织建立业绩评价指标所面临的问题。第 8 章介绍业绩评价工具平衡计分卡，它运用财务指标与非财务指标将企业当前决策和经营活动与未来长期财务收益联系起来。第 9、10 章探讨业绩评价的财务指标。第 11 章探讨关于企业内部经营过程及与顾客相关的非财务指标。第 12 章说明如何应用资本预算系统开发企业的组织能力，而不仅仅是简单计算现金流量的净现值。第 13 章强调薪酬管理系统对于促使业绩评价与企业整体目标相一致的作用。第 14 章论述形式模型在研究预算编制、控制系统及补偿系统等管理会计重要现象中的作用。

总体来说，本书为当代管理会计提供了一个全面的观点。在介绍当代相关理论及应用时，本书嵌入了一些传统但富有价值的案例，并且引进了更多新的有益于研究、讨论和学习的案例。

0.7　小　结

在复杂、多层次企业组织的规划和控制活动中，管理会计系统为协助企业管理者制定决策发挥了重要作用。一个完整的管理会计系统或许不能保证企业在竞争中一直处于优势，尤其是当企业没有好的产品、生产效率低下、市场不景气时，但是一个提供无效、歪曲、滞后、过于抽象信息的管理会计系统，会很容易地使一个具备产品、生产、市场优势的企业陷于困境。管理会计系统的主要目标是协助企业管理者做好组织、规划和控制企业经营活动等基本管理工作。管理会计不能被视为由会计师们设计的为会计工作服务的信息系统。1825—1925 年这 100 年间，管理会计的发展历程已为管理会计的未来提供了发展模式，即管理会计的发展应为企业在生产创新、市场创新及组织设计创新等方面提供信息支持。

本书以实务工作者的角度解读管理会计程序及系统的制定。同时，本书注重反映新的信息技术、现代经营和服务的新方法给管理会计带来的机遇和挑战，更重要的是，本书突出介绍了 20 世纪 80 年代以来世界领先大公司所运用的创新管理会计方法。通过学习本书，学生们能够进一步理解管理会计如何为企业创造价值，管理会计在企业中的作用发生的变化，即从历史簿记转变为为企业作出经营决策和战略决策、改善和评价经营业绩提供重要信息。

📚 注 释

[1] 本部分讨论取材于 H. T. Johnson and R. S. Kaplan，*Relevance Lost：The Rise and Fall of Management Accounting* (Boston：Harvard Business School Press，1987)；A. D. Chandler，*The Visible Hand：The Managerial Revolution in American Business* (Cambridge：Harvard University Press，1977)。钱德勒的著作对美国公司的发展提供了大量有价值的历史资料，这对现代管理会计理论和实践的发展都有重大意义。

[2] H. T. Johnson，"Early Cost Accounting for Internal Management Control：Lyman Mills in the 1850s," *Business History Review* (Winter 1972)，pp. 466 - 74；and K. W. Hoskin and R. H. Macve，"The Genesis of Accountability：The West Point Connection," *Accounting，Organizations and Society* (1986)，pp. 1 - 37.

[3] Chandler，*Visible Hand*，pp. 267 - 68.

[4] A. H. Church，*The Proper Distribution of Expense Burden* (New York：The Engineering Magazine Co.，1908)，pp. 28 - 29.

[5] H. L. Gantt，"The Relation between Production and Costs," presented at the American Society of Mechanical Engineers Spring Meeting (June)，reprinted in *Journal of Cost Management* (Spring 1994)，pp. 4 - 11.

[6] 这两个企业的发展并不是相互独立的，皮埃尔·杜邦曾在 1919 年通用汽车公司濒临破产时，拯救过通用汽车公司。唐纳森·布朗后来成为通用汽车公司的 CFO，在公司总裁艾尔弗雷德·斯隆的领导下工作。

[7] 参见 Johnson and Kaplan，*Relevance Lost* 第 4、5 章。关于通用汽车公司基于 ROI 控制的定价公式，在 *Relevance Lost* 一书的第 6 章章末有详细讨论。

[8] 对此冲突的进一步说明参见 E. M. Goldratt and J. Cox，*The Goal：A Process of Ongoing Improvement* (Croton-on-Hudson, NY：North River Press，1986)。

第 1 章

理解成本性态

1.1 管理会计的应用

　　管理会计信息在企业中发挥着多种重要的作用。它可以帮助管理者：（1）加强决策制定；（2）制定新的战略和评价现有战略；（3）改善企业经营业绩；（4）评价企业内各部门和成员的贡献和业绩。

　　成本信息是最重要的管理会计信息之一。[1] 企业利用成本信息确定重要的产品特性和产品组合决策。例如，在 1996 年，尽管当时的行业趋势是产品多样化和定制化，但是宝洁公司宣布，它将减少 40％的存货数量（stock-keeping units，SKU）。高级管理者之所以做出这样的决定，是因为他们注意到同类产品品种过多，会增加产品的复杂性，进而导致公司本身、批发商和零售商的成本增加。宝洁公司改进后的成本计算系统表明，增加存货导致成本的增加远远大于其所带来的增量收入以及为客户创造的价值。

　　企业也利用成本信息来制定竞争战略。例如，1994 年以前的贸易装货量是建立在用户订货业务之上的。制造商在某些时期大力推广其产品，导致一种定期向分销渠道销售大量产品的模式，而不是连续地向分销渠道供货。随着成本系统的改进，企业开始认识到，产量的变化会导致额外的生产成本，同时也会给批发商和零售商增加巨额的存货持有成本。[2] 鉴于生产决策应按顾客购买量制定，许多企业正试图改变原来定期补充货物的做法，转向持续补充货物。[3]

　　企业还依据相应的成本信息来改善经营行为。管理者认识到成本是和企业的各项作业相关的之后，他们就会努力改善对企业成本有主要影响的作业。例如，一个医院确定了它给病人提供的所有服务，包括所有的辅助活动，如入院和结账等，然后分析产生这些作业的动因。医院的管理部门通过关注、改善和消除高成本作业来降低成本。管理部门的一个主要目标是减少病人在医院的时间，这主要通过加速诊断检测的安排和结果鉴定来实现。医院改善了流程以削减某些作业并使其他一些作业成本更低。医院的例子说明对高成本作业的两种反应：一种是改造或彻底消除高成本作业，这个过程叫做**流程再造**（reengineering）；另一种是努力提高作业效率并且降低作业成本，这个过程叫做**持续改进**（continuous improvement）。

企业也利用成本信息来评价业绩。这样做有两个目的：首先，意识到作业成本过高可以激发改进行为，如医院的例子中阐述的那样；其次，依据改进成本的成果进行奖励，管理者可以用成本信息来激励人们追求企业的改进。

1.2　理解成本性态

成本是由获得和使用企业资源，如人力、设备、材料、外部服务、机器等产生的。企业获得和使用资源从事经营活动。当企业这样做时，财务系统便记录下成本。

成本大体上可分为两种。第一种是在企业获得生产能力时产生的，我们称那些在实际工作之前取得或签订了合同的资源为**约束性资源**（committed resources），与这些资源相关联的成本称为**约束性成本**（committed costs）。大部分人工成本、计算机和电子通信系统的成本以及企业的房屋和设备的折旧是典型的约束性成本。获得的产能资源的多少决定约束性成本的大小，不论企业使用多少约束性资源，约束性成本是不受影响的。约束性成本的大小是和作业的**计划水平**（planned level）相关的，它不取决于用了多少约束性资源。

第二种成本称为**弹性成本**（flexible costs），它是由使用**弹性资源**（flexible resources）引起的。原材料、工厂的电力消耗、计件制工人、用于给顾客送货的运输设备使用的燃料等都是弹性资源。生产的产品和为客户服务的实际水平，决定着弹性资源的供应和使用。[4] 弹性资源没有容量限制，可以根据实际要求来调整，企业仅为其需要和使用的弹性资源付款。

1.3　成本结构举例

我们用一个例子来说明约束性成本和弹性成本的概念。这个例子从一个企业最初怎样获得资源开始，也就是说我们先来了解一个企业的成本是如何产生的，然后计算成本函数的结果。典型的管理会计师的工作正好与之相反，他们关注成本并对基本的成本结构做出推断，第 3 章和第 4 章就是按这种思路来写的。在学习建立成本结构的管理会计函数之前，我们先来理解成本是如何产生的。

我们来研究路星公司（Railstar），它的全部业务就是在两个城市罗斯特瑞斯和威斯特斯托普之间运输乘客和货物。公司在罗斯特瑞斯设立总部，指导公司的业务活动。总部包括路星公司的全部管理人员和销售人员。

与总部相关联的成本为每年 50 000 000 美元。这些成本包括：

● 由支持公司全部经营运作的资源产生的成本 25 000 000 美元，即使公司不运送乘客和货物，这些成本也将发生。

● 直接与客运业务相关的成本 15 000 000 美元，从长远来看，假如关停客运业务，这些成本将消失。

● 直接与货运业务相关的成本 10 000 000 美元，从长远来看，假如关停货运业务，这些成本也将消失。[5]

成本性态说明了规模报酬递增的现象。相对于两个独立的公司各自经营一项业务而言，合并为一个公司同时经营两项业务的相关成本是比较低的。因为对于两个独立的公司，每个公司都要支付 25 000 000 美元的总部办公成本。[6]

路星公司在两个城市间建设并维护一条铁路路基和铁轨，建设铁轨的成本是 500 000 000 美元，现有铁轨的折旧费每年共计 80 000 000 美元。在两个城市间，机车运行一次的维护费用为 200 美元，单节车厢每次运送乘客或货物的维护成本为 20 美元。

　　路星公司在两个城市之间建设并维护车站。车站可以按三种规模修建——小型、中型、大型，每天接待的乘客最高人数分别是 50 000 人、100 000 人、200 000 人。每个车站的年折旧费取决于日乘客量[7]，每人 50 美元。与车站相关的弹性成本对于小型、中型、大型车站分别是每个乘客 5 美元、3 美元、2 美元。路星公司在罗斯特瑞斯和威斯特斯托普都已建立中型车站并维护。

　　公司每 6 个月确定一次在未来 6 个月内每天运营的火车数量，然后印制 6 个月内有效的车次时间表。路星公司运营每列火车需要 3 辆机车。公司以每辆 2 000 000 美元的成本租用 5 辆机车。经营部门给每列火车配备了 3 辆机车（这是管理层规定的最小数量），并在每一个车站预备一辆机车[8]，一方面供当地车场使用，另一方面当工程师为运营中的机车进行常规维护时，作为备用机车派上用场。机车每次运行的成本是 10 000 美元（包括机车用汽油费和乘务员工资），每辆机车可以带动 30 节运载乘客和货物的车厢，所以用 3 辆机车可以带动 90 节车厢。

　　路星公司没有自己的货运车厢，它拖挂其他公司的货运车厢。路星公司租用的客运车厢的成本是 6 个月 50 000 美元，每节客运车厢可运送 80 名乘客。公司估计每拖挂一节客运车厢或货运车厢从一个城市到另一个城市，将消耗燃料、供给和人力成本约 500 美元。

　　最后，公司还有与火车上的乘客数量直接相关的其他成本，包括行李处理成本和乘客服务成本，成本为每人次 10 美元。图表 1-1 概括了路星公司的成本结构。

图表 1-1　企业成本结构说明——路星公司

成本类型	成本项目		金额（美元）
总部相关成本	全部成本		50 000 000/年
路基相关成本	折旧		80 000 000/年
	维护成本		600/次
	维护成本		20/车厢/次
车站相关成本	大型		
		折旧	10 000 000/年
		其他	2/乘客
	中型		
		折旧	5 000 000/年
		其他	3/乘客
	小型		
		折旧	2 500 000/年
		其他	5/乘客
列车相关成本	机车租金（基本运载能力为每列火车挂 90 节车厢，每增加一辆机车的成本是 2 000 000 美元，提供的运载能力为增挂 30 节车厢）		10 000 000/年
	运行成本		10 000/次
	客运车厢租金（可容纳 80 位乘客）		50 000/6 个月
	车厢拖挂成本		500/车厢/次
	客运服务成本		10/乘客

1.3.1 构建总成本函数

路星公司的决策制定者利用成本信息有许多目的，一个主要的目的是确定路星公司的销售价格能否覆盖提供服务的成本，并为投入的资本提供合理回报[9]，如果不能，路星公司将不得不加倍努力削减成本或者决定放弃某个项目。

注意，图表1-1的信息可以用来计算货物运输和客运服务的单位成本，更重要的是，路星公司的许多成本与提供的货物运输和客运服务的单位成本并不成比例。

根据已知信息，我们可以得出一个成本计算公式，称为成本函数：

$$总成本＝总部相关成本＋车站相关成本＋路基相关成本＋列车相关成本$$

在我们得知路星公司对产能的选择之前，我们无法更详细地说明这个成本函数。已知路星公司目前经营客运和货运两种业务，建立了两个中型车站，计划运营5辆机车，我们可以得出年成本函数：

$$总成本＝150\,000\,000\,美元＋\left(100\,000\,美元\times\frac{租用的客运}{车厢数量}\right)＋\left(10\,600\,美元\times\frac{运行}{次数}\right)$$
$$＋\left(520\,美元\times\frac{运行的}{车厢数}\right)＋\left(13\,美元\times\frac{乘客}{数量}\right) \tag{1-1}$$

式（1-1）反映了公司对于三种约束性资源作出的选择：
● 对同时经营客运和货运业务的决定反映在总部相关成本上；
● 总部的建筑物折旧费、铁路和路基维护费；
● 与车站规模（大、中、小）选择有关的费用。

因此，路星公司做出取得长期资源的决定，相应地也确定了成本函数的约束性成本部分，约束性成本反映的是取得产能的数额而不是经营中使用产能的数额。

约束性成本是由于获得生产能力或者执行工作的能力而产生的，这些成本不随产品产量的变化而变化。一旦管理者做出取得资源的决定，那些资源的成本将保持不变，除非管理者减少那些资源。

例如，如果路星公司决定建立两个小型车站，并且只做客运业务，则成本函数为：

$$总成本＝135\,000\,000\,美元＋\left(100\,000\,美元\times\frac{租用的客运}{车厢数量}\right)＋\left(10\,600\,美元\times\frac{运行}{次数}\right)$$
$$＋\left(520\,美元\times\frac{运行的客运}{车厢数}\right)＋\left(13\,美元\times\frac{乘客}{数量}\right) \tag{1-2}$$

在式（1-1）的基础上考虑公司将租用的客运车厢数量固定下来对于总成本的影响。假定公司选择为未来的6个月周期租用60节客运车厢，并假设这个决定反映了预计乘坐列车的乘客数量，则总成本变为[10]：

$$总成本＝156\,000\,000\,美元＋\left(10\,600\,美元\times\frac{运行}{次数}\right)$$
$$＋\left(520\,美元\times\frac{运行的}{车厢数}\right)＋\left(13\,美元\times\frac{乘客}{数量}\right) \tag{1-3}$$

现在证实了产能的选择对约束性资源的影响。在产能决策做出之前成本是变化的，在产能决策做出之后这些成本变成了约束性成本，以后的经营水平将不会影响这些成本。因此，我们通常称这些成本为固定成本，因为它们不受实际经营水平的影响。

在每 6 个月周期的开始，路星公司公布一个详细的车次时间表，假设公司决定在每个工作日提供五次往返运行（每周共 50 次），在周末每天提供两次往返运行（每周共 8 次）[11]，那么每周运行总次数是 58 次，运行的相关成本是每年 31 969 600 美元[12]。若这个计划持续两个营运周期即一年，则总成本为：

$$总成本＝187\,969\,600\,美元＋(520\,美元×运行的车厢数)＋(13\,美元×乘客数量) \tag{1-4}$$

我们现在有了一个年总成本函数，包含两个变量：一年内路星公司运行的总车厢数和乘客数量。我们可以把时刻表上的每个车次看作一个组，每组的成本是 520 美元（除了公司在确定时刻表时已确定下来的约束性运行成本），这个成本反映了该车次（组）所包含的车厢的数量。

假定路星公司在前一周的周六决定下一周每辆列车的车厢数量，假设公司每个工作日每列车平均有 50 节客运车厢，周末平均每列车有 15 节客运车厢。工作日运行的次数是 50 次，周末运行的次数是 8 次，客运车厢运行的总数是 2 620 节，总成本是 70 844 800 美元[13]，若这个规模的运营持续两个周期，则总成本为：

$$总成本＝258\,814\,400\,美元＋(13\,美元×乘客数量) \tag{1-5}$$

1.3.2 确定提供服务的单位成本

从短期成本到长期成本

式（1-1）～式（1-5）是总成本函数。在式（1-5）中，总成本函数是按照路星公司最基本的决策来确定的，其中变量为：路星客户的需求或为其提供服务的单位。先回顾一下：约束性成本是成本函数里定量的部分，约束性成本反映了路星公司做出的许多与确定产能水平（如同时提供客运和货运服务）相关的决策。在总成本函数中，变量的部分代表弹性成本，这些变量反映了总成本与拖挂的货车数量和乘客数量这两个同等活跃的因素是如何成比例变动的。因此，我们可以得出结论，当运送的乘客数量增加（或减少）一个单位时，总成本也将增加（或减少）13 美元。[14] 假如经营保持在路星公司约束性成本的产能范围内，那么在公司两次调整产能之间，拖挂的客运车厢数量每增加（或减少）一个单位，总成本将增加（或减少）520 美元。

由于资源类型不同，一定时期的约束性成本也是不同的，路星公司可以通过每周调整每一辆机车上的拖挂车厢数量来调整经营成本，通过每半年调整运行次数和客运车厢数量来调整客运车厢费用，并且每年重新确定机车的数量以确定费用。经过一段较长的时期，公司还可以调整车站的规模、总部的规模和组成以及对铁路和路基的维护程度。

注意，总成本函数（式（1-1）～式（1-5））的短期变化是由运送的乘客数量和所挂车厢数量引起的，它们与约束性成本不相关。基于这个原因，弹性资源参数的系数（如 13 美元和 520 美元）并不影响与生产能力决策相关的长期成本。如增加 25% 的乘客数量或减少所挂车厢数量不会影响与生产决策相关的长期成本。

计算服务成本

式（1-1）～式（1-5）表达了供给资源的成本，理解这些成本是特别重要的。在短期经营中，管理者通过密切观察这些成本来控制费用和支出。这些资源的供应成本对于预计近期的现金流量很重要，也是确定现金预算和营运资本的基础。当管理者做出有关增长的决策（如是否运送额外的乘客或团体乘客，是否接受一个货物运输订单等）时，这些资源供应成本会给决策者提供有价值的信息。

　　但是，这不是管理者作出决策的唯一相关成本。拥有不同类型资源和销售上百种产品给数以万计的消费者的企业通常还想知道，销售收入与产生收入的资源成本之间的关系。企业只有通过这种关系，才能知道它的各种产品和服务的盈利状况或者亏损程度。通过计算个别产品和顾客使用的资源成本，管理者可以获知不同的产品和顾客是如何消耗企业的产能的。仍以路星公司为例，头等车厢的乘客比观光旅行和普通车厢的乘客要求更大的车厢空间和更多的服务时间。当不同类型的乘客使用不同程度的产能时，管理者需要有成本信息确定这些不同类型的乘客使用的所有资源的相关成本。把资源使用的成本与价格或收入相比较，从而确定产品、服务水平和顾客类型是否对公司有利。当收入超过生产产品和提供产品所耗费的资源成本时，这种产品才是盈利的。

　　企业（例如路星公司）的利润表提供了总体上的信息，即经营中产生的收入是否超过了约束性资源和弹性资源的供给成本，但是这个总体信息对确定不同的产品或服务及不同顾客之间的获利能力差异，没有什么指导作用。

　　实际上，对于路星公司这样的服务企业以及制造企业来说，几乎所有的费用都是由一定水平的产能决定的，相对来说，只有少部分费用由每天的工作量或业绩决定——如路星公司的例子里，乘客数量和拖挂的车厢数量。大部分的经营费用是由为获得和维持生产能力所做的决策来决定的，而不是由每天生产产品和给顾客提供服务而产生的。

　　然而，大部分管理者想知道他们提供的产能资源与企业不同产品和顾客如何使用这些资源之间的关系，出于这个目的（以及其他的目的，将在后面的章节介绍），管理者发现计算单一产品和顾客使用资源的成本是有必要的。这种计算要求会计能够就每种产能资源确定一个单位成本。

　　现在来看路星公司的约束性成本之一——客运车厢成本。租用客运车厢的成本是每6个月50 000美元，我们该如何把这个成本转换成运送一名乘客的成本呢？一些公司可能想找出运送乘客的实际数量，用50 000美元的成本除以实际乘客人数，得出每名乘客承担的成本。采用这一计算方法的管理者认为这种追溯计算反映了真实的营运状况。当然，等到一段时期结束后才计算出每名乘客承担的成本，对于这段时期内的决策作用不大。为了避免等待，许多公司通过预计的6个月的总客运数来计算客运车厢成本。不论是预计计算或追溯计算成本，由于客运量的变化，每6个月周期内的单位乘客成本都有很大的波动。

　　另一种方法是，可以把供应的产能与约束性成本联系起来。在这个例子里，我们知道车厢的最大客运量是80名乘客，但是6个月的总容量是多少呢？这个容量是：80×每周运营车厢总数×6个月内的总周数。注意，由于管理人员可以改变这一资源的使用密度（通过改变一定时段的运行次数），所以从这6个月周期到下6个月周期，每名乘客承担的车厢租用成本是不同的。[15]

　　例如，如果我们假设路星公司每周运营58次，则每单位客运车厢的租金成本约为33美元。

$$单位客运车厢租金成本 = 50\ 000 \div (58 \times 26) = 33.16（美元/乘客）$$

　　这是否意味着每增加一名乘客，车厢的租用成本将增加33美元呢？当然不是。车厢的租用成本取决于租用车厢的数量和每个车厢的租金，而不是运送乘客的数量。如果顾客的长期需求下降一个单位，公司减少租用车厢数，租赁成本就会下降33美元吗？当然不会。产能是由整体水平决定的，而不是单个单位决定的，而且算出的33美元反映的是对车厢使用量的假设，不同的假设会导致不同于33美元的结果，但是这种计算是与运输个体乘客相联系的总资源成本的一部分，如果公司的定价总是不能弥补每单位客运车厢租金成本的33美元和用于乘客运输的其他资源的成本，公司的经理就会知道客运业务的经济情况不足以保证公司在市场上存续。

以路星公司为例，它每 6 个月做出的对客运车厢需求的预测构成了分配车辆成本的又一个前提。当公司做出决策时，公司管理者就已预测未来承载乘客的数量和类型并进行定价，计划人员使用这些信息来控制租用的客运车厢（包括头等车厢和普通车厢）的数量。

例如，假设计划人员决定把 60 个客运车厢中的 15 个用于头等服务，其余的 45 个用于普通服务，那么每 6 个月，计划人员将把车厢租金成本中的 750 000 美元[16] 归于头等服务成本，把 2 250 000 美元归于普通服务成本。

记住，普通车厢运载 80 名乘客，现在假设头等车厢运载 40 名乘客，计划人员希望头等车厢能达到平均 75％的乘坐率，普通车厢达到 85％的乘坐率。按上述计划，每星期运行 2 620 个车厢，其中头等车厢占 25％，普通车厢占 75％，那么这两种类型的车厢的总体承载能力分别是：

普通车厢的半年承载能力：$2\,620 \times 75％ \times 80 \times 85％ \times 26 = 3\,474\,120$（人次）

头等车厢的半年承载能力：$2\,620 \times 25％ \times 40 \times 75％ \times 26 = 510\,900$（人次）

如果根据计划经营水平来分配车厢成本，每种服务的单位乘客车厢租金成本将是：

每个普通车厢的租金成本 $= 2\,250\,000 \div 3\,474\,120 = 0.65$（美元）

每个头等车厢的租金成本 $= 750\,000 \div 510\,900 = 1.47$（美元）

注意，这些单位成本计算反映了：

- 约束性产能的成本；
- 用于分配产能的分配基础；
- 分配基数的价值或规模。

这些计算也许看起来过于复杂，实际上，在这类为一种或两种产品（乘客：头等车厢和普通车厢）供应资源高度简化的例子中，管理者也许用不着这样计算，只有一种或几种产品时，尤其是这些产品对资源的要求相对同质时，对总成本函数（供应资源的成本）的理解足以满足管理者的需求了。

假设路星公司自己拥有或者租用货运车厢，并为客户提供货运服务，货物不同于乘客，货物装运量是高度波动的，也许一些客户要求路星公司运输体积巨大的货物（如装满沙滩球的网袋），占用货运车厢的大部分空间；另一些客户则要求路星公司运输极重的货物（如钢卷），需用尽车厢或机车的载重能力；还有一些客户要求路星公司运输极难处理的货物，如未装箱的自行车，要用到铁路的装货和处理能力。公司必须制定能与其他运输公司（如卡车、航空、轮船公司）相竞争的价格。如果路星公司想在运输业中生存下去，它就要知道运载何种货物对它最有利。

出于这个目的，管理者要知道各种货物（沙滩球、钢卷、未装箱的自行车）消耗的资源成本的信息，从而能将为不同的客户运送不同的货物获取的收入与提供这些服务的成本相比较，这种信息提供了关于定价、接受业务和产品组合（比如业务集中于大密度货物还是大体积货物、较重还是较轻货物、易处理还是难处理货物）的决策指导。为此，管理者必须估计各种资源的单位成本，比如，每立方英尺载重容量的成本（如果容积受限）或每磅的成本（如果重量受限），再加上与处理货运业务和特定的客户服务相关联的成本。

总之，对于包括定价、产品组合、市场进入和退出、客户服务、供货等许多方面的决策来说，管理者需要评估用于不同的产品、客户的各项资源成本，这种信息来自约束性资源成本，并且对约束性资源成本给予补充。

计算资源的使用成本

我们从估计产品类别的约束性资源（如货运和客运服务）成本开始，把式（1-3）中的约束性成本分成以下三组：

- 一组是与提供货运服务有关的成本；
- 一组是与提供客运服务有关的成本；
- 一组是与提供货运和客运服务都相关的一般生产能力的成本。

图表1-2概括了这一分配情况。

图表1-2 路星公司将年总成本分配到单位产品　　　　　　单位：美元

成本类型	客运成本	货运成本	间接成本	总计
总部相关成本				
一般			25 000 000	25 000 000
与客运相关的	15 000 000			15 000 000
与货运相关的		10 000 000		10 000 000
路基相关成本				
折旧			80 000 000	80 000 000
每次维护的费用			1 809 600	1 809 600
客运维护费用	2 724 800			2 724 800
货运维护费用		20/车厢		20/车厢
车站相关成本				
折旧			10 000 000	10 000 000
其他	3/人次			3/人次
列车相关成本				
机车租金			10 000 000	10 000 000
运行成本			30 160 000	30 160 000
车厢租金	6 000 000			6 000 000
客运车厢拖挂成本	68 120 000			68 120 000
货运车厢拖挂成本		500/车厢		500/车厢
客运服务成本	10/人次			10/人次

1.4　间接（共同）成本的处理

　　间接成本是指为多种产品提供服务的生产能力成本。在这个例子里，总部成本中的25 000 000美元、路基相关成本、车站相关成本、由机车引起的维护成本、机车租金和运行成本都是间接成本。我们面临的问题是如何把这些成本分配到客运和货运这两种业务中，从而计算客运和货运业务的单位成本。

　　广义地讲，有两种类型的间接成本：（1）与生产能力完全无关的成本；（2）随生产能力水平的变化而有一定变化的成本。例如，办公室行政管理费用的发生与实际生产规模和生产水平无关，我们称这种类型的成本为**持续经营**（business-sustaining）成本。理论上，在所有的工业企业中，无论企业规模大小、复杂程度如何，都存在持续经营成本。我们不打算再进一步将持续经营成本分摊下去。第二种类型的间接成本是与企业生产能力水平相关的。

举一个例子，假设 5 000 000 美元的总部相关成本是维持经营的最低成本。这一成本是持续经营成本，不分摊到单个产品中。总部相关成本中剩下的 20 000 000 美元，我们需要估计服务的单位来进行分摊。假如有 10 000 000 个单位耗费了这一资源，我们就可以计算出总部资源生产能力成本为每个服务单位 2 美元。

计算用于制造一种产品的生产能力成本反映了以下因果链。大多数约束性成本（维持成本除外，定义为经营业务、设施或产品线所需的最小金额）是为了供应给一定数量所需生产能力的，这一假设使管理会计师能够计算使用由生产能力提供的服务的单位成本。

1.5　未使用生产能力成本的计算

路星公司的计划人员每周都为下周每列火车的客运车厢数量作出预算，为什么公司要提前确定生产能力而不是给出一个弹性生产能力呢？首先，固定的生产能力通常是指建筑物和厂房等，这些生产能力的改变要花费较高的成本；其次，固定的生产能力通常是从外部租来的，就像本例中的机车，那些外部的出租者为了把需求不确定的风险降到最小，通常要求长期租用；最后，生产计划表通常要求一些生产能力要素必须到位，从而使短期项目可以正常进行。

预先为所需的资源签订合同，可以使企业节约大量的交易成本并且减少风险。若没有事先签订合同，企业就不得不以市场价格购买所需的机器设备、人力资源和其他资源，机器设备要花时间运到指定地点，人员需要经过培训和激励才能达到企业的要求。所有的资源供给必须高度整合在一起，形成一个整体才能生产产品，为消费者提供服务。预测出每天完成工作任务所需的资源并签订每日的合同是做不到的，但是企业可以通过签订一个所需资源的长期固定价格合同来避免短期价格波动。

固定生产能力必须在明确所需总量之前确定下来，这对成本有非常重要的影响，它也是短期成本和长期成本之间差异的基础。以客运列车的生产能力为例，路星公司的客运车厢以 6 个月的租期租赁，当前的 6 个月租用了 60 节车厢，而由 3 辆机车牵引的火车可以拖挂 90 节客运或货运车厢。

假设一个预计的客、货运输的组合，路星公司每天使用如下数量的客运车厢（从周日开始）：10，50，50，45，50，55，20——在当前的 6 个月内平均每天使用 40 节车厢，租用这些车厢的总成本是 3 000 000 美元（60 节车厢，每节 50 000 美元）。假设路星公司每天租用车厢而不是一次租用 6 个月，则租车费用是 2 000 000 美元（40 节车厢，每节 50 000 美元），为了保证 6 个月内的运输能力，长期租用给路星公司带来了额外的 1 000 000 美元支出，在这段时间内不能随需求的变化调整运输能力。这是一个非常普遍的问题，当固定成本在成本中的比例增加时，这个问题变得更难以解决。有这种特点的组织包括：航空公司、电子通信公司、电力工程和大学。我们可以把闲置生产能力的问题表示如下：

　　　资源供给＝使用的资源＋闲置生产能力

在这种情况下：

　　　客运车厢供应＝使用的客运车厢＋闲置的客运车厢
即　　60＝40＋20

或用成本来表述：

已使用的生产能力成本＋闲置的生产能力成本＝总生产能力成本

即　　2 000 000＋1 000 000＝3 000 000（美元）

注意，生产能力成本或约束性成本（等式左边）是 3 000 000 美元，它是本章的焦点，在第 4 章中，我们将讨论作业成本，用它来计算单个产品使用的生产能力成本（本例中的 2 000 000 美元）。

当企业存在闲置生产能力（约束性资源中）时，企业通常试图改变消费者的需求模式。例如，电力公司可能会通过一天中某一时段用电折扣来诱导顾客将需求转移到非高峰期；航空公司通过给周六停留一晚的旅客打折来吸引旅客在周末出行；大学通过把两学期制变为三学期制，甚至四学期制来提高对约束性资源的利用，从而保证大学每年都能正常上课；路星公司也可以为它周末提供的服务（客运或货运）打折。

闲置或未使用的生产能力造成的额外成本会导致企业成本增加。通常闲置生产能力成本最好被看作期间相关成本，而不是与产品相关的成本。[17]

1.6　本量利分析

在本章中，我们已经介绍了路星公司的成本结构，使得公司计划人员能了解它，就像我们在第 4 章中将要看到的那样，识别一个企业的成本通常是一个艰难的过程，要求有丰富的经验和良好的判断能力。在计划人员已经知道企业的成本结构后，他们就能使用这一信息去建立一个公司的财务模型。[18]

为了具体说明一个简单的企业财务模型是什么样子，让我们对路星公司成本结构的数据增加一些假设，以改善路星公司的成本结构。假定公司的计划人员希望列车座位的 75% 被售出，并且在每周的工作日里拖挂 25 节货运车厢，在每个周末拖挂 20 节货运车厢。最后假定乘客票价为 40 美元，拖挂一节货运车厢收费 1 000 美元。[19]

在这些假设条件下，路星公司预计在下一年损失大约 2 900 000 美元[20]，如图表 1 - 3 所示。

图表 1 - 3　路星公司财务成果方案

	客运	货运	一般	总计
每周工作日运行次数				10
每周末运行次数				4
每周工作日客运车厢数	50			
每周末客运车厢数	15			
每周工作日计划货运车厢数		25		
每周末计划货运车厢数		20		
运行的车厢数	136 240	73 320		
承载系数	75%	100%		
运送乘客数量/拖挂的货运车厢数量	8 174 400	73 320		
部门毛利（美元）	128 864 000	25 193 600		(2 912 000)
明细表（美元）				
收入	326 976 000	73 320 000		400 296 000

续表

	客运	货运	一般	总计
总部相关成本	15 000 000	10 000 000	25 000 000	50 000 000
路基相关成本				
折旧			80 000 000	80 000 000
维护费用	2 724 800	1 466 400	1 809 600	6 000 800
车站相关成本				
折旧			10 000 000	10 000 000
其他	24 523 200			24 523 200
火车相关成本				
机车租金			10 000 000	10 000 000
燃料和工资			30 160 000	30 160 000
客运车厢租金	6 000 000			6 000 000
其他成本	68 120 000	36 660 000		104 780 000
乘客成本	81 744 000			81 744 000
总成本	198 112 000	48 126 400	156 969 600	403 208 000
部门毛利	128 864 000	25 193 600		
部门利润				(2 912 000)

这个计划方案的失败使得计划人员必须修改他们的方案，新方案应既有可行性又有盈利性。例如，计划人员可能重新考虑与其生产能力相关的决策。然而，在这里，我们假定讨论的主要经营决策与选择运行次数、车厢数量相关，并且保证货物运输价格合理。

为说明问题，假设市场分析表明，如果每周工作日运行次数从 10 次降至 8 次，周末运行次数保持不变，座位售出率将上升到 90%，收益增加到 3 500 000 美元。事实上，收益对于乘坐率是十分敏感的，乘坐率每增长 1 个百分点，收益增加 2 400 000 美元。这种相关关系表明了经营杠杆的巨大作用，弹性成本对于约束性成本是低相关的，对于本问题里的初始数据，也可以用另一种方法来说明，即乘载系数[21] 达到 31% 时，公司才能弥补它在客运方面的成本。因此，不论客运还是货运业务都必须分担一部分成本（如路基的折旧）。

本例说明弹性成本价格（用来弥补弹性成本的价格）——每位乘客 13 美元是不可行的。价格必须在考虑所有成本的基础上制定。

决策者可以使用财务模型来研究价格和运输量之间的关系，即运输量增加多少才能抵得上企业设定的价格上涨呢？例如，当项目亏损 2 900 000 美元时，决策者会估计降低票价 5 美元时对利润的影响。假定降价引起乘坐率增长 3 个百分点，从 75% 达到 78%，那么这样的改变合理吗？事实上，这样做只能降低利润，只有当乘座率大于 92% 时，降低价格才是可行的。

经营者通常关注利润为零时的经营水平。在路星公司这样的多产品公司中利润是由多种产品的销售水平共同决定的。假如公司没有货运业务，就可以减少由货运业务引起的管理费用 100 000 美元。假定保持目前水平的往返次数和每列火车的车厢数，那么公司要弥补它的全部成本需要的乘坐率水平是多少呢？图表 1-4 显示大约应是 85%。

图表 1-4　路星公司损益平衡统计表

	客运	货运	一般	总计
每周工作日运行次数				10
每周末运行次数				4
每周工作日客运车厢数	50			
每周末客运车厢数	15			
每周工作日计划货运车厢数		0		
每周末计划货运车厢数		0		
运行的车厢数	136 240	0		
承载系数	84.6%	n/a		
运送乘客数量/拖挂的货运车厢数量	9 220 723	0		
部门毛利（美元）	157 114 726	0		145 126
明细表（美元）				
收入	368 828 928	0		368 828 928
总部相关成本	15 000 000	0	25 000 000	40 000 000
路基相关成本				
折旧			80 000 000	80 000 000
维护费用	2 724 800	0	1 809 600	4 534 000
车站相关成本				
折旧			10 000 000	10 000 000
其他	27 662 170			27 662 170
火车相关成本				
机车租金			10 000 000	10 000 000
燃料和工资			30 160 000	30 160 000
客运车厢租金	6 000 000			6 000 000
其他成本	68 120 000	0		68 120 000
乘客成本	92 207 232			92 207 232
总成本	211 714 202	0	156 969 600	368 683 802
部门毛利	157 114 726			
部门利润				145 126

　　当然，只是达到损益平衡对于追求利润的企业是不够的，企业希望有更多的利润来回报股东，以弥补股东的投资风险。尽管如此，计划人员通常使用这种分析来估计企业在能够补偿其成本时的风险水平。

1.7　小　结

　　这一章我们描述了一个业务简单的铁路经营企业的成本结构。可以看出，这个企业的总成本是约束性成本和弹性成本之和。约束性成本反映了生产能力成本，这一成本在没有生产任何产品之前就已确定。弹性成本是那些由于生产产品而发生的成本，因此，弹性成本随着产量的变化而变化。我们认识到有两种类型的约束性成本：第一种成本随着生产能力水平的变动而变动；第二种成本是固定的，不随生产能力的改变而改变，我们称其为持续经营成本，不能把它分配于单个产品的成本中。我们把第一种约束性成本按照产品使用产能的比例分配给每单位产品。

　　企业一旦拥有生产能力，就会有成本结构，它利用产能给顾客提供产品。决策者通常会建立一个企业财务模型，他们利用这个模型来估计不同竞争策略和经营策略的财务影响，这种方法提供了一个对不同经营策略产生的利润结果的一般性看法。在第 4 章里，我们将描述一种可以使决策者更详细估计成本的方法，决策者可以依据这些成本来评价生产效率，作出改进，制定或取消决策。

📖 注　释

　　[1] 管理会计反映的其他类型的信息可能包括效率指标，如产量指标（产出与投入的比率）、质量指标（符合规范）和服务指标（满足客户需求的能力）。

　　[2] 存货持有成本包括：周期内大量生产产品所引起的过量制造成本，储存和仓库建设及维护成本、维修成本以及折旧成本、保险成本、存货的机会成本。

　　[3] 削减存货量的企业面临着巨大的质疑和抵制，因此，削减存货量的企业要在基本成本数据方面表现出相当大的勇气和信心。

　　[4] 这本书后文中，"产品"一词既指实体，如用来装谷物的盒子，也指服务，如电话呼叫、银行支票账户、医疗过程、交通运输及专业咨询服务。

　　[5] 举例来说，路星公司可以在一个小一点的总部办公室运营，它可以将管理货运业务的人员辞退、解雇，或者当他们离开公司时不再重新聘请他人。

　　[6] 目前总成本为 5 000 万美元，如果分为两个公司经营的话，总成本为 7 500 万美元。

　　[7] 我们假设没有规模经济，所需产能成本与所需产能的数量成比例。一般来说，当需要更多的产能时，产能成本会以一个递减比率增加。

　　[8] 这意味着公司一次只有一列火车运营。

　　[9] 市场销售价格受在两地间运输的个人汽车成本、公共汽车运行成本、卡车运送货物成本的影响。

　　[10] 随着产能的选择，年度约束性成本为公司总部成本 5 000 万美元，路基相关成本为 8 000 万美元，车站相关成本为 1 000 万美元（每个车站 500 万美元），机车成本为 1 000 万美元，总额为 1.5 亿美元。因为这是年度成本函数，我们假设后半年延续前半年所做的决定，把租用客运车厢成本由半年转化为一年。

　　[11] 这里的数字计算如下：

5 次往返×2 次单程/往返×5 个工作天数＝50 次单程

2 次往返×2 次单程/往返×2 个周末天数＝8 次单程

　　[12] 每 6 个月周期运行相关成本为：58 次/周×10 600 美元/次×26 周/6 个月周期＝15 984 800 美元。由于约束性成本按年度表示，我们把它转化为一年的成本：15 984 800 美元×2＝31 969 600 美元。

　　[13] 计算为：50 节×50 次＋15 节×8 次＝2 620 节；2 620 节×520 美元×52 周＝70 844 800 美元。

　　[14] 注意这个结论反映了车站相关成本和机车成本是变动成本的假设。如果这些成本不是变动的，例如，如果它们反映的是乘务员工资，则变动的乘客相关成本将为零。另外，如果航空公司的变动乘客

相关成本反映的是餐费成本和运送乘客行李的汽油费，它将接近零。

[15] 劳动力密集型资源的供应能力，不同于路星公司的客运车厢，也不同于设备的正常转换，是变动性增加的。

[16] 15个车厢×每个车厢租金5万美元。

[17] 通常闲置产能成本不分配到单一产品中去。

[18] 正像我们在后面章节里看到的一样，成本信息可以用来做关于改进生产、产品价格和企业控制的决策。这里说得非常简化。

[19] 这是一个简化模型。路星公司是通过产能定价而不是用运载量定价，虽然货运车厢有载重限制。例子中仅有一种类型的货运服务和一种类型的客运服务，然而这个简单的例子可以使我们理解临界点。

[20] 以下讨论的财务结果由amachl.xls软件得出。

[21] 乘载系数＝已耗用产能÷可供使用的产能。

习 题

[1-1] 计算成本

亚特兰大大学有8个学院、350名员工及2万名学生，一项对该大学开支结构的分析得出如下年度支出：维持大学正常运转所需费用为2000万美元，其中包括基本建设费用和行政管理部门开支，如付给校长和领导层的薪水等。大学所必需的约束性成本水平在增长，从长远来看，每新设一个学院就要增加2000万美元的约束性成本，每增收一个新学生要增加1000美元的约束性成本。

商学院是亚特兰大大学的一个学院，维持商学院正常运转所需费用为500万美元，各系的约束性成本为5万美元。商学院所必需的约束性成本开支也在增长，从长远来看，每增招一个新教员要花费20万美元，每年增招一个学生要花费500美元。大学的决策者估计，学校每培养一名学生的弹性成本大致为600美元。（以上所有费用都是年度开支。）

每个教员能开5门课程，每个学生每年要选9门课。

商学院会计系有30名教员，开设150门课，平均每门课有60名学生，会计系学生只选会计专业课。

要求：

（1）计算会计系每个学生每年的总成本。

（2）计算会计系每年的总成本。

（3）商学院院长正在考虑改变教员的工作量以刺激科研工作。这种转变将导致每位教员每年教4门课，选课的学生人数不变，这将如何影响每个学生的费用？又将怎样影响会计系的成本？

[1-2] 成本分配的作用

假日宾馆为宾客和员工提供了一个娱乐中心，并在当地出售会员卡。该中心设有壁球和网球场地、淋浴设施以及配有各种健身器械的健身房。球场占娱乐中心面积的70%，淋浴间占10%，健身房占15%，管理办公室占余下的5%。从长期来看，假日宾馆可以将闲置的设施改建成客房。娱乐中心最近一年的成本如下：

1. 分摊建筑物折旧和员工成本40万美元，折旧费25万美元，经理和员工的工资15万美元。员工的成本与娱乐中心作业量的多少没有关系。

2. 随着需求的增长，新增健身器材的折旧费20万美元。

3.维修费和电费30万美元,这项费用是随娱乐中心宾客人数的变化而变化的。

4.洗衣成本30万美元,包括5万美元的机器折旧和25万美元的物料成本。

5.其他物料成本20万美元,这些物料是娱乐中心宾客平均消耗的。

去年,共有67 000名宾客光顾娱乐中心,淋浴间、健身房和球场的接待能力分别为8万人、4万人和2.5万人。

要求:

(1) 计算娱乐中心的宾客每人次弹性成本是多少。

(2) 过去,娱乐中心的成本分别按50%、40%和10%计入假日宾馆各部门、宾客服务、外部商业往来。把娱乐中心50%的成本计入假日宾馆各部门,实际上就意味着这部分成本是与假日宾馆员工有关的;把娱乐中心40%的成本归于宾客服务,这样有助于计算每位宾客的成本。娱乐中心主要是为员工和宾客服务的,在这两项开支之外10%的成本是由会员承担的。一些部门的主管人员抱怨,在将成本向各个部门分配的过程中,应该根据员工的使用情况而不应该根据各个部门的员工人数进行分配。另外,有些主管认为,在将成本向每位宾客分配的过程中,按宾客平均分配也是不公平、不合理的。对娱乐中心使用情况的一项审计表明(这项审计可以反映娱乐中心的长期使用情况):员工使用娱乐中心25 000次,80%的人次只是去淋浴,其余的人次平均使用健身房和球场,还进行淋浴。假日宾馆的宾客大约有15 000人次使用娱乐中心,几乎所有人都使用了淋浴间和健身房。其他的使用者则是付费会员,他们都使用了淋浴间,平均各有50%的人使用了球场和健身房。根据上述信息,娱乐中心的成本如何分配到各部分成本中去?

[1-3] 战略决策中的成本因素

BBC公司制造受专业及业余球员喜爱的棒球球棒,目前,制造球棒的单位弹性成本是12美元,每年制造球棒的机床成本是600 000美元,其中包括维修成本和损耗性成本。

BBC公司正在评估引进一台新机床的可行性,这种新机床将改变目前正在使用的机床的机械化操作方式,靠机床内计算机可感知激光指示来运行,对运行时在机床上出现的木材型号(尺寸)与计算机内已存储的模式进行比较。尽管这种新机床不会提高年生产能力,仍是每年生产750 000根球棒,但它将使每根球棒的成本降至10美元,新机床每年运行成本大约是1 400 000美元。

要求:

如果目前球棒的生产量和销售量是500 000根,是否应购进新机床?在回答此问题时可以忽略所得税。

[1-4] 航空工业的本量利分析和定价

西部航空运输公司目前正在考虑是否开通菲尼克斯至拉斯维加斯的航线,此航线的主要服务对象是经常往来于两城市的旅游观光者。通过提供低票价服务,该航空公司希望能吸引那些乘坐其他交通工具的旅客。

此外,该公司希望争取到那些周一至周五上午7点到下午6点间往来的商务旅客,在这期间商务旅客搭乘飞机的票价、其他附加费将调高,用来降低这个时间段的客流量。该公司认为,如果商务往来时间内旅客的票价为100美元,其余时间为60美元,将会使两段时间区间内的旅客流量大体平衡。

运行这条航线,需要两架客容量为200人的喷气式飞机,每架飞机每年租金为1 000万美元,每年地面服务的其他约束性成本为500万美元。

航线开通需要一组乘务员,其薪水视飞行时间而定,每组乘务员每小时飞行的薪水为800美元。

燃料成本受飞行时间影响，每小时成本大约是 1 000 美元，菲尼克斯至拉斯维加斯单程飞行约需 45 分钟。

在整个过程中每位旅客的相关成本大约是 5 美元，包括检票、代理佣金和行李托运。食品与饮料服务成本大约为每位旅客 10 美元（在商务往来时间内免费提供），航空公司希望在非商务往来时间内通过收取酒水费来补偿该项服务成本。

要求：

（1）如果在周一至周五，每天每单程线上有 6 趟商务航班和 4 趟旅游航班，并且周六、周日提供 12 趟旅游航班，那么每个航班平均要搭乘多少旅客才能达到盈亏平衡？

（2）每条航线上，达到盈亏平衡的搭乘率是多少？

（3）如果西部航空公司开通菲尼克斯至拉斯维加斯的航线，飞机在半夜及上午 6 点之间将被闲置，航空公司考虑提供"红眼航班"服务，它将在午夜离开菲尼克斯，上午 6 点回来。市场调查表明，如果票价不高于 40 美元，"红眼航班"的搭乘率为 50%，航班运行费用不变，但每周会增加 1 万美元的这趟航班的市场推广费，航空公司不需要负担食品与饮料费用。如果市场调查是正确的，管理部门想知道保持盈亏平衡的最低票价是多少。

[1-5] 多种产品本量利分析

Hewtex Electronics 公司制造两种产品——录音机和电子计算器，销售给批发商和零售商。公司的管理层对本会计年度的经营业绩很满意。到 1998 年 12 月 31 日，公司计划售出 12 万台录音机和 19 万个电子计算器。预期收益表显示公司的税后收益将无法达到其盈利目标，即 9% 的利润率。

Hewtex Electronics 公司收益表
1998 年 12 月 31 日

	12 万台录音机		19 万个电子计算器		总额（千美元）
	总额（千美元）	每单位（美元）	总额（千美元）	每单位（美元）	
销售收入	1 800	15.00	4 480	28.00	6 280
弹性成本					
材料	480	4.00	1 140	6.00	1 620
人工	360	3.00	1 710	9.00	2 070
其他	120	1.00	570	3.00	690
约束性成本	280	2.33	1 400	7.37	1 680
总成本	1 240	10.33	4 820	25.37	6 060
毛利润	560	4.67	500	2.63	1 060
设备支持成本					2 000
税前净收入					(940)

要求：

（1）若预计的销售组合可以实现，那么 1998 年年底要销售多少台录音机和多少个电子计算器才能达到盈亏平衡点？

（2）如果公司计划下年的税后利润相当于其销售额的 9%，则销售量应达到多少？公司的税率为 42%。

（3）公司按照变动性人工费用来分配约束性成本。调查得出的约束性成本如下：①生产录音机的管理费用为 50 万美元；②生产电子计算器的管理费用为 60 万美元；③约束性成本与产品的生产批量是成比例的，公司的录音机生产批量为 1 000 台，电子计算器生产批量为 1 万个。最后，实际上原来作为设备维护成本的 30 万美元分配到录音机生产线，还有 40 万美元分配到电子计算器生产线。现在需要对财务报表进行重新调整，以纠正由于原来错误分类而产生的误差。

第 **2** 章

短期预算、资源分配和生产能力成本

第 1 章介绍了弹性资源和约束性资源的含义。弹性资源是企业根据其需要量来购买和使用的诸如原材料和辅助材料之类的资源。它的成本取决于企业消耗的资源数量（购入的资源数量扣除损失和浪费）。相反，约束性资源（如机器设备和训练有素的员工）在短期内的供应是不变的。它可以为企业开展各项业务活动提供必要的生产能力。与弹性资源的成本不同，约束性资源的成本取决于企业资源的拥有量而不是实际的耗用量。

由于约束性资源在短期内不会发生改变，所以短期规划主要考虑如何以最优的生产方式利用它。在本章中我们将会看到，当一项约束性资源限制了企业进一步进行短期扩张（即进一步利用弹性资源）时，这项约束性资源就会与机会成本相联系，从而使企业因不能进一步扩大产量而遭受利润损失。

本章主要考虑约束性资源生产能力的短期应用以及对它的有效利用所带来的财务效应。我们将通过一个案例来充分解释其中的要点，然后将这些要点与短期资源的分配相结合来预测相关的财务效应。

2.1 示 例

香农维尔储物柜厂（Shannonville Cabinets）生产和销售五种大型钢制电子储物柜，每种型号的储物柜生产和销售月份如下所示：

型号	生产月份	销售月份
C_1	1—4 月、9—12 月	1—4 月、9—12 月
C_2	7—12 月	7—12 月
C_3	1—6 月	1—6 月
C_4	全年	全年
C_5	全年	6 月和 12 月

公司采用准时制生产模式，也就是说公司每月生产多少个储物柜就销售多少个储物柜。储物柜 C_5 除外（在全年生产，但只在 6 月和 12 月销售）。

其他资料：香农维尔储物柜厂保持的最低现金余额为 50 000 美元，任何的短期营运资金都可以通过贷款来筹集，利息费用每月按期初信贷额度的 0.5% 计算。另外，公司按销售收入的 5% 计提坏账准备。

工人们从仓库中取出薄钢板运到切割区域，将钢板放入可编程的切割机。机器把钢板切割成储物柜零件后，零件被移到组装区域，在那里组装成储物柜。然后将储物柜移至装运区域进行包装和运输。

下表列举五种储物柜的相关信息，加工过程中每个部门都需要耗费一些工作量，这里以"工作单位"表示。

型号	单价	原材料和人工费	调度部门（工作单位）	运输部门（工作单位）	生产准备部门（工作单位）	切割部门（工作单位）	装配部门（工作单位）	货运部门（工作单位）
C_1	$14 000	$1 300	2	7	3	3	2	4
C_2	$20 000	$1 600	4	3	4	6	5	4
C_3	$19 000	$1 500	5	2	6	4	3	7
C_4	$15 000	$1 450	3	5	7	2	4	2
C_5	$22 000	$1 750	6	4	5	6	5	3
生产能力成本			$70 000	$170 000	$260 000	$800 000	$650 000	$150 000
每月生产力（个）			2 600	3 000	3 500	2 900	2 400	3 200
每单位生产力所需弹性成本			$180	$300	$780	$900	$720	$240

2.2　短期规划和预算

我们注意到，每一种资源对应生产过程中的一种生产能力（通常以工作单位来计量）。除此之外，每单位生产能力也需要耗费一定量的弹性资源，主要指原材料和辅助材料，香农维尔储物柜厂的弹性成本已在上表最后一行列出。利用这些信息，香农维尔储物柜厂的管理者可以制定一个生产计划实现其目标，也可以预测该计划实施后的财务结果。

2.3　作业、资源使用与成本

这个例子说明了短期生产计划人员所面临问题的实质。每种产品都要耗费不同数量的生产要素，每种生产要素与两个成本相联系：约束性成本——短期固定，不随使用量变化而变化；弹性成本——随使用量的变化而变化。[1] 现在我们假定，管理者已经找出与每一个生产因素相对应的单位弹性成本，每年与生产能力无关的设备维护成本为 12 000 000 美元，该成本可按月均摊。

下表（单位：美元）列示了每种产品边际贡献的计算过程，其中，边际贡献=单位售价—单位弹性成本。[2]

	C₁	C₂	C₃	C₄	C₅
售价	14 000	20 000	19 000	15 000	22 000
原材料	1 300	1 600	1 500	1 450	1 750
调度部门	360	720	900	540	1 080
运输部门	2 100	900	600	1 500	1 200
生产准备部门	2 340	3 120	4 680	5 460	3 900
切割部门	2 700	5 400	3 600	1 800	5 400
装配部门	1 440	3 600	2 160	2 880	3 600
货运部门	960	960	1 680	480	720
合计	11 200	16 300	15 120	14 110	17 650
边际贡献	2 800	3 700	3 880	890	4 350

2.4 短期资源使用的最优规划

2.4.1 等额销售量目标

假设香农维尔储物柜厂的经营目标是生产的所有型号产品年销售量相同，在此目标下产生的经营利润如下。[3]

香农维尔储物柜厂
最优方案
每年等额销售量目标

收入	$51 903	产品	销量（单位）
净销售收入	$111 919 500	C₁	1 309
弹性成本	$97 363 420	C₂	1 309
生产能力成本	$2 100 000	C₃	1 309
其他成本	$12 000 000	C₄	1 309
利息成本	$404 177	C₅	1 309
		总计	6 545

资源	可用数量（单位）	实际使用的最大数量（单位）
调度部门	2 600	2 400
运输部门	3 000	2 782
生产准备部门	3 500	3 109
切割部门	2 900	2 673
装配部门	2 400	2 400
货运部门	3 200	2 727

在这个生产计划中，因为装配部门的生产能力被全部利用从而限制了企业的其他生产环节，故企

业无论是通过增加资源供给还是提高现有资源的使用效率来进一步增加生产量，其着眼点都应放在装配部门生产能力的提高上。[4]

2.4.2　总销售量目标

假定该储物柜厂的经营目标不再是上文的生产计划与销售量，而是在其现有生产能力下使每年各种型号产品的总销售量最大，在此目标下，香农维尔储物柜厂选择相应的生产计划如下。

香农维尔储物柜厂
最优方案
最大总销售量目标

收入	$ 2 373 761	产品	销量（单位）
净销售收入	$ 116 500 278	C_1	1 826.2
弹性成本	$ 99 673 341	C_2	1 427.4
生产能力成本	$ 2 100 000	C_3	1 588.7
其他成本	$ 12 000 000	C_4	568.2
利息成本	$ 353 176	C_5	1 355.0
		总计	6 765.54

	资源	可用数量（单位）	实际使用的最大数量（单位）
	调度部门	2 600	2 600
	运输部门	3 000	3 000
	生产准备部门	3 500	3 170
	切割部门	2 900	2 884
	装配部门	2 400	2 400
	货运部门	3 200	3 200

2.4.3　短期利润目标

最后，假定该储物柜厂的经营目标是使企业的收入最大化，在这种情况下，相应的生产计划如下。

香农维尔储物柜厂
最优方案
最大边际贡献目标

收入	$ 3 126 478	产品	销量（单位）
净销售收入	$ 113 876 758	C_1	2 003.6
弹性成本	$ 96 253 725	C_2	1 325.8
生产能力成本	$ 2 100 000	C_3	1 531.5
其他成本	$ 12 000 000	C_4	0.0
利息成本	$ 396 555	C_5	1 645.6
		总计	6 506.5

续表

资源	可用数量（单位）	实际使用的最大数量（单位）
调度部门	2 600	2 600
运输部门	3 000	2 965
生产准备部门	3 500	2 969
切割部门	2 900	2 900
装配部门	2 400	2 291
货运部门	3 200	3 200

对比三种方案，可以发现第三种生产计划创造的收入最多，即约 3 126 000 美元，因为这种方法的生产计划明确将收入最大化作为业绩衡量标准。我们也可看到，生产计划的最优方案选择是建立在管理者对每种产品的收入、原材料成本、弹性成本、生产所需的每种资源可用性和各项业务作业的消耗量充分掌握的基础之上的。同时，我们假定没有任何可能去改变这些资源的供给水平（即约束性资源所提供的生产能力在短期内不变）。

2.5 机会成本、生产能力成本和约束理论

在香农维尔储物柜厂的例子中，我们看到，公司有限的生产能力限制了企业增加收入[5]，我们可以说，生产的约束因素反映了组织的机会成本，因为其阻碍了企业实现更大的扩张和获得更多的利润。理论上，只要提高约束因素的生产能力的成本增加小于进一步扩张而避免的机会成本，就应该增加生产约束因素的供给。从长期来看，这是一个资本预算问题，其中初始成本是生产能力成本的增加，而未来的现金流代表了扩大生产约束因素所提供的增量利润的年增长。

在过去的十年中，企业的管理者和管理会计学者都注意到戈德拉特（Goldratt）的约束理论。[6] 戈德拉特提出对于大多数制造企业来说，都存在单一的约束因素，该约束因素在企业追求短期边际贡献目标最大化时产生制约作用。香农维尔储物柜厂的例子表明，存在三种这样的约束因素，即调度、切割、货运。不过该理论的支持者认为，这些多重约束因素只是理论意义上的，实际情况并非如此。[7] 该理论主要基于在特定时间区间内确定哪些是最为主要的资源约束因素。该限制理论虽然简化了最优规划的过程，但它鼓励对单一生产约束因素进行积极管理，获得了相当大的关注。约束理论的实践者通过减少约束因素或瓶颈来增加产量，进而增加利润。他们从两方面着手：

● 增加该生产约束因素的供给量。可以通过制订有效的计划、加强该资源的调度和持续改进作业流程以减少该资源的停工时间来实现。

● 减少该生产约束因素的需求量。可以通过产品流程再造来减少对生产约束因素的需求，或者通过改变产品结构来达到尽可能少利用该限制资源而更多利用过剩资源的目的。

戈德拉特的约束理论把企业现在的产品生产能力作为既定的生产能力，企业主要在这种既定的生产能力范围内寻求提高企业经营业绩的途径。该理论是短期经营策略，它并没有考虑这种生产能力是从何而来、何时会发生变化以及会怎样变化的问题。[8] 该理论主要关注在某一个时点上的瓶颈，并尽力减少这种产量上的瓶颈，然后转入下一种生产约束因素。相应地，关于企业生产流程改进和产品结构优化的资源管理及决策的主要功能是评估并尽力消除这种瓶颈资源的影响，再尽力消除另一种瓶颈资源的影响，进而提高生产量，这是一个持续循环的过程。

2.6　多种资源限制

在只有一种资源限制的情况下，前面关于机会成本的讨论是有意义的，但是，当存在多种资源限制时，问题就会变得复杂。

如果考虑与边际贡献最大化或收入最大化相关的生产计划，我们看到最优的生产计划要求充分利用调度、切割和货运资源，而不必充分利用运输、生产准备或装配资源。当存在单一生产约束因素时，往往遵循扩大生产的原则，直到生产约束因素被用完，当存在多个生产约束因素时，这种方法就不起作用了。

首先，只有同时考虑所有生产约束因素，才能找到一个最优的生产计划。

其次，如果增加其中一种生产约束因素供给量，那么最优的生产计划也将随之改变，这也可能会使其他资源变成限制性资源。

为了说明这一点，回到香农维尔储物柜厂的例子，研究当目标是最大化短期收入时的最佳生产计划。请注意，调度、切割、货运三种资源被充分利用。因此，为了扩大产量和增加利润，管理者必须增加其中一种生产约束因素的供给量。假定香农维尔储物柜厂租用一台切割机，其年租金为 200 000 美元，月产能将增至 3 100 单位。在我们进一步讨论之前，回顾一下现有的解决方案，确定是否应该实施这个项目。此时，该储物柜厂的最优方案如下表所示。

香农维尔储物柜厂
最优方案
最大边际贡献目标——切割部门生产能力提高

收入	$3 463 373	产品	销量（单位）
净销售收入	$116 258 032	C_1	1 964.1
弹性成本	$98 301 383	C_2	1 474.5
生产能力成本	$2 100 000	C_3	1 551.3
其他成本	$12 000 000	C_4	0
利息成本	$393 277	C_5	1 632.5
		总计	6 622.4

资源	可用数量（单位）	实际使用的最大数量（单位）
调度部门	2 600	2 600
运输部门	3 000	3 000
生产准备部门	3 500	2 968
切割部门	3 100	3 027
装配部门	2 400	2 400
货运部门	3 200	3 200

注意，新生产计划中每种产品的产量均发生了变化，同时利润增加了 338 440 美元，这是切割部门月生产能力从 2 900 单位提高到 3 100 单位所带来的增量利润。

在新的生产计划下，企业更多的是考虑使用切割部门的资源，但是最优方案并不要求切割部门的生产能力被充分利用。随着切割部门生产能力的提高，其他的资源现在成为限制产量的因素。不过，切割部门生产能力提高所带来的利润增量 338 400 美元远远超过其租用成本 200 000 美元。

流程再造和持续改进对盈利能力的影响

除了利用计划模型进行资本投资和扩张的决策之外，管理者也可以利用计划模型预测产品流程再造和持续改进的影响。如假设一个包括销售部、采购部、设计部、生产部和财务部在内的生产设计小组，对 C_1 型号的储物柜进行了改进，其目的是使 C_1 型号储物柜的生产过程更加容易。该小组改变了 C_1 型号储物柜的设计，使得 C_1 型号储物柜对生产准备、切割、装配部门资源的需求量降为 2，2，1（原来为 3，3，2）。我们可以计算出重新设计后第一年的预期利润从 3 124 933 美元上升到 8 234 070 美元，大约增加了 160％，这仅仅是第一年的收益情况，收益有可能在以后的年份里进一步增加。

通过此例我们可以看到，对产品和流程重新设计后，香农维尔储物柜厂不仅可以通过降低 C_1 型号储物柜所耗费的资源来提高利润，而且通过使用更少的约束性资源，把节省的资源用于生产其他的产品获利。由此可见，减少约束性资源的使用对企业收入的影响是双重的。

2.7　成本信息在短期资源配置中的作用

对生产约束因素的最佳分配主要取决于管理者对模型中所用参数的估计。在此例中，如果对售价、弹性成本、每种产品的资源需用量、可用资源量等参数估计错误，那么管理者进行下一步资源最优分配时会造成机会损失。

在这里，由于我们主要研究管理会计系统提供给企业管理者的信息，所以我们将主要说明成本估计错误如何导致机会损失。假定由于成本制度的局限性，所用资源的弹性成本估计值与实际值不一致，如假定调度、运输、生产准备、切割、装配和货运部门所需资源的单位弹性成本估计值为 189 美元、308 美元、646 美元、851 美元、612 美元和 204 美元。[9] 下面两张表分别列示了每种产品的边际贡献以及边际贡献目标最大化下的生产计划。

单位：美元

	C_1	C_2	C_3	C_4	C_5
售价	14 000	20 000	19 000	15 000	22 000
原材料	1 300	1 600	1 500	1 450	1 750
调度部门	378	756	945	567	1 134
运输部门	2 156	924	616	1 540	1 232
生产准备部门	1 938	2 584	3 876	4 522	3 230
切割部门	2 553	5 106	3 404	1 702	5 106
装配部门	1 224	3 060	1 836	2 448	3 060
货运部门	816	816	1 428	408	612
合计	10 365	14 846	13 605	12 637	16 124
边际贡献	3 635	5 154	5 395	2 363	5 876

当企业采用这些边际贡献去选择生产规模，它将选择下表所示的生产规模和利润。如下表所示，我们得到的利润是 3 071 080 美元，这比利用实际弹性成本所得出的利润少 53 853 美元。[10] 因此，生

产计划中不准确的成本信息会产生机会损失。

香农维尔储物柜厂
最优方案
最大边际贡献目标——错误的弹性成本数据

		产品	销量（单位）
收入 [*]	$ 3 071 080	C_1	1 695.1
净销售收入	$ 113 583 140	C_2	1 492.9
弹性成本	$ 96 039 106	C_3	1 685.8
生产能力成本	$ 2 100 000	C_4	0
其他成本	$ 12 000 000	C_5	1 542.8
利息成本	$ 372 954	总计	6 416.6

资源	可用数量（单位）	实际使用的最大数量（单位）
调度部门	2 600	2 600
运输部门	3 000	2 744
生产准备部门	3 500	2 964
切割部门	2 900	2 900
装配部门	2 400	2 311
货运部门	3 200	3 200

[*] 收入是根据资源的弹性成本的实际价值计算得出的。

实际生活中，由于企业在大多数情况下都不可能获得准确的弹性成本信息，所以常常产生这样的机会成本。当企业采用粗略的成本系统时，这个机会损失会更大。

为了说明这个问题，我们假定香农维尔储物柜厂并没有保留每项业务活动具体的弹性成本信息，而是把和该厂有关的所有弹性成本归集到一起。回顾初始问题的最优解决方案，当企业追求边际贡献最大化的目标时，你可以看到总生产成本为 46 247 743 美元。在总生产成本中，与材料相关的成本为 9 900 886 美元，因此与生产能力相关的弹性成本为 86 346 857 美元。又已知总产量为 6 504.1 单位，单位平均弹性成本约为 13 300 美元。若用此弹性成本估计数，我们将算出下面的产品边际贡献。

单位：美元

	C_1	C_2	C_3	C_4	C_5
售价	14 000	20 000	19 000	15 000	22 000
原材料	1 300	1 600	1 500	1 450	1 750
弹性成本	13 300	13 300	13 300	13 300	13 300
总计	14 600	14 900	14 800	14 750	15 050
边际贡献	−600	5 100	4 200	250	6 950

如果使用上述信息作为规划的基础，那么香农维尔储物柜厂将选择下面的生产计划来计算利润。

香农维尔储物柜厂
最优方案
最大边际贡献目标——粗略的成本系统

收入	$ 2 576 947	产品	销量（单位）
净销售收入	$ 112 298 930	C_1	0
弹性成本	$ 95 066 768	C_2	1 772.8
生产能力成本	$ 2 100 000	C_3	1 791.4
其他成本	12 000 000	C_4	0
利息成本	$ 555 215	C_5	2 214.4
		总计	5 778.6

资源	可用数量（单位）	实际使用的最大数量（单位）
调度部门	2 600	2 600
运输部门	3 000	1 625
生产准备部门	3 500	2 714
切割部门	2 900	2 880
装配部门	2 400	2 400
货运部门	3 200	2 644

可以看出，由于成本数据模糊了产品边际贡献，使用这种粗略的成本系统导致了 54 789 美元的机会损失。但是，我们不能因此就断定一种成本系统反映的成本内容越详细，其结果就一定越好。首先，一个详细成本系统的成本可能超过采用这种系统所减少的机会损失。其次，成本分得太细，也可能造成不当分类和管理，由此导致的信息误导可能会比粗略系统造成的后果更严重。不过，总体而言，人们希望改进成本系统所创造的价值超过其成本。

2.8 经营预算

2.8.1 生产与资源利用

一旦企业制订了短期规划，它就能预测实施该规划一定时期（通常为一年）后企业的财务状况和经营成果。企业管理者尤其关心对现金流量和资源需求进行估计，以便能对生产能力和筹资数额进行系统安排。

承前例的假设，且销售量在一年中平均分布，后面的表格给出了企业在短期利润最大化目标下所选择的生产计划。

注意，这个生产计划提供了我们在总生产方案中不易看到的关于资源使用量的一些具体信息。例如，在所有月份，生产能力都没有得到充分利用。这一事实可以促使管理者开发其他的产品或销售模式以更充分地利用资源。一般来说，详细生产计划表能够促进管理者进行科学规划，如合理计划机器设备的维修、保养，招聘和培训员工。但是，我们也应看到，这些规划仅仅是建立在管理者对资源需求量和可利用程度估计的基础之上的，如果这些估计失真，就不可避免地会使实际结果与计划方案相偏离。

金额单位：美元

每月资源需用量报表

	调度部门	运输部门	生产准备部门	切割部门	装配部门	货运部门
产品 C_1	2	7	3	3	2	4
产品 C_2	4	3	4	6	5	4
产品 C_3	5	2	6	4	3	7
产品 C_4	3	5	7	2	4	2
产品 C_5	6	4	5	6	5	3
单位生产能力弹性成本	180	300	780	900	720	240
生产能力成本	70 000	170 000	260 000	800 000	650 000	150 000

销售量和生产量计划

	1月	2月	3月	4月	5月	6月	7月	8月	9月	10月	11月	12月
C_1 销售量	249.4	249.4	249.4	249.4	0.0	0.0	0.0	0.0	249.4	249.4	249.4	249.4
C_2 销售量	0.0	0.0	0.0	0.0	0.0	0.0	221.7	221.7	221.7	221.7	221.7	221.7
C_3 销售量	256.0	256.0	256.0	256.0	256.0	256.0	0.0	0.0	0.0	0.0	0.0	0.0
C_4 销售量	0.0	0.0	0.0	0.0	0.0	0.0	0.0	0.0	0.0	0.0	0.0	0.0
C_5 销售量	0.0	0.0	0.0	0.0	0.0	821.4	0.0	0.0	0.0	0.0	0.0	821.4
C_1 生产量	249.4	249.4	249.4	249.4	0.0	0.0	0.0	0.0	249.4	249.4	249.4	249.4
C_2 生产量	0.0	0.0	0.0	0.0	0.0	0.0	221.7	221.7	221.7	221.7	221.7	221.7
C_3 生产量	256.0	256.0	256.0	256.0	256.0	256.0	0.0	0.0	0.0	0.0	0.0	0.0
C_4 生产量	0.0	0.0	0.0	0.0	0.0	0.0	0.0	0.0	0.0	0.0	0.0	0.0
C_5 生产量	136.9	136.9	136.9	136.9	136.9	136.9	136.9	136.9	136.9	136.9	136.9	136.9

资源需用量

	1月	2月	3月	4月	5月	6月	7月	8月	9月	10月	11月	12月
调度部门	2 600.0	2 600.0	2 600.0	2 600.0	2 101.3	2 101.3	1 708.4	1 708.4	2 207.1	2 207.1	2 207.1	2 207.1
运输部门	2 805.2	2 805.2	2 805.2	2 805.2	1 059.5	1 059.5	1 212.8	1 212.8	2 958.5	2 958.5	2 958.5	2 958.5
生产准备部门	2 968.4	2 968.4	2 968.4	2 968.4	2 220.3	2 220.3	1 571.5	1 571.5	2 319.6	2 319.6	2 319.6	2 319.6
切割部门	2 593.4	2 593.4	2 593.4	2 593.4	1 845.3	1 845.3	2 151.9	2 151.9	2 900.0	2 900.0	2 900.0	2 900.0
装配部门	1 951.2	1 951.2	1 951.2	1 951.2	1 452.4	1 452.4	1 793.2	1 793.2	2 292.0	2 292.0	2 292.0	2 292.0
货运部门	3 200.0	3 200.0	3 200.0	3 200.0	2 202.5	2 202.5	1 297.7	1 297.7	2 295.2	2 295.2	2 295.2	2 295.2

续表

	1月	2月	3月	4月	5月	6月	7月	8月	9月	10月	11月	12月
现金流入												
本年销售收入	5 430 568	5 430 568	5 430 568	5 430 568	3 161 270	14 907 101	2 882 734	2 882 734	5 152 033	5 152 033	5 152 033	16 897 865
上月销售收入	1 000 000	1 670 944	1 670 944	1 670 944	1 670 944	972 698	4 586 800	886 995	886 995	1 585 241	1 585 241	1 585 241
两个月前的销售收入	300 000	500 000	835 472	835 472	835 472	835 472	486 349	2 293 400	443 498	443 498	792 620	792 620
本月合计	6 730 568	7 601 512	7 936 984	7 936 984	5 667 686	16 715 272	7 955 884	6 063 130	6 482 526	7 180 771	7 529 894	19 275 726
现金流出												
弹性成本												
原材料	947 717	947 717	947 717	947 717	623 531	623 531	594 369	594 369	918 555	918 555	918 555	918 555
其他弹性成本	8 131 828	8 131 828	8 131 828	8 131 828	5 663 031	5 663 031	5 436 382	5 436 382	7 905 180	7 905 180	7 905 180	7 905 180
弹性成本合计	9 079 545	9 079 545	9 079 545	9 079 545	6 286 562	6 286 562	6 030 752	6 030 752	8 823 734	8 823 734	8 823 734	8 823 734
约束性成本												
约束性成本流出合计	116 667	116 667	116 667	116 667	116 667	116 667	116 667	116 667	116 667	116 667	116 667	116 667
其他成本												
利息成本	0	17 328	30 338	41 836	53 342	62 286	16 037	12 075	17 557	34 934	48 907	61 204
其他成本	1 000 000	1 000 000	1 000 000	1 000 000	1 000 000	1 000 000	1 000 000	1 000 000	1 000 000	1 000 000	1 000 000	1 000 000
其他成本合计	1 000 000	1 017 328	1 030 388	1 041 836	1 053 342	1 062 286	1 016 037	1 012 075	1 017 557	1 034 934	1 048 907	1 061 204
现金流出合计	10 196 211	10 213 539	10 226 600	10 238 048	7 456 570	7 465 515	7 163 456	7 159 494	9 957 958	9 975 335	9 989 308	10 001 605
净现金流量	(3 465 643)	(2 612 027)	(2 289 615)	(2 301 064)	(1 788 885)	9 249 757	792 428	(1 096 364)	(3 475 433)	(2 794 564)	(2 459 414)	9 274 121
筹资												
期初现金余额	50 000	50 000	50 000	50 000	50 000	50 000	50 000	50 000	50 000	50 000	50 000	50 000
筹资前现金额	(3 415 643)	(2 562 027)	(2 239 615)	(2 251 064)	(1 738 885)	9 299 757	842 428	(1 046 364)	(3 425 433)	(2 744 564)	(2 409 414)	9 324 121
期初信贷资金数额	0	3 465 643	6 077 670	8 367 286	10 668 349	12 457 234	3 207 477	2 415 048	3 511 412	6 986 845	9 781 409	12 240 823
借款金额	3 465 643	2 612 027	2 289 615	2 301 064	1 788 885	0	0	1 096 364	3 475 433	2 794 564	2 459 414	0
偿还借款金额	0	0	0	0	0	9 249 757	792 428	0	0	0	0	9 274 121
期末信贷资金数额	3 465 643	6 077 670	8 367 286	10 668 349	12 457 234	3 207 477	2 415 048	3 511 412	6 986 845	9 781 409	12 240 823	2 966 702
期末现金余额	50 000	50 000	50 000	50 000	50 000	50 000	50 000	50 000	50 000	50 000	50 000	50 000

2.8.2　现金流量

短期规划关注的一个主要问题是掌握实施生产计划后的预期现金流量。通过掌握现金流量的信息，管理者可以了解何时有闲置的资金可以进行短期投资，何时资金会短缺而不得不通过银行贷款或其他筹资方式来满足生产经营中对资金的需求。

假定香农维尔储物柜厂销售收入回款情况如下所示：

- 销售收入在本月收回：65%
- 销售收入在下月收回：20%
- 销售收入在下两个月收回：10%
- 坏账损失：5%

另外，上一年度 11 月、12 月的销售收入分别为 3 000 000 美元和 5 000 000 美元。根据这些假设，我们可以编制在最优生产计划下的预计现金流量表，如上文所示。

注意，企业的现金流量规划和筹资计划要求企业始终保持有 50 000 美元的最低现金余额。

我们还可以看到，信贷资金额度在 1—5 月逐月提高，在 6 月、7 月减少，在 8—11 月逐月增加，到 12 月有所下降。这种持续需求的信贷资金额度表明：该储物柜厂应该为经营活动所需资金寻找到一个稳定持久的筹资渠道。这种短期融资的方式，如信贷，可能使信贷余额在这一年中的某些时点为零。

2.9　小　结

在这一章中，我们介绍了企业进行短期规划的有关内容，研究了：

- 生产能力资源如何限制企业的短期经营计划；
- 管理者可以择优选用的一些计划；
- 短期经营计划所带来的财务和经营成果。

通过对生产计划的选择和实施，管理者可以掌握下列重要信息。

首先，管理者可以知道哪些生产能力资源限制了企业的进一步扩大，同时，管理者也能对因生产能力提高而带来的增量利润进行预测。在这一点上，短期生产计划可以为管理者提供两个指标。

短期指标：主要用于改进活动，如产品生产流程再造和持续改进的规划。

长期指标：主要用于资本预算、企业扩大生产能力后所带来的预期收益的计算。

其次，管理者可以了解到因使用不准确的成本估计而选择生产计划所带来的机会损失，实际上企业是不可能计算出这些机会损失的，因为管理者也不知道真实成本。但是，短期生产规划对成本估计变化的敏感度能帮助管理者知道当成本估计值变化时，生产计划的改变是否明显。在第 5 章中，我们将讨论引入更精确的成本系统对生产计划的影响。

📖　注　释

[1] 例如，与运输部门相关的弹性成本包括叉车的燃料成本和每小时雇用临时工的成本。货运部门的弹性成本包括原材料包装的成本。

[2] 我们只是对在不同计划假设下的最优方案感兴趣。后续我们将提供所制订计划的详细信息，并讨

论电子表格，以便感兴趣的读者能够验证这些结果。

[3] 这里利用了 Excels solver tool 来获得最优方案，我们得到的是一个非整数方案。熟悉编程方法的读者可能会意识到由这些非整数四舍五入后得到的整数方案可能并非最优结果，但是考虑到绝大多数使用 Excel 软件用户的利益，我们仍采用这种方法。本章的所有计算内容都可以通过 Excel 中的规划求解程序完成，只要在 Excel 中的规划求解中设置对应的目标函数、约束条件即可。

[4] 我们使用 Excels spreadsheet amach2. xls 解决这个问题和本章中的其他类似问题。首先打开电子表格，在该表中 E9 栏到 E13 栏填入不同产品的售价，同时，必须对 C18 栏到 C23 栏和 D18 栏到 D23 栏加以比较，以确保你假设的生产计划没有超过企业的生产能力。

[5] 香农维尔储物柜厂的例子仅仅考虑了生产上的约束因素。实际上，企业还会遇到诸如供应、后勤、销售和筹资等方面的限制，此外，企业还可能受到人员和生产技术方面的限制。这里仅讨论生产约束因素，因为它们是最容易观察的，也是最容易概念化的。所以，在此讨论中，我们用对生产约束因素的讨论代表对所有其他限制的讨论。

[6] Eliyahu M. Goldratt and Jeff Cox, *The Goal: A Process of Ongoing Improvement* (2nd rev. ed). (New York, NY: North River Press, 1992).

[7] 如果管理者沿用这种办法，即直到第一种生产限制出现才去扩充产能，那么一种单一资源将永远限制生产。

[8] 在给定的假设下，约束理论者所提供的建议是有说服力的。

[9] 这些数值是根据上文实际数值在上下 20% 的幅度内随机浮动生成的。

[10] 当企业使用一个以成本为基础的计算方法时，如以成本加成法计算价格，这种破坏作用更严重。

▌▌ 习 题

[2-1] 规划一种约束性资源

OPT 公司生产两种产品 P 和 Q，生产流程如下图所示：

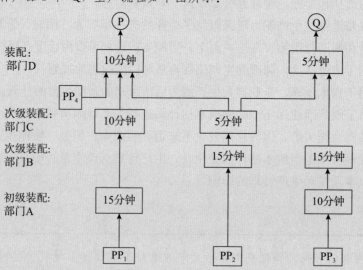

产品 P、Q 的单位售价分别为 140 美元和 120 美元。产品 P 每周最多可销售 100 单位，产品 Q 每周最多可销售 50 单位。4 个购置部件的单位成本如下：

购置部件	单位成本（美元）
PP$_1$	35
PP$_2$	40
PP$_3$	30
PP$_4$	15

其中 PP$_2$ 流经部门 B 和 C，才能最终被加工成产品 P 和 Q。每个购置部件在各个部门的加工时间在图上已标出。

每个部门（A，B，C，D）只有一名工人，工资为每小时 18 美元，同时工作特点决定了每个工人只能从事自己部门的工作，不能跨部门工作，实行一班制（40 小时/周），不允许加班。

约束性成本按直接人工每小时 36 美元分配到产品中去。

要求：

（1）计算产品 P 和 Q 的弹性成本和约束性成本。

（2）假定生产能力按照单位产品利润进行分摊，请制定出使每周利润最大的生产计划，并求出该计划能带来的利润。

（3）制定一个生产计划，使每周利润最大。

（4）若工人无论工作与否都要领取工资，则问题（3）的答案又是什么？

（5）若一项成本调查表明，产品 P 和 Q 的约束性成本分别为 10 美元和 33 美元，则问题（3）又将如何变化？这个信息最终与制定生产计划是否相关？

（6）若对工人进行交叉技术培训，使他们能够跨部门工作，那么问题（3）的答案又将怎样？

[2-2] 制定一个生产计划

AFL 是一个联合渔业生产公司，它经营一支小型拖网渔船船队，当渔船到岸后，AFL 可以直接出售鲜鱼或者对鱼进行加工后再出售。

初级加工过程为：剔除鱼头、鱼尾、鱼鳞、鱼骨等鱼杂碎之后，剩下的产品为鱼肉，鱼肉重量约占整鱼重量的 65%，鱼杂碎可用作肥料，其可实现净值为零。事实上，为了处理鱼杂碎，AFL 公司已经开始制造肥料。

鱼肉根据其质量进行处理，有三种质量等级。平均来看，一等品约占 40%，二等品约占 40%，三等品约占 20%。一等品作为鲜鱼出售，不能出售的降为二等品，二等品被用于制作美食主菜出售，其处理程序是把鱼烹饪之后再装到一个容器中冷冻以供出售，若二等鱼肉供应量过多，也可降为三等品，三等品可被加工成鱼制品或冻成块以供日后出售。

该企业初级处理设备处理的最大批量为 120 000 磅鲜鱼，如果一艘渔船所运载的鱼超过了最大生产能力，该公司将会以任何价格处理过剩的鲜鱼，因为鱼在第二次加工前就会变质。

初级加工处理的成本包括两部分：一是由加工、卸货、发放工资等费用组成的弹性成本，每磅 0.40 美元；二是设备折旧、管理费等组成的约束性成本，每批鱼 15 000 美元。

鲜鱼若被出售，则它所增加的弹性成本是：包装成本每磅 0.20 美元，运输装卸成本每磅 1.50 美元。其售价为每磅 5.00 美元。

该公司烹饪、冷冻设备最大处理能力为每批 50 000 磅。无论鱼肉被用作主菜产品还是被降为三等品，其处理的弹性成本均为每磅 0.35 美元。

对于主菜产品，包含在鱼中的附加项目的平均弹性成本为每磅包装好的鱼 2.00 美元，弹性包装成本为每磅 0.40 美元，因为主菜产品、鱼制品和鱼块均是以离岸价格（FOB）出售的，故不存在货运费用。该主菜产品的售价为每磅 4.60 美元。

对于三等品，若被加工成鱼制品，则所需弹性成本为：包装鱼的材料成本每磅 0.20 美元，包装成本每磅 0.15 美元。目前，鱼制品售价为每磅 2.20 美元。

若被冷冻成鱼块，则所需弹性成本约为每磅 0.20 美元。目前冷冻鱼块售价为每磅 1.20 美元。生产部经理提供给市场部经理的信息为：生产部门下周将要加工 10 000 磅的鱼块，并且其支付价格为每磅 1.25 美元。

要求：

一艘装载 140 000 磅鱼的渔船的船长刚刚通过无线电告知将在两天后到岸，市场部经理认为，他最多能出售 30 000 磅鲜鱼、25 000 磅一等品、28 000 磅主菜产品、25 000 磅鱼制品和 22 000 磅鱼块（注意：这 22 000 磅中不包含生产部已经付过款的 10 000 磅）。同时，他指出目前鲜鱼的市场售价为每磅 1.25 美元，请给出最佳处理方案。

[2-3] 原材料制成产成品的规划问题

WLFP 是一家联合木材公司，每期采伐的原木数量为 12 000 000 根。原木按批采伐，每批采伐木材的数量为 1 000 000 根，采伐成本包括：约束性成本 400 000 美元，弹性成本每根 3 美元。

采伐后的原木分等级处理，其中，约 50% 的原木可用做锯木厂材料，30% 的原木可用做制胶合板的材料，20% 的木材可用做制纸浆的材料。

锯木厂材料若直接出售，其市场售价为每批 5 000 美元，每批为 1 000 根；若进一步加工成原木，其成本按批计算，每批固定成本为 80 000 美元，每批为 100 000 根，加工处理的弹性成本为每根 2 美元，该锯木厂的年生产能力是 3 000 000 根或者说是 30 批。原木按批出售，每批 1 000 根，售价为每批 7 000 美元。

可制作胶合板的原木可以直接出售，其售价是每批 4 000 美元，每批为 1 000 根。若继续加工制成胶合板，以批为单位进行加工，每批为 150 000 根，每批固定成本为 90 000 美元，弹性成本为每根 3.10 美元，胶合板加工设备的生产能力为 3 750 000 根（25 批），胶合板售价为每批 8 000 美元，每批有 1 000 根。同时，可制作胶合板的原木也可降为制纸浆的木材。

可制作纸浆的原木可直接出售，售价为每批 3 000 美元，每批为 1 000 根。若将其继续加工制成各种纸张产品，由于加工程序是连续的，所以在纸张加工厂中没有生产批量成本发生。其加工弹性成本为每根 1.15 美元，纸张加工厂的生产能力为 4 000 000 根，纸张产品售价为每批 50 000 美元，每批为 1 000 根，作业流程如下页图所示。

市场部传来的信息表明：若以批（1 000 根）为单位，则下一个时期所能销售的最大批数如下页表所示。

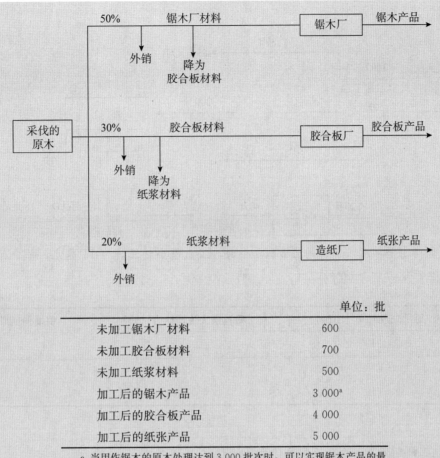

	单位：批
未加工锯木厂材料	600
未加工胶合板材料	700
未加工纸浆材料	500
加工后的锯木产品	3 000[a]
加工后的胶合板产品	4 000
加工后的纸张产品	5 000

a. 当用作锯木的原木处理达到 3 000 批次时，可以实现锯木产品的最大销售量。

要求：

为下一个时期制定最优生产计划。

[2-4] 选择一个产品结构

SHC 化工厂主要生产用作化工涂料的化学药品，生产过程涉及三个部门。

药品 A：市场采购价为每升 4 美元，按批流经部门 1，每批为 150 升。其中 100 升生成药品 B，50 升生成药品 C。

药品 B：市场售价为每升 15 美元。

药品 C：在部门 2 生成药品 D，E，F。部门 2 加工药品 C 为每批 200 升。其中 120 升生成药品 D，50 升生成药品 E，30 升生成药品 F。

药品 D：市场售价为每升 18 美元。

药品 E：工业垃圾，无价值，可供市政部门铺路用。

药品 F：危险化工产品，其处理费用为 8 美元/升，药品 F 也可以经过部门 3 生成药品 C。

部门 3 每批加工药品 F 40 升，加工处理后可有 20 升药品 C 生成。过去，经营活动倾向于储存药品 C，其最大储存量为 1 000 升。

具体生产流程如下页图所示。

销售经理表示，在下一个时期，药品 B 的销售量不能超过 40 000 升，药品 D 的最大销售量不能超过 15 000 升。

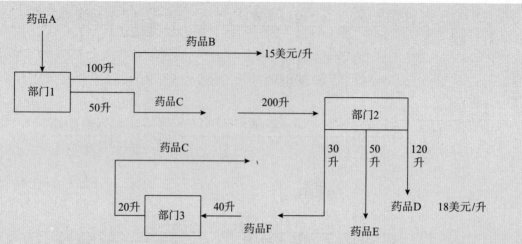

生产部门经理指出下年度工作时间为 8 000 小时，工人每小时工资为 15 美元，每个部门生产每批药品的时间及最大生产能力如下表所示。

部门	每批处理时间（小时）	每批最大生产能力（升）	每批弹性成本（美元）
1	12	700	300
2	18	120	825
3	15	70	120

要求：

请为 SHC 化工厂制定下一个时期的最优生产计划。

[2－5]

扬科计算机公司为绘图设计行业生产工作站。现阶段它生产三种性能不同的计算机：

单位：美元

	计算机 1	计算机 2	计算机 3
单位售价	12 000	11 000	10 000
弹性成本	7 000	8 500	8 000
边际贡献	5 000	2 500	2 000

生产计算机需要通过三道工序（A，B，C），每道工序都要耗费约束性资源，下表列出了每种计算机消耗资源的数量、每种资源的最大生产能力和单位资源的成本（根据生产能力分配总约束性成本）。

	计算机 1	计算机 2	计算机 3	生产能力	单位成本（美元）
资源 A	3	4	6	24 000	20
资源 B	5	6	2	36 000	200
资源 C	8	3	2	32 000	600

要求:

(1) 请选择一个使利润最大的生产计划。

(2) 假设扬科公司能够调整其约束性资源 (A, B, C) 的生产能力水平, 则最优生产计划是怎样的?

(3) 若扬科公司不采用区分三种资源的个别成本, 而把总约束性成本归集为一个总数, 在这种成本制度下, 每种计算机的约束性成本是在以前明细成本制度下所计算的约束性成本的平均数。如果像 (2) 所要求的那样, 约束性成本也是弹性的, 则这种平均成本制度对制定决策有什么影响?

[2-6]

P. D. 是一个会计师事务所, 有 10 名合伙人、30 名助手和 25 名内勤人员。该所主要向客户提供两种服务: 咨询和审计。每个成员都能做这两项工作, 两项服务所需的人员组合为:

a. 审计工作: 2 名合伙人、4 名助手、4 名内勤人员。

b. 咨询工作: 3 名合伙人、2 名助手、2 名内勤人员。

P. D. 会计师事务所把员工的工资按约束性成本处理。总的来说, 合伙人每年工作 2 800 小时, 年薪为 140 000 美元; 助手每年工作 2 000 小时, 年薪为 50 000 美元; 内勤人员每年工作 1 900 小时, 年薪为 20 000 美元。

此外, 该所每年还有其他约束性成本 1 000 000 美元, 该约束性成本按照员工工作小时数分配到工作中。P. D. 会计师事务所的其他弹性成本如下:

a. 合伙人每工作 1 小时需要 3 美元。

b. 助手每工作 1 小时需要 12 美元。

c. 内勤人员每工作 1 小时需要 7 美元。

下表列出了该所每小时混合成本的计算过程。

金额单位: 美元

项目	合伙人	助手	内勤人员	总计
工资	140 000×10	50 000×30	30 000×25	3 650 000
工作小时数	10×2 800	30×2 000	25×1 900	135 500
弹性成本	10×2 800×3	30×2 000×12	25×1 900×7	1 136 500
其他成本				1 000 000
总成本 (混合成本)				5 786 500
每小时混合成本				42.70
每小时审计成本	2×42.70	4×42.70	4×42.70	427.05
每小时咨询成本	3×42.70	2×42.70	2×42.70	298.93

市场上审计服务每小时收费为 510 美元, 咨询服务每小时收费为 340 美元。

在即将到来的下一个年度, 预计社会需求将要超过 P. D. 会计师事务所提供这两种服务的能力, 该所面临着如何合理安排工作的决策。

要求:

(1) 利用混合成本计算法, 制定出最优的短期生产组合。

(2) 你对该最优短期生产组合有何看法?

（3）P. D. 会计师事务所有一个合作伙伴 J. U. 会计师事务所，J. U. 会计师事务所能雇用 P. D. 会计师事务所所有员工，其支付的薪金等同于 P. D. 会计师事务所按小时计算的工资水平，P. D. 会计师事务所 1 000 000 美元的约束性成本仍旧作为固定费用，那么 P. D. 会计师事务所应怎样合理安排员工？

（4）承（3）的假设条件，现在 P. D. 会计师事务所 1—4 月每月审计服务的需求为 1 200 小时，5—12 月每月的审计服务需求为 600 小时，咨询服务需求为每月 400 小时，每个人每月工作的最长时间为其全年工作时数的 10%，而且其全年工作时间不能超过既定的工作时间。在这些条件下，请对合伙人、助手和内勤人员的时间进行合理分配。

案 例

选择产品组合 *

玛丽亚·琼斯刚刚获得了管理学学士学位。她是罗斯维工厂的总经理助理，该厂主要为金矿开采行业生产钨碳合金的钻钢，该钻钢主要供开采金矿使用。罗斯维生产的钻钢有两种型号：一种是直径为 3/4 英寸的钻钢，另一种是直径为 1 英寸的钻钢。产品流经 A，B，C 三个部门，在部门 A，从钨矿石中提取钨碳合金制造钻尖；在部门 B，在钢杆上开凿一个小孔以便插入钻尖；在部门 C，把钢杆和钻尖焊接在一起。

每个部门的生产能力通常受两方面限制，第一个限制是禁止进一步资本支出，因为过去的亏损已导致流动性非常差；第二个限制是，由于当地劳动力数量有限，不可能雇用更多的劳动者，也不可能加班。在这两方面限制条件下，各部门的生产能力如下所示：

部门 A：200 000 小时

部门 B：275 000 小时

部门 C：350 000 小时

财务经理已经完成下一年度的预算。由于预计下一年度黄金需求量将增加，进而带动钻钢需求量增加，所以该公司想充分利用其生产能力。下面是财务经理对两种产品的获利分析。

单位：美元

	直径 3/4 英寸型号	直径 1 英寸型号
单位售价	60.00	70.00
弹性成本		
钨碳	2.00	3.00
钢	3.00	4.00
部门 A	5.00	4.00
部门 B	8.00	12.00
部门 C	7.50	5.00
其他弹性成本	4.00	6.00
约束性成本	19.00	22.00
总成本	48.50	56.00
利润	11.50	14.00

---

* 本题改编自 C. Homgren for *Cost Accounting*，5th ed.（Prentice Hall，1982）。

销售部门的市场调查显示，公司可以销售尽可能多的任何一种产品。该部门同时指出，尽管 3/4 英寸钻钢获利较小，但考虑到长期合作关系，必须首先保证三家大金矿对 3/4 英寸钻钢和 1 英寸钻钢的需求。这三家大金矿对这两种钻钢的需求均为 200 000 根。

因为 1 英寸钻钢获利较高，所以财务经理建议把剩余的生产能力全部用于 1 英寸钻钢的生产，基于此目的，财务经理编制了下一年度的利润表（假定销售额每月相同）。

金额单位：美元

	3/4 英寸	1 英寸
销售量（单位）	200 000	233 333
销售额	12 000 000	16 333 310
弹性成本	5 900 000	7 933 322
约束性成本	3 800 000	5 133 326
总成本	9 700 000	13 066 648
利润	2 300 000	3 266 662

总经理要求琼斯首先评价一下这个预算利润表。总经理认为或许有另外一个方案能更加充分地利用企业的生产能力。同时，他也想了解因供应这三家大金矿特殊需求所带来的机会损失，他认为也许只生产 1 英寸钻钢会更获利。

琼斯提出建议之前收集了以下附加信息：钨碳材料买价为每千克 10 美元，生产每个 3/4 英寸钻钢需用 200 克钨碳，生产每个 1 英寸钻钢需用 300 克。钻钢杆所用的特殊的合金钢的价格是每 2 000 磅 4 000 美元。每个 3/4 英寸钻钢杆需用此钢材 1.5 磅，每个 1 英寸钻钢杆需用此钢材 2 磅。每小时直接劳动成本为：

部门 A：20 美元

部门 B：16 美元

部门 C：10 美元

钻尖制造（部门 A）工艺复杂，制造小小的钻尖需要细致的工作。由于它很难被替代，其劳动成本可作为约束性成本。企业其他约束性成本和销售成本根据成本动因来分配。

要求：

如果你是琼斯，你将如何向总经理建议？

加利福尼亚公司：分析在有机器约束、约束性成本和弹性成本情况下的产品盈利能力*

公司历史

布莱克家族在 1985 年创立了加利福尼亚公司。1985—1990 年该公司一直生产产品 I，尽管利润不是很高，但公司的家族股东还是很满意的。1990 年该公司的管理者决定改变成本计算法。在一家咨询公司的帮助下，公司由原来的全部成本法改为变动成本法。公司在 1990 年、1994 年先后上马了 J，K 两种产品。

从 1990 年开始，该公司一直亏损或利润很少。1996 年，该公司净利润为零（见表 1）。但是，在当年的股东大会上，股东们对公司的经营前景很乐观，原因可归纳如下：

● 产品 J，K 已经逐渐为公众所接受；

- 产品 J，K 的边际贡献较高（见表4）；
- 1996 年因发生加班费用而使公司的利润减少，预计在下一年度不会发生这些加班费用；
- 由于产品 K 的边际贡献较高，销售部门已经意识到大力推广产品 K 的必要性。

但是，1997 年的利润表（见表2）和预计的并不同，该年度发生了亏损。因生产量不足，造成大量的发货订单积压。尽管 1997 年产品总量比 1996 年下降了 80 000 单位（见表5），但是加班费并没有减少。

在 1997 年的股东大会上，人们相互指责，气氛相当紧张。主管销售的副总经理指责生产部生产不力，其依据是生产部在正常的交货时间不能提供产品，导致产品销售收入下降。

主管生产的副总经理指责销售部门推广了不合适的产品。他指出，正是因为引进了产品 J 和 K 才导致生产发生了困难，他同时指责主管财务的副经理提供了不准确的产品边际贡献数据，误导了每个人（见表4）。

这次大会上，各职能部门之间的矛盾很大。董事长在征求意见后，决定请一家咨询公司来调查原因，同时找出适当的方案使公司获利。

有关弹性成本的调查（见表3）显示，弹性成本（包括正常加班费用）和产品售价是合理的。关于约束性成本 821 000 美元的调查（见表1和表2）显示，其中 440 000 美元属于联合成本，381 000 美元属于可分离成本，它可在三种产品中加以分配：

产品 I	$71 000
产品 J	200 000
产品 K	110 000
	$381 000

440 000 美元的联合成本构成如下：

制造费用	$50 000
销售和管理费用	70 000
折旧：	
机器 A	100 000
机器 B	20 000
机器 C	200 000
	$440 000

现在不考虑上述分类，把 821 000 美元作为约束性成本加以分配。生产过程所收集的信息表明，每种产品都要经过三台机器的加工，而且每种产品在不同机器上所耗费的时间不同（见表6）。考虑了维修、保养、重新设置等时间，每台机器在一个正常年份运行时间为 1 800～2 200 个小时。若无特殊情况，一台机器每年最长运行时间为 2 200 个小时。

表1　加利福尼亚公司 1996 年利润表　　　　　　　　　　单位：美元

	产品 I	产品 J	产品 K	总计
销售收入	1 860 000	1 584 000	412 500	3 856 500
弹性成本	1 503 500	1 232 000	300 000	3 035 500
边际贡献	356 500	352 000	112 500	821 000
约束费用				821 000
净利润				0

表 2　加利福尼亚公司 1997 年利润表　　　　　　　　　　　　单位：美元

	产品 I	产品 J	产品 K	总计
销售收入	1 620 000	1 008 000	742 500	3 370 500
弹性成本	1 309 500	784 000	540 000	2 633 500
边际贡献	310 500	224 000	202 500	737 000
约束费用				821 000
净利润（损失）				（84 000）

表 3　加利福尼亚公司弹性产品成本　　　　　　　　　　　　单位：美元

	产品 I	产品 J	产品 K
原材料	2.50	3.20	2.90
人工*	1.30	1.50	1.20
间接制造费用	0.45	0.50	0.40
销售和管理费用	0.60	0.40	1.50
总计	4.85	5.60	6.00

* 包括正常加班的津贴。

表 4　加利福尼亚公司产品边际贡献　　　　　　　　　　　　单位：美元

	产品 I	产品 J	产品 K
售价	6.00	7.20	8.25
成本	4.85	5.60	6.00
	1.15	1.60	2.25

表 5　加利福尼亚公司产品销售量　　　　　　　　　　　　单位：美元

	产品 I	产品 J	产品 K
1996 年	310 000	220 000	50 000
1997 年	270 000	140 000	90 000

表 6　加利福尼亚公司每机器工时的平均产量*

	产品 I	产品 J	产品 K
机器 A	330	240	150
机器 B	380	215	170
机器 C	540	330	90

* 每个机器在给定时间内只能生产一种产品。

要求：

（1）若无论生产与否，约束性成本都是不可避免的，则最优的生产计划是什么？

（2）机器 C 追加 200 小时后，其增量价值是多少？

（3）若产品 I，J，K 中的一个或全部都不生产，则其约束性成本中有关产品 I，J，K 的可分离部分能够避免，那么最优的生产计划是怎样的？

第 **3** 章

将资源成本分配到生产成本中心

所有的成本系统都始于将资源成本分配到成本中心。资源成本从公司的总分类账或预算系统等财务系统中获取，并按支出代码进行分类，如工资、福利费、加班费、公共设施开支、间接材料费用、差旅费、通信费、计算机处理费、维修费和折旧等。利用总分类账中的费用信息，确认本期的实际成本，并将这些成本分配到成本中心，进而分配到产品中。[1] 期末对实际成本进行分配可以监控公司实际的生产效率和盈利能力。从预算系统中所获得的成本信息在期初进行分配，以制定标准成本率。标准成本率可用来制定当期的服务消耗决策、定价决策和其他与顾客有关的决策。无论是预算资源成本还是实际资源成本的分配，成本系统的设计和结构都是一样的。

公司对资源成本进行记录，将其归属到直接使用它的责任部门当中，我们称这种部门为责任中心。例如，电费应记录在公共设施部门或电力部门，修理工的工资及其领用的材料和工具费用应记录在修理部门，某一特定机器的费用则应记录在运行该机器的部门。

公司一般有两种典型的部门：生产部门，直接生产或销售公司的产品；服务部门，主要是为其他部门提供服务。例如，生产部门包括加工中心、装配部门、数据传输部门和支票处理部门。服务部门包括公共设施部门、维修部门、采购部门、调度部门、生产控制部门、仓储部门、材料处理部门、物业管理部门、客服部门和信息系统管理部门等。

传统的成本系统具有如图表 3-1 所示的简单的两步式结构。第一步，将服务部门成本分配到生产或运营部门，同时，生产部门发生的成本直接计入本部门。这样，经过第一步，公司所有成本或直接计入生产部门，或由服务部门间接分配计入生产部门。第二步，如图表 3-1 所示，把成本从生产部门分配计入该部门所生产的产品中。作业成本（activity-based cost，ABC）系统的第一步与传统成本系统的第一步结构相同，不过并不是将服务部门的资源成本分配至生产中心，而是将生产部门和服务部门的资源成本分配到由这些资源驱动的作业中去。

本章我们讨论第一步，将资源成本分配到生产部门。第 4 章将扩展到 ABC 系统，资源成本不仅被分配到生产成本中心，而且被分配到作业中。我们还将在第 4 章讨论第二步，生产部门成本和作业成本最终被分配到产品中。

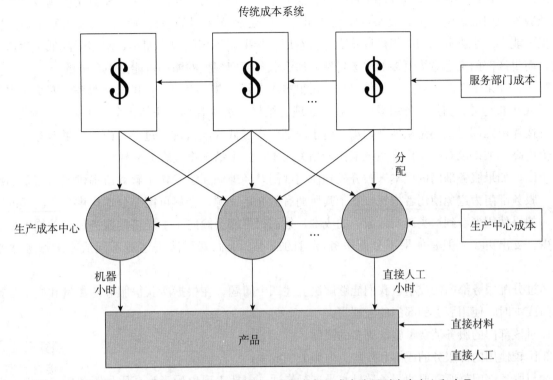

图表 3 - 1　传统的两步式成本系统：将服务部门成本分配到生产中心和产品

3.1　为什么要分配服务部门成本

把服务部门成本分配到生产部门出于以下两个目的：（1）成本控制和效率提升；（2）再次分配计入生产部门的产品中。本章我们集中研究成本控制和效率提升的问题。我们会发现，出于这一目的来分配成本，区分短期变动成本（与弹性资源相关）和短期固定成本（与约束性资源相关）是很重要的。当我们在第 4 章学习 ABC 时，它们的区别就不那么重要了。因为 ABC 的目的在于：将经理们的注意力引向能够同时影响弹性资源和约束性资源决策的活动中去。成本控制和效率提升要求对公司内各部门所提供和使用的资源进行准确的计量。对于 ABC 系统来说，对资源使用量进行适当估计可能足以指导决策的制定。总之，公司同时需要两套成本系统：一套是短期成本的监督和控制系统；另一套是 ABC 系统，它计量作业成本的同时，也计量产品、服务、顾客和业务单元的成本及盈利能力。[2] 我们现在集中讨论为运营控制目的——成本控制和效率提升——进行的服务部门成本分配。

把服务部门成本分配到生产部门，可通过以下两个途径促进成本控制和效率提升：

● 激励服务部门经理提高工作效率；

● 激励生产部门经理更节俭地使用服务部门所提供的服务。

如果不将使用内部服务的成本分配到使用部门，会产生下面一系列不良后果。

第一，生产部门对服务的需求可能会高于经济合理的需求量，如果不需要对内部服务付费，使用者可能会使用该服务直至边际贡献为零。显然这远远超过边际贡献等于边际成本时的最佳用量。

第二，若不分配服务部门成本，就无法确定服务部门的运营是否有效率。如果没有内部价格，利润敏感的生产部门经理会将服务部门视为可任意使用的费用中心。根据历史经验制定的预算成本并不能保证服务部门的运营一定有效率，而且公司无从确定服务部门的最优规模。当公司发生财务困难时，很可能会缩小服务部门的规模以减少运营费用。如果服务部门规模缩小，限制或降低了生产部门业绩，而生产部门又愿意为更多的服务付费，那么服务部门规模的缩小可能是不合适的。

第三，如果不对服务制定内部价格，公司很难决定是否继续由内部提供这项服务。有很多服务可以选择从外部购买。例如，公用设施、数据处理、维修、物业管理、法律服务、工业工程和安保等，都可以选择由内部提供还是从外部购买。由于内部效率过低或经营规模过小，内部提供服务可能比外购代价更高。如果没有一个价格系统来比较相关成本，这个情况将很难被发现。

第四，如果服务部门的成本未被分配到使用部门，经理们无法确切了解其所提供或所需要的服务水平。服务部门为避免使用者抱怨，基于其所拥有的充足资源，会尽可能充分地提供令人满意的优质服务。如果使用者看到这类高质量服务的成本，他们很可能会倾向于更经济的服务——功能不变、噱头更少、支出更少。但是如果不分配服务部门的成本，他们就无法表达对不同成本的服务水平的偏好。

通过分配服务部门的成本，我们能够解决上述四个问题。在根据所获得服务的数量和质量分摊服务部门成本时，使用服务的部门的经理将：

1. 对该部门的服务消费量施加更多的限制；

2. 比较使用内部服务的成本和外购类似服务的成本；

3. 与服务部门就所需要的服务质量水平进行沟通，包括表现出乐于为高质量服务付高价或愿意以低价购买低质量服务。

服务部门经理因该部门成本将转移到使用部门，会意识到利润敏感的部门经理将以挑剔的眼光看待成本分配，因而促使其努力降低成本。当他们努力提供能够为使用部门所接受的服务时，他们可能会变得更有进取心和创新精神。这样，服务部门经理对使用部门的需求反应会更及时有效，而不是视而不见。

以上我们一直关注通过分配服务部门成本来控制服务部门产出的需求和供给。原则上，其价格可以通过参考潜在的外部供应者的价格来制定。第 9 章关于转移价格的部分将详细讲述这一问题。运用外部参考价格将把服务部门看成利润中心，按这一推论，这必然要求允许使用部门自主选择内部服务还是外购服务。不过内部服务部门的收费，通常都是基于预算成本或实际成本而不是基于市场价格。本章我们将研究一些用于分配服务部门成本的方法。第 9 章将探讨市场参考价格系统。

3.2 计量服务使用部门的成本

基于成本控制和效率提升的目的，服务部门成本应归集到而不是分摊到运营部门。**归集**（attribution）是将明确与某一成本对象相联系的成本分配到该成本对象的过程。例如，某公司有一个电力部门用于内部发电。如果该公司某部门有特殊的电力需要，需要单独使用昂贵的变压器和配电装置，则这些变压器和配电装置的成本就应归集到该部门。[3]

即使一项资产不是由某特定生产部门专用，该资产的产出仍然可以归集到运营部门中。在这种情况下，我们需要选择一个成本作业指标，并对服务部门的产出计价。

如上例的电力部门，如果每个生产部门都用电表记录了其所消耗的电能，则电力部门成本就可以按照电表数据清晰地归集到各生产部门。其他的例子还包括按所填的采购订单归集采购部门费用、按维修工时数归集维修部门的人工成本。如果一个部门提供多种服务，必须对每种服务确定单独的作业指标，从而令使用不同资源的成本能够根据对该资源的需求进行归集。例如，对于中央计算资源，就应分别计量其以工作小时、磁盘存储空间、打印页数及联机时间为单位所产生的费用。

3.3 成本控制应避免估计和分摊

无法直接归集的成本通常是几个部门所共有的，必须分摊到各成本对象。**分摊**（allocation）是指当无法直接计量某部门或产品对某资源的消耗时，将该资源成本分配到该部门或产品的过程。当计量生产部门所消耗服务的直接指标不可获得时，服务部门的成本必须进行分摊。分摊需要使用间接而不是直接的分摊指标。比如，按机器功率分摊公用设施成本、按占用的平方英尺数分摊物业管理费用、按直接成本总额分摊主管部门费用、按直接人工小时分摊各类工厂的制造费用。

一般我们不会为了分配这些成本而选择直接的分摊指标，因为获取直接分摊指标的成本——如监控每个生产部门的耗电量或计算物业管理人员在每个部门所花费的时间——将远远超过这一指标所能带来的所有潜在收益。例如，对于为多个工厂供电的中央电站，可能只会为每个工厂安装一个电表，而不会为工厂内的各个部门都安装电表。在这种情况下，我们无法对生产部门这一级别的耗电量进行计量和控制。我们可以用间接分摊指标，例如每个部门机器的功率乘以预计机器工时，将中央电站的成本分摊到各部门，但这种方法不能达到成本控制和效率提升的目的。这就像一个有缺陷的保龄球馆，只能计量所有球道上被击倒的瓶子总数，却无法知道具体每个球道上被击倒几个瓶子。老板可以告诉你平均每个球道被击倒 8.356 个瓶子，但这个数字对于确定每个选手的水平没有任何意义。

基于成本控制和效率提升目的将服务部门成本分配到生产部门，要求对每个生产部门所消耗的服务量进行准确的计量。估计和分摊有助于确定产品成本和存货价值，但它们不能帮助经理们对共有资源的生产和使用进行认真细致的控制。因为使用了与生产部门对服务部门的需求无关的指标，分配来的成本不能反映生产部门经理或员工活动的直接结果，所以这一成本信号无法对生产部门本期运营业绩提供有用的反馈。

对建立在非因果关系基础上的成本分摊所得到的成本信号，经理们将会做何反应呢？首先，由于意识到这些成本信号不会为之前或之后的活动提供任何有用的信息，他们可能完全置之不理，这也许是最好的办法。不过有两种情况会阻止他们这样做。第一，经理们常被要求对当期运营报告中的差异做出解释，并把成本信号与其他记录（如与生产控制系统有关的记录）联系起来分析。这样不论其来源和准确性如何，经理们必须在这些报告反映的成本差异上花费时间。

第二，如果评价经理业绩时考虑运营报告，经理自然会试图影响能够在报告中体现的信号。假设这些信号不会直接受到生产部门经理行动的影响，则生产部门经理只有通过与其他部门经理（生产部门和服务部门经理）或上级主管讨论协商成本分摊程序才有可能产生影响。这些口舌之争显然占用了他们本应用于提高本部门生产效率、能力和质量的时间。把不能反映资源耗用量的成本分摊到生产部门，同时要求生产部门经理对其承担责任，这相当于公司向各部门经理表明，他们的大部分时间应该用来与其他经理协商成本分摊的比例。

3.4 基本的成本会计等式

成本可以分解为价格因子和数量因子。用 C 表示成本，Q 表示产品所消耗的资源数量，P 表示该

资源的单价，则 C 是 Q 与 P 的乘积，即

$$C = P \times Q$$

例如，公共设施成本可以表示成千瓦时数（Q）乘以每千瓦时成本（P）。我们之前所说的对服务部门产出消耗的直接分摊指标，指的是能够准确计量生产部门对服务部门产出的耗用量 Q。即使我们能够准确地直接计量数量 Q，当价格因子 P 包含估计或分摊的成本时，分配到各生产部门的成本仍包含了估计的成分。价格因子中可能会包含由折旧、场地费和其他服务部门费用等产生的估计值。

我们认为关键问题不是价格因子中是否存在估计成分，更重要的是数量 Q 是直接计量的还是用粗糙的间接方式计量的。如果数量 Q 得到了很好的计量，则只有当价格 P 完全错误时，才有可能对决策产生不利影响。只要运营部门经理是基于准确的数量 Q 承担服务成本，他们就不会在单价的细微波动上花太多时间，相反，他们会努力提高其资源利用的效率和效果。

如果数量 Q 的计量不准确，如基于人数、占地面积或直接人工小时，在非因果关系基础上将服务部门成本分摊到运营部门，那么这些计量指标不能真实地反映运营部门对服务的耗用量，从而无法按照这一耗用量来对运营部门经理进行奖励或惩罚。在这种情况下，由于使用了间接的缺乏代表性的标准计量数量 Q，成本信号无助于促进经营效率提高。只有当准确计量数量 Q 的指标存在时，才能把成本合理归集到运营部门。如果我们使用的数量 Q 不能反映生产部门对服务的真实需求，我们所建立的只是一套难以令人满意的，甚至失效的成本分摊方法。

由于意识到服务部门的产出与生产部门的活动或需求之间缺乏因果联系所带来的诸多问题，很多公司将其间接辅助部门分成两类：可归属的和共同的。对于可归属服务部门，如维修部门、设备供应部门、生产准备部门、工具部门、电力部门等，其服务成本或者直接归集到生产部门，或者按照能够准确反映各生产部门服务耗用量的分配指标分配到各生产部门。这样分配到生产中心的费用包括其自身费用（管理费、设备折旧、租赁费等）和可归集的服务和支持费用。

3.5 分配服务部门成本

考察一个具有如下成本特征的公共事业部门：其正常产量是每月 170 000 千瓦时，全部运营费用的预算（包括原材料和辅助材料）为 13 600 美元。耗电量在正常水平上下 25% 的范围内波动，该部门的单位变动成本均为 0.02 美元/千瓦时。该公共事业部门为三个运营部门供电，它们对电能的标准耗用量和实际耗用量如下：

单位：千瓦时

| | 运营部门 | | | |
	1	2	3	合计
实际生产能力	70 000	100 000	30 000	200 000
正常耗电量	60 000	85 000	25 000	170 000
1月份实际耗电量	60 000	50 000	27 000	137 000
1月份实际产量所对应的标准耗电量	55 000	50 000	28 000	133 000

1月份公共事业部门实际的运营费用为 13 152 美元。

至少有三种方法能将 1 月公共事业部门的成本分配到三个运营部门。

1. 标准平均成本（0.08 美元/千瓦时）

月初以公共事业部门的预算成本 13 600 美元除以正常产量 170 000 千瓦时，可得标准成本率 0.08 美元/千瓦时。以各部门本月实际耗电量乘以标准成本率得出分配到各部门的成本：

	实际耗电量（千瓦时）	分配的电力成本（0.08 美元/千瓦时）
部门 1	60 000	$ 4 800
部门 2	50 000	4 000
部门 3	27 000	2 160
合计	137 000	$ 10 960

在这种情况下，标准成本率的运用使得只有 80％的公共事业部门费用分配到了运营部门中。未能完全被运营部门吸收的费用一部分是由公共事业部门的低效率导致，但主要原因是部门 2 的实际耗电量比正常耗电量少了 35 000 千瓦时。

为估算工作时长大幅减少对公共事业部门预期成本的影响，我们首先计算三个部门每月的固定成本部分。对服务部门的固定成本可以估算为：

$$固定成本＝13\ 600－0.02×170\ 000＝10\ 200（美元）$$

当实际耗电量为 137 000 千瓦时时，总费用应为：

$$预期成本＝10\ 200＋0.02×137\ 000＝12\ 940（美元）$$

137 000 千瓦时的预期成本 12 940 美元与分配到各部门的成本 10 960 美元之间存在 1 980 美元的**数量差异**（volume variance）（不利差异）。[4] 如果能够全部消耗掉 170 000 千瓦时的正常产量，或及时预见到耗电量的下降从而调整间接费用率，这一数量差异就可以避免。调整后的间接费用率应为：

$$修订后间接费用率＝12\ 940÷137\ 000＝0.094\ 45（美元/千瓦时）$$

1 月份预期成本和实际成本之间差异的剩余部分，是由于公共事业部门未能及时地按照本期较低的用电需求充分削减成本造成的。这一差异称为**支出差异**（spending variance）：

$$支出差异＝13\ 152－12\ 940＝212（美元）（不利差异）$$

数量差异和支出差异之和（1 980＋212）等于实际费用和分配到运营部门费用之间的总差异：

$$总差异＝13\ 152－10\ 960＝2\ 192（美元）$$

标准平均成本法的优点是所有生产部门和服务部门事先都能知道使用服务部门产出的成本率。这一成本率不受总量变化和个别运营部门耗用量变化的影响。其缺点是：

- 不是所有的实际成本都能被分配到运营部门；
- 不易确定 1 980 美元数量差异的责任归属；
- 服务部门无法知道多消耗或少消耗该部门产出的短期增量成本是多少；
- 标准成本率受资源的预期利用率影响，如果预期利用率低于固定资源的实际生产能力，成本率就会偏高。

2. 实际平均成本（0.096 美元/千瓦时）

一些公司在知道本期实际成本和实际产量后才分配成本。服务部门的实际成本除以其实际产量得出实际成本率。本例中1月份的实际成本率为0.096美元/千瓦时（13 152美元/137 000千瓦时）。因为实际成本完全被分配到运营部门，所以不需要差异分析，具体情况如下表所示。

	实际耗电量（千瓦时）	分配的电力成本（0.096美元/千瓦时）
部门1	60 000	$ 5 760
部门2	50 000	4 800
部门3	27 000	2 592
合计	137 000	$ 13 152

很明显，这一分配结果将在各部门经理间引起很大的争议。首先，部门1的实际耗电量与预计耗电量完全相等，而分配来的成本5 760美元却远高于其预算成本（按0.08美元/千瓦时计算的）4 800美元。其次，部门3实际耗电量比预计耗电量多8%，有助于利用部分未使用生产能力，而其实际分配的成本比预算成本高20%以上。部门2如果按正常耗电量85 000千瓦时计算，应分配成本6 800美元，实际分配的成本比这个数字少约30%。部门2的实际耗电量比正常耗电量少40%，减少了本部门分配的成本，却致使成本率整体上升，大大增加了耗电量正常或略高的其他两个部门所分配到的成本。部门3的实际耗电量高于正常耗电量（因为变动成本大大低于总成本，这理应产生一个有利差异），而且这一实际耗电量还低于其本月生产的标准耗电量，但其电力成本表现为不利差异。

部门3的经理由于受到两个通常不在其控制下的因素影响而陷入困境：

- 其他两个部门的总耗电量；
- 单位电价和公共事业部门的效率。

这两个无法由其控制的因素导致了部门3的不利差异。注意，如果部门2的耗电量为正常的85 000千瓦时而不是实际的50 000千瓦时，则对所有部门来说每千瓦时成本都会大大降低。公共事业部门的固定成本会按照更多的耗电量来进行分配。结果由于实际耗电量低于正常耗电量，部门2不仅造成了本部门不利的价格差异，还造成了其他两个部门不利的总差异。

造成不利价格差异的另一个原因是服务部门的效率低下，在之前的计算中，其结果为支出差异212美元，它通过增高的成本率被转移到运营部门之中。实际平均成本法导致经理们承担不受其控制的部门作业和低效率所产生的成本。运营部门是以平均成本为基础承担成本，而不是以边际成本为基础。如果经理们知道边际成本率为0.02美元/千瓦时至0.03美元/千瓦时，他们可能就会接受一些按预算成本率0.08美元/千瓦时做决策时会放弃的但实际上有利可图的机会。

3. 利用弹性预算控制短期运营费用

一个更为合理的归集服务部门成本的方法应具有以下特征：

- 任何运营部门的作业水平和低效率都不应影响对其他运营部门的业绩评价；
- 服务部门的效率高低应反映在对服务部门的业绩评价中，不应反映在对运营部门的业绩评价中；
- 超出服务部门控制范围的因素，如服务需求量无法预见的波动，不应影响对服务部门的业绩评价；
- 在运用内部服务所带来增量收益超过其边际成本的情况下，应鼓励运营部门尽量多使用内部服务；
- 服务部门的长期成本应由使用该服务的部门承担，在成本由运营部门承担的情况下，服务部门的满负荷运转可以看作应该扩大其生产能力的可靠信号，如果运营部门不乐于承担其成本，服务部门则应缩小规模或提高效率。

我们现在考虑一个相对简单的方法，它具有以上大部分（或者全部）特征，该方法具体如下：

● 每个部门都按实际耗用量进行分配，但是乘以服务部门按预算费用计算的标准成本率，而不是乘以按实际费用计算的实际成本率；

● 运营部门分配到的成本分成短期固定成本和短期变动成本，在这种方法下，每个运营部门的短期变动成本都等于实际耗用量乘以 0.02 美元/千瓦时，也就是乘以服务部门的预算变动成本率，这反映了服务部门变动成本的成本动因（耗电量）；

● 短期固定成本按照固定资源的实际耗用量而不是未来期间预期的耗用量来计算。

把 10 200 美元的固定成本分摊到三个运营部门，将提醒各部门经理们注意公共事业部门电力供应所需的成本。在此基础上，变动成本可以按较低的成本率（0.02 美元/千瓦时）来计算，同时有利于估计长期边际成本。

对服务部门的长期规划需要考虑它的长期成本。例如，如果我们对一个未来要建的建筑物以后的维修成本进行估计，则必须考虑其长期维修成本。当进行短期决策时，如决定是否进行一项特定的维修工作，我们必须考虑维修工作的短期成本和收益。关键问题是在做长期维修决策和短期维修决策时，相关成本不同。正是基于这些考虑，我们建议给生产部门分配成本时，固定成本以计划耗用量为基础，而变动成本以实际耗用量为基础。

分配固定成本有两种基础——占实际生产能力的比例和占正常耗用量的比例：

	部门			
	1	2	3	合计
实际生产能力（千瓦时）	70 000	100 000	30 000	200 000
占比	35%	50%	15%	100%
分配固定成本（美元）	3 570	5 100	1 530	10 200
正常耗用量（千瓦时）	60 000	85 000	25 000	170 000
占比	35.3%	50.0%	14.7%	100.0%
分配固定成本（美元）	3 600	5 100	1 500	10 200

本例中这两种分配基础的差别不大。在实践中我们应选用最能反映长期生产能力需求的分配基础。这种方法避免了由于服务部门预期使用率短期下降所造成的恶性循环（成本率增大）。

按上述方法以实际生产能力为基础分配固定成本，各运营部门分配的公共事业部门成本为：

单位：美元

部门 1	$3\ 570 + 60\ 000 \times 0.02 = 4\ 770$
部门 2	$5\ 100 + 50\ 000 \times 0.02 = 6\ 100$
部门 3	$1\ 530 + 27\ 000 \times 0.02 = 2\ 070$
合计	$10\ 200 + 137\ 000 \times 0.02 = 12\ 940$

运营部门所分配到的成本的唯一差异是由其产品所消耗的电量与消耗标准不一致造成的。部门 1 实际耗电 60 000 千瓦时，而其标准耗电应为 55 000 千瓦时。这导致了 $5\ 000 \times 0.02 = 100$（美元）

的不利使用差异。部门3比标准耗电量少消耗1 000千瓦时，故表现为有利的使用差异1 000×0.02＝20（美元）。公共事业部门表现为不利的支出（或效率）差异：

$$实际成本－实际耗用量下的预算成本＝13\ 152－12\ 940＝212（美元）（不利差异）$$

注意，这种方法杜绝了成本率波动和各部门耗用对成本分配的影响。每个生产部门经理都应该明白，分配到该部门的成本是其运营活动的直接后果并可以为其所控制。各运营部门经理都会尽力把电用在收益超过短期变动成本0.02美元/千瓦时的地方，但他们仍会通过分配来的固定成本关注服务部门的生产能力成本或长期成本。对服务部门经理的评价按弹性预算进行，因而不会受服务需求量波动的影响。服务部门的低效率将反映在服务部门的支出差异中，不会转嫁到运营部门。

通过使用标准成本率，消耗部门有了制定短期规划的依据，服务部门也将独自承担其短期生产效率高或低所带来的结果。如果服务部门经过不断努力提高了生产效率和生产能力，消耗部门应注意到成本的变化，以应对新的成本结构，也就是说当服务部门的实际成本变化时，标准成本应得到修正，尤其当该服务（如电能）对公司的战略成功至关重要时。

3.6 不直接支持生产部门的服务部门

许多服务和辅助部门（如调度、产品工程、厂房管理、财务、信息系统、人力资源、采购和材料处理等部门）的成本和工厂级费用（包括财产税、房屋折旧和保险费、供热、照明等）无法直接分配到生产部门。处理这些难以分配的费用有下面两种方法。

一种方法是在非因果关系基础上分摊费用（遗憾的是被太多的公司选用）。这种方法将全厂的辅助费用集中到一个总成本库，称做总制造费用，然后按照一些不具备因果关系的分配指标分配到各生产部门。这些指标可能包括：

- 直接人工小时；
- 员工人数；
- 场地面积。

我们之所以说这种成本分配是基于非因果关系，是因为分配到各生产部门的辅助成本与该生产部门对服务的需求没有任何因果联系。生产部门经理或员工如果决定减少直接人工小时或员工人数（非因果关系的分配指标），并不能表明其对间接和辅助性服务的需求也减少了。

另一种方法也许更为合理，它遵循分配直接费用所依照的原则。它对于每种难以按生产部门服务需求量分配的资源都要进行如下分析：（1）确定消耗该资源的作业；（2）确定该作业的受益者或接受者。经过以上分析，在第一个阶段即在资源的分配过程中还应注意以下两个问题：

- 确认在材料转换过程之外，为生产产品而消耗了组织资源的主要作业；
- 区分主要作业和次要作业。

我们将在第4章对作业成本系统的介绍中，讨论不直接包含在材料转换过程中的作业。本章研究主要作业和次要作业的区别。

3.7 主要和次要作业

本章前述的例子均假设服务部门的所有作业都直接服务于各生产成本中心。事实上，很多辅助或服务部门并不直接为产品生产或者顾客服务提供支持。这些部门既向生产部门也向服务或辅助部门提供服务。例如，人力资源部门的工作对象是公司内所有人员，既包括生产部门，又包括服务部门。提供场地、供热、照明和空调设施的服务也都是面向所有部门的。这些费用应该如何分配，又如何计入最终产品中呢？

我们以威廉斯公司为例来说明这个问题。假设威廉斯公司有两个生产部门，一个主要辅助部门材料处理部门，协调对生产部门的材料收发工作，其他几个辅助部门，包括厂房管理、安保、建筑物与场地管理、信息系统、人力资源等部门。经分析发现，各辅助部门完成以下三项基本作业：

- 为人、机器、材料和产品提供场地服务；
- 提供中央信息处理服务；
- 提供人力资源服务（如培训和咨询等）。

分配到场地服务作业中的各辅助部门资源成本包括：房屋折旧、保险费、税费、供热费、照明费、空调费、安保费、内部物业管理费和工厂四周空地的维护费。这项作业的产出是可使用的场地面积。[5] 这项作业的成本应分配给占用场地的生产部门（一项主要作业）、占用场地的材料处理部门（另一项主要作业）、占用场地的信息系统部门和人力资源部门（次要作业）。分配了场地服务作业的成本后，信息系统部门和人力资源部门的成本将不仅包括本部门发生的直接成本，还包括占用的场地成本。人力资源部门成本——与人力资源服务作业相关——的成本动因是员工人数。[6] 因为信息系统部门有相当数量的员工，它应从人力资源部门中分摊一部分成本，这部分成本包括其部门每个员工的人力资源成本，还包含人力资源部门从场地服务作业中分摊的每个人的场地占用费用。这样，场地服务和人力资源服务这两个次要作业都将它们的成本分配到了主要作业和其他次要作业，如提供中央信息处理作业。最后提供中央信息处理作业的成本（包含场地和人力资源成本）按各部门（作业）所消耗的中央信息处理业务量，分配到生产部门和其他主要作业中。次要作业成本就这样最终分配到了生产成本中心。[7]

3.8　交互服务的性质与问题

当服务部门间存在交互关系时，还会引起另一个复杂的问题。例如，人力资源部门为所有部门处理人员雇用、管理等工作，公共设施部门为所有部门供热和照明（包括人力资源部门和公共设施部门本身），数据处理部门为许多服务部门提供计算机服务，物业管理部门负责全部清洁工作，维修部门修理所有机器。在关系错综复杂的情况下，把服务部门成本直接分配到生产部门和主要作业并不能准确反映成本间的相互依存关系。

我们已经说明了如何将每个服务部门成本分配到所有使用该服务的部门，包括使用服务的生产部门和服务部门。不过，这一过程一旦开始，服务部门成本的内涵就不那么明确了。除本部门发生的直接成本外，每个服务部门都归集了使用其他部门服务所分配的成本，再把所有成本（本部门的直接成本加上归集的其他服务部门的成本）都分配到使用部门。

处理服务部门间的交互关系主要有三种方法：

- 直接分配法，在这种方法下所有服务部门成本只分配到生产部门或主要作业，不考虑为其他服务部门或次要作业提供服务的成本。
- 分步分配法，在这种方法下部分地考虑了交互服务。上述威廉斯公司的例子中使用的就是分步分配法。首先将场地服务成本分配到人力资源部门和信息系统部门，再将人力资源部门成本分配到信息系统部门。在这个过程中，我们忽略了次要作业间的交互关系。例如，我们没有将信息系统成本分配到人力资源部门和场地服务作业，也没有将人力资源成本分配到场地服务作业的人员。

●交互分配法，这种方法准确地反映了所有交互服务。

直到 20 世纪 70 年代中期，直接分配法仍是唯一为人所知并在实践中应用的方法。在美国成本会计准则委员会（Cost Accounting Standards Board，CASB）建议以交互分配法取代直接分配法后，情况才有所改变。这一建议很快确立了交互分配法作为首选方法的地位。后来，由于公司纷纷抱怨它们缺乏使用交互分配法的专业人员和运算能力[8]，CASB 不得不放松要求，同意可以用分步分配法代替交互分配法，并且规定只有当直接分配法与分步分配法之间的差异很小时，才可以使用直接分配法。

医院在根据实发费用进行报销的时期，有一套精心设计的方法，把辅助部门成本分摊到直接为病人服务的部门中，如住院部、手术室、放射科、药房等。随着医院具备了更强的运算能力，这种传统的分步分配法正在逐渐被交互分配法取代。直接分配法和分步分配法在大多数教材中都有介绍，此处我们只以福尔河公司（Fall River Company）为例说明交互分配法。

3.8.1 福尔河公司：数字计算示例

福尔河公司有四个部门：供电部门、供水部门、生产部门 1 和生产部门 2。供电部门用供水部门提供的水制成蒸汽进行发电，供电给全部四个部门。供水部门将水库中的水经净水设备过滤后提供给四个部门。生产部门 1 和生产部门 2 完成公司的主要制造活动。公司要求所有服务部门成本都必须分配到这两个生产部门。

两个服务部门（供电部门和供水部门）去年发生的作业如下：

		接受服务量				
		供电部门	供水部门	生产部门 1	生产部门 2	合计
提供服务量	供电部门	20 000	30 000	80 000	70 000	200 000
	供水部门	70 000	10 000	30 000	50 000	160 000

供电部门自身发生的费用为 3 000 000 美元，供水部门自身发生的费用为 1 600 000 美元。

交互分配法分两步进行。第一步考虑各服务部门间的关系并计算每个服务部门的成本分配率；第二步根据上步计算的成本分配率，将服务部门的成本按提供的服务量分配到使用服务的部门。

交互分配法的首要目标是确定成本分配率，使每个服务部门分配出去的成本等于其自身发生的成本加上分配进来的成本。本例中，供电部门的成本分配率是 22.57 美元，供水部门的成本分配率是 15.18 美元（具体计算过程见本章末附录）。图表 3-2 表明这些分配率能够结清所有内部账户。*

图表 3-2　福尔河公司——服务部门成本分配：交互分配法　　　　单位：美元

	供电部门	供水部门	生产部门 1	生产部门 2
初始成本	3 000 000	1 600 000	N/A	N/A
从供电部门分配来的成本a	451 400	677 100	1 805 600	1 580 000

* 本部分的交互成本计算都可以参照附录 3-1 中的 Excel 矩阵计算来实现，授课教师可以先行做好准备。——译者

续表

	供电部门	供水部门	生产部门 1	生产部门 2
从供水部门分配来的成本[a]	1 062 700	151 800	455 400	759 000
分配出去的成本[b]	−4 514 100	−2 428 900	0	0
分配后净成本	0	0	2 261 000	2 339 000

a. 消耗的服务量乘以成本分配率。
b. 提供的服务量乘以成本分配率。

计算成本分配率要建立一系列反映各部门之间关系的方程，并对方程求解。以 PDRC（power department's reciprocal cost，供电部门交互成本）表示供电部门应分配出的总成本，WDRC（water department's reciprocal cost，供水部门交互成本）表示供水部门应分配出的总成本。那么：

$$\text{PDRC} = 初始成本 + (20\ 000 \div 200\ 000) \times \text{PDRC} + (70\ 000 \div 160\ 000) \times \text{WDRC}$$

注意，交互成本等于初始成本加上供电部门在所有服务部门（包括它本身）交互成本中所占的份额。

以上等式并没有从本质上解决问题，因为其中包括两个未知变量 PDRC 和 WDRC。根据以上的思路，我们再写出关于 WDRC 的方程，构成一个方程组：

$$\text{WDRC} = 初始成本 + (30\ 000 \div 200\ 000) \times \text{PDRC} + (10\ 000 \div 160\ 000) \times \text{WDRC}$$

一般说来，每个服务部门都可以建立一个交互成本方程，该方程组可简化为：

$$0.9 \times \text{PDRC} - (7 \div 16) \times \text{WDRC} = 3\ 000\ 000 - (3 \div 20) \times \text{PDRC} + (15 \div 16) \times \text{WDRC}$$
$$= 1\ 600\ 000$$

解这个方程组，可得交互成本和成本分配率。计算机表格程序能够解非常复杂的线性方程组，所以我们不必手工计算。

3.8.2　交互分配法的经济内涵

到目前为止，我们似乎开发出了将服务部门成本分配到生产部门的第三种方法。下面我们来看看交互分配法到底具有什么价值。

交互分配法所计算的每单位服务的成本真实地反映了向生产部门和其他部门提供服务的成本。在本例中假设所有成本都随需求的变动而变动，如果生产部门对供电部门的需求减少了一个单位，总成本也会减少 22.57 美元，这一单位成本反映了服务部门的边际成本。我们可以以它为标准来与外部报价进行比较。如果外部供电价格为每单位 21 美元，则是可以接受的（因为它低于内部价格 22.57 美元）。[9]

一般说来，当服务部门之间存在广泛的交互服务时，直接分配法和分步分配法都不能准确地计算服务成本。交互分配法的准确性在于它充分考虑了服务部门间的交互关系。因为供电部门消耗的水量占供水部门供水量的很大比重，所以供电成本不仅应反映供电部门自身直接发生的成本，还应反映由其引起的供水部门的成本。

3.8.3　约束性成本的处理

我们最初假设所有成本都是短期变动成本。有了基本模型，现在可以放弃这个假设。首先我们需要从交互分配法所提供的信息中得出另外两点认识。

正如上面所讨论的，按不同方法分配变动成本和固定成本的主要原因是它们的成本动因不同。弹性资源的成本动因是短期耗用量，约束性资源的成本动因是计划的长期耗用量。因此，我们需要双重分配率系统分配服务部门成本：一个分配率用于分配弹性资源（变动）成本，另一个分配率用于分配约束性资源（固定）成本。由于变动成本可以直接归集到要求服务的使用者，因此按使用者的实际耗用量来归集变动成本是经济可行的、公平的（如果这也在考虑范围之内）。

如前所述，我们按计划生产能力的占比分配固定成本。如果某部门保留了20%的生产能力，则这20%的生产能力也应分担固定成本。这个原则与作业成本系统和一些经济学上的观点相一致。[10] 这种方法称作最大负荷定价法，它要求使用者按其满负荷运转时的生产能力承担系统成本。这种方法已经在欧洲和北美的公用事业管理中得到广泛使用。

本章为服务部门提供了分配其成本的方法。服务部门的弹性资源成本以实际耗用量为基础进行分配，约束性资源成本以计划耗用量为基础进行分配。

3.8.4　自制或外购决策与成本分配

如果一个处在交互服务情况下的服务部门被关闭，外购服务的数量将低于内部服务部门当前的产出。因为其余的内部服务部门并不需要向外部供应者提供服务，所以外购服务后，以往的交互服务模式会有所变化。在上例中，供电部门为供水部门提供电力，同时消耗供水部门提供的水。供电部门因此间接消耗了一部分自己的产品。

运用交互分配法可以得出，如果关闭内部服务部门，应购买多少外部服务以维持生产。在本例中，如果公司停止电力的内部供应，则应外购166 000单位的电。如果停止水的内部供应，应外购138 333单位的水（具体计算过程见本章末附录）。我们可以看到电力部门耗用了34 000单位（200 000－166 000）自己的产品。如果电力全部外购，这些耗用可以完全避免。

由交互分配法还可得知每个服务部门的交互系数。本例中，供电部门的交互系数为1.204 8，供水部门的交互系数为1.156 6。交互系数可以告诉我们，如果服务部门的外部需求减少一个单位，总服务量将会减少多少。

知道了所需要的外购数量和交互系数，我们能够作出自制还是外购的决策。卡普兰（Kaplan）[11] 认为关闭一个服务部门可避免的总变动成本为：

$$避免的总变动成本 = \frac{该部门交互成本}{该部门交互系数}$$

把这一结论运用到本例中可知，若关闭供电部门可以避免的变动成本为3 746 680美元。[12]

下面我们考虑关闭这一部门所减少的固定成本。假设发电设备可以全部出售，则2 000 000美元的固定成本也可以避免，那么避免的总成本为5 746 680美元（3 746 680＋2 000 000）。

最后我们计算外购服务可接受的最高价格。外购的电能为166 000单位，可接受的最高外购价格为每单位34.62美元。[13]

3.9　非因果关系基础的成本分摊的特殊情况

本章研究了如何合理地把间接资源成本分配到生产部门。我们反对非因果关系基础上的成本分摊法，因为这种方法没有体现资源供给和耗用之间的因果关系，不过这种方法也并非一无是处。似乎在非因果关系基础上的成本分摊能够促进周期性的管理讨论与协商。例如，有些公司故意把全部公司管理费用都按照与管理费用的耗用或发生没有关系的分配基础（比如按销售额、员工数或部门总成本）分摊到生产部门。高级管理人员显然希望生产部门经理能够注意到公司集中决策和控制的成本。对于下属部门经理，也许成本的全部分摊是为了鼓励更激进的定价决策（这种做法有待商榷），但这样的确有助于激励生产部门经理控制公司成本的增长。只有让所有的主管人员都了解公司场地的成本、总部大楼和办公用品的成本以及那些可支配的成本，他们才有可能采取制衡措施限制成本的增长和升级。

例如，有一项调查[14] 研究了为什么一个高科技企业：（1）把销售费用和销售收入分配到产品开发部门；（2）把产品开发费用分配到市场部门。产品开发部门的经理没有市场营销权，市场部门经理也没有产品开发权，在这种看起来缺乏因果关系分摊不可控成本和收入的做法下，每个部门经理都要为另一个部门的活动承担责任。对这种做法的解释是为了强制产品开发经理和市场经理，就产品的市场地位和竞争力积极持续地交换意见。在这种情况下，在非因果关系基础上的成本分摊所产生的协商恰恰是高层管理人员所要鼓励的。

总而言之，如果我们想让运营部门经理提高效率、提高生产能力，并更为深入地了解其控制的生产过程，我们应该为其提供精确的数量指标和对所耗用资源成本的准确估计。如果精确的指标不存在，那就不能用其替代非因果关系的计量指标，因为这样实际上会把理想的成本归集转变为不理想的成本分摊。

当然，如果我们希望各部门经理抽出一点时间去与其他经理讨论协商各自的活动，则非因果关系基础上的成本分摊方法可以促进这种行为。这些协商有可能会使得矛盾双方产生有用的妥协。非因果关系基础上成本分摊方法的使用次数应是有限的，如一年一次，往往是为了部门间交换意见的需要。或者公司可以向每个运营部门报告未经分摊的、公司所有通用或共同资源总的期间费用，再由每个运营部门经理自己来负责分配这些期间费用。但是，正式的定期经营报告不应包括没有准确反映每个运营单位实际资源耗用情况的数据。

3.10　小　结

将服务部门成本分配到生产部门建立了一个服务的内部供求市场。通过分配服务部门成本，我们能够：

- 确定使用部门的需求量；
- 提供关于服务部门效率的信号；
- 便于与外部服务供给进行比较；
- 提供获得内部交易价格的机会。

确定服务部门的成本分配率之后，一个使用部门所分担的成本不应受其他使用部门的作业水平和服务部门自身效率低下的影响，而且因使用部门需求量波动而影响的成本分配应建立在边际成本的基础之上。我们提出以下方案：

1. 把所有可直接归集到某特定部门的服务部门成本直接归集到该部门；

2. 把服务部门剩余的成本按其动因（我们提到过的成本动因或数量指标）分配到各成本库，这种方法对成本按功能和成本性态（固定成本还是变动成本）进行了分类；

3.把各成本库的成本在能准确计量各部门耗用量的成本动因指标基础上分配到各部门。

当按预算成本而不是实际成本分配服务部门成本时，成本变动或低效率将由服务部门自身承担，不会转嫁到生产部门。

当服务部门不仅为生产部门服务，同时也相互提供服务时，产生了一个特殊问题。这种情况下，交互服务的服务部门的成本应使用联立方程组的方法（交互分配法）计算。当我们想准确计算内部服务边际成本或作出自制还是外购决策时，交互分配法都是至关重要的。

附录　交互分配法的计算过程

本附录说明本章中交互分配法的代数运算原理。交互分配过程可由一系列定义交互成本的联立方程来表示。本章正文所涉及例子中的联立方程如下：

$$[(0.9)\times PDRC]-[(7\div16)\times WDRC]=3\,000\,000$$
$$[-(3\div20)\times PDRC]+[(15\div16)\times WDRC]=1\,600\,000$$

这一方程组可用代数语言表示为：

$$[I-A][B]=[C]$$

式中，方括号内的内容代表矩阵或向量。这样，本例中：

$$[A]=\begin{bmatrix}2/20 & 7/16\\3/20 & 1/16\end{bmatrix} \quad [I]=\begin{bmatrix}1 & 0\\0 & 1\end{bmatrix} \quad [B]=\begin{bmatrix}PDRC\\WDRC\end{bmatrix}$$

$$[C]=\begin{bmatrix}3\,000\,000\\1\,600\,000\end{bmatrix}$$

矩阵 $[A]$ 表示耗用量占比。第 i 行第 j 列的元素代表服务部门 i 在服务部门 j 的耗用量占服务部门 j 总产量的比例。$[I]$ 是单位矩阵，向量 $[B]$ 是交互成本向量，向量 $[C]$ 是最初记录在各服务部门的变动成本向量。求向量 $[B]$ 可得：

$$[B]=[I-A]^{-1}[C]$$

式中，$[I-A]^{-1}$ 是矩阵 $[I-A]$ 的逆矩阵（如果存在的话）。求逆运算计算机可以解决，大多数电子表格都包含求逆运算的功能。

本例中：

$$[I-A]^{-1}=\begin{bmatrix}1.204\,8 & 0.562\,3\\0.192\,8 & 1.156\,6\end{bmatrix}$$

$$[B]=\begin{bmatrix}4\,514\,056\\2\,428\,915\end{bmatrix}$$

$[I-A]^{-1}$ 主对角线上的数字是可用于制定决策的交互系数。每个服务部门都在主对角线上有一个相应的交互系数。本例中，1.204 8 是供电部门交互系数，1.156 6 是供水部门交互系数。

用某服务部门的交互成本除以其交互系数，得到如果关闭该部门可避免的成本。用某服务部门当前提供的服务数量除以其交互系数，得到如果外购该服务，所需购买的服务数量。服务部门每单位的服务成本分配率可由交互成本除以其所提供的总服务数量得到。供电部门的服务成本分配率为

4 514 056÷200 000＝22.57（美元）。

在本例中可以看到，分配到生产部门的成本等于服务成本分配率与提供给该生产部门服务量的乘积。这种分配结果可由上述代数模型推导得到。定义矩阵 $[D]$，其第 i 行第 j 列的元素代表生产部门 j 所耗用的服务部门 i 的服务占部门 i 总服务量的比例。向量 $[E]$ 为应分配到生产部门的服务成本向量，则

$$[E]=[B]^{\mathrm{T}}[D]$$

式中，$[B]^{\mathrm{T}}$ 是交互成本向量的转置向量。

本例中：

$$[B]^{\mathrm{T}}=[4\ 514\ 056\quad 2\ 428\ 915]$$

$$[D]=\begin{bmatrix}80\ 000/200\ 000 & 70\ 000/200\ 000 \\ 30\ 000/160\ 000 & 50\ 000/160\ 000\end{bmatrix}$$

$$[E]=[2\ 261\ 044\quad 2\ 338\ 956]$$

这意味着总共有 2 261 044 美元的服务成本分配到生产部门 1，2 338 956 美元的服务成本分配到生产部门 2。上述方法很容易拓展到多个生产和服务部门的情况。

📖 注　释

[1] 与第 1 章一样，我们用产品这一术语概括所有的成本对象，包括有形产品（如一箱小麦）、服务（如一个核查账户）和顾客。

[2] R. S. Kaplan, "One Cost System Isn't Enough," *Harvard Business Review*（January-February 1988），pp. 61 - 66；also, "The Four Stage Model of Cost System Design," *Management Accounting*（February 1990）。

[3] 我们将在第 10 章中进一步讨论资产的运营费用和资产自身的价值都可能要分配到运营部门中。

[4] 我们将在本章末尾介绍将这一数量差异分配到运营部门的各种方法。

[5] 在许多工厂，每个部门的场地成本并不完全相等。例如，在半导体芯片制造厂，提供净化室场地的成本远高于提供普通场地的成本。在这种情况下，可能至少有两种作业：提供净化室场地的作业和提供普通场地的作业。提供净化室场地的作业将有更高的设备费用，因为它要不断进行空气循环过滤。同样，提供给原材料和产成品的仓库比提供给精密设备的恒温恒湿场地便宜。

[6] 同样，这里也假设所有的员工都耗用人力资源部门相等的时间和资源。如果允许人力资源部门对某些员工投入较多会更符合现实，但也会更复杂。我们可以对员工按不同的需求建立一个人力资源加权系数，把人力资源作业分为三类：提供复杂支持、提供一般支持和提供基本支持。

[7] 这一过程将在第 4 章作业成本系统中讲述。在作业成本系统中，辅助作业成本不仅归集到生产成本中心，而且归集到直接为产品生产和销售服务的主要作业中。

[8] 现在，在普通的个人电脑上运行的电子表格程序都具备这个能力。

[9] 在向外寻求供电之前，公司应先看看内部服务部门是否可以把成本降低到外部报价以下。公司应调查外部报价是否刻意偏低——目的在于先取得这笔业务，待公司拆除了内部发电设备后再提高价格。

[10] 这个例子来自 W. J. Baumol, "Optimal Depreciation Policy: Pricing the Products of Durable Assets." *Bell Journal of Economics and Management Science* (Autumn 1971), pp. 638 - 56。

[11] R. S. Kaplan, "Variable and Self-Service Costs in Reciprocal Allocation Models," *Accounting Review* (October 1973), pp. 738 - 48.

[12] 4 514 000÷1.248.

[13] 5 746 680÷166 000.

[14] J. Dent, "Tension in the Design of Formal Control Systems: A Field Study in a Computer Company," in *Accounting & Management: Field Study Perspectives*, ed. W. J. Bruns Jr. and R. S. Kaplan (Boston: Harvard Business School Press, 1987), pp. 119 - 45.

习 题

[3-1] 分配中央维修部门成本

"我简直无法相信，我们刚刚做的一项研究表明采用中央维修部门服务能为我的部门节省资金，但是在我们采用中央维修服务的第一个月成本上升了20%之多。"拉莫制造公司D部门经理唐·汤普森在刚刚收到维修服务账单时显然非常不解。

在使用内部维修部门之前，D部门一直以每月15 000美元外购维修服务。公司内部的一项调查发现D部门的所有维修需求都可以由内部满足。目前维修部门存在闲置生产能力，且只需10 000美元的增量成本就可以满足D部门的维修需求。在确保他的部门能以这个较低的增量成本获得维修服务的情况下，唐·汤普森同意改为使用内部服务。

汤普森要求相关人员对上个月18 600美元的维修账单作出一个合理的解释。维修部门经理费尔·约翰逊为此提供了以下数据。表1是在向D部门提供服务前，把维修成本分配到拉莫公司另外三个部门的过程。当时总成本为每月120 000美元。约翰逊解释说："我们必须以公平的方式分配成本。我们认为按工时数分配最为合理。"然后他提供了上个月增加10 000美元成本和200小时维修工时后的分配过程（见表2）。

表1

部门	维修工时	比例	分配成本（美元）
A	600	50%	60 000
B	400	33%	40 000
C	200	17%	20 000
合计	1 200	100%	120 000

表2

部门	维修工时	比例	分配成本（美元）
A	600	42.9%	55 700
B	400	28.6%	37 100
C	200	14.3%	18 600
D	200	14.3%	18 600
合计	1 400	100%	130 000

要求：

(1) 评价约翰逊分配服务部门成本的方法，为什么这种方法使 D 部门成本由每月 15 000 美元上升到 18 600 美元？

(2) 设计几种能更好地鼓励采用内部维修服务的成本分配方法。

[3-2] 分配服务部门成本——变动成本和固定成本、实际成本和预算成本

"我每个月都被印刷部门多收费。"格林公司广告部经理巴德·波立斯抱怨道，"虽然我们的印刷量减少了，但是支付的费用上升了。印刷部门的工作完成得相当不错，但如果成本继续上升，我将不得不到外面印刷。"

印刷部门为公司内的许多部门提供服务。正常工作量（800 小时）的成本预算和 9 月份（实际工作量 700 小时）的实际成本如下：

单位：美元

	800 小时的预算		9 月份实际
	金额	变动（V）或固定（F）	
人工费	10 000	V	9 000
管理费	2 000	F	2 000
间接人工费	3 000	V	2 800
物料消耗	11 000	V	10 500
折旧	6 000	F	6 200
租金	4 000	F	4 500
合计	36 000		35 000

折旧按印刷部门设备原价的固定比例每月计提。每月租金是总建筑物成本按各部门所占用总建筑面积的比例分配的。

印刷部门向其他部门分配的成本是按每月平均实际成本乘以部门实际消耗印刷工时数分配的。

广告部是印刷服务的主要使用者。正常情况下广告部消耗 100 个印刷工时，但 9 月份它只消耗了 95 个印刷工时。巴德·波立斯收到 9 月份的印刷账单后，发出了本题开头的抱怨。

要求：

(1) 计算广告部正常耗用量下的预算成本，同时计算广告部使用 95 个印刷工时的预算成本（假设对印刷的总需求维持 800 个工时不变）。

(2) 计算 9 月份广告部从印刷部门分摊到的实际成本。

(3) 分析广告部 95 个印刷工时的实际印刷成本和其预算成本之间的差异，指出这些差异产生的原因。

(4) 你认为应如何改变印刷部门成本分配方法？

(5) 印刷部经理艾利丝·戴明对波立斯的评论作出了回应："我们尽我们所能控制成本，但由于过去几年里我们的工作量一直在下降，控制成本很难做到。为满足广告部的需要，我们不得不购置了更加昂贵和精密的印刷设备。广告部是这些设备的主要使用者，其他部门基本不用，毫无疑问，广告部理应多承担我们的成本。"如果这种情况持续下去，是否应改变印刷部门分配成本的方法？

[3-3] 分配中央设备的固定成本

贝蒙·希尔是一家专业销售消费产品的公司。该公司按产品线分成三个经营分部：硬件供应部门、化妆品部门和灯具部门。

三年前公司建立了一个大型的自动化仓库。由于各部门的使用量均无法达到该仓库产生规模经济效益的数量，这项工程便由公司承担。仓库建成后，三个部门同意按使用量分担成本。

三年来各部门发生了很大变化。硬件供应部门销量增长近一倍，而灯具部门销量却大幅下跌。

在这样的背景下，公司财务部经理和各部门财务经理举行了一次会议。会议由硬件供应部门财务经理亚特·格林召集，他对本部门仓储费用的迅速增长感到不满。格林认为：按实际用量分配仓储成本对硬件供应部门不公平。他建议："以后，固定成本（资产费用）按计划用量分配，标准变动成本按实际用量分配。"灯具部门财务经理拉尔夫·怀特反对："如果我们的用量继续下降怎么办？我们将停止承担硬件供应部门使用设备的资产费用。"

要求：

（1）评价他们的矛盾。你认为怀特的做法是否正确？如果不对，为什么？如果对，你如何解决这个僵局？

（2）假设事情的发展如预期的那样。在这种情况下，化妆品部门财务经理莱戈·布朗最后发言："我早已厌倦应付这种不合理的成本分配。使用外部市场上的仓储费用比我现在支付的少得多，我准备利用外部市场解决仓储问题。"

如果这样的话，这项建议将在多大程度上改变你的决策？

[3-4] 福埃里消费品公司

福埃里消费品公司生产一系列消费品。该公司的图形部为公司的采购、制造、物流和市场营销等各种经营活动提供支持。图形部雇用图形设计师并拥有自己的印刷设备。

该公司是按照责任制度建立起来的，包括成本中心、利润中心和投资中心，对不同责任中心的评价方式不同。

在1994年公司图形部刚成立时，它的业务相对较少。公司决定不把图形部的成本分配到使用部门，以促进对公司图形部生产能力的利用。到1995年中期公司图形部已经满负荷运转，并准备购买更为先进（也更昂贵）的印刷设备。有人认为这些设备技术上先进但并不实用，由此认为图形部缺乏控制。

为加强对公司图形部的控制，财务副总裁莫林·杰克逊于1996年初决定公司图形部按照成本中心运作。也就是说，公司将按图形部经理马丁·罗伊控制其部门相关成本的能力来对他进行评价，这些成本包括预算成本、标准成本。为了限制该部门的失控倾向，莫林决定把其所有成本都分配到使用部门。这样，由于它只能发生用户所支付的成本，因此图形部完全成为用户驱动部门。

马丁针对副总裁的决定为他的部门建立了一个成本率。马丁将其部门成本分成两类：材料成本和制造费用（包括公司图形部除材料成本外的所有成本）。1995年，图形部做了12 736件工作，发生材料成本6 704 948美元和制造费用5 678 346美元。制造费用包含许多组成部分，主要组成部分是设备和与设备有关的成本3 586 239美元及工资成本1 408 376美元。

马丁决定，每件工作的成本为该工作所消耗的材料成本加上分配的制造费用。每件工作的材料成本都在其工作成本表中有完整记录。每件工作的制造费用为上年制造费用加10%，即1996年每件工作的制造费用为490.44美元。马丁为他的决定做出了以下解释：

这种方法简单易行，它要求每件工作吸收自己的材料成本和分担公司图形部的制造费用。制造费用的加成率为10%，这包括尚未投入使用，但是为保持生产能力所必需的新设备的安装调试成本。我们把这些成本看成为使我们自己和我们的用户熟练使用高性能设备所必需的成本。

1996年，公司图形部的业务量首次出现大幅下降。为了找出问题的根源，莫林·杰克逊对使用者进行了一项特殊调查。尽管有很多抱怨——包括在及时性、质量、听取并满足客户需要的积极性等方面对图形部的不满，但主要问题仍是成本。以下是劳保部经理保罗·特里门的想法，代表了很多人的意见：

我已经厌烦和这些家伙打交道了，他们总是劝我们使用那些稀奇古怪的设备。他们有12台印刷设备，所生产的东西大多数我们永远不会需要。根据雇员的劳保标准和需要，我们对图形资料有特殊的需要。我不需要图形顾问和新奇的机器，我需要实实在在的东西。我知道我想要什么，我只是不能自己印刷出来。他们的价格也太离谱了。我有一个印刷劳保宣传画的预算，我可以找外部供应者印制，他们的报价只有内部的一半。

也有一些用户的评价是积极的，新提拔的市场部经理这样认为：

我认为他们的服务很棒，他们的图形顾问很不错——创造力强、观念新颖。他们花费时间提供了出色的艺术作品和高质量的图形。成本不是问题，在外面我们要付十倍的价格才能获得同样的服务。

考虑到这些问题，1997年年初，莫林·杰克逊让他的一个助手对情况做分析并提供几个解决方案。这位助手认为公司图形部的成本分配方法没有真实地反映对它的需求和使用，他指出常规的成本会计思想要求固定成本和变动成本分别分配。变动成本按实际用量分配，固定成本按计划用量分配。这位助手指出按目前的方法，材料成本在实际成本的基础上分摊，而固定和变动制造费用在实际耗用量的基础上分摊。他认为问题就出在这里。

要求：

(1) 如果按计划用量分摊固定成本，按实际用量分摊变动成本，有什么好处？

(2) 在这个成本分配系统中，应分配标准成本还是实际成本？

(3) 为什么马丁·罗伊建立的方法没有达到莫林·杰克逊以成本分配控制图形部失控趋势的目的？有什么证据表明这一目的未能达到？

(4) 你认为怎样才能激励公司图形部经营效果更好、效率更高？

[3-5] 交互成本分配

阿灵顿音响制造公司制造多种高质量扬声器，其主要的生产部门包括装运部、装配部、加工部。这三个部门都接受以下服务部门提供的服务：信息中心、供热部门、供电部门。公司被看做利润中心，服务部门被看做成本中心。因此服务部门（信息中心、供热部门、供电部门）每期的成本都要分配到生产部门中去。

该公司按计划用量分摊预算固定成本，按实际用量分摊标准变动成本。上周实际提供的服务量如下：

	信息中心	供热部门	供电部门	装运部	装配部	加工部	合计
信息中心	500	1 000	2 000	2 000	2 500	2 000	10 000
供热部门	3 000	2 000	4 000	5 000	3 000	3 000	20 000
供电部门	750	750	250	750	1 000	1 500	5 000

这些服务量与计划用量相当。本周成本如下：

单位：美元

	标准变动成本	预算固定成本
信息中心	30 000	50 000
供热部门	60 000	100 000
供电部门	40 000	80 000

要求：

（1）用交互分配法分摊变动成本和固定成本。

（2）信息中心所提供服务的单位变动成本是多少？

（3）如果关闭供电部门，可避免一半的固定电力成本，那么：

（a）需要外购多少单位电力？

（b）公司可接受的最高外部价格是多少？

[3-6] 交互成本系统下的增量成本

达尔文公司有两种主要产品S和T，每种产品都由一个独立的生产部门生产。为生产产品S和T，达尔文公司有两个服务部门A和B，这两个部门既向生产S和T产品的部门提供服务，也向它们自己提供服务。为便于讨论，假设A是材料处理部门，B是电力部门。

该公司下期的生产计划如表1所示。

表1　　　　　　　　　　　　　　　　　　　　　　　　　　　　　　金额单位：美元

	部门A	部门B	生产产品S的部门	生产产品T的部门
产品使用者				
A（材料处理）	0	30	0	0
B（电力）	20	0	0	0
S	30	35	0	0
T	40	55	0	0
外部市场	0	0	60	100
合计（产品单位或服务数量）	90	120	60	100
服务部门成本	A	B		
1. 变动人工、管理费用和材料成本	7 200	4 800		
2. 管理和其他自付固定成本	6 000	7 000		
3. 折旧	4 800	8 200		
合计	18 000[a]	20000[b]		

a. 包含了部门B的电力费用。
b. 包含了部门A的材料处理费用。

折旧按直线法计提，设备预计寿命20年，目前使用到第15年，也就是说已经相当旧了（尽管维护得不错）。

要求：

(1) 用交互分配法确定服务部门 A 和 B 分配到产品 S 和 T 的变动成本。

(2) 选择一个服务部门固定成本的分摊基础，并据此将固定成本分摊到产品中。

(3) 假设经济条件变化，产品销售量变为 S＝80 和 T＝90，重新计算表 1 的生产计划和服务部门预算。

(4) 新的变动和固定成本分摊结果是多少？

(5) 本地一家电力公司愿以每单位 130 美元的价格提供无限量的电力，公司是否接受？

案　例

赛立格拉姆股份有限公司：电子检测工作*

　　一年前我们购置了一台自动设备，这台设备是专门服务于某个顾客的。这台设备使用后，减少了检测零件的直接人工。因为我们是以人工为基础分配制造费用的，所以这无疑极大地降低了这名顾客的成本。但是，如果把该设备 40 000 美元的机器成本计入总制造费用，无疑会增加分配给其他顾客的成本。

——经理保罗·卡特（Paul Carte）

介绍

　　赛立格拉姆公司的电子检测部门（electronic testing operations，ETO）为诸如集成电路等电子零件提供集中化检测。ETO 是于 1979 年合并赛立格拉姆公司 11 个不同部门的电子检测业务形成的。1983 年 ETO 开始为这些部门服务。据当时估计，集中服务将使赛立格拉姆公司未来 5 年减少 2 000 万美元的检测设备投资。

　　ETO 作为成本中心进行运营，并将全部成本（直接成本加上制造费用）分配到其他部门。尽管 ETO 是公司附属的检测中心，但是如果 ETO 不能在成本或服务方面满足其他部门的需求，其他各部门就可以购买外部检测服务。ETO 可以将其服务能力的 10% 用于对外服务，但由于市场限制，它主要还是为本公司部门服务。

　　ETO 雇用了大约 60 名钟点工及 40 名管理和技术人员。1988 年的预算费用为约 790 万美元（见表 1）。

检测过程

　　ETO 预计 1988 年可检测 3 500 万～4 000 万个电子零件。这些零件包括集成电路、二极管、晶体管、电容器、电阻器、变压器、继电器和晶体。检测零件主要出于两个原因。第一，如果次品零件不能在生产过程中被及早发现，其修理成本将超过这个零件本身的制造成本。研究表明在投入生产过程前发现一个次品电阻只消耗 2 美分，如果这个电阻在最终产品中被发现，那么维修成本将达数千美元。第二，赛立格拉姆公司的大部分工作都与军事防务有关，要求对用于飞机和海军装备上的零件做细致的检测。在 1988 年之前，ETO 已经具备检测 6 500 种不同零件的能力。一般该部门每月检测 500 种不同的零件，每年检测 3 000～3 500 种零件。零件是按批次从顾客处收到的。1988 年 ETO 将收到大约 12 000 批零件。

　　ETO 既做电学检测也做机械检测。电学检测包括检测零件的电学性能，并将检测的指标与其规格相比较。例如，一个放大器的规格是将输入的 1 伏电压放大为 10 伏输出，通过测量其输出电压，ETO 可以

---

　　* 本案例由波特兰州立大学的 Peter B. B. Turney 教授和 Robin Cooper 教授指导的博士生 Christopher Ittner 提供。Copyright © 1988 by the President and Fellows of Harvard College. Harvard Business School case 189-084.

判断该放大器是否符合规格。

表1　电子检测部门——1988年费用预算　　　　　单位：美元

直接人工成本	3 260 015
间接费用	
间接人工成本	859 242
工资费用	394 211
物料费用	538 029
服务[a]	245 226
人员分配[b]	229 140
服务分配[c]	2 448 134
间接费用合计	4 713 982
预算费用合计	7 973 997

a. 包括工具修理、计算机费用、维修费、其他部门分配来的服务成本。
b. 包括间接费用和福利费、人力资源部门、保安、仓储、假期费用。
c. 包括占用的建筑物、电话、折旧、信息系统和数据控制的相关费用。

机械检测包括焊接能力、热延性、热激法和渗漏检测。焊接能力是指零件能否与焊料紧密结合；热延性是零件在高温下的延展力；热激法是将零件置于高温和低温中循环检测；渗漏检测是测试集成电路的密封性。

每种零件所需要的电学和机械检测过程的数量和种类有很大差别。这种差别造成ETO大约有200个标准检测流程。检测流程是由顾客所要求的测试和零件规格的不同组合决定的。根据这些组合，ETO的计划人员确定了零件在各检测设备间的路径和每一站所要做的检测。比如有些集成电路要经过6个检测流程，而有些集成电路可能只需在室温下做一些机械测试（如焊接能力和渗漏检测），还有些需要热激法和热延性检测。

每种零件都需要独立开发的软件，还常常需要专用工具和设备。软件、工具、设备都由工程小组设计。工程小组由软件开发、设备维护、测量和维修、制造模具和测试设备操作等方面的专业人员组成。软件工程师根据用途需要开发程序，这些程序将保存在软件库中以备日后再用。ETO现有6 500个不同的程序，其中有1 300个是上年开发的；ETO还有1 500件工具和器械，其中300件是上年制成的。这么多的工具和器械产生各种各样不同搭配的零件测试。

检测设施分布在两个检测室中。主检测室内安放了电学检测设备，机械检测室内安放了机械检测设备，并配有收发部门和库房。每个检测室都有20个人，实行倒班制，白天10个人工作，晚上10个人工作。

成本会计系统

成本会计系统计量两种成本要素：直接人工和制造费用。两个检测室的制造费用、软件开发和工具的工程制造费用及该部门管理费用都集中到一个制造费用库中。总制造费用除以检测和工程人工成本总额，得到每一美元人工成本制造费用分配率。ETO为每批零件分配制造费用。每批零件的制造费用为每批零件的实际人工成本总额乘以145%（制造费用分配率），分配的制造费用加上每批实际人工成本得出每批总成本。1988年制造费用分配率为每一美元人工成本的145%，其中超过40%属于设备折旧（见表2）。

表 2　电子检测部门——制造费用分配率计算（按 1998 年计划）

制造费用分配率＝总制造费用金额[a]÷直接人工成本金额×100%

　　　　　　　＝（4 713 982÷3 260 015）×100%

　　　　　　　＝144.6%

实际分配率＝145%

a. 成本分解（单位：美元）：

		固定制造费用		
	变动制造费用	折旧	其他	合计
总制造费用	1 426 317	1 288 000	1 999 665	4 713 982

过时问题

一些迹象表明这种以人工为基础的制造费用分配方法已经过时。自该部门 1983 年成立以来，检测每批元件的直接工时数一直在下降（见图 1）。由于越来越多地依靠供应商证明书，此种趋势越发明显。供应商证明书是准时制的关键组成部分。赛立格拉姆公司的供应商做主要的零件检测工作，并出具供应商证明书。ETO 只需要通过统计抽样来检验供应商提供的零件是否符合要求。这样，一方面准时制使 ETO 收到的零件批量减少、批次增多，另一方面供应商证明书减少了检测工作量。一项调查表明在未来的五年中，准时制交付会占据赛立格拉姆公司货运工作的 30%。

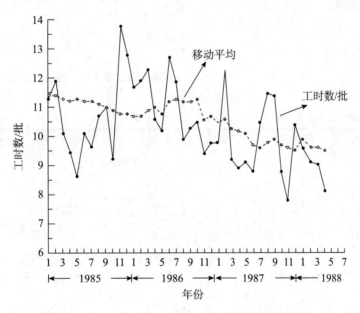

图 1　电子检测部门——每批零件的直接人工小时

除人工成本的降低和批量的减少外，从单一到日趋复杂的检测技术使以人工为基础的成本分配系统越发显得过时。对于复杂零件所需要的筛选和环境控制的检测，ETO 绝对比外部服务便宜。但当只需要普通检测时，外部服务通常更便宜，尤其是在大批量的情况下。ETO 的优势在于外部服务者无法提供工程支持，而 ETO 具有提供及时高效工程支持的能力且成本低。技术上更加复杂的服务使直接人工所占比例减小，间接人工所占比例增大。该部门预计 20 世纪 90 年代初工程技术人员将超过钟点工的数量。

最后，高技术零件的出现要求检测更加自动化、检测周期更长、数据更多。数字零件过去只需在 100 种条件（电流输入输出状态的组合）下进行检测。新一代数字零件要在多达 10 000 种更加复杂的条件下测试。这些零件需要昂贵的高自动化设备，自动化的提高又使新设备折旧在更少的直接人工中分配。

有人担心制造费用分配率的上升会导致一些顾客流失。ETO已经注意到顾客对分配率越来越多的抱怨。

ETO的会计主管建议使用一个新的成本会计系统解决这个问题。在这个系统下，制造费用被分为两个成本库。第一个成本库包括与管理和技术有关的制造费用（部门管理费，工程、计划、行政人事管理费用）。这一成本库按每一美元直接人工成本分配。第二个成本库包括所有的其他制造费用，并按机器工时分配。表3列示了建议的制造费用分配率。

表3 电子检测部门——建议的制造费用分配率（1998年计划）

机器工时分配率

	机器工时	制造费用[a]
主检测室	33 201	$ 2 103 116
机械检测室	17 103	1 926 263
合计	50 304	$ 4 029 379

机器工时分配率 检测室制造费用÷机器工时＝4 029 379÷50 304＝$ 80.10

有效机器工时分配率＝$ 80.00

直接人工成本制造费用分配率

工程和管理制造费用总额＝$ 684 603

直接人工成本总额＝$ 3 260 015[b]

制造费用分配率 工程和管理制造费用÷直接人工成本×100%
＝684 603÷3 260 015×100%＝21%

直接人工成本的有效分配率＝20%

a. 成本分解（单位：美元）：

	变动制造费用	固定制造费用		
		折旧	其他	合计
主检测室	887 379	88 779	1 126 958	2 103 116
机械检测室	443 833	808 103	674 327	1 926 263
检测室制造费用	1 331 212	896 882	1 801 285	4 029 379
工程与管理费用	95 105	391 118	198 380	684 603
总制造费用	1 426 317	1 288 000	1 999 665	4 713 892

b. 包括所有直接人工成本（检测室和工程人工）。

ETO会计主管提出他的建议后不久，赛立格拉姆公司的一个管理顾问又设计了另一个ETO成本核算系统。他建议使用三个制造费用库：每个检测室各有一个制造费用库，还有一个技术和管理费用库。制造费用直接归集到三个成本库。同那位会计主管的建议一样，检测室制造费用按机器工时分配，技术和管理费用按直接人工成本分配。

为比较两种不同方法的效果，ETO选取了五种有代表性的零件进行研究。表4提供了这五种零件各批所需的直接人工和机器工时。

表 4　电子检测部门——每批次的实际直接人工成本和需要的机器工时

零件	直接人工成本（美元）	机器工时		
		主检测室	机械检测室	合计
集成电路 A	917	8.5	10.0	18.5
集成电路 B	2 051	14.0	26.0	40.0
电容器	1 094	3.0	4.5	7.5
放大器	525	4.0	1.0	5.0
二极管	519	7.0	5.0	12.0

技术前景

1988 年，由于检测技术的巨大变化，ETO 需要制定重要的设备购置决策。现有的设备都过于陈旧，跟不上技术的发展。例如，现有零件一般为 16～40 位输入、输出，尽管 ETO 的设备处理能力可达到 120 位，但新一代零件已经达到 256 位。同样，现有零件最高频率为 20 MHz，而下一代零件将达到 50 MHz。

用于检测下一代零件的设备非常昂贵，每台机器约 200 万美元。这种检测设备比现有设备自动化程度更高、检测周期更长、提供数据更多，检测批量也可以适当增大。新设备不会取代现有设备，只能提供 ETO 目前不具备的生产能力，而且在可预见的将来，新设备至多只能为两类顾客服务。表 5 提供了有关新设备的一些信息。

表 5　电子检测部门——新检测设备

成本	200 万美元
使用年限	8 年
折旧方法	双倍余额递减法（第一年计提为 50 万美元）
安放地点	主检测室
利用率	第一年 10%，第三年及以后各年提高到 60%，每年可工作 4 000 工时（2 班×2 000 工时/年）
直接人工	每工作 1 小时需人工操作 5 分钟；人工成本每小时 30 美元
工程要求	第一年需 75 000 美元安装和程序运行成本
预计制造费用（不包括工程费用和折旧）	25 万美元（变动费用 10 万美元，固定费用 15 万美元）

新设备的使用将会使得每批零件的直接人工小时加速减少。同时，与新设备有关的折旧和工程费用将使制造费用上升。这将使直接人工成本的制造费用率大幅上升。正如 ETO 部门经理保罗·卡特所发现的，如果仍然使用人工费用分配系统，购置新设备将对该部门成本分配产生灾难性的后果：

我们计划投资 200 万美元购置新设备来检测一两类顾客的零件，这台设备速度很快，所用直接人工很少。它的购置将对我们的直接人工成本制造费用率产生巨大影响，这将使分配到其他顾客的成本增大，显然如果我们仍使用原先的分配方法，将失去一些顾客——我们担心如果不改变成本核算系统，公司将减少 25% 的顾客。

第**4**章

作业成本系统

　　作业成本法（activity-based costing，ABC）是将间接成本和辅助资源更准确地分配到作业、业务流程、产品、服务及顾客中的一种成本计算方法。作业成本法认为，组织中的许多资源并非直接用于实体产品的生产过程中，而是用在广泛的支持性作业中，从而为不同类型的客户提供多样的产品和服务。作业成本法的目标并非将共同成本分配到产品，而是计量各种作业消耗的所有资源及其成本，这些作业支持产品和服务的生产，并将其交付给顾客。

　　作业成本法的第一个步骤是确认耗用了组织辅助资源的作业，然后将这些作业所消耗的全部辅助资源成本追溯到相应的作业中；第二个步骤将作业成本追溯到产品中。先确定每一作业的成本动因（即作业成本动因），计算出作业成本动因率，通过作业成本动因率将作业成本分配到产品。每一产品（服务或顾客）的成本等于其在当期所消耗的每一个成本动因的数量乘以标准成本动因率之和。这个看似复杂的过程用图表表示十分简单，实际操作也十分容易。图表 4-1 举例说明了间接人工这项资源如何分解成五种不同的作业，又如何通过适当的作业成本动因与产品、服务和顾客等成本对象相联系。

　　在第 3 章的基础上，本章首先探讨如何将生产部门之外的服务成本和辅助部门成本分配到辅助生产的作业中去。其次，本章探讨成本分配过程的第二步——将成本中心和作业的成本追溯到产品中。[1]

　　作业成本系统扩展了用于成本归集的"生产成本中心"的类型，不再只关注责任中心的定位与组织架构，而是关注组织资源所形成的实际作业。作业成本体系保留了传统成本体系中在生产成本中心发生的将原材料转化成完工产品的作业（如加工产品和组装产品作业）。另外，作业成本体系也考虑到有些资源是用于诸如调整准备机器、安排生产计划、检验产品质量、改善产品性能及搬运材料等辅助作业，这些辅助作业并不直接参与原材料转化为中间产品和完工产品的物质生产过程。对服务型组织而言，没有直接材料和易追溯的直接人工，几乎所有作业都是辅助性的，比如处理顾客关系、提高现有服务水平以及为顾客提供基本服务（如支票账户处理、电话、医疗程序、航班）等。

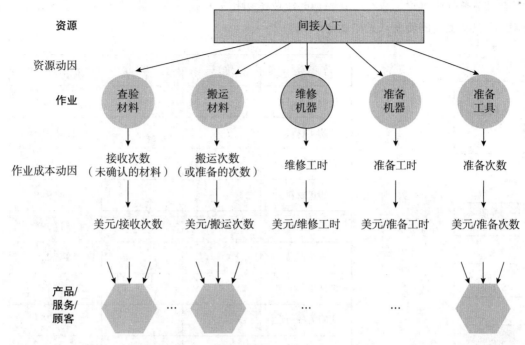

图表 4-1　作业成本法：成本从资源流向作业，再流向产品、服务和顾客

4.1　将服务部门成本分配到作业

服务部门的许多成本不能通过直接分配率或反映服务部门与生产部门因果关系的成本动因率分配到生产部门。这些不可追溯的服务部门成本或"共同成本"包括：生产计划、产品工程/设计、厂区管理、信息系统、采购、材料搬运以及厂区耗费，如财产税、建筑物折旧、保险、供热和照明等。我们在第 3 章已明确指出，基于成本控制和成本责任归属的目的，诸如此类的共同成本不应直接分配到生产中心。

作业成本系统在各种费用之间建立了因果关系，而这些费用在传统成本系统下必须视作共同的或联合的。下面我们用一个简单的例子来说明作业成本法下资源成本的分配过程。[2] 威廉斯公司的材料处理部门负责接收原材料和购入零部件并送至仓库，在生产需要时将原材料和零部件运送至生产车间。材料处理部门每月的成本为 50 000 美元，每月的平均人工工时为 40 000 小时。

威廉斯公司过去有一个传统的间接费用分配系统：辅助部门的间接费用按照直接人工工时分摊至生产部门。照此流程，材料处理部门的间接费用分配率为 1.25 美元/直接人工工时（50 000 美元÷40 000 直接人工工时）。若某生产部门每月使用材料处理部门 6 000 直接人工工时，则应分摊间接费用 7 500 美元（6 000 小时×1.25 美元/小时）。这种分摊方法假设生产部门每使用 1 单位直接人工工时，需耗用材料处理部门 1.25 美元的资源。由于这种假设连大致有效都称不上，仅以资源动因如直接人工工时作为分配基数，材料处理部门的资源成本与资源需求或耗用之间很难建立因果关系。例如，生产周期长、标准产品的生产部门对材料处理部门的资源需求相对较少，而生产周期短、需要大量特制零件的定制化产品的生产部门对材料处理部门可能产生相当大的需求。仅以直接人工工时作为分配基数，无法区分二者对资源需求的巨大差异。

在作业成本系统中，资源成本与其驱动的作业密切相关。按照作业对各项成本进行分类，使得人们对成本的认识有了新的转变（见图表4-2）。

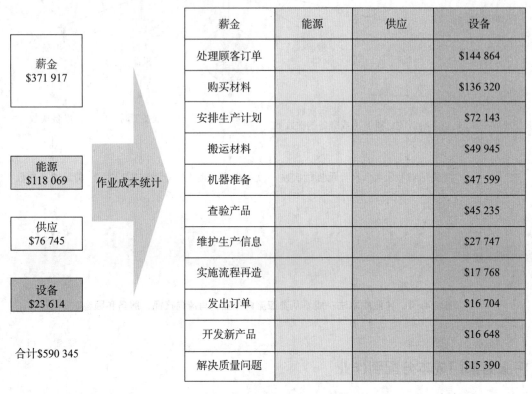

薪金	能源	供应	设备
处理顾客订单			$144 864
购买材料			$136 320
安排生产计划			$72 143
搬运材料			$49 945
机器准备			$47 599
查验产品			$45 235
维护生产信息			$27 747
实施流程再造			$17 768
发出订单			$16 704
开发新产品			$16 648
解决质量问题			$15 390

薪金
$371 917

能源
$118 069

作业成本统计

供应
$76 745

设备
$23 614

合计$590 345

合计$590 345

图表4-2 将一个组织发生的各项成本追溯到各项作业

通过资源成本动因归集财务系统中的费用并将其分摊到组织资源所驱动的作业当中，这一步骤可以使企业管理者第一时间了解到购买材料、开发新产品等作业的耗费。

分析资源耗费与作业之间的关联，不需要额外花费大量的时间与行动。和几乎所有传统的产品成本计算系统一样，其目标是宁可大致正确，也不能绝对错误。许多传统的标准成本计算系统在计算产品成本时甚至保留到小数点后六位（如单位成本5.714 62美元），但是，由于分配方法的主观性，第一位数字通常已经失真。将资源成本与作业之间建立联系的数据可以通过员工调查表来收集。调查表中列示出所有的作业，被调查人员（包括但不限于实际参与生产的一线员工）填写他们估计的花费在这些作业上的时间百分比（如超过总工作时间的5%）。

成本系统设计者会经常采访部门经理，以下是材料处理部门经理詹尼弗·卡塞尔的简要采访记录：

对詹尼弗·卡塞尔的采访

问：你的部门有多少成员？

答：除我之外，有12个人。

问：这些人的工作有哪些？

答：他们什么事都做一些，每周甚至每天的工作都不同。

问：这样啊，那么存在某些有规律的主要工作吗？

答：我想有三项主要工作占用了我们 90% 的时间。工作量最大的是接收、检查和登记购入的零部件。大约一半的人参与这项工作，接收、抽查每一批进货，更新记录，将货品搬运至零部件存放处。

另外 25% 的人——约 3 人，对购入的原材料，如铜、铁、铝和塑料进行同样的工作。

问：剩下的主要工作呢？

答：剩下 3 个人主要是与生产控制人员一起工作。他们根据备份的生产计划，即根据每一生产批次的需要配备零部件和原材料，并按照要求的时间将零部件和原材料搬运至生产车间指定的位置。

问：还有其他工作吗？

答：每周都会有新的工作出现，或是参加质量培训，或是在有紧急订单、人手紧张时协助产成品的装运，甚至在需要时协助生产过程检查，因为我的员工已经在统计性流程控制方面受过良好训练。

问：累计起来，这些特定事件会占用你们大量时间吗？

答：不，这些事件看起来麻烦，但实际上仅占用我们工作时间的 5% 甚至更少。

问：你的工作是什么？你也直接参与处理购入材料的业务工作吗？

答：偶尔，当有人生病或度假时我会参与。但是我的工作主要是指导、培训工人，确保本部门有效地运转，以满足其他部门的需要。

问：购入材料的处理时间是由什么因素决定的？原材料与零部件的处理相同吗？大批量购入与小批量购入有什么不同？

答：采购零部件很简单，只需抽查一两个看是否与订购的要求相符，相符即可入库。几乎每次我们都可以一次性将零部件储存入库。当大批量购入原材料时，需要花费一些时间验收入库，但这种情况非常少。可以说处理零部件或原材料所需的时间很大程度上取决于购入次数而非每次购入的规模。

问：零部件和原材料分发至生产车间的情况是怎样的呢？

答：同样地，数量在这里仍不是动因。工作量很大程度上取决于必须由我们准备的生产批次的数量，而不是某一特定生产批次的规模大小。对 80%～90% 的生产批次我们都能一次性地满足其对零部件和原材料的需要。

4.1.1　确定作业并将资源成本计入各项作业

忽略材料处理部门为特定目的安排的工作以及工作时间占比不足 5% 的小作业后，詹尼弗·卡塞尔把她的部门人员的作业分为三项：

- 接收零部件；
- 接收原材料；
- 分发零部件和原材料到生产车间或工作站。

我们根据访谈中所获得的信息将 50 000 美元的资源成本分配到这三项作业中去。为简单起见，我们假设 12 个工人（不包括卡塞尔）的熟练程度和报酬都相同，这个假设可使我们通过时间百分比将资源成本分配到作业中：

作业	工作量的百分比（%）	作业成本（美元）
接收零部件	50	25 000
接收原材料	25	12 500
分发零部件/原材料	25	12 500

在这个例子中，我们假设所有员工的报酬相同。不过，如果负责原材料接收的工人熟练程度更高，报酬也更高的话，就不能采用简单的百分比分配法。我们需要将较高的成本归集到原材料接收作业中，而给从事其他两项作业的工人制定较低的工资。同样，如果在检验零部件的工作中需要一种昂贵的设备，这个设备的成本就只能分配到接收零部件的作业中。在这个例子中，用人工工时百分比做分配基础只适用于人工成本的分配，而不适用于机器成本的分配。

最后我们考虑将部门经理詹尼弗·卡塞尔的管理成本按员工人工工时的比例分配到三项作业中。如果詹尼弗·卡塞尔提供的是综合辅导和协助，这个假设就是合理的。但如果她花费了异常多的时间去管理某一项作业的操作员工，或者她自己使用大量时间操作一项或多项作业，就需要更细致地分配其成本。先将她实际处理零部件和原材料的工作时间上的成本直接分配到相应的作业中。剩余时间上的综合监管成本，将依据一些标准（如工时或操作的作业量）分配到三项作业中。

这个过程可将组织的所有资源成本都分配到其驱动的作业中。从上例可知，这些新定义的作业中有许多与直接加工、组装产品或顾客服务不相关，只是辅助作业或基础作业。但是，我们也可看到，这些作业成本与直接材料、直接人工、机器费用等传统成本一样容易分配到产品（服务和顾客）中去。

4.1.2　估计还是分摊

早先我们反对使用分摊的方法把成本分配到产品中，因为成本动因不能反映产品对所分配资源的实际需求。采访詹尼弗·卡塞尔，并根据她大致估计的时间和工作来分配部门资源成本，表面上看来是一个分摊的过程，但实际上，把资源成本分配到作业的过程，需要对驱动作业所需资源的潜在数量进行**估计**（estimation）。因此，这不是一个采用与作业无因果关系的成本**分摊**（allocation）过程。原则上，分析者可以安装一种精密的监控和计量装置来获取不同作业所使用的实际资源数量和成本。但实际在获取产品、服务和顾客的成本时，很少用到此类装置。因此，我们采用替代或估算的指标更经济地获取产品和顾客的成本数据，因为对依据此类数据进行的决策而言，估算已经足够准确了。然而有些替代指标，如不同作业耗时的估计，虽然已足够可靠，但对于改进日生产率和缩减成本来说还不够准确。由此可见，对成本数据的要求在其两类主要用途（成本控制与效率提升还是产品服务和顾客的成本计算）下是有显著区别的。

4.2　分配服务部门成本：固定成本和变动成本[3]

在传统定义中詹尼弗·卡塞尔的材料处理部门的资源被认为是固定的。卡塞尔与其部门的 12 个员工每天都要上班，不论是否有零部件或原材料到货，也不论是否有原材料需要被分发到生产车间，他们都要拿工资。这是辅助部门的典型情况。服务和辅助部门的责任是提供人员、空间、设备和技术。这些资源的提供不会随着对这些服务的需求的短期波动而变化。

有些辅助部门的成本由约束性成本（即固定成本）和随服务需求变化而变化的成本（即变动成

本）混合构成。如威廉斯公司的检验部门，其工作场地和特殊的设备是固定的，而人员则是根据需要分配到检验工作中。在这个例子中，检验部门的资源成本需要采用两个不同的成本动因进行分配。场地和设备的约束性成本根据生产能力（或某些标准数量）来分配，而弹性成本（与约束性成本相对，即变动成本），如检验员的费用，则根据实际耗用量进行分配。

例如，假设检验部门每月预算费用为 80 000 美元，其中约束性成本为 60 000 美元，弹性成本为 20 000 美元。设备的实际检验能力为每月 5 000 次，检验员的预计工作量为 4 000 次。检验部门成本动因率的计算如下表所示：

检验部门：约束性和弹性资源成本			
资源种类	预算费用（美元）	作业水平：检验数量	动因率（美元）
约束性	60 000	5 000（检验能力）	12
弹性	20 000	4 000（预计工作量）	5
合计	80 000		17

消耗约束性资源的约束性成本的分配率是 12 美元，与部门服务的实际需求无关，因此是"固定的"。根据部门需要而灵活提供的资源的弹性成本分配率是 5 美元。

约束性成本和弹性成本的差别存在于全部组织资源中。通过如今的数据库和数据系统，很容易就可以在短期内灵活地确认哪些成本应分配到生产部门、基本作业，并最终分配到产品中去。这种分类使短期边际贡献和变动成本的信息随手可得，同时，产品、部门、作业和生产部门所用的全部资源成本，无论是约束性的还是弹性的，都能够被计量和报告。

4.3　作业成本动因

作业成本法的第二个步骤是把作业成本分配到产品。分配过程需要选择各项作业的成本动因，成本动因是各项作业的作业量与各项产品对作业需求的联结纽带。当然，成本动因不是作业成本法所特有的。传统成本系统也使用简单的成本动因，如直接人工费用、直接人工工时、机器工时、产量或加工的材料数等，将成本中心的成本分配到产品中。

我们来看一个典型的德国成本系统，它也许是世界上最详尽的成本系统。德国公司的成本中心数量通常很多。例如，一家拥有 1.5 亿美元资产的生产电子和电动开关的德国制造公司，它的生产过程只包括三个步骤，却拥有 100 个成本中心：其中 15 个是直接生产成本中心，其余的 85 个大部分是间接责任中心。其他公司，如西门子或梅赛德斯的大工厂拥有 1 000～2 000 个成本中心。德国公司拥有如此多成本中心的目的是建立弹性预算，以便向管理者报告每个成本中心的成本产生情况。成本中心数量众多，使得每一个成本中心的工作流程具有高度的同质性。

对每一个成本中心，成本系统的设计者都要选择适当的成本动因。手工组装配件的成本中心以直接人工作为成本动因，机械自动化的成本中心以机器工时作为成本动因，连续加工材料的成本中心，如化工过程，以加工材料的重量或体积作为成本动因。这样，一个复杂的成本系统包括上百个不同的成本中心，每个成本中心都有能够代表其工作特点的成本动因。

尽管这种成本系统可以很好地提供成本信息并对责任中心和成本中心实施控制，但在将成本中心的成本分配至产品方面并不健全。根本问题在于许多组织资源并非用于单位产品的物质生产过程，而是用于提供众多辅助作业，从而为不同顾客提供多样的产品和服务。尽管这些拥有数百个成本中心的系统采用了两个或三个不同的成本动因（人工工时、机器工时、加工的材料数量、生产数量），但这些成本动因拥有共同的关键特征，即单位产品的成本动因数与生产产量成比例。也就是说，如果一种产品的产量增长10%，那么这个产品的人工工时、机器工时、加工的材料数量都将增长10%，分配到这种产品的间接与辅助成本也增长10%。

但是，许多间接和辅助部门资源的使用与产量并不成比例。这样，采用与产量成比例的成本动因将成本分配到单件产品中时，将产生重大错误。传统的成本系统是围绕生产中心建立的，强调与产量成比例的工作，我们称这样的工作为单件层次作业。

单件层次作业（unit-level activities）反映每单位产品或服务所进行的工作。单件层次作业耗费的资源与产品产量和销量成比例。单件层次作业的成本动因包括人工工时、机器工时以及加工的材料数量。

然而，许多研究表明，耗用辅助资源的许多作业与批量相关，或者是产品支持层次作业。[4]

批别层次作业（batch-level activities）包括为新的生产批别进行机器准备、购买材料和处理顾客订单。批别层次作业和单件层次作业的主要区别在于：前者所需的资源独立于单位批次所包含的产品数量（一次机器准备后的零部件生产数量、一次订单中的购买数量、一次为顾客送货的产品数量）。

传统的成本系统将批别层次作业的资源成本视为固定性的，理由是其与单位批次的产品加工数无关。但是如果组织需要更多的批别层次作业（为工厂生产一系列不同类型的产品和部件做生产准备，依照复杂的产品材料清单购买材料、满足个别顾客的定制需要），就需要提供额外资源以完成作业。因此，作业成本系统相对于传统成本系统的一个进步就是能够计量并将生产订单处理、搬运材料、生产准备、顾客订单和采购的成本分配到引起这些作业的产品、顾客、服务中去。

产品支持层次作业（product-sustaining activities）是指完成个别产品（或服务）的生产所需要的工作。将这一概念扩展到工厂以外则为**顾客支持层次作业**（customer-sustaining activities），指使公司完成向个别顾客的销售所需要的工作，这与向顾客销售和交付的产品（服务）的数量和组成无关。产品支持或顾客支持层次作业的例子包括维护和更新产品性能、个别产品和服务所需的专门测试和工具、为个别产品和服务提供的技术支持，以及顾客市场调研和支持。

图表4-3列示了单件层次作业、批别层次作业、产品支持层次作业和顾客支持层次作业的关系。它表明维持一件产品的成本可能与个别顾客无关，反之，一些与顾客相关的成本可能与工厂生产线中的产品无关。

产品支持层次作业和顾客支持层次作业的成本很容易被追溯到它所服务的个别产品和服务项目中去，但根据定义，产品支持层次作业和顾客支持层次作业所耗用的资源数量与这些产品和顾客的产销量无关。传统的成本系统只把固定成本与变动成本的区别局限于成本与产量的关系，无法把产品支持层次或顾客支持层次的资源追溯到单个产品和顾客中去。

作业成本动因（activity cost drivers）是将作业和成本对象（如产品、服务和顾客）联结起来的纽带，它衡量一项作业的产出量。作业成本系统保留了传统成本系统的单件层次动因，如人工工时、机器工时，除此之外，它还需要使用可将批别层次的、产品支持层次的和顾客支持层次的作业成本分配到产品和顾客中的作业成本动因。对每一项作业，设计者都选择了相应的作业成本动因（如图表4-1所示）。

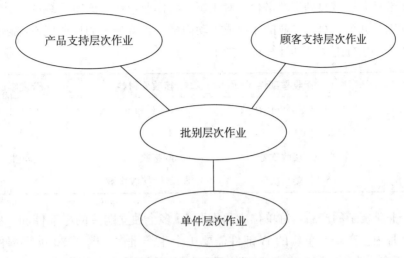

图表 4-3　作业成本法的作业层次

批别层次作业和产品支持层次作业的成本动因的例子如下表所示：

作业	作业成本动因	批别层次作业（B）或产品支持层次作业（P）
机器运转	机器工时	B
机器准备	机器准备的次数或时长	B
产品生产计划	生产批次的数量	B
接收材料	接收材料的次数	B
支持现有产品	产品数量	P
推出新产品	推出新产品的数量	P
修改产品特性	工程变更通知的次数	P

　　要把作业成本分配到个别产品中，需要知道每一个产品的作业成本动因量，即除了要知道每个生产成本中心所需的材料、直接人工和机器工时外，作业成本系统还必须知道每一个产品上的每一个作业成本动因的数量。对于每一个产品，必须掌握以下有关成本动因的信息，例如：

- 机器准备的次数；
- 购买材料的次数；
- 搬运材料的次数；
- 工程变更通知次数。

　　这将引起所需收集信息数量的大幅增长。幸运的是，基于不断改进的综合信息系统，尤其是新建的企业内部信息系统，较之原来，我们更容易以低成本获取作业成本动因的信息。

　　我们将威廉斯公司材料处理部门的简单例子扩展来说明如何运用作业成本动因。前面我们已经确定材料处理成本的分配率是每单位人工工时 1.25 美元（每月平均部门成本 50 000 美元，每月平均直接人工工时 40 000 小时）。

　　考虑一个低产量的产品，A 部件。工厂每月大约生产 100 件 A 部件，每件 A 部件需要 1 小时的直接人工。根据公司的传统成本系统，每月分配 125 美元的材料处理成本给 A 部件。

　　威廉斯公司新采用的作业成本系统将材料处理部门的工作分成三个主要的作业：接收零部件、接收原材料、分发零部件和原材料到生产平台。对于每一项作业，作业成本系统的设计者都为其选择了一个相应的成本动因，并统计每一作业的作业成本动因量。将待分配的作业成本除以作业成本动因量就可以得到作业成本动因分配率。其计算过程如下：

	接收零部件	接收原材料	分发零部件和原材料
作业成本动因	接收零部件的次数	接收原材料的次数	生产批次
作业成本	$25 000	$12 500	$12 500
动因量	2 500 接收次数	1 000 接收次数	500 生产批次
作业成本动因分配率	$10/接收次数	$12.5/接收次数	$25 /生产批次

A 部件是一个非常复杂的产品，每单位成品需要 50 多个独立购买的零部件和一些不同类型的原材料来组装。一个月内生产 100 单位的 A 部件需要 1 个生产批次，购买 20 批零部件和 4 批原材料（一个生产批次需要多次购货，因为生产 A 部件需要大量不同的零部件和原材料）。使用作业成本动因将材料处理成本分配到 A 部件中，计算过程如下：

作业	作业成本动因量	作业成本动因率	作业成本
接收零部件	20	$10/接收次数	$200
接收原材料	4	12.5/接收次数	50
分发零部件和原材料	1	25/生产批次	25
材料处理总成本			$275

每单位 A 部件的材料处理成本为 2.75 美元（275÷100），是传统的直接人工分配方法计算出的 1.25 美元的两倍多。由于 A 部件的复杂性，其需要使用多种不同的原材料和零部件，另外，这种低产量产品的生产周期相对较短，因此分配至 A 部件的成本要高得多。

选择作业成本动因

选择作业成本动因时要在准确性和计量成本间作权衡，面对作业与产品之间大量的潜在联系，设计者应尽量减少作业成本动因的数量。例如，由同一事项引起的作业（准备生产通知单、计划生产批次、零部件的初次检查及材料搬运）可以使用相同的成本动因：产品生产轮班或批次。

ABC 系统的设计者可选择不同类型的作业成本动因：

- 处理次数动因；
- 处理时间动因；
- 资源强度动因或直接归属动因。

处理次数动因（transaction drivers）反映某种作业的执行次数，如生产准备的次数、收料次数、生产调度的次数。当所有产出对作业的需求都相同时，可以使用处理次数动因。例如，安排生产运行、处理采购订单或维持某种特殊部件的数量，不论是安排生产哪种产品、购买哪种材料，还是维持哪种类型的部件，它们所消耗的时间和精力都相同。

处理次数动因是所有成本动因中计量成本最低的，也可能是最不准确的，因为它假定每次完成一项作业所需要的资源量都相等。例如，使用生产准备次数这一处理次数动因是假定每次生产准备所需的时间相等。许多作业在处理不同产品时的变化不大，用处理次数动因可较好地将作业成本分配到产品中。但假如完成各种产品的作业所需资源变化很大，则需要更准确、计量成本也更高的成本动因。

处理时间动因（duration drivers）反映一项作业的执行时间。当不同产出所需的作业量变化很大时，可采用处理时间动因。例如，简单产品的生产准备可能只需要 10～15 分钟，复杂精密产品的生产准备可能需要 6 个小时，若采用处理次数动因，如生产准备次数来分配成本，就会高估简单产品生产准备的资源成本，低估复杂产品生产准备的资源成本。为了避免对成本的歪曲，作业成本系统的设计者可采用处理时间动因，如生产准备时间，将生产准备成本分配到各产品中去。

处理时间动因包括生产准备时间、检查时间和直接人工工时等。它们比处理次数动因更准确，但执行成本更高，因为它们需要对每次作业的完成时间进行估计。如果只有一个处理次数动因（生产准备次数），设计者只需掌握每种产品的生产准备次数，此类信息从生产计划系统中就可获得，而获得每种产品的生产准备时间这种额外信息的成本则相对更高。一些公司为估算作业处理时间，设计了一种基于作业产出复杂程度的指标。这种指标是该作业处理的产品或顾客服务复杂程度的函数，并假定复杂程度影响完成作业的时间。选择处理次数动因还是处理时间动因，总是在提高准确性和增加计量成本之间进行经济权衡。

然而，对于一些作业来说，处理时间动因也不够准确，此时可采用**资源强度动因**（intensity drivers），它直接计量每次完成一项作业所需的资源。在生产准备的例子中，一种特殊的复杂产品可能需要专门的生产准备和质检人员，同样，为这种产品进行的每一次生产准备需要专门的测试和检查设备。若使用处理时间动因中的生产准备时间，则假定设备每小时的生产准备成本都相等，不能反映出一些产品对特殊技能人员和昂贵设备的需求，而这些是其他产品可能并不需要的。在这种情况下，作业成本可能要直接计量到产品中去，即根据工作记录和其他记录来归集这种产品所发生的作业耗费。

资源强度动因采用直接计量法，是最准确的作业成本动因，同时执行成本也最高。实际上，这种方法需要建立作业订单成本系统来追踪计量每次作业过程中所耗用的资源，只适用于完成作业所需的资源十分昂贵且每次作业中资源用量变化较大的情况。

几乎每一项作业都要在处理次数动因、处理时间动因、资源强度动因中进行选择。例如，对于工程变更通知（对现有产品进行升级和支持），我们可以使用的成本动因包括：

- 工程变更通知的次数（假设所有的工程变更通知都耗用相同数量和成本的资源，基于此计算每次工程变更通知的成本）。
- 工程变更的小时数（每次工程变更耗费的时间不相等，但工程变更的单位时间成本相等，基于此计算每小时工程变更的成本）。
- 工程变更实际的资源成本（基于实际使用的工程小时数、每小时工程师报酬、设备（如工程站）的成本，计算工程变更的实际成本）。

类似地，对于销售作业，例如现有顾客服务作业，我们也可以使用处理次数动因、处理时间动因或资源强度动因。例如：

- 顾客服务次数（假设每次的顾客服务成本相同，基于此计算每次服务顾客的成本）。
- 顾客服务时间（假设不同的顾客耗费不同的服务时间，但顾客服务的单位时间成本相同，基于此计算每小时顾客服务的成本）。
- 特定顾客的实际成本（基于特定顾客所耗用的实际或估计服务工时及特殊资源计算特定顾客的实际成本）。

通常作业成本法的分析者通过加权指数法来模拟一种资源强度动因，而非实际计量单位产品或顾客所耗用的实际工时和资源。通过询问员工，让他们估算完成某一产品或服务某一顾客的相对难度。标准的产品或顾客权数为1，中等复杂程度的产品或顾客权数为3~5，高度复杂的产品或顾客权数则可能为10。这样，不需要过分复杂的计量系统，就可计算出不同产品和顾客对某个作业的需求变化。同样，这里也需要对准确性和计量成本进行权衡。目标是得到接近准确的数据。出于多种目的的考虑，处理次数动因或相对难度估计可能可以比较恰当地反映个别产品、服务和顾客对资源的消耗情况。

作业成本动因是作业成本法的主要创新点，也是作业成本法最昂贵的一面。通常项目组会很欣喜地发现作业成本法在准确评价组织经营状况上具有潜力。他们会发现组织内部遍布各种差异和复杂性，他们设计的成本系统包含的作业多达500个。但是，在这样的系统中选择和计量作业成本动因，需要现实考量。假设每种作业需要不同的作业成本动因[5]，工厂有5 000种产品和顾客（对于许多工厂来说这一数字并不算多），那么分析者必须要获得2 500 000（500×5 000）条信息。这就是为什么大部分作业成本系统在计量个别顾客和产品的成本时，只采用不超过50个不同的作业成本动因，它们当中的大多数都可在工厂现有的信息系统中轻易地获取，并归属到个别产品和顾客中去。[6]

4.4 设计最优的系统

作业成本法只是一个更复杂和更昂贵的成本分配方法吗？不，作业成本法拥有将任何成本归属到潜在的经济事项中的能力。例如，生产准备成本可被归属到个别产品的生产准备作业之中，产品辅助成本可被归属到工厂维持生产的工作中，顾客管理成本可被归属到处理顾客订单、回答顾客询问、向特定顾客推销现有产品和新产品的作业中去。

作业成本法可以使用多种**估计**（estimates）。例如，作业成本法使用处理次数动因来近似地计量每次完成一项作业所需的资源，而不是为每一事项进行详细的成本归集（直接归属动因或资源强度动因）。作业成本法还可能用某一段时间内的机器取得成本、持有成本、操作成本的平均值来估计机器小时的成本。进行这些估计不是因为实际成本不能归属到特定的事项中，而是因为进行非常详细的实际成本归集的成本高于收益。原则上，如果需要进行准确的成本归集，作业成本法的设计者设置一套更准确的计量方法（也更加昂贵）就可以完成任务。因此，人们不应把作业成本模型中广泛应用的估计与在非因果关系基础上的成本分摊相混淆，前者是成本效益比较的结果，后者则是设计合理的作业成本法所需避免的。在非因果关系基础上的成本分摊中，成本对象与被分配成本的资源之间没有因果关系。在作业成本法中，每一项分配到作业、产品、服务或顾客的成本都是清晰而且可归属的，是根据成本对象（无论是作业、产品、服务还是顾客）对资源需求的因果关系进行分配的。

一个合理的作业成本系统的目标不是成为最准确的成本系统。假设有一个靶，靶的中心代表每制造一个产品、提供一项服务或接待一位顾客所用资源的实际成本。[7] 为了每次都击中靶心，需要非常昂贵的成本系统。但是一种相对简单的系统（定义30~50个作业，使用合理的估计，较多的处理次数动因，较少的直接归属动因或资源强度动因）也能始终如一地击中靶的外环和中环，也就是说，作业和流程成本与实际成本的差别在5%或10%以内就可以算得上准确。传统的成本系统实际上从来没有击到过靶，甚至连放靶的墙也没有击到，它们严重地歪曲成本，就好像本来要向谷仓射击，但实际上子弹直奔天空或射向另一边。通过良好的设计判断，相对简单的作业成本系统可达到90%或以上的准确度。

我们的目标应该是拥有最好的成本系统，它有效平衡由不准确估计产生的错误成本和计量成本（见图表 4 - 4）。传统的成本系统操作起来并不昂贵，但它大大歪曲了作业、业务流程、产品、服务和顾客等各项成本的报告。管理者利用这些信息做决策可能会犯严重的错误，因此传统成本系统有很高的错误成本。相反，一个能够包含 1 000 项或更多的作业，并将实际资源成本分配到生产产品和服务顾客而产生的作业中去的作业成本系统，将是非常昂贵的。实施这样一个成本系统，成本将大大超过提供略微准确一点的信息所带来的决策改善的收益。

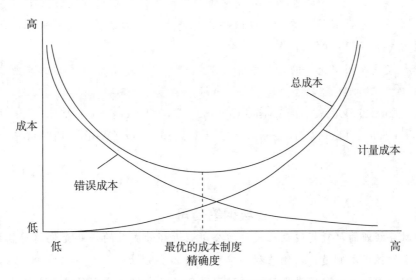

图表 4 - 4　作业成本法——设计最优的作业成本系统

4.5　小　结

作业成本系统能够比传统成本系统提供更准确的关于作业和业务流程以及产品、服务和顾客方面的成本信息。作业成本法通过将组织的资源成本同使用这些资源的作业和业务流程相联系，把组织作业作为成本性态分析中的关键因素。从多种企业信息系统中收集信息确定作业成本动因，再把作业成本分配到产生作业需求的（或受益于作业的）产品、服务和顾客中去。这些过程可以为个别产品、服务和顾客所使用的资源与作业的数量和单位成本进行很好的估计。如何运用和解读这些更准确的信息将是下两章的主题。

注　释

[1] 我们仍保留前几章的习惯，产品不但代表生产的实物产品，还代表向顾客提供的服务。一些人把产品、服务和顾客称为成本目标，我们将使用更常见的词语——产品来代替技术用语成本目标。

[2] 这个例子来自 R. Cooper and R. S. Kaplan, "Measure Costs Right: Make the Right Decisions," *Harvard Business Review* (September-October 1988), p. 99.

[3] R. S. Kaplan, "Flexible Budgeting in an Activity-Based Costing Framework," *Accounting Horizons* (June 1994), pp. 104 - 09; and L. F. Christenson and D. Sharp, "How ABC Can Add Value to Decision Making," *Management Accounting* (May 1993), pp. 38 - 42.

〔4〕单件层次作业、批别层次作业、产品支持层次作业和顾客支持层次作业的特征引自 R. Cooper, "Cost Classifications in Unit-Based and Activity-Based Manufacturing Cost Systems," *Journal of Cost Management* (Fall 1990)，pp. 4 - 14.

〔5〕从产品和顾客成本计算的目的考虑，这一假设是正确的，因为任何两个成本动因（例如某台机器的准备次数或顾客采购需求次数）相同的作业都可以合并为一个作业。这不会对两个作业成本计算的准确性产生任何影响。但是，从理解作业和流程成本的角度考虑，作业成本法设计者可能还会将这些拥有共同成本动因的作业分开来计算其成本。这样做的目的是为了更加展现由某一成本动因（如一次机器准备或一次顾客采购需求）所引发的所有作业。

〔6〕由于更频繁地使用全公司范围的综合系统，作业成本法所需的大量潜在的作业成本动因也能自动获取了。

〔7〕R. Cooper，"The Rise of Activity-Based Costing—Part Three: How Many Cost Drivers Do You Need and How Do You Select Them?" *Journal of Cost Management* (Winter 1989)，p. 34 - 46.

案 例

经典钢笔公司

经典钢笔公司的财务经理简·黛姆波森比较关注公司最近经营成果的一些变化趋势。该公司过去一直是传统蓝色和黑色钢笔的低成本制造商，销售利润率可达到20％以上。

几年前，销售经理丹尼斯·塞尔莫发现可以通过引进新产品来拓展公司的业务范围，而且新产品的价格要高于传统的蓝色和黑色钢笔。五年前，公司开始引进红色钢笔。红色钢笔所需要的生产技术与蓝色和黑色钢笔基本相同，但销售价格要比蓝色和黑色钢笔高3％。去年，工厂又引进了紫色钢笔，紫色钢笔的售价要比蓝色和黑色钢笔高10％。

黛姆波森看到最近一个会计年度的财务结果（见表1）后，感到非常失望。

红色和紫色钢笔的盈利能力看上去的确比蓝色和黑色钢笔高，但自从引进这两种颜色的钢笔后，公司总体的盈利能力却下降了。即使是新引进的这两种红色和紫色钢笔，其毛利率也没有达到以前蓝色和黑色钢笔的20％以上的利润率水平。这可能正是经常所说的全球竞争日趋激烈的缘故。幸亏公司的新产品，尤其是紫色钢笔，盈利能力还比较强。也许我们应该继续听从丹尼斯的建议，生产更多特殊颜色的钢笔。据丹尼斯了解的情况，对于特殊颜色的钢笔，还可以适当提价，消费者可以接受。

表1 传统的利润表 单位：美元

	蓝色钢笔	黑色钢笔	红色钢笔	紫色钢笔	总计
销售额	75 000	60 000	13 950	1 650	150 600
材料成本	25 000	20 000	4 680	550	50 230
直接人工	10 000	8 000	1 800	200	20 000
间接费用（×300％）	30 000	24 000	5 400	600	60 000
营业总收入	10 000	8 000	2 070	300	20 370
销售利润率（％）	13.3	13.3	14.8	18.2	13.5

生产经理杰弗里·德那尔德也在考虑经典钢笔公司面临的环境变化：

　　五年前，公司的生产很简单。我们只是轮班生产蓝色和黑色钢笔，每个班次都很长，一切都进行得很顺利，没有太多干扰。自从引进了红色钢笔，麻烦就开始出现了，我们在生产蓝色和黑色钢笔的过程中还需要安排班次来生产红墨水。每次转换班次都需要暂停生产，倒空大桶，并清除掉以前颜料遗留下的残渣，然后才能开始生产红墨水。如果是生产黑墨水就很简单，我们甚至都不需要清理掉上一个轮班中残余的蓝墨水，只需要倒入足够多的黑墨水来覆盖就可以了。但对于红墨水来说，即使是很少量的蓝或黑墨水残留也会引起质量问题。当然，紫色钢笔的墨水也会有些特殊要求，只是没有红墨水那么严格。

　　在采购和调度作业方面，我们花的时间也更多了。光用来记录现有的、积压的和未来的订单数量的时间就比以前增加很多。去年，我们建立了新的计算机系统，总算减少了这方面的混乱。我现在担心的是，公司不断有传言说，在不久的将来还要引进更多其他新颜色的钢笔。我认为我们没有足够的能力来处理由此给企业经营活动带来的额外的复杂性和混乱性。

营业状况

经典钢笔公司在一个单独的工厂里生产钢笔。工厂的主要任务是为不同颜色的钢笔生产和调制墨水。墨水经过一个半自动的生产过程被注入钢笔中，最后由人工进行包装和运输。

　　每种产品都有一张材料单，标明每种产品生产所需要的直接材料数量和成本。每种产品的生产过程中还有一张流程表，这个表上标明每一项操作步骤的操作顺序。每种产品的人工成本是根据流程表上的信息来计算的。工厂所有的间接费用在工厂层面归集到一起，并根据产品的直接人工分配到产品中去。目前，间接费用的分配率是直接人工成本的300％。工厂中的很多人还记得，就在几年以前，间接费用的分配率只有200％。

作业成本法

简·黛姆波森最近参加了一个她所在的职业组织的研讨会。在会上一位教授介绍了一个新概念，叫作业成本法。这个概念要解决的很多问题看起来正是黛姆波森在经典钢笔公司遇到的。这位教授举了一个例子，这个例子似乎跟经典钢笔公司的情况一样。

　　这位教授指出，间接费用不应该按照直接人工进行分配。工厂应该注意由间接和辅助资源来完成的作业，并将这些作业的成本同它们所生产的产品联系起来。黛姆波森得到了一些这方面的书和文章，并很快根据她所听到和读到的内容将这一方法付诸实践。

作业成本分析

黛姆波森最先确定目前钢笔生产过程中发生的六类辅助费用，如下表所示。

费用种类	费用金额（美元）
间接人工	20 000
福利费	16 000
计算机系统使用和折旧费	10 000
机器设备折旧费	8 000
维修维护费	4 000
能源费	2 000
总计	60 000

她发现福利费是人工费用（直接和间接）的40％，是直接和间接人工费用的直接加成。

黛姆波森询问了间接人工部门的负责人，她发现他们的工作包括三类主要的作业。大约一半的间接人工涉及调度或安排生产班次，这部分内容包括安排生产订单，采购、准备和给各个生产班次配送材料，在班次转换时进行一次巡视以检查每次轮班过程中发生的废料损失。另外40％的间接人工从事一种颜色的钢笔生产向另一种颜色的钢笔生产转换过程中的体力工作。

向黑色钢笔的生产工序转换的时间要相对少一些（大约1小时），因为这一过程不需要彻底清除机器里残留的上一种颜色的墨水。向其他颜色钢笔的生产工序转换则需要更长的时间。红色钢笔为了达到质量要求，其转换过程最为复杂。

余下10％的时间被用来对这四种产品进行记录，包括材料订单和进程信息、监控和维持每种产品的原材料与完工产品的最低存货水平、改进生产流程、为产品实施流程再造。黛姆波森还收集了关于经典钢笔公司作业的潜在作业成本动因（见表2）以及每一种产品消耗的成本动因数量信息。然后，黛姆波森开始关注公司计算机系统10 000美元的运营成本。她与数据中心和管理信息系统部门的负责人进行了交流，发现计算机大多数的运行时间（和软件费用）都被用来为工厂进行生产排班以及为每个生产班次的原材料进行采购和付款工作。

表2　直接成本和作业成本动因

	蓝色钢笔	黑色钢笔	红色钢笔	紫色钢笔	总计
产品销量（产品数量）	50 000	40 000	9 000	1 000	100 000
单位销售价格（美元）	1.50	1.50	1.55	1.65	
单位产品的材料成本（美元）	0.50	0.50	0.52	0.55	
单位产品的直接人工工时	0.02	0.02	0.02	0.02	2 000
单位产品的机器工时	0.1	0.1	0.1	0.1	10 000
生产批次的数量	50	50	38	12	150
每批次的准备时间（小时）	4	1	6	4	
准备时间总计（小时）	200	50	228	48	526
产品种类的数量	1	1	1	1	4

因为产品是按照顾客来分批排班生产的，所以计算机的工作时间还包括准备装运单据、向顾客开具发票和收款。大约有80％的计算机资源是用在上述生产班次作业上的，余下的计算机费用（20％）几乎全部用在对四种产品的记录上，包括产品生产过程信息以及工艺变更通知信息。

余下的三类间接费用（机器设备折旧费、维修维护费和能源费）是跟机器的产能有关的。公司钢笔生产的产能正常情况下为10 000小时。

黛姆波森相信她现在已经获得为经典钢笔公司建立作业成本模型的信息。

要求：

（1）用作业成本法计算出四种产品的成本。

（2）从作业成本法的计算中可以得出哪些管理含义？

佩斯利保险公司：服务业作业成本计算[*]

佩斯利保险公司主要向居民和商业公司销售各类保险产品。

公司的开单部门（billing department，BD）为两类主要的顾客（居民顾客和商业顾客）提供账户查询和账单打印的服务。目前，开单部门为 60 000 个居民顾客账户和 10 000 个商业顾客账户提供服务。

现在公司的收益很大程度上受到两种因素的影响。首先，保险业激烈的竞争使得保险费降低，因此，佩斯利保险公司必须寻找方法来降低经营成本。其次，由于住宅和商用建筑建设的发展，保险业务的需求在佩斯利保险公司的主要服务区域内将会增长。住房发展部门估计，下一年居民顾客的需求将增长 20％，商业顾客的需求将增长 10％。由于目前开单部门的经营利用了全部的服务能力，因此必须为增加的需求创造更高的服务能力。一个地方性服务机构愿意以较低的价格（与目前成本相比）受理开单业务。这个服务机构的建议是不管账户是什么类型，每一账户的开单价格都是 3.50 美元。

表 1 显示了 BD 的传统成本系统。我们注意到所有的与开单相关的成本都是间接的，不能通过经济上可行的方法追溯到某类顾客中去。开单部门使用的传统成本核算方法是根据两类顾客中每类顾客对账户的查询次数来分配辅助费用。表 1 表明开单部门在 1997 年 5 月所耗用资源的成本是 282 670 美元，该部门当月完成查询账户业务的数量为 11 500 次，因此每次查询的成本为 24.58 美元（282 670÷11 500）。居民顾客的查询次数为 9 000 次，占查询总量的 78％，因此居民顾客账户分摊了 78％的辅助费用，商业顾客账户分摊了 22％的辅助费用。平均每一居民顾客和商业顾客的查询成本分别为 3.69 美元和 6.15 美元。

表 1 开单部门——传统成本系统（1997 年 5 月）	单位：美元
间接成本库	
人工：监督员	16 800
人工：账单查询	59 200
人工：开单	33 750
办公空间	23 500
电话通信费	29 260
计算机	89 000
打印机	27 500
纸张	3 660
间接费用总计	282 670
查询数量	11 500
每次查询的成本	24.58
每一居民顾客账户的成本	9 000×24.58÷60 000＝3.69
每一商业顾客账户的成本	2 500×24.58÷10 000＝6.15

因为商业顾客账户的复杂性，管理部门认为商业顾客账户对辅助资源的实际耗用量一定要远高于 22％。例如，商业顾客账户的每张账单平均是 50 行，而居民顾客账户的每张账单平均为 12 行。管理部门还考虑到一些由顾客查询引起的，从顾客的角度来看不能为佩斯利保险公司的服务增加价值却又耗费成本的作业，如信函（和辅助人员）。然而，管理部门在做出影响佩斯利保险公司获利能力的重要决策之前，

---

[*] 本案例基于研讨会"作业成本法的实施——建模方法"中使用的示例，该研讨会由美国管理会计师协会和 Sapling 公司主办。

还希望对开单部门的关键作业及其相互关系有一个更为透彻的了解。公司决定用作业成本法对开单部门进行研究。

开单部门的管理者和总部的主要财务人员组成了一个小组进行作业成本研究。ABC 工作组的第一项任务就是确定资源、作业和相关的成本动因。通过与有关人员交谈，工作组确认以下作业和相关的作业成本动因。

作业	作业成本动因
账户开单	账单行数
账单检验	账户数量
账户查询	人工小时数量
信函	信件数量

在表 1 中所列的间接成本库中的所有资源都服务于这四项作业，也就是人工、办公空间、电话通信、计算机、打印机和纸张都是支持账户开单、账单检验、账户查询和信函这四项作业的资源。成本动因的选择要遵循以下两个标准：

● 在动因和资源的消耗或辅助作业的产生之间必须有合理的因果关系；
● 获得成本动因数据的成本应该是合理的。

ABC 工作组的第二步是绘制出一张作业流程图，以显示作业和资源的流程及相互关系。这张作业流程图的编制需要公司业务骨干协助。作业和资源之间的联系被确认并且核实之后，一张直观的反映开单部门经营情况的作业流程图就可以绘制出来。图 1 是一张描绘开单部门作业和资源流程的作业流程图。需要注意的是，图 1 中并没有标明成本数。工作组先把注意力集中在理解作业流程上，在了解了经营业务之间的主要联系后，将在第三步对成本予以考虑。

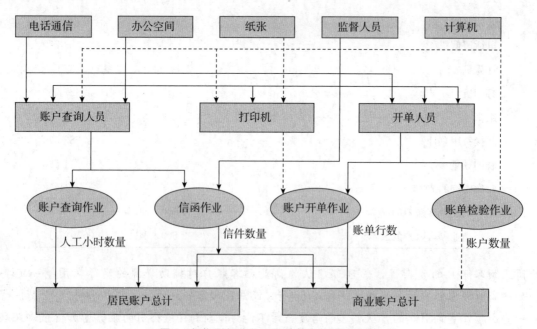

图 1　佩斯利保险公司开单部门作业流程图

分析图 1 中的居民顾客账户，可以看出有三个主要作业服务于这一账户——账户查询、信函和账户开单，账户查询作业消耗负责这项工作人员的时间。从事账户查询作业的人员会依次使用电话通信、计算机、办公空间等资源，并接受监督人员的监督。有时候信函在回应账户查询时也是必要的，从事信函作业的人员也会受到监督。账户开单人员需要使用打印机进行开单作业。打印机需要占用空间、耗用纸张、使用计算机资源。工作人员需要占用办公场地，使用电话通信并接受监督。这些资源的成本将在第三步——数据收集中予以确定。

在第三步中，ABC 工作组收集了关于成本和成本动因的实际流程在资源和作业中的相关数据。以作业流程图作为指导，会计人员可以收集到所需的成本和运营的数据。这些数据包括会计记录、专门研究以及一些管理者的估计。

公司 1997 年 5 月的间接成本总额可以划分到以下新的成本库中：

	单位：美元
账户查询	102 666
信函	17 692
账户开单	117 889
账单检验	44 423
	282 670

这个月的作业成本动因量为：

账单的行数	1 220 000
商业顾客账户总数	10 000
人工小时总数	1 650
信件总数	1 400

每种类型账户耗用的成本动因数为：

居民顾客账户（60 000）	
人工小时	900
信件数	900
行数	720 000
商业顾客账户（10 000）	
人工小时	750
信件数	500
行数	500 000

只有商业顾客账户才需要账单检验。

要求：

（1）对开单部门的居民顾客账户和商业顾客账户进行作业成本分析，即

　　（a）计算每类作业的每个成本动因的成本；

　　（b）计算每一类顾客的单位账户成本。

（2）解释你得出的结果，并向开单部门管理者介绍如何使用这些作业成本数据。

（3）基于这种用途建立作业成本模型的收益和成本是什么？

第 **5** 章

作业基础管理

在第 4 章，我们了解了管理者如何利用作业成本法计算单一产品的成本。通常作业成本法对多样化的产品线更为适用，特别是有数百甚至数千种型号和款式产品的情况。为了便于分析，我们用图表 5-1 来刻画这样一条产品线的累计销售额与累计产品品种数量之间的关系。

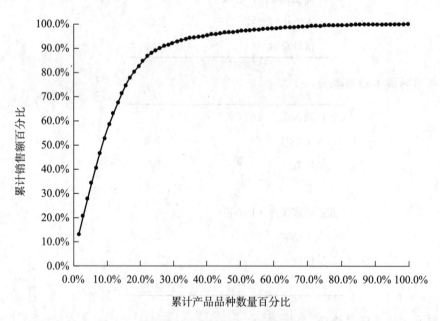

图表 5-1　累计产品销售额曲线

图表 5-1 反映了商业活动中的 20-80 规则，即 20％的高产量产品产生 80％的销售额。进一步可得出 60-99 规则，即 60％的高产量产品可产生 99％的销售额；或者，从这一曲线的另一方向看可发现，40％的低产量产品只带来了 1％的销售额。然而，在公司传统的成本系统（不是作业成本系统）中，那些低产量的产品都是盈利的，因为它们是按照完全成本（即使不准确）来加成定价的。

5.1　产品盈利能力的鲸鱼曲线

　　以作业为基础的成本分析中，间接成本和辅助资源成本的分配，以已完成的作业和单个产品对作业的需求为基础，能够揭开产品盈利能力完全不同的另一面。在分配了生产准备、采购、质量检测、存货管理和产品支持等作业的成本后，图表 5-2 反映了与图表 5-1 相同产品线的累计盈利能力，产品品种在横轴上从最盈利的到最不盈利的依次排列。在这个例子中，最盈利的 20％ 的产品可产生大约 300％ 的利润，剩余 80％ 的产品对利润贡献较小，甚至为负，累计损失了约 200％ 的利润。图表 5-2 所示的曲线被作业成本分析者称做鲸鱼曲线。曲线的顶点代表盈利能力最强的产品所赚取的利润，余下的产品或是盈亏相抵，或是产生亏损，将整体利润又拉回到水平线。

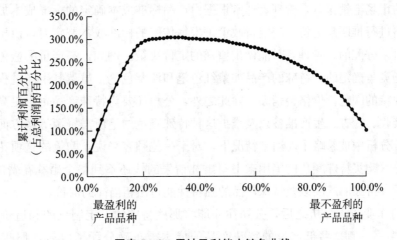

图表 5-2　累计盈利能力鲸鱼曲线

　　公司在作业成本系统下会得到反映累计产品品种数量和产品盈利能力关系的鲸鱼曲线（见图表 5-2），但必须符合以下两个条件：
- 有大量的间接成本和辅助资源成本；
- 产品、顾客和生产过程具有多样性。

　　许多公司利用传统的标准成本系统或直接（边际）成本系统提供的信息，盲目增加产品品种，过度定制化，提供过度服务。它们没有看到产品多样性、定制化以及顾客服务的决策不可避免地会导致全线产品战略下更高的间接成本和辅助资源成本。

　　管理者在进行了作业成本分析之后，了解了产品成本，就能采取许多可行的行动来提高产品线的盈利能力。管理者利用作业信息所采取的行动通常称做作业基础管理，典型的作业基础管理包括以下几种行动：
- 产品重新定价；
- 产品替代；
- 重新设计产品；
- 流程改进和运营战略；
- 技术投资；
- 削减产品。

5.2 定 价

一些公司在产品定价方面的自由决定权很小。它们生产大量的产品并在高度竞争的市场上销售，这些产品很难从质量和性能上进行区分，顾客也非常容易转换供应商以获得最低的价格。一些小公司在被头部企业主导的行业中生存，除非这些小公司的顾客忠诚度非常高（或者顾客有较高的转换成本），否则它们只能遵循行业领导者的定价政策。在这种情况下，即使进行了详细的成本分析，它们也不能变更其定价政策。这些小公司只能通过其他途径而不是定价来提高产品的盈利性，其他途径包括重新设计产品、产品替代、削减产品或流程改进。

也有许多公司在产品定价方面拥有相当大的自由决定权，尤其是对那些高度定制化的产品。当产品不在高度竞争的市场上销售时，管理者通常根据由产品标准成本确定的标准成本加成率或根据现有的类似产品的价格进行推断来定价。当定价政策是根据传统的标准成本制定时，由于制造费用是按直接人工或机器小时来分配的，管理者只能做出糟糕的定价决策。例如，高产量的蓝色和黑色笔的价格是通过激烈的市场竞争确定的，特殊的产品如紫红色笔和淡紫色笔，虽然其生产过程与蓝色和黑色笔类似，但由于其独特的颜色，价格会稍高。除此之外，公司还要为特殊产品付出更高的产品开发、产品改进、采购、接收、检查、生产准备以及维护这种特殊颜色的笔所需资源等多方面的成本，但这些成本通常都在定价分析中被忽略了。通常情况下，对于一位顾客来说，购笔的这项花费只是他全部花费中很小的一部分（购买特殊颜色的笔用来书写婚礼请柬的钱还不到整个婚礼花费的 0.01%），顾客也许愿意为高品质、可靠的产品以及特殊产品的独特性能付出相当高的溢价。

在进行初步的作业成本分析之后，公司往往能将那些特殊的、定制化的和造价更高的产品的价格提高 50% 或更多。一旦这些低产量的特殊产品的成本被正确分配了以后，那些高产量的标准产品的成本就会下降。成熟产品的成本可能会降低 5%~8%。虽然这样的成本下降看上去是小幅度的，但高产量的成熟产品通常在竞争市场上销售，要达到 3%~5% 的边际收益增长是非常难的。事实上，如果这些产品没有被分配那些它们根本没有耗用的资源成本，它们早就可以取得更高的边际收益了。在这种情况下，公司可能采取积极的定价策略以进一步提高这些盈利产品的销量。管理者会发现，这些产品增加的产量只会增加单件层次成本，而不会增加批别层次成本和产品支持层次成本。

经济学家认为，定价不应仅考虑成本，还应与需求结合起来。他们精确地展示出（在做了适当的假设后）在某种垄断环境中，企业在边际收入等于边际成本的价格-产量组合下可达到利润最大化。管理者在掌握需求和成本曲线的函数关系的情况下，计算出使公司利润最大化的价格-产量组合是十分简单的。

然而，实际上，管理者很少遵循经济学家的定价规则，有两大因素限制了经济学家的定价模型的可应用性：

- 估计需求曲线的困难；
- 估计成本曲线的困难。

20 世纪 80 年代中期以来，作业成本法的发展解决了第二个问题，这是本章讨论的基础。但难以精确计算公司产品的需求曲线仍阻碍人们采用经济学家的定价规则。

5.2.1　需求曲线的估计

公司产品的需求曲线可使管理者的注意力集中到产品销售的外部环境上，它对于公司决策是有益的。它迫使管理者不仅仅考虑生产一件产品要花费多少，还要考虑顾客愿意为这件产品付出多少钱。实际的需求曲线并不容易获得。不过需求曲线的估计技术已经发展起来，并被有经验的实践者应用到标准产品中去，如农产品、汽车、房屋和酒精饮料。然而，目前这一技术几乎全被用于估计行业的整体需求，而很少被用于估计单个公司产品的需求。

目前，对于大类产品，如通用汽车公司的汽车或可口可乐、百事公司的饮料，在总量水平上（汽车的总销售量、饮料的总加仑数）估计需求是可能的。然而，这些公司拥有数十种甚至上千种产品，并且产品间存在着复杂的互补或替代关系，因此，得到单个产品的需求曲线实际上是不可能的。

除了估计价格与需求量的相关关系比较困难外，如果公司不是处于一个垄断的环境中，它还必须考虑到潜在竞争对手的价格变化。如果价格发生了明显变化，替代产品生产者的竞争性反应会干扰对需求曲线的预测。

另一个难题在于需求曲线假设顾客在购买时仅考虑价格，这使得估计真实的需求曲线变得更加困难。实际上，许多因素会帮助公司避免面对面的价格交锋，如产品的特性和功能、产品质量和创新、广告和促销、分销渠道、服务、运输、信用期限以及邮寄销售服务等因素都能够把看上去相似的产品区分为具有不同的属性、服务等特点的不同产品。仅仅针对价格的研究不能找到促成顾客作出购买决定的全部因素。以上解释了为什么许多公司在为单一产品定价时没有考虑应用需求曲线。

尽管如此，正如我们之前所说的，在理论上考虑需求关系还是很有益的。如果管理者能甄别出价格无弹性顾客（对于价格不敏感），他们就能把价格定在高于任何以成本为基础制定的价格的水平上，从对这些顾客的销售中获得大量的利润。相反，对价格弹性顾客（价格很小的变动会导致需求量很大的变动），管理者就要谨慎考虑价格升降所造成的后果。从这个意义上说，掌握产品成本（和顾客）知识对于避免过低定价是必要的。低价虽然能够起到促销的作用，但可能会导致产品售价低于为这些价格弹性顾客生产产品或提供服务的成本。

5.2.2　短期定价

本章讨论的重点是长期定价，但公司的确会遇到这样的情况，即一个顾客提出一份特殊的订单，公司必须决定是否接受这个一次性订单以及以什么样的价格接受。在这种情况下，作业成本法的长期成本分析与是否接受此订单以及此订单的定价就不再相关了。实际上，公司拥有完成此订单所需的所有资源，并且无论是否接受此订单，这些资源的成本都会发生。这种情况又把我们带到了第 1 章和第 2 章的短期本-量-利的分析和讨论中。

在考虑短期决策的相关成本时，公司需要估计与订单相关的增量成本。以制造公司为例，增量成本包括：

- 完成订单所需的额外材料；
- 加工材料所需的兼职或额外劳动；
- 为完成订单，机器设备所需的额外能源和维护成本。

在服务型公司中，与顾客的额外订单相关联的增量成本微乎其微。例如，对于一家航空公司来说，也许只是少量的额外燃料或一些食物成本（也许是一袋花生或一罐苏打水）；对于医疗机构来说，也许只是一些药品和医用物品，如绷带等。

针对一次性特殊订单的短期决策，由于其成本的变化微不足道，企业会更多地考虑市场竞争因素而不是增量成本。有时某个较低的价格能够弥补短期增量成本，但只能弥补少量的已提供的可用资源成本，那么管理者在同意按此价格接受某特殊订单之前，应该考虑以下因素：

- 拥有完成订单的各种资源，生产能力充足；
- 订单仅在短期内占用可用资源，不会因此丧失未来更好的盈利机会；
- 对顾客一次性特殊订单的定价，不会影响现有的顾客，也不会影响该顾客在下次订货时的期望价格；
- 顾客不会将产品或服务转售给其他顾客。

企业如果违反了以上任何一条而接受只能弥补短期增量成本的订单，将会降低企业利润。在本章余下部分，我们将集中探讨利用成本信息制定长期决策。

5.2.3 用作业成本法计算新订单成本

我们来看一个用作业成本法计算新订单成本的案例——格莱恩公司（Glenn Company）。它是一个电机零部件制造商，其制造过程中的主要作业和作业成本动因率如下：

作业	作业成本动因率
直接人工加工	50 美元/小时
机器加工	60 美元/小时
采购和接收零部件	150 美元/购买订单
生产计划及初始检测	200 美元/生产批次
机器准备	80 美元/准备小时
处理客户订单（包括协商、包装、运送、开发票、收款）	100 美元/客户订单
技术设计和支持	75 美元/设计小时

格莱恩公司最近收到一位顾客 100 件产品的订单，这些产品有如下特征：

单位直接材料成本	12.4 美元
单位直接人工工时	0.6 小时
单位机器工时	0.8 小时
零部件购买量	10
生产批数[1]	6
每一生产批次的平均准备时间	3 小时
装运次数	1
工程设计和加工时间	20 小时

产品的成本组合如下：

	单位：美元
直接材料成本（12.4×100）	1 240
直接人工成本（0.6×50×100）	3 000
直接机器成本（0.8×60×100）	4 800
单件层次成本	9 040
获取材料（10×150）	1 500
生产批次（6×200）	1 200
机器准备（6×3×80）	1 440
处理顾客订单（1×100）	100
批别层次成本	4 240
设计支持（20×75）	1 500
产品支持层次成本	1 500
总成本	14 780

在这个例子中，直接成本（材料和人工）只占总成本的约 30%，单件层次成本（材料、人工和机器）只占总成本的约 60%。相对较小的订单规模和大量需要购买与加工的零部件，导致了较高的批别层次成本，甚至超过了订单的直接人工成本。产品支持层次成本超过了全部成本的 10%。

应该注意到，一些成本的发生与产品的生产数量无关。例如，当顾客需要 1 000 件产品而不是 100 件产品，如果生产批次和采购次数保持不变（公司每次订购 1 000 件零部件而不是 100 件零部件，而且每一批次生产加工的也是 1 000 件而不是 100 件），那么单件层次成本将是原来的 10 倍（因为产品数量是原来的 10 倍），但批别层次成本和产品支持层次成本将保持不变（如下表计算所示）：

	单位：美元
直接材料成本（12.4×1 000）	12 400
直接人工成本（0.6×50×1 000）	30 000
直接机器成本（0.8×60×1 000）	48 000
单件层次成本	90 400
获取材料（10×150）	1 500
生产批次（60×200）	1 200
机器准备（6×3×80）	1 440
处理客户订单（1×100）	100
批别层次成本	4 240
设计支持（20×75）	1 500
产品支持层次成本	1 500
总成本	96 140

订单量为 100 件的产品，单位成本为每件 148 美元，订单量为 1 000 件的产品，单位成本则降为每件 96 美元。通过考察订单大小、零部件数量、生产批次、生产准备的复杂程度、装运次数、所需的设计时间对总成本的影响，公司销售代表无论是与顾客讨论产品性能还是订单经济性都会处于一个比较有利的位置。

5.2.4　确定边际贡献

产品的成本加成只是其定价的基础或参考，而不是其实际的价格。有些企业使用一个成本加成标准如 20％来制定其产品的基准价格或目标价格。然而，很少有企业对其所有产品都按统一的成本加成比例定价，也很少有企业保持其成本加成标准长期不变。多数企业按照产品类型、一定时期经济环境和竞争环境的变化，调整每种产品的成本加成水平。正如我们将在下一部分讨论的，成本加成或价格折扣可以在顾客服务成本的基础上进行调整。

基于完全成本加成（比如基于作业成本加成）计算的标准价格主要是提供一个参考点，以简化企业对各种产品所做的上百种或上千种定价决策。经过计算，参考价格被调高或调低，以反映竞争和市场变化情况。例如，如果订单需要目前大量闲置的资源，管理者可能会选择一个更低的成本加成比例，甚至接受一个不能完全补偿完成订单所需资源成本的价格；相反，对于需要占用目前几乎满负荷运转资源的订单，管理者将会调增成本加成比例。

目标投资报酬率定价法

从长远来看，公司需要给产品定价以弥补全部资源成本并获得合理的投资收益。这一目标表明，成本加成比例是为产品、服务和顾客所投入资金的函数。投入资金包括长期资产（如财产、厂房和设备）和营运资金，尤其是因产品和顾客而产生的存货和应收款项。

我们继续看格莱恩公司的例子，除了前面已经提供的条件，新订单（100 件）将占用工厂 5％的厂房和设备资源，其账面价值为 300 000 美元。另外新购零部件、在产品和产成品所增加的存货成本为每件 30 美元。顾客通常在收到产品 90 天后付款。格莱恩公司经风险调整的加权平均税前资金成本为 16％。目标价格（P）在包含了全部的生产成本和 16％的资金成本下必须满足下面的等式：

$$P = 14\ 780 + 0.16 \times [0.05 \times 300\ 000 + 100 \times 30 + (90/365) \times P]$$
$$P(1 - 0.04) = 14\ 780 + 0.16 \times (15\ 000 + 3\ 000)$$
$$P = (14\ 780 + 2\ 880)/0.96 = 18\ 396(美元)$$

在此例中，投入资金的成本等于 3 616 美元，是目标价格与估计的开发和制造总成本之差。

投资报酬率定价的特性

用目标投资报酬率（target return-on-investment）来定价是非常有诱惑力的，因为它使得价格不仅与产品开发和制造的费用相关，还与产品生产和销售所需的资本投资相关。在成本加成定价法下，成本加成率可能是缺乏因果关系的，与工厂的资产无关（除非使用的资产与成本的发生相关）。目标投资报酬率定价法能产生一个与产品和顾客投资成比例的成本加成率。同时，正如上面例子中的数字所显示的，这种方法与使用经济增加值（见第 10 章的讨论）作为部门绩效评价指标是十分相容和一致的。用于计算经济增加值的资金成本可以直接运用到产品定价公式中。

另外，目标投资报酬率定价法可以为公司提供稳定的定价政策。当作业成本动因率和投资建立在实际的生产能力基础上时，价格就不会随实际销售额的短期变化而波动。如果价格是建立在每年预期销售额的基础上，公司就会发现其定价政策是不合理的。在需求量高的时期，作业成本动因率和投入资金成本将按照高产量来分配，它会降低目标销售价格；相反，在需求量低的时期，由于作业成本动因率和投入资金成本将按照低产量来分配，目标价格又会上涨。这样的定价政策（需求量高时低价，需求量低时高价）与管理者在通常情况下所希望的背道而驰。在目标投资报酬定价法下，价格是建立在生产能力预期被长期使用的基础上，这样在高需求年度，就可获得高于平均水平的投资报酬率；在低需求年度，可获得低于平均水平的投资报酬率。

目标投资报酬率定价法还会提供一个防御性的价格，使公司弥补全部成本，并可获得具有竞争力的投资报酬。这就为一个行业的价格领导者提供了准则，以期获得比较公平的回报，这样的回报不至于高到吸引新成员加入该行业或者引起反企业垄断律师的注意，也不至于低到被其他低效竞争者控告为掠夺性定价的程度。

除了上述优点外，投资报酬率定价法也有一些缺点。投资报酬率公式需要大量的判断和估计。举一个例子，投资报酬率定价公式经常对所有的固定资产（财产、厂房和设备）都使用相同的资金成本，实际上，产品对一些资源的耗用程度比其他资源的要高。产品对这些稀缺资源的需求也大相径庭。一种配置稀缺资源的方法是，提高耗用这些稀缺资源的产品的目标投资报酬率，同时降低耗用闲置资源的产品的目标投资报酬率。

另一个投资报酬率定价法的刻板应用是在 20 世纪 60 年代到 70 年代，许多美国工业公司的管理者逐渐认识到他们可以使用投资报酬率定价。他们没有密切关注竞争者，尤其是忽视了东亚国家如韩国、日本的公司的竞争。完全依赖目标投资报酬率定价使得公司对于国内外竞争者的行动反应迟钝。基于过度乐观的投资报酬率的价格会鼓励竞争者大量投资于新的生产能力，一旦建成后，新的生产能力就会给整个行业的边际贡献带来巨大压力。如果目标投资报酬率定价法导致企业产生一种完全内向的视角——仅关注弥补企业的现行成本并获取足够的资本报酬，那么这种定价方法将误导企业。若管理者很少关注投资报酬率定价法下的产品能否达到目标销售量，就会限制其对竞争和需求弹性的考量。

在实践中，公司可以避免这些潜在的缺点。首先，管理者可以使用投资报酬率定价公式，在完全成本和生产能力得到长期利用的基础上确定价格；然后，销售人员估计在确定的价格下可否达到预计销售量，并据此对价格进行上下调整。这样，目标投资报酬率定价被视为价格的一种初步估计，需要根据产品的需求和竞争情况来对价格进行调整。

销售人员也可以根据他们的判断，不考虑成本，在能够使公司获得期望销售量的情况下先制定一个目标价格。在标准利润或期望利润被扣除之后，产品的目标成本就能够通过定价公式倒挤出来。这个目标成本如果低于当前的预计成本，将会引起以下两种行为：首先，产品设计者将通过价值分析方法确定在更低的成本下产品能否具有同样的性能，或产品的哪些性能可以削减以节约成本；其次，流程和制造工程师将通过寻求能提高生产效率的方法和流程再造来实现目标成本。对于预期寿命在 3～5 年或更长一些的产品，如果管理者相信经过不断的改进和实践，目标成本可以在投产后 18～24 个月内实现，他们可能会同意产品投产，即使初始成本比目标成本还要高。日本公司非常成功地运用了目标成本法[2]，他们从有竞争力的市场价格出发，通过销售人员、财务人员、产品设计人员和制造工程师一起努力来实现目标成本。

5.3 运用作业成本法分析顾客的盈利能力

除了帮助管理者理解制造成本，作业成本法还能帮助管理者识别出是什么原因使得为某些顾客提供服务比为其他的顾客提供服务更昂贵或者更便宜。图表 5-3 显示了有隐性成本（高服务成本）和隐性利润（低服务成本）的顾客。

图表5-3 高服务成本和低服务成本顾客的特征

高服务成本顾客	低服务成本顾客
购买定制产品	购买标准产品
小批量订货	大批量订货
不可预期的订单要求	可预期的订单要求
特殊交货方式	普通交货方式
交货要求有变化	交货要求无变化
手工加工	机器加工
大量的售前准备（促销、技术和销售资源）	很少的售前准备（普通价格和订货）
大量的售后服务（安装、培训、保证、现场服务）	无售后服务
需要公司保留存货	随生产补充
付款慢（高应收账款）	及时付款

公司通常都能识别出有部分或全部高服务成本特征的顾客。有时，公司也能幸运地遇到一些低服务成本顾客，此时唯一的不利之处在于：顾客自己意识到他们的行为降低了供应商的成本，从而相应地要求降低价格（往往要求大打折扣）。

当公司对顾客进行作业成本分析时，可以使用图表5-4这样一个简单的二维框架。纵轴表示向顾客销售产品获得的净利润，即扣除了销售折扣和折让后的销售净价减去制造成本（当然，是按作业成本法所计量的成本）后的余额。横轴表示服务成本，包括与订单相关的成本，加上通过作业成本法的顾客成本模型得到的服务每一位顾客所需的促销、技术、销售和管理费用。

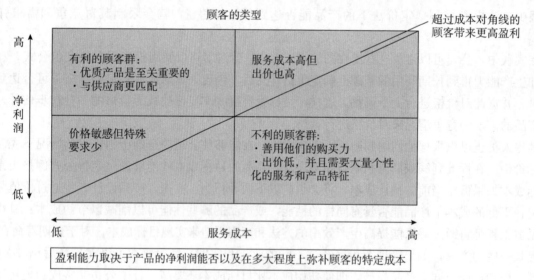

图表5-4 不同的顾客服务类型

资料来源：B. Shapiro, K. Rangan, R. Moriarty, and E. Ross, "Manage Customers for Profits (Not Just Sales)", *Harvard Business Review*, (September-October 1987).

图表5-4表明，公司可以以不同的方式获得盈利性顾客。为一些顾客提供服务可能很容易，但他们会要求低的价格。在这种情况下，净利润低，但顾客与供应商密切合作，可以降低服务此类顾客的成本。高服务成本的顾客具有图表5-3左侧所示的特征（他们位于图表5-4的右上角），如果从对这类顾客的销售中获得的净利润高于提供服务所需的资源成本，公司也可以靠他们来盈利。公司可以考虑菜单式定价，即价格的制定不仅考虑产品的特性，还要考虑按作业成本模型计算的服务成本。[3]

在图表 5-4 左上方的顾客产生的净利润高且只需很低的服务成本。这些顾客应受到密切关注，因为他们很容易被竞争对手抢走。当有竞争威胁时，管理者可向他们提供适当的折扣、激励以及特殊的服务，以留住这些高盈利顾客。

最有趣的顾客位于图表 5-4 的右下方，他们有很高的服务成本，却只能提供很低的净利润。公司可通过使用实现净利润的作业清单和作业成本法下计算出的服务成本来改进同这些顾客的关系，使他们向图表 5-4 的左上方移动，以实现盈亏平衡或盈利。例如，作业清单可能揭示出公司的一些内部流程是十分昂贵和低效率的，导致了较高的制造成本和服务成本。首要的措施应该是提高此类关键流程的绩效。作业清单还可以显示出，导致高服务成本的订单特征：不确定性、变化、过于频繁、定制化产品、非标准的物流及运输要求、对技术和销售人员的大量需求等。公司可以把这些信息共享给顾客，揭示这些因素所带来的成本，鼓励顾客同公司协作，改变昂贵的订单方式。内部作业和生产流程的改进、公司与顾客之间较好的协调沟通都会促进服务成本降低，从而使顾客向图表 5-4 的左侧移动。

如果顾客不能或不愿意改变购买和交货形式，公司可以调整定价，降低原本准备给予的折扣，并对特殊的服务和性能收费。许多公司的折扣和折让并不是与顾客的实际盈利性或客户关系的经济性相联系的。

5.4　产品替代

除了提高低产量的定制产品的价格，公司还可以用现成的低成本产品进行产品替代。在许多情况下，顾客并不在乎那些高成本产品的特性。例如，他们可能想买一支紫红色笔，但一支产量高、价格又低的紫色笔也足够好了。

定价和产品替代可以互为补充，销售代表可以让顾客选择，是以高价获得专门指定的性能，还是以低价获得一种低成本的替代品，放宽性能上的要求。

运用作业成本分析提供的信息，销售代表可以同顾客进行一次易于理解的基于事实的讨论，以使顾客了解性能、独特性和价格之间的权衡关系。因此，如果一位顾客不愿意为独特产品付出 50% 的溢价，销售代表就可以向其说明，适当调整对产品的要求，就可以用现有产品实现基本相同的功能，也不需要付出高的溢价。一些公司给销售代表配备了装有作业成本模型的笔记本电脑，方便他们与顾客实时讨论产品特性与价格之间的权衡。

5.5　重新设计产品

一些产品之所以昂贵是由于产品设计不合理。若没有作业成本法指导产品设计及产品开发决策，工程师们往往会忽略许多由零部件和产品多样性以及复杂生产流程所引起的成本。他们设计产品性能时，并不考虑添加独特零部件、寻找新卖家和复杂生产流程所需要的成本。通过出色的设计来削减产品成本的最好机会是产品的初始设计阶段。作业成本分析将揭示一些在现有产品的生产过程中能够被删除或修改的设计元素和环节，即那些非常昂贵或复杂，但只能些微提高产品表现和产品性能的零部件和生产流程。重新设计产品是一个非常有吸引力的选项，因为它通常不会被顾客发现，如果重新设计成功了，公司也不必重新定价或进行产品替代。

5.6　流程改进和运营战略

在产品层面运用作业成本法对成本进行仔细分析检查，也能发现改进生产流程的机会。传统的复杂产品成本的计算，依赖一个由最终产品所需的全部组件和配件组成的资源清单。在作业成本法下，计算产品的成本当然也需要资源清单，但还需要作业成本清单（如图表 5-5 所示）。

图表 5-5　作业成本清单	单位：美元
直接材料成本	1 240
直接人工成本	3 000
直接机器成本	4 800
单件层次成本	9 040
获取材料	1 500
生产批次	1 200
机器准备	1 440
处理客户订单	100
批别层次成本	4 240
设计支持	1 500
产品支持层次成本	1 500
总成本	14 780

图表 5-5 所示的作业成本清单列示了与直接材料、直接人工和直接机器有关的成本，也列示了产品的批别层次成本和产品支持层次成本，如获取材料、生产批次、机器准备、处理客户订单、设计支持等作业的成本。我们在前文中讨论了如何利用这些信息进行定价和同顾客讨论使用更便宜的替代产品的可能性。作业成本清单为降低产品的资源成本提供了另外一些解决方案，如公司可以改进其获取材料、生产批次等来改进其运营流程。

改进了公司的运营流程之后，完成相同的任务只需更少的资源。这种效率提升在作业成本模型中以较低的作业成本动因率呈现，而较低的作业成本动因率又会降低分配到消耗作业的产品的成本。[4]因此，作业成本分析展示了改进运营流程是怎样降低产品成本的。

一些公司受丰田公司的"单件批次的有效生产模式"目标的影响，随意地减少批量的大小和可接受的存货水平，导致低批量生产和频繁装运。通过初始作业成本模型的分析，这些公司认识到它们的成本由于批别层次作业的增加而显著提高。一知半解是非常危险的。实际上，这些公司并没有完全理解丰田公司的理论。"单件批次的有效生产模式"是成功降低批别层次作业成本的结果而不是原因。由于没有对批别层次作业进行实质性的改进，频繁的变更不但增加了批别层次成本还占用了宝贵的设备生产能力。作业成本模型揭示了盲目地学习流行的管理口号而没有依据公司生产特点进行改进只能提高而不能降低成本。

作业成本清单及按照成本层次进行的成本分类，除了能够确定优先权和体现持续实施改进措施所带来的收益，还能帮助人们理解为何经营管理专家推崇集中生产理论。[5] 他们主张将高产量的产品

（有大量的单件层次作业和较少的批别层次作业及较少的产品支持层次作业）与低产量的定制产品（少量的单件层次作业和大量的批别层次作业及大量的产品支持层次作业）相分离。集中生产模式采用经过优化的能够有效执行单件层次作业的设施来生产高产量产品，但是这些设施在执行批别层次和产品支持层次作业方面可能是非常低效的。因此，应采用能够高效执行批别层次和产品支持层次作业的设施——如在拥有熟练工人和一般用途机器的车间——来生产低产量、高度多样化的产品。单件层次作业在这样的车间里会更加昂贵，因为操作一般用途机器需要更多和更高质量的直接人工，而且一般用途机器运转起来也比专业的、高度自动化的生产设备慢得多。但对于小批量的新型定制产品，更低的批别层次和产品支持层次作业成本足以抵消较高的单件层次直接人工成本和直接机器成本。

5.7　技术投资

最近关于弹性制造系统（flexible manufacturing systems，FMS）[6] 的研究，揭示了先进的制造技术怎样解决大批量生产的效率与灵活性之间的矛盾。弹性制造系统和其他信息密集型的制造技术如计算机辅助设计（CAD）、计算机辅助工程（CAE）和计算机辅助软件工程（CASE）都被视为能够在保持高度自动化生产效率的同时，极大地降低批别层次和产品支持层次作业（如一种产品生产向另一种产品生产的转换、计划生产批次、产品检测、材料搬运和产品设计等作业）的成本。因此，在这些高级且昂贵的信息密集型制造技术上投资，实际上是出于降低传统的制造技术下发生的批别层次和产品支持层次作业成本的愿望。然而这些成本只有在工厂采用作业成本法来计算批别层次和产品支持层次作业成本时才可以看到。缩减这些大量的、可视的批别层次和产品支持层次作业成本成为计算机综合制造技术的主要任务。[7]

5.8　削减产品

我们现在已经介绍了许多管理者可采用的将不盈利产品转变为盈利产品的方法，如产品重新定价、产品替代、重新设计产品、流程改进、集中生产和技术投资。如果以上方法都不可行或不能在经济上见到成效，那么管理者将不得不采取最后的办法：终止不盈利产品的生产。

销售人员可能反对放弃不盈利产品，即使没有可行的办法使其盈利。他们认为这些产品是对盈利产品的补充。很明显，这种观点是建立在产品需求曲线而不是产品成本曲线之上的。作业成本法作为一个估计成本的模型，没有涉及产品的需求曲线，因此没有人能够利用作业成本模型中的推理和证据来回应这些反对意见。

与其进行这种没有结果的讨论，还不如将不盈利产品的损失归结到相应的责任方，如生产经理或客户服务代表，允许其通过管理盈利和不盈利产品的组合来达到总利润最大化。他们可以对激励结构做小小的改变，按照销售利润而不是销售额来发放佣金和奖励性薪酬。或者更简单地，继续生产和销售不盈利产品，但在销售人员的定额和奖励性薪酬计算中不计入不盈利产品的销售额。这样，如果不盈利产品确实增加了整体产品的盈利性，销售人员可以继续销售它们，但如果它们无益于整体盈利性，销售它们的动力自然就消失了。

5.9　小　结

本章所阐述的与产品相关的各种措施，如果能够成功实施，将会减少生产产品和服务顾客所需的各项资源。定价政策和产品替代可以使产品的组合由难以生产向易于生产转变。重新设计产品、流程改进、集中生产和技术投资等使得生产同样的产品耗用的资源更少。削减产品则清楚地表明保留下的产品需要更少的资源。组织要从这些措施中受益，必须削减不必要的资源耗费。大部分甚至全部的不盈利产品的批别层次和产品支持层次作业成本都不是传统定义下的变动成本。少做一次生产准备，少订购一个批次的材料，少搬运一车原材料，少进行一次工程变更都不会自动地减少费用。本章所讨论的所有与产品和顾客相关的措施都将会产生额外的闲置产能。只有在管理者采取行动消除闲置产能后，才会产生收益。这样做需要降低不必要资源的成本，或者将闲置产能用于更能盈利的产品上。这就是作业基础管理要想获得预期的收益，必须与生产能力管理相结合的原因。

注　释

[1] 要进行批量生产，需要用机器制造产品的各种部件，这样它们才能组合成最终产品。

[2] 目标成本法将在第6章阐述。

[3] 例如，宝洁公司制定新的激励价格来促进零售商和批发商采用更有效率的做法。参见 *Supermarket News*（September 4，1995），p. 1；and *U. S. Distribution Journal*（October 15，1995），p. 10。

[4] 这个方案假设作业成本动因率是在实际生产能力而不是在实际利用率的基础上计算的。在实际生产能力的基础上计算作业成本的重要性参见 R. Cooper and R. S. Kaplan，"Activity-Based Systems：Measuring the Costs of Resource Usage，" *Accounting Horizons*（September 1992），pp. 1 – 13。

[5] W. Skinner，"The Focused Factory，" *Harvard Business Review*（May-June 1974），pp. 113 – 21；R. H. Hayes and S. C. Wheelwright，"Link Manufacturing Process and Product Life Cycles，" *Harvard Business Review*（January-February 1979），pp. 133 – 40。

[6] R. Jaikumar，"Postindustrial Manufacturing，" *Harvard Business Review*（November-December 1986），pp. 69 – 76。

[7] 对于高级制造和信息技术投资上的其他讨论将在第12章阐述。

习　题

[5-1] 不完全市场上的定价

斯戴克实业公司是拥有几个制造工厂的综合公司。克林顿工厂制造和销售两种家用清洁和打磨用化工产品（分为普通型和高效型），品牌为克林布莱特。1998年前6个月这两种产品预期制造和销售量为100 000箱。克林顿工厂的克林布莱特产品1998年前6个月的经营预测情况如下表所示。

单位：千美元

	普通型	高效型	合计
销售额	2 000	3 000	5 000
销售成本	1 600	1 900	3 500
销售毛利	400	1 100	1 500
销售和管理费用			

续表

	普通型	高效型	合计
变动的	400	700	1 100
固定的*	240	360	600
销售和管理费用总计	640	1 060	1 700
税前利润	(240)	40	(200)

＊固定的销售和管理费用根据内部提供的销售额在两种产品之间进行分配。

在 1998 年的前 6 个月普通型产品每箱售价 20 美元，高效型产品每箱售价 30 美元。每箱产品的制造费用如下表所示。每种产品都是在独立的生产线上生产的，每年两种产品的标准生产能力均为 200 000箱。该厂每年的最高产量为普通型产品 250 000 箱和高效型产品 350 000 箱。

单位：美元

	单位产品	
	普通型	高效型
原材料	7.00	8.00
直接人工	4.00	4.00
变动的制造费用	1.00	2.00
固定的制造费用*	4.00	5.00
制造费用合计	16.00	19.00
变动销售和管理费用	4.00	7.00

＊折旧费用是每种生产线固定制造费用的 50%。

下表反映了 1998 年后 6 个月，高层管理者在克林布莱特产品的可选择的价格和销售量方面达成的一致观点。这与 1998 年的前 6 个月管理层的方案基本上一致。

普通型		高效型	
可选择的价格（美元/箱）	销售量（箱）	可选择的价格（美元/箱）	销售量（箱）
18	120 000	25	175 000
20	100 000	27	140 000
21	90 000	30	100 000
22	80 000	32	55 000
23	50 000	35	35 000

高层管理者认为前 6 个月的损失反映了激烈竞争引起的边际贡献下降。管理层还认为一些公司在下一年将被逐出市场，利润情况会有所改善。

要求：

请独立回答每一个问题。

(1) 在 1998 年的后 6 个月，斯戴克实业公司将为每一种克林布莱特化工产品（普通型和高效型）制定怎样的单价？

（2）假设后 6 个月最佳的价格和销售量方案为：普通型产品销售量为 50 000 箱，单价为 23 美元；高效型产品销售量为 35 000 箱，单价为 35 美元。那么 1999 年斯戴克实业公司是否应该为了使它的损失最小化而停止生产？

[5-2] 西娜卡食品公司

西娜卡食品公司是一个生产低价自有品牌快餐食品的区域型制造商。西娜卡食品公司同地方超级市场签订合同，向其提供已包装的美味快餐食品，而零售商可以以极低的价格将食品销售给那些对价格很敏感的顾客。由于西娜卡食品公司的生产成本很低，又不需要在广告和促销上花钱，因此，它可以以比全国性品牌快餐公司（例如 Frito-Lay）低得多的价格向零售商供货。极低的采购价格可以使零售商提高销售价格且能获得高于全国性品牌食品的利润，还能维持销售价格低于全国性品牌食品的价格。

最近，一些希望向顾客提供高质低价食品的折价食品连锁店与西娜卡食品公司取得了联系，它们希望获得广告多且价格高的全国性品牌食品的替代品。但每一个折价食品连锁店都希望按照它们自己的意愿来定制快餐食品的食谱，同时，它们还要求在售出的食品上贴上本店的名字和标签，这样折价食品连锁店而不是制造商就获得了自有品牌食品。另外，折价食品连锁店还希望它们销售的快餐像全国性品牌食品一样品种齐全。

西娜卡食品公司的管理人员私下研究了为大型全国连锁折扣店供应零售食品并成为其主要供货商可获得的潜在利润增长。在考虑这一新机会时，高级销售经理黛尔·威廉认为，如果西娜卡食品公司加入这一行业，它将获得更高增长。西娜卡食品公司不仅可以向与其有联系的折价食品连锁店销售食品，地方超级市场也会很有兴趣销售自有品牌的并能同全国性品牌竞争的高质低价快餐食品，而不仅仅是为价格高度敏感型顾客提供低价替代品。也许西娜卡食品公司可以针对自有品牌快餐食品，向周围地方超级市场做营销上的努力。威廉指出，地方超级市场在推销自有品牌食品时不如全国性连锁店有经验，地方超级市场可能需要广泛的协助和支持，以了解怎样做广告、推销店内品牌产品，与全国性品牌食品竞争。

西娜卡食品公司的物流总监约翰·汤普森指出，全国性品牌食品的生产商派销售人员直接向零售商送货，甚至亲自将货物摆放在商店的货架上。相反，西娜卡食品公司是将货物送至零售商的仓库或配送中心，由零售商自己将食品摆放在不同部门的货架上。全国性品牌食品的生产商正在努力地劝阻大型折价连锁商采用自有品牌（零售品牌）战略，理由是自有品牌产品的毛利将被高额的储存、运送费用抵消。

西娜卡食品公司的高管希瑟·杰拉尔德正在考虑新的问题。她认为西娜卡食品公司目前的成功源于其集中性。它目前只向地方超级市场提供大量的品种相对少的快餐食品。西娜卡食品公司同每个供应商的业务量都很大，因此能从这些相对较少的供应商获得优惠的交易条款。同时，现有的生产过程对于生产现有的食品是很有效率的。她担心，为每一个折价食品连锁店与地方超级市场提供它们定制的食品，再加上其他的食品（以便能提供一个完整的食品系列），会给供应商和生产过程带来问题。她对向地方超级市场提供新型的服务所产生的成本，如咨询费和推销费，以及为提供一个完整的食品系列而开发新的食品的成本表示担忧。杰拉尔德也十分关注成为折价食品连锁店和地方超级市场的供应商的前景，零售商是否确实认为销售它们的自有品牌食品比销售全国性品牌食品更有利可图呢？她在这方面不像黛尔·威廉那么乐观。也许它们只是利用西娜卡食品公司，以转向自有品牌食品作为威胁，来提高同全国性品牌制造商谈判的能力。一旦增加产量，这些零售商会为西娜卡食品公司完成多少销售量呢？西娜卡食品公司怎样才能让大型零售商相信采用自有品牌战略可以更多获利呢？

杰拉尔德知道，西娜卡食品公司现有的成本系统可以满足目前的战略，大多数费用是与材料和机器有关的，这些成本通过传统的标准成本系统能很好地分配到产品中去。但新战略包含了不限于购买材料和机器运转的大量费用。她希望能够提供正在评议中的战略所需的投入量，但她不知道怎样量化这一战略的所有影响。

要求：

作业成本法如何帮助杰拉尔德估计拟定战略的影响力？假设西娜卡食品公司开始向新顾客（在本地以外的大型折价食品连锁店和地方超级市场）供货，作业成本法在预测此战略的盈利性和帮助西娜卡食品公司的管理者做出决策方面有哪些作用？必须考虑西娜卡食品公司的全部经营，包括与供应商和顾客之间的关系。

案 例

寡头垄断下的价格领导者*

通用汽车公司

在 1927 年 1 月 1 日全国成本会计师公告（NACA Bulletin）的一篇文章中，阿尔伯特·布雷德利（Albert Bradley）描述了通用汽车公司的定价政策。那时布雷德利先生只是一名普通的财务副主任，后来他先后担任了副总裁、行政副总裁和董事长。我们有理由相信公司现在的政策与 1927 年描述的实质上相同。下面是布雷德利先生文章内容的摘选。

基本政策 投资报酬率是通用汽车公司产品定价的基础。其中，投资报酬率采用的是长期平均报酬率而不是特定一年或短期报酬率。之所以采取长期平均投资报酬率作为定价基础，是因为管理层认为：一家健康成长的企业理应获得最高的平均报酬率，因此，最高的平均报酬率可以作为必要报酬率，也可以作为项目评价的基础。在不同的行业，由于经济状况不同，经调整的最低投资报酬率是不同的。在同一个行业内部，由于某些企业的效率比较高，投资报酬率也会有很大区别。

管理层计算正常的经营平均报酬率时必须要考虑产品定价和经营扩张的基本政策。按照实际生产能力和正常的平均开工率所生产的产量就是标准产量。

基本定价政策建立在标准产量和必要报酬率基础之上。例如，如果确定了相当于年实际生产能力 80％的标准产量和年平均报酬率为 20％的条件，就可以确定一个产品的标准价格，这个价格也就是利用 80％的生产能力获得 20％的投资报酬的价格。

标准产量 一些成本是固定的或非变动性的。单位产品生产成本和销售成本随产品产销量变化。直接材料和直接人工由于在合理的范围内是随产量变化的，可以被视为是 100％变动性的。

被划分为制造费用或间接费用的项目存在更高或更低的可变动性，随产量的不同而波动。完全固定的成本项目，如折旧和税金，由于在一定的生产能力范围内不会发生变化，因而被认为是 100％固定的，每单位产品所负担的这种固定成本与产量成反比例变化。

另外的一些成本项目，如检验和材料搬运费被划分为 100％的变动成本，每单位产品所负担的成本与产量无关。大部分介于 100％的变动成本和 100％的固定成本之间的是半变动成本，如照明、供热、能源和工资等成本项目。

在通用汽车公司，每一个间接费用中心都有一个标准的间接费用率，这样在成本中心对制造费用进行

---

* 本案例根据已出版材料编写。Copyright © 1960 by the President and Fellows of Harvard College. Harvard Business School case 160 - 005.

合理的分配。为了建立这样的比率，首要的任务是估计正常情况下工厂的平均开工率。

开工率受如下因素影响：一般经营环境、年度内销售额季节性波动、为平衡生产波动而累积产成品和（或）半成品的政策、为应付紧急情况而保留过剩生产能力的重要性水平等。在决定一个新建工厂的规模或准备扩大现有工厂规模时，上面每一个因素都应仔细考虑。这样，在预计的平均开工率同实际生产能力之间才会建立起合乎逻辑的联系。在通用汽车公司，可接受的预计平均开工率同实际生产能力的乘积就是所谓的标准产量。

在标准成本系统中，确定了制造费用的变动范围后，我们就可以估计在标准开工率下的全部费用。标准的间接费用率代表了标准产量下间接费用在成本中的合理分配水平。当产量较低时，未完全分摊的制造费用作为未分配的间接费用结转到"本年利润"的借方，用直接从利润中扣除；当产量较高时，制造费用的分摊超过了实际发生的费用，这部分差额被视为超额分配的结果，计入"本年利润"的贷方。

投资报酬率 生产成本和制造费用在很大程度上代表了会计期间内制造商的费用。特例是资本资产的折旧，它的存在时间比会计期间更长。考虑到这项成本因素，在计算产品成本时，应包括这部分成本。然而一个企业在被认为经营成功或值得持续经营和扩张之前，还有一项成本因素必须予以认真对待，那就是从利润中扣除的资本成本。

产品标准价格的计算有利于建立正常经营环境下的资本需求量标准和费用因素标准。固定资产投资标准以生产成本的百分比来表示，营运资本标准，一部分以销售额的百分比表示，一部分以生产成本的百分比表示。

下面的例子列示固定资产投资的标准系数的计算。

厂房及其他固定资产投资	15 000 000 美元
年实际生产能力	50 000 单位
标准产量占年生产能力的百分比	80%
标准产量（50 000×80%）	40 000 单位
标准产量下每单位产品的生产成本	1 000 美元
标准产量下的年生产成本	40 000 000 美元
固定资产投资的标准系数（固定资产投资与年生产成本的比率 15 000 000/40 000 000）	0.375

营运资本的总量与企业产量是成正比例的。例如，原材料与制造需求（如：对 A 材料的需求天数，对 B 材料的需求天数等）是成正比例的，制造需求依据所供应材料的地点和质量以及运输情况而定。生产过程是同完工产品的需求程度成正比例的，因为它依据原材料加工成完工产品的时间长短和需要的人工费用和其他费用而定。完工产品与销售需求成正比例。应收账款与销售额成正比，并且受制于信用期和收款效率。

标准价格 如表 1 所示，这些因素结合起来形成了标准价格。可获得的经济收益（表 1 中为 20%）和标准产量是长期数值，不轻易变动。[①] 这一标准价格的其他因素基于当前的估计。

表 1　决定标准价格的方法

金额单位：美元

	相对数	年周转次数	与年销售额的比率	与年生产成本的比率
现金	销售额	20 次	0.050	—
应收票据和应收账款	销售额	10 次	0.100	—

---

① 布鲁金斯学会的调查显示，20 世纪 50 年代通用汽车公司的主要产品价格目标是实现 20% 的税后投资报酬率。

续表

	相对数	年周转次数	与年销售额的比率	与年生产成本的比率
原材料和在产品	生产成本	6 次	—	$0.16\frac{2}{3}$
完工产品	生产成本	12 次	—	$0.08\frac{1}{3}$
营运资本			0.150	0.250
固定资产投资			—	0.375
总投资			0.150	0.625
可获得的经济收益 20%			—	—
增加 20% 的投资报酬率后所需达到的净利润率			0.030	0.125
销售费用的标准折让 7%			0.070	—
生产成本毛利率			0.100	0.125
			a	b

售价与生产成本的比率＝$(1+b)/(1-a)=(1+0.125)/(1-0.100)=1.250$

如果，标准成本＝1 000（美元）

那么，标准单价＝1 000×1.250＝1 250（美元）

产品间的差异　在计算每一种产品的标准价格和全部产品的整体价格时，还必须考虑每种产品承担的投资回报责任。这是因为尽管两种产品在会计上计算出来的成本是相同的，但是它们很可能在投资回报方面的责任区别很大。在表 2 中标准的售价是 1 250 美元，假设工厂生产和销售 A、B 两种产品，每种产品都生产 20 000 单位，两种产品的单位制造费用都是 1 000 美元，两种产品需要的营运资本也是相同的。然而，固定资产投资的分析表明，生产产品 A 需要的固定资产投资为 10 000 000 美元，而生产 B 产品需要的固定资产投资为 5 000 000 美元。为了达到标准的要求，每种产品必须获得 20% 的投资报酬率，表 2 列示了产品 A 和产品 B 标准价格的决定因素。

表 2　不同资金周转率下的不同标准价格　　　　　　　　金额单位：美元

	产品 A		产品 B		合计（产品 A＋B）	
	与年销售额的比率	与年生产成本的比率	与年销售额的比率	与年生产成本的比率	与年销售额的比率	与年生产成本的比率
营运资本	0.150	0.250	0.150	0.250	0.150	0.250
固定资产投资	—	0.500	—	0.250	—	0.375
总投资	0.150	0.750	0.150	0.500	0.150	0.625
可获得的经济收益 20%	—	—	—	—	—	—
增加 20% 的投资报酬率后所需达到的净利润率	0.030	0.150	0.030	0.100	0.030	0.125
销售费用的标准折让 7%	0.070	—	0.070	—	0.070	—
生产成本毛利率	0.100	0.150	0.100	0.100	0.100	0.125

续表

	产品 A		产品 B		合计（产品 A＋B）	
	与年销售额的比率	与年生产成本的比率	与年销售额的比率	与年生产成本的比率	与年销售额的比率	与年生产成本的比率
	a	b	a	b	a	b
售价同生产成本的比率 $=\dfrac{1+b}{1-a}$	$\dfrac{1+0.150}{1-0.100}=1.278$		$\dfrac{1+0.100}{1-0.100}=1.222$		$\dfrac{1+0.125}{1-0.100}=1.250$	
如果，标准成本等于	1 000		1 000		1 000	
那么，标准价格等于	1 278		1 222		1 250	

从投资分析中可以清晰地看到，产品 A 需要较高的固定投资，为了获得 20％ 的投资报酬率，其售价为 1 278 美元，而产品 B 的售价只需 1 222 美元。如果两种产品都按照综合的平均价格，即 1 250 美元的价格销售，则产品 A 没有承担它应该承担的全部投资成本，而产品 B 定价过高。

由于制造方法、销售条件、销售政策等不同，各种产品所需的营运资本也是不同的，这一点也很重要。通用汽车公司的某一个部门所销售的某一种产品的存货一年可能周转 6 次，而另一种产品的存货一年周转 30 次。对于后者，销售 1 美元产品在存货上的投资需要量是前者 1/5。正如不同类型产品在资金上的需要量不同，同一类产品的资本需要量标准也要经常根据制造过程、供货地点、调度效率和材料运输等因素的变动予以修正。

下面的例子表明，这种改进对于通用汽车公司的顾客非常重要。截止到 1926 年 9 月 30 日，如果 1923 年（1925 年以前的最好业绩）的周转次数没有得到提升，其 12 个月的平均存货投资额将达到 182 490 000 美元，比实际平均投资增加了 74 367 000 美元。换句话说，如果为实现 20％ 的经营资本报酬率来定价，通用汽车公司在过去 12 个月内将会额外增加顾客 14 873 000 美元的成本。

结论 关于制造费用和销售费用随产出量而升降变动的分析，以及对各种投资项目标准的制定，不仅可以用来建立标准价格，还使对诸多方面更为准确的预测成为可能，比如对资本需求、利润、由季节因素和总体经营环境引起的不同开工率水平下的资本报酬率的预测。另外，无论何时都需要事先计算价格的升降对净利润的最终影响，以及随之而来的产出量变化，可靠的数据使得针对现实经济形势的考虑更加便利。

应该强调的是，对于必要报酬率的价格政策并不完全决定个别价格。有时价格会高于标准价格，而有时价格又会低于标准价格。标准价格的计算提供了一种方法，它不仅可用于解释实际价格或者预计价格，还可用于作为检验这种定价政策本身是否合适的一种实践证明。如果占优势的价格与标准价格存在偏差，而这种偏差又不是由于短期原因引起的，这就表明应该对价格进行调整，或者在价格不能够达到标准价格的水平时，定价政策就该调整。[①]

工厂和其他固定投资	600 000 000 美元
必要投资报酬率	所得税前的 30％
实际年生产能力	1 250 000
标准产量（假定）	80％
每单位产品的生产成本：	

---

① 这个表来自通用汽车公司财务副总裁唐纳森·布朗（Donaldson Brown）于 1924 年 3 月在《管理与行政》（*Management and Administration*）杂志上发表的文章。

续表

外部购买的零件	500 美元*
内部生产的零件	600 美元*
组装人工	75 美元
费用	125 美元
合计	1 300 美元

* 包括 50 美元的劳务成本。

要求：

（1）下表中的大部分数据来自 1957 年 12 月 10 日的《华尔街日报》上的一篇文章《在假想的福特-雪佛兰-普利茅斯汽车制造部门》中的成本估计数据。使用这些数据计算出标准价格。营运资本比率没有给出，假设与表 1 中的相同。

与表 1 中的 7% 销售费用相对应的费用包括以下各项：

	单位：美元
运进运出货物	85
加工和设计	50
销售和设计	50
管理和杂项	50
保证（在担保内维修）	15
合计	250

这样表 1 中 7% 的销售费用的标准折让可以去掉，取而代之的是在根据公式计算出的价格上加 250 美元。

（2）当产出量是生产能力的 60% 时，公司一年的税前利润和投资报酬是怎样的？当产量达到生产能力的 100% 时又会是怎样的？假设每单位产品 1 550 美元的成本中非变动成本为 350 美元，也就是变动成本为 1 200 美元（1 550－350）。上面的两种情况都假设汽车是在要求（1）中制定的标准价格下销售，因为标准价格不随每年的产量而变动。

（3）在 1975 年，通用汽车公司按照价目表上的价格给每辆汽车提供了 300 美元现金回扣。1972 年和 1973 年价格受到价格控制法规的限制，价格控制法规要求价格只有在成本上升的情况下才能提高。在此之后，政府又取消了对价格的控制，价格控制法规仍然随时有可能被重新启用。1975 年汽车需求量大大低于 1974 年，一方面是由于普遍的经济衰退，另一方面是由于石油价格上涨。现金回扣表明通用汽车公司是采取了新价格政策，还是仍与本例所述的价格政策一致？

康泰尔公司（A）*

卡尔-爱瑞克·瑞德斯德尔（Carl-Erik Ridderstrale）是康泰尔公司（Kanthal）的总经理，他描述了自己建立一个计算客户盈利能力系统的动机：

> 以前，我们总是没有任何疑义地接受大客户的订单，并且乐于接受这些业务。但是一个小公司如

---

* 本案例由 Robert S. Kaplan 教授编写。Copyright © 1989 by the President and Fellows of Harvard College. Harvard Business School case 190–002.

果想在世界范围内参与竞争，就必须关注它的营销资源。为了实现更快成长和更高盈利能力的战略，我们需要一个账户管理系统。作为"康泰尔 90 计划"的一部分，这个账户管理系统应该能够让销售经理们担负起向高利润顾客促销高收益产品的责任。

历史

康泰尔公司是瑞典康泰尔-豪格娜斯集团（Kanthal-Hoganas）的六个分部中最大的一个。它位于斯德哥尔摩西北方向150公里处的哈尔斯塔哈马，一个拥有17 000人口的小城镇。这个公司的历史可追溯到建立于17世纪的一个钢铁厂。这个钢铁厂是为了开发穿过城镇的小溪的水力而建立的。康泰尔公司专注于生产和销售发热电阻元件。它的口号是：我们为一个更温暖的世界而工作。

康泰尔公司拥有10 000个客户和15 000项产品，1985—1987年平均销售额为8.5亿瑞典克朗[①]，其中出口销售额占全部销售额的95%。1986年、1987年的统计资料见表1。

表1　经营统计

	1986 年	1987 年
销售额（百万瑞典克朗）	839	849
利润	87	107
投资报酬率	20%	21%
员工人数	1 606	1 591

康泰尔公司由三个分部组成：

康泰尔制热技术公司（Kanthal Heating Technology）经营电子电热设备。产品包括电热丝和电热带、箔片元件、机械与精密线材。康泰尔制热技术公司是加热合金业的领导供应商，占有25%的市场份额。公司销售额在欧洲和美国的增长较为缓慢，但在东亚、东南亚及拉丁美洲增长很快。

康泰尔熔炉产品工厂（Kanthal Furnace Products）可生产多种工业电子熔炉用加热元器件。在美国、日本、德国、英国市场占据统治地位，市场份额高达40%。其中的一种新型产品——"康泰尔特级品"销量增长非常快。相对于传统产品，它在很多方面都有很大改进，包括更长的使用寿命、较低的使用成本、产生更高的温度。

康泰尔复合金属厂（Kanthal Bimetals）是世界上少数几家能生产用于温度控制系统的复合金属厂商之一。温度控制系统可用于恒温器、电路开关和家用电器。

康泰尔的制造工厂分布于哈尔斯塔哈马、巴西、英国、德国、美国和意大利。

"康泰尔 90 计划"

瑞德斯德尔于1985年成为总经理，当时他已经认识到为康泰尔制订战略计划的必要性。

公司在过去是成功的。我们要利用过去的这些经验去开拓我们的未来。我们不能在一个狭小的市场上得过且过，也不能拘泥于狭隘的职能管理，而是要通过对资源重新配置来增加我们的利润，确保我们的投资报酬率保持在20%以上。

"康泰尔 90 计划"确定了部门利润目标、产品利润目标以及市场利润目标。目前，销售人员的工资主要还是根据总销售量来确定的。对于那些毛利明显较高的产品，如"康泰尔特级品"，销售得越多，销售

[①]　1988 年 1 瑞典克朗等于 0.16 美元。

人员得到的佣金也就越多。对于高毛利产品，在完成销售目标之后，还可以得到较高的奖金。但是瑞德斯德尔想在不增加销售和管理费用的情况下，实现"康泰尔90计划"的增长目标。

我们需要知道企业中哪些资源可以拿出来重新配置到更加盈利的用途上。公司目前的经营环境处于比较稳定的状态。在这种情况下，我们不想削减资源，我们只是想对人员进行重新配置以实现未来的增长。

由于以前的盈利能力良好，目前又不存在危机，所以我们不考虑解雇哈尔斯塔哈马工厂的员工，但我们想通过重新调配，使他们能为工厂创造更多的利润，例如把员工由总部迁移到分部，由母公司迁移到经营子公司，行政人员转向销售、研发和生产。实际上，如果我们把哈尔斯塔哈马的一名会计人员调到日本，担任"康泰尔特级品"的销售人员，我们将能获得更多的利润增长。

表2列示了康泰尔公司的成本结构。目前的成本系统把大部分的销售、经营和管理费用看作销售收入的一定百分比。因此，顾客支付的价格超过标准制造成本与销售和管理费用的百分比加成就被认为是盈利的，反之就是不盈利的。但瑞德斯德尔知道，实际上不同的顾客对公司在销售和管理资源上的需求是大不相同的。

表 2 成本结构

成本因素	百分比
直接材料	23%
制造工人工资	19%
变动的加工成本	5%
固定的加工成本	16%
外包成本	3%
销售和管理费用	34%
总成本	100%

对于工艺和服务要求很高的客户是盈利性较低的，他们小批量地购买低毛利产品。他们经常订购个性化的非标准化产品，我们为了得到这些业务还不得不为他们提供特殊的销售折扣。

盈利性较高的客户大批量购买标准化高毛利产品，他们在工艺或服务方面没有什么要求，对于这类客户，我们还可以准确地制订年度需求预测。

他认为，应建立一种新系统来确定每次每个客户每份订单能获取多少利润。这个系统应能够计算出每份客户订单所应承担的制造费用、销售和管理费用。系统目标是找到低要求的"隐性盈利"订单，以及按现行制度看来是盈利的但实际上需要更多公司资源才能完成的"隐性损失"订单。

瑞德斯德尔指出现行的盈利能力计量方法的缺点：

我们把资源平均地分配给所有的产品和客户，而未能计量出每一个客户的盈利性及不同订单所需的实际成本。在这样的环境下，销售和营销活动更强调数量而不是利润。将来，我们要让康泰尔公司在不增加支持资源的情况下实现销售量的大幅度增长，并实现最盈利产品应有的销售份额。

我们当前使用的成本计算方法可能表明两个客户在毛利上的盈利性是相同的，但实际上还存在着我们看不到的隐性利润和隐性成本（见图1）。如果我们能够获得更多制造成本结构方面的信息，以及为每个客户和订单支付的成本信息，我们就可以减少对隐性损失客户的投入，把资源用到有隐性利润的客户上。我们仍然可以达到同样的市场份额，竞争者也看不出我们的战略变化，而我们的盈利能力却大大提高了。为了实现这个战略，我们需要知道更多的针对每一份订单、每一件产品和每一个客户的详细信息。

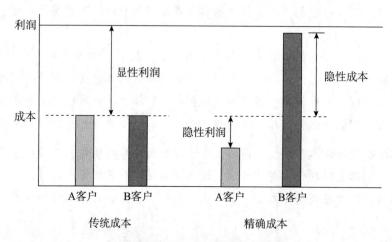

图1　隐性成本客户和隐性利润客户

我们面临的最大困难是要摒弃间接制造费用、销售费用、管理费用都是固定费用的观念。这个战略就是要把所有的费用都看成是变动费用。销售人员必须学会怎样把资源配置到最具盈利性的产品上。

全新的账户管理系统

波·爱琳（Per O. Ehrling）是康泰尔公司的财务经理，同一家名叫 SAM 的瑞典管理咨询集团合作，在哈尔斯塔哈马工厂建立了一套能够分析生产费用、销售费用、管理费用的系统。在几个月的时间里，财务经理和顾问团队成员对各部门负责人、主要工作人员进行了广泛的访谈。访谈的目的是了解辅助生产部门的作业的性质以及引起这些作业发生的作业信息。爱琳对新方法做了如下描述：

在我们以前的方法中，间接费用或者是以直接人工为分配基础分配到产品的制造费用，或者是未经分析被确定为期间费用的销售和管理费用。这种处理方法产生于每 10 个铁匠有 1 个簿记员的 100 年前，但今天每 3 个铁匠就需要 8 个簿记员。这意味着今天的大多数成本都是间接费用，而以前的系统不知道该如何去分配它们。

我们想脱离传统的财务会计分类。我们发现大部分的组织成本可以划分为与订单相关的成本或与产品数量相关的成本。实际上，我们还发现有另外三种成本动因，即产品范围、技术支持和新产品。但归列为这三类的成本占全部成本的比重还不足 5%，于是我们又把这三类成本动因删除了。

利用从访谈中所获得的信息，项目组可以确定每一个辅助生产部门的作业中有多少与产量有关，有多少与处理销售和生产订单相关（见表3）。与产量相关的制造成本（产量制造成本），除了材料、直接人工和变动制造费用外，还包括补充存货的成本。康泰尔公司只有20%的产品保有存货，但这些产品占销售订单的80%，因此不断补充这些产品的成本被视为同产量相关。与订单相关的制造成本（订单制造成本）只包括当顾客订购没有存货的产品时所引起的准备和其他作业成本。每一类主要产品都要单独计算订单制造成本。订单销售成本是对每个客户订单进行跟踪和处理的销售和管理费用。扣除了订单销售成本后的销售和管理费用被视为销量成本。这部分成本要按比例分配到产量制造成本中。

　　例如，销售部门的作业（见表 3）中，与报价处理、订单协商、发货跟踪等作业相关的成本被认为是"与订单相关"的成本。剩下的作业如与订单无关的销售、公共关系、销售管理，不能归属于与订单相关的成本被划分为"与产量相关"的成本。

表 3　与订单相关和与产量相关的作业

	与订单相关的作业	与产量相关的作业
生产		
存货补充	无	所有作业
计划产量	订单计划、订单跟进	存货管理
操作员	生产准备、开工费用	直接人工
领班	订单计划、订单支持	机器故障
仓储	订单输入、订单输出	处理订单
运输	订单计划、订单处理	
销售与管理		
管理	报价讨论、报价谈判	一般管理
销售	报价处理、订单协商、发货跟踪	与订单无关的销售、公共关系、销售管理
秘书	订单打印	
行政	订单记账、订单调整、发票打印、顾客分类账、监督	会计

　　表 4 列示了计算与订单相关成本和与产量相关成本的示例。

表 4　与订单相关成本和与产量相关成本的计算示例　　金额单位：瑞典克朗

第一步　计算与订单相关的销售和管理成本			
全部的与订单相关的销售与管理成本			2 000 000
订单总数		2 000	
有存货产品		1 500	
无存货产品		500	
每个订单的销售和管理成本			1 000
第二步　计算无存货产品的订单制造成本			
全部的订单制造成本（无存货产品）			1 000 000
无存货产品的订单数			500
每个无存货订单的订单制造成本			2 000
第三步　计算销售和管理的产量成本的分配率			
全部的制造成本、销售和管理成本			7 000 000
减去订单成本			
无存货产品		1 000 000	
与订单相关的销售和管理成本		2 000 000	3 000 000
与产量相关的制造成本、销售和管理成本总计			4 000 000

续表

已售出的产量制造成本（CGS）	3 200 000
与产量相关的销售和管理成本	800 000
与产量相关的销售和管理成本分配率（800 000/3 200 000）	25%

第四步 计算无存货产品个别订单的经营利润

销售额	10 000
减：产量成本：已售出产品的制造成本（销售额的40%）	4 000
产量成本：销售和管理成本（CGS的25%）	1 000
毛利	5 000
减：无存货产品的订单制造成本	2 000
与订单相关的销售和管理成本	1 000
订单的经营利润	2 000

熔炉产品分部的会计负责人波·马丁·泰尔（Bo Martin Tell）回忆了收集这些数据的繁重工作：

我们大约花了一年的时间开发系统并以适当的形式来收集数据。即使在生产方面，我们也存在着区分有存货订单和无存货订单成本的问题。

账户管理系统产生的初始信息

表5列示了瑞典客户的个别订单盈利性报告。这些订单的利润率差别很大，从-179%到+65%，而在以前，几乎所有的订单都显示盈利。类似地，还有针对不同的客户、产品组合、客户订单的总盈利性的报告。表6列示了对于产品组合——N型电线，瑞典客户群的销售量和盈利能力。

表5 客户订单分析

订单标准成本：572瑞典克朗
无存货产品订单的制造成本：金属配件：1 508瑞典克朗
电线成品：2 340瑞典克朗

金额单位：瑞典克朗

客户代码	订单数量	销售额	产量成本	订单成本	无存货成本	经营利润	利润率（%）
瑞典							
S001	1	1 210	543	572	0	95	8
S002	3	46 184	10 080	1 716	4 524	29 864	65
S003	8	51 102	50 567	4 576	12 064	(16 105)	-32
S004	9	98 880	60 785	5 148	13 572	19 375	20
S005	1	3 150	1 557	572	2 340	1 319	-42
S006	5	24 104	14 889	2 860	4 680	1 675	7
S007	2	4 860	2 657	1 144	4 680	(3 621)	-75
S008	1	2 705	1 194	572	0	939	35
S009	1	518	233	572	0	(287)	-55
S010	8	67 958	51 953	4 576	12 064	(635)	-1
S011	2	4 105	1 471	1 144	0	1 490	36

续表

客户代码	订单数量	销售额	产量成本	订单成本	无存货成本	经营利润	利润率（%）
S012	8	87 865	57 581	4 576	12 064	13 644	16
S013	1	1 274	641	572	2 340	(2 279)	−179
S014	2	1 813	784	1 144	0	(115)	−6
S015	2	37 060	15 974	1 144	3 016	16 926	46
S016	2	6 500	6 432	1 144	3 016	(4 092)	−63

表 6　N 型电线的客户订单　　　　　　　　　　　　金额单位：瑞典克朗

客户号	销售额	产量成本	订单成本	无存货成本	经营利润	利润率（%）
33507	3 969	1 440	750	0	1 779	45
33508	4 165	1 692	750	2 150	(427)	−10
33509	601	139	750	2 150	(2 438)	−406
33510	13 655	6 014	750	2 150	4 714	35
33511	2 088	350	750	2 150	(1 162)	−56
33512	1 742	637	750	0	355	20
33513	4 177	942	750	2 150	345	8
33514	7 361	3 134	750	0	3 477	47
33515	1 045	318	750	0	(23)	−2
33516	429 205	198 277	9 000	0	221 928	52
33517	31 696	13 128	3 750	0	14 818	47
33518	159 612	58 036	2 250	6 450	92 876	58
33519	48 648	17 872	9 750	12 900	8 126	17
33520	5 012	1 119	750	2 150	993	20
33521	4 933	2 170	1 500	4 300	(3 037)	−62
33522	17 277	7 278	1 500	0	9 499	49
33523	134	120	1 500	4 300	5 786	−4 318
33524	1 825	523	1 500	0	(198)	−11
33525	13 874	4 914	3 750	6 450	(1 240)	−9
33526	3 762	1 452	750	0	1 560	41
33527	64 875	18 559	3 750	8 600	33 966	52
33528	13 052	5 542	3 000	6 450	(1 940)	−15
33529	39 175	12 683	3 750	8 600	14 142	36
33530	383	87	750	0	(454)	−119
33531	6 962	1 865	750	2 150	2 197	32
33532	1 072	314	1 500	0	742	−69

续表

客户号	销售额	产量成本	订单成本	无存货成本	经营利润	利润率（%）
33533	14 050	6 333	1 500	2 150	4 067	29
33534	820	244	750	0	(174)	−21
33535	809	181	750	2 150	(2 272)	−281
33536	1 366	316	750	2 150	(1 850)	−135
33537	155 793	65 718	21 750	49 450	18 875	12
33538	7 593	2 772	2 250	2 150	421	6
总计	1 060 731	434 159	84 000	131 150	411 422	39

制热技术公司的总经理雷夫·瑞克（Leif Rick）描述了对账户管理报告的内部反应：

这项研究让人们大开眼界。我们看到了传统的成本会计系统是不能够真实反映不同市场、产品和客户的成本和利润的。

最初，这种新方法看上去很陌生，我们不得不解释三四遍，人们才能逐渐理解和接受这一方法。人们不愿意相信订单成本如此之高，也不愿意相信订单成本必须被作为一项明确的销售费用。更令人吃惊的是，一些本以为最盈利的客户在此方法下只能达到盈亏相抵甚至亏损。最初销售人员认为管理者打算运用这种手段放弃一部分小客户，但使用这个系统的人会肯定它的价值，并基于它提供的信息采取行动。

图2列示了从瑞典客户中获取的利润，按客户的盈利性高低排列。结果让瑞德斯德尔感到吃惊。康泰尔公司的瑞典客户中只有40%是可盈利的，他们提供了公司250%的利润。实际上5%最盈利的客户产生了150%的利润，最不盈利的10%的客户产生了120%的亏损（见图3）。

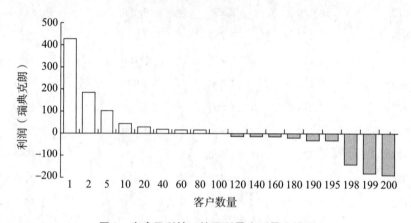

图2　客户盈利性：按盈利最大到最小排列

更让人吃惊的是两个最不盈利的客户竟居于总客户的头三位之列。这两个客户要求供应商准时交货。他们把一些存货推给了康泰尔公司，这些存货是由于在准时制（JIT）下公司没有识别出对产量和订单加工方面新的要求而产生的。另外，进一步的研究表明，其中的一个客户把康泰尔公司当做一个候补供应商，当他的主要供应商不能供货时，康泰尔公司为其提供少量的价格低廉的特殊产品。由于这两个客户的声望和规模，康泰尔公司总是欢迎这两个公司的订单。现在瑞德斯德尔意识到满足这两个客户的代价有多么昂贵。

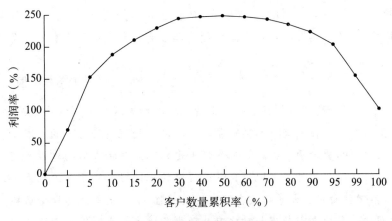

图 3　累积的客户盈利能力

当前的问题是为大量的不盈利客户设计一个战略，尤其是最不盈利的客户。公司管理层已经开始同瑞典经营分部的全面管理者和销售管理者进行一系列的讨论，来决定怎样处理这些客户。

同时，当瑞士的经营分部采用了账户管理系统时，国外一些分部对这项实践仍保持怀疑。账户管理系统被视为总部对分部经营上的另一项干扰。瑞德斯德尔知道，要想使账户管理系统在全世界的分部得到认可，他还面临艰难的奋斗历程。

印第安纳波利斯：市政服务的作业成本计算（A）*

向政府服务业引入竞争和私有化需要使用实际成本信息。如果你使用的是不真实的成本信息，你就不可能具有竞争力。

——印第安纳波利斯市市长斯蒂芬·高德史密斯（Stephen Goldsmith）

城市

印第安纳波利斯市位于印第安纳州中心，距离芝加哥东南部 200 英里远。在过去的 25 年里，这个城市的经济健康发展，人口稳定增长。1992 年当斯蒂芬·高德史密斯任职时，印第安纳波利斯市有 80 万人口，是美国第 13 大城市。历史上，这个城市之所以为人所熟悉，主要是因为在每年中的一个周末举行的 500 英里汽车比赛。赛车绕着一个椭圆形的赛道以超过每小时 200 英里的速度比赛。这个城市通过大力发展医疗保健行业（如礼来公司）、汽车行业（如康明斯发动机公司）、职业和业余体育事业（这个城市拥有职业联盟棒球队和篮球队，比其他地方接待了更多的奥林匹克团体组织）等许多产业而被誉为沉睡的中西部城市。

1992 年市政府雇用了 5 600 人，财政预算约为 4.8 亿美元。财政预算被分配到 6 个经营部门中，这些部门主要负责污水处理、垃圾收集、维持治安和消防等。从 20 世纪 80 年代中期起到斯蒂芬·高德史密斯 1991 年 11 月当选市长，预算的年均复合增长率为 6%。从 1987 年起，每年的预算费用超过收入的逆差在 800 万～1 400 万美元。在高德史密斯首次上任时，年赤字达到 2 000 万美元。

机器人市长

"许多城市的业务不再像通常那么多了。"印第安纳波利斯市的高德史密斯以前是一位检察官（共

---

* 本案例由 Robert S. Kaplan 教授与 1995 届工商管理硕士 Matt Ridenour 编写。Copyright © 1996 by the President and Fellows of Harvard College. Harvard Business School case 196 - 115.

和党人），被当地新闻媒体称为"机器人市长"。他在三年里把该市60个政府服务业推向了自由竞争市场，现在该市的"业务机构"在从填补路坑到处理社会福利人员等所有的业务上都得同私营单位投标竞争。

——《今日美国》（1995年2月16日）

在1991年的竞选中，前检察官斯蒂芬·高德史密斯（共和党人）承诺缩小政府规模、税负保持不变、加大城市基建投资。不幸的是，在他就任的第一年，他就需要处理前任留下的没有资金支持的烂摊子，即这个城市历史上两个最大型的资金项目：耗资2.5亿美元的商业购物中心的建设和耗资5亿美元的联合航空公司机场候机大楼维修建设。另外，当地商会最近提交的一份报告显示，迫切需要改造的基础设施耗资超过10亿美元。该市不但要面对巨大的财政赤字，还要面临17.5亿美元的资金短缺。

除了面临的财政问题，高德史密斯市长对政府处理事务的方式感到很不满意。在担任印第安纳波利斯市检察官12年后，他发现了许多问题：

> 对比私营部门同时尝试改进服务和降低成本，政府部门每年普遍比私营企业花费更多的钱，而向公众提供相同的或更低质量的服务。很明显，传统的公共管理工具不能解决政府所面临的问题。该市的员工组织丝毫没有存在的价值，它阻碍了进步，减少了价值。多层次的官僚主义已失去控制。由于履行社会责任的缘故，政府向许多多余的雇员支付了工资。

> 尽管在很多方面印第安纳波利斯要比其他城市好得多，但我们不应该把经营不善的行业和政府作为我们的标杆对象。这对于系统改进似乎特别不寻常。

高德史密斯市长为他的管理制定了若干指导原则：
- 政府雇员越少，政府运行越有效率；
- 政府应该是舵而不是发动机；
- 市民比政府更了解情况；
- 政府应该使用跟企业相同的计量方式：以绩效为导向。

市长想通过缩小政府规模使其反应更加灵敏，也使管理者考虑到价值——向顾客即市民提供服务的成本和质量。新政府部门的高级管理者深化了这种理念：

> 让政府变得更小是核心理念。我们相信个人的选择、自由和无干扰有重要的价值。在一定程度上，我们可以限制政府的作用或缩小政府的规模，然后我们就有可能会在很多方面做得好。

> 目前，在一定程度上，这个核心理念的运作是与现实相背离的。例如，如果你解雇所有的警察，甚至你向市民退还全部的税收，他们就会生活得更好吗？也许不是的。但在你打算干预政府基本使命之前，我们还有机会节省数亿美元。

市长的压力　在选举过后，市长在上任之前召集了现任的部门领导，要求他们提交关于本部门的绩效管理和财务报告。他这样评论部门领导们对这项要求的答复：

> 所有人都是见证去年和今年预算收入和支出的一员。一切活动运行正常，他们也没有基于绩效的评估标准，因此根本不能评估什么。尽管我们急需改变现状，但因没有数据，我们无能为力。

在过去的几年中，这个城市安装了一种"工作管理系统"。这个系统能跟踪到有多少人参与了街道维修工程，他们工作了多少个小时，使用了多少设备。但是这些数据仍不能使城市管理者清楚，他们在维修街道或收集垃圾上共耗费了多少钱。

在上任后，高德史密斯市长更换了许多高级官员，并要求他的新团队安装更好的系统来评估政府的绩效和效率。这种评估要具体到每一个单位。市长想从两个方面入手解决政府的问题。首先，他要求各部门描述和评估其提供的服务项目及成本；其次，他设立了一个新的职能部门——企业发展部，给政府提供的服务引入竞争。

作为企业发展部的第一任主管，斯基普·斯蒂特（Skip Stitt）清晰地描述了市政府的这种新理念：

> 竞争是我们的核心战略。我们用私营企业市场化的评估手段来评估服务质量和价格。在存在激烈竞争的情况下，提供填补路坑服务的成本是多少呢？这项服务又应如何进行呢？对于一些服务项目，如经营公共高尔夫球场，我们应扪心自问，拿纳税人的钱去补贴高尔夫球场是否合适？如果不合适，也许我们应退出这项业务，并让私营企业去经营。

斯蒂特领导的部门将监督该市政府部门提高竞争力的举措，并把一些由服务型私营企业能经营得更有效率的服务项目进行私营化。

交通部门　前管理顾问米奇·罗布（Mitch Roob）被任命为交通部的新主管。这个部门的年预算是5 000万美元，其中大部分投入到两个经营部门——维护部门和建设部门。罗布为这个部门缺乏计划而感到惊讶。

> 项目同费用脱节。管理人员没有城市基础设施价值的概念。这里没有资产负债表，没有资金计划和维护计划。这个部门只是简单地重复去年所做的，同时要求预算增长10%。通过回头查阅档案，我们发现，该部门现在的工作是20世纪70年代中期就确定优先考虑的工作的继续。这些工作计划虽然不是很差，但在20世纪90年代中期已不再适用。

罗布面临一些长期性的问题。应该怎样把资金分配给道路重建和加固、重铺、重新平整以及简单的填坑？首先，他要求交通部的高级管理人员提供他们目前项目的清单及其成本。

> 虽然这些问题看上去很简单，但我们不能立刻就回答。我们没有相关的数据和成本系统，没有人关心他们所做的及其所要花费的成本，当然也没有人关心他们的工作是否有效率和效果。

罗布还向管理人员询问，他们所期望的道路整修工作的效果是什么。这个问题看上去是很明显的，但以前从没有人问过。罗布认为维护部门的目标是平整街道，对这个目标没有帮助的任何工作都可能是不必要的。

罗布请了一些会计师事务所帮助他计量这个部门项目的成本。一家会计师事务所说他们将在六周之内开始工作，而毕马威会计师事务所（KPMG）则表示第二天便可开始工作。时间是很重要的，市长希望马上知道结果以便进行改革，因此罗布选择了毕马威来完成为期六周的试点项目。毕马威带来了在当地制造企业实施作业成本法的经验。毕马威的一位经理，布里杰特·安德森（Bridget Anderson），被指派去负责这个项目。她开始同罗布及交通部门的其他员工商谈确定成本研究的出发点。

填补路坑合同　新组成的团队想将重心放在对普通市民来说既可见又重要的服务项目上。成本研究预计在初春完成，届时维护部门将修补在冬天被冰冻和冻融毁坏的道路。这个团队立即决定研究填补路坑所耗的成本。罗布确定完成该项研究的严格期限，并公开宣布在收到研究结果后，将对填补路坑业务进行公开招标。过一段时间后，私营企业将被邀请前来参加投标，该成本系统将为市政府举办的填补路坑招标活动提供依据。维护部门的成本小组肩负着双重责任，即弄清楚目前填补路坑的成本，然后降低成本去跟私营企业竞标。

布里杰特·安德森这样描述目前的市政会计核算：

> 我们首先向人们询问他们提供服务需要多少成本。他们无法回答这个问题。很多可获得的数据对

管理决策毫无用处。为市民提供诸如填补路坑、清洁街道等服务的成本数据无法追溯。

安德森成立了一个项目组来进行成本研究。这个项目组由来自工会的代表和非工会的管理团队的代表组成。毕马威开展了针对每一位到场的道路维护人员的培训工作。其目标是使每位员工都了解为什么要使用作业成本法以及成本估算是怎样确定的。安德森描述了她同该市工会的工作关系：

> 市长和米奇·罗布都明确表示，工会必须深入地参与到计算作业成本的过程当中。实际上，我们可以同工会合作，让他们知道做某项工作所耗的成本。他们知道了成本并努力降低成本，就可以参加投标了。因此市政部门和私营企业必须相信作业成本法是合理的，因为它将是工会投标的依据。然而，刚开始时工会对我们的反应是十分谨慎甚至有些敌意的。

安德森和她的团队应用五步法在这个城市实施作业成本法（见表1）。

表1 作业成本法的五步法

第1步 确定项目目标并确定部门作业和产出
重点是使项目小组熟悉部门的运作、人员和量化数据的办法。确定识别作业和产出的最有效办法，即作业成本法模型的基础。

第2步 收集和分析适当的成本和成本动因
收集相关的成本信息。为第1步确定的作业选择适当的成本动因。确定计量部门产出的最有效办法。

第3步 收集剩余的直接和间接费用信息
在基于个人计算机的电子表格中建立资源成本数据库。资源成本数据库包括人员、直接材料、车辆和设备、固定资产和设备成本、行政管理费用。

第4步 开发作业成本法模型
首先，将资源成本分配到作业；其次，用成本动因将作业成本分配到部门产出。

第5步 总结成本信息；增强部门继续使用作业成本法模型的能力
继续举行培训，从而帮助部门人员学习如何使用不断发展的作业成本法模型。

第1步，我们与道路维护人员进行面谈，了解他们平时所做的工作。这是一个很有趣的过程，刚开始时他们对我们所问的问题表示惊奇，然后他们告诉我们，道路维护主要有五六项工作，如填补路坑、填补裂缝、画标志线。经过一系列讨论和流程绘制，我们帮助他们列出了上百项在提供这种服务时所必需的作业。最后，经过对相似作业的合并，我们在一个作业字典里列出了大约35项基本作业（见表2）。

表2 市政服务的作业清单

维护部门（9项）	资产管理部门（10项）	交通管理部门（11项）	停车场管理部门（5项）
积雪清扫	桥梁维修	路面标线	管理和计划
路边石维护	桥梁更换	标志设置	露天停车场和停车库经营
护栏维护	交叉路口改进	标志维护	停车计时器的安装
裂缝处理	道路拓宽	信号装置安装	收费
跑道修补	街道改造	信号装置维护	公告
特殊维护	街道维修	街道清洁	
割草和修剪灌木	信号装置互连	人行道维护	
巷道维护	信号装置升级	路肩维护	

续表

维护部门（9 项）	资产管理部门（10 项）	交通管理部门（11 项）	停车场管理部门（5 项）
排水管道修缮	路面重铺	填补路坑	
	路边石和人行道	街道铺设	
		人行道铺设	

第 2 步，毕马威和这个项目组从主计长的办公室、工作管理系统，以及从为了确定每项基本作业的执行成本而进行的面谈中收集数据。他们花了大量的精力去估计从事这 35 项基本作业所耗费的时间。到目前为止，在市政府中最大的成本和资源是人员。安德森回忆了在这个阶段中所遇到的困难：

　　我们很快发现了工作管理系统中的数据不够全面，还有录入方面的错误，我们做了一些调整程序查阅工资登记簿并进行对账，尽可能使信息更加可靠。

这个项目组还必须确认与 35 个基本作业相关的间接费用和辅助费用。辅助费用包括间接人工、辅助材料和固定资产（卡车和建筑物），以及办公室的服务成本（人力资源、工资、法律咨询、信息系统、管理员）。间接费用的分配大部分可从偿还联邦教育拨款的间接费用回收计划中获得。所有的直接费用和间接费用的数据都被录入到应用作业成本法软件的个人电脑里。

第 3 步，项目组为 35 项作业中的每一项作业都选择了一个成本动因，如人工小时、材料重量等。然后用成本动因将作业成本分配到作业产出。刚开始时，项目组难以确定一些作业的产出。例如，不像标准的制造产品，每一个路坑都是不同的，它们并没有标准的尺寸和形状。项目组很快意识到，确定填补路坑所需的成本就会解决这个问题。他们决定计量出在路坑中铺上 1 吨沥青所需成本，那么用 1 吨沥青填补路坑的成本将被完全归集到研究的成本对象上。

第 4 步和第 5 步，项目组检查了初步的作业成本报告，并在核对了主计长的记录后，改进了作业成本法模型和数据以确保全部成本已归集。表 3A 和表 3B 显示了印第安纳波利斯市的五个地区填补路坑的单位成本和总成本。在对五个地区的成本归集时，因地形和工作流程的不同而引起的差异，允许反映在计算的填补路坑成本上。

表 3A　五个地区填补路坑实际成本（1992 年 1—3 月）　　　　　金额单位：美元

作业	西北	东北	中心	西南	东南	合计
C 人工（工人）	27 455	27 927	83 482	41 954	25 162	205 980
C 加班人工	462	2 658	1 558	1 210	908	6 797
D 人工（卡车司机）	175 608	181 869	354 628	188 468	163 748	1 064 322
D 加班人工	5 225	10 183	16 133	6 192	6 057	43 790
E 人工（设备操作员）	43 604	90 373	27 038	20 089	35 844	216 949
E 加班人工	2 693	6 162	1 067	7 201	3 579	20 702
主管	41 893	47 085	60 008	55 790	38 267	243 044
交通主管	47 997	89 372	33 440	18 798	43 855	233 463
人员成本	344 939	455 629	577 354	339 703	317 421	2 035 046
黏合剂		432			83	514
冷拌料	6 185	7 266	3 265	4 659	5 589	26 964

续表

作业	西北	东北	中心	西南	东南	合计
热拌料	14 901	21 644	51 301	23 175	56 987	168 009
特殊搅拌料	11 028	11 271	7 320	21 864	17 289	68 772
平头钉	2 578	1 070	1 601	484	3	5 735
直接材料成本	<u>34 692</u>	<u>41 683</u>	<u>63 487</u>	<u>50 183</u>	<u>79 950</u>	<u>269 994</u>
中心管理费用	99 774	134 680	160 199	89 172	91 152	574 977
中心运营	38 206	51 573	94 792	52 765	34 908	272 244
中心维修	34 588	46 688	55 548	28 480	31 604	196 908
设备费用	14 554	42 218	29 129	8 007	12 278	106 187
固定资产	1 098	828	1 536	1 029	936	5 428
维护管理	17 375	23 456	27 891	14 280	15 885	98 888
运营管理	18 172	24 544	29 193	14 946	16 601	103 456
期间费用	<u>223 767</u>	<u>323 987</u>	<u>398 290</u>	<u>208 679</u>	<u>203 364</u>	<u>1 358 080</u>
货车				3 086		3 086
货客两用车		11 167				11 167
货客两用车（可载86人）	12 369			11 699	14 150	38 218
平地机		2 727		4 236		6 963
轴承箱	16 276	4 954	11 396	13 272	18 335	64 233
装载机	1 457	8 958	1 024	1 271	358	13 067
铺路机		207				207
小型皮卡车	1 815	11 478		4 014		17 307
压路机		69				69
振动式压路机（2吨）	104			2 541		2 976
SAD	40 090	35 607	25 203	41 853	45 535	188 287
SADA	9 005	20 833	19 953	12 243	9 333	71 367
轿车		6 990				6 990
拖车		777				777
TAD	5 607	1 225	7 213	95	1 432	15 571
TADA	29 397	38 542	18 971	37 940	16 738	141 588
挂车			5 314			5 314
自卸卡车（1吨）	4 647	11 909	11 054	13 716	10 847	52 173
卡车（Patch 91）	11 514		3 713			15 227
未使用设备	3 769	6 127		7 402	20 537	37 836
全部车辆成本	<u>136 050</u>	<u>161 571</u>	<u>103 840</u>	<u>153 367</u>	<u>137 595</u>	<u>692 423</u>
总成本	<u>739 447</u>	<u>982 871</u>	<u>1 142 971</u>	<u>751 932</u>	<u>738 330</u>	<u>4 355 549</u>
填补吨数	1 156	1 726	2 134	2 017	2 753	9 786
每吨成本	639.66	569.45	535.60	372.80	268.19	445.00

作业	西北	东北	中心	西南	东南
C 人工（工人）	23.75	16.18	39.12	20.80	9.14
C 加班人工	0.40	1.54	0.73	0.60	0.33
D 人工（卡车司机）	151.91	105.37	166.18	93.44	59.48
D 加班人工	4.52	5.90	7.56	3.07	2.20
E 人工（设备操作员）	37.72	52.36	12.67	9.96	13.02
E 加班人工	2.33	3.57	0.50	3.57	1.30
主管	36.24	27.28	28.12	27.66	13.90
交通主管	41.52	51.78	15.67	9.32	15.93
人员成本	298.39	263.98	270.55	168.42	115.30
黏合剂		0.25			0.03
冷拌料	5.35	4.21	1.53	2.31	2.03
热拌料	12.89	12.54	24.04	11.49	20.7
特殊搅拌料	9.54	6.53	3.43	10.84	6.28
平头钉	2.23	0.62	0.75	0.24	0.00
直接材料成本	30.01	24.15	29.75	24.88	29.04
中心管理费用	86.31	78.03	75.07	44.21	33.11
中心运营	33.05	29.88	44.42	26.16	12.68
中心维修	29.92	27.05	26.03	14.12	11.48
设备费用	12.59	24.46	13.65	3.97	4.46
固定资产	0.95	0.48	0.72	0.51	0.34
维护管理	15.03	13.59	13.07	7.08	5.77
运营管理	15.72	14.22	13.68	7.41	6.03
期间费用	193.57	187.71	186.64	103.46	73.87
货车				1.53	
货客两用车		6.47		5.80	5.14
货客两用车（可载 86 人）	10.70				2.10
平地机		1.58			
轴承箱	14.08	2.87	5.34	6.58	6.66
装载机	1.26	5.19	0.48	0.63	0.13
铺路机		0.12			
小型皮卡车	1.57	6.65		1.99	
压路机		0.04			
振动式压路机（2 吨）	0.09			1.26	0.12

表 3B　五个地区填补路坑实际单位成本（1992 年 1—3 月）　　　　金额单位：美元

续表

作业	西北	东北	中心	西南	东南
SAD	34.68	20.63	11.81	20.75	16.54
SADA	7.79	12.07	9.35	6.07	3.39
轿车		4.05			
拖车		0.45			
TAD	4.85	0.71	3.38	0.05	0.52
TADA	25.43	22.33	8.89	18.81	6.08
挂车			2.49		
自卸卡车（1吨）	4.02	6.90	5.18	6.80	3.94
卡车（Patch 91）	9.96		1.74		
未使用设备	3.26	3.55		3.67	7.46
全部车辆成本	117.69	93.01	48.66	76.04	49.98
每吨成本合计	639.66	569.45	535.60	372.80	268.19

一些人对把固定资产和间接辅助费用分配到填补路坑作业中表示质疑，他们承认直接用于填补路坑的设备和汽车的成本应该包括在填补路坑的成本当中，但安德森认为政府拥有的所有固定资产的成本都应纳入：

所有的桌子、椅子和计算机怎样被用于服务全体市民呢？我们发现该市的确有可生成合理的折旧图表的固定资产会计系统。即使该市没有在其财务报表里计算折旧费用，我们感觉到，为了获得所提供服务的真正成本，我们需要调整年资产采购额，然后加上固定资产（如各种类型的车辆和设备）以及维护、修理这些固定资产的成本费用（折旧）。市长想让政府部门跟私营企业进行竞争，这些被计算出来的数据可以促使在跟私营企业的竞争中将市政服务提升到一个更高的层次上。

然而，项目组决定不将总部的费用分配到填补路坑作业的成本当中，理由是，无论填补路坑作业是由市政部门工人还是私营企业职员完成的，这些费用都要发生。因此，只有受决策直接影响的资源成本才被纳入合同成本当中。

项目组决定，在计算填补路坑成本时，把未使用设备的折旧和保养费用单独列作"未使用设备"一项。在某些市政服务项目上，未使用设备的成本占总成本的10%。安德森描述了这个问题产生的原因：

工人们都喜欢有随时可用的设备以防万一。我们告诉他们，他们应该只需拥有常用设备。当常用设备偶尔出现故障时，他们才需要使用备用设备。这时租赁设备要比维护随时待命的设备省钱。同时，他们可以综合利用设备，以使设备得到更好的应用。员工不应该使用不同的设备去做相同的工作。这个部门可以认识到，通过共享设备和机器可以省钱。现在每个部门的车队都有很多多余的设备。

六周后，项目组计算出，填补路坑的平均成本是445美元/吨沥青（见表3A的合计数）。

斯基普·斯蒂特在看完市政服务的全部成本后，显得非常惊讶：

这是很吸引人的。在实行作业成本法之前，员工们和他们的管理人员只是考虑当天员工填补一个路坑所花的时间，没有人考虑过非生产时间、多余的设备、不动产、存货和期间费用（管理费用）。

当我们看到作业成本法研究的成果时，这真令人惊讶。你可以观察一个特定的路坑填补工作队，了解他们实际分配到多少车辆，年度供应品预算是多少，以及租赁和维护设备及车辆的费用是多少。人们过去没有想到用沥青填埋路坑的全部成本。在很多情况下，员工的计时工资只占全部成本的20%，而在采用作业成本法之前，管理部门可能将这部分成本定到全部成本的80%～90%。

高级管理人员和一线员工马上都想到同样的问题：他们怎样才能削减成本。例如，他们已开始审查另一部门维修车辆的成本，因为设备维护组的低效率和汽油成本的提高都会突破工会工人们和交通部填补路坑的盈亏底线。

鲍伯·拉森（Bob Larson）是维护部门的主管（也是工会成员），他回顾了员工们是怎样开始削减成本的：

管理层和工会经协商后都认为我们一定要做得更好。如果三四个人的修理小组就能很好地完成工作，我们就不用派出五六个人的修理小组，还加一名主管。当街道上有75个计时员工，而其中有36个主管时，这个比例就不合适。一个主管应该可以管10个人，有这么多的主管是可笑的。这就是向所有员工支付工资和福利的管理费用居高不下的原因。一个在一线工作的员工不需要20个人来协助他。

AFSCME[①] 的州执行理事史蒂夫·凡托佐（Steve Fantauzzo）如此评论成本研究的效果：

作业成本系统的确突出了管理费用，尤其是为管理人员支付的管理费用。我们敦促该市领导人精简这些人。我们不想因为养活无助于我们填补路坑的管理人员而在投标中败北。

米奇·罗布响应他们的要求，将一半主管解雇，多数主管是由当地共和党任命的。工会对这一行为十分惊异，罗布回顾了其影响：

他们现在意识到他们别无选择。如果我们解雇我们一半的人，我们当然可以解雇他们所有的人。

在接下来的几个星期中，作业成本报告的每个项目都被严格检查，辅助部门顶着巨大的压力去调整他们的费用。工会重新调整了填补路坑的方法，如减少每个小组的人力，并改变所使用设备的类型和数量。拉森解释了他是如何同工会合作降低成本的。

·　我只是把安装有作业成本模型的手提电脑带到工作现场，并且说："假如我们撤去多余的搅拌机，辞退卡车司机，那么你们每天填充一吨的成本是多少呢？"这样，员工们就知道下一次工作时，他们必须进行一些改进，否则他们将在跟私营企业的竞标中败北，并将失业。

我们也从用同一种资源完成多种工作中获益。当修补队在等待沥青被移送到路坑时，我们派他们去做其他的工作，如清扫桥梁、拾树枝。这些都是作业成本模型中的作业项目。我们能利用他们的闲散时间完成这些任务。这样，人们一直忙于做有用的工作，填补路坑作业也不必为员工的非工作时间支付费用。

关于对员工、机器利用和工作过程进行改进，管理部门和工会计算了节约的费用。很快他们将同私营企业竞争，对填补路坑工作投标。市长助理雷·华莱士（Ray Wallace）是创建作业成本系统的联络员。

开始，我被工会视为罪魁祸首，因为我是管理者，许多人认为这是市长破坏工会的一种方法。人们对于这种工作过程以及米奇·罗布、我、顾问以及介入这一过程的管理人员都抱有憎恨心理。但当

---

① American Federation of State，County，and Municipal Employees（美国州、县、市劳工联盟）。

我们把投标展现在他们面前时，我们一起工作，一起在晚上十点吃比萨饼，一起连夜工作到凌晨三点。最后一个晚上，我们从早晨六点一直工作到第二天，没有睡觉。他们看见我们跟他们一样努力工作，致力于更好地投标。在工作过程中，隔阂减少了，我们开始获得人们的信任。

通过解雇一半的管理人员，改变填补路坑的人员分配——由8个减少到4个或6个，有效率地使用和分配卡车以及其他设备，工会意识到成本的大幅度下降。当他们投标于两项填补路坑合同时，第一次挑战到来了，这两份合同中一份是在城市的西北部的工程，一份是在城市东北部的工程。工会估计出完成合同所需的资源（员工、材料和设备），他们感觉到需要用修改过的工作程序来填补路坑，并把他们的估计提交给安德森进行检查（见表4）。安德森曾经监控过如何执行新工作程序，他认为工会对完成工作所需资源的估计是合理的并与现实情况相符。工会的工人基于修正的成本估计提出投标单，他们焦急地等待公布结果，确认他们能否战胜投标填补路坑工作的私营企业。

表4 对两份填补路坑合同的成本估计

	西北		东北	
	数量	比率*	数量	比率*
员工成本库				
C人工（工人）	2.6 小时/吨	23.25 美元/小时	2.6 小时/吨	11.18 美元/小时
D人工（卡车司机）	2.6 小时/吨	20.00 美元/小时	2.6 小时/吨	23.08 美元/小时
E人工（设备操作员）	0.35 小时/吨	44.49 美元/小时	1.15 小时/吨	28.01 美元/小时
材料成本库				
路坑的热混合材料	1 吨	22.00 美元/吨	1 吨	22.00 美元/吨
栓钉	2.5 加仑/吨	1.54 美元/加仑	2.5 加仑/吨	1.54 美元/加仑
机器成本库				
员工车	1 小时/吨	8.65 美元/小时	1 小时/吨	8.86 美元/小时
轴承箱	1 小时/吨	17.65 美元/小时	1 小时/吨	11.26 美元/小时
卡车	0.6 小时/吨	15.20 美元/小时	0.6 小时/吨	18.22 美元/小时
箭头标志板	1 小时/吨	2.00 美元/小时	1 小时/吨	2.00 美元/小时
直接成本库	5.55 小时/吨	17.06 美元/小时	6.35 小时/吨	19.65 美元/小时

* 人员分配比率以工会合同的设计为基础，材料分配比率以实际竞争者开价为基础。

合作银行*

我们准备做出一个大胆的、创新的决策来提高我们的盈利能力。但是在做出这个决策之前，你必须确保你对事实的判断是正确的。

——特里·托马斯（Terry Thomas）

合作银行管理总监

* 本案例是由 Srikant Datar 和 Robert Kaplan 教授在合作银行（The Co-operation Bank）的 Robin Webster 的大力支持下编写的。Copyright © 1995 by the President and Fellows of Harvard College. Harvard Business School case 195 - 196.

历史

到 1994 年，合作社运动（co-operative movement）已经诞生 150 周年。在 1844 年，有一小群人在英国罗奇代尔（位于曼彻斯特附近）创立了一个杂货店：

> 目的是以公平的价格向本社区的居民提供纯正的、不掺假的货物，指导原则是，合作社是为合作社成员的利益服务的，合作社的利润按照合作社成员的购买比例共同分享。

合作社运动的创立者清楚地表达了合作的使命和道德标准（见表 1）。即使在 150 年以后，遍布全国的合作社运动仍是一股活跃的力量。1994 年英国合作社共实现 60 亿英镑的营业额，主要来自食品零售、农业、食品生产、牛奶销售、葬礼用品销售、一般用品零售、汽车销售以及金融服务等。

表 1　国际合作社联盟成立声明（1895 年 8 月 22 日）

现在到了把伟大的合作社运动各个分散的部分结合成为一个具有统一目标和统一原则的强大的国际联盟的时候了。

国际合作社联盟正是为了实现这个理想而建立的。在不影响地方或国家事务，不限制各协会和国家工会的独立性的基础上，这个联盟要建立一个在不同国家从事不同业务的联合合作统一体。

它将为每个成员服务，与单个的行动相比，它将为各个成员之间的合作提供大量意见，促进合作运动更加成功地向前发展。它还将通过意见、报告和出版物的交换促进合作社成员之间持续不断地相互学习。

在实现这个计划的过程中，联盟将更有助于促进世界和平。

联盟的目的是*：

(1) 在不同国家，用不同方法，结束现有的关于资金和劳动力的冲突，使人们建立联系，互相帮助，在工人合作的基础上实现工业上的公平。

(2) 在各国中促进、发展并帮助工人建立自治工坊，帮助雇主和雇员建立具有公平合理的利润分配机制的中心机构。

(3) 使这些中心机构之间建立国际联系与沟通，以便互相提供协助。

(4) 总体上改善生产性行业的利润分配方式。

＊摘自国际合作社联盟档案。

合作银行

合作银行（The Co-operative Bank）于 1872 年建于曼彻斯特，它是合作批发协会（Co-operative Wholesale Society，CWS）的一个部门。合作批发协会是由全国合作社创建的重要组织，在当时统治着英国的零售业。表 2 总结了合作银行最近的财务资料。合作银行在前 75 年中，主要是充当 CWS 的金库。尽管这家银行的确吸引了来自合作社和地方市政部门的一些个人顾客，但个人账户没有成为其经营的重点。

表 2　合作银行部分财务数据（1990—1993 年）　　单位：百万英镑

	1990 年	1991 年	1992 年	1993 年
存款	2 621	2 438	2 707	2 983
贷款和垫款	2 579	2 408	2 639	2 740
税前利润（损失）	−14.9	−6.0	9.8	17.8
税前收益率	−9.4%	−4.0%	6.7%	12.0%

从 20 世纪 40 年代末到 1971 年，这家银行扩展它的网点来满足 CWS 以及不断增加的与合作银行有业务的其他合作社和地方部门的需要。在此期间，合作社从它成功的贸易经营中获取了大量的现金。到 1971 年为止，合作银行的存款额已达到 3 亿英镑。[①] 随着银行业务的扩展，合作批发协会的经营者们意识到他们需要把银行业务同其他业务分离开来。1971 年，一项议会法案通过，确立合作银行为独立的法人实体，

---

① 这一数据去除通货膨胀因素后大大高于 1994 年的数据。

合作批发协会独资拥有合作银行全部股份。在这之前，合作银行是与 CWS 合并编制经营成果和财务状况报表的。

刘易斯·李（Lewis Lee），新成立银行的第一任 CEO，通过从更大规模的清算银行中招募中高级管理人员来加强合作银行的管理。当合作社运动（提供了 96％ 的存款）遭遇到商贸活动上的激烈竞争压力时，合作银行立即面临存款额急剧下降的问题。银行管理人员意识到应该立即采取强有力的行动。

为了弥补流失掉的零售存款，银行开始采取更加激进的措施吸引个人客户存款。它成为第一家对活期存款账户免收银行账户费的银行。在接下来的十年中，个人账户的数量和规模急剧增加，虽然存款再没达到 1971 年的水平，但该行对合作社组织存款的依赖急剧减少到总额的 4％。

合作银行对资产负债表的资产项目也采用了类似的积极政策。1971 年合作银行对合作社运动的贷款总额占其资产总额的 90％。到 20 世纪 90 年代，这个比率下降到了 10％～12％，余下的资产基本上是个人客户和公司客户各占一半。1975 年，在资产和存款方面顾客数量的增加使得合作银行具备了结算银行的资格。这样，它就能从事票据交换和结算业务了。这是 39 年来新成立的第一家结算银行，也是第一家靠内部增长获得这一地位的银行。

在 20 世纪 70 年代和 80 年代，合作银行为个人客户和公司客户提供新的产品和服务，以此来拓展其业务范围，包括新开展的信用卡业务以及推出的几种复杂的储蓄产品。随着公司业务的发展以及银行资本监管的日趋严格，合作银行需要更多的资本金。CWS 感到很难从其自身的其他经营业务中获得大量资金来补充资本，因此，它不得不制定了一套持续性的资本增长战略以确保其从经营中持续获取资本来源。

特里·托马斯在该行工作了 15 年之后，于 1988 年被任命为银行的管理总监。他 1973 年加入合作银行时，担任银行的首任营销经理，后来负责的其他管理工作越来越多，1983 年被任命为董事会成员。在他的管理下，合作银行从原先一家几乎完全依赖合作社运动的银行成功转型为一家有自我发展能力和广泛顾客基础的零售清算银行。但是很快，新的挑战又来了。

英国的金融服务市场进入了一个急剧变化和重组的阶段。政府通过立法放松了对金融部门的监管，这使得金融行业与其他传统行业之间的边界越来越模糊。由于政府放松了对房屋建筑互助协会（Constraints on Building Societies）经营范围的限制，原来只由银行办理的业务，如活期存款账户、信用卡、个人贷款等业务，现在面临着激烈的竞争。英国最大的一家房屋建筑互助协会之一，阿比国民互助协会（Abbey National），甚至在 1989 年年初转变为一家银行。有着完全不同成本结构的参与者也都进入到金融服务市场。第一直接银行（First Direct）是一家没有分支机构的经营邮政、电话和自动提款业务的银行。一些大的百货零售商，如玛莎百货（Marks and Spencer）开始向其众多的顾客提供信用卡业务。

顾客的期望和行为也在变化。他们很容易就更换银行，而且喜欢在几家机构中办理各种金融业务。他们对价格更加敏感，希望能得到更广泛的服务，包括通过电话和自动柜员机扩大电子银行的使用。电子技术的引进和推广正在改变目前的成本结构。大量过剩的服务能力出现了，很多机构为取得业务，全方位地开展激烈的价格竞争。

在 20 世纪 80 年代的早期和中期，得益于英国经济的繁荣，合作银行的盈利能力不断提高，但是紧接着英国 50 多年来最严重的衰退使银行遭受了沉重打击。银行业在 1990 年和 1991 年连续亏损，特别是在占资产很大份额的中小企业贷款方面。银行的个人客户方面也遭遇了严重的亏损。全国范围内创纪录的高失业率，使得这些个人客户承受着的巨大财务压力。

托马斯意识到，针对当前和未来的竞争环境，银行必须重新考虑其经营理念。但是，在采取任何新的定位之前，托马斯希望重新确立银行的基本价值观。20 名高层经理举行会晤，制定了"使命宣言"（见表3）来强化银行对顾客、员工以及社区公众的责任。同时，银行还开展了"我们的道德标准"（见表 4）研究项目，进一步强化对使命宣言的理解。道德标准的制定是根据发放给顾客的 30 000 份调查问卷以及对 150 年合作社价值观的研究完成的。使命宣言和道德标准使银行意识到它的价值及其在市场上的定位。公布了这些声明后，虽然有一些顾客出于抗议而注销了账户，但有更多的个人和公司开立了账户。

表 3　使命宣言（1988 年）

我们继续通过为顾客提供高质量的金融及相关的服务来把银行建设成有创造性的成功的银行。同时，我们遵循合作社运动的基本原则：

1. 质量与优秀

为我们的顾客持续提供高质量、有价值的服务，同时努力使我们所做的每一项工作都做到优秀。

2. 参与

欢迎顾客的意见和关注，鼓励员工积极参与社区活动，推动银行与顾客、员工、社区之间的全面互动。

3. 结社自由

不介入任何社会、政治、种族和宗教事务。

4. 教育和培训

成为有爱心和负责任的雇主，鼓励员工的发展和培训，鼓励员工彼此之间以及对公司的忠诚感和自豪感。

5. 合作

建立亲善型组织，促进员工、顾客、成员与雇主之间建立密切合作的关系。

6. 生活品质

成为有责任感的社会公民，努力满足社区当前和未来的需要。

7. 持续发展

有效地管理业务，吸引外部投资，在业务中保持充足的资金以保证公司持续发展。

8. 正直

任何时候都诚实、正直并遵纪守法。

表 4　我们的道德标准（1992 年）

1. 不向任何压制人性、剥夺人权的政权和组织投资或提供金融服务。
2. 不向专制独裁政权制造和销售武器提供资金或任何便利。
3. 鼓励商业顾客对环境的变化采取更积极的行动。
4. 积极发现具有完备道德标准的个人、商业企业和非商业性组织。
5. 不允许使用自己和顾客的钱进行投机活动。作为英国结算银行，本行用英国顾客和纳税人的钱在英国货币和经济活动方面进行投机是不合适的。
6. 努力使金融服务不被洗钱、贩毒、逃税活动利用，因而应不断发展和应用内部监督和控制程序。
7. 不向烟草生产商提供金融服务。
8. 继续拓展和强化《顾客宪章》，合作银行通过在资信调查和顾客保密性方面采用创新性的程序，率先在英国银行业建立新的银行实务标准。
9. 不对任何以美容为目的的动物实验进行投资。
10. 不支持任何个人和公司采取掠夺性耕作方法。
11. 不支持任何从事动物毛皮加工的农场或其他组织。
12. 不支持任何参与血腥体育的组织。血腥体育是指被称作体育运动，但主要是通过训练动物或鸟类来捕捉或杀害其他动物或鸟类的活动。

我们将在这些条款或其他方面经常听取顾客的意见，不断完善我们的道德标准。

为了对银行进行经营重组，托马斯开始对个人和公司业务进行归并处理。以前个人银行业务的后台处理是在各个分支机构进行的，现在并入个人客户服务中心统一处理。顾客可以打电话给这个中心，获取关于账户的最新信息，并可通过电话进行各种交易。类似地，公司银行业务被归入区域性处理中心。成立这些中心，需要增加 200 个新的工作岗位，但业务归并之后，也需要削减原先各零售分支机构的 1 000 个工作岗位（公司原有员工基数约 4 300 人）。解雇员工对于同合作社运动和工会运动密切联系的银行来说是一个非常敏感的问题。银行提供了非常有吸引力的退休计划，通过自愿退休解决了削减1 000个职位的问题。但退休人员多数是年纪较轻的新手或岗位层次较低的员工，这样导致银行中层管理者比例过高的问题。

银行还为现有顾客增加了交叉销售业务，并向顾客提供更广泛的业务。这些新产品主要有：

VISA金卡：是一种方便高收入个人"轻松生活"的信用卡（免年费）。

VISA联名卡[①]：是一种针对特定顾客群体（如皇家鸟类保护协会）的信用卡。

开拓者：是一种针对个人顾客的高息活期存款账户，这个账户只有塑料卡，没有支票簿。

三角洲：是一种借记卡、ATM卡和支票保证卡混用的POS产品。

银行的新业务有：

电话银行：通过中心为个人和公司顾客提供综合的远程银行服务。

独立的财务咨询：为顾客提供投资建议，销售其他金融机构产品。

这些产品，尤其是VISA金卡和VISA联名卡获得了很大成功。1990年合作银行还不是一家金卡发行银行，两年以后它就成为英国最大的VISA金卡发行银行，1994年成为整个欧洲最大的金卡发行银行。

尽管开发了新产品并裁减了人员，银行的成本收入率[②]仍然很高，尤其是同它的直接竞争者房屋建筑互助协会相比，而且合作银行在全英国的公司和个人银行业务市场上仍然是个小角色。

SABRE方案

托马斯回忆了公司在1992年年末的情况：

> 在1988年，我们已经认识到集中化的需求——无论是在市场细分上，还是在经营上。我们开始专注于那些我们具有独特优势的利基市场和部门，同时还采取了一系列步骤去重组我们的业务。然而，这些只是业务转型的头几步，为了继续推动并加快这一过程，我们需要更多的信息来帮助我们制定重要决策。

> 我感觉我们为顾客提供了太多的产品。但对于哪些业务及顾客是盈利的，哪些是不盈利的，我们却难以达成共识。一些人认为，公司业务是盈利最高的，它有大量可盈利的个人账户。其他人认为，如果你不能提供广泛的业务，顾客就不会光临，因此主张推出全面业务战略。我们怎样平衡广泛业务的收益与对应成本呢？我们是应该发展这些额外服务，还是只满足特定顾客对这些额外服务的需要呢？如果我们自己不能有效地提供这些服务，是否应该把这些服务外包呢？

> 我记得我们开过多次会议，每次开会都围绕着数字争论，但总是没有结果。每个参加会议的人员都有自己的一套数据。每个人都认为自己的一套数据是正确的，而别人一定是错的，尤其是当别人说我的产品比我想象的要亏得更多时，这就是人类的本性吧。不管是哪套数据，我们实际上从未花时间来讨论过这些数据，我们该怎么办呢？

> 我想基于事实去经营银行而不是凭感觉。如果有一套系统的处理过程产生的数据，所有人都会同意停止争论而把注意力集中到行动计划上。然后，去制定创新和大胆的决策真的不是一件十分困难的事情。

在1993年年初，托马斯成立了SABRE（Sale And Business REengineering，销售和经营重组）项目。这个项目有好几个相关的子项目，旨在提高成本收入率以及改进向顾客提供的服务。项目的一个关键内容

---

① 联名信用卡是信用卡的一种，消费金额的1/10捐献给标示于卡上的机构。——译者

② 成本收入率是英国定义的，是全部成本（扣除坏账损失）同代理费收入之和的比率。

是信息开发，通过信息开发为银行提供能解决以下五种工作需求的信息：

- 间接费用降低；
- 业务流程重组，尤其对非增值作业的重组；
- 产品盈利能力；
- 顾客盈利能力；
- 部门盈利能力。

财务执行董事约翰·马珀（John Marper）指出，合作银行的成本结构，尤其是传统上被视为固定成本的部分（如在后台中心部门发生的技术、文件传递和融资费用）必须予以改进。"如果你想改变固定成本的基础，你需要一个更好的成本系统，尤其是能把固定成本同产品相联系的成本系统。"

合作银行现有的成本系统是传统的责任会计系统，它按照地区和部门成本中心来计算成本。总部的费用，如信息系统和文件传送的费用，根据业务的数量和规模作为成本动因分配到经营部门中。银行采用收费收入和净利息（利息收入减资金成本）收入来分别计量收入，但对产生这些收入的成本并没有分开确认。

通过在合作银行支票结算中心的试验，经理们对作业成本法很感兴趣，认为它在将银行经营费用分配到各种产品和顾客方面大有可为。高级管理者（后来是 SABRE 项目的负责人）罗宾·韦伯斯特（Robin Webster），MIS（Management Information Systems，管理信息系统）的负责人丹尼斯·古德曼（Dennis Goodman），高级业务分析师史蒂夫·肯普（Steve Kemp），以及八位来自银行不同领域的中层经理组成了作业成本项目组，开始建立模型、收集数据。银行还引进了杰米尼顾问公司（Gemini Cousulting）与公司管理层一起研究建立模型并对重组及行动计划提供建议。

在银行项目组考虑实施作业成本法时，它必须做出一些选择。它应该如何定义资源库？应该定义什么样的作业？是按照产品还是顾客来分析成本？银行把会计年度以 4 周为一个时间段分成 13 个时间段。应该选择哪个时间段来收集数据进行最初的历史分析呢？

项目组最后认为有三个期间对于理解银行成本结构是有代表性的。他们选择对 1993 年的 3—5 月进行分析，从数据可获得性方面考虑，这是最新的三个时间段。

作业成本项目组翻阅了总分类账，确定了 210 种资源成本库，并把它们分为三大资源类别：

经营人员（85）	基础设施（85）	其他（40）
个人网络——员工	个人网络	业务外包费用
处理中心——员工	VISA 管理	办公用品费用
个人账户开设	处理中心	个人支票簿
	ATM 网络	VISA 报告书

括号中的数字指每个资源类别中包含的资源成本库数目。表 5 列示了合作银行中个人银行业务的主要资源成本库。

资源成本库确定后，作业成本项目组用 8 周时间在经营部门确认作业项目，并把它画在棕色纸上贴在项目组的工作室里。项目组通过了解和会谈确认了银行进行的 235 项作业或任务。作业项目包括开设顾客账户、维护顾客账户、接收支票、处理交易、结清顾客账户、处理顾客咨询、签发支票簿、营销和销售产品、货币市场转让、VISA 交易，ATM 交易、编码、培训、处理贷款请求、管理风险、回收货币、编制财务报表和管理报告等。表 5 列示了合作银行的与个人银行业务相关的 18 项主要作业。

表 5 个人银行业务：资源和作业的成本矩阵*

单位：英镑

资源成本库	总资源成本	提供ATM服务	结清借方项目	支行借方项目经营	签发个人支票	结清贷项项目	支行贷方经营	管款控制和担保	顾客查询	顾客通信	营销和销售	计算机处理	公告及助资	投资和保险咨询	处理VISA交易	发布VISA公告	开设和维护随借随还贷款	开设/结清账户	抵押管理
账户管理中心	1 557 280	0	2 388	66 293	0	509	0	5 647	903 565	196 803	134	49 745	0	0	138 792	0	0	193 404	0
账户开设组	368 355	—	—	—	—	—	—	—	—	—	—	—	—	—	—	—	—	294 181	74 174
ATM网络	111 031	111 031	—	—	—	—	—	—	—	—	—	—	—	—	—	—	—	—	—
支行运营	3 475 959	95 229	40 756	487 269	—	11 641	545 606	5 709	306 263	460 845	1 478 735	—	—	40 930	—	—	—	2 976	—
结算业务	833 575	20 099	650 287	1 291	—	135 744	1 394	4 791	—	2 109	25	2 339	15 364	—	—	—	—	132	—
收款	968 256	—	—	36	—	—	1 168	912 190	41 378	10 578	—	—	—	—	—	—	—	2 906	—
托收费用	329 205	—	—	—	—	—	—	329 205	—	—	—	—	—	—	—	—	—	—	—
外包费用	2 120 071	104 151	—	—	—	—	—	41 611	37 796	3 109	—	22 061	—	—	942 629	—	846 806	—	121 908
财务顾问	1 214 383	—	—	—	—	—	—	—	9 799	3 601	81 970	—	—	1 119 013	—	—	—	—	—
信息技术	1 669 453	—	—	65 293	—	—	—	67 261	—	—	1 765	1 535 134	—	—	—	—	—	—	—
营销费用和员工	884 380	16 236	—	—	—	—	—	—	—	279	867 865	—	—	—	—	—	—	—	—
邮资	713 474	92 397	—	—	107 706	—	—	—	—	48 019	—	—	455 736	—	—	9 616	—	—	—
区域处理中心	485 102	25 023	328 709	61 263	—	70 107	—	—	—	—	—	—	—	—	—	—	—	—	—
办公用品	277 746	—	—	—	156 243	—	—	—	—	—	—	24 728	—	3 989	92 786	—	—	—	—
电话销售	129 235	—	—	—	—	—	—	—	—	—	129 235	—	—	—	—	—	—	—	—
VISA邮资和报告	433 491	—	—	—	—	—	—	—	—	—	—	—	—	—	—	433 491	—	—	—
其他	55 671	26 136	—	2 655	—	—	—	14 349	—	863	2 317	7 240	2 111	—	—	—	—	—	—
作业总成本	15 626 667	490 302	1 022 140	684 100	263 949	218 001	548 168	1 380 763	1 298 801	726 206	2 562 046	1 641 247	477 200	1 159 943	1 174 207	443 107	846 806	493 599	196 082

* 为保密起见，数据是虚构的。

确定了资源库，选择和定义了作业项目后，作业成本项目组让银行的每个部门把资源成本分配到作业中去（见表 5 中项目）。例如，为了把员工成本归集到作业中，从高级管理者到一般职员都要填一张时间表，确认他们在各种作业上所花费的时间。对雇员的薪酬（工资和奖金）按工作时间的比率来分配。计算机费用则根据完成各种作业所耗的计算机时间来分配。通过把分配到各种作业的资源成本相加，作业成本项目组就得到了作业总成本（见表 5 的作业总成本）。

下一步是把每项作业总成本分配到银行的不同产品中。这个分配过程是通过为每个作业定义一个作业成本动因（见表 6 的前两列）来完成的。作业成本动因代表引起每项作业业绩的事件，如办理存款或开设账户。项目组收集了在估计期间（1993 年 3—5 月）内作业成本动因量的信息。这些信息有不同的来源：银行自动信息系统（计量 VISA 交易数、办理支票数和现金存款数）、人工记录（类似开设个人账户的数量之类的数据）、统计抽样程序（类似处理顾客咨询和顾客投诉数，这些数据在事先没有记录）。

作业成本动因率（见表 6 最后一列）是将每项作业总成本除以相应的作业成本动因量计算得来的。作业成本动因率可以用来把作业成本分配到单个产品和顾客。

表 6　个人银行业务：作业成本动因量和作业成本动因率 *

作业	作业成本动因	作业总成本（英镑）	作业成本动因量	作业成本动因率（英镑）
提供 ATM 服务	ATM 交易次数	490 302	1 021 963	0.48
结清借方项目	处理的借方数	1 022 140	5 110 299	0.20
支行借项经营	支行柜台借项数	684 100	762 111	0.90
签发个人支票	签发支票数	263 949	40 628	6.50
结清贷方项目	处理贷方数	218 001	871 004	0.25
支行贷项经营	支行柜台贷项数	548 168	512 986	1.07
借款控制和担保	介入数	1 380 763	765 591	1.80
顾客查询	电话时间（分钟）	1 298 801	7 205 560	0.18
顾客通信	顾客信件数	726 206	221 204	3.28
营销和销售	开设账户数	2 562 046	62 120	41.24
计算机处理	计算机交易次数	1 641 247	16 112 471	0.10
公告及邮资	发布公告数	477 200	1 724 285	0.28
投资和保险咨询	咨询时间（小时）	1 159 943	32 956	35.20
处理 VISA 交易	VISA 交易数	1 174 207	5 125 248	0.23
发布 VISA 公告	VISA 公告发布数	443 107	1 714 258	0.26
开设和维护随借随还贷款	随借随还贷款账户数	846 806	201 521	4.20
开设/结清账户	开设/结清账户数	493 599	57 951	8.52
抵押管理	抵押数	196 082	18 609	10.54
		15 626 667		

* 为保险起见，数据是虚构的。

项目组确认了大约 50 种产品或由相近产品组成的产品组合。产品包括：商业贷款、公司往来账户和租赁。个人银行业务包括个人贷款和垫款、个人活期存款账户和 VISA 账户。产品成本的计算是把每种产品的作业成本动因量与相应的作业成本动因率相乘，再把产品所需的每一种作业的成本相加。

表 7 列示的是将包括筹资费用在内的作业成本向各种个人银行产品（活期存款账户、个人贷款、

VISA卡和其他个人银行产品）分配的情况。表7的最后一行显示了通过作业成本法计算出来的作业成本总额。

并非所有的经营费用都被分配到银行产品中去。项目组把10大类作业定义为维持成本，即不能被直接分配到产品中去，但支持整个机构运转的费用。这些作业中的会计、财务、战略、计划、人力资源管理、信息技术开发作业都没有确定的成本动因。维持费用占银行全部经营费用的15%。

产品的盈利能力是将每种产品所获得的净利息加上各种服务费，再减去这一产品耗费的作业成本总额（见表7最后一行）计算出来的。对于资产和负债产品（如贷款、活期存款账户和储蓄），银行用转账利率代表剩余资金投资的利率或者在货币市场借入资金的利率。[①] 多数产品的转账利率为LIBOR利率[②]＋0.25%（等于最初估计期间的6.25%）；当投资和借入的资金用于特定产品（"配对的"）时，则使用实际对应的利率。

罗宾·韦伯斯特是负责作业成本研究的经理，他阐述了银行计算资产和负债产品盈利能力的动机：

> 除了服务费以外，银行从资产和负债业务中盈利的途径有两条：（1）通过负债业务吸纳更多的资金；（2）以较高的风险调整利率贷出资金。使用转账利率可以使我们看到我们的资产负债表两边的运作情况。我们是不是通过负债业务以低于LIBOR的成本率借入资金呢？如果是这样，即使没有好的贷款机会，我们以LIBOR利率投资仍可以盈利。我们的贷款业务运作是否健康呢？我们用基本利率从市场上借入资金，是否仍能通过贷款和其他相关的收费服务来获取利润呢？

表8列示了个人银行产品的盈利能力。

产品决策

合作银行过去通常认为提供独立财务顾问和相关投资产品是高盈利业务。然而盈利能力分析（见表8）表明，即使未包括15%的辅助费用分摊，只包括可直接计入的作业成本，这些业务也只能获取很少的利润。这个结果是令人惊讶的，因为在放松管制的环境下，银行把提供独立财务顾问和新型投资产品作为目标产品，列入了需要发展的领域。

分析还表明其他的一些产品也不能产生足够的回报来弥补辅助费用以及支持改进银行成本收入率的目标。银行的核心产品——个人活期存款账户在扣除维持成本之后，最多只能达到盈亏平衡。这一发现同银行的传统观点是一致的，与整个英国金融市场的情况也基本一致。在英国金融市场上，很多银行公开在媒体上表示，活期存款账户是不盈利的。合作银行开始考虑采取措施改善活期存款账户的盈利能力。

可喜的是，三项VISA业务具有较高的盈利能力。"金卡"作为轻松生活的信用卡，其利率比"经典卡（普通卡）"及"联名卡"要稍低一些。联名卡对某些顾客有吸引力，因为联名卡上的部分收入要捐献给特定的机构。银行获得了非常明确的信息，它应该把有限的营销资源运用到发展个人活期存款账户和VISA账户业务中去。

顾客的盈利能力

作业成本项目组还想把分析扩展到个人顾客上，但银行的信息系统大部分建立于20世纪60年代，不能提供关于顾客交易的数据。项目组利用对顾客活期存款账户抽样的方法对顾客相关的成本进行有限研究。项目组没有必要对其他业务进行更细致的研究，因为大部分储蓄账户每季度发生的交易不超过两笔，所有的贷款业务每年大约只有12笔交易，而信用卡账户的平均成本基本是不变的。

---

① 例如，商业贷款的净利息收入等于收取的实际利息减去转账利息。对于债务，像公司存款和活期存款账户，净利息收入等于转账利息减去实际支付的利息。

② 即伦敦银行同业拆借利率。

表 7　个人银行产品作业成本矩阵*

单位：英镑

作业	总计	活期存款账户 (1)	自由现金流量 (2)	个人贷款 (3)	贷款抵押 (4)	VISA普通卡 (5)	VISA联名卡 (6)	VISA金卡 (7)	随借随还贷款 (8)	独立财务顾问和保险 (9)	开拓者 (10)	存款产品 (11)
提供 ATM 服务	490 302	403 360	4 873	0	0	25 410	7 729	15 447	921	0	22 515	10 047
结清借方项目	1 022 140	921 643	31 915	0	0	33 792	10 397	14 296	0	0	10 071	26
支行借项经营	684 100	487 796	9 774	1 770	0	90 131	35 775	44 617	6 151	0	5 985	2 101
签发个人支票	263 949	252 663	11 286	0	0	0	0	0	0	0	0	0
结清贷方项目	218 001	91 982	2 432	4	0	53 731	20 381	45 284	1 149	0	3 004	34
支行贷项经营	548 168	506 273	14 964	0	0	3 131	103	807	0	0	3 807	19 083
借款控制和担保	1 380 763	532 918	26 288	91 501	20 825	540 563	6 809	143 906	5 387	4 798	4 528	3 240
顾客查询	1 298 801	850 569	26 974	97 014	324	107 052	14 749	57 630	5 959	21 053	84 287	33 190
顾客通信	726 206	462 178	15 510	64 409	970	56 701	2 439	23 598	6 332	13 277	58 797	21 995
营销和销售	2 562 046	673 641	4 189	815 211	0	202 552	54 000	197 334	41 210	398 548	85 366	89 995
计算机处理	1 641 247	1 215 933	54 979	113 403	0	31 292	11 317	19 256	38 131	0	49 563	107 373
公告及邮资	477 200	336 094	18 687	19 179	66	15 241	1 433	49 277	4 430	4 088	22 740	5 965
投资和保险咨询	1 159 943	0	0	0	0	0	0	0	0	1 159 943	0	0
处理 VISA 交易	1 174 207	223 320	0	18 672	0	468 257	177 895	270 904	15 159	0	0	0
发布 VISA 公告	443 107	0	0	0	0	235 406	94 017	113 684	0	0	0	0
开设和维护随借随还贷款	846 806	0	0	0	0	0	0	0	846 805	0	0	0
开设/结清账户	493 599	188 373	2 786	104 346	0	51 505	1 078	35 397	11 934	0	63 062	35 118
抵押管理	196 082	10 596	815	17 117	121 907	0	1 631	0	0	0	13 042	30 974
作业成本总额	15 626 667	7 157 339	225 472	1 342 626	144 092	1 914 764	439 753	1 031 437	983 569	1 601 707	426 767	359 141

* 为保密起见，数据是虚构的。

表 8　个人银行产品盈利能力分析*

单位：英镑

作业	活期存款账户	自由现金流量	个人贷款	抵押贷款	一般VISA卡	VISA联名卡	VISA金卡	随借随还贷款	独立财务顾问和保险	开拓者	存款产品	总计
净利息收入	5 283 472	1 041 384	4 530 963	331 027	2 856 713	463 204	808 592	1 811 526	0	261 717	960 437	18 349 035
净佣金	3 593 898	358 867	780 608	147 909	2 101 002	686 117	1 562 720	65 987	1 549 634	4 284	−1 141	10 849 885
坏账	(782 000)	(130 000)	(1 192 000)	(274 000)	(882 000)	(182 000)	(508 000)	(274 000)	0	0	0	(4 224 000)
毛利	8 095 370	1 270 251	4 119 571	204 936	4 075 715	967 321	1 863 312	1 603 513	1 549 634	266 001	959 296	24 974 920
作业成本总额（见表7）	7 157 339	225 472	1 342 626	144 092	1 914 764	439 753	1 031 437	983 569	1 601 707	426 767	359 141	15 626 667
直接利润	938 031	1 044 779	2 776 945	60 844	2 160 951	527 568	831 875	619 944	(52 073)	(160 766)	600 155	9 348 253
分配基本费用	1 014 145	36 845	204 822	4 213	156 768	22 086	81 053	20 864	263 078	65 066	59 685	1 928 625
净利润	(76 114)	1 007 934	2 572 123	56 631	2 004 183	505 482	750 822	599 080	(315 151)	(225 832)	540 470	7 419 628

* 为保密起见，数据是虚构的。

项目组确定 55% 的活期存款账户费用同处理交易相关，其余的 45% 与维护账户相关。与维护账户相关的成本可以平均地分配到各账户中去。为了分配与交易相关的成本，银行根据顾客账户中每年的资金流量把顾客分为低流量、中流量、高流量三类。通过对顾客一个月交易的抽样，项目组在这三类顾客中分配与交易相关成本的比例为：15%，40% 和 45%。

确定收益就十分简单了。项目组为每一产品确定了通过个人顾客存款余额及服务费获取的收入，将收入与分摊的费用相配比，项目组就可以估计出每项业务的盈利能力了。

接下来，项目组又对进入产品（一个顾客最先购买的产品）进行了研究。五项主要的进入产品是活期存款账户、VISA 金卡、VISA 联名卡、VISA 普通卡以及"开拓者"储蓄账户。随之而来的其他产品（交叉销售）的销售额都被分配到进入产品中去。结果表明，大部分的交叉销售额来自活期存款账户。

对顾客盈利能力的分析表明，高达半数的活期存款账户是不盈利的，尤其是那些余额很低的账户。银行的经理们开始讨论关于活期存款账户的一些问题。怎样才能使活期存款账户吸引盈利性高的顾客呢？银行是否应该对活期存款账户采取服务水平保证和收费调整等措施来改善活期存款账户的盈利能力呢？银行是否应该通过地方性报纸和电视等广告手段来推销这些账户呢？

银行怎样才能拒绝那些不盈利的顾客呢？银行是否应规定不同的定价，以区分在规定的额度内透支的顾客与在规定限度外透支而带来很大坏账风险及大量银行干预行为的顾客呢？

银行把 VISA 顾客划分为盈利顾客和不盈利顾客。盈利最多的顾客是那些具有大量未偿还余额能提供利息收入的顾客，以及交易频繁、支付高额服务费的顾客。银行确定了可盈利顾客后，其推销目标主要指向这些可盈利顾客。

营销经理大卫·法韦尔（David Fawell）面临着非常有趣的决策：

> 正如我之前所想到的，在不考虑维持费用的情况下，活期存款账户和 VISA 顾客都是盈利的。但是在降低经营费用的压力下，我只能用有限的资金去推销这些产品。我不能确定这些资金是应该用在预期的个人活期存款账户顾客身上，还是用在 VISA 顾客身上，或者是把资金分配在这两者之间。

间接费用降低和业务流程重组

除了有关产品和顾客的决策以外，SABRE 项目的信息还可以帮助银行由职能导向型组织向流程导向型组织转变。作业成本为评价业务流程重组的效果提供了标准。经理们正在确定哪些流程是给顾客增加价值的，哪些是不增加价值的，以及如何提高各种不同流程的效率。提高效率要么可以使银行降低系统的成本，要么可以使银行利用剩余的经营能力去获得更多的收益。

进一步的分析表明，很多成本中都含有在中、短期内不变的高额固定成本因素（例如，计算机系统、银行附属部门），银行需要采取一些根本的措施来影响这些成本。1994 年银行外包了其计算机开发和 ATM 网络业务，同时还在认真地讨论是否把伦敦结算中心也外包出去，以消除过剩的经营能力，以此把固定成本转变为变动成本。

下一步

尽管受到了第一阶段作业成本分析结果的刺激，许多银行经理仍然对这一方法所产生的影响不敢确信。一种新型业务，如外国货币兑换，看上去是不盈利的。银行是应该把这项业务剔除，还是保留下来作为向顾客提供全面服务的一部分呢？同样已习惯于经营上高度自治和经营控制的部门经理愿意重组其部门来适应业务流程，最终缩小其经营规模以达到更低的成本收入率吗？有些经理表示担心，一旦对顾客和产品的选择加以改善，银行的盈利能力得到提高，银行进行流程重组和改善的决心可能就会消失。

罗宾·韦伯斯特和史蒂夫·肯普对于把如此多的成本（成本的 15%）列为不能归属到顾客和产品的辅

助费用表示失望。他们认为辅助费用能够缩减，但由于它们被确定为与顾客和业务无关的固定成本，因此没有成为成本降低的目标。执行董事，银行资源部的肯·刘易斯（Ken Lewis）对此表示赞同。他发现银行的人员成本很容易就分配到同顾客和产品相关的作业中，但大部分财产和信息技术资源的成本被视为维持经营成本。刘易斯相信通过制定更好的自有或租赁的资产类型以及银行采用信息技术的范围和水平的决策，削减维持费用还是有很大机会的。关于信息技术的决策是关键性的，全自动无人操作服务台慢慢替代以前劳动密集型的银行分支网络。

第 **6** 章

以成本为基础进行决策

成本信息主要有三种重要的管理用途：

● 理解成本，以便决定是生产还是放弃某种产品，并且影响与顾客的本质关系；

● 为制定价格提供成本基础（如以成本为基础的转移定价或合同定价）；

● 识别产品或流程改进以及流程管理的机会或需求。

本章我们主要讲解成本信息的最后一个管理用途。

图表 6-1 所提供的方法有助于我们考察成本在产品和流程的设计与改进上发挥作用的机会与前景，同时，它还提供了本章讨论的框架。图表 6-1 描述了一种产品从初始设计到最终退出市场的时间轴。产品生命周期主要包括三个阶段，即设计阶段、生产阶段与退出市场阶段。**生命周期成本法**（life cycle costing）主要用于设计阶段，用以估算产品在其整个生命周期中的成本。**目标成本法**（target costing）贯穿整个设计阶段，用来指导产品选择和流程设计，使得生产出来的产品在给定市场价格、销售量、目标功能的条件下还能够获得必要的利润水平。[1] **改善成本法**（kaizen costing）重点在生产阶段中识别成本改进的机会。我们要讨论的这几种成本计算方法各有不同的视角及独特的用途。

6.1 目标成本法

一个广泛接受的规则是，在产品设计阶段，产品成本的 80% 是约束性的，或者是确定的。[2] 在这个阶段，设计人员选择产品设计方案，并设计生产该产品的流程。尽管成本特征在不同产品中存在差别，图表 6-2 仍总结了产品的三个阶段中约束性成本和酌量性成本的典型特征。

正如图表 6-2 所示，有效的成本控制发生在产品设计阶段，而不是发生在产品和流程已经设计完毕、产品已进入生产过程的阶段。在产品生产阶段，大部分产品成本已经成为约束性成本，重点在于成本控制。理解了成本特征后，我们就会在产品设计阶段关注成本控制。

在产品与流程设计阶段，设计人员可以用目标成本法这个成本管理工具来推动改进措施，以降低产品未来的制造成本。最重要的是，目标成本法可以促进负责产品设计的跨部门小组成员之间的交流。目

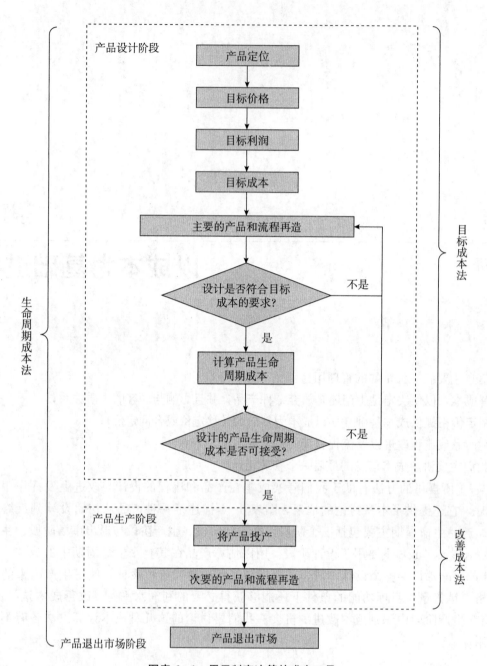

图表 6-1 用于制定决策的成本工具

标成本法应以顾客为导向，以顾客认可的价格、质量、功能需求等因素为出发点。正是这个原因，与传统的"成本引导价格"（成本加成定价）相对应，目标成本法又称为"价格引导成本"。

6.1.1 顾客导向

正如图表 6-1 所体现的，目标成本法始于对产品价格的估计。产品价格反映了产品的功能、特征及市场竞争力。设计人员用顾客价值的概念来描述顾客的需求，顾客价值是指产品功能与顾客支付价格的比值。公司有两种方法提高产品的顾客价值：一是在价格不变的前提下，改进产品的功能；二是在产品功能不变的情况下，降低产品价格。

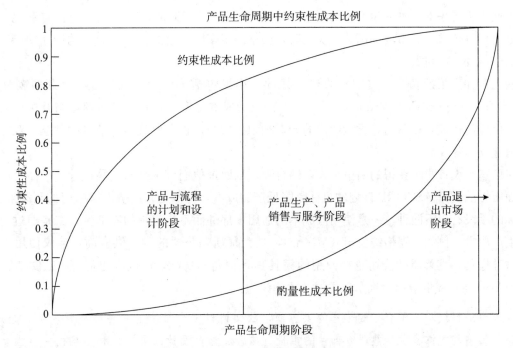

图表 6 - 2　约束性成本和酌量性成本

　　任何既定的产品都会有多种功能，每种功能都会带来基本产品价格以上的溢价。目标成本的制定过程中离不开市场价格与产品功能信息。产品设计阶段就应该考虑这些信息。也就是说，目标价格应能反映出产品提供给顾客的一系列功能。这里包含两个关键的因素：首先是顾客，或者更广泛地说是市场，市场决定了顾客愿为产品及其设定功能支付的价格；其次是假定存在一个能提供不同功能的同类产品市场，例如一辆汽车，它可以有多种不同功能的选择，企业可以选择提供哪些产品功能，而顾客或市场可以选择能够反映产品功能的价格。

6.1.2　目标成本计算过程

　　一旦确定了产品的价格、功能、质量等目标，设计人员将从目标价格中扣除目标利润。目标利润是指企业预期从产品销售中获得的能补偿组织业务维持成本的利润。目标价格扣除目标利润的余额就是目标成本，也是产品与流程设计的驱动力和重点所在。正如图表 6 - 1 所示，目标成本计算过程是一个反复的、连续的过程。设计小组最终会找到一种产品设计方案，使得产品的实际完工成本与目标成本相一致。

　　目标成本法的主要优点是它植根于一种团队环境中。设计小组的成员分别来自设计部门、流程再造部门、采购部门、制造部门和市场部门。这种跨部门的活动称为**并行设计**（concurrent design）。在并行设计中，设计小组的所有成员都将关注同一个目标：将符合目标功能、目标品质和目标价格的产品投放到特定的市场。在这种环境下，不允许个别部门强调某项特定功能。例如，设计人员可能会因为他们所设计的产品功能毫无价值且增加了产品成本而得到差评。[3] 顾客不会为他们认为没有价值的功能付款。因此，在产品设计过程中，一个非常重要的原则是：剔除那些不能提高市场价格却会增加成本的功能或特征，这些功能对顾客来说毫无价值。

　　目标成本法的另一个优点是，它用在产品与流程的设计阶段，此时设计方案的选择会对产品成本产生巨大的影响。例如，当产品设计过程不受任何约束时，设计小组设计生产流程可能会采用最新的生产技术而不去考虑对成本或生产力的影响。通用汽车公司在 20 世纪 80 年代建立的自动化汽车装配工厂就是这样一个例子。市场部门独立决策时，会推出很多顾客喜欢但并不必要的产品功能，顾客并不会为这些额外功能付费。

一些企业如克莱斯勒公司（Chrysler），其设计小组包括了供应商的代表。克莱斯勒公司通过 **SCORE 计划**（Supplier Cost Reduction Effort，供应商成本降低计划）让供应商参与其中。[4] 在这项计划中，供应商代表积极参与，贡献他们的专业知识。这个过程需要观点与信息的共享。双方需要花费时间来建立信任。

供应商参与设计小组获得的回报是长期的合同，以回报他们对本公司产品设计、产品生产和成本节约方面所做的贡献。SCORE 计划的目标是降低产品成本，但不是通过挤占供应商的利润来实现的。实现目标的手段有以下两种：一是使用低成本的通用零部件而不是定制的零部件；二是通过流程改进来降低生产成本。例如，麦格纳公司（Magna），是克莱斯勒公司的一个供应商，建议使用一种外部模具，这种模具与克莱斯勒公司正在使用的模具具有相同的功能，但成本更低。[5] 欧文斯科宁公司（Owens Corning）提供给福特汽车公司的一项建议为：

> 作为福特汽车公司金牛散热器的供应商，欧文斯科宁公司使用一种合成材料替代金属材料，但并不影响其支撑多种散热器零部件的重量。该合成材料设计的灵活性和结构的完整性使福特汽车公司的组装过程由从前的需要 23 个零件合并为两片式组装（欧文斯科宁，1996 年度报告，第 6 页）。

这个降低供应商成本的模型是通过设计具有相同功能但成本更低的零部件或通过改进现有流程来实现的。这个模型是由日本的企业集团和韩国的财团提出来的，企业集团或财团是基于供应商-购买者关系建立起来的企业联盟。虽然这种模式表面上看来很有发展前途也很有吸引力，但有迹象表明这个模型并非总是有效。最近，日本一些大型的、重要的企业集团纷纷解散，原因是有迹象表明受公司保护的供应商越来越缺乏效率和竞争力。克莱斯勒公司正试图通过一系列的规则来避免这种情况出现，这些规则允许克莱斯勒公司与业绩不佳的供应商解除供应关系。供应商的业绩主要以成本节约为基础，而成本节约源自改善产品设计、制造流程、产品质量及产品及时供货。

供应商经常能提出一些建议，如合理的设计调整。产品设计应主要关注标准化零部件，而不是根据顾客特殊设计的零部件，这将有助于降低产品的目标成本，提高产品质量。[6] 或者，生产过程需要新的零部件时，供应商可以分享其专业知识，使得在给定产品性能水平的基础上，零部件的成本最低。[7]

不同的部门同时参与到产品与流程设计过程中具有以下优点：一是通过减少产品设计的变化来缩短产品开发时间和降低产品开发成本；二是通过将成本降低目标分配给小组内不同的部门（如采购、设计、工程等部门），实现全组总的目标成本。这种方法有助于在与产品质量、功能和价格有关的总体目标框架下分清各自的责任。

虽然我们能很容易地表述目标成本法的概念，但实际操作很难的原因在于：设计小组将持续改进产品与流程设计，直到这种设计可以保证产品的预期成本小于或等于目标成本。设计小组不能取消产品所需的功能和特性来降低成本，他们应通过改进产品和流程设计来降低成本，同时保证设计出符合目标功能水平的好产品。

综上所述，设计小组的工作目标是在保障产品功能的同时实现目标成本。设计小组有时会面临这样的情况：增加某种功能所发生的成本超过顾客愿意为此支付的溢价。此时，设计小组必须决定，要么每一项功能带来的溢价必须弥补其增量成本，要么某些功能带来的顾客价值超过成本的那部分收益，可以弥补另一些功能带来的成本高于顾客价值的那部分损失。[8]　总的说来，这个选择将反映企业的战略和对产品发展的思考。

目标成本法的理念反映了这样一个现实：大量的产品与流程设计决策并非出于成本最低的考虑，而是为了使公司能够生存下去。对"满意"的界定是：我们的解决方案足够好，但不一定是最好的。目标成本法让企业的改进程度超出"满意经营"要求的水平，并驱动公司采取行动实现其目标成本。

目标成本法对设计小组施加了巨大压力。设计小组的共同目标就是实现目标成本。目标成本法没有重新谈判的可能性。没有达到目标成本的产品是不会被投入生产的。目标成本最终反映了顾客的需求以及投资者的期望投资报酬。这些压力迫使设计小组寻找和使用有助于他们达到目标成本的方法。这些方法主要有拆卸分析、价值工程、流程再造等。

6.1.3　目标成本法的实践：丰田汽车公司[9]

似乎是丰田汽车公司在 20 世纪 60 年代发明了目标成本法。在丰田汽车公司，目标成本计算过程从营销部门制定目标价格开始。公司在现有的汽车上添加功能，从而生产出新型汽车，新增功能的市场价格决定了新型汽车的售价比原有汽车售价提价多少。然后，设计人员用该目标价格乘以产品生命周期中的预计产量，得出产品的全部销售收入。

下一步是估计新产品的成本，其方法是在现有产品成本的基础上加上产品设计变更导致的增量成本，得出新产品成本。然后，设计小组通过比较收入与成本，估计边际利润。如果边际利润无法达到目标成本利润率，也就无法实现恰当的投资报酬率，设计小组会对产品进行重新设计。

再设计过程从计算需要减少的成本开始，然后设计小组的负责人将目标成本削减量分配到相关的各个部门中。[10]　例如，装配部门根据新车安装零件的增加可能已经估计到装配成本的增加，这时装配部门将会被要求重新设计组装流程，以降低预期的增量成本。另一个办法是装配部门与设计工程师协商，通过增加汽车上的预装零部件来减少组装数量。以上方法是由在产品制造方面有经验的员工提出的，他们与设计小组其他成员一起工作，能实现相当可观的成本节约。[11]　改善当前的生产实践或改变产品设计以在更低的成本上实现同样的功能，将一直持续到设计小组实现目标成本为止。

6.1.4　拆卸分析

拆卸分析（tear-down analysis），又称反向工程（reverse engineering），是一个评估竞争对手的产品以寻找自身产品改进机会的过程。在拆卸分析中，将竞争对手的产品拆成很小的单元以明确产品的功能和设计，同时推断出产品的生产过程。在拆卸分析中，可以对产品的成本进行深入了解，同时了解竞争对手产品设计的优缺点。拆卸分析的主要内容是**标杆学习**（benchmarking），它是指将企业自己的试验性产品设计方案与竞争对手的产品设计方案进行比较。

6.1.5　质量功能展开

质量功能展开（quality function deployment，QFD）作为一种管理工具最初在 20 世纪 70 年代运用于日本的神户船厂。QFD 提供了一种识别顾客需求的框架，这是计算目标成本的关键。企业在设计产品之前，可使用 QFD 明确顾客想从产品上得到什么。明确顾客需求之后，就可以将顾客的需求与设计小组预计能够实现的需求进行比较。这样，QFD 为价值工程提供支持，而价值工程正是目标成本法的关键环节。

6.1.6 价值工程

价值工程（value engineering）也称为价值分析，是一种系统性、以团队为基础的评价设计方案的方法。评价的目的是寻找提高产品价值的备选方案。产品价值被定义为产品功能与产品成本的比值。因此，我们有两种方法提高产品价值：（1）维持产品功能不变、降低成本[12]；（2）维持产品成本不变、增加功能。价值工程考察产品相关的所有因素，包括原材料、制造过程、劳动力类型、使用的装备以及外购与自制零部件间的权衡。[13]

价值工程通过两种途径实现预先设定的目标成本：（1）通过改进产品设计（甚至推出能满足功能要求的新产品），在不舍弃产品功能的前提下，削减产品的零部件成本和制造成本；（2）通过削减那些会增加产品成本及复杂程度的不必要功能来降低成本。

价值工程的第一步是，制作一张产品功能的详细说明书，这一步通常称为**功能分析**（functional analysis)[14]，这是价值工程方法的核心。这个详细说明书通常以图表的形式给出，称为**功能分析的系统方法**（function analysis systems technique，FAST）图表。图表详细说明了产品的主要功能。通过关注产品的功能，设计小组会经常考虑其他产品中具有同样功能的零部件，从而增加了使用标准化零部件的可能性，这有助于提高产品质量，同时降低产品成本。与此同时，设计小组还应写一份产品功能的详细报告，比较实现这些产品功能的成本和顾客愿为这些功能支付的价格。

接下来设计小组应考虑如何使现有产品实现这些功能，并评估能够实现产品功能和成本的其他备选方案。给每个备选方案评级，可能的话，从每一种备选方案中挑选最好的元素来完成所需的产品设计。

西门子集团的一些子公司更进一步地运用了功能分析。它们首先明确每个产品零部件的功能，然后判断顾客愿为每种功能支付的价格及每种功能的成本。由于分析过程自始至终基于顾客对产品功能的认可价值，所以受一些顾客特定偏好的影响，有时某些零部件功能的成本高于顾客认可的价值。这个过程通常用于识别那些不为顾客所需或不被顾客认可的零部件的功能，因此能很好地为价值工程的目标服务。

6.1.7 流程再造

拆卸分析与价值工程主要关注产品的设计。决定产品成本的另一个关键因素是组织生产产品的流程。实际上，目标成本小组会同时考虑产品设计和流程设计，因为两者会共同影响产品成本及质量。流程再造（reengineering）是对计划的或现存的流程进行再设计。流程再造的驱动因素是对削减产品成本、提高产品品质的追求。[15]

6.2 改善成本法

经营者确定并开始实施产品及流程设计，组织目标就变成以最有效的方式来执行这些流程——这正是**改善成本法**（kaizen costing）所能推动的。[16] 改善成本法将组织注意力集中于一点，即努力降低产品成本。因此，与目标成本法不同，它是在产品生产阶段使用，而不是在产品投入生产前使用。目标成本法与改善成本法的相似点是，它们都是由目标推动的。目标成本法是为提高顾客满意度，改善成本法是为实现公司高层管理者内部设定的周期性利润目标。

改善成本法的重点是对现有的产品流程或产品设计实施进一步改进，主要采取以下措施：开发更优的机器准备流程；提高机器设备的使用效率以减少浪费；增加员工培训和激励员工去识别并实施能改善产品成本与质量的日常改进措施。简言之，改善成本法关注生产过程而不是产品本身。

企业应从多方面着手来实现持续改善。改善成本系统能反映成本削减战略。例如，奥林巴斯光学制造公司（Olympus Optical Company）的改善成本系统由四个子系统构成：生产成本、残次品成本、生产能力利用成本和管理费用。每个子系统都收集和报告成本，以指引需要改进之处。[17]

改善成本法和目标成本法因为给员工带来巨大压力而受到批评。一些公司通过降低期望业绩来回应这种批评和使用这两种方法所产生的影响。但是，从本质上讲，任何激励员工大力削减成本的措施都会带来压力。

组织运营中的**作业基础管理**（activity-based management）驱动了流程再造。分析人员绘制出现存流程或预设流程中的步骤或作业，这一作业被称为**流程映射**（process mapping），**或绘制流程图**（flowcharting）。然后，管理人员寻求通过剔除设计方案中造成拖延和浪费的因素来降低成本的可能性。那些消耗了资源却不能增加顾客认可的产品功能的作业为非增值作业（nonvalue-added activity）。非增值作业描述的是由于设计不佳或规划欠佳造成的并非产品制造所必需的作业。搬运、仓储、检测等作业都是非增值作业，它们消耗资源，还造成了生产过程中的延迟和浪费。产品和生产流程再造可以消除非增值作业，从而降低生产成本、缩短周转时间，通常能提高产品质量。组织运营中作业基础管理通常包括以下步骤：

- 画出流程图，明确每一项作业；
- 确定每一项作业的成本；
- 确定改进的可能性（进行流程再造以消除生产过程中的非增值作业以及持续改进增值作业的绩效）；
- 确定改进的顺序（通常按所增加的价值对改进措施进行排序，即用增加的成本与消除的成本之间的最大差值，来标记非增值作业或成本最高的增值作业）；
- 证明流程再造的财务可行性（提供商业计划书）；
- 确定消除或减少作业成本应做的工作；
- 做出所需的改变；
- 计算收益，并与成本比较。

6.3 目标成本法：一个综合性的示例

巨人汽车公司（Giant Motors）的发动机部门为七个组装车间提供发动机。巨人汽车公司在 80 年的公司历史中，由一个全部零部件均需外购的小组装厂发展成全能的汽车生产商。巨人汽车公司的发展历史是并购零部件生产商的历史。巨人汽车公司的经营是以利润中心为基础的，这样可以计算出各部门的利润，进而估算出各部门作为独立经营单位的利润情况。

最近，组装部门的经理对目前的安排表示不满。他们认为内部供应商由于受到保护而变得懒散且缺乏效率，因而应允许组装部门从外部采购零部件。

在部门主管与董事会争论了多年之后，巨人汽车公司决定，对于新型发动机，组装部门可直接向其认可的供应商采购，公司向外部供应商提供发动机的图纸，允许外部供应商两年后参与供应发动机的竞争。同时，公司的各部门主管也被告知，任何没有表现出足够盈利潜力的部门都将被裁撤。

基于上述原因，发动机部门的经理罗伯塔·沃德（Roberta Ward）要求对部门的经营情况进行检查。一个包括部门员工及一名顾问的研究小组提交了一份报告，报告中指出，该部门的成本要比生产同类产品的高出约 25％。得知这个情况后，沃德立刻指示她的高级经理实施目标成本法，要使整个部门都集中精力降低成本。沃德的目标是拿出比竞争对手更有优势的价格。

通过调查与访问相关客户（包括公司内部和外部的组装部门），发动机部门经理总结了客户对发动机最重视的四种性能：动力、油耗、重量、噪声水平。总的来说，增加动力、降低噪声会增加成本；增加重量及油耗会降低成本。这四个特征之间还存在复杂的相互影响。

在分析了目前的成本结构后，沃德及其员工决定通过提供三种新型发动机（基于对现有发动机进行改进得到）来简化生产线的复杂性和降低成本。每种新型发动机提供一组唯一的动力、油耗、重量、噪声水平的组合。这些基本型发动机稍加改进就可以符合不同顾客的要求，下表提供了每种发动机的详细数据。[18]

金额单位：美元

	1 型发动机	2 型发动机	3 型发动机
预计全周期生产量	850 000	2 200 000	1 500 000
目标平均售价	7 500	4 500	6 000
目标平均利润	1 100	800	1 000
目标成本	6 400	3 700	5 000
原材料成本	2 500	1 800	2 300
外购零部件成本	2 200	1 400	1 200
间接成本	3 317	1 649	2 699
预计成本	8 017	4 849	6 199

预计成本超过目标成本激发了目标成本法的实施。目标成本法的第一步是确定每种发动机间接成本的类型，以下表格所列示的分析过程提供了间接成本的详细数据。

单件层次的间接成本　　　　金额单位：美元

作业	成本动因	成本动因率	成本动因量		
			1 型发动机	2 型发动机	3 型发动机
组装	组装工时	35	7	3	5
质检	检查工时	42	2	1	2
返工	人工工时	35	3	1	3
材料处理	助手工时	28	5	2	4

批别层次的间接成本　　　　金额单位：美元

作业	成本动因	成本动因率	成本动因量		
			1 型发动机	2 型发动机	3 型发动机
搬运	搬运次数	50	7	5	4
机器准备	机器准备时间	250	8	4	7

产品支持层次的间接成本

作业	1 型发动机		2 型发动机		3 型发动机	
	全部成本 （万美元）	单位成本 （美元）	全部成本 （万美元）	单位成本 （美元）	全部成本 （万美元）	单位成本 （美元）
设计	8 000	94	4 500	20	5 500	37
管控	800	9	800	4	800	5

生产能力维持层次的间接成本 金额单位：美元

作业	成本动因	成本动因率	成本动因量		
			1 型发动机	2 型发动机	3 型发动机
综合行政	人工工时	18	17	7	14
综合管理	材料成本	0.02	2 500	1 800	2 300

产品支持层次成本中的单位成本等于产品生命周期中的全部预算成本与预计销售量的比值，生产能力维持层次的成本动因率等于全部与生产能力相关的成本除以实际的生产能力。这样计算的意义在于：长期来看，如果产量变动，则生产能力与生产能力维持成本都将相应地改变。

由成本估计，可得出单位产品的预算[19]：

金额单位：美元

	1 型发动机	2 型发动机	3 型发动机
全周期产量	850 000	2 200 000	1 500 000
价格	7 500	4 500	6 000
材料成本			
原材料成本	2 500	1 800	2 300
零部件成本	2 200	1 400	1 200
单件层次成本			
组装	245	105	175
质检	84	42	84
返工	105	35	105
材料处理	140	56	112
批别层次成本			
搬运	350	250	200
机器准备	2 000	1 000	1 750
产品支持层次成本			
设计	94	20	37
管控	9	4	5
生产能力维持层次成本			
综合行政	306	126	252

续表

	1型发动机	2型发动机	3型发动机
综合管理	50	36	46
预计总成本	8 017	4 849	6 199
预计利润	−517	−349	−199
目标利润	1 100	800	1 000
预计利润超目标利润	−1 617	−1 149	−1 199

6.3.1 价值工程

为了削减预计成本，假定发动机部门组建了一个设计小组来负责三种发动机的目标成本法实践。首先，小组进行价值工程分析，小组买回竞争对手的发动机，拆卸发动机以拓展设计发动机的思路。接下来设计小组与设计工程师共同确定新的设计方案，在维持低成本的同时保证发动机有相同的功能，并消除无用的功能。价值工程导致的变化列示如下：

金额单位：美元

变更项目	1型发动机	2型发动机	3型发动机
原材料成本	2 400	1 600	2 200
外购零部件成本	2 100	1 300	1 000
组装工时	6	2	4
返工工时	2	无变化	2

这些变化导致如下的成本预计结果：

单位：美元

	1型发动机	2型发动机	3型发动机
全周期产量	850 000	2 200 000	1 500 000
价格	7 500	4 500	6 000
材料成本			
原材料成本	2 400	1 600	2 200
零部件成本	2 100	1 300	1 000
单件层次成本			
组装	210	70	140
质检	84	42	84
返工	70	35	70
材料处理	140	56	112
批别层次成本			
搬运	350	250	200
机器准备	2 000	1 000	1 750

续表

	1 型发动机	2 型发动机	3 型发动机
产品支持层次成本			
设计	94	20	37
管控	9	4	5
生产能力维持层次成本			
综合行政	270	108	216
综合管理	48	32	44
预计总成本	7 709	4 492	5 791
预计利润	−209	8	209
目标利润	1 100	800	1 000
预计利润超目标利润	−1 309	−792	−791

6.3.2 功能分析

接下来，设计小组将评估三类发动机的动力、油耗、重量、噪声水平。小组会通过采访顾客来识别出符合如下条件的情况：改变这四种性能（包括上升与下降）所引起的成本增加（减少）低于（超过）顾客愿意相应支付的价格增长（减少）。假定三种产品的四种性能发生以下变化。

基于发动机性能的变化，1、2、3 型发动机价格分别调整为 7 200 美元、4 800 美元和 6 300 美元，原材料的价格分别调整为 2 200 美元、1 700 美元和 2 400 美元，组装工时分别变为 4 小时、3 小时和 5 小时，设计成本分别变为 70 000 000 美元、50 000 000 美元和 62 000 000 美元。这些变化导致以下的成本预计结果：

金额单位：美元

	1 型发动机	2 型发动机	3 型发动机
全周期产量	850 000	2 200 000	1 500 000
价格	7 200	4 800	6 300
材料成本			
原材料成本	2 200	1 700	2 400
零部件成本	2 100	1 300	1 000
单件层次成本			
组装	140	105	175
质检	84	42	84
返工	70	35	70
材料处理	140	84	112
批别层次成本			
搬运	350	250	200
机器准备	2 000	1 000	1 750

续表

	1型发动机	2型发动机	3型发动机
产品支持层次成本			
设计	82	23	41
管控	9	4	5
生产能力维持层次成本			
综合行政	234	144	234
综合管理	44	34	48
预计总成本	7 387	4 695	6 053
预计利润	−187	105	247
目标利润	1 100	800	1 000
预计利润超目标利润	−1 287	−695	−753

6.3.3　流程再造

有了上述思路，设计小组继续进行流程再造，也就是对发动机部门现有产品的制造流程进行调整。这个过程是新产品成本估计的基础。设计小组主要关注生产流程以及设计新的发动机排列与组装的方法。通过与供应商合作，设计小组推出了准时制生产系统，并对生产线进行了重组，由原来的批量处理系统（batch-oriented system）改为连续流动系统（continuous flow system），将原来在不同车间移动零部件的做法改为使用生产单元。这些变化直接消除了组装过程中的非增值作业，同时也提高了组装过程中增值作业的效率。上述流程设计的变化导致了以下作业变化：

1. 组装工时变为3小时、2小时和4小时；

2. 质检工时变为1小时、1小时和2小时；

3. 返工工时变为1小时、1小时和1小时；

4. 材料处理工时变为3小时、2小时和2小时；

5. 搬运次数变为4次、2次和2次；

6. 机器准备时间变为4小时、2小时和5小时；

7. 设计成本（包括流程再造成本）变为115 000 000美元、80 000 000美元和95 000 000美元。

这些变化将导致如下的成本预计结果：

金额单位：美元

	1型发动机	2型发动机	3型发动机
全周期产量	850 000	2 200 000	1 500 000
价格	7 200	4 800	6 300
材料成本			
原材料成本	2 200	1 700	2 400
零部件成本	2 100	1 300	1 000
单件层次成本			
组装	105	70	140

续表

	1 型发动机	2 型发动机	3 型发动机
质检	42	42	84
返工	35	35	35
材料处理	84	56	56
批别层次成本			
搬运	200	100	100
机器准备	1 000	500	1 250
产品支持层次成本			
设计	135	36	63
管控	9	4	5
生产能力维持层次成本			
综合行政	144	108	162
综合管理	44	34	48
预计总成本	6 074	3 960	5 277
预计利润	1 126	840	1 023
目标利润	1 100	800	1 000
预计利润超目标利润	26	40	23

此时预计成本已经低于目标成本，目标成本法到此结束。

6.4　生命周期成本法

生命周期成本法估计和累计计算发生在产品生命周期内的全部成本。生命周期成本在以下情况下极为重要：一是开发设计成本巨大（如研制新型喷气式客机）；二是产品废弃成本巨大（如废弃核动力装置）。

生命周期成本法有三个宽泛的目的：第一，有利于建立产品相关总成本的意识，以判断产品在活跃的生产阶段获取的利润能否补偿在（不活跃的）开发和废弃阶段的成本。当产品评估过程中考虑了废弃成本，生命周期成本法可以识别出那些不再盈利的产品。第二，由于综合考虑了各种成本，生命周期成本法明确了产品的环境成本后果，并促使人们注意降低或消除这些成本。第三，生命周期成本法有利于在产品与流程设计阶段确定开发成本和废弃成本，并有效地管理控制这些成本。例如，许多设计或生产方案都能实现以一定的成本实现一定的质量及功能，而那些考虑了开发与废弃成本的方案会表现出明显的优势。总之，生命周期成本法提供了一种更综合的成本计算方法，包括制造成本和环境成本，同时，它还自始至终地帮助决策者理解制造产品的成本后果，以及确定在哪些方面削减成本是有效和有益的。

6.5　其他成本管理工具

6.5.1　质量成本

数年来，企业已经开发多种方法来监督控制产品的质量成本，有四种类型的质量成本受到广泛关注：

- 质量问题预防成本。例如，通过流程再造来减少质量问题、培训员工及培训供应商的成本。
- 质量问题找寻成本（检验成本）。例如，在生产过程中执行质检的设备及人员成本。
- 出厂前产品的返修成本。例如，为使产品达到可销售状态的返修工作中的人工、材料、机器成本，既有实际发生的成本，又包含机会成本。
- 售后产品的返修成本。例如，保修成本、产品质量问题损害企业声誉导致的产品销售利润的下跌，以及因产品失效而被诉讼的费用。

质量成本的核心是管理质量总成本，通常以销售额百分比来表示，其目的是当销售额上升或下降时，我们能够提供一个可接受的区间。其策略是，只要预防与检验的成本小于在不进行预防与检验时发生的返修成本，我们就应致力于预防与检验。

6.5.2 田口成本

田口成本由一位日本学者提出，是质量成本的一种变体。传统的质量成本计算方法是首先将产品分为合格产品与不合格产品，合格产品可视为没有质量成本，而所有不合格产品则被视为会产生等量的质量成本。[20]

田口（Taguchi）的观察结果是：没有达到目标性能价值的产品带来了质量损失，并且质量损失随着实际价值偏离目标价值的增加呈二次方增加。换句话说，如果一台机器应该将螺栓铣削到 2 厘米，那么一台始终将螺栓铣削到 1.8 厘米且几乎没有变化的机器，比一台平均铣削到 2.0 厘米但方差为 4 毫米的机器会产生更少的质量问题。田口提出了三种质量损失函数：

- 任何偏离目标的都视为不利事件时，质量损失函数为：

$$L(y)=k(y-T)^2$$

式中，参数 k 为顾客与流程的特征；y 为产品性能的实际价值；T 为产品性能的目标价值。

- 当目标是使产品特征比如一块钢上的污染物尽可能小时，则质量损失函数为：

$$L(y)=k(y)^2$$

- 当目标是使产品特征比如安全设备的可靠性尽可能大时，则质量损失函数为：

$$L(y)=k(1/y)^2$$

田口的假设基础来自对生产环境的观察，因此田口成本法有以下三种可能的目标：
- 通过识别会引起流程偏差的因素来降低流程中的偏差；
- 调整流程的均值使其接近设定目标；
- 同时降低流程偏差和流程均值，以达到设定目标。

6.6 环境成本、残值成本和处置成本

企业都遇到过环境成本迅速增加，我们不必惊讶于化学行业每年的环境成本超过 10 亿美元，巨额的支出迫使企业必须系统地思考如何控制这些成本。思考的重点是，不再视环境成本为一项不可避免的经营成本，而是把它作为一项与经营相关的成本，只要管理得当，它是能够被削减的。管理环境成本的措施包括：企业制定详细的成本记录，将环境成本分配到各种作业，并最终计入产品成本。这

个过程可以确认哪些产品及哪个生产过程增加了环境成本。企业可以依据上面的信息，采取措施减少或消除产生环境成本的因素。许多企业把员工所采取的降低环境成本的方法作为薪酬激励的依据。例如，企业可以依据各部门的环保绩效，如废水排放水平等，来提供奖励。

企业通常在产品生产当期及完工后都会面临环境成本问题，企业在生产阶段所面临的最普遍的环境成本是废物处置成本。一些企业在清算终止某个项目或产品时会产生巨大的成本，这些成本也是产品生命周期成本的一部分。清算成本包括两部分：一是与关闭或退役制造设备产生的相关成本[21]（如关闭一座矿井或退役一处核反应堆）；二是产品的处置成本，也称为回收成本[22]。认识和计算环境成本的意义在于：

- 提供对产品的盈利能力的准确理解（目前，大多数企业将这种成本作为公司的管理费用，模糊了这些成本的性质和来源）；
- 更注重开发那些清算和回收成本较低的产品（通过确认这些成本的重要性）；
- 加强对生产过程中废弃物的再制造或循环利用。

6.7 小 结

成本在组织中发挥很多作用，最主要的作用是为产品决策提供信息和指引。生命周期成本法用来计算一种产品在其生命周期全阶段所发生的总成本，包括设计阶段（适用目标成本法）、生产阶段（适用改善成本法），以及后生产阶段（适用回收成本、清算成本计算）。

目标成本法是组织用来关注与管理产品与流程设计的工具。由于提高成本绩效的最佳时期是在设计阶段，所以目标成本法对于组织提高盈利能力是一个极为重要的工具。目标成本法的目的是找到一种产品与流程设计方案，使组织能在顾客认可的价格水平上获得目标利润。

改善成本法主要针对现有生产流程的改进，为持续改进流程的成本绩效指明方向。

最后，组织不断改进成本系统确定退役制造设备的成本并从顾客处回收产品。

目标成本法的重要性在于它提供了一种管理工具，能够协调和关注成本削减的流程。改善成本法的重要性在于它提高现有生产体系的效率。最后，能够计算弃置成本的新型成本系统的重要性在于：促使管理者努力设计出弃置成本更低的产品，同时，更有效地管理弃置流程。

📖 注 释

[1] 尽管早在 20 世纪 60 年代，企业就已使用某种形式的目标成本法，但直到 90 年代目标成本法才在论文和教科书中大量出现，有兴趣的读者可参见 S. L. Ansari, J. E. Bell, Irwin Professional Publishing, and CAM-I Target Cost Core Group, *Target Costing: The Next Frontier in Strategic Cost Management* (Burr Ridge, IL: Irwin Professional Publishing, 1997), CAM-I 第 11 章提供了关于一个假设的公司采用目标成本法的示例。读者还可参阅 R. Cooper and R. Slagmulder, *Confrontational Cost Management*, *Volume 1: Target Costing and Value Engineering* (Portland, OR: Productivity Press, 1997)。

[2] 参见 CAM-I/CMS, *Cost Management for Today's Advanced Manufacturing Systems* (Arlington, TX: CAM-I/CMS, 1991)。

[3] 过去，惠普经常在打印机的设计中加入一些考虑了工程因素但顾客并不在意的功能。惠普开始按顾客的要求来设计打印机后，那些与顾客无关的功能就不再设计了，成本显著下降。在许多汽车行业测

评人看来，奔驰汽车是另一个过度设计的例子。在全球竞争中，越来越少的企业不使用目标成本法，而是采用实际成本加成定价。

[4] 克莱斯勒的 SCORE 计划，见 J. H. Dayer, "How Chrysler Created an American Keiretsu," *Harvard Business Review* (July-August 1996), p. 42。

[5] 这个例子反映了设计者不了解顾客重视什么以及产品性能所产生的成本。例如，福特汽车内部的地毯供应商指出，顾客不需要增加地毯的类型与颜色，并且认为这些是无价值的功能，但这些功能增加了成本。通过确定单一的尺寸和颜色，福特公司在地毯供应上可节省 5% 的开支。由于外购零部件的成本占汽车总成本的约 80%，所以有效的供应商关系对汽车装配商至关重要。这就是为什么在汽车装配行业中，绝大部分零部件不采用竞争性招标的方式采购。

[6] 这种看法可以从下面的报告中得到解答："很多炼钢厂现在都不沿用过去的方法，即不要求公司的工程师提供对某个装备的详细设计，而是提出所需功能的详细规定，对功能的规定能保证完成公司的商业目标……装备供应商会提出完成目标的若干方案。这就降低了设计成本，同时有效地利用了供应商的能力。" J. Schriefer, "Completing Mill-Construction Projects Faster and Smarter," *Iron Age New Steel* 12, no. 7 (July 1996), pp. 46–52。这种思想就是将供应商引入局部设计，保证局部设计的高质量和低成本。

[7] R. Cooper and W. B. Chew, "Control Tomorrow's Cost through Today's Design," *Harvard Business Review* (January-February 1996), p. 88.

[8] 例如，在 20 世纪 90 年代初期，通用电气公司的喷气发动机部由于军用和商用航空公司需求的下降进入了一段非常艰难的时期。通用电气公司意识到要想增强竞争力就必须削减成本。公司放弃了成本加成定价法，转而采用目标成本法。在这个过程中，通用电气的顾客建议取消一个阀门，因为这个控制油耗的阀门虽然有用，但成本太高，超过了它带来的收益。于是，通用电气取消了这个阀门。这一做法增强了通用电气的成本改进能力。

[9] 此处基于 T. Tanaka, "Target costing at toyota", *Journal of Cost Management* (Spring 1993), pp. 4–11。对此有兴趣的读者可参阅 Y. Kato, G. Boer, and C. W. Chow, "Target Costing：An Integrative Management Process", *Journal of cost Management* (Spring 1995), pp. 39–51，或 J. Fisher "Implementing Target Costing", *Journal of Cost Management* (Summer 1995), pp. 50–59。

[10] 另一个方法是关注产品的零部件，将全部成本依据每个零部件的功能进行分配，然后评价改进的可能性。例如，ITT 在设计刹车时，将其目标首先分配给刹车系统的总装部分，然后分配给局部装配部分，最后分配给汽车零部件部分。全部工作由一个设计小组执行，以实现预先设定的目标成本。具体的方法见 G. Schmelze, R. Geier and T. E. Buttross, "Target Costing at ITT Automotive", *Management Accounting* (USA) (December 1996), p. 26。

[11] 这类成本节约有很多例子，例如，在通用汽车公司设计小组中，一位工厂员工提出了对汽车控制板设计的小小变动，这个变动将使该控制板的冲压过程由 7 个减少到 5 个，节约了大量成本。福特公司设计小组的一位工人提出扩大车门上预留孔径的尺寸，从而大大缩减了安装车锁和车窗的时间，同时提高了工作质量。

[12] 例如，一位食品加工机械制造商发现，可以通过用塑料传动轴代替金属传动轴来降低成本。这样的变化又可以使制造商在设备上使用更小的电动机，这将再一次降低成本。对顾客而言，这些变化从三个方面增加了性能——更轻、更耐用、更节能。在这个例子中，价值工程在提高产品性能的同时降低了成本。

[13] 例如，丰田汽车公司在使用高品质双涂层钢板多年后，1996 年退回到最初使用的镀锌板，这就是一个"过度设计"的产品。也就是说，这个功能特点并非顾客想要的，因此顾客不会为这个功能付款。应消除这个非增值的特点以降低成本。

[14] 有趣的是，管理学仿佛是从物理学和行为学中借用了这个词，在物理学和行为学中，这个词被用来描述在多因素状态下，某个单独因素的贡献。

[15] 产品的设计方案确定了产品的功能。

[16] 日本制造商最早发明了改善成本法，kaizen 是一个日本词，意思是小的、连续的、渐进的改善。因此，改善成本法指通过改善来削减成本。

[17] Olympus Optical Company, Ltd. (A)，Case Number 9 - 195 - 072，Harvard Business School Publishing, Boston.

[18] 感兴趣的读者可使用 Excel spreadsheet ch6ex. xls 参与讨论。

[19] 相关细节可在 Excel worksheet amach6 (a). xls through amach6 (d). xls 中找到。这些可提供有用的指导。

[20] 例如，百万不合格数和合格率等指标的相关性建立在隐含的假设之上，即产品可以被划分为合格与不合格产品，以及每一件产品当中的每一组件都产生同样的质量成本。Gen 'ichi Taguchi（*Taguchi Methods*，*Research and Development*，American Supplier Institute，1992，Dearborn, Michigan.）

[21] J. G. Kreuze and G. E. Newell, "ABC and Life-Cycle Costing for Environmental Expenditures," *Management Accounting*（USA）（February 1994），p. 38.

[22] M. J. Epstein, "Accounting for Product Take-back: Accounting for Future Disposal Cost of Products," *Management Accounting*（USA）（August 1996），p. 29.

小 习 题

[6-1] 成本约束

利用已公布或公开发表的原始资料，确认在产品生命周期各阶段中存在成本约束的流程，寻找一些例子，比较不同产品的约束性成本比率。

[6-2] 功能分析

考虑一项设计汽车的任务，你认为什么是汽车的主要功能？哪些是能够提供这些功能的关键部件？这些信息是如何在目标成本法中得到应用的？在这个过程中，管理会计的主要作用是什么？

[6-3] 流程再造

利用已公布或公开发表的原始资料，找一个流程再造的例子。此例中，流程再造的动因是什么？流程再造的目标是什么？企业如何判断流程再造是否成功？管理会计的作用是什么？

[6-4] 改善成本法

许多当代管理实践的观察家批评改善成本法，原因在于它对企业员工施加了巨大的压力。举出一个你所知道的例子说明改善成本法所引发的持续改进活动。你认为是否有调解压力的方法或者改善成本法是此例中不可缺少的？

[6-5] 作业管理

设想你在一家杂货店里寻找并购买一个清单上的食品杂货的流程，哪些作业属于搬运、仓储和检查？对这个流程做怎样的改动，才能缩短你在该店停留的时间？

[6-6] 作业管理

缩短翻台时间重要吗？对于一家快餐店和一家五星级宾馆来说，为什么缩短翻台时间对于前者更重要？

[6-7] 质量成本

参考已公布或公开发表的原始资料，看看你能不能得出证据来支持下面的假设：在产品出厂前所发生的预防、检查和返修成本超过产品出厂后由于质量问题而发生的返修成本。

[6-8] 质量成本

你能找到一种检查成本和预防成本超过卖给客户后发生的返修成本的产品吗？你能得出一个预防（修理）决策的普遍原则吗？

[6-9] 回收成本

找出三种高回收成本和三种低回收成本的产品。为什么回收成本很重要？找一个公开的例子，在该例中企业因认识到一种产品的回收成本量而改变自己的行为。

[6-10] 生命周期成本

编一个具有可信度的例子，例子中的一家考虑产品生命周期成本的企业放弃了某种产品，在相同的环境下如果只考虑生产阶段成本，那么该产品是能够被接受的。你能找一个公开的例子来说明，如果一个企业没计算过产品生命周期成本就不应决定生产该种产品吗？

[6-11] 生命周期成本

很多企业不计算产品的生命周期成本，你认为它们为什么不计算？

[6-12] 目标成本法

SFTC 公司组装运动手表，手表主要由三部分组成，即石英机械装置、表壳、表带。SFTC 公司从供应商处购买部件，在自己的工厂组装。

通过对顾客的广泛调查得知，SFTC 公司所生产的手表受欢迎的功能有三个，即报告时间、防水、手表的式样。石英机械装置报告时间；表壳、表带提供防水及式样的特点。所有手表均由可以更换的电池驱动，但是一旦打开表壳更换电池，防水功能通常会丧失。

市场调查表明，SFTC 公司的手表的三种价格分别是：（a）基本型手表 30 美元；（b）带计时功能手表 50 美元；（c）多功能手表 20 美元。

在设定了维持生产能力成本和资本成本后，SFTC 的三种手表必须提供的边际贡献是 4 美元、8 美元、15 美元。

按照最初的约定，石英机械装置的供应商对三种手表的报价为 8 美元、15 美元、40 美元。这些机械装置使用标准部件和非常简单的技术，SFTC 公司的成本核算人员认为，由于功能性强或者供应商的高效率，这些成本应该尽可能保持低水平。目标成本减少主要取决于手表中石英机械部件组装成本的节约。

表带的来源很多，基于表带的外观构成及耐用性等特征，价格变化很大，供应商对三种表带的报价分别为 2～7 美元、6～9 美元、20～30 美元。对于任何特征确定的表带，不同供应商的报价差别不大，因为表带是典型的消费品，它们的生产有很明显的成本效益。

表壳提供两种主要功能：式样、防水。我们知道石英表是消费品，表壳的功能是手表最显著的特征。所有的表壳都最少保证 50 米深防水，客服组调查发现消费者对 100 米深防水更满意。依据不同的式样及防水程度，表壳供应商报价分别为 5~15 美元、10~25 美元、20~35 美元，防水性的提高会导致价格升高。

通过与工厂员工交谈确定了组装、打包、运送的预计成本，每只表分别是 5 美元、7 美元、15 美元。

通过与表壳主要供应商讨论，确定下列事项：在一项 500 万美元的投资中，SFTC 公司可向它的一家供应商提供经营意见，这些意见有助于得到更优的生产方法，这些改进方法能使供应的表壳成本降低 25%。

要求：

(1) 计算三种手表的成本变动范围。

(2) 你如何为每种手表选择特定的表带与表壳？

(3) 在问题 (2) 的决策中，管理会计的作用是什么？

(4) 你是否为提高表壳供应商的效率而投资？

(5) 公司打算投资 10 000 000 美元来改变现有的工厂，以提高生产效率。投资的结果是使组装、打包、运送成本均降低 2 美元，你认为此投资方案可行否？

[6-13] 流程再造

南安普敦制造厂（Southhampton Fabricating）生产钢制集装箱，集装箱有不同规格，每种规格都有标准设计，这些集装箱的规格可以满足消费者的需求。

工厂是在单一功能的基础上设计的，钢板储存在靠近码头的工厂，那里接收钢板。当某种集装箱存货到达再订货点时开始生产。生产是以批量方式进行的，批量在 40~200 个之间变动。考虑的因素是：每种产品的需求、搬运成本、准备成本。

当订单下来之后，工人直接从仓库中提出钢板，将钢板送到切割部门，钢板会被切割成指定的形状，然后送到冲压成型车间，车间会为生产产品做好准备。

当冲压成型完成后，开始进行组装。在组装部门，钢板将会被焊接在一起，完成集装箱的生产过程，并对集装箱进行检查。完工的集装箱在提货前一直存放在仓库内，因此，现有的生产过程对于每批产品都有一个准备阶段和四个运输阶段。

由于利润下滑，主管人员承担了对各个作业的成本计算分析。分析表明，平均每批产品的运送成本约 300 美元，压制成型车间的准备成本是 200 美元/批，作业分析表明每年生产大约 4 000 批集装箱。

流程分析表明，企业应组成生产单元，由 5 个单元集中生产不同型号集装箱，重组成本约 2 000 万美元。将每批产品运送的次数由 5 次减为 2 次，每 5 批产品的平均准备次数由 3 次减到 1 次。

上述流程再造能否被采纳？可设定你认为回答问题所需的假设，并在结论中写明。

[6-14] 目标成本法与功能分析

有些人抱怨，现代计算机提供了许多让用户感到混乱和无用的程序（例如，想一想你使用的 Word 软件，有些功能你可能不会用到）。目标成本法和功能分析如何应用于软件设计，以保证提供给用户的软件符合目标成本和目标功能的要求？

[6-15] 作业管理

巴黎银行在汽车贷款上实行专业化，汽车贷款处理过程如下：银行安排超过 500 家汽车经销商作为优先贷款人，每一笔贷款依据银行记录的贷款额收 0.5% 的佣金。

银行要求有代理权的经理与顾客签订合同，这些合同会被邮寄给银行总部，合同上的信息被输入计算机。计算机粗略地核对一下顾客是否有潜在的信用危机。如果没有问题，银行会预约顾客在他们方便的分行进行面谈。在面谈时，银行代表证实所提供的信息，并且让顾客签章。然后，这份完成的合同被送到信用部等待批准，这个过程要 3～5 个工作日。

在巴黎银行，有证据表明最快的贷款时间是两天，银行人士所评估的报批延迟成本（超过两天的报批时间）是：

$$成本 = \$30\,000\,000^{\sqrt{延迟天数-2}}$$

汽车经销商抱怨顾客畏缩不前，有 10% 的顾客在等待批准的时间里撤销了申请。对于汽车经销商及银行而言，每丧失一个顾客，未来的收益现值损失约 3 000 美元。

在此案例中，你有什么建议？你可以做一些关于成本改进的假定，如顾客人数，或你觉得对回答此问题有必要的其他相关内容。

[6-16] 生命周期成本法

SA 公司生产激光打印机，政府主管部门要求 SA 公司给每台新的产品装备能够循环使用的墨盒，在 SA 公司中有三种观点：

（a）设计一种可向墨盒中添墨的打印机，无回收墨盒的必要；

（b）设计一种既能回收墨盒又能添墨的打印机；

（c）设计一种能回收墨盒的打印机，回收的墨盒可作为废塑料卖掉。

SA 公司的设计者考虑为新型打印机设计墨盒，公司预计顾客在打印机的 5 年寿命中每年用掉约 60 万个墨盒，同时公司认为墨盒耗用下降率为每年 20 万个，每个墨盒的成本是 60 美元，假定公司税前资金成本为 12%。

市场部门预测，由于顾客要求能够添墨，这会使打印机销售量下降，因此，公司计划降价以维持销量。在新产品的有效使用年限即 5 年内，降价销售对利润的影响是每年 600 万美元。在这种选择下，公司为了保持收支平衡，会制定墨粉的价格，同时，每年生产 25 万个墨盒，以保持使用的平衡。

市场部人员认为，只有 80% 的墨盒能够回收，回收的墨盒是在使用的当年制造的，在产品生命周期结束后，公司将为每个墨盒支付 15 美元的垃圾处置费用。

墨盒的清理与添墨成本是 20 美元，在这种选择下，公司在头两年每年生产 50 万个墨盒，在以后的时间里反复利用这些墨盒。

如果选择粉碎方案，公司必须购买一台塑料回收机，这台机器将花费 500 万美元，这台机器在项目完成后没有任何用处，每个墨盒的塑料及其他材料价值 38 美元。

不考虑税收的影响，如果公司的目标是回收成本最小化，哪种方案最优？

（a）生产顾客可加墨的墨盒；

（b）生产可循环使用的墨盒；

（c）生产可被回收、粉碎并再次制造的墨盒。

案 例

皮德蒙特表格公司：运用流程分析制定战略决策*

A 部分——简介

亨利（Henry）面对一个非常棘手的决定。尽管公司业务正面临结构性变革，但还是蒸蒸日上。此时，公司的组织机构需要发展壮大。然而，公司目前租用的办公楼已无法满足公司发展之需，亨利和他的助手计划建造一座库房及办公楼，但他们面临一个难题——应该建造多大规模的楼才能符合公司的需要。为此，亨利要考虑行业前景的变化对公司目前业务的影响，以决定公司业务变化的程度。

公司概况　皮德蒙特表格公司（Piedmont Express Forms，以下简称 PEF 公司）始建于 1983 年，创始人是亨利·约翰斯（Henry Johns）和拉里·阿特金斯（Larry Atkins）。目前，公司有 9 名工作人员，年收入约为 2 000 000 美元。公司的库房面积为 3 500 平方英尺，办公面积为 1 500 平方英尺。公司的位置在北卡罗来纳州的格林斯博罗。

PEF 公司是一家提供全国及本地表格业务的公司，同时，也为商家提供其他服务，如产品印刷、制作卡片、收集数据、印制条码，以及为商家提供简化工作的系统分析和广告服务（推销或抛售产品）。后面的一系列业务占公司收入的 10%。

对于本地市场（包括北卡罗来纳州格林斯博罗的周边地区）的客户，PEF 公司为那些预算额较大的公司提供专业化的公司管理和存货控制服务。这些服务分为三个层次：

层次一：对于不需要库房的公司，PEF 公司为它们提供一个销售代理人专门来接收订单和提供问题解决方案等。货物采购与运输直接由供应商处运到客户处，在到达时签账单。PEF 公司不需要提供任何形式的仓储及分送服务。

层次二：对于需要占用大量库存空间，而本身库存空间不足的客户，PEF 公司除了为它们提供层次一的服务外，还为客户接收、储存货物以待以后配送，通常这些服务以实时作业为基础。在货物全部到达PEF 公司的仓库后再签账单。

这个层次的服务需要更多的作业。仓库要接收和储存货物、制作分类标签、找到并发送货物。同时，必须核算存货的收发情况、调整存货仓位，并为小批量的货物开具发票。

层次三：除了要存放客户的货物及在将货物交付客户前不签付账单之外，业务基本与层次二相同。

目前在层次二和层次三上，PEF 公司每个月有 120～150 个客户。

PEF 公司在全国市场上与软件零售商结为联盟，为软件购买者提供必要的服务。PEF 公司保证其表格与软件系统的兼容性。这部分业务占 PEF 公司业务的 15%，在 30 个州中为 210 家客户服务。同时，在全国市场上还有 50% 的客户和不低于 20% 的收入潜力。亨利认为，一旦争取到某个客户，一张订单只会花费工作人员 10～15 分钟甚至更少的时间。PEF 在全国市场上的平均毛利率为 38%。

尽管亨利很满意自己的公司跟上了行业发展的步伐，但他认为公司的业务中心应通过一个机构集中收集并管理信息。这种服务应能满足客户的需求，包括订货、仓储、分配以及商业机构的再设计（以使机构更为有效），还能收集和发布与产品相关的管理信息。公司所使用的信息包括最终用户的信息、订货习惯，将预计使用的订单与配送成本联系起来的可能性，以及运走了什么货物、地点、时间等信息。例如，一个保险客户想知道每个月在全国范围内投保两年期保险的投保人有多少，PEF 公司提供这样的信息可能只要

---

* Paul E. Juras, Paul A. Dierks, and Henry Johns. Reprinted with permission from AICPA Case Development Program, Case No. 94-09. Copyright © 1994 by the American Institute of Certified Public Accountants, Inc. (AICPA).

这个问题说明了如何使用流程映射来支持流程再造。您可以参阅 M. Morrow and M. Hazell, "Activity Mapping for Business Process Redesign," *Management Accounting* (U. K.) (February 1992), pp. 36-38.

几秒钟，而客户收集同样的资料则要花费几天的时间。

亨利知道他的公司必须提供多种产品和服务，并准备随时依据最新的动向加以修改与采纳。公司已经以增加条码服务和新成立创意部门的行动回应了这种外在的压力。亨利感到公司的"基本业务"——表格，给新客户进入公司提供了一条途径，并使新客户有可能使用公司一系列的其他服务。因此，表格服务将始终是PEF公司的一条产品线，唯一的问题是PEF公司的本地市场业务占多大比重以及库房需要多大。

PEF公司的管理者知道，他们需要不同的作业以支持客户要求的服务及产品。对应于每一层次的服务采用不同价差。然而，因为管理者不知道提供支持所需的成本，所以他们不知道每一层次的净利润是多少，也无从知道某个客户是否有利可图。

更重要的是，当PEF公司预想未来时，由于管理层不知道哪种服务能获利，所以明确国内及本地客户的目标类型变得非常困难。

在本地市场，管理层希望提供层次二与层次三的服务，因为其毛利率较高，同时竞争者又少。但他们也知道，这两个层次服务的辅助成本较高，他们也不能确定他们是应坚定地追求这两个层次的客户，还是集中精力于国内市场。这严重地影响了公司目前建造办公楼和库房的计划。如果公司要建，应建多大？

财务信息 表1给出了1993年PEF公司的销售收入、销售成本和利润。

表2给出了本地客户中需要及不需要库房的客户中最大的几家。

表3给出了包括货物分送在内的费用、收入计算。

一些客户不接受"表格专递"业务或分送业务的单次付款，因此，分送费用被计入对这些客户的销售收入中。

表1	单位：美元
销售收入	
销售收入——定制	1 519 433
销售收入——库存	255 785
销售收入——其他	236 247
销售收入——表格设计	13 333
出库分送收入	96 550
出库分送收入——表格专递	7 271
全部销售收入	2 098 619
销售成本	
销售成本——定制	947 158
销售成本——库存	164 433
销售成本——其他	162 371
表格设计成本	22 256
入库费用	110 046
全部销售成本	1 406 264
毛利	692 355
销售、管理、广告费用	586 355
税前利润	106 000

表2   单位：美元

本地客户（不需要库房）			本地客户（需要库房）		
客户	总销售收入	毛利	客户	总销售收入	毛利
1	99 599	31 839	1	147 789	50 302
2	87 220	14 109	2	33 079	8 644
3	30 825	11 006	3	181 545	56 341
4	23 660	7 992	4	210 300	46 986
5	20 702	7 413	5	66 739	22 091
6	28 945	9 920	6	21 413	7 819
7	19 055	6 922	7	24 472	10 530
8	124 468	24 521	8	209 580	93 392
			9	71 679	28 147
			10	76 617	25 432
			11	22 437	5 919
合计	434 474	113 722		1 065 650	355 603

表3   单位：美元

费用	
本地分送费用	215.23
汽油费	1 200.00
货车维修费	1 181.46
总库房管理费用	873.99
折旧费	20 679.00
保险费——药品库房	1 375.23
保险费——库房	388.08
保险费——车库	432.84
暂借库房管理费用	1 331.03
员工使用库房管理费用	875.00
FICA库房管理费用	1 551.00
租金	8 250.00
小计	38 352.86
入库费用	110 046.00
费用合计	148 398.86
收入	
出库分送收入	96 550.00
表格专递收入	7 271.00
小计	103 821.00
分类分送收入	5 000.00
收入合计	108 821.00

A 部分——练习题

（1）请你仅使用简介中的信息，给亨利提供一份简要报告，说明你对 PEF 公司的评价，要考虑到他所面临的决定（是否建造仓库）及所能得到的数据。同时，在报告中说明 PEF 公司的总体获利性、各种市场及客户的获利性。关于两个本地市场和库房的建设，你能给亨利什么建议（将该报告作为初步分析）？

（2）阅读附录中关于表格行业的介绍，考虑该介绍及 PEF 公司财务数据的初步分析，你应如何向亨利建议？

（3）亨利在一次专家会议上听到了关于作业成本法的报告，他想知道 PEF 公司能否应用作业成本法。说明作业成本法及其工作原理，指出 PEF 公司在目前的情况下采用作业成本法有多大用途。你应如何在 PEF 公司采用作业成本法？你还需要什么信息，以便能将作业成本法应用于 PEF 公司？你怎样获取这些信息？

附录：表格业的介绍

表格业是一个成熟的、有 80 亿美元市场的行业。但随着新参加者的进入，市场不断萎缩。这是一个不必构造需求的行业，既然这个行业早已存在，它还会继续存在下去。但是随着技术与硬件的不断发展，用户已经可以自行设计、印制他们的表格了，这使得该行业的市场面临着萎缩的局面。

客户同时还减少了他们所选择的卖方，不能提供全功能服务的卖方正渐渐失去市场。成为全功能（库房、分送、咨询、信息支持）服务商正日益变得重要起来。

利润正在不断地下降，而竞争对手又不断增加。客户希望获得合理的价格、服务及质量，一旦服务出错，他们就会更换服务商，或要求经济补偿。同时，分送者与制造者的界限正变得模糊。一些分送商自己就有印刷厂，而制造商直接将产品送至客户手中。兼并现象已经出现，并将存在下去，因为这是生存的方法。一些服务商因其经营理念过于保守而难以维持，只好卖掉自己的资产。另一些服务商可以依靠兼并继续经营。

对于这个行业而言，变革是非常重要的。为了生存下去，发行商（分送商）必须增加服务项目，扩充产品品种，增加价值，维持利润水平。然而，多样化意味着传统的表格产品所占的比例越来越低。

行业 SIC 代码（2761）将该行业描述为"复合商业表格"。早期该行业的业务包括设计、印刷、分销、复制及定制商务表格。然而，今天这些对于一个视自身为分销商、制造商、"表格专家"或"客户服务专家"的从业者来说，就过于单薄了。目前，该行业发展的新趋势已能从集团信息中看出来——印刷业的服务专家合作社（Society for Service Professional in Printing，SSPP）。

行业多样化的程度可以从刊登在《表格》杂志上的产品及服务广告中得出，该杂志是 NBFA 的官方杂志（NBFA 指"商业印刷与信息管理服务独立市场业主联盟"）。该行业包括下列项目：

● 表格——预先印制、定制化连续印刷、即时服务（计算用表格制作软件）、税务表格、智能卡（内装微处理器）、邮递广告、客户支票；

● 印刷——表格、支票、声明、文具（信纸、信封）；

● 制图服务；

● 办公文具供应，如空白信封、有标识的信封、信纸、邮票、现金登记簿；

● 标签；

● 专递服务；

● 条形码阅读器及设备；

● 塑料卡（信用卡、ATM 卡等）。

表格业中的公司所增加的服务项目是广告专项服务——包括推销或抛售产品的广告。广告业一直保持较强劲的增长势头。1990 年，广告项目的收入超过 50 亿美元，比 1989 年增加了 11.9%，预计在随后的 1991 年会增加 2.9%。

表格公司也增加了对文档安全的重视，降低了被伪造的可能性，它们主要运用如下方法：特殊的纸张、特制印章、凸版印刷、不反光印刷及水印等。

计算机的广泛使用及各种型号的激光印刷为表格厂商提供了新的机会来向客户提供设备、供应及服务。激光印刷及计算机设计表格软件为自动化的数据录入提供了可能性，完成的表格可以保存起来，供随时调用。激光打印机以低廉的成本和高速打印取代了传统的预先印好的大批表格。

印刷与分销业的延伸造就了文件录入服务，文件录入也就是将大量的文件表格以电子格式保存。同时，表格的简化通常产生非标准的表格，这为在工作过程中进行协商提供了机会。

这些服务使它们远离了原来的竞争对手，"这不需要增加额外的人员，但能创造很多价值"。一个分销商所提供的最重要服务是有关新产品及新技术的信息，"分销商必须有丰富的知识，来帮助客户解决新问题"。

表格业目前已经成熟，表格成为一种商品。在一个成熟的市场中，公司要生存，就必须扩大产品线，增加服务，提供新的有附加值的产品。公司必须成为全能服务商，能提供所有印刷项目及相关服务，包括分销。生存下来的服务商能够跟上变革的潮流，而不受变革的打击。相当多的分销商和制造商没有能够在变革中生存下来。

尽管表格业面临变革，亨利仍然对继续生存并保持盈利性很有信心。他曾说："一个表格专家能够明天就搬到洛杉矶，开一家表格公司，并使公司生存下来。"

B 部分

初步的分析坚定了亨利的信心。他的公司必须提供更多产品和服务，必须以服务为导向，能够接受新的发展变化。因此，他必须对目前的业务加强管理，也必须发现和评价其他有关业务的获利性。然而，分析不能提供亨利解决问题所需的资料：本地市场的变化情况，特别是使用仓库的那些客户的情况。这些是决定是否建造新库房所必需的资料。

初步分析提供了主要的关于公司总体的信息。现在所需要的是细节信息，包括库房的经营工作（挑选、装运、分销，上述工作要按市场与客户类型而定），管理成本的降低，特别是与销售和客户支持相关的成本。为了解决这些问题，亨利需要分析公司的销售额、管理与辅助活动。他需要更加理性地分析，过程分析必须是符合逻辑的。作为分析的第一步，亨利准备了组织结构图（见图 1），并在表 4 中说明了 PEF公司如何完成它的工作。

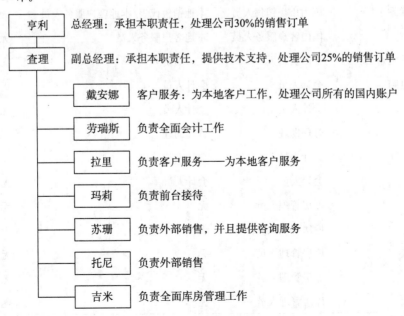

图 1　组织结构图

表4　业务流程纲要

作业描述	确认作业执行人员		
	国内市场	本地市场（直接货运）	本地市场（经由公司库房）
1. 争取新客户	国内市场销售人员	本地销售代表	无
2. 从客户处争取业务		本地销售代表	无
3. 客户要求报价	国内市场销售人员	本地销售代表	无
4. 客户报价跟踪	国内市场销售人员	本地销售代表	无
5. 联系工厂确定成本（出价）	国内市场销售人员	本地客户服务人员	无
6. 等候报价	国内市场销售人员	本地客户服务人员	无
7. 选择给客户的报价	国内市场销售人员	本地销售代表	无
8. 给客户报价	国内市场销售人员	本地销售代表/本地客户服务人员	无
9. 客户下订单			无
10. 编写订单	国内市场销售人员	本地销售代表/本地客户服务人员	无
11. 制作表格组成部分	国内市场销售人员	本地销售代表/本地客户服务人员	无
12. 将订单录入电脑	国内市场销售人员	本地销售代表/本地客户服务人员	无
13. 取得校样	国内市场销售人员	本地销售代表/本地客户服务人员	无
14. 将校样送交客户	国内市场销售人员	本地销售代表/本地客户服务人员	无
15. 等候从客户处反馈的校样	国内市场销售人员	本地销售代表/本地客户服务人员	无
16. 客户认可校样	国内市场销售人员	本地销售代表/本地客户服务人员	无
17. 从电脑里打印订货单	国内市场销售人员	本地客户服务人员	无
18. 订货单送至工厂	国内市场销售人员	本地客户服务人员	无
19. 等候订货收单	—	本地客户服务人员	无
20. 确认收单	国内客户服务人员	本地客户服务人员	无
21. 如果存在问题，联系工厂	国内市场销售人员	本地销售代表/本地客户服务人员	无
22. 归档确认收单	国内客户服务人员	本地客户服务人员	无
23. 工厂装运订货，开发票	工厂负责人	工厂负责人	无
24. 将应付账款录入电脑	会计人员	会计人员	无
25. 给客户开发票	会计人员	会计人员	无
26. 集中订单并归档	管理助理	管理助理	无
27. 根据发票向工厂付款	会计人员	会计人员	无
28. 收到客户付款	会计人员	会计人员	无
29. 货到库房*	库房管理人员	无	无
30. 验货	库房管理人员	无	无
31. 到货单上标明数量	库房管理人员	无	无
32. 货物无损，入库	库房管理人员	无	无
33. 将到货单送交会计	库房管理人员	无	无

续表

作业描述	确认作业执行人员		
	国内市场	本地市场（直接货运）	本地市场（经由公司库房）
34. 编制出货单	国内市场销售人员	无	本地客户服务人员
35. 将出货单录入电脑	国内市场销售人员	无	本地客户服务人员
36. 用电脑打印拣货票	国内市场销售人员	无	本地客户服务人员
37. 将拣货票送到库房	国内市场销售人员	无	库房管理人员
38. 库房准备产品	库房管理人员	无	库房管理人员
39. 库房发货或交付订单	库房管理人员	无	库房管理人员
40. 库房归档文件并交付会计	库房管理人员	无	库房管理人员
41. 会计结束出库业务	会计人员	无	会计人员
42. 文件归档完毕	管理助理	无	管理助理
43. 适当情况下向客户开具发票（提供层次三服务）	会计人员	无	库房管理人员

* 提供层次二服务时，在此处执行 24～28 作业。

B 部分——练习题

（1）亨利不知道流程分析的细节及做什么样的工作。说明一下流程分析、步骤及优点。

（2）使用表 4 中给出的业务流程纲要，画出流程图。

（3）给 PEF 公司管理层提供一份备注，评价从练习题（2）中得到的信息。指出在使用作业成本法时，需要什么步骤来确定 PEF 公司每个重要市场的服务成本，然后计算出每个客户的获利能力（包括所需数据类型），并说明他们如何能取得这些数据。

第 **7** 章

分散经营

在现代典型的大型企业中，产品种类繁多，分支机构分布广泛，组织机构复杂，企业的管理者必须决定组织中谁有权力和责任做出特定的决策，以及对这些决策者如何进行评价和奖励。在本章和随后的各章中，我们将介绍分散经营，包括在管理和评价分散经营组织单位中所产生的收益、成本及一些特殊的问题。

一个大型企业中包括许多不同的经济实体和部门。这些单位各自从事各种不同的活动，如产品设计与开发、经营和生产、后勤保障、采购、筹资、信息系统、市场推广与销售等。这些单位往往相互影响，但仍然可以独立开展工作。对于产品生产来说，一项活动的产出可能成为另一项活动的投入，这使得两种活动（例如零部件的生产和装配、生产和销售）工作量的平衡非常重要。某些产品可能需要向外部供应商采购，存放在不同的地点，在工厂之间或工厂内部进行运输，并将其分配到耗用这些产品的活动。某些工序生产出来的产成品，需要运输、储存和销售到另一个工序中。这种协作不仅需要在特定时点上进行，而且需要长期连续进行，需要不断对市场的变化做出回应。

公司的业务活动除了生产和销售外，还必须有一系列相互协调的辅助和服务活动。各种职能单位，如人力资源、信息系统、财务、法律、研究与开发、公用事业、维修和工程等，必须作为企业整个计划和控制过程的组成部分。

对于一个大型组织的各种烦琐复杂的活动，进行管理的方法之一是加强集中控制。依据这一点，组织机构间应具有垂直分层的关系，通过上级下达指令、基层具体执行来实现控制。不同部门之间会相互影响的活动由上一级部门通过计划来协调。会计系统和定期报告为高层管理者提供了制订计划和检查任何偏离企业政策事项的必要信息。

当然，在实际经营活动中，没有一个管理层能对组织中的各种活动悉数了解。因此，高层管理者不能替基层管理人员做出所有决策，许多决策都是由组织内的下属部门或地方分支机构做出的。企业在设计组织结构和信息系统时所面临的挑战是如何平衡由分散经营决策所产生的收益与成本，这些收益和成本在很大程度上是由企业特定资源、限制和机会决定的。

艾尔弗雷德·钱德勒（Alfred Chandler）在对美国工业企业发展的里程碑式的研究中，非常清晰地表述了分散经营的必要性。

> 如果企业的基本业务活动保持稳定，即如果它的原材料来源、供给渠道、生产技术、市场、产品和生产线本身相对稳定，那么对于企业整体决策来说，时间、信息和信心不足并不一定是重要的障碍。但是，当企业进一步扩张，增加了新的职能，进入新的地区或者增加新的生产线时，就大大增加了整个管理部门的决策量，管理层的工作负担加重，而他们的工作可能不是很有效率。反过来，这些不断增加的压力产生了对建立和采用多部门组织结构的需求，这种多部门组织结构包括企业总机构和有自主权的经营部门。[1]

一个企业内部有一定数量的决策需要分散做出，对于这一点，我们不应该感到诧异。一个现代化企业毕竟是一个小型的经济社会（实际上某些巨无霸公司所生产的产品和提供的服务，比世界上许多发展中国家提供的还要多）。大公司拥有内部资本和劳动力市场——或者至少有分配公司内部资本和劳动力的机制。公司会面临失业问题，饱受经济周期性波动之苦，还必须关注其资金来源。公司要雇用计划人员、预测人员及控制人员。一个组织单位的行为会影响其他许多的组织单位，因而在组织单位之间存在大量的外部因素。

企业的外部所有者缺少相关信息和审计能力（信息的不对称性），这可能促使企业的管理者通过牺牲企业所有者的利益来增加自身利益。因此，许多公司便采用一系列非市场机制（如内部交流、合同、标准规范、预算、报告和奖惩制度）以便在信息受到限制的情况下（信息受限会阻碍市场良好地运行）促进资源的分配和决策。本章和本书的其余部分，我们将讨论如何在公司内安排这些非市场机制。

7.1 为什么要分散经营

前面我们对企业进行分散经营决策的动因做了概括性的介绍。现在，我们将对公司分散经营的具体动机做更细致的讨论。

7.1.1 企业的环境

成功的管理者必须随时跟踪外部环境重要的变化，这样才能使企业在外部环境对它施加影响之前采取相应的行动。这种持续跟踪外部环境的需求牵涉到企业的内部组织系统。

权变理论（一个流行的组织结构模型）预言，企业环境的复杂性决定了企业内部结构的复杂性。保罗·劳伦斯（Paul R. Lawrence）和杰伊·洛尔施（Jay W. Lorsch）在进行广泛研究之后得出结论，内部流程和外部需求保持一致的企业在应对外部环境变化问题上最有效。[2] 外部环境的复杂性和不确定性要求耗费更多的资源去监控环境，同时也要求将更多的决策权下放给企业内部各个部门的专家，这些专家了解企业环境变化，并在应对企业环境变化方面具有专长。这些基层专家能够对机会和变化做出快捷而有效的反应。

在关于组织结构设计的一个著名研究中，伯恩斯（T. Burns）和斯托克（G. M. Stalker）发现了在外部环境和公司管理结构二者之间可预测的关系。[3] 达夫特（R. L. Daft）把他们的研究结果归纳如下：

> 当外部环境稳定时，内部组织具有规律性、程序性和清晰的权力等级性。组织形式是固定

的，组织的决策权集中在高层管理者手中。伯恩斯和斯托克称之为"机械的"组织系统。

在不断变化的环境中，内部的组织具有更松散、自由流动和适应能力强的特点，经常没有书面的原则和规章，即使有往往也不受重视。在这种系统中，人们必须自己找到解决问题的方式。权力等级的界限并不是很清晰，决策制定权也是分散的。伯恩斯和斯托克称之为"有机的"组织系统。[4]

伯恩斯和斯托克的研究结果列示如下：

机械形式	有机形式
适合稳定的环境条件	适合变化的环境条件
工作高度专业化和分工化	工作需要相互联系和相互协作
任务和责任明确限定	任务根据面临的问题而变化和限定
控制、权力和信息的流动性是分级的	控制、权力和信息使用网络结构
严格实行各种规章和程序	存在少数规章，但通常被忽略
权力等级的高层通过对任务的了解和专门控制来加强组织的等级制度	了解和控制权集中在网络中做决策的部门
联系是向下的、垂直的，主要包括各种规章、指示和实施的决策	联系是横向的，主要包括共享的信息和建议

7.1.2 信息专门化

或许导致分散经营的最大原因在于管理高层与基层部门分享所有部门信息的困难性。基层部门的管理者通过观察和实践掌握特定信息，诸如在本地市场的销售机会、生产的可能性和制约因素、劳动力的道德和能力、当地供应商的质量和可信程度。对于基层管理人员而言，把其拥有的所有相关信息都传递给管理高层将是极为困难的，花费大且浪费时间，而且许多由观察得到的信息很难量化，甚至难以言表。语言限制了人们以一种使别人能够了解的方式来表达知识和直觉的能力，不管是采用文字、数字或图形都不能完全解决这个问题。管理者尽其所能，但他们发现信息还是不能被充分地表达出来，来传递他们对相关的部门信息的直觉和判断。因此，分散经营一个极为重要的驱动力在于：人们期望把决策权放在获得信息、存储信息、选取信息和加工信息的地方。

7.1.3 反应的及时性

分散经营也可以发挥下属管理人员在制定和实施决策过程中能迅速做出反应的优势。通过允许下属在某种程度上拥有决策权，可以使分散经营单位能够对一些意外情况做出更快的反应，而不是所有的行动方案均要等到管理高层批准才执行。高度集中的决策方式在下述过程中会导致延误：（1）把决策相关的信息从基层传递给高层的时间；（2）高层决策部门召集相关人员理解、研讨信息并制定决策所用的时间；（3）将高层建议的决策再返回给具体执行单位的时间。

拉尔夫·科迪纳（Ralph Cordiner），一个分散经营的主要推动者，在他就任通用电气公司总裁期间（20 世纪 50 年代），表达了下面的观点：

> 在各种场合里，如果我们不能把做决策的责任和权力下放到问题的发生地，即公司能在那里充分理解并迅速做出反应，公司将不能同成百上千个具有敏锐观察力的竞争者进行竞争。正像这

些竞争者所说的，他们甚至能对一角钱的变化做出反应。[5]

7.1.4 为管理高层节约时间

据推测，管理高层的时间是企业最为稀缺的资源。大量的部门决策甚至可能会把最有才能、最勤奋、最机智的高层管理人员压垮。比较优势法则在企业内部和企业之间是最为有效的。尽管对于任何一个特定的部门决策而言，企业一位高级主管所做出的部门决策在某种程度上可能优于那些缺乏经验、智力一般的基层管理人员所做出的决策（在所有的相关环境因素都向他传达且解释清楚的情况下），但是如果让该高级主管为基层单位做出所有的决策，就不一定是最优选择了。因为如果高级主管把自己的宝贵时间用于做出大量稍微优秀的日常经营决策，他就会忽视那些战略性决策，而正是这些中长期的战略性决策更加关系到企业的成功。因此，高层管理人员应把注意力放在政策性和战略性的决策上，允许基层管理人员有权力和责任做出一些适当的日常经营决策，只是这些决策应与最高管理层制定的高层次目标保持一致。

7.1.5 计算的复杂性

即使所有的决策都由总部制定，也不可能使每项决策都达到最优。对于极为复杂的操作，其特点是相互作用广泛且规模不连续，几乎不可能在总部解决合理规模的资源分配问题。人类可以解决问题的复杂程度是有一定限度的（一种有限理性情形），甚至计算机的计算也不能使复杂的决策系统达到最优，特别是那些具有非线性规划和离散变量的系统。当外部环境具有不确定性特征时，集中做出决策所要求的单纯化和启发法容易导致它劣于分散经营所做出的决策。再者，在分散经营的组织中，下属企业管理人员应得到一般性的说明和指导，他们仍保留获得资源、产品组合和分配方面的决策权，这些决策受到激励方案和价格体制有限运用的指导。

7.1.6 基层管理人员的培训

如果所有重要的决策都是集中做出，那么基层管理人员的主要职责将是实施这些集中决策的计划。他们可以获得激发企业员工积极性和安排生产与分配计划的经验，但得不到制定决策的训练。那么，下一代高层管理人员怎么可能获得成为优秀的资源分配者和战略决策者所必不可少的经验呢？同时我们依据什么来确定在众多的基层管理人员中，谁最具有被提拔到上级决策层的资格呢？基层决策在某种程度上对于下述两个方面是很有必要的：（1）为未来的总经理提供培训；（2）可以表明哪些管理人员最有资格晋升到更高级别的决策层。

7.1.7 基层管理人员的激励机制

最后，优秀的管理人员应该雄心勃勃，对于自己的工作充满自豪感。如果他们的作用仅限于执行上级的指令，他们就可能对分配给他们的任务丧失兴趣，不再在工作中施展其聪明才智。同时，公司也会发现，让那些富于创造性、精明能干的人员仅仅作为决策的执行者是很困难的。当管理人员在执行任务中被赋予更大的自主权时，他们会对分配的任务更主动、更感兴趣。把决策权下放给基层部门，将会鼓励基层管理人员获取更多的部门信息，在行动上更富进取心和战略眼光。当然，问题在于要设计出相应的激励制度，以使得基层部门（诸如有进取心，富于进取性和战略性）的活动都能与公司的总体目标相一致。

7.1.8 小 结

有关分散经营的争论总是引人注意的。任何有一定规模的组织的经营成果和收益，依赖许多与分散经营活动或下属单位活动有关的相互联系的决策。组织内不同的人员具有不同的知识结构，各人的能力也千差万别。对于任何个人或决策层来说，要掌握全部有关的信息和经验，支配所有的时间，拥有全部的计算能力，以决定组织内详细的经营计划是不可能的。即使接受了上述观点，我们仍然面临着在实践中如何进行分散决策这样一个极其困难的问题。在实际经营中，共有五种分散经营的组织单位。这些组织单位间的不同之处在于赋予基层管理人员的权力和责任的程度不同。

7.2 分散经营单位的组织

一个组织中的所有单位都需要投入，同时提供产出（商品或者服务）。各个单位的不同之处在于：计量每个单位产出的难易程度，以及赋予下属单位管理人员获得投入的资源和选择产品类型及结构的权力大小有差别。这些因素形成了不同类型的分散经营单位，它们主要取决于计量产出的困难性和赋予基层管理人员的自主权和责任。

作为讨论的开端，我们仅通过财务指标来评估组织类型。这已成为传统的计量和监控分散经营单位经营业绩的方法。然后，在第 8 章中，我们将讨论平衡计分卡，它是近年来的一项创新，即允许用一系列综合的财务和非财务指标来评估分散经营单位即业务单元的业绩。

财务业绩指标适用于以下五种类型的分散经营单位：
- 标准成本中心；
- 收入中心；
- 酌量性费用中心；
- 利润中心；
- 投资中心。

这里，我们简要回顾一下这些类型的组织单位。在以后各章中，我们将更深入地讨论利润中心和投资中心。

7.2.1 标准成本中心

只要我们能够定义和衡量产出，又能明确产生每一单位的产出所需要的投入量，我们即可建立**标准成本中心**（standard cost centers）。通常情况下，我们把标准成本中心看作是从制造活动中产生的。在制造过程中，对于每一种产出产品而言，都应明确投入原材料、人工、能源和辅助服务的标准数量和标准价格。不过，任何一种重复性经营都可以有标准成本中心，只要这种经营能够计量产品的实际数量并且能够详细说明投入量和产出量之间的生产函数。因此，即使在一些服务行业，诸如快餐业、银行业或医疗保健机构，也可以根据售出的汉堡包和奶昔的数量、处理的支票数量、接受检查或进行放射性治疗病人的人数等建立标准成本中心。

一般来说，标准成本中心的管理者对于该中心业务量差异并不负责，他们对于达到外部决策所要求的效率承担责任，只要这些要求在成本中心的能力范围之内。效率是通过计算为生产所要求的产出量而耗用的投入量来计量的。也就是说，如果采用完全成本法，标准成本中心的管理者将不对生产能力利用差异负责，但对控制随业务活动量变化预期的间接费用和中心内酌量性固定成本的水平负责。

标准成本中心的管理人员并不决定产品的价格，故对收入和利润没有责任。不过，如果产品没有达到指定的质量标准，或者没有按照计划生产，则标准成本中心会对组织内其他单位的经营业绩产生不利的影响。因此，对于所有的标准成本中心而言，都有必要确定质量和时间标准，并要求管理人员在进行生产时予以遵循。

对于标准成本中心来说，要根据投入和产出的关系评估其效率，对于其经营效果的评估，则要看该中心是否在指定的质量和时间水平上达到了所要求的产量。

关于标准成本中心以及背离标准差异的具体分析，在其他成本会计教科书中已进行广泛的探讨，故这里不再进一步说明。对于我们而言，当我们能够客观地计量产品，包括质量、时效性和实际数量，并且能够明确地指出投入与产出的关系时，标准成本中心就是有用的。产品（或产出）一定要严格合乎标准，制造单位不需要做出价格决策、产量决策和产品结构决策，这些决策可集中地由管理高层做出，或授权给销售单位做出。标准成本中心的设备和技术决策通常也是由管理高层做出的，而不是由标准成本中心的管理人员做出的。也许这个简单模型唯一的变化是公司对原材料和在产品引入一个资本成本，以此来激励标准成本中心的管理者在实现生产目标的同时努力减少存货数量。

7.2.2　收入中心

收入中心的存在是为了组织营销活动。典型的收入中心从生产部门得到产成品，并负责销售和分配。如果收入中心有制定价格的权力，那么它要对获得的毛利润负责。如果价格政策的制定是在收入中心以外做出的（如企业上层机构），那么该中心的管理人员要对实际销售量和销售组合负责。

在为一个收入中心选择业绩考核指标时，应该把每件产品边际成本的概念包括进去，以便使该中心积极追求边际贡献达到最大，而不仅仅是销售收入达到最大。如果评估标准仅仅是销售收入，管理人员就会降低产品价格以增加总的销售量，在广告和宣传上耗费巨资或推销微利产品。这些行为可能增加总的销售收入，但降低了整个企业的获利能力。

在近来作业成本法的发展基础上（见第 4 章和第 5 章），销售单位现在能够把其销售产品的成本和对每个消费者提供服务的成本考虑进去。因此，企业能够用作业成本法把开展营销和销售活动的收入中心转变成利润中心。在作业成本法产生之前，企业无论是对消费者所购买的具体产品的成本还是对每个消费者提供服务的成本都没有精确的衡量标准。由于缺乏具体信息，企业不能对销售部门的利润贡献加以评估。随着在分销、营销和销售活动中作业成本法的逐渐采用，把许多分散经营单位仅仅作为收入中心的理由大大减少了。

7.2.3　酌量性费用中心

酌量性费用中心适用于所生产的产品无法用财务指标来衡量的单位，或是那些耗费的资源（投入）与取得的成果（产出）之间没有密切关系的单位。酌量性费用中心的例子包括一般行政管理

（G&A）部门（劳动关系、人力资源、会计、法律等部门），研究和开发（R&D）部门以及营销部门（如广告、宣传等）。一般行政管理部门的产出难以计量，而研发和营销部门的投入量与产出量之间没有密切的关系。对于后者，我们可以确定该部门是否有效果，也就是说，我们可以看出，研发部门是否满足了企业新产品开发和改良技术的目标，营销部门是否达到了销售量或市场渗透方面的要求。由于这些部门的投入与产出的关系不甚明显，所以我们不能判断其经营是否有效率，也就是说，我们不能判断这些部门是否以最小的投入生产出实际需要的产出量。对于一般行政管理部门而言，由于不可能计量其产出量，故也不能判断其效果的好坏和效率的高低。对于这些部门，企业常常通过监控提供给它们资源数量的方式来加以控制——如耗费额、人力和设备，而不是通过它们所达到的经营目标。企业对这些酌量性费用中心的投入量进行控制而不是利用结果控制。[6]

鉴于衡量酌量性费用中心效率的困难性，故尽管质量稍低些的部门也能够以更低的服务成本提供几乎相同的服务，但管理人员很自然地倾向于要求有高质量的部门。这些中心的主要组成部门的白领专业人员十分强调这一点。他们希望中心里的人都是最好的人才，以便能够以其部门的高质量为荣。管理高层很难为这种酌量性费用中心确定适当的预算、质量和服务标准。

解决的方法之一就是考察一下行业实际情况，看一看企业在某一个职能上的支出是否与本行业中其他企业同类型支出相一致（讽刺家们可能把这种方法嘲笑为盲人骑瞎马）。比如，我们常常看到一个企业的研发预算以其销售收入的百分比来表示。尽管没有任何貌似有道理的原因可以解释为什么这个企业的研发费用应与其销售额具有某种因果关系，但这种百分比方法还是使人们能够很容易地在企业之间进行比较。

从根本上来讲，决定酌量性费用中心的预算水平有赖于了解情况的专业人员的判断。管理高层应该信任酌量性费用中心的经理，并与他们密切合作，以确定适当的预算水平。这些中心的经理最能预测当预算变动达到＋10％或＋20％时会出现什么样的结果。在找出哪些活动应根据变化的结果增加或减少之后，管理高层就可决定下一期的预算水平以及工作的质量和强度。酌量性费用中心是一个很好的例子，说明在基层单位管理人员和管理高层之间很可能存在很大的信息不对称。

一旦确定了酌量性费用中心预算水平，那么向基层管理人员施加压力，使其实际成本低于预算就没有太大的益处了。低于预算水平的实际成本未必有利，也未必能成为效率高低的表现。这是酌量性费用中心与标准成本中心之间的一个主要差异。对于标准成本中心而言，我们对产品数量和质量有很好的衡量方法。因此，如果以低于预算水平的实际成本生产出给定数量的产品，则表明该中心业绩优良。对于酌量性费用中心而言，一个有利的成本差异也许只是意味着在建立了预算以后，该中心是在低于计划的质量水平、服务水平和经营效果的基础上运行。这样，对这些费用的控制过程应确保该中心的服务质量和水平保持在预算之上。同样，酌量性费用中心成本的超支或许是有利的环境所致，比如花费较多研发费用但市场前景可观的新产品投产，或者遇到一个趋好的市场环境，在此情况下增加广告和营销费用可能产生巨大的回报。

酌量性费用中心预算与实际费用的存在造成一种假象，似乎预算可以编得很精确。但是由于这些中心缺少好的衡量标准，这些数据还不能说明该中心经营效果的好坏和效率的高低。酌量性费用中心的控制最终还需用博学的专业人员对该中心所提供的服务水平和质量做出知情判断。

不过，随着收入中心应用了作业成本法，企业已开始把这种方法用于职能部门。作业成本法能够使企业把职能部门作为标准成本中心，或者如果有的职能部门有权向外部用户销售产品，甚至可以把它们作为利润中心。作业成本法便于对企业职能部门的定量产出进行衡量。[7] 利用这些衡量方法，主管能够使职能部门对其向经营单位提供服务成果过程中所发生的成本负责，这正像生产部门把自己的产品提供给后续生产阶段的情况一样。因此，作业成本法的创新可以允许那些以前被当作酌量性费用中心的组织单位成为标准成本中心或利润中心。

7.2.4　利润中心

标准成本中心、收入中心和酌量性费用中心决策权下放有限。标准成本中心的管理者可以自主地获得和管理投入，但是其产品都要由其他单位进行决定和分配。收入中心分配和销售产品，但并不控制产品的生产制造。酌量性费用中心提供的服务或者职能管理则是由本组织其他部门所决定的。

当基层部门的管理人员被同时赋予生产和销售的职责时，管理自主权就会显著地增加。在这种情况下，他们能对下列活动做出决策：生产哪种产品、如何生产、质量水平的高低、价格以及销售和分销体制。管理者要做出产品组合决策，并决定生产资源如何在不同的产品之间进行分配，之后，他们要权衡价格、产量、质量和成本，使该中心的经营业绩达到最优。

如果管理人员没有责任和权力决定该中心资产的投资水平，那么利润是其唯一的最佳业绩衡量标准，尽管任何利润指标可能都需要通过多种非财务的短期绩效指标来补充。如果利润被正确地衡量，它就提供了一个短期指标以衡量管理人员运用他们所取得的资源和获得的投入要素创造价值的能力。在这种单位里，管理人员有几乎全部的经营决策权，这时可根据利润指标对管理人员做出评价，这种部门称为**利润中心**（profit centers）。利润中心的重要性以及衡量利润高低的困难性将在第9章讨论。

7.2.5　投资中心

当部门管理者具有以上利润中心所要求的全部职责，同时对于营运资本和有形资产也具有责任与权力时，该中心就应以其所使用的有形资产和财务资产的水平作为衡量业绩的标准。投资中心是利润中心的一般形式，其获利能力与其所使用的创造利润的资产相联系。典型投资中心的业绩指标是投资报酬率（ROI）和经济增加值。这将在第10章加以讨论。

7.3　为分散经营单位建立业绩指标

控制规则或者说控制原则，可分为两部分：经营规则和强制规则。[8] 经营规则告诉人们做什么，而强制规则明确违背经营规则的后果。

在一个形式简单的企业或对于一个看得见的工作任务，经营规则明确地告诉人们，他们必须做什么，而强制规则直接与工作的完成程度相联系。例如，一个职员被告知（经营规则）去订购2 000单位的零部件，接下来，非常容易看到这项指标的完成情况。没有完成这项指标的后果（强制规则）可能是这个职员被解雇。

不过，随着分散经营的发展，部门决策制定者将越来越精通于所分配的任务并专心于有关信息的搜集，他们经常能比上级对行动的最佳过程做出更好的判断。因此在分散经营组织里，经营规则很少采用告诉人们必须做什么的形式，相反，经营规则根据企业的目标进行阐述，管理人员被赋予能够为达到企业目标灵活采取行动的决策权。与那些给定具体指令的经营规则相比，这种类型的经营规则对强制规则的要求有很大的不同（以前的强制规则主要用于已明确指定指标的情况）。这种强制规则必须使用一个激励方案，来为遵循经营规则的决策者提供动力。例如，经营规则是"采用任何方式使你的部门利润最大化"，也许与之联系的强制规则是将管理人员上报的部门利润额中的一部分用作奖励。

在上面五种类型的分散经营中心里，各中心的管理者都有做出选择和采取行动的自主权。为了指导管理者的决策，并评估管理的经营业绩和该中心的经营成果，我们需要有一个业绩指标。在经营决策和责任分权化方面，详细说明对于基层的经营业绩指标，或许是最困难的问题。利用这个标准，组织可以表达希望基层管理人员应该如何做并对他们的业绩进行判断和评价。管理高层需要为基层所做的决策制定规则、标准和奖励制度，以使这些决策与企业的总目标一致。这些指导和激励措施必须能促使个人或部门的目标与企业总目标一致，并且试图将搜集加工信息的成本和由于部门最优化引起的机能失调成本降到最少。显然，这不是一件轻而易举的事。也许关于分散经营组织的问题最清晰和最有见解性的观点可能来自艾尔弗雷德·斯隆（Alfred P. Sloan），他在就任通用汽车公司的总裁期间，提出了多部门公司的组织模型理论。斯隆和他出色的财务主管唐纳森·布朗（Donaldson Brown）用"具有集中控制的分散经营责任制"表述了他们的观点：

> 良好的管理制度应该是集中化和分散化两者之间的协调，或者是具有集中控制的分散制度。这个概念中融合的相互冲突的元素都在企业运营中具有独特的作用。从分散中我们得到创新、责任感、员工发展、决策接近事实、灵活性等所有组织适应新情况所必需的品质。从协调中我们获得效率和经济性。显而易见，协调的分散经营实践起来并不容易。要归纳整理出各种责任并且采取最好的方式分配它们没有一成不变的规则。公司和分部二者责任的平衡协调是不断变化的，这由决策内容、时代环境、过去经验和高级管理者的性格和技巧等因素决定。[9]

在集中决策的条件下，基层管理人员遵循着指导他们如何行动的详细经营规则。这些决策由上级制定，由基层执行实施。在集中制度下，任何经营不善相对来说都很明显，因为工作描述和任务非常明确。

在分散经营的条件下，经营规则（即指导基层管理者分散经营责任的集中控制规则）的详细程度大大降低。因此，业绩评价更为困难。我们可以把经营规则看作由两部分构成：限制条件和目标。首先，经营规则详细规定了允许的和可被采纳的行为规范，并限制了管理人员可以选择的行动方案。比如禁止采取非法行为，管理人员应该按指示向特定的供应商采购、应该达到特定的质量标准、应该满足特殊顾客的需求，以及禁止管理人员处置特定的资产等。[10]

在明确了管理人员可选择行动方案的范围之后，还必须建立一套完善的奖励或激励制度以激励管理人员，促使其行动尽量达到最优化。因此，管理人员能按指示使部门收入、投资报酬率或经济增加值达到最大。销售部门的经理必须使销售收入达到最大，生产部门的管理者在满足外部对产品需求的同时，必须使成本最低，这也要包括严格的质量标准和供货及时的目标。明确对基层的奖励或激励制度是非常重要的，因为这个制度将用来激励和评价基层经理的业绩。因此，基层管理者可能以牺牲企业或其他部门的目标为代价来提高自己部门的业绩。例如，收入中心的销售经理可能试图使得总收入而不是总的边际贡献增加。各部门经理会为提高本部门的指标，而把其他的目标或指标排除在外。这就使得适当地确定某单一部门的奖励措施变得非常困难。

决策者越来越意识到仅仅用业绩的财务指标来作为基层管理人员奖励标准有很多缺点。现在，许多人正在质疑用如净收益这样的总量指标来评价业绩是否合适。这些人建议用一整套的基于企业战略目标的财务和非财务指标去激励和评价基层单位的经营业绩。在这种方式下，一整套的目标和指标能够在企业内被确定和进行交流。第 8 章中阐述的平衡计分卡将能使企业对所处环境的重要变化的识别和反应更加灵敏。

为了对这个问题（为什么管理者能在非单一化的财务业绩指标下开展工作）更好地加以理解，我们来分析一下与建立分散经营单位的业绩指标相关的机能失调因素。

7.3.1　目标一致的问题

分散经营单位的业绩指标要求企业必须获得新信息。正像本章开始时所讨论的，形式简单的公司可能不需要有关效率和业绩的内部指标，它们能通过计量公司同外部经营部门买卖产品价格上的差异来评估其业绩。复杂的分散经营的公司，必须耗费大量的资源来获取相关信息，以计算这些能够在公司内部执行多种事务的分散经营部门的业绩指标。

不过，开发基层单位业绩指标的收益要大大高于获得并计算数据的成本。理想情况是，这个标准与企业总目标一致。但是在复杂的不确定的环境下，任何单一的业绩指标都不可能在分散经营单位的目标和企业总目标之间达到完美的协调一致。这就是企业要用一组平衡的标准来把企业战略目标和基层部门联系起来的原因。仅用单一的业绩指标时，这个标准倾向于以自我为中心，变得比其试图代表的经营业绩本身更为重要。例如，在一个收入中心里，推销员所受到的鼓励只是售出高价产品，以使销售收入而不是边际贡献达到最大。任何单一的指标都可能被操纵，使得分散经营单位受益，而牺牲了企业的整体利益。

产生上述问题的最根本的原因在于：与自然科学的情形不同，社会科学和经营管理的计量改变了客观环境和观察者。[11] 这种指标既非中性也非客观。为评估经营业绩而选定的指标，正是由于被选中才引起人们的注意，从而才具有价值和重要性。系统内的人员要按照选择出来的、概括其组织单位经营业绩的指标来规范自己的行为。

第二个原因在于：大多数经营业绩指标是以内部业绩为基础而没有考虑外部机会。某个单位可能由于超过了上一年的业绩指标或者预算标准而被认为经营运作良好。但目前这种良好的经营状况也许是由于该行业需求的扩张造成的，且这种需求的扩张是始料不及的。该行业所有的企业都分享了这种扩张的好处。从全行业的经营水平来看，该分散经营单位的这一业绩或许并没有保持住其原有的市场份额或相对的获利能力。这时，用外部的参考标准来衡量该分散经营单位所达到的业绩，就远不如用内部指标衡量的业绩显得那么优秀。但是，总部的高级管理者也许并不能有效地利用这个相对的业绩指标，这是因为他们掌握的关于各个分部所处市场环境的信息要比各分部的管理人员少得多。

第三个原因在于：单一指标并没有考虑到当前活动给未来经营带来的后果。典型的业绩指标把重点集中在短期的经营成果上而忽略了难以度量的长期影响。这些长期影响常常是由一些无形资产的耗费所带来的——研究与开发、广告与推销、工厂设计、维修保养、人力资源开发和质量控制等。由于对无形资产所获得的收益难以衡量并具有一定的主观性，我们倾向于忽略这种收益而把注意力集中在比较容易衡量的经营业绩上。这将鼓励管理人员在无形资产和维修方面支出较少，在实现企业长期目标所必需的项目上支出较多。这将降低目前的业绩，而忽略它们所带来的不利影响直到以后——甚至是遥远的将来——才会显现出来，而那时，现在的经理们在组织中的地位可能早已发生变化。

同样，一个时期内的业务活动所具有的特点和长期的经营成果也难以客观地得到反映和衡量。例如，产品的质量、员工的道德水准以及专业服务（法律、研究与开发、主计长办公室）的产出等都具有影响长期经营且不容易用短期业绩指标（尤其是财务指标）来反映的重要特点。如果所有的经营活动都用单一的业绩指标来衡量，而这些标准并不能反映出长期的经营成果，且对目前经营决策所带来的结果的衡量又欠客观性，这时，就会产生不利的后果。再者，单一的指标（尤其是财务指标）不能把在一个时期内创造价值和破坏价值的活动结合在一起，这正是我们建立一套复杂的平衡计分卡的原因（见第8章），这种方法有助于沟通和实施企业的长期目标。

7.3.2　外部性的问题

当基层单位仅仅把精力放在业绩指标上时，组织单位之间的相互作用会导致另一类问题。当存在这种相互作用时，一个独立单位的业务活动可能不仅影响其自身的业绩衡量，而且影响到其他单位的业绩衡量。例如，当产品或服务从一个单位转移到另一个单位时，常常要为它们定价，以便供应单位确认收入，购货单位确认投入要素的成本。这种**转移定价**（transfer-pricing）是分散经营单位中最易引起争论的业务活动，我们将在第9章讨论转移定价问题。

即使转移定价问题能够以令人满意的方式加以解决，组织单位之间的经济业务仍涉及许多难以处理的非价格因素。某件产品或服务的质量以及转移的时效性会影响到接受产品或服务单位的经营，但是质量和交货时间的变化所带来的财务影响难以量化。原则上，价格系统能够设计成为延误交货（或产品质量）的函数。不过这一系统极为复杂，难以建立和保持下去。由于某些延误可能是由一些随机的出乎意料的因素引起的，因此这一系统也会给转移价格的双方都带来了不确定性。双方单位都要改变其经营，以使这种固有的不确定性的影响达到最低。这种经营上的变化会减少总产量，并对企业产生不利的影响。

分散经营单位的业绩会影响到某个其他单位的业绩衡量。比如，制造部门的效率可能受到对制造的产品的数量和时间要求的影响，而这又要部分地由销售部门的活动来确定。仅在确定的条件下，可以认为制造部门的业绩衡量不应受到销售部门活动的影响。由业务活动水平变动所带来的影响，应该是销售部门而不是制造部门的责任。但是，一旦我们认识到不确定的和信息非公开化的环境，则制造部门的业绩衡量应该独立于销售活动这一点就不再那么明显了。前面，我们已经指出从一个单位到另一个单位转移业务具有非价格的特点，特别是质量和时效性。因此，制造部门的活动能够以价格系统难以反映（不确定性、缺少可观测性等原因所致）的方式影响到销售部门的活动。一种补救方法是，让制造部门的业绩衡量部分依赖销售水平，这样的指标能够鼓励制造部门和销售部门相互协作。一般来说，单独的基层单位的业绩指标应该把反映其他组织单位业绩的成分（也许是反映整个企业的业绩的成分）包括进去，这将鼓励各部门的管理者相互合作，避免不必要的摩擦。在进行经营时，更强调企业的利益，而不是从局部的观点出发。例如，杰里米·登特（Jeremy Dent）指出企业的产品开发部门管理者应该对产品的销售收入负有责任，而销售部门管理人员也要对他们所销售产品的开发成本负责。[12] 当我们在第13章讨论激励合同时，我们还会回到这种相对的基层部门业绩指标的讨论上来。

总的来说，分散经营单位，如生产制造部门，它的业绩可以不仅仅用财务指标来评估。平衡计分卡仍旧为企业保留了财务上的业绩指标，同时补充了下面的一些指标，包括：顾客（如及时供货、已接收项目的缺陷）、内部经营（如革新、质量、周期时间）、学习与成长（如员工和系统适应性）等。

7.3.3 过度在职消费问题

在分散经营单位中，如果拥有自行支配费用权力的基层管理人员耗费无度，就会出现问题。比如，基层管理人员可能会选择获得一个宽敞、豪华的办公室，同时雇用大量不必要的行政助理和辅助性人员以及购置最新、最昂贵的办公设备来改进其工作环境。这些费用的支出会降低管理者的业绩，但他们可能更偏爱这种特权带来的直接消费，而不愿用放弃这些支出来获得可能增加的一点点经济补偿。

同时，一些管理人员可能追求一种叫"建造帝国"的行为，即尽量扩大其所管理的组织规模。这种"建造帝国"行为所带来的非货币性实惠包括由于管理较大的组织而日益增加的权势和威望。如果管理人员的报酬与升迁可能性变成其所管理单位规模的增量函数的话，则这种非货币性因素甚至可以成为货币性因素。

7.4 小　结

今天，企业从事经营的复杂环境使得任何一家具有一定规模的公司都不可能进行集中控制管理。要想从基层管理人员所拥有的专有信息和灵活机动的反应行为中获益，某种程度上的分散经营愈发显得必不可少。同时，分散经营也节约了高级管理人员宝贵的时间，把他们从复杂的、相互依赖的资源分配决策中解放出来。基层管理人员在其经营方面具有一定的管理自主权，还能够开发出他们作为总经理的才干，为他们的日常工作增添一些乐趣。

分散经营可以采取多种形式。重复生产确定的且容易计量的产品的部门可以作为标准成本中心加以管理。在这个中心里，管理人员根据低成本高效率的原则，负责满足外界的需要。营销部门可作为收入中心，其客观目标是销售收入、市场占有率或边际贡献。某些部门的产品不易计量，或者其产出量与耗费的投入量没有必然的联系，这时就不能用标准成本或预算等传统技术来加以控制，这些部门常常被看做酌量性费用中心，其支出水平和人员的数量均要与管理高层协商，以决定其质量和服务的适当标准。当一个经营单位有权决定如何获得投入并有权销售、分配其产出时，就会出现更大程度上的分散经营，这种单位就是利润中心或投资中心。

尽管分散经营对组织复杂的经营活动来说是必不可少的，但是也为其自身带来了许多问题。评价基层管理人员的依据是业绩指标，它们仅仅部分地反映出管理人员做出决策的经济后果。因此，管理人员可能会有机能失调的行为，导致与其他组织单位或整个企业前途有关的决策偏离企业的总体目标。此外，分散经营单位之间在商品转移上也会产生冲突。

所有这些问题，都是分散经营所固有的成本。我们更愿意找到简单的解决方法，但是我们必须做到的是理解分散经营的成本与收益，同时要对狭隘的局部最优经营或者局部歪曲信息而严重损害公司整体利益的情况保持警惕。当前的主要问题是找到一个好方法，它能够使代理、决策、观察、报酬或激励等结合起来，以平衡分散经营的成本和收益。这样的平衡需要基于企业的所有者和高层管理者的判断和经验。平衡计分卡是传递企业战略目标和授权给分散经营单位的一种新方法，它在经营决策中有考虑这种判断和经验方面的因素。

注　释

［1］ A. D. Chandler Jr. *Strategy and Structure*：*Chapters in the History of the industrial Enterprise* (Cambridge MA：M. I. T. Press，1962)，p. 297.

［2］ P. R. Lawrence and J. W. Lorsch，*Organization and Environment* (Homewood，IL：Richard D. Irwin，1969).

［3］ T. Burns and G. M. Stalker，*The Management of innovation* (London：Tavistock Publications，1961).

［4］ R. L. Daft. *Organization Theory and Design* (SL Paul，MN：West Publishing，1983)，p. 61.

［5］ R. J. Cordiner，*New Frontiers for Professional Managers* (New York：Mcgraw-Hill，1956)，pp. 45 - 46.

［6］ K. Merchant，*Control in Business Organizations* (Marshfield，MA：Pittman Publishing，1985).

［7］ D. Loewe and H. T. Johnson，"How Weyerhaeuser Controls Corporate Overhead Costs"，Management Accounting (August 1987).

［8］ K. J. Arrow，"Control in Large Organizations," *Management Science* (April 1964)，pp. 397 - 408.

［9］ A. P. Sloan Jr. *My Years With General Motors* (New York：Doubleday，1964)，p. 429.

［10］ 请看有限体制的讨论，pp. 39 - 35 in R. Simons，*Levers of Control* (Boston：Harvard Business School Press，1995).

［11］ 严格地说，海森伯格（Heisenberg）的不确定性原则甚至也存在于自然科学中，衡量指标影响所计量的对象。但是这种影响只能在小于原子的观测水平下才能显现出来，而不能影响日常的速度、重力和实物的衡量。

［12］ J. Dent，"Tension in the Design of Formal Control Systems：A Field Study in a Computer Company"，in *Accounting & Management*：*Field Study Perspectives*，ed，R. S. Kaplan and W. J. Brans Jr. (Boston Harvard Business School Press，1987)，pp. 119 - 145.

习　题

［7-1］重视短期业绩

纽约的一位财务顾问抱怨道："如今商学院所教授的许多东西已经完全过时，它们教的仅仅是数字，一些单纯为了短期业绩而制定的数字。"

其他一些评论家也对过分重视短期业绩指标进行了批评。他们说："现在过分重视短期利润而忽视长期计划；过分重视财务策略而忽视产品生产技术；过分重视轻易就能取得的市场而忽视国际市场的开发。"

美国的一位生产力专家补充道："我们的经理只要提升自己的短期业绩通常就能获得高分，但是在欧洲和日本，同行们已经开始怀疑美国企业家们进行长期风险投资的能力及意愿。"

甚至一些外国管理者也开始批评美国体系。他们认为："错误地把过多的精力放在短期利润上，使得美国的管理人员忽视了产品的研究与开发，再者，他们在处理持续性的通货膨胀及能源成本持续高涨的问题上，似乎未能改良和转变其战略。同样，因为管理者重视销售但轻视研发，美国产品的质量不断地下降。"

要求:

(1) 一般来说,商学院特别是它们的成本会计和管理控制课程,由于过分强调其毕业生使用短期业绩衡量方法而被指责是否有道理? 在什么情况下,使用短期业绩衡量比长期业绩衡量更适合?

(2) 我们怎样解释美国管理者更关心短期"安全"的战略,而对长期"风险"的战略决策关注较少?

(3) 支付分散经营单位中管理控制系统的设计费用对我们有什么启示?

[7-2] 公司职能部门产出的计量

丹尼斯·约翰是海德造纸厂财务部门的经理,他抱怨说:"总裁一直在追问我,为什么公司的职能部门(如财务部门和信息技术部门)不能像生产部门那样建立成本控制和成本分配制度。我一直在解释,我们不能把生产和辅助部门的分配制度也用在职能部门(白领部门),因为职能部门进行的是非重复性的专业职能,而生产及其相关部门进行的是重复和可预测的工作。但好像他并不理解。"

海德造纸厂的财务部门是公司管理部门中的一个职能单位。该部门主要对公司会计活动负责,包括合并报表、会计总账、工资会计、应收和应付款以及签发发票等。海德造纸厂是一个生产不同纸张产品的大型企业集团,其生产部门的经营范围从植树、伐树一直到纸张产品以及相应产品的生产和销售。这些经营部门都受到公司职能部门,如公司总部的管理部门的支持。

财务部门的职能是:

● 合并报表、会计总账和数据管理。合并会计活动包括准备会计报告、编制调节表确定非常事项以及其他分析活动,同时也需要包括公司总部和分部之间变动的报告。数据管理主要按照总公司财务报告的要求保留或更新。该职能的成本包括人工、计算机和辅助费用。

● 工资会计。工资会计主要为每个员工提供每周两次的工资核对和工资单以及个人年度税单、特殊付款项目(如奖金、佣金、特别津贴和递延报酬)。

● 应付款项。应付款项职能主要是准备及核实发票,并把发票寄给供应商,同时维护更新所有供应商数据,对员工支付工资。

● 应收款项。负责处理所有客户的付款活动。它根据发票审核客户所支付的款项数额并且把货款存入银行账户,同时也保留客户的档案(包括姓名和地址),并且定期对客户的信用程度进行审核。

● 签发发票。签发发票主要记录每次装运的货品价格和发货条件,同时签发相应数额的发票给客户。

要求:

(1) 你是否同意丹尼斯关于"白领部门"的工作不能和产品生产部门以同样的方式加以控制的说法?

(2) 该财务部门不作为一个酌量性费用中心而变为一个标准成本中心的做法有可行性吗?

案 例

沃蒂冷冻食品有限责任公司:
一个关于管理会计和极度分权的新西兰公司案例*

企业将会发现,仅仅通过改革它们现有的管理会计制度已不能适应竞争的需要,它们需要的是一种关于企业的新的思考方式,而不是提高管理会计的信息质量。企业需要一些对采取行动有用的信

---

* William D. J. Cotton, Gerard La Rooy, AICPA case 96-06. Reprinted with permission from AICPA Case Development Program, 1994. Copyright © 1994 by the American Institute of Certified Public Accountants, Inc.

息，这些行动的目的在于加强客户关系以及消除在生产过程中引起差异、延迟、冗余的不利因素。没有自上而下的会计信息（甚至没有新的基于活动的成本管理信息）关注客户和流程。为了鼓励竞争，管理信息必须遵循"自下而上的授权循环"。它必须来自客户和生产过程，同时必须首先由那些在工作中接触客户和控制生产过程的员工来收集和使用。授权意味着信息的所有权——这是学习的关键。被授权的员工持续学习是革新的关键——新的信息技术给予顾客的选择权要求企业不断地革新。

托马斯·约翰逊（H. Thomas Jonson）：《理性的重建》（*Relevance Regained*，Free Fress，1992）

沃蒂冷冻食品有限责任公司（Wattie Frozen Foods Ltd.）生产冷冻和脱水食品，并且主要在新西兰、澳大利亚和环太平洋地区（包括日本）销售它的产品。该公司前身是沃蒂罐头有限责任公司（20世纪30年代新西兰的一家食品加工公司）的分部。此后，沃蒂公司经历了一系列的发展阶段，直到1992年，它的控股股东古德曼菲尔德沃蒂有限责任公司才将它作为一个独立公司上市。这个公司，包括沃蒂冷冻食品在内的5家新西兰业务分部，在1992年年末被美国亨氏（H. J. Heinz）收购。沃蒂冷冻食品有限责任公司包括：坐落在奥克兰的公司总部和销售职能部，以及分别坐落在吉斯伯恩、黑斯廷斯、菲尔丁和克赖斯特彻奇的4家工厂。

尽管整个沃蒂公司都在使用统一的会计方法和系统，但是这个案例重点放在克赖斯特彻奇工厂（Christchurch Branch factory）的管理控制和业绩评价系统方面。该分厂生产冷冻和脱水蔬菜产品，主要产品是豌豆、蚕豆和法式油炸马铃薯。它的生产过程是高度整合的，从农田的农作物供应到食品加工和分配。该公司属于季节性生产企业。

种植园主和沃蒂公司签订合同，可以得到沃蒂公司很多的技术帮助，包括优质种子和各种各样的农作物管理帮助。相关的农作物供应数据也被保留下来，包括空气温度、降雨量、每日风级和太阳辐射等。一旦确认农作物可以收割，它们将被迅速收割，立即运送到分厂，在那里，农作物接收部门会检验运进来的农产品质量，拒收不合格的农作物。

在生产季节，该厂的生产连续不停（24小时生产），包括一系列相互衔接的生产步骤。例如，做法式油炸马铃薯时，首先清洗，然后切片、脱水、冷冻，最后包装。做冷冻豌豆时，首先清洗和分等级，然后在大的贮藏室冷冻，最后装进包装袋，全年都可发货。做脱水蚕豆时，首先清洗和分等级，然后脱水，最后贮藏在大容器中或者立刻装进包装袋分配或贮藏。

生产过程需要许多服务部门进行辅助。这些辅助部门包括后勤、人事、工程师、锅炉、叉式起重机、过程存料、烘干设备、台秤、作物贮藏、废水处理、场地和质量保证等。

1986年，沃蒂公司采用了"工作中心管理"（Work Center Management，WCM）理念，即把公司划分成一系列有半自主权的工作中心，在每个工作中心，其管理者和员工被授权及时对优质产品的生产做决策。自1986年以来，公司一直致力于推行WCM文化，并为管理者和员工提供合适的管理工具和系统。

当描述这项新制度时，杰勒德·拉罗伊（Gerard La Rooy）（沃蒂公司辅助部门经理）这样阐述：

> 新的文化和相关制度的引入意味着对整个公司和员工的巨大变革，我们经历了一些困难。然而，当我们在许多方面获得了可观的收益后，我们感到这种变化是非常值得的。由于迄今取得的成果和进一步改进的余地，我们确信，工作中心管理是适合我们的模式。

工作中心管理的动机

公司确定了许多关键的需求，以满足公司尤其是4家工厂对新的更好的管理方法的探索。这些关键的需求如下。

1. 把重点从汇报向管理转移的需求。

这包括大大缩短采取行动和报告后续结果之间的时间间隔。特别是每月的成本报告，即使它们能及时在月末编制完，但是对于实际控制和经营的改善，它们没什么用处。另外，由于更多技术的采用，使成本从直接到间接不断地发生变化，这就需要加强对间接费用的管理而不是仅仅对它们进行分配。最后，公司需要对成本和行动权力明确责任来确保重点问责。

2. 员工参与和经营改善的需求。

公司希望通过向各个工作岗位的员工灌输提高成本和质量的意识，使他们认识到要在生产的每个阶段，而不是在生产过程结束时，对质量和成本进行有效的管理。这就要求管理人员和员工有信息所有权。如果信息首要用来协调各个岗位的日常实际经营活动，那么这类信息的所有权更可能为管理者和员工所有。但是，如果信息首要用来为上层加强控制服务，它就不能为业绩提高奠定基础。换句话说，沃蒂公司管理层认识到对比尔·约翰逊（Bill Johnson）提倡的"自下而上授权"的需求。

改变公司文化

公司应用工作中心管理哲学后，工作中心管理系统才被设计和执行。沃蒂公司管理层认为事先采用适当的文化很重要，他们深信像工作中心管理这样的制度不应在传统的组织结构中被埋没。在这项制度实施之前，公司为各级管理人员举行了一系列的培训会议，向员工灌输革新的哲学，这些培训会议重心在以下方面。

1. 该文化需要一个特殊管理方式。

要认识到，工作中心管理是一个连贯的无所不包的制度，它包括以下所有方面：质量、预算、成本控制、实物和财务报告、浪费和损失管理、培训、业绩提高、资本支出合理性、购置和资产管理。该文化也要求采用"内部客户"概念，即这些"内部客户"的需要必须被满足，同时他们有权拒收不符合标准的投入。这项新制度将导致一个扁平式组织结构，它要求管理者被授权、负有责任，更重要的是有较强的胜任能力。管理者对产出、投入、人工、设备、服务和存货等资源的使用负有全部责任。

2. 该文化需要对工作中心的理念有所理解。

每个工厂需要被划分成这样的单元，它们在很大程度上自给自足，同时又小到可以确保集中管理和问责。作为工作中心，每一个这样的单元都会成为管理的最小单位，因此也是组织建立的基石。管理者接受工作中心这个理念非常重要，因为工作中心必须：

- 反映工厂运作的逻辑流程；
- 有清晰、协商一致的界线；
- 建立时不应有重叠的工作中心；
- 涵盖分厂的各项经营活动，包括生产、服务职能、行政管理职能（不应该有任何的"无人区"）；
- 每个工作中心仅有一个经理，每个经理可以管理一个以上的工作中心；
- 尽可能为工作中心所耗费的所有人工、材料和资源提供指标；
- 要反映在总账上。

工作中心经理们被鼓励去重视和及时了解在他们控制下的"小型企业"的全部运作。

3. 该文化要求有一个处于辅助地位的经理。

辅助经理（分厂经理）应该认识到他的角色是支持工作中心经理、协调工作中心工作、解决工作中心之间的矛盾。这就要求辅助经理与工作中心经理及员工有日常接触，并且在工作中心间关于质量、数量和服务等亟待解决的问题上有共识。

4.该文化的重点必须放在持续改进上。

鼓励员工积极主动，设计和实施制度时应该从思想上注重业绩提高而不仅仅是控制。在注意力方面必须有一个从结果转向过程的审慎的变化。在讨论这一点时，杰勒德这样阐述："仅仅重视每月的结果，对推动我们改进的帮助很小，只有监督和了解基本过程后，我们才能开始提升业绩。"

工作中心管理系统

这部分所阐述的工作中心管理系统是由沃蒂公司建立的，适合公司的管理哲学和实践。该系统的概念化和研发工作，包括数据设计，由沃蒂公司内部机构完成。实际的数据结构和编程由外部的咨询公司完成。

工作中心的成立，能够反映整个工厂运作的逻辑流程，促进建立一个扁平化的组织。克赖斯特彻奇工厂的组织结构图如图1所示。从这张图中我们可以看到工作中心管理系统覆盖了整个公司，包括从农作物收割到产品分配的所有生产活动，以及所有的服务和辅助活动。工厂被划分为具有明确计量的投入和产出单元，并且因为每项服务或辅助经营活动本身就被确定为工作中心，所以实际上没有一般间接费用。

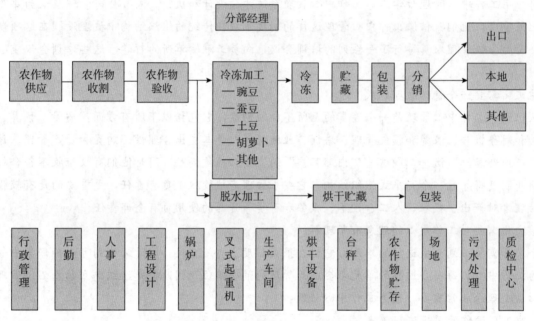

图1　工作中心组织结构图：克赖斯特彻奇工厂

WCM 系统的特色

该制度的目的是支持工作中心层面的分散经营管理层对投入、产出和工作中心员工而不是管理人员提出的问题做出决策。也就是说，所有的工作中心都被认为是耗费投入和生产产出的"小型企业"。该制度为工厂层面提供现成的信息，使得日常控制配合适当问责。成本能够根据实际消耗的资源分配到生产过程中，使得在活动发生时和稍后实施控制。这项制度的主要特征如下：

● 尽力把所有的成本作为可控制成本加以对待，以便最小化一般间接费用。这甚至能扩展至行政管理和会计部门，因为其本身可以作为有投入和产出的工作中心加以对待（详见附录A）。

● 为了自动过入总账，把实物数量转变成货币价值。鼓励生产和优化人员配置，因为工作中心的所有相关成本保留在工作中心内部。这也能防止工作中心员工对如清洁这样的一般管理活动重复付费。

● 鼓励优质生产。一个工作中心的产出成为下一个工作中心的消耗，而消耗产出的工作中心可以拒绝不符合标准的投入。这是工作中心管理系统的一个重要特征。

● 一个工作中心所获得投入的价值应该在标准总括成本那一点上。任何成本的过量耗用都是该生产工作中心的责任，不能把它推卸到消费其产品的工作中心去。

● 把所有工作中心的损失作为成本，归集到发生损失的工作中心。使损失最小是冷冻食品行业管理控制的一个重要方面，这也是工作中心管理系统的一个重要特征。这个概念的例子请看附录 B。

● 提供服务性工作中心。

● 要求所有工作中心将为另一个工作中心提供的所有产品和服务记录为"生产"。

● 要求接收产品和服务的工作中心将所有输入记录为"消耗"。

● 要求每个工作中心将消耗记录为该中心的成本。此外，消耗可以分配给消耗工作中心的产品或其他成本对象。

不用货币计量成本

沃蒂公司的制度包括两个不同部分：实物和财务。当设计和实施这项制度时，管理层意识到他们应该逐步使用实物指标，在初始时不会对旧的管理成本会计制度产生影响。因此，工作中心管理系统工程的第一阶段是使公司"不用货币计量成本"。杰勒德这样描述：

> 这是一个非常正确的决策。它意味着通过关注实物层面，我们没有必要要求要么在所有基础上，要么没有基础地实施这个系统。相反，随着每个工作中心的启动，我们将得到实实在在的收益。这也意味着学习可以大大减少损失。如果犯了错误，我们可以在不影响财务指标的情况下改变实物数量。我们估计，一旦该系统安装完毕且在实物层面运作，应用标准货币计量也不会很困难。作为一项临时措施，我们可以将新系统中的实物指标输入到旧的成本系统，以便过入总账。

公司发现，最初缺乏真正的财务整合并没有成为太大的问题。事实上，工作中心的许多收益并不是来自财务报告，而是来自实物层面日常控制的改进。沃蒂公司的经验表明"不用货币计量成本"可能非常有用。

动态作业成本的应用

一旦实物计量系统以令人满意的方式运作后，公司就能够将注意力转移到重新设计财务系统上。这是一个持续不断的过程，实际上截止到 1993 年年中，4 个分厂已经完成财务系统的重新设计。财务制度一个非常有意思的特征是财务成本会计的设计是由实物计量制度推动的。杰勒德把这称为"动态作业成本制度的应用"。也就是说，该系统不采用额外的作业分析法分配成本，而是根据实物资源的实际消耗量将成本分配到生产过程或产品中去。

服务部门工作中心的例子和相应的作业成本动因是：

服务工作中心	成本动因
质量保证	质量人工小时
	Bacto 测试量
工程	工程人工小时
贮藏室	包装货物吨数
	烘干后包装货物吨数
锅炉	使用的蒸汽（千克）
烘干产品	种子吨数
	包装货物吨数
	烘干后包装货物吨数

续表

服务工作中心	成本动因
农作物验收	净种子吨数
电力	电力人工小时
	所用电力（兆瓦）

每年的预算估计由每个服务工作中心计算，然后除以估计的成本动因单位数量，计算得出单位成本动因率。耗用服务的工作中心管理者允许与生产中心谈判，以确定整个年度的收费率。例如，冷冻工作中心的管理者可以就设备服务收费率与工程工作中心谈判，甚至也可以和公司外部提供的设备服务公司签订合同。这很少发生，因为即使使用外部设备服务，也必须为公司内部工程设备维修的固定成本支付费用。分厂经理可以调解工作中心经理们之间的纠纷。

一旦当年的成本费率确定，就可以用它们来计算实际发生作业的成本。在 1995 财年，克赖斯特彻奇工厂锅炉服务工作中心确定成本费率的例子如表 1 所示。在每个方面，1995 年的预算率都小于 1994 年的预算率，显然，工作中心管理系统在激励管理者和监督控制成本上证明是有效的。达成这项目标不仅要依靠工作中心管理者之间运用精确数字的谈判，而且要依靠有效管理业务活动，鼓励工作中心员工降低成本。

表 1　1995 财年的蒸汽预算率　　　　　　　　　　　　　　　金额单位：美元

整个服务中心成本	759 000		
变动成本——燃料	416 000		
固定成本——工资、维修和保养、折旧	343 000	变动燃料蒸汽成本（每千克）	22.94

冷冻农作物	变动成本——燃料成本					固定成本（按吨数分配）	总成本	1995 年每千克燃料消耗蒸汽预算成本
	总预算吨数	每小时包装吨数	每千克农作物耗费蒸汽	蒸汽总量（千克）	总燃料成本			
豌豆	22 000	18.0	7.0	3 143	72 082	202 310	274 392	87.31
绿豆	6 033	8.0	5.0	1 207	27 674	55 479	83 152	68.91
胡萝卜	1 101	1.5	3.0	367	8 417	10 125	18 542	50.52
马铃薯	6 485	2.0	0.5	12 970	297 469	59 635	357 105	27.53
蚕豆	527	1.5	4.5	117	2 686	4 846	7 532	64.38
全豆	900	3.0	4.5	200	4 587	8 276	12 863	64.32
其他	0	0.5	1.0	0	0	0	0	
白菜	50	0.7	1.0		1 147	460	1 607	32.13
南瓜	0	1.0	1.3	0	0	0	0	
小胡萝卜	199	1.5	3.0	66	1 521	1 830	3 351	50.52
总计	37 295			18 120	415 583	342 961	758 544	

一个日常业绩和成本报告，如表 2 所示。注意所用到的实物指标：生产和消耗的吨数、包装单位、所用包装材料、包括加班统计在内的所用人工小时。同时注意到与提供服务相关的间接费用的作业成本率，计算基础是工作中心当天消耗的成本动因单位的实际数量。

表 2　直接成本计算法的示例

消耗吨数	65.085	总包装使用量	8 434	
生产吨数	64.395	总批量	98 045（次）	
			7 486（箱）	
	98.94%		80 416	
		使用总人工小时	332.25 小时	
			16.75（按 1.5 倍工资支付）	

服务	数量	每吨（美元）	每吨实际间接费用（美元）	间接费用预算（美元）
包装人工	9	145.35		
工程	6	173.72	4.95	5.58
供电		112.10	1.74	1.18
叉式起重机		78.25	1.18	0.86
一般管理费用	17.5	318.93	4.95	5.36
烘干贮藏	3	132.50	2.06	2.84
废水处理		92.08	1.43	1.43
消耗品		211.80	3.29	3.29
其他		45.08	0.70	0.70
包装人工（间接）	16.75	228.82	3.55	3.28
总计		1 538.63	23.85	24.52

除日常工作中心业绩和成本报告外，会计部门采用直接成本系统计算存货成本。这个系统将农作物供给、生产和包装的直接成本过入分公司和公司总部（奥克兰）总账的存货账户上。这个例子如图 2 所示。

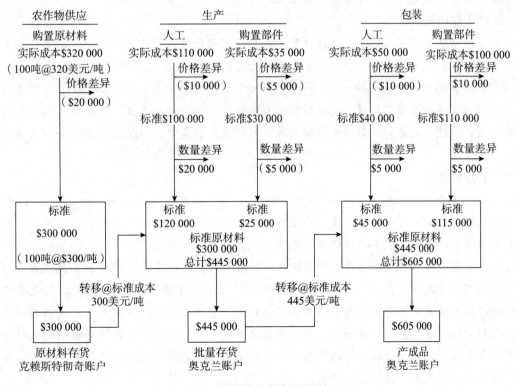

图 2　直接成本计算法的图例

工作中心管理系统与其他系统和程序的整合

在沃蒂公司，工作中心管理系统是与其他系统和程序整合在一起的。一个重要的管理报告工具就是每月的分部报告，上层的管理人员可以使用分部报告来评估经营单位的业绩。这个重要的每月分部报告包括六个方面：

- 分部经营概要；
- 成本和财务业绩；
- 工作中心业绩；
- 事前商定的活动；
- 信息和新的活动课题；
- 资本支出。

工作中心管理系统不仅提供成本和财务业绩指标的基础，而且提供用来评估工作中心业绩的各种实物指标的月度一览表。例如，在克赖斯特彻奇工厂的农作物供给工作中心的报告包括：

- 农作物收获的情况（每种蔬菜），包括计划吨数、年记录吨数、农作物总量估计和估计的收获时间；
- 加班小时；
- 每种蔬菜的种子存货记录；
- 农业研究活动；
- 天气状况，包括空气温度、降雨量、每日风级和太阳辐射等摘要图；
- 与种植园主协议的更新。

脱水工作中心的每月报告包括：

- 烘干完成简要说明，吨数统计和财务摘要；
- 包装完成简要说明，详细的包装统计包括产品类型的差异分析以及加班小时分析；
- 新产品和新市场开发的活动摘要，尤其在日本；
- 持续改进小组的会议记录。

工作中心管理系统支持公司的持续改进计划。这个计划被称为IMPACS，它是"提高管理层绩效和顾客满意程度"的缩写。沃蒂公司的管理层认同持续改进的哲学，每个工作中心都要求每月报告它们的IMPACS活动。这方面的例子详见附录C，附录C列示了在公司内部持续改进的水平。工作中心管理系统有助于改进计划的实施，因为它提供了大量的实物业绩标准，而这些标准正是需要改进的对象。在采用工作中心管理之前，经理们主要关注辨别和控制成本，而现在他们集中精力把握改进机会以及集中实施这方面的想法。

工作中心管理的效益

公司已经从工作中心管理系统上获得了巨大的收益，但是公司也认识到获得全额收益（full benefits）是一个长期的过程，目前还没有完全实现。杰勒德这样阐述："通常来说，因为我们正逐步成为一个具有正确文化和正确制度的公司，我们期望的目标已经（或者说正在）实现。"

公司的高层管理者确信管理和工作中心管理系统的应用对于在叉式起重机和产品设备等以前很难实施控制的领域，在改进控制、减少成本方面非常有意义。生产工作中心经理已经认识到没有"免费"资源，因为他们必须为诸如叉式起重机和产品设备这样的服务支付费用。这也产生了一些有趣的结果：公司不再拥有叉式起重机，而是长期租赁一些，并在繁忙季节里额外租用一些设备。这就迫使工程师必须和外部服务的提供者竞争，必须为设备服务的使用者提供等值服务，这种文化变迁实现起来并不容易。克赖斯特彻奇工厂的前任经理默里·诺顿这样评价：

一些工程师在接受工作中心理念方面有困难，有少数人在很长时间内反对这种变化。也许一些人在别的企业组织中会更加合适，我们可以给予他们这种机会。

工作中心管理系统的额外效益是：

● 优质产品越来越受重视。工作中心员工可以拒收不符合标准的产品或服务投入。这可以追溯至农作物接收工作中心，它将拒绝接收运送进来的不符合规格的蔬菜，因为它们知道生产工作中心会拒收这批蔬菜。这使得"内部客户"概念得到提升。

● 重视实物指标。业绩的实物指标对工作中心员工来说相当有意义。日常对实物指标的监控和了解使许多领域的业绩得到巨大的提升。

● 提高精确性。成本和存货信息变得更加可靠。错误通常在发生当日就能被发现并及时得到修正，而不是在发生后再向前追溯错误或甚至根本就不去查查。

● 价值增值思想。鼓励职员重视价值增值作业，一个重要的结果就是对浪费和损失加强控制。

● 提高员工士气。一项非常有价值的收益就是在大多数工作中心里，员工素质提高了。员工拥有管理作为"小型企业"的工作中心的能力和自由，以及对工作中心相关信息的所有权，这些都对生产率和质量产生了积极影响。

● 愈加重视改进。关于工作中心活动具体信息的可用性提升了公司质量改进的创造力。

● 从结果到过程的改变。重视实时生产过程而不是事后结果，是提高员工对业务的理解的重要步骤。

这些收益并不容易实现，公司用了数年（而不是几个月）的时间才达到目前的水平。

此外，沃蒂公司已经意识到为了使公司适应20世纪90年代以及以后的竞争需要，工作中心管理制度需要不断地提高和改进。

[问题]

(1) 讨论公司所处的竞争环境和产品种类。

(2) 简单描述该公司的生产过程并讨论该公司由于季节性可能产生的潜在问题。

(3) 沃蒂公司实施的"工作中心管理"是什么？为什么要有日常报告？

(4) 实行工作中心管理的动机是什么？

(5) 为什么有改变组织文化的必要？怎样才能实现企业文化的转变？

(6) 实际数据如何和财务会计制度结合起来？

(7) 工作中心管理能够带来怎样的收益？

(8) 在具体实施工作中心管理制度时，你能从中发现哪些问题？

(9) 什么样的经营活动可作为日常财务报告的内容？

附录 A：沃蒂冷冻食品有限公司，克赖斯特彻奇工厂 1994 财年的管理和会计服务工作中心摘录

任务阐述

通过可靠性条款和重大的财务及行政服务来提高工厂的经营效率。

职能和核心活动

● 监察并协助数据的归集。

● 确保数据转化为有意义的信息。

● 提供可靠有用的财务分析建议。

● 帮助用户理解信息。

● 提供管理服务。

● 加强对分厂的财务监控。

- 维护和加强计算机系统，并且提高它们的使用效率。

现状分析

- 在从数据搜集到信息诠释的过程中，充分认识到我们在组织中发挥的持续作用。
- 提高信息内容及披露的质量。
- 让顾客更为深入地认识服务中心的实质。
- 加强团队参与。
- 加强项目分析。
- 利用控制预测等系统，理清分厂财务中的各项权责关系。
- 提高交货效率。
- 提高用户对财务信息的理解。

1993 财年的主要业务活动

- 提高 R&M 控制制度来加强预测控制。
- 开展项目分析以识别：餐厅的日常运营；非沃蒂公司网点的用户。
- 检查所有的信息和会计制度，使其经济、有效、合法。
- 检查工厂所有的管理报告，使其具有建设性并满足用户需要。
- 提高服务中心恢复能力。
- 提供带有弹性预算的变动成本中心报告，其中包括每月农作物报告中的直接和间接成本。
- 为用户提供基础会计培训以此提高他们对于会计报表理解和使用的能力。
- 对管理人员目前的技能水平进行评价，并相应开展交互性技能培训。

1994 财年战略重点

- 提供相关且及时的信息，并对其进行分析。
- 提高对工厂财务的控制力度和效率。
- 持续提高财务信息系统的价值，并提供适用的改进方案。
- 持续提高用户利用信息的能力。
- 通过相关培训、团队建设和目标驱动提高员工持续创新改进的能力。
- 通过员工交互技能的培训来不断提高服务能力。

SWOT 分析：克赖斯特彻奇工厂

优势	劣势
学习的热情和意愿	缺少训练
责任会计的工作中心	日常压力导致的短视行为
对工厂经营活动的了解	
对财务信息作为一个控制工具认识逐渐提高	缺乏一个准确的衡量考核机制
对财务信息和财务制度的理解逐步加深	
尖端的电子数据处理系统	

机会	威胁
持续培训，不断提升制造过程中的信息使用水平	日常压力导致缺乏计划性和重点
最大限度使用电子数据处理系统	控制制度没有得到充分利用
提高数据的精确性	

SWOT 分析：服务中心

优势	劣势
员工参与和学习的热情	对生产过程的理解程度
尖端的电子数据处理系统的采用	确保有足够的时间计划
稳定和有经验的员工	对工作中心没有充分理解
多种多样的技能基础	对电子数据处理系统的充分理解能力较低
奥克兰的各种辅助设施	缺乏电子数据处理系统辅助服务
	缺乏完善的记录体系

机会	威胁
通过交互技能训练提高服务能力	日常压力导致短期性和缺乏重点
改进系统并且通过进一步训练来提高使用效率	

主要战略、行动

主要战略	主要行动	支持
控制工厂的电子数据系统	成立专家小组	S. S.
	实施训练计划	S. S.
	为电子数据处理硬件建立 TPM	S. S.
提高接收部门工作质量	检查新电话系统运行	C. M. /B. W.
	了解员工在系统中的位置	C. M. /T. F.
	建立信息传递体系	C. M. /T. F.
完善农作物供应服务	充分了解种植园主的制度	S. G. /R. E. /T. F.
完善应付账款：用户界面	实施正规的月末时间表并培训用户	J. A. /T. F.
	调查订单入账系统的使用情况	J. A. /B. W.
提高财务信息有用性以帮助进行生产经营活动	查阅管理报告以提高它们的使用率	D. K. /S. S. /R. S.
	评价服务中心，以使其能在工作中心得到补偿	D. K. /B. W.
	对每年农作物直接变动成本的趋势分析	R. S.
对工厂的经营活动进行有效的财务控制	提高直接费用和变动制造费用报告的概括性和定期性，避免月末出现异常项目	D. K. /B. W.
	对用户不断进行培训，以提高他们对财务信息和会计制度的理解和使用	B. W.
	提高 R&M 控制和预测系统	B. W.
	开始向固定资产登记簿方式转换，以确认可辨认的资产	D. K. /B. W.
	调查未归集的固定成本的"吸收"情况	B. W.
	有条理地实施用户工资系统	B. W.
	实施固定成本（不是 R&M）预测和趋势分析	B. W.
	实施内部审计和检查制度	D. K. /B. W.

续表

主要战略	主要行动	支持
保证部门员工能够提供高质量的服务	根据员工爱好实施结构性的交互技能培训计划	全部
	使员工更多通过对生产过程的接触来提高对这方面的认识	全部

1994 财年资本计划

项目	成本（美元）	月份（1993 年）	支持
PABX 系统	50 000	6 月	B. W. /C. M.
电脑	45 000	6 月	S. S.
档案服务升级费用	10 000	7 月	S. S.
激光打印机	9 000	7 月	S. S.
工厂经理的汽车	22 000	6 月	M. N.
其他	50 000		
IMPACS	30 000		
	216 000		

管理服务的成本

提供的管理服务

· 会计

· 行政管理

· 系统支持

· 通信

· 培训

	1994 财年	1993 财年
预算（美元）	530 000	625 000
员工水平	8	9
总工时	16 000	18 000
每小时成本*（美元）	33.13	34.72

* 这个"每小时成本"是行政管理和会计服务对其他辅助和生产工作中心的收费率。

附录 B：处理浪费和损失的实例

目标

● 了解生产阶段实际浪费和损失的"增值"成本。

● 把浪费的成本（或至少是可避免的部分）作为工作中心成本。

传统上处理浪费和损失的例子

● 以每吨 400 美元的价格买入 100 吨原料来生产 80 吨产成品。

● 购置成本＝40 000 美元（100 吨×400 美元/吨）。

● 生产的直接成本和间接成本是 80 000 美元。

● 回收率：80%（80 吨/100 吨×100%）。

● 损失：8 000 美元（20 吨×400 美元/吨）。

● 每吨成本＝1 500 美元/吨＝(40 000 美元＋80 000 美元)/80 吨。

使用工作中心的浪费和损失

另外假定有 4 个工作中心，除了每个工作中心对生产成本（直接和间接成本）加以均摊之外，我们利用上面所有的条件。

我们可以把这种状况描述为下图：

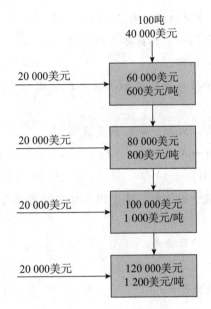

增值成本中的浪费和损失

假定这 20 吨损失每个工作中心负担 5 吨，则现在变为（见下图）：

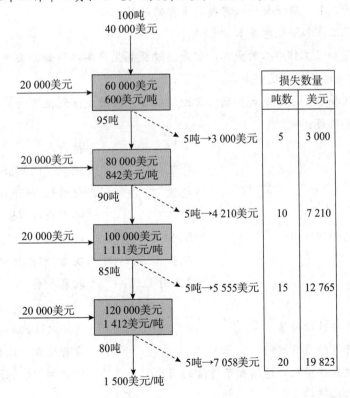

在我们的例子中可以看到，增加值的损失总量为 19 823 美元，而按照常规方法得到的损失为 8 000 美

元。显然，我们的方法比用常规方法得到的增值数字更符合实际情况。

附录 C：提高管理业绩和客户满意程度

脱水工作中心 3 月报告：建立团队的方法

我们有三种不同类型的团队会议：

1. 阶段：班组建设开始阶段。

人员：林达（Linda）、罗伯特（Robert）、比尔（Bill）、克雷格（Craig）和唐（Dawn）。

地点：利用我们自己的时间，每隔一个月在林达的工作地。

原因：确定共同目标并学会协同工作。

注意事项：这是班组建设开始阶段，我相信如果在生产管理人员、经理之间没有一个"团队"，那么在其他地方也不能发挥团队效应。

2. 包括脱水包装处理的所有职员：大卫、萨拉和克雷格。

开会时间：每两周在咖啡厅举行一次茶话会。

会议时间：半小时（上午班：13:30—14:00，下午班：21:30—22:00，夜班：5:30—6:00）。

原因：只有大家都充分参与到这个团队中，这个团队才能发挥应有的作用，光靠少数几个人是无法发挥团队作用的。

从第一次会议开始，我们想达到的目标是：

● 塑造团队精神；

● 以公开的方式使每个人的问题公开化；

● 促进每个人在生产线的工作；

● 取长补短，相互学习技能；

● 在产量最大化的情况下，确保每个人完成高质量的产品；

● 改进生产线以简化工作和降低总成本。

虽然这些团队讨论增加了工作中心的成本，但是通过提高生产率（例如，去年胡萝卜的生产率提高了50%），我们所获得的收益远远超过这些成本。

3. 沃蒂冷冻食品团队摘要。通常是我们班组讨论的综合。这使我感到把好的员工融入到一个大团队的必要。下面是提出的一些项目：

上午班		执行人
白板和钉木板	——包装	沃森（L. Watson）
危险的活动	——包装	阿格纽（C. Agnew）
空气管道的挂钩	——脱水	弗罗斯特（B. Frost）
豌豆加工后需要的任何加班	——脱水	阿格纽（C. Agnew）
给补给箱加盖	——脱水	沃森/阿格纽（L. Watson/C. Agnew）
拆开松土机	——2 小时 D. T.	收费人员
下午班		
清洁卫生，夜班还要继续清洁		罗珀（D. Roper）和沃森告诉晚班人员
清洁用的梯子，可节约清洁时间		霍普金森（B. Hopkinson）
打开过多的切片机和烘干机，这增加了清洁的困难，并且增加了晚上工作的危险性		阿格纽（C. Agnew）

夜班

　　我们如何把化学药品混合到容器中，目前是项繁重的工作　　　整个团队

　　卫生间里的指甲刷　　　　　　　　　　　　　　　　　　　与威廉斯（S. Williams）谈话

　　托盘未被吹干　　　　　　　　　　　　　　　　　　　　　脱水包装人员和烘干人员

帝国玻璃公司 （A）*

　　1963 年秋，哈佛商学院的彼得·斯莫尔（Peter Small）开始写关于帝国玻璃公司（Empire Glass Company）预算控制系统的案例材料。帝国玻璃公司是一家在加拿大有很多工厂的制造企业。彼得对詹姆斯·沃克（James Walker）（该公司的主计长）如何看待公司预算控制系统非常感兴趣。因此，斯莫尔把他的研究点集中在公司玻璃产品分部的预算控制系统上。该分部主要负责生产和销售盛装食品和饮料的玻璃瓶。

组织结构

　　帝国玻璃公司是一个多元化经营的企业，它由几个主要的生产分部组成，玻璃生产分部是其中之一。每个分部由一名副总裁负责，该副总裁直接向公司执行副总裁兰登·麦格雷戈（Landon McGregor）汇报工作。图 1 列示了公司高管团队结构图。公司和分部的管理部门都设在加拿大的不列颠市。

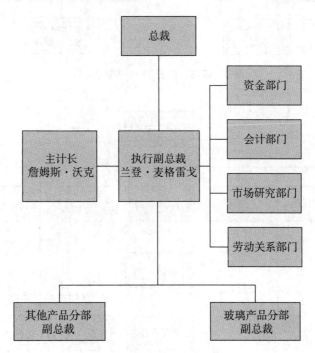

图1　高管团队结构图

　　会计部门有三个人：主计长、会计师主管和出纳员。主计长手下仅有两个人，詹姆斯·沃克和助理主计长艾伦·纽厄尔（Allen Newell）。市场研究部门和劳动关系部向麦格雷戈汇报关于员工产能方面的工作。

　　所有产品分部的组织结构都是类似的。客户服务部门和产品研发部门的人员要向每个产品分部的副总

* 本案例由助理教授 David F. Hawkins 撰写。Copyright © 1964 by the President and Fellows of Harvard College. Harvard Business School case 109 - 043.

裁汇报工作，生产总经理（负责分部所有的生产活动）和销售总经理（负责分部所有的销售活动）向各产品分部的副总裁垂直汇报工作。这些高级管理人员都有一些专家支持。图2列示了玻璃产品分部的高管人员的组织结构图，图3则列示了在玻璃产品分部中一个典型工厂的组织结构。

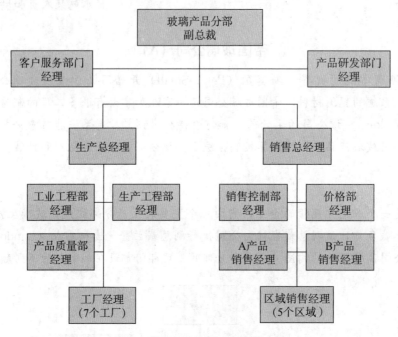

图2　玻璃产品分部——高管人员

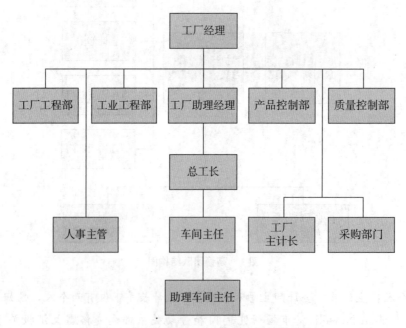

图3　玻璃产品分部——典型工厂组织结构

产品和技术

　　玻璃产品分部在加拿大有很多工厂。这些工厂主要生产盛装食物和饮料的玻璃瓶。在这些产品中，装食物用的广口瓶是最主要的产品。牛奶瓶、啤酒瓶和软饮料瓶的数量也很多。其他用于装葡萄酒、白酒、药物、化妆品和化学药品的各种形状和型号的玻璃瓶的产量则比较小。

玻璃产品分部的产品有上千种，这些产品在尺寸、形状、颜色、装饰等方面各不相同。产品主要是按订单生产。公司总部管理人员提供的 1963 年信息表明，从接到客户订单到工厂发运货物的间隔一般为 2～3 周。

生产玻璃容器的主要原材料是沙子、纯碱和石灰石。生产过程的第一步是在熔炉中把这些材料成批地熔化。然后，通过流水线将这些熔化的混合液送入自动或半自动的机器中。这些机器将熔液填充到模具中，并将其吹塑成预期的容器形状。接下来这个容器要通过一个自动的冷却炉或玻璃韧化炉。容器在这些炉中精确控制的条件下慢慢冷却。如果在玻璃外面要覆盖一层保护膜以加强耐磨和耐刮性，就要在玻璃韧化炉中加入这层保护膜（通常是硅膜）。在进行装饰（如商标或其他设计）后，产品要经过再次检查。已完工的产品将被装入波状容器（有些瓶子需要装到木盒）中。

质量检查在生产过程中至关重要。如果在熔炉熔化过程中，并没有除去全部的气泡和杂质（难熔材料或一些回炉的材料碎片），或者制造机器有轻微误差（如铸模发生磨损），那么废品率是相当高的。尽管有包括电子眼在内的大量检测仪器，但是在质量检查过程中仍旧需要人眼来检查。

玻璃制造是一个相当古老的工艺。在过去半个世纪中，玻璃瓶和玻璃罐的生产技术以相当快的速度向机器化发展。玻璃产品分部每年要花费大量的资金来完善设备使其更加现代化。这些技术的改进大大提高了生产速度，减少了肉眼检查及一些手工劳动。目前，在玻璃分部的工厂里，已经不再使用手工吹风。早期，这个行业大多数工作对技能的要求比较低，是高度重复的简单劳动，对工人的工作方法和节奏也很少控制。现在，制造和修理模具的工人、机器修理工以及根据不同产品转换过程中进行设备调整的工人都是最高技能等级的工人。

玻璃行业的工资是相当高的。不过，在模具生产过程中，机器的轰鸣声和被压缩空气的嘶嘶声，以及熔炉中烧燃料的声音使整个工厂极其嘈杂。同时，熔炉和玻璃液所散发的巨大热量使工作环境极其恶劣。生产线的员工分别来自两个全国性的工会。许多年来，工人的工资一直是按照全国性的标准来确定的。所有工作都制定了产量标准，但是对于工厂的计时工人来说，超过标准是没有奖金的。

市场状况

多年来，玻璃产品分部的销售增长速度一直高于玻璃容器行业的平均增长速度。在 20 世纪 50 年代末以前，因为公司的产品质量一直优于竞争对手，所以与同行业其他厂家相比，公司大多数产品的毛利都比较高。不过，在那以后，竞争对手的产品质量逐渐提高，已经能同公司的产品相竞争了，而且这些竞争对手保持着原来的产品价格，这就迫使玻璃产品分部必须降低产品价格以满足竞争要求。一位分部管理人员说："当前，整个玻璃行业是在两三家大公司的控制之下的，因此价格竞争并不很激烈。我们的竞争主要是在产品质量和客户服务方面。实际上，我们最大的竞争威胁是容器而不是玻璃。"

尽管运输成本的限制使每个工厂的市场集中在它的邻近地区，但分部的不同工厂在某种程度上覆盖了整个加拿大市场。同时，尽管有一些大的客户，但绝大多数客户的需求量不是很大。

预算控制系统

1963 年秋，彼得同詹姆斯·沃克进行了一次交谈。沃克担任帝国玻璃公司主计长已经 15 年了，下面是这次会谈的摘录。

彼得：沃克先生，预算控制系统的整体功能是什么？

沃克：彼得，要想理解预算控制系统的作用，你必须首先了解我们的管理理念。从根本上说，我们是在多产品基础上建立的多分部组织。这些分部的业务活动由公司执行副总裁协调。总部的管理团队只提供政策，并对公司执行副总裁的执行情况进行检查。

在宽松的政策下，我们以分散经营为主。每个分散经营的分部都像一个独立的公司那样履行它的管理职能。在分散经营理念下，唯一的例外是公司总部对全公司的资金来源负责，并且负责与工会协商各个分部的劳动关系问题。考虑到这种组织结构，预算是总部用来协调公司各个分部与公司总目标一致的最重要的管理工具。当然，在我们的公司中，预算绝不只是一个统计、会计工具。

销售预算

沃克和彼得讨论了销售预算的编制，这是预算编制程序的第一步。

沃克：早在预算年度的前一年的5月15日，公司管理层要求各个产品分部的副总裁提交一份初步的报告，预计在下一个预算年度对资金的需求以及可能实现的利润与销售情况。此外，公司的高层管理人员希望各个分部的副总裁谈一下他们对预算年度之后未来两年内一些特定项目发展趋势的看法。在这个阶段，总部不会关注太多的细节问题。

彼得：市场研究部是否参与这些预测？

沃克：不。我们所要的只是根据各经营单位管理人员对市场的感受得来的关于销售收入和利润的解释性说明。所有分部要预先提出它们未来五年的资金需要量计划，同时由于各个分部在上一年编预算时对即将到来的预算年度市场情况已经进行预测，所以这些关于下一年市场情况和资金需求的初步估计数并不是胡乱的猜测。

在听取了分部经理的意见之后，市场研究部的工作人员开始工作。他们对即将到来的预算年度的市场状况进行细致的分析，同时对未来两年的市场状况做一个总体分析，最后编制成一份正式的报告。

彼得：然后，将这些销售预测综合在一起，就是预算编制的第一步工作吗？

沃克：是的，这是重要的一步。实际上，预算计划中所有的预测和估计数从某种程度来说，都是从销售预测出发的或根据销售预测计算出来的。

市场研究部的工作主要是预测经济的总体环境、公司各个市场的增长、与本公司产品终端客户相关的天气情况、产品竞争和劳动争议等问题。

一旦评估完这些一般因素，就可以编制公司和每个分部的销售预算了。同时，也应该考虑总体经济环境与客户需求的关系以及帝国玻璃公司在每个市场所占份额。另外，应该对诸如价格、天气等情况做出一些基本假设，并且要将这些假设明确地表达出来。

在进行销售预测时，也要考虑新产品的引进、个别项目的利得或损失、买入期货、新建生产工厂等可能引起销售总额变化的因素。

同时，下列因素的影响也应该列入考虑范围之内：行业增长趋势、包装设计的发展趋势、存货结转和玻璃替代包装物的开发。

不论产品规模和重要性大小，每种产品都要针对上述相关因素进行考虑。市场研究部编制一个完整的预测报告送交给相应的分部去审查、讨论和调整。

彼得：如何概括公司总部在销售预测过程中的作用？

沃克：我想，首要的目标是要确保分部之间在诸如商业环境、定价以及突发事件的处理等方面的基本假设保持一致。同时，我们也要掌握一个尺度以便我们判断公司总体的销售预算是否合理以及能否实现。

下一步，产品分部的高级管理人员要找他的地区销售经理。每个地区销售经理要告诉他的上层管理者在预算年度他在销售方式方面有何想法。公司总部和分部的员工根据地区销售经理的需要给予他们尽可能充分的信息，但每个地区销售经理的责任是要提出他自己的预测。

在分部高级管理层获得地区销售经理的预测之后，分部的市场总经理要审查这些预测并加总数字。这时，市场总经理可能会把预测报告返回给地区销售经理，建议他们修改预算。例如，可能出现这样一种情况：我们在白酒市场占有很大的份额。某一年，销售经理预计销售可能增加20%～25%，不过，这一预计结果也可能是各个地区销售经理预测结果合并得来的。

显而易见，这种预测不合理。其原因是，每个地区销售经理的预测是来自他的白酒客户，这些白酒客户预期销售会增长。当所有这些预期增长累加在一起之后，市场好像会有一个大幅增长。然而，这种增长不会发生。因为实际的情况是公司 A 从公司 B 获得销售，公司 C 从公司 D 获得销售，等等。

从个体的角度看，地区销售经理对其区域以外的情况知之甚少。不过，从公司总部的角度来看，我们能确切知道整个市场的规模和客户的相对市场份额。这就是市场研究部派上用场的地方。

不过，我再强调一点，在这种情况下，如果没有地区经理的同意，地区销售经理的预算也不能加以改动。也就是说，一旦预算通过，在没有高层管理者同意的情况下，任何人都不能推卸责任。同时，如果没有经过对预算负责的所有人员的同意，任何人不能对已经批准的预算做出任何武断的改变。

彼得：截至这个时候，工厂经理或者分部的制造部门经理是否也参与了销售预算的编制过程？

沃克：不是以正式的方式。当然，工厂经理也会通过其他渠道了解预算编制的进展情况。例如，当一位工厂经理编制设备投资计划时，他要和地区销售经理谈谈与他的工厂紧密相关的地区销售计划。

紧接着，在分部和总部层次重复刚才的流程。我们不断地重复这个过程一直到每个人都认为销售收入预算是合理的。接着，各级管理层要对预算的相应部分负责。销售预算就变成了固定的目标。

彼得：除了提出一个比较切合实际的销售预算，当分部审查销售预测时，它们还要考虑什么目标？

沃克：我认为它们要考虑四个总体目标：第一，审查分部所处的竞争位置，包括为提高竞争地位而制订的计划；第二，对分部的竞争计划进行评估，评估它们究竟是通过扩大市场份额，还是通过削弱竞争对手的活动来获得竞争地位的提高；第三，考虑为改进分部产品或引进新产品的需要而扩大生产的必要性；第四，全面审查和建立改进产品质量、配送方法和服务的计划。

生产预算

沃克和彼得把他们的话题转移到生产预算的编制上。根据沃克的意思，每个工厂都有利润责任。

彼得：什么时候编制工厂预算呢？

沃克：一旦副总裁、执行副总裁和公司总裁对销售预算意见统一并批准后，我们就根据各个工厂的最终产品将分部的销售预算分解到各个工厂。这些工厂再根据价格、数量或最终用途将销售预算分解到每个月。根据这些信息，工厂就对它们的毛利、固定费用和税前收益编制预算。

彼得：你如何定义毛利和收益？

沃克：毛利是销售收入减去折扣和变动生产成本（如直接人工、直接材料和变动制造费用）后的余额。收益是毛利和固定成本之间的差额。

彼得：工厂经理必须要在销售预算范围内编制生产预算吗？

沃克：是的，在销售预算既定的前提下，工厂经理有权根据标准决定固定制造费用和变动制造费用，他们要满足销售预算的要求。

我知道在一些公司里，公司总部给每个工厂经理一定的销售收入和收益指标，要求他们必须完成。不过，我们没有采取这种方式，我们认为这样做不符合地区销售经理和工厂经理各自不同的经验优势。如果我们给工厂经理制定一个利润指标，我们怎么能说利润是他们必须要承担的责任呢？

我们对工厂经理的要求是这样的，假设你必须生产这么多可供销售的产品，那么你预计要花费多少？为了获得这些当前和未来的销售收入，你需要花费什么？

彼得：接下来，工厂经理们就开始制订他们自己的计划了吗？

沃克：是的。就我而言，让工厂经理自己制订计划是预算制度最有价值的一部分。每个工厂经理将他的总预算编制工作分解到不同的部门。首先，各个部门要列出实物需要量的计划，诸如原材料的吨数，然后，考虑价格因素来确定标准成本。

彼得：这些部门预算可能包括哪些项目？

沃克：让我告诉你在预算编制过程中工业工程部的责任。该部门的主要责任是建立产品工程成本标准并对降低成本负责。这样，在预算编制过程中，工业工程部要负责为工厂内部每项经营活动、每个成本中心和每个职能部门制定标准，同时，还包括对成本降低进行预算、对背离标准的不利差异进行预算以及对生产中的固定成本进行预算。在这些预算编制过程中，工业工程部要与这些部门的主管通力协作。

彼得：一旦工厂预算编制完成，会直接送交给分部的高级管理层吗？

沃克：不是这样，在每个工厂把它的预算送到总部之前，我们公司总部的人要走访每个工厂。例如，就玻璃产品分部而言，艾伦（助理主计长）和我将带着玻璃产品分部的代表去走访该分部的每个工厂。

我再强调一点，我们的这次走访并不是对工厂提供的预算做出决断。我们此行目的是：第一，我们想亲自了解一下每个工厂经理报送给总部的预算数据背后的真实想法。这对我们来说很重要。因为在高级管理层审查这些预算时，我们必须针对这些预算回答一些问题。通过走访，我们想知道问题的答案。第二，工厂经理有时候不知道他们的预算是否与公司的利润目标一致，通过走访，我们可以在这个方面为他们提供指导。

当然，当我们进行实地走访时，我们并不知道其他的工厂正在做什么。因此，我们会向工厂经理解释，尽管他们的预算现在看起来非常诱人，但是当我们把所有工厂的预算结合在一起编制合并预算时，有可能因为预计利润不够高，工厂经理必须做一些改变。当这类问题发生时，我们必须告诉工厂经理这并不是他们的计划不够好，问题是公司不能接受这项计划。

我认为让每个工厂经理有一个机会去陈述他的预算是非常重要的，这也能使他们感到总部人员并没有生活在象牙塔里。

彼得：走访这些工厂要花多长时间？

沃克：三周左右，我们平均在每个工厂要用半天时间。

彼得：我可以把总部和分部员工的作用总结为：提供建议，不做决策。做决策是工厂经理的权力。

沃克：是的。

彼得：在工厂员工中，谁将参加这些会议？

沃克：工厂经理可以召集他所希望的任何生产主管参加会议。我们告诉他最好不要主管以下的人参加。当然，你也可以参加。

彼得：走访这些工厂时，你们做哪些工作？

沃克：我们在每个工厂花费半天。首先谈论预算，不过如果我有时间，我喜欢在厂内走走，看看他们正在做什么。同时，我也要和工厂工程师一起详细地检查一下设备的重置与维修预算。

彼得：在你结束走访之后，工厂的预算要送到各自的分部高级管理层那里吗？

沃克：是的。大约在 9 月 1 日，工厂预算要送到总部，会计部门要把它们合并在一起。然后产品分部的副总裁要检查各自的分部预算，看分部预算是否合乎公司上层管理者的要求。如果他对合并的工厂预算不满意，他将要求分部的各个工厂修正它们的预算数字。

当分部副总裁和公司总部执行副总裁满意后，他们将把预算送到公司总裁那里。这时，他可能会接受分部的预算。如果他不接受，他将明确指出分部需要重新检查的地方。若必要的话，也可能会让工厂经理重新检查。最终的预算要在 12 月份的公司董事会上通过。

彼得：根据我的理解，地区销售经理对销售负有责任。

沃克：确切来讲，是对销售数量、销售价格和销售品种结构负责。

彼得：工厂经理对生产成本负责吗？

沃克：他的首要责任是利润。工厂的利润预算是固定的销售收入预算减去标准变动成本预算和固定制造费用预算后的差额。工厂经理要对这个预算利润数据负责。

彼得：即使是出现实际销售收入低于预算水平的情况下也是这样吗？

沃克：是的。

实际业绩和标准业绩的比较

两个人的讨论又转到与公司总部对各个部门的实际业绩和标准业绩的定期比较相关的程序和管理思想方面。两个人特别讨论了生产领域的问题。

彼得：当实际经营结果报送到公司总部后，你们如何处理？

沃克：我们在"例外"基础上对它们加以检查，即我们仅注意那些超过预算指标的数字。我们相信这有利于鼓舞士气。工厂经理不必对所有的事项加以解释，他们所要做的是对背离预算的事项做出解释。

彼得：你最感兴趣的成本和收入项目是哪些？

沃克：我们特别关心净销售收入、毛利和工厂标准生产成本差异。另外，当我们分析总销售收入时，我们也关注价格和产品销售结构的变化。所有这些信息都将概括在利润计划和控制报告 #1（见表 1）中。这个报表的背后有很多辅助性的支持文件（见表 2）。

表 1　利润计划和控制报告（PPCR）#1

| 本月 | | | 索引 | | 本年累计 | | |
| 与以前年度或预算数相比增加或减少 | | 实际 | | | 实际 | 与以前年度或预算数相比增加或减少 | |
以前年度	预算					预算	以前年度
			1	总销售收入			
			2	销售折扣和折让			
			3	净销售收入			
%	%		4	与以前年度或预算数相比增加或减少的百分比（%）		%	%
销售收入与以前年度或预算数相比增加或减少的原因是：							
			5	销售价格			
			6	销售数量			
			6（a）	销售品种结构			
			7	变动销售成本			
			8	边际利润			
影响边际利润与以前年度或预算相比上升或下降的原因是：							
			9	销售利润率（P/V）			
			10	销售金额			
%	%	%	11	销售利润率（P/V）		%	%

续表

本月			索引		本年累计		
与以前年度或预算数相比增加或减少		实际			实际	与以前年度或预算数相比增加或减少	
以前年度	预算					预算	以前年度
收益增加（+）						收益增加（+）	
			12	总固定生产成本			
			13	固定生产成本——搬运成本			
			14	工厂收益（标准）			
％	％	％	15	净销售收入的百分比（％）		％	％	％
收益增加（+）						收益增加（+）	
收益减少（－）						收益减少（－）	
％	％	％	16	业绩百分比（％）		％	％	％
			17	生产效率			
收益增加（+）						收益增加（+）	
			18	方法改进			
			19	对标准的其他修正			
			20	原材料价格变化			
			21	分部特殊项目			
			22	公司特殊项目			
			23	工厂新出现的费用			
			24	工厂其他费用			
			25	其他业务收益			
			26				
			27				
			28	工厂实际收益			
％	％		29	与以前年度或预算数相比增加或减少的百分比（％）		％	％
％	％		30	净销售收入（％）		％	％	％
增加（+）或减少（－）				占用资本		增加（+）或减少（－）	
			37	总占用资本			
％	％	％	38	占用资本报酬率（％）		％	％	％
			39	周转率			

工厂 _____   分部 _____   月份 _____

表 2　利润计划和控制报告（PPCR）♯2～♯11 的简要描述

报告	描述
	各个工厂的报告
PPCR♯2	生产费用：原材料，直接人工，变动制造费用。具体的实际数字与预算、以前年度数字加以比较（本年累计及当月）
PPCR♯3	工厂费用：各工厂发生的费用。具体的实际数字与预算、以前年度数字加以比较（本年累计及当月）
PPCR♯4	销售收入与利润分析：各工厂由于销售收入、边际利润和其他收入的来源的变动而产生的经营损益。具体的实际数字与预算、以前年度数字加以比较（本年累计及当月）
PPCR♯5	工厂控制报表：对原材料成本、废品成本及成本降低计划的分析。具体的实际数字与预算、以前年度数字加以比较（本年累计及当月）
PPCR♯6	分产品的收入比较：销售收入、边际利润和销售利润率全部按产品类别（如软饮料、啤酒等）分析。具体的实际数字与预算、以前年度数字加以比较（本年累计及当月）
	分部汇总报表
PPCR♯7	比较工厂业绩、销售收入及利润：以分部为单位统计销售收入和利润。具体的实际数字与预算、以前年度数字加以比较（本年累计及当月）
PPCR♯8	比较工厂业绩、总费用：按各工厂来统计边际利润、总固定成本、生产效率、其他费用及销售利润率。具体的实际数字与预算、以前年度数字加以比较（本年累计）
PPCR♯9	生产效率：在原材料、废品、供给和人工方面分析工厂的损益。当月及本年累计的实际的总额（以美元报告）及与预算的百分比
PPCR♯10	存货：主要存货的实际数字和预算数字进行的比较
PPCR♯11	资本支出情况：分析工厂每月的资本支出情况（与预算相联系）

彼得：当你看固定成本时，你最感兴趣的是什么？

沃克：我们想知道工厂经理是否完成了他们所要完成的计划。如果没有，我们想知道原因。我们比较关注合理的解释。同时，我们想知道他们是否按照他们当初预期的成本完成其预计项目。

彼得：你们是不是一直等收到各个工厂每月的 PPCR♯1（即利润计划和控制报告）之后，才知道各个工厂本月的经营情况？

沃克：不是这样。在上一个月结束后的第六个营业日，每个工厂都要向总部汇报一定的经营差异，我们把它们结合在一起编成差异分析表（见表 3）。在最后一个工厂报告送来之后的半小时内，各个分部和工厂的差异分析表就被编制出来。在第七个工作日的早上，这些报告将会放在高级管理人员的办公桌上。

表 3　不同分部及工厂的差异分析表

序号	分部或工厂	预算收入	销售收入	销售价格	制造成本	人工	加班	职工福利	外部仓库	公用事业	大修理	折旧，租金，保险和税费	可控的工厂固定成本	其他固定成本	生产效率	成本降低	其他经营收益	副业收益	工资变动	价格变动	分部费用	实际收益	经过数量调整的收益
1																							

续表

序号	分部或工厂	预算收入	销售收入	销售价格	制造成本	人工	加班	职工福利	外部仓库	公用事业	大修理	折旧，租金，保险和税费	可控的工厂固定成本	其他固定成本	生产效率	成本降低	其他经营收益	副业收益	工资变动	价格变动	分部费用	实际收益	经过数量调整的收益
2																							
3																							
4																							
5																							
6																							
7																							
8																							
9																							
10																							
11																							
12																							
13																							
14																							
15																							
16																							
17																							
18																							
19																							
20																							
21																							
22																							
23																							
24																							
25																							
26																							
27																							

续表

序号	分部或工厂	预算收入	销售收入	销售价格	制造成本	人工	加班	职工福利	外部仓库	公用事业	大修理	可控的工厂固定成本	折旧，租金，保险和税费	其他固定成本	生产效率	成本降低	其他经营收益	副业收益	工资变动	价格变动	分部费用	实际收益	经过数量调整的收益
28																							
29																							
30																							
31																							
32																							
33																							
34																							
35																							

差异分析表中显示了我们认为的关键领域的差异。一旦我们收到这份报告，我们将帮助总部及时采取对策。不过，我要强调的是，我们不能容忍工厂经理只在月末才知道本月发生的情况，他必须每天关注这些特殊项目。

彼得：在你收到每月的差异分析表之前，总部有办法发觉经营中的不利动向吗？

沃克：有。在每月月初，工厂经理都要对下个月及下个季度进行估计，其估计格式类似我们的差异分析表。

因为我们的预算是建立在熟悉的项目基础之上的，当前的这些估计数都是工厂人员对他们所熟悉的项目认真思考的结果。我们希望他们能意识到在生产经营过程中不能过一天是一天，而是要有一个长期的思考和计划。

如果我们看到出现了一个异常或者注意到可能存在一个潜在问题，我们可能就要求工厂针对这个问题每天都要向分部的高级管理层提交报告。此外，分部高级管理层可以派一个专家（比如说，当有质量问题时，派一个质量控制专家）到出现问题的工厂。分部的专家们可以提出一些建议，工厂经理有权决定是否采纳。当然，公司里的人都知道，我们期望工厂经理能够比较体面地接受总部和分部人员的帮助。

彼得：每月的 PPCR＃1 什么时候送到总部？

沃克：工厂 PPCR＃1 和月末试算平衡表（列示了实际发生额和预算数字）在本月结束的第八个工作日送到总部。这是两个非常重要的报告，它们连同辅助报告（PPCR＃2 到 PPCR＃11，在表 2 已描述）由会计部门加以合并，形成 PPCR 形式的表格，以显示分部和公司的经营成果。这个合并报告在第二天发送出去。

销售与生产的联系

彼得非常想知道销售与生产二者之间的联系（尤其是在工厂层面）。

彼得：如果在一年里，实际销售量低于预计的销售量，你能对工厂预算做哪些改变？

沃克：这是我们预算系统中遇到的最大风险之一。如果销售量下降发生在一年的前期，并且工厂经理能够提供令人信服的证据表明这种变化是永久性的，我们可以修订工厂的预算以反映这些新情况。不过，如果在年底，实际销售量突然低于预算水平，我们将没有时间改变预算计划。我们所能做的是请工厂经理和职能部门重新检查预算，看看可以减少哪些项目的费用开支，以确保销售下降给公司造成的影响最小。具体地说，我们要求他们考虑，哪些费用可以取消，哪些费用可以推迟到明年。

我认为"我们做计划的目的是使我们有计划可以抛弃。"即使你最终要抛弃这些计划，明智的做法还是要先制订计划。有了计划，当销售背离预算水平时采取应对措施会更容易一些。对经营活动的了解来自准备编制预算的过程。对经营活动了解之后，当我们面临实现目标利润的压力时，或者当我们在年终面临销售量突然快速下降时，我们就不会无谓地争吵，也不会因此而困惑。

当出现这些情况时，我们不会去埋怨工厂经理，给他们施加压力，我们只要求他们合理地降低成本，使成本控制在原来的预算水平以下。

彼得：如果销售部门因为一些临时出现的"快速订单"，要求改变生产计划，因此可能会对工厂的成本造成不利影响。这个问题应该怎么处理？

沃克：对我们来说，客户的需求是最主要的。在我们公司，销售是龙头，其他部门都要为销售服务。

在工厂，当销售部门和生产部门发生问题时，我们要求他们自己解决问题。举例来说：客户的采购部门坚持要"立即交货"，而这项"立即交货"可能打乱公司生产部门的计划。生产部门可以提出解决这个问题的备选方案，但满足客户需要是销售部门的责任。我们假定销售人员非常了解客户，他们对客户是否真的需要这种产品具有良好的判断力。如果销售经理说客户需要这种产品，问题也就清楚了。

当然，如果这种销售计划的改变涉及工厂层面巨大的费用，远远超出工厂的预算，这件事就要提交分部，由分部来决定。

正像我先前说的，销售部门对产品价格、销售品种结构和交货日期负全责，销售部门并不对工厂经营或利润负直接责任，那是工厂经理的责任。不过，无论什么时候销售部门都应尽可能地和工厂员工合作。

彼得：我想协作是你们这个系统成功的一个重要因素。

沃克：的确是这样。我们认为，如果通力协作，整个预算制度将得到最好的贯彻。在互相协作的组织结构下，销售部门和生产部门都有明确的责任。

激励制度

彼得：你怎样激励工厂经理去实现他们的利润目标？

沃克：首先，我们只提拔有能力的人，同时，也建立货币激励方案来鼓励他们为完成利润目标而努力工作。

彼得：还有其他激励办法吗？

沃克：每月我们将每个分部和工厂的关于生产效率①的柱形图合并在一起。

我们认为工厂经理对变动性制造成本负有百分之百的责任。我们坚信这一点，是因为所有生产标准都是经工厂经理同意的，大多数工厂经理的业绩是在这些图中公开反映出来的。在某些情况下，利用这个生产效率柱形图和效率指标来衡量工厂业绩可能有点不公平，因为不同的工厂生产不同种类的产品，不同的产品需要的生产准备是不同的，也会有其他一些不同的活动，而这些对工厂的生产效率都有很大影响。不过，总的来说，生产效率是衡量工厂经理和他的生产管理人员业绩的一个较好的指标。

---

① 生产效率＝（总的实际变动制造成本÷总的标准变动制造成本）×100%。

同时，许多工厂在其内部都有竞争机制，这些机制是建立在部门负责人或者车间主任在一定的成本项目上所负责任标准的基础之上的。工厂经理和他们的职能人员以及员工都会以在自己的工厂获得的业绩感到自豪。

彼得：在今天早上等你的时候，我读了一些公司内部的出版物，它们好像都在强调利润和产品质量。

沃克：是的。我认为，目前工厂应强调的一个问题是质量。在市场上，为了销售，你必须满足市场价格，同时也必须提高质量。我指的质量不仅是产品的质量，而且指诸如交货日期等的服务水平。

我在读公司内部出版物时，发现它们提供的信息是，公司要获利，就必须在合理成本基础上生产高质量的产品。这对工厂在当前环境下实现利润最大的责任非常必要。

彼得：你分析销售报告吗？

沃克：不。这是销售人员的责任，他们自己编制报告，同时他们根据销售经理编制的预算控制销售成本。

最初的销售统计数字是根据工厂的出库账单，按照产品最终用途汇总出来的，一般在下月的第三个交易日完成。详细的销售统计数字要按照最终用途和顾客进行统计，同时要反映实际销售数、与预算的差异数以及与以前年度的差异数。这个统计工作由不列颠市的数据处理部门在下月的第八个工作日前完成。数据处理部门在 PPCR#1，PPCR#4 和 PPCR#6 中分别按照工厂和最终用途来报告销售收入、销售价格和销售品种结构方面的差异。

关于将来

彼得：沃克先生，你是否有意对你的预算控制系统做一些调整？

沃克：预算控制系统的一个重要部分是计划。我们已经树立了这样的思想：我们在哪里工作就要在哪里编制我们的计划，无论是在组织之内还是工作现场。也许将来我们可以减少一些预算编制步骤，同时把销售预算放到 5 月 15 日以后。不过，我认为我们不大会改变对预算编制的基本思想。坦率地说，我感觉生产线上的员工可能希望对现有的预算体系做一些重大改变，他们对现行预算体系给予管理层的特权可能感到不满。

我们管理预算，这一点非常重要。同时，我们必须随时提防，避免预算管理我们。有时，工厂没有看到这个事实。工厂每天都关注销售量和利润，当销售量降低和工厂的项目被削减时，工厂有时候表示出不能理解。尽管我确实不理解他们为什么过多地关注对工厂成本和项目的削减，但这正是预算管理人性的一面。我们在将来必须给予更多的关注。

注释

在与沃克交谈的过程中，彼得请他对在 PPCR#1 上的一些项目做出解释。

沃克：让我们从净销售收入（索引 3）开始。这是总销售收入（索引 1）与销售折扣和折让（索引 2）之间的差额。

下一行，与以前年度或预算数相比增加或减少的百分比（索引 4）是净销售收入与预算和以前年度实际数字相比增加或减少的百分比。

下面，我们把导致销售收入与预算或以前年度相比增加或减少的因素分成几个部分：价格、销售量和销售结构。变动销售成本（索引 7）包括直接材料、直接人工和变动制造费用。这些成本通常以单位成本表示，列示在预算栏中的是实际产量的标准成本。边际利润（索引 8）是净销售收入和变动销售成本的差额。接着，我们进一步分析导致边际利润变化的原因。索引 9，由销售利润率变化引起的边际利润增减，部分是净销售收入与已销产品的标准变动制造成本之间的关系变化导致的。这种关系用百分比来表示，即销售利润率（利润/销售量）（见索引 11）。

导致毛利增减的另一原因是销售金额（索引10），它是因净销售额的变化（除销售利润率的变化以外）引起的毛利增减。它是全部毛利差异和索引9之间的代数差异。

我们要对销售利润率做进一步分析，因为它反映了我们在变动成本上的花费。当然，仅仅是销售量的变化绝不可能影响销售利润率。

总固定生产成本（索引12）是在一年内保持不变的成本（不考虑销售量的变动因素）。它包括：折旧、租金、普通保险费、一般纳税额和大部分监督检查成本。固定成本按年计算，每月的数字是年成本的1/12。

下一个项目是固定生产成本——搬运成本（索引13），并不适用于玻璃产品分部，因为它们很少有内部不同部门或不同分部之间的搬运工作。因此，就玻璃产品分部而言，工厂收益（标准）（索引14）是边际利润和总固定生产成本的差额。

在索引16一栏中，我们把标准成本和实际生产成本之比作为业绩百分比。在损益栏有同样的项目，我们用实际业绩和预算业绩或实际业绩和以前年度业绩百分比的差异来表示。

在索引17生产效率一栏中，我们用制造金额的节约或超标来反映其对收益带来的增加或减少。

索引18到索引25是自我陈述部分。除了由于效率原因导致的成本节约或超支之外，特殊情况也可能使成本偏离标准，这些额外差异可以根据原因分类，其中主要的都单独地反映在PPCR#1上。索引28工厂实际收益是在把索引14的数额按照索引18到索引25在内的偏离标准生产成本的项目调整之后的差额。

总占用资本（索引37）是在月末按年平均计算的占用资本额。在工厂层面，占用资本包括存货（绝大多数是在产品和产成品）的标准直接成本加上固定资产的重置成本。在分部层面，应收账款也应包括在占用资本之内。

彼得：你如何计算固定资产的重置成本？

沃克：我们有公式帮助我们计算，与现有设备生产同样产品、具有相同生产能力的设备的当前成本。

彼得：你为什么要选择重置成本？

沃克：有两个基本原因。其一，在一个分部里，重置成本可以使所有工厂在计算资产报酬率上是统一的，这是因为它减少了使用不同购置成本（对类似设备来说）所产生的扭曲现象。其二，它可以减少由于使用未回收成本所带来的歪曲。尽管未回收成本是建立在可比的重置价值基础之上的，它也严重地受累计折旧的影响，而累计折旧又在很大程度上取决于设备的使用期限。

彼得：PPCR#1其余的项目是什么？

沃克：索引38是工厂实际收益与占用资本的比率。索引39是净销售收入除以占用资本而得。

彼得：在PPCR#1中三个最重要的项目是什么？

沃克：销售利润率、工厂实际收益和占用资本报酬率。

彼得：预算表和PPCR系列表格类似吗？

沃克：是的，唯一不同的是预算表包括记录当前年份预算数字和以前年度的实际数字的列。此外，预算数和当年实际数的估计数[1]以及以前年度实际数之间的差异也要反映出来。

---

① 本年度截至目前的实际成本加上本年度剩余月份的估计成本。

第 **8** 章

平衡计分卡：计量业务单元的全面业绩

　　企业竞争已从工业时代的竞争转为信息时代的竞争。在工业时代，财务控制系统已在通用汽车、杜邦、松下电器及通用电气等公司中发展并运用，以促进和监督企业的财务资本和实物资本的有效分配。[1] 主要的财务指标，如营业利润、已动用资本回报率，可以用来评价经营部门使用财务资本和实物资本为股东创造价值的效果和效率，我们将在第 9 章、第 10 章中讨论这些财务控制指标。

　　然而，信息时代的出现，使得许多工业时代竞争的基本假设过时了，仅仅通过把快速发展的新技术应用于实物资产或更好地管理金融资产和负债已经无法给企业带来可持续的竞争优势。不论制造业还是服务业，信息时代的环境都要求企业掌握新的竞争能力，企业开发和运用无形资产的能力变得比投资和管理实物、有形资产的能力重要得多。[2] 无形资产可以使企业：

- 巩固和加强客户关系以保持现有客户的忠诚度，并能给新的客户群和市场提供更有效的服务；
- 引进目标客户群所需要的创新产品和服务；
- 在短时间里以低成本提供符合客户需要的高质量产品和服务；
- 提高员工技能和积极性，不断改进过程能力、质量和反应时间；
- 采用信息技术、数据库和信息系统。

　　企业在投资于项目和最初建立生产能力时，最主要的评价系统是通过月度、季度、年度财务报表来监控生产过程。理想的财务会计模型应该包括企业的无形资产和智力资产的估值，如高质量的产品和服务，积极和高技能的雇员，灵敏的且具有前瞻性的内部业务流程及满意和忠诚的客户。如果企业的无形资产和生产能力被包括在财务会计模型中，那么增加无形资产和提高生产能力的企业可以把这种改善传达给它的雇员、股东、债权人和社区。相反，当企业的无形资产减少和生产能力降低时，所产生的消极影响也会立刻反映在利润表上，然而，现实中很难确定资产的可信价值，如一个新产品生产线、每个工序的生产能力、雇员的技术、积极性、灵活性、客户忠诚、数据库和信息系统等，这些通常被排除在企业的资产负债表之外，但这些资产和生产能力恰恰是企业在如今和未来的竞争环境中能否取得成功的关键因素。

8.1 平衡计分卡

平衡计分卡用来表达企业在基于能力和创新（并不仅仅是有形资产）竞争过程中必须要实现的多重相互联系的目标。平衡计分卡把使命和战略转化成目标和指标，由四个维度组成：财务、客户、内部业务流程、学习与成长（见图表 8-1）。

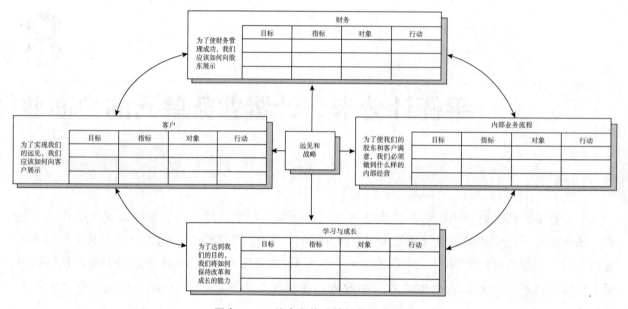

图表 8-1 使命和战略转化的四个维度

资料来源：R. S. Kaplan and D. P. Norton，*The Balanced Scorecard：Translating Strategy into Action*（Boston：Harvard Business School Press，1996），p. 9.

8.1.1 财务维度

平衡计分卡保留了财务维度的内容，是因为财务指标对综合反映已发生的行动的经济结果是有价值的。财务业绩指标能反映出公司的战略制定与实施是否促进了净利润的提高。财务目标通常与企业的盈利能力相联系，通过例如营业利润、已动用资本回报率以及最近广泛应用的经济增加值来衡量。除此之外，财务目标也可以是迅速的销售增长或产生现金流量。

8.1.2 客户维度

在平衡计分卡的客户维度，管理者要确定业务单元将要展开竞争的客户群体和细分市场，以及衡量业务单元在这些目标细分市场中的业绩的指标。客户维度通常包括衡量很好规划并落实战略的结果的几个核心或通用指标。核心结果指标包括客户满意度、客户保留、客户获得、客户盈利能力的情况以及在目标市场的市场份额和客户账户份额（见图表 8-2）。

这些指标在所有类型的组织中都可能是适用的。然而，为了转化特定战略，应该针对目标客户群定制化指标，以使业务单元能从目标客户群中获得最大增长和盈利能力。我们将在第 11 章中更详细地描述这些核心结果指标。

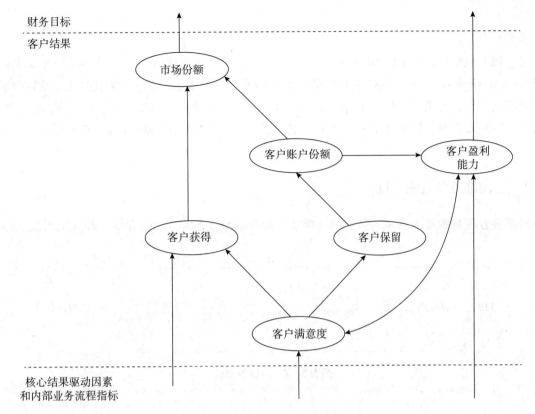

图表 8-2　客户维度：核心结果指标

资料来源：R. S. Kaplan and D. P. Norton, "Linking the Balanced Scorecard to Strategy," *California Management Review*（Fall 1996），p. 59.

真正使战略与众不同的是业务单元在其细分市场内用以吸引和保留客户的价值观念。虽然价值观念在不同的行业以及行业内的各个细分市场之间都各不相同，但我们可以看出，许多制造业和服务业的价值观念有一些共同属性，这些属性可分为三个种类（见图表 8-3）。

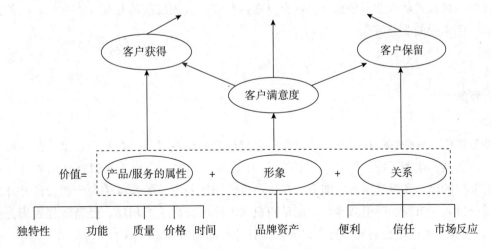

图表 8-3　客户维度：把独特的价值观念与核心结果指标联系起来

资料来源：R. S. Kaplan and D. P. Norton, "Linking the Balanced Scorecard to Strategy," *California Management Review*（Fall 1996），p. 62.

● 产品、服务属性；

● 客户关系；

● 形象和声誉。

产品、服务属性（product and service attributes）包含产品或服务的功能及其价格和质量；**客户关系**（customer relationship）包括为客户提供产品和服务，涉及企业反应和交货时间，及客户对从公司购买商品的体验；**形象和声誉**（image and reputation）可以使公司主动定义客户对自己的看法。

总之，客户维度可以使业务单元的管理者把他们的独特客户和市场战略结合起来考虑，产生更多的未来收益。

8.1.3　内部业务流程维度

在内部业务流程维度，管理人员要确认那些企业必须做好的关键内部业务流程（见图表8-4）。

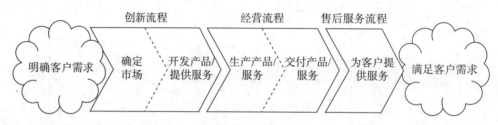

图表8-4　内部价值链

资料来源：R. S. Kaplan and D. P. Norton, "Linking the Balanced Scorecard to Strategy," *California Management Review* (Fall 1996), p. 63.

关键内部业务流程可以使业务部门：

● 传递在目标市场中吸引和保留客户所需的价值观念；

● 满足股东对良好财务收益的期望。

内部业务流程各步骤着眼在那些对提高客户满意度和达到企业的财务目标影响最大的内部流程上。

每项业务都有一系列独特的、为客户创造价值和产生财务收益的流程。一个通用的价值链模型可以为企业提供一种范式，企业可以据此确定自身在内部业务流程维度的目标和衡量指标。通用的价值链模型包含三个主要的业务流程：

● 创新；

● 经营；

● 售后服务。

创　新

在创新流程中，业务部门探寻在客户群体中已出现的和潜在的需求，然后提供产品和服务来满足这些需要。创新流程代表了价值创造的"长波"，在这一过程中，公司首先识别并培养新市场、新客户以及现有客户的已有和潜在需求。随后，在这一价值创造和增长的长波中，公司设计并开发新产品和服务，借此进入新市场和吸引新客户，满足新识别出的客户需求。相反，经营流程表现为价值创造的"短波"，在这个流程中公司向现有客户提供现有的产品和服务。

创新流程由两部分组成。第一部分，管理者进行市场调查来确定市场的规模、客户偏好的特性、目标产品及服务的价格，当企业有效利用内部流程来满足客户的具体需求时，关于市场规模和客户偏好的准确、有效的信息就变得十分重要了。第二部分，除了调查现有和潜在的客户，还包括挖掘企业所能提供的产品和服务的全新的机会和市场。

经　营

作为通用价值链模型的第二个主要流程，经营流程就是将现有产品和服务生产出来并交付给客户的过程。经营流程表现为价值创造的"短波"，经营流程从接受客户订单开始，到把产品和服务提供给客户结束。这一流程的重点在于高效、持续、及时地将现有产品和服务交付给现有客户。

经营流程早已被大多数企业作为绩效衡量体系的焦点。优质经营和降低成本乃是生产和服务过程中的重要目标。图表 8-4 中的内部价值链说明，在实现财务目标和客户目标的整个内部价值链中，优质经营只是一个要素，而且不是最关键的要素。

现在的经营流程趋于重复，因此，可以很容易地将科学管理技术应用于控制流程以及改善客户订单的接收、处理、生产、出售和交付流程。传统上，这些经营流程是通过财务指标，如标准成本、预算和差异分析等来监督和控制的。然而，过分关注诸如劳动效率、机器效率和购买价格差异这些有限的指标会导致严重的职能失调行为——劳动力和机器忙于生产存货，往往忽视了现有客户的要求，不断更换供应商以追求便宜的购买价格（但是忽视了大量订货的成本，低质量，不确定的交付时间，不连续地订货、收货、开发票，以及在低价格供应商和客户之间的收款过程）。如今，在周期短、质量高及以客户为中心的环境中，有许多研究证明传统会计方法有缺陷。[3]

近些年，在日本制造业的全面质量管理和时基竞争实践的影响下，许多公司在传统的成本和财务指标中，增加了质量和周期时间的指标。[4] 经营流程的质量、周期时间和成本等指标，在过去的 15 年里得到了广泛发展。这些指标的某些方面被作为衡量企业内部业务流程绩效的关键指标。这些将在第 11 章讨论。

除了这些时间、质量和成本的指标，管理者可能还希望衡量其流程、产品和服务的其他特征，这些指标包括灵活性指标和为客户创造价值的产品和服务的特殊特征指标。例如，公司提供的独特的产品或服务，可以用准确度、规模、透明度、速度或能耗来衡量，这使企业在目标市场上获得较高的销售利润。产品和服务具有差异化特征的公司需要关注平衡计分卡中能突出这些特征的指标。产品和服务的关键属性（除时间、质量和成本以外）被包含在平衡计分卡的内部业务流程维度的经营流程因素中。

售后服务

内部价值链模型的第三个也是最后一个流程是在销售产品或提供服务之后给客户提供服务。售后服务包括质量保证和维修、次品的更换与处理、支付手段的管理（如信用证的管理）。一些公司对提供优质的售后服务有明确的战略。例如，出售复杂设备系统的公司会为客户的员工提供培训课程，以帮助他们更高效地使用。公司也会对现存和潜在的故障和错误做出快速的反应。汽车经销商，例如丰田的讴歌（Acura）和通用的土星（Saturn），通过对质量保证、汽车保养、汽车修理等客户服务的显著改善，赢得了很好的声誉。这些公司传达给客户的一个主要的价值理念是灵敏的、友好的、可信赖的保证和服务工作。售后服务的另一方面是开发票和收款过程，有大量的销售是用信用形式或公司专门的信用卡结算的，可能需要将成本、质量和周期时间的指标应用到其账单、收款和争议解决过程中。一些百货公司慷慨地允许顾客换货和退货。

生产危险的或是对环境造成破坏的化学制品和材料的公司，可能在生产过程中引入对废物和副产品的安全处理的严格业绩评估。例如，一家化工制品经销商开发了一种能力，能够为使用过的化学品提供详细的记载和处置服务，使其客户免于承担一项责任风险大且成本高昂的任务，该任务受到环保署（Environmental Protection Agency）和职业安全健康管理局（Occupational Safety and Health Administration）等政府机构的严格监管。许多公司认识到良好的社区关系是维系特许经营生产和服务设施的战略性目标，在售后服务流程中为良好的环境绩效建立目标。生产过程中产生的废物和废料等对环境的影响可能比生产成本的小幅增加更重要。所有这些活动增加了客户对公司产品和服务的使用价值。

内部业务流程维度表明，绩效衡量的传统方法与平衡计分卡方法存在两个基本的不同。传统方法尝试监督和改进现有的经营流程，它们可能会在单纯的财务绩效指标之外纳入质量和时间指标，但仍然专注于改进现有流程。然而，平衡计分卡常常能为企业出色达到客户要求和财务目标确定全新的流程。例如，企业可能认识到它必须建立一个工序来预测客户的需求或是提供新的服务，平衡计分卡的内部业务流程目标强调的是过程，虽然一些公司目前可能不能完全执行，但它是企业决策成功的关键。

平衡计分卡方法的第二个不同是把创新流程结合到内部业务流程中。绩效衡量的传统方法关注交付现有的产品和服务给现有客户的过程。但要想获得长期财务成功，可能要求企业生产全新的产品和服务来满足现在和未来客户的需求。对于许多公司而言，与短期经营流程相比，创新是提高未来财务业绩的更有力的动因。对未来的财务业绩来说，公司成功地管理一个多年的产品开发流程的能力，或开拓一个新的客户群的能力，比有效地、持续地、反应迅速地管理现有流程的能力更为关键。平衡计分卡的内部业务流程维度结合了长期的创新流程和短期的经营流程两个方面的目标和指标。

8.1.4 学习与成长维度

平衡计分卡的第四个维度——学习与成长维度确立了企业必须建立长期成长和进步的基础机制，客户维度和内部业务流程维度确立了当前和未来成功的关键因素。仅凭现今的技术和生产能力，企业是不能达到客户和内部业务流程维度的长期目标的。同时，激烈的全球竞争要求企业不断提高为客户和股东创造价值的能力。

企业的学习与成长来自三个主要的方面：人员、信息系统和组织程序。平衡计分卡中的财务、客户和内部业务流程目标通常会揭示人员、信息系统和组织程序的能力现状与实现突破性绩效目标之间存在的巨大差距。为了弥补这些差距，企业必须投资于培训员工，改善信息技术和信息系统，优化企业程序和日常工作，这些目标都是平衡计分卡的学习与成长维度的要求。在客户维度，员工基础指标包括一些一般性的结果指标，如员工满意度、员工留任、员工培训、员工技能。另外，学习与成长维度还包括这些一般性指标的特定驱动因素，比如详细的、针对特定业务的特定技能指标，这些技能是应对新竞争环境所必需的。信息系统的生产能力可以通过实时准确地把关键客户和内部业务的信息传递给制定决策和行动的一线员工所用的时间来衡量。组织程序可以测试员工激励机制与整体企业成功因素的一致性，以及客户和内部关键流程中的改进率。

8.1.5 平衡计分卡维度小结

平衡计分卡保留了传统的财务指标。然而，在信息时代，单独的财务指标对于指导和评价公司怎么通过投资于客户、供应商、员工、生产程序、技术和创新等来创造未来的价值是不够的。财务指标描述了已经完成的事情，对于工业时代的公司来说，这是足够的，因为对它们而言，长期能力和客户关系投资并非成功的关键。

利用平衡计分卡，企业管理者可以衡量企业如何为现在和未来的客户创造价值，他们如何建立和提高内部生产能力，以及为提高未来经营水平而对人员、信息系统和组织程序进行投资。平衡计分卡通过高技能、积极的企业人员进行关键的价值创造活动。在通过财务维度保持对短期绩效关注的同时，平衡计分卡清晰地揭示了促进卓越长期财务和竞争绩效的价值驱动因素。

另外，平衡计分卡使财务指标和非财务指标成为企业各层员工信息系统的一部分。一线员工可以了解他们决策和行动的财务结果，高级管理者也可以了解长期财务成功的驱动因素。平衡计分卡将业务部门的使命和战略转化为有形的目标和指标。平衡计分卡的四方面平衡包括：（1）长期目标和短期目标之间的平衡；（2）外部指标（为股东和客户设置的指标）和内部指标（为业务流程、创新、学习与成长设置的指标）之间的平衡；（3）预想的结果和这些结果的动因之间的平衡；（4）硬性客观指标和软性主观指标之间的平衡。

许多人认为指标是一个控制行为和评价过去业绩情况的工具，但在平衡计分卡里指标的使用方式各不相同：阐明业务战略，传达业务战略，协调个人、企业和跨部门的行动以达到一个共同的目标。平衡计分卡不是用来使个人和组织单元服务于一个事先制订好的计划——那是传统的控制系统的目标，平衡计分卡是用来交流、传达信息和学习的系统，而不是一个控制系统。

平衡计分卡的多样性指标看起来可能比较混乱。然而，一个结构适当的平衡计分卡包含了一个共同目标，这是因为所有的指标都是为了实现公司的总体战略。

8.2 将多元的平衡计分卡指标与单一战略相联系

平衡计分卡的四个维度各有 4～7 个独立指标。因此，建立一个平衡计分卡甚至可能用到 25 个指标，企业有可能关注 25 件独立的事情吗？如果一个平衡计分卡包含太多的独立指标，它可能因为太复杂而不被企业所接受。

在一个结构合理的平衡计分卡中，多种指标组成了相互联系的一系列目标和指标，这些目标和指标保持一致且相互加强。平衡计分卡应被视为一个实施单一战略的工具。当平衡计分卡被视为反映一项单一战略时，其指标数目多少就并不重要了，公司实际上可以用一个大约有 24 个指标的一体化系统来阐述和传达公司战略。平衡计分卡指标体系是一个一体化的系统，体现了关键变量（包括领先指标、滞后指标和反馈指标）之间一系列复杂的因果关系。这种系统整合的内容包括因果关系以及结果指标与业绩动因。

8.2.1 因果关系

战略就是一系列因果假设。指标系统应该使不同方面的目标（和指标）关系明确，以使这些关系能被管理并生效。因果关系链应该遍及平衡计分卡的四个维度。例如，资本报酬率（ROCE）可以作为财务方面的一个计量指标。这个财务指标的动因是现有客户的重复和增加购买及现有客户高度忠诚。因此，客户忠诚也被包括在平衡计分卡里（在客户维度），因为它对资本报酬率有重要的影响。但是如何保持客户忠诚呢？分析表明，准时交付可以获得客户的高度评价。因此，提高准时交付能力可以产生较高的客户忠诚度，从而带来较好的财务绩效。因此，客户忠诚和准时交付都被包含在平衡计分卡的客户维度。

公司要实现准时交付，必须不断思考哪些内部流程是必需的。为了实现准时交付，公司可能会要求在经营流程中缩短周期时间并实现高质量的内部流程。这两个都是内部业务流程维度的指标。那么企业如何改善质量并缩短周期时间呢？通过培训员工并提高他们的技术水平，这是学习与成长维度的一项内容。我们现在可以看出，当一个纵向指标穿过平衡计分卡的四个维度时，一个因果关系链如何被建立起来：

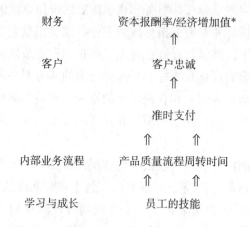

* 参见第 10 章关于 EVA 的讨论。

因此，一个结构合理的平衡计分卡可以反映业务单元的战略，它可以明确在结果指标和业绩动因之间的因果关系的一连串假设。

8.2.2 业绩动因

一个好的平衡计分卡通常有综合性的结果指标和业绩动因。没有业绩动因的结果指标不能表明如何才能得到结果，也不能提前指明战略能否成功执行。单独的业绩动因，如周转时间、每百万单位产品废品率等没有结果的指标，只能使业务单元实现短期经营业绩。但是它们不能反映出经营水平的提高是否已经转化为包括新旧客户的扩大的经营业务，并最终转化为财务业绩的提高。一个好的平衡计分卡应该有关于业务单元战略的综合结果和业绩动因。这样，平衡计分卡把业务单元的战略和目标转化为一系列相互联系的指标，这些指标定下了长期决策目标和达到目标的机制。

8.3 诊断指标与战略指标的比较

今天，许多企业通过 16～25 个指标来实现良好运行，一些管理者质疑指标不超过 24 个的平衡计分卡能否充分地反映经营的效果。当然，这在某种意义上是正确的，但是他们没能正确区分"诊断指标"（监控业务是否"在控制中"，能够在需要立即关注的异常事件发生时发出信号）和"战略指标"（为增强竞争能力和未来成功而制定的战略）。

用一个简单的例子来阐述这一点。人体的功能参数要求保持较小变动，如果体温升高或降低 5℃ 或更多，或者血压变得太高或太低，我们就会有生命危险。在这种情况下，我们身体所有的能量都会被调动起来，以确保机体维持正常水平。但是我们不能使用太多的能量来维持体温和血压。把体温变化控制在正常体温的上下 0.01℃ 范围内，并不是一个决定我们能否成为一家公司的总经理、一家国际公司的合伙人或一所大学的终身教授的关键因素。在决定我们能否达到个人目标和工作目标时，其他因素更有决定意义。体温和血压重要吗？绝对重要，把它们保持在正常范围是必要的，然而，对于我们需要达到的长期目标来说，它们是远远不够的。

同样，公司应该有成百上千个指标，公司监控它们以保证公司按预期运作，在需要公司采取纠正措施时这些指标会发出信号。但是这些不是企业竞争成功的动因。这些指标可以帮助公司获得保证公司正常经营的必要的重要信息。虽然必须达到标准的重要指标不是竞争性突破的基础，但如果重要指标不达标，将妨碍企业达成基本目标，更不用说实现战略目标了。重要指标应该被监督和诊断。诊断控制系统根据事先制定好的标准衡量企业表现，当表现达到标准时，企业不需要进行管理活动。然而，诊断指标不是竞争性突破的基础。[5]

平衡计分卡无法替代评估企业日常业绩的指标系统。平衡计分卡里的指标是管理者和员工直接关注的因素，这些因素所反映的良好业绩可以导致企业竞争能力的极大提高。高级管理者和中层管理者应该对平衡计分卡中结果和业绩动因的指标进行广泛和深入的探讨，因为他们对战略的衡量建立在关于竞争对手、客户和市场、技术、供应等新的信息基础之上。

例如，20 世纪 80 年代，与日本竞争对手相比，许多西方公司的产品和工艺质量较差，它们不得不把提高质量作为战略优先目标，经过多年的努力，现在很多西方公司的产品质量达到了与竞争对手同等出色的水平，在这一点上，质量可能被认为是一个竞争因素。公司需要保持现有的质量水平并继续提高，但质量可能不再是制定未来决策的最重要的因素，在这种情况下，质量被监督和诊断，公司需要找到在传达给客户的价值观念中用以区分自己与竞争对手的其他因素。这些因素就被纳入平衡计分卡的评估指标。

8.4　四个维度是否足够

平衡计分卡的四个维度应被看作一个模板而不是一种约束，数学定理无法证明四个维度是必要且充分的，公司在使用平衡计分卡时很少少于四个维度，而且根据产业环境和业务单元的战略，可能需要增加一个或多个维度。例如，有人就指出虽然平衡计分卡详细分析了股东和客户的利益，但它没有详细分析其他利益相关者如雇员、供应商和社区的综合利益。

股东——企业所有者和给企业提供资金的人——的利益是通过财务维度的目标和指标体现的，由于客户是达到财务目标的必要因素，客户指标出现在所有计分卡中（在客户维度），当雇员、供应商和社区的目标与指标上的突出表现将对客户和股东的利益产生重大影响时，这些目标和指标就会被纳入平衡计分卡。

当公司与供应商或社区等关键利益相关者的关系仅需要"在控制中"，并且此关系与公司和利益相关者之间的隐性或显性契约一致时，这些契约的执行就可以通过公司的诊断指标系统来监控。事实上，这种关系成为重要信号，对于决策成功是必需的但不是决定性的。

几乎所有的计分卡都通过学习与成长维度纳入了雇员视角，也就是说，在关键工作中，雇员能力和积极性的提高是学习与成长维度的基础部分，雇员目标和指标也显示了其他的学习和成长能力，如信息技术的配置，这些目标对于促进内部业务流程维度、客户维度和财务维度的业绩提高是必需的。同样，当稳固的供应商关系是突破客户和财务业绩战略的一部分时，对于供应商关系的结果和业绩动因指标应与企业的内部业务流程结合在一起。当良好的环境和社区表现是公司决策的中心部分时，这方面的目标和指标也就成了计分卡的一个组成部分。[6]

8.5　小　结

信息时代的公司通过对智力资产进行投资和管理取得成功，功能专门化必须被整合到以顾客为导向的生产过程中，提供标准化产品和服务的大生产已被向目标客户群体提供灵活的、反应迅速的、高质量的创新产品和服务方式所取代。创新并改进产品、服务、生产过程可以通过重新培训员工、提高信息技术水平和整合企业的生产过程来实现。

当公司为获得这些新生产能力进行投资时，它们的成功（或失败）不能单独根据传统的财务会计模型来激励和在短期内衡量，这种为贸易公司和工业时代的企业建立起来的财务模型只能对过去的投资进行衡量而不能衡量创造未来价值的投资能力。

平衡计分卡的指标来自企业的战略规划，在保留了过去的财务业绩指标的同时引进了未来财务业绩的动因，并将其转化为明确的目标和指标。这些未来财务业绩的动因（包括客户、内部业务流程、学习与成长维度）来自企业准确清晰的战略描述。

📖 注　释

[1] A. D. Chandler，*The Visible Hand：The Managerial Revolution in American Business*（Cambridge：Harvard University Press，1977）；H. T Johnson and R. S. Kaplan，*Relevance Lost：The Rise and Fall of Management Accounting*（Boston：Harvard Business School Press，1987）.

[2] H. Itami，*Mobilizing Invisible Assets*（Cambridge：Harvard University Press，1987）.

[3] J. Lessner，"Performance Measurement in a Just-in-Time Environment：Can Tradition Performance Measurement Still Be Used? *Journal of Cost Management*（Fall 1989），pp. 22 - 28；R. Kaplan，"Limitation of Cost Accounting in Advanced Manufacturing Environments," in Measures for Manufacturing Excellence, ed. R. S. Kaplan（Boston：Harvard Business School Press，1900），chap 1；and E. M. Goldratt and J. Cox *The Goal：A Process of Ongoing Improvement*（Croton-on-Hudson，NY：North River Press，1986）.

[4] 这里可以举出很多参考文献，最具有代表性的包括：C. Berliner and J. Brimson，"CMS Performance Measurement," in *Cost Management for Today's Advanced Manufacturing*（Boston：Harvard Business School Press，1988），chap 6；C. J. McNair，W. Mosconi and T. Norris *Meeting the Technology Challenge：Cost Accounting in a JIT Environment*（Montvale，NJ：Institute of Management Accounting 1988）；R. Lynch and K. Cross *Measure Up! Yardsticks for Continuous Improvement*（Cambridge，MA：Basil Blackwell，1991）.

[5] R. L. Simons，*Levers of Control：How Managers Use Innovative Control Systems to Drive Strategic Renewal*（Boston：Harvard Business School Press，1995）明确区分了组织诊断控制系统中监控的指标与管理者之间持续互动的措施。这一区别对于理解管理控制系统的有效性及其在战略管理中的作用至关重要。

[6] D. W. Boivin，President and COO of Novacor Chemicals，"Using the Balanced Scorecard," letter to the editor，*Harvard Business Review*（March-April 1996），p. 170.

案　例

化学银行：执行平衡计分卡 *

1995 年年初，化学银行（Chemical Bank）的零售银行经理迈克尔·荷加迪（Michael Hegarty）负责公司的转型，转型过程是从 1991 年年底化学银行与汉华实业银行（Manufacturers Hanover Corporation）

---

* 本案例作者是 Norman Klein 和 Robert S. Kaplan。Copyright © 1995 by the President and Fellows of Harvard College. Harvard Business School case 125 - 210.

两家公司合并时开始的。在一个价格竞争激烈、大量的储蓄流向共同基金、技术快速发展、客户追求更多价值的市场上，新成立的较大的银行更有优势。

荷加迪在评论零售银行未来竞争环境的指标时说：

在合并的时候，原化学银行有资产 750 亿美元，市场资本总额 20 亿美元。不到四年，微软以 15 亿美元收购了财捷（Intuit）——销售额 2.23 亿美元的个人财务软件公司，你怎样看比尔·盖茨用这么多钱来收购这家公司？

历史上，零售银行强调有效的存款吸收和处理，荷加迪想把银行转变为着眼于市场、给目标客户群提供财务服务的企业，为了执行这个战略，银行要在理解客户需要和确定客户范围上进行大量的投资。同时银行也要开展和为客户量身定做新的业务，如年金、投资产品和以技术为基础的支付服务，来满足目标市场上的客户需要。有了广泛的产品和服务系列及对客户的了解，银行就能够找到办法来同最有价值的客户发展新关系，以此扩展银行的业务——增加银行在客户财务交易中的份额（即"钱包份额"）。

当被问到打算如何执行变化如此剧烈和大幅度的战略时，荷加迪说：

我最大的问题是传达并强调战略，在对战略进行系统阐述和传达的过程中，平衡计分卡是我使用的工具——使命和愿景陈述、差异分析、战略共识、品牌定位等中的一个。如果没有很好的使命和愿景陈述、优秀的战略和良好的执行，平衡计分卡就不能成功。但它是构成成功的一部分，是 15 000 个人的交流计划中的一个元素。

没有一个人能从头到尾完成一个过程（最多处理一小部分），但是每个人要理解他该做什么，他在帮助公司达到目标中是什么角色，平衡计分卡给了我们一个关注业绩的指标，同时使我们明确并传达我们的看法，使我们把能力放在变革上。平衡计分卡允许学习，而学习能够更新我们的愿景并为改变重新注入活力。

20 世纪 90 年代的零售银行

专家预计，20 世纪 90 年代是零售银行激烈竞争的 10 年。在这 10 年里，美国银行从 14 000 家减少到 10 000 家，预计在 21 世纪初将变为 4 000～5 000 家。

客户要求新的投资和保险项目及更方便地与银行打交道的方法。他们要求银行提供新的电话选择业务和更完善的自动取款机功能。这些变化意味着分行工作人员将进行更少的存取款和兑现支票的交易，而必须更多地参与到包括销售新产品在内的更高价值的客户互动中，但即使转向提供更高价值的服务，在今后的 10 年里预计银行的分支机构将有所减少。

研究显示，在零售银行的 18～24 岁的客户中有 61% 频繁使用自动取款机，在 55～64 岁的客户中只有 27% 的客户使用。趋势很明显，银行想要生存和发展，就要采用新技术，提供新产品和通过新渠道进行服务。另外，技术是新型合作关系的关键因素，特别是同保险公司、经纪公司的合作；技术也是制定新战略、吸引和保留盈利客户的关键。

泰德·弗兰卡维拉（Ted Francavilla）是战略规划和财务部的主管，他注意到传统的零售储蓄业务经营困难，收入增长缓慢是由于利息率较低以及储蓄资金流向非银行的服务商（如共同基金）。核心经营费用和对新的支付系统的投资需求的增长，也增加了经营的挑战性。

目前在我们的纽约市场部门，有 8 亿美元的经营费用和 8 000 名员工，房东要增加物业租金，员工要求涨工资。这些因素连同较低的收入增长使零售银行的获利能力被削弱，我们需要对母公司表明，我们在将来能用每年 8 亿美元的经营费用带来高额的回报并且释放基金进行投资。

化学银行的战略

在 1992 年合并完成后，零售银行的纽约市场部门确定了以下 6 个关键的成功因素：

● 用服务质量推动经营；

● 持续地加强对市场、团体、个人客户的理解；

● 建立一个快速的、以客户为中心的产品管理和开发流程；

● 保证交付渠道对市场敏感灵活；

● 根据业务需要来发展信息管理流程和平台；

● 执行费用管理流程来精简成本。

1994 年，纽约市场部门负责管理客户的 270 亿美元和小额的商业储蓄，拥有 300 多个分支机构、超过 800 台自动取款机、1 个先进的电话服务中心和其他相关的分销渠道。该部门还作为化学银行抵押贷款、信用卡、住房净值贷款和其他消费信贷产品的分销商和推荐来源，这些业务线由荷加迪在全国范围内管理。共同基金也通过分行的经纪业务销售。

纽约市场部门在小型商业公司（销售额在 100 万美元以下）的储蓄中占的份额最大，共有大约 15 万个账户，这表示在中心城区有 24％的市场份额，纽约市场部门也宣称拥有消费市场 16％～17％的份额，有 1 500 万名客户持有大约 300 万个账户，计划在 1994 年把净收入从 1993 年的 1 530 万美元增加到 2 860 万美元。表 1 显示了纽约市场部门的财务信息综述，图 1 是零售银行的组织图。

表 1　纽约市场部门的财务信息　　　　单位：百万美元

利润表项目	实际（1993 年）	计划（1994 年）
净利息收入	693.3	666.8
非利息收入总额	209.8	245.1
总收入	903.1	911.9
非利息费用		
总薪酬和收益	345.7	354.7
厂房及设备	171.3	175.0
联邦存款保险公司（FDIC）	73.0	61.0
其他	105.4	108.6
直接费用总额	695.4	699.3
间接费用总额	177.5	159.1
非利息费用总额	872.9	858.4
营业毛利	30.2	53.5
贷款损失准备	2.9	2.4
税前利润	27.3	51.1
所得税	12.0	22.5
净收入	15.3	28.6
平均总储蓄额（十亿美元）		
个人客户	24.3	23.4
商业客户	4.1	4.0
纽约市场总额	28.4	27.4

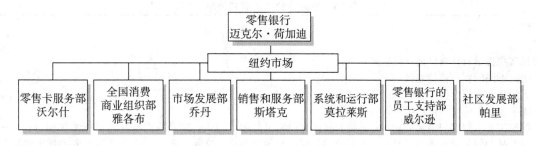

图 1 零售银行的组织图（1994 年 8 月）

建立平衡计分卡

弗兰卡维拉在 1992 年年中参加了一项为期一周的培训，了解了平衡计分卡的概念，他立刻认识到由财务、客户、内部业务流程、学习与成长四个维度组成的平衡计分卡能清楚地规范战略目标和适当的指标，对于化学银行的变革很有用。

弗兰卡维拉让零售银行的战略规划和财务部的副经理托尼·劳弗洛蒙托（Tony LoFrumento）来领导中级管理人员，为纽约市场部建立平衡计分卡。劳弗洛蒙托讲述了执行任务的情况：

> 团队努力工作并分析提出了好的想法，但是我们马上认识到，中层管理人员是很难把执行指标推进到高层管理部门的，如果想发展平衡计分卡，荷加迪就必须有所作为。

1993 年 5 月，荷加迪出席了介绍平衡计分卡的会议，他确信这种方法可以帮助他实现希望在零售银行看到的文化变革。然而，银行其他的高级管理人员对此持怀疑的态度。戴维·诺顿（David Norton）——平衡计分卡的创始人之一，被请来为高级管理层讲解了平衡计分卡。讲解后，大家一致同意推行平衡计分卡方案。

零售银行的平衡计分卡

作为战略规划和财务部的主管，弗兰卡维拉是平衡计分卡的内部倡导者，劳弗洛蒙托领导建立平衡计分卡的日常活动，诺顿被聘为咨询顾问。他们把过去的管理团队分成四个小组，每一个小组负责制定平衡计分卡的一项细分目标。1993 年 10 月，平衡计分卡四个维度的战略目标全部确定下来（见表 2A～2D）。

表 2A 平衡计分卡的财务（股东）战略目标

Ⅰ.财务（股东）

● 提高费用收益率

费用收益率反映了我们运用公司基金创造财富的能力，由于业务信用风险较低，投入的资金较少，故费用收益率是个合适的指标。费用收益率把我们投入的费用与产生的收入联系起来，通过将费用用于高价值和高回报率的活动，我们花费的每一美元将得到更多的回报。

● 降低成本

为了使生产变得更流畅和有效，我们将关注资源利用并要在 3～5 年内达到一个可接受的获利能力，我们将通过减少不产生收入的费用、提高生产率、理顺和重新设计那些关键业务流程来实现这一点。

● 增加收入

为了达到我们的财务目标，我们需要增加收入，重新确定核心业务，增加有价值的客户数量。我们将通过保留现有的客户和发展新的有价值的客户，并通过交叉销售现有产品和新产品来扩大与有价值客户的关系。

● 降低风险

我们计划通过扩大付费产品组合的销量，来减少对净利息收入的依赖，以覆盖更大比例的费用。将我们的业务组合转向更多付费业务，将有助于公司抵御利率周期的风险。

表 2B   平衡计分卡的客户战略目标

Ⅱ.客户

● 区别

为目标客户提供有针对性的价值主张：

(1) 确定不同的客户价值主张；

(2) 了解满足不同价值主张的经济条件；

(3) 瞄准那些价值主张可以实现盈利的客户。

我们的员工有了解客户需要的能力，并拥有能使客户满足的相关知识，这是我们与其他银行的区别所在；我们的员工对我们的产品和服务有较多的了解，将更好地满足客户的融资需要。这些了解连同交叉销售、咨询技术和辅助经营结构一起，能很大程度地满足客户的财务需要。

为客户提供全天候的银行服务或信息，以符合他们所代表的细分市场的相应价值主张。

● 要素

在客户的眼里，服务始终如一、无懈可击。

迅速服务客户，响应的及时性应满足或超过客户感知的紧迫感。

消除在所有客户服务中遇到的错误。

表 2C   平衡计分卡的内部业务流程战略目标

Ⅲ.内部业务流程

A.创新

● 确定市场

确定代表当前有较高获利能力和经济潜力的客户群的需要，理解每个客户群的风险和公司如何利用自身的关键竞争力来维持差异化以获取市场中不同的目标客户群。

● 开发产品

开发可获利的、创新的金融服务产品，这些产品首先进入市场，容易使用并且能够给目标客户带来方便，能通过客户产生价值，并对公司成本效益产生影响。

B.交付

● 市场和销售

通过有组织的、知识丰富的、有咨询经验的、积极主动的雇员，交叉销售我们的产品和服务。我们必须听取客户的意见，主动地介绍我们的产品以及我们的产品如何能满足他们的财务需要。为了开展这些活动，我们的销售人员必须有高水平的能力，与我们的客户系统地、定期地联系，并且进行专业的销售管理培训。

● 分销和服务

提供优质的服务，这基于我们的员工和系统能够给客户提供最值得信赖的、最有效用的、灵敏准确的服务。我们产品和服务的高质量交付并非差异化的领域，但与我们的生存息息相关。为客户提供优质的产品和服务是保留现有客户和赢得新客户的关键，没有这些"保健因素"的贯彻落实，我们不可能进步。

表 2D   平衡计分卡的学习与成长战略目标

Ⅳ.学习与成长

● 战略性信息资产

提取、处理和使用信息的能力是我们在行业竞争中取得优势的关键。第一，我们必须识别、收集和宣传我们已有的大量信息；第二，业务单元和决策制定者应该了解在作出一个决策前如何选择需要的信息以及需要多少信息；第三，我们必须提高信息的有效性、可获取性、易用性和及时性。

● 再培训：战略性工作和能力

为了实现增加收入的目标，我们应着力提高市场营销和客户服务的能力。首先，我们的员工要有交叉销售相关产品和服务的能力。这要求我们以客户为中心，具备了解客户需求的能力、主动开拓市场的积极性和高超的营销技巧。其次，我们的员工需要掌握更多有关产品和金融市场的知识来支持他们的交叉销售活动。

● 责任和奖励挂钩

业绩管理系统是用于与员工交流、激励和奖励员工支持平衡计分卡目标的关键，把激励计划和平衡计分卡经营目标配合使用来进行行业绩管理是具有经营远见的举措。

● 关注已有资源

我们将关注已有资源，根据战略优先级协调资金、支出和人员决策，把资源配置到收益最高的地方，在竞争性支出上基于此标准设定优先级，这将提高经营活动的可预测性和获利能力。

在下级管理人员的帮助下，小组开发了他们设计的平衡计分卡指标。1993年年底，所有小组对纽约市场部门的平衡计分卡取得了一致的意见（见图2）。

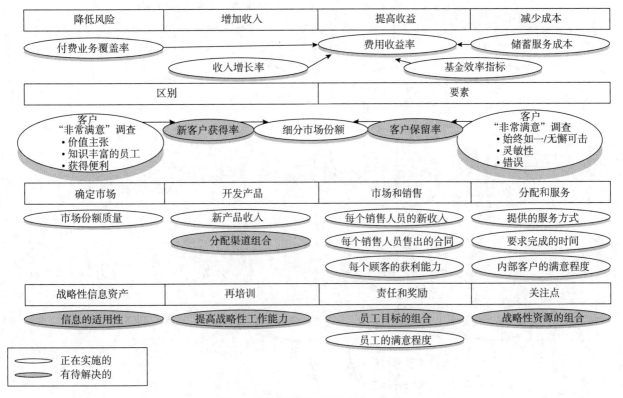

图2　零售银行的平衡计分卡一览表

弗兰卡维拉指出，平衡计分卡的直接影响是简化了银行的战略声明：以前，我们将战略传达给公司的8 000人要使用下表左栏的五个维度，现在我们发现可以缩减到与平衡计分卡的三个维度紧密相连的三个核心战略。现在荷加迪持续地向8 000名员工传达这三个核心战略，将这些植入他们的观念，使他们知道如果他们的行动不符合三个维度中的任意一个，则不应该这样做。当我们建立平衡计分卡时，我们可以把每个指标都与这三个核心战略中的一个联系起来。

初始解释	核心战略维度	平衡计分卡
关注有吸引力的市场	转换客户/利润组合	客户
增加付费收入		
提高服务质量	提高产量	内部业务流程
提高经营效率		
促进持续的学习和成长	创造一个有能力的组织	学习与成长

另外，为了把平衡计分卡指标与三个维度联系起来，小组拓展了目标和指标的因果关系。例如：两个财务目标——增加收入和降低风险——是转换客户/利润组合维度的预期结果。平衡计分卡把增加收入和降低风险这两个目标结果分别同客户、内部业务流程、学习与成长这三个产生目标结果的业绩动因联系起来（见图3）。这个因果链说明，如果银行扩大并增加零星客户同银行进行交易的财务产品，那么它必须把它的形象从小范围银行服务的提供者转变成一个财务顾问和目标顾客的服务提供者，目标就是增加客户对

我们财务建议的信任。

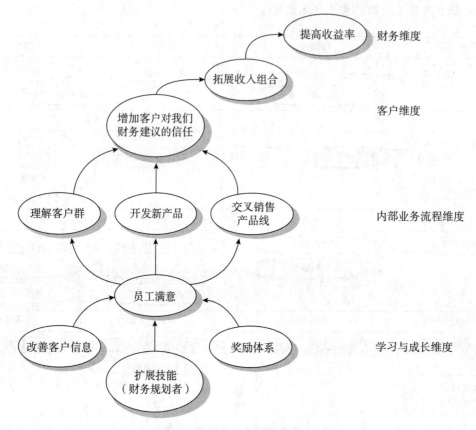

图3　增加收入战略的战略目标

平衡计分卡小组为了实现广泛的收入组合目标，在明确了财务目标和客户目标的联系后，把他们必须擅长的三个内部目标联系起来。银行如果想创造其财务服务提供者的新形象，必须实现以下三个目标：

● 理解客户群；

● 开发新产品；

● 交叉销售产品线。

这些内部业务流程现在被确认为执行银行的广泛收入组合战略的关键。以前，业绩指标关注流程对现有步骤的改进，如支票处理、出纳交易。从确认财务和客户目标开始，平衡计分卡关注一些新的内部程序，为企业开发最佳交付能力。

三个内部导向的目标自然促成学习与成长维度的目标，银行的客户代表必须拓展他们的技能，使自己可以像客户的财务顾问一样为其服务，并且可信赖地、知识丰富地向客户推介扩展的金融产品。客户代表也需要获得银行同每个客户关系的所有信息。银行员工的激励系统要鼓励员工采用新方法和获取新技术。以上这三个方面——新技术、获得战略性信息、联合激励——有助于培养更多有技能的员工，反过来，这些员工能够实现内部目标。零售银行的平衡计分卡的每个目标由一系列相似的因果关系连在一起。这些因果关系说明了银行的战略如何实现。

弗兰卡维拉评论了建立平衡计分卡目标和指标的联系后的好处：

过去，我们很难持续把握重点，例如管理信息系统和员工技能培训。虽然我们会讨论这两方面的重要性，但当有财务压力时，这两方面首先就被排除支出项目。现在有了平衡计分卡的战略性信息可获得性指标和战略性工作全面性指标，人们就可以看见提高这些能力和实现我们的长期财务目标之间的联系。平衡计分卡把这些重点展示给高级管理人员，因此，即使公司的费用很紧张，也可以维持这些基础投资。

李·威尔逊（Lee Wilson）是零售银行的员工支持部经理，他同意这个观点：

> 这个过程促进了企业的学习。虽然每个人赞同整体目标，但是需要时间来把 8 000 人联合起来，也需要时间来做出适当的基础投资和承诺。如果我们采用这个方法，平衡计分卡的学习维度将使化学银行比其他银行提供更优质的服务。

在 1993 年年底之前，银行选出了每个目标的指标，指定一个高级管理者逐项收集各个指标的信息并做出报告。例如，在"市场和销售"目标下三个指标的负责人是戴夫·穆尼（Dave Mooney）——曼哈顿分行的管理者，他负责向销售和服务部经理杰克·斯塔克（Jack Stack）报告。穆尼经常与分行的管理和销售经理或杰克·斯塔克碰面，讨论这三个指标的进展。

平衡计分卡的影响

威尔逊是在 1994 年 6 月回到银行的，他错过了 1993 年推行平衡计分卡的过程。他只能提供一些自己的看法：

> 我认为平衡计分卡对管理团队来说是个非常有用的工具，但是有一点需要继续改进。为了评价平衡计分卡在化学银行的价值，你必须理解它主要的好处是把两个管理团队放在一起。汉华实业银行的政策是由一个强大的人事中心制定的；化学银行又依靠分支机构经营。由于存在两种不同的公司文化，合并之后就会不可避免地产生纷争。

> 在 1993 年年初和年中，平衡计分卡会议为了让高级管理者关注一个共同的目标而提供了一项机制，为零售银行制定新的战略。这些会议使人们走到了一起，并克服了他们在假设和形式上的差异。在关于合并后的银行如何利用新经营规模潜力的会议上，我们强烈地产生了共识，平衡计分卡为高级管理者提供了一个积极的预期，即关注在学习环境中为客户服务。

弗兰卡维拉同意这个看法，回顾了 1992 年在合并后的短期内尝试发展一种达成共识的战略所遭受的挫折：

> 每个人都同意"给目标客户提供优质服务"的战略，但是在如何执行这个战略上意见不一，因为不同的人对"什么是真正的优质服务"和"谁是我们的目标客户"有不同的看法，平衡计分卡在优质服务和目标客户上为我们下了一个可操作的具体定义。

然而，在 1993 年年末，当团队开始努力推行平衡计分卡时，这种共识开始令人失望，一些指标很难达到。在改进数据系统之前，人们一直在争论是使用替代指标还是使用原有指标。

高级管理者还注意到仅有零售银行的 27 名高级管理者能看到平衡计分卡，它没被用来对整个企业进行变革。一些平衡计分卡项目是通过每月通讯（"新闻和视点"（见表 3））和年度分行管理者会议的方式传达给雇员的。平衡计分卡没有作为一个新的管理工具在各个层次的员工中普及。劳弗洛蒙托解释道：

> 由于指标体系的缺陷，一些工作被耽搁。虽然我们有许多关于客户满意度和客户获利能力方面的信息，但是我们没有客户份额和保留率方面所必需的数据。一些新的指标——像战略性工作全面性、战略性资源分配等数据根本不存在，这些必须要由责任部门建立和开发。即使我们有一些数据（如不同渠道的交易组合），我们也无法把不同系统中的信息整合在一起，结果是我们无法建立一个可信的数据库。指标现在仅是在纸上，探索才刚开始。

表3　零售银行"新闻和视点"：关注客户（1994 年秋季）

细分：更好地了解客户的方法

消费者市场管理部门最近完成了对零售银行的 120 万个储蓄家庭的档案分析，并用两个指标评估每个家庭：一个表示目前关系的获利能力，另一个表示客户的个人财务能力（反映潜在获利能力）。这个信息的可获得性是将细分数据用于实践的重要过程。

● 纽约市场转移客户/利润组合

我们的战略目标之一是增加盈利客户，有两种方法用来发展和保留更多的盈利客户：一个是有针对性地给那些目前盈利很高的客户提供他们所期望的服务，以加强客户关系并长时间保留客户；另一个是鼓励那些最有可能的盈利客户同化学银行进行更多的业务往来。细分市场编码和盈利能力能帮助我们确定客户，以达到目的。

● 细分市场编码过程

数据搜集程序始于对 2 000 名客户和非客户的综合调查，询问他们关于他们处理钱、对银行的态度和许多其他方面的 200 多个问题。这个最初的调查确定了五个财务细分市场。在建立了财务细分市场的架构之后，消费者市场管理部门针对 2.5 万名客户做了一个更简短的问卷调查。

● 计量客户盈利能力

除了对所有零散储蓄客户进行细分，也把客户实际盈利能力的分数作为 1993 年 12 月的记录。盈利能力指标包含了收入和费用，这些费用是与储蓄、消费和住房贷款以及为每个家庭开发产品相关联的。盈利能力分为四个水平：

特级：盈利能力最强的客户。

高级：从他们的付费收入和超过我们给他们提供产品和服务的成本的收入中可获利。

中级：我们大多数的客户在我们提供给他们的产品和服务上产生较少利润。

低级：给零售银行带来非常少的利润或不产生利润。通常，他们的账户产生的收入不能抵消提供服务的成本。

● 我们如何利用这个信息

在 1995 年第一季度，盈利能力和细分的信息可以上网获得。利用工作手册、录像和内部培训磁盘提供的信息，分行员工可以通过客户细分和盈利能力来提高他们的销售业绩，为盈利能力最强的客户提供更优质服务，这最后会使我们获得最佳盈利客户，也使银行获利更多。

威尔逊感到一些平衡计分卡的指标对客户满意度目标不重要也不可行。他解释道：

> 我们有一个内部指标叫作"跟踪不满意的客户"，这个指标集合了 100 多个客户抱怨和不满意程度的指标，但它是不可行的。如果这个指标开始恶化，我不知道它是由重要的客户不满引起的，还是只是个小问题。在它最初建立时，它的价值在于把管理者的注意力集中在服务质量上，但是我们不能为了质量来进行质量管理。我们需要把注意力集中在对达到和超过客户所期望的服务质量最关键的事情上，去做那些我们需要衡量的并且可行的事。

计量客户的盈利能力

市场发展部主管威廉·乔丹（William Jordan）负责管理纽约市场部门的消费者和小企业活动，当被问到对平衡计分卡的看法时，他立即表明他的支持态度并说明了平衡计分卡的战略重要性：

> 我们注重短期的和每月的财务状况，这便于我们制定优秀的短期战略，但有时却很难制定出未来 3～5 年的战略。平衡计分卡为高级管理部门提供了一个平台，用来积极地讨论我们现在的业绩和未来必须达到的目标。我喜欢这个方法，它迫使我们考虑收入的机会和潜力，并且使我们能朝着确保未来胜利的方向来衡量现在的进步。

> 平衡计分卡加强了以客户为中心的需要，特别是需要利润更好的客户组合，保持和深化同最优质客户的关系。

过去几年乔丹认为零售银行的大部分小企业账户是有利可图的。最近，一项作业成本研究把个人客户的"服务成本"与"赚取收入"进行了比较，研究显示只有 55% 的小企业账户在完全贷款的基础上是盈利的，这个信息促使乔丹采取了几个新的办法来提高小企业客户的盈利能力。他想知道盈利客户和不盈利客户的明确特点，从而考虑如何通过改变收益、最小余额或者介绍费，较好地控制费用波动，把不盈利的账户变为盈利的。

然而，乔丹强调：

> 虽然我们提高了关于战略指标的意识，但指标并没有被整合，1995 年，我希望平衡计分卡小组确定一些指标，可能是两三个，它们能反映我们的战略主题和优先级，我想要看到一个给出我们未来五年目标的平衡计分卡，并能够看出短期业绩目标朝着这一目标的方向进步。

分支机构

戴夫·穆尼在曼哈顿分行负责执行平衡计分卡指标——"每个销售人员的销售合同"，他回忆起他对平衡计分卡的第一印象：

> 我记得当我在完成它时，一直在思考这一过程有多大的价值。它使我们明确并理解了从高级财务目标到经营指标的简单的因果联系。平衡计分卡能被很好地接受，是因为它同我们关注活动、过程和组成要素的管理哲学相一致，根据我们的联系理论，完成这些活动、过程和组成要素一定能产生我们所要求的结果。

> 但就如听起来那样，我们不能做基础过程，像大多数银行一样，我们从敲定的结果出发来管理，我们告诉员工，"获得更多的存款"。

> 1993 年夏天，我们开始将重点放在因果链的起点指标——如何与客户保持更多的销售联系。我们现在认识到产生新销售的一个必要条件是销售人员保持较多的客户联系。因此，我们第一步就是要求每个销售人员每周进行 10 次客户联系。销售人员回答："我们做不到，我们太忙。"但是我们努力告诉他们，我们对待这个目标是严肃认真的，销售不再是任意的和随意的，不再是如果时间允许才去做的事，销售变成了你要挤时间去做的事。

穆尼强调抓住和解决问题在这一点上的重要性。"这是重要的一课，"他说，"指标不是拿来管理的，平衡计分卡给了我们一个发动机，但是管理层必须要让车子动起来。"当穆尼被问到为什么平衡计分卡能鼓励销售人员做更多的销售时，他回答道：

> 在很多想法同时涌现的时候，我们只是采用了一个更正式的、结构化程度较高的客户拜访程序，这个程序能够产生客户联系指标。尽管对高层管理部门把所有预期指标放在一起来创造平衡计分卡的争议很大，但这个指标还是被保留下来。我对这个指标和销售活动所体现的重要性的信心增强了。平衡计分卡很大的价值是它连接了关键的绩效水平，并把这些减少成几个主要的动因。

他回想起，当知道了增加同客户的联系所得到的第一批结果时，平衡计分卡的执行变得容易了：

> 我们开始看到非凡的结果，每 10 次联系中有 2.5～3 次产品销售，这产生了很大的帮助。然而，也出现了一些问题。银行的高级管理者不会停止对这个指标的关注。分行的四五个人知道我将把这个指标报告给杰克·斯塔克和迈克尔·荷加迪，平衡计分卡的一个最有力的特征是它既有激励又有强制，迫使我们去保持跟踪并且执行。

展　望

当被问到平衡计分卡的现有应用形势时，弗兰卡维拉强调工作做得很好，但远未完成。

> 平衡计分卡在帮助我们更好地理解我们经营的关键动因是非常有用的，现在我们每个月的财务总结会议已经变成了会萌生优秀想法的战略回顾会议。

> 但是平衡计分卡仍是中高级管理人员的管理工具，只是一个还没有做好准备推广到所有部门的在

产品。如果今天你走进曼哈顿的任何一个分支机构，问及平衡计分卡如何运行，他们可能不知道你在说什么。

他和劳弗洛蒙托打算使 1995 年的平衡计分卡更精炼一些，希望能确定更加少而精的指标。他们发现某些指标比预计的更难达到。1994 年，他们与一个外部供应商签订合同调查客户维持数据，几个月后，供应商承认他不能提供数据，因此执行小组只能将这个任务分配给一个内部专家。

这个时候，劳弗洛蒙托感到他还有很长的一段路要走：

> 我们知道还有许多事情要做，像跟踪调查客户的获得和保留情况。但是在竞争者中我们很可能已经走在了前列，大多数银行正在通过汇总底层信息来开展工作，它们可能知道 20％的客户贡献了大多数的利润，但不知道这些客户是谁，它们仍然活在那个利用一种市场营销方法就能把 1 万个支票存款账户带入银行的世界——这个银行将永远不会知道这些账户中的 9 000 个将带来亏损。

> 我们现在很好地克服了这点，现在在我们的数据库里有 300 万个账户，我们能对这些账户进行对账和查看数据。同时可以看到储蓄、信用卡和短期贷款账户，并了解每个账户和每个客户的盈利能力。

弗兰卡维拉扩展了部分客户和客户盈利能力的知识，这些知识已经推进了一些产品的定价，并能使银行更熟练地制订新产品计划和市场计划。

在总结中，弗兰卡维拉说，基础结构里还有许多东西需要完善。"我们只抓住了 Lotus Notes 的表面，比如，它不只是电子邮件还是数据库。"他说，"当然，平衡计分卡本身是一个工具，我们要随着它的改进进行日益严格的应用。"随后，他描述了将会找到与平衡计分卡相联系的业绩目标的未来。一旦这些实现，他和劳弗洛蒙托预料的结果就会出现。

李•威尔逊赞同平衡计分卡的激励行为是与高级管理者的薪酬连在一起的：

> 1994 年的薪酬规模是与财务指标和平衡计分卡指标挂钩的，如客户满意度和客户保留率。1995 年，我们使平衡计分卡指标和 20 个高级管理者的薪酬之间的连接更清晰。我们将把这个过程贯穿到整个企业。

迈克尔•荷加迪概述了自己对平衡计分卡的看法：

> 我喜欢平衡计分卡，因为它不仅是一个具有前瞻性的工具，还可以为我们的分支机构中促进业绩改善的指标提供补充。即使在分支机构里平衡计分卡不是以原有的名称被推行的，但它在分支机构里依然是看得见的。例如，如果分支机构的某台自动取款机不工作了，计算机监督系统将自动打电话告诉分支机构的管理者，3 号自动取款机将要在 10 分钟后坏掉。如果分支机构经理说决定让 3 号自动取款机坏掉，计算机监督系统将告诉戴夫•穆尼并提交给他一份情况报告。

> 监督小组可能会理解什么适合平衡计分卡，但是分支机构的管理者可能不理解。在我们的分支机构工作的 2 000 个服务人员可能会告诉你几十个我们在跟踪记录的事情——从客户满意度的情况到自动取款机区域的清理——但他们不知道其平衡计分卡对应指标的名字。

> 到年底，分支机构的管理者将不仅告诉你他们在跟踪记录什么，而且能告诉你在关键指标上他们是如何执行的。因为他们知道，我们将依据他们各项指标的表现来评估他们，甚至我们将设立由多样化指标决定的奖金，这些指标是通过对银行的收入贡献来衡量的。

> 我不是说我们已经做了所有的工作。眼下一个主要的问题是我不知道我们的销售力量如何。我们并没有这方面的评估。我们只是刚刚开始重新考虑培训，我们不得不找新的指标来评价这种培训。但

这是平衡计分卡的优点。平衡计分卡是一个工具，它能让我们制定新的目标和指标，然后走向一个能使我们超越那些指标的过程。

我们总是需要交流，这并不是新鲜事。但是，这种交流却是通过趣闻来进行的，而且也并不是为计划和资源分配确定优先次序作基础的交流。平衡计分卡是在 20 世纪 90 年代资源约束的环境下出现的，在这个环境下，卓越的收入、费用和投资管理起着决定性的作用，平衡计分卡有助于我们过滤掉这些趣闻中的"噪声"，它将告诉我们，我们是否正确地把握了行动的轻重缓急以及我们的行动与我们的决策是否同步。

最后，它为我们的决策提供反馈，告诉我们决策是否可行以及我们是否把目标定得足够高。平衡计分卡正在帮助我们学习和有能力去改革。

新英格兰东南区联合劝募组织（UWSENE）*

平衡计分卡是一个管理工具，而不是一个政策工具。一位总经理需要向董事会报告所有的信息，但不是众多数量上的细节和经营决策的制定，你提供多少信息和细节，这是一个微妙的平衡。就个人在企业发展方面的想法，我一定要向董事会报告并寻求他们的支持。但观点是我的，这就是说，我将同大家一起深入地分享平衡计分卡，并说明我们将在指标上如何操作。

——UWSENE 总裁道格·阿什比（Doug Ashby）

历　史

新英格兰东南区联合劝募组织（UWSENE）是一家位于罗得岛的非营利组织，它的运营区域包括罗得岛州及马萨诸塞州与康涅狄格州相毗连的地区。联合劝募组织为捐赠人、社区和社会服务机构提供服务。它每年在工作地举行一次捐献活动，让捐赠人为社区广泛的社会服务项目进行捐赠。UWSENE 领导 900 多个工作机构开展捐赠活动，也接受邮寄捐献。联合劝募组织通过让地方社会服务组织使用它筹集的基金来提供社区服务，有超过 900 个机构使用它所提供和分配的社区照顾基金和关键项目基金。另外，捐赠人的选择权使个人可以直接与许多机构相联系（在 1995 年超过了 1 300 个）。UWSENE 通过信息和技术援助在项目计划、协调服务和服务改进方面帮助机构和其他的基金，它的社区建设支持了社区的发展、儿童和家庭、福利改革和就业。

罗得岛的统一筹集基金产生于 1926 年。这是为了减少由每个社会服务机构单独进行自己的年度基金筹集而产生的低效率及无组织性。第一次普罗维登斯社区基金会（Providence Community Chest）的筹款活动达到了 44.2 万美元的目标。该组织后来先后被称为普罗维登斯-克兰斯顿社区基金会（Providence-Cranston Community Chest）、红羽毛（Red Feather）和联合战时基金（United War Fund）。最后，罗得岛各镇市的独立筹款活动以及邻近马萨诸塞州和康涅狄格州的社区逐渐合并成为新英格兰东南区联合劝募组织。1995 年，UWSENE 从大约 68 000 个捐献人手中筹集资金超过 1 740 万美元，其中 63% 是从工作地筹得，21% 从公司中筹得，16% 是个人和基金的贡献。UWSENE 有一个 5 000 万美元的捐献基金，这是美国最大的捐赠基金，来自这个捐赠基金的收入是每年 250 万美元，其他基金的收入大约有 40 万美元，这覆盖了所有 UWSENE 的管理和筹资费用，捐赠基金向组织保证，把所有的基金百分之百地投入社区服务。

即使在 UWSENE 这样的慈善性的、基于志愿者的行业也有竞争。自 20 世纪 70 年代以来，寻求基金

* 本案例由 Robert S. Kaplan 教授和他的研究伙伴 Ellen L. Kaplan 撰写。Copyright © 1996 by the President and Fellows of Harvard College. Harvard Business School case 197－036.

的非营利组织的数量增加了三倍，并且它们中的一些联合起来在工作地进行筹集基金的活动。另外许多组织，如医院、大学和艺术机构也大大地扩展了它们筹集基金的能力，全国联合劝募组织在总慈善款中的份额降低了。在本地，UWSENE 在机构预算中的份额也从 1975 年的 40% 下降到 20 世纪 90 年代中期的 10% 左右。

UWSENE 正面临着特殊的挑战——地方就业机会减少、大公司搬家或规模缩小。同时，在罗得岛 UWSENE 基金机构所服务的老工业区和市区里的吸毒者、无家可归的人、单亲家庭和失业者的数量也增加了。

组　织

道格·阿什比 1987—1996 年担任 UWSENE 的总裁，那个时期正是组织中基金筹集的鼎盛时期，UWSENE 在新英格兰地区是最大的机构之一。[①] 六个副总裁直接向阿什比报告，五个执行副总裁负责财务、捐赠人服务、社区服务、管理信息系统及组织发展和市场，还有一个负责联系的高级副总裁。七名高级管理人员中，三人拥有 MBA 学位，两人拥有学士学位，另外两人拥有硕士学位——分别是社会规划和传播学。还有另外 40 人提供专业和辅助服务，这 40 人中有 25 人是公司雇员，有 15 人是小时工。UWSENE 的总裁向由 21 名董事组成的董事会报告，董事会由 UWSENE 选举出来的代表组成，主要来自重要的组织部门、办事处、工会和当地政府。这个志愿者董事会每月会面一次，负责制定政策。另外，UWSENE 有一个广泛的志愿者委员会系统来向董事会就具体政策问题提出建议。例如，在公司雇员的协助下，财务委员会对所有主要的财务问题提出建议。广泛的志愿者系统每年有上百人参加，为捐赠人和办事处服务。

1990 年，阿什比在高级管理人员和关键志愿者的支持下，制定了 UWSENE 的使命和愿景说明书并获得了认可（见表 1）。

表 1　使命和愿景说明书

使命

增强人们关心他人的组织能力。

愿景陈述

我们看到每一个人都有足够的食物和住处的未来。每个人都能从虐待和暴力中解脱；在我们社区的每个人都能学会阅读；我们社区中的每个人都能以显著的、可衡量的方式变得更健康；每个人都能拥有一个无毒品的未来；每个儿童都能成长为一个快乐、能工作的成年人；每个老人都能幸福地生活；每个人都能生活在一个清洁和健康的环境里；每个残疾人能依靠自己的能力来生活。对每个人来说，家庭生活水平都能得到提高。

我们的愿景是依赖于个人慈善组织固有的价值观以及我们坚定的信念，这与社区的需要、捐赠人的需要和机构的需要是一致的。为了实现我们的愿景，联合劝募组织将会成为一个由最好的捐赠人和工作人员一起工作的组织：

- 通过社区范围的活动，增加提供健康服务的私人慈善机构数量。
- 通过与捐赠人、机构和其他公立及私立机构的长期联系，来增加对当前必须解决的社区问题的了解。
- 通过包容性的捐赠者选择系统增加对捐赠者的价值。
- 增加对非营利组织的支持以完成特定的、可衡量的结果。
- 增加与公共和私人团体的合作，并发展联盟增强我们在关于健康和社会服务主题的公共政策制定上的影响力。

为了成功地解决这些长期的社区中面临的问题而执行的战略：

- 我们必须保证我们的战略方向、目标及行动是与我们的愿景结合在一起的。
- 为了实现联合劝募组织的愿景，我们必须保证有效的内部服务。
- 我们必须持续地保证我们的志愿者以及工作人员的高水平服务。

1991 年，董事会开始实施公司制订的一个五年战略计划，同时阿什比与高级管理人员启动了一个重大项目，旨在在组织中实施全面质量管理（TQM）。在 1991 年 12 月以前，总裁与高级管理人员一起建立了

[①]　1995 年下半年，阿什比宣布将于 1996 年 6 月 30 日辞去现有职务。

"持续提高的八个因素"方案（见表 2），并且得到了董事会成员及全体员工的赞同。高级管理人员将通过他们的行动和实践，为提高客户满意度树立领导榜样。他们将让所有员工参与到活动和行为中，这些活动和行为将使 UWSENE 成为一个更成功的组织。1992 年，阿什比给雇员们阅读斯蒂芬·科维（Stephen Covey）的文章《高效能人士的七个习惯》（Seven Habits of Highly Effective People），并设立了一个全天候办公空间来鼓励雇员把文中的信息转化成能使个人和组织成长的计划框架。

表 2 持续提高的八个因素

1. 根据结果制订整体计划——计划的所有组成部分——任务、愿景、战略计划、年度计划、部门和个人的计划——彼此结合在一起形成一个连续的经营循环过程，我们将在过程中的每一步制定可计量的目标并有规律地评价我们的进程。整体计划的最后结果是有结合力的，以客户和结果为中心的计划，能使我们的联合劝募组织像它的计划那样实施。

2. 客户中心——劝募组织的客户群体包括捐赠人、机构、接受者、志愿者和社区人员。我们最重要的能力是使每个客户群体的需要得到满足和了解，我们成功最重要的衡量指标是满意的客户。

3. 制定标准——为了达到优秀，我们将寻找联合劝募组织及其他经营好的组织的业务，学习它们的方法，引进这些想法和计划作为我们的标准，然后努力提高我们的经营效果直到达到或超过这些标准。

4. 雇员参与——所有的雇员都被鼓励参与到多样化、充满机会的建议活动，以及计划制订、决策制定和问题解决当中。管理者和部门领导要通过寻求并采纳不同的想法及意见，重视并欣赏每个想法，对每个想法做出反馈，为雇员勇于尝试提出新想法做出表率。

5. 小组工作——组织里的每个人都成为不同小组中的有活力、有贡献的成员。每个人都可以看到在达到我们的目标过程中他的角色是我们所需要的部分。参加小组工作——自己车间的交叉功能方案小组、持续提高小组——将成为达到成功的媒介，通过雇员的有效以及持续沟通的努力，小组工作将会很容易完成。

6. 培训—培训—再培训——学习是永远不会停止的。在组织里的每个不同的层次上，组织里的每个人将会系统化和有针对性地获得新知识。我们将有主题性地开展一个遍及整个组织的培训计划，还要发展对部门和个人的针对性培训，来提高他们工作和达到目标的能力（如车间工作、阅读、开会、演讲、技术发展）。

7. 以调查为基础的决策制定——决策制定要以事实为基础，而不是以有限的信息为基础进行猜想或假设。正在进行的市场调查、社区需求分析、某项专题研究、更接近客户的方法，是我们找到所需做的事情及做出有效反应的最可信赖的工具。

8. 以业绩和技术为基础的奖励——我们将对达到我们制定标准的业绩进行奖励。我们将制定业绩标准和技术标准，当雇员能力得到提升、达到激励目标时便会受到奖励。奖励范围包括个人、团队、部门还有组织。

UWSENE 收集并报告在经营方面的广泛信息，作为持续提高的保证。现金流量、应收款项、应付款项的财务状况每天由主计长检查。每个月，管理层和董事会检查关于发票记录、其他收入、投资、支出的财务报告及资产负债表。每一年竞选时都需要详查个人、公司及部门的统计记录，同时还要监督捐赠人任命和满意程度的变化趋势。作为鼓励雇员进取的一部分，UWSENE 开始每年做雇员满意度调查，并记录花在培训上的费用和所开设培训课程的数目。阿什比在评价组织"全面质量管理"的重要性时说：

> 过去，联合劝募组织的客户被告知给予时就会给予。他们没有别的选择，也感觉不错，那是因为我们几乎是垄断的。但随着竞争的增加，有一天我们醒来时，会看到我们的客户渐渐离开了。"全面质量管理"有助于我们听取客户的意见，如果客户不赞成你所做的，即使你做 100 年也不能成功。所以我们加速发展"全面质量管理"使之符合非营利组织的发展。我们致力于持续提高质量和减少周转时间。我们现在做的正是客户今天需要的。

引入平衡计分卡

1995 年末，道格·阿什比接到了来自美国联合劝募组织（UWA）的电话，问他是否对一个方向性的方案有兴趣。来自哈佛商学院（HBS）的社会事业组织的成员与 UWA 联络，要求它参加对一个新的指标系统的实用性调查，这个指标系统是专为私有公司建立的，叫作平衡计分卡。平衡计分卡不但保留了财务指标而且补充了未来业绩的动因：客户、内部业务流程、学习与成长。平衡计分卡强调非财务方面的特点对非营利组织是十分适用的。对 UWSENE 来说这个要求来得很是时候，阿什比知道在 1991 年制订的五年战略计划快要期满了。他感到以前的业务流程不能有效地把组织的质量创新和组织的愿景联系起来，但是平衡计分卡却可以提供缺少的这种联结方式。他咨询了他的高级顾问人员，他们同意在这个方案上多学习。

1996 年 1 月，哈佛商学院的一个小组在 UWSENE 的总裁办公室里给七个主要的管理人员开了一个短会。会议介绍了平衡计分卡，并列举了它如何在私有公司使用及在非营利组织内使用将带来的好处，会后，管理小组一致认为这个方法可以帮助他们达到甚至更好地把雇员同 UWSENE 的愿景和任务结合起来。在开始建立平衡计分卡之前，他们希望所有的雇员都知道这个概念并获得雇员对这个方案的支持。一个月后，哈佛商学院小组给全体人员开了个下午会，经过一番激烈的讨论，组织同意 UWSENE 建立平衡计分卡。

建立平衡计分卡

艾琳·穆斯（Eileen Moser）是组织发展和市场营销部的副总裁，他被选作建立平衡计分卡方案的负责人。穆斯之前领导过 UWSENE 的全面质量管理方案。在穆斯的领导下，捐赠人服务的指导凯利·内文斯（Kelly Nevins）承担了建立计分卡的任务，外部顾问艾伦·拉舍尔（Ellen Lasher）自愿为平衡计分卡的建立过程提供帮助。

穆斯在拉舍尔和内文斯的帮助下，采取了用一系列头脑风暴式的会议和高层会谈的方法来建立方案。在会议和会谈期间，管理者把 UWSENE 的任务——增加人们关心他人的组织能力——转化成有意义的、可计量的衡量指标，他们试图确定战略成功的关键动因，并且在使 UWSENE 为了改善提升和达到目标应当优先考虑的问题上取得了一致的意见。

高级管理人员发现，财务维度和学习与成长维度的目标是较容易达到一致的。例如，财务目标强调基金的成本效率，学习与成长维度强调雇员的发展及其与组织目标的结合。但在关于谁是 UWSENE 的客户、什么是客户满意度指标的动因、哪种内部业务流程可以通过客户来实现产品和服务的价值上产生了许多争论。

在客户方面有几种代表形式：捐赠人、志愿者、雇员、机构、最终接受和消费机构服务的个人。阿什比认为有三种选择方式，他说：

> 联合劝募组织有三种主要的选择：以捐赠人为重点，以机构为重点，以社区为重点。
>
> 以捐赠人为重点的组织，让捐赠人对他们的基金选择有自主权。捐赠人可按一个合适的比例将把捐赠人捐赠的钱分配到外部传统的联合劝募组织机构，这些机构将得到的钱较少，基金将会更广泛地以不同的方式分派下去。
>
> 一个以机构为重点的组织将确定和召集社区内最好的组织，保证他们能很好地经营，并监督他们做最好的工作，提供最好的结果。机构变成了联合劝募组织背后的支持力量，但在系统外部的组织将会感到联合劝募组织的不公平对待，甚至可能加入联合劝募组织的竞争对手。
>
> 一个以社区为重点的组织将会确认在社区里的个人最急迫的要求，并把解决这些问题作为联合劝募组织的努力目标。提高 6 岁以下儿童的教育水平和使他们快乐成长的决策就是一个好例子，但这个方法的缺点是许多机构可能会离去，而且你不能达到所有捐赠人的要求和需要。
>
> 这三个战略每个都是好的、都有产生积极结果的潜力。但是每个战略都要承担相当大的风险。为了达到特殊的社区需要，许多联合劝募组织有很充分的理由转换战略，但是当把机构和捐赠人惹恼时，后果是很惊人的。UWSENE 最后决定成为一个以捐赠人为重点的组织，认为如果捐赠人感到满

意，那么机构就可以经营下去，这就是为什么我们选择捐赠人作为计分卡的主要客户。

通过这个选择，客户维度的捐赠人的目标相对明确地联系起来，小组系统地阐述了能实现财务和客户目标的最初的内部业务流程目标，也讨论了营利组织设立的平衡计分卡的四个维度对 UWSENE 的充足性和适用性。拉舍尔建议再增加两个维度——对机构和对志愿者。机构，使用联合劝募组织的基金，给社区提供所需的服务；志愿者，通过他们的广泛服务和参加年度活动为 UWSENE 提供了有价值的人力资源。然而，阿什比认为，平衡计分卡的四个基本维度足可以灵活地把组织同机构和捐献人的关系包括在内。

不包含机构方面的决定使得人们不得不继续关心计划剩余部分的定义。穆斯承认，现在还不得不把机构考虑在平衡计分卡之中：

> 因为我们无法分清机构是供应者还是客户，它们确实是一个构成方面，但我们将之放在哪里呢？这个问题我们讨论多年了，而且这个讨论还没有结果，建立平衡计分卡的过程再一次涉及这个问题。因为我们知道我们与机构关系的意义，所以这个问题像一面红旗一样挂在那里。

拉舍尔也建议平衡计分卡应该有代表组织最高任务的一个方面。不像营利组织那样，优秀的财务业绩是最终的指标，非营利组织是使用它们的财务资源来执行人道主义任务的。在平衡计分卡里应始终保持任务可见，它的最终目标是联合劝募组织要把社区变得更好，但高级管理人员想要像私人企业建立平衡计分卡一样，只用现有的四个维度框架结构建立。

雇员参与

阿什比、穆斯和其他高级管理人员把平衡计分卡四个维度的目标介绍给了全体人员，他们把雇员分成四个小组，提炼和确定每个维度的目标，并在各个维度与其决定动因和计分卡目标的指标之间建立联系。根据雇员们的个人选择来进行分配，同时也努力实现在性别、部门、水平、年龄、个人类别等方面的均衡组合。

最初，雇员们对这个过程既怀疑又关注，许多人认为平衡计分卡只是"一时兴起"，花费了大量的时间然后放在一边。一些人不想让高级管理人员过多地参与这个过程，如改变或拒绝他们选的目标动因和衡量指标。这些雇员认为平衡计分卡是一种增加雇员权力的机会，并且他们不希望高级管理人员具有对他们做出的贡献的否决权。

阿什比感到雇员们没有看出建立平衡计分卡的主要目的。平衡计分卡不是一个让雇员制定战略和目标决策的机制。高级管理人员想让雇员为计分卡做一些贡献，但雇员们却认为高级管理人员仍然保留了制定和调整指标的权力。同时，平衡计分卡的计划执行工作将成为高级管理人员的一种特权。在高级管理人员的要求下，拉舍尔对雇员小组说明了有关的权力问题，同他们一起讨论了他们如何和高级管理人员一样，可以参与目标动因和指标的建立，她从观念上解释说，理想的平衡计分卡应该反映员工的任务和责任是如何连在一起的，来实现高级管理层所阐述的战略和远见。

内部业务流程小组的争论最活跃，争论的其中一个问题是平衡计分卡如何在 UWSENE 里联系全面质量管理的文化。一开始，小组建立了 12 个质量指标，平衡计分卡上每个主要过程设立一个指标。后来，他们决定使用几个综合的质量指标（如与客户要求相对比的制造时间，减少错误和返工）来评价个人流程的质量业绩。个人流程质量评价的细节指标会记录在部门的计分卡上。

内部业务流程小组也认识到评价 UWSENE 产品和服务的需要。每年会增加新的产品和服务但很少削减现有的产品和服务，没有一种方法能检查新产品或现有的产品对企业贡献的大小，于是小组建立了一个评价程序，这成为小组的工作中心。小组开始跟踪记录那些重要的、复杂的但没有在平衡计分卡中建立的中心问题。工作小组接纳了拉舍尔提出的把"适时检查所有产品和服务的效率"作为一个计分卡指标的建议。随着时间的推移，组织可以开展一个创新活动来建立一个综合的评价程序。平衡计分卡将这种目标视为决定性的和战略性的，但目标如何完成则不是平衡计分卡的问题。

在小组向管理部门介绍建立的平衡计分卡时，管理部门对平衡计分卡进行了最后的修改，一些人员对管理层改变或删除他们提交的文件表示失望。阿什比把这些文件带回小组，与他们讨论为什么进行调整。这一个过程使员工们感到管理部门对他们的想法是关心的，从而成功地恢复了管理层的信誉。虽然没把所有文件都放在平衡计分卡里，但是员工们感到这是同他们商量过的结果。然而，雇员的意见是让凯利·内文斯参与最后的管理部门决策，这样他们的意见就会有更好的表达并且不会再有太大的变动。雇员们认为内文斯作为一位中层管理者，对平衡计分卡的理解是更客观的，因为他不像穆斯和拉舍尔一样有直接的利益关系。

1996 年 7 月末，UWSENE 建成了它最初的平衡计分卡，平衡计分卡四个维度的战略目标和衡量指标见表 3。建立过程用了 4 个月，并得到了各层次管理部门的积极参与。现在首要的任务就是获得平衡计分卡需要使用的数据，穆斯说：

> 即使可以从全面质量管理过程中收集数据，我们仍然有些平衡计分卡的指标需要新数据，大约有一半的指标要求对现有的数据重新整理，或者重新收集数据。

表 3　平衡计分卡四个维度的战略目标和衡量指标

维度	结果	战略目标	衡量指标
财务	外部增长	增加筹集到的基金净额	①在所有方面达到年度目标 ②广泛的基金来源 ③达到不同类别捐赠人的人数目标
	内部平衡	平衡内部收入和支出，保证我们对捐赠人 100％的承诺	①平衡内部预算 ②按经营预算的目标百分比储备基金 ③实现内部收入目标 ④实现内部费用目标
	社区建设	增加用于服务的基金数量 增加用于专有项目的基金数量	①实现给机构的基金数量目标 ②实现给专有产品的基金数量目标
客户	客户满意度	得到认可	①在目前认可的项目上的客户反馈 ②捐赠人和志愿者强烈认可的项目 ③客户需要的认可
		轻松的支付	①低水平的错误和返工率 ②捐赠人满意度调查
	市场增长	客户关心并能对社区有改进的项目	①确认客户愿意投资的项目 ②估计项目能达到的结果
	客户忠诚	结果反馈	①通过调查和其他信息反馈机制，增加捐赠人对结果满意和接受程度的调查频率 ②追踪信息媒介的数量、成功传递结果的案例，以及估计它们的效率
		质量、及时服务	①减少客户服务的错误和周转时间 ②确定客户对于及时服务的要求，包括产品、咨询、信息以及投诉等方面 ③追踪我们给予客户向我们反馈服务情况机会的次数 ④提高客户保留率

续表

维度	结果	战略目标	衡量指标
内部业务流程	在质量基础上的关键内部业务流程	提高在以下方面的关键内部流程： 基金筹集 基金分配 社区建设 信息交流 履约过程 项目开发 志愿者/员工的发展 客户服务 部门内部交流	①按客户的要求达到及时性 ②在过程中增加客户的价值 ③减少错误率和返工率 ④信息传递的及时性/每个客户要求的反馈
	开发创新项目	建立一个研究和开发过程来开发新的创新项目	①在一年内适当的时间开发和评价新产品/服务的程序 ②新系统产生和评价的新项目或服务数量 ③没通过开发和评价过程的新产品和新项目数量
	保持可行的产品线	建立一个评价现有服务和产品的过程	①在一年内适当的时间对产品/服务进行的评价程序 ②通过新评价程序的产品/服务数量 ③评价后得到改变、提高以及停止提供的产品/服务数量 ④客户对改进后产品/服务的满意程度
学习与成长	雇员生产率	培训和开发	①为与管理相协同而提供培训中参与的雇员百分比 ②培训次数 ③培训时间
		技术	①外部技术的运用范围 ②使用技术的活动小组的技术/提升水平
		小组	①现有的活动小组数量 ②在过去有贡献的成功小组数量
	雇员满意度	开放并有效地沟通交流	①交流的次数 ②雇员满意度调查
		雇员的权力与参与	①在计分卡中有相应职位的雇员百分比 ②雇员参与的次数
		机构帮助	①改善机构进行的资源培训和开发

平衡计分卡需要部门和团队提供每个指标以及每个任务如何分配。部门和团队的责任包括每个月、每个季度和每年提供成果的报表记录。

平衡计分卡和全面质量管理

一些雇员不明白平衡计分卡是怎样与组织的全面质量管理连在一起的。高级管理人员认为平衡计分卡为 UWSENE 的全面质量管理提供了有价值的补充。穆斯解释了其中重要的联系：

在许多非营利组织，战略计划是一个任务驱动的因素，而质量是雇员们能够直接接触的影响因素。这导致了战略与经营的相互脱节。虽然在我们的组织里，高级管理人员既参与战略计划也参与质量管理，但这两部分仍是分开的。我们试图用我们的战略计划结构来把两部分结合起来，但它太复杂了。用了平衡计分卡后，我们现在明白了该如何实现我们的任务和愿景。平衡计分卡给我们提供了一个把质量创新和战略计划连在一起的结构。举个例子，通过建立一个衡量新产品效果的新系统，我们把质量结合进了我们的业务流程。

阿什比的看法也是如此，他说：

平衡计分卡给我们提供了一种可以把所有的部分放在特定指标中的方法。平衡计分卡说明了部门之间如何协作和组织如何共同努力的一致性，而不是每个部门只实现它自己的目标。我们现在应把 UWSENE 看成是一个统一的有内部联系的系统。

社区服务执行副总裁比尔·艾伦（Bill Allen）也同意这种联系：

平衡计分卡为我们的全面质量管理和我们的年度计划、长期计划创造了联合和集中。我们有许多小组在做不同的事情，但结果是分散的，我们的全面质量管理经验让我们把重心放在小组工作上，以及数据收集和计量上。平衡计分卡把所有这些结合进一个统一的系统。现在当我建立小组或给部门分配任务时，我们只在一个系统内做工作。这就是为什么我们对它如此兴奋。

对平衡计分卡的反应

内文斯在帮助平衡计分卡的小组工作上起了重要作用，她评论了如何使用一个持续改进的基础：

当每个部门每年制定目标时，我们应该确信我们做的每件事都在平衡计分卡中，如果没有，我们应该问自己是否应该做它，或者如果我们做一些我们认为重要的事情，那为什么它不在计分卡里。计分卡要保持有效性，就必须是一个不断改变的文件，每年当组织检查我们的年度目标并制定下一年的目标时，都需要修改平衡计分卡来反映新的重点。

穆斯与此意见一致：

平衡计分卡需要由高级管理层制定，因为员工希望让高级管理人员把他们始终能包括在平衡计分卡中，并且希望每个人都能保持兴头，所以我们可能会遇到一些障碍。他们在平衡计分卡上工作非常努力，他们也想让目标变成现实。

总裁和高级管理人员有责任与他们的工作人员一起重新考虑计分卡，并定期更新以让它能够更符合实际。这样的计分卡能真正地指导我们的工作，并帮助我们减少许多我们不必做的工作。

举个例子，组织过去参与了一个地方小学的研究项目，在建立平衡计分卡的过程中，由于这个业务在计分卡上没有相联系的任何目标或指标，所以引发了是否继续这个项目的问题。内文斯注意到了员工对平衡计分卡的热情，她说：

每个人都参与到计分卡项目中，都可以提出自己的建议。我们有不同的小组来听取意见，我们过去经常有自上而下的战略计划，但现在我们从平衡计分卡中获知，我们应该开始改变这种方式了。

过去，如果你比上一年筹集到更多的钱，人们就会认为你的工作做得好，但是那些为筹集基金间接服务的部门却没有得到工作的认可，现在我们将考虑所有的指标来估计在实现我们的目标上每个部门取得的成绩。应持一种每个雇员都做了重要贡献的观点，即使是从事文秘工作，这对我们的基金筹集工作来说也是重要的。

然而，一位经理人员对平衡计分卡里缺乏一个高于一切的任务感到失望，说道：

最终的平衡计分卡文件看起来非常冷酷，而不是我想象中的能作为组织的一种任务驱动。我们的平衡计分卡没有感情，所以它看起来枯燥乏味。可能是因为我们在这个组织、在社区服务中工作，所以它对于我们有更深刻的意义。而且，我们很难想象将我们所做的事情当作一种产品。所以即使平衡计分卡在技术上是很精确的，但我仍然很惊讶我们的平衡计分卡的模式。

不过大部分人表现出了对平衡计分卡的热情，一位中层经理说：

你能把你同平衡计分卡联系起来，它显示出你在组织里的位置，你能看到你如何为客户或是组织的财务需要或员工的进步做贡献，能知道你做的工作是值得的，是与整个组织相联系的，所以即使我已经在这里工作了五年，但我仍然学到了我以前不知道的东西。我听到很多人说"我竟然从来不知道这个！"

首席财务执行官斯科特·法梅格勒蒂（Scott Famigletti）与联合劝募组织的清洁工进行了一次关于平衡计分卡的谈话，斯科特说：

最初，他认为平衡计分卡只是为高层管理部门准备的，对他没用。他的工作只是扫雪、刷墙、清理垃圾等与战略和任务无关的事。我向他解释了他的工作对我们的重要性，我们有相当大的租金收入来自我们的房客。让房屋保持清洁，才能使房客和雇员心情愉快地居住和工作，也将帮助我们产生更多的租金收入，帮助我们实现对捐献人 100% 的承诺，并能吸引、留住和激励我们的雇员。除此之外，来参观我们组织的捐赠人和志愿者也很欣赏干净的办公室、吸引人的风景和没有积雪的街道。我看到他的脸上露出了认同的表情，他说："你是对的，我现在知道我的工作是多么重要。"平衡计分卡让每个员工都看到了他在组织里的重要性。

其他雇员对平衡计分卡的反应也是相似的：

秘书人员从来都没有感觉自己完全地融入组织这个整体中。但事实上我们的确属于组织的一部分，只是我们没有意识到而已。平衡计分卡让我们意识到我们每天做的那些我们从来都觉得不要紧的小事情，也是很重要的。

我为自己个人建立了一个平衡计分卡。你不会在一个部门的平衡计分卡中承担很多指标，但是在个人平衡计分卡中却可以。我现在可以知道如何做与以往不同的工作来平衡内部预算。例如，有人建议去订阅杂志，可是我们从来不知道是否有人真正地去读这些杂志。难道我们花钱订杂志仅仅是为了摆在那里？还是我们应该去复印杂志？我决定开始一个小项目来研究哪些杂志是对我们真正有用的。我们现在订阅了很多杂志，可以取消其中一些来减少支出。

然而，穆斯也承认并不是每个雇员都接受平衡计分卡的概念：

组织里的一些人就是不接受改变。他们很不情愿地参与，并且排斥新的方案。

董事会和平衡计分卡

阿什比在 UWSENE 担任职总裁期间曾与董事会主席理查德·普劳特金（Richard Plotkin）有密切的工作来往。普劳特金是注册会计师并参与管理一个地区的会计师事务所。阿什比和普劳特金之间关系密切，有时一天会谈话三次。阿什比打算把已完成的平衡计分卡作为一份工作文件呈递给董事会，然后在董事会意见的基础上进行修改。普劳特金说："董事会知道了平衡计分卡的消息并非常支持，但是董事会对此了解不多，所以更多地将董事会融入平衡计分卡中是合适的。"

比尔·艾伦（阿什比之后继任 UWSENE 总裁）认为计分卡将改进董事会之间的交流：

我们将能够在战略计划不断改进的基础上给董事会提供定期报告。这是一个我们期待已久的计划，这是我们要确定如何去做的时候，是数据可以发挥作用的时候，也是我们将以我们所确定的指标为基础提供报告的时候，它将使董事会在企业管理中发挥更积极的作用。

阿什比也认为平衡计分卡是一个更有效的交流工具：

> 许多非营利组织的董事会过分注重组织的财务问题，钱成为每个人都与之相联系并感兴趣的东西。每个月董事会都看财务报告，并且这通常是在看管理层的报告之前。我参加的会议中有 75% 的时间是花在财务问题上，只有 25% 的时间是讨论用这些钱来做什么。平衡计分卡有助于在董事会上进行更广泛的讨论。

普劳特金指出计分卡将对董事会的思考有所改进：

> 如果董事会的成员感到他们的确对组织有所贡献，那他们是愿意更努力工作的。我总是在寻找一种方法来调动他们参与讨论的积极性。平衡计分卡通过确定一个主题更集中的对话，来促进相互之间的互动合作。

然而在平衡计分卡建立过程中，新总裁的上任使建立计分卡成了新的热点问题，阿什比说道：

> 组织里的每个人都想知道，是否新总裁会在公司继续引入平衡计分卡。我们在文件上做了很大的投入，以至于一个新人很难完全理解它甚至可能直接取消它。人们没有精力再去做另一种模型。因此，这很大程度上取决于新总裁的思维方式，这是很重要的问题。人们想继续向前开发平衡计分卡，而有些人却宁愿花很大的代价放弃计分卡。

穆斯觉得可能已错过了一些机会，他说：

> 虽然我们已经向董事会提供了一些关于平衡计分卡的建议，但董事会成员并没有任何参与，我们的董事会是一个有很强理解力的智囊团，我们却没有使用这个资源来得到一个完全由雇员完成的项目所无法得到的观点和远景。

阿什比对目前平衡计分卡的反应评论道：

> 董事会的调查委员会不愿对一个新上任的总裁说："你必须使用这个文件。"他们想给下一任总裁建立他自己的系统、行动和管理方法的机会。如果在调查过程中适时地加入平衡计分卡，我相信它会对董事很有帮助，但这两件事情同时发生了。

普劳特金主管对阿什比的继任者的调查工作，他想知道平衡计分卡项目是如何对新总裁的调查产生影响的。

> 我认为新总裁应该张开手臂欢迎平衡计分卡，并且不应当感到有威胁。我们肯定想要管理者重视质量问题和新想法。然而，新总裁不想被这种方式束缚手脚。由于高层和中层管理部门现在对平衡计分卡负责，这将成为一个问题。

> 最后，平衡计分卡会改善 UWSENE，并帮助它进一步开展业务，董事会参与平衡计分卡是长期成功的关键。董事会必须是平衡计分卡流程的一部分，因为平衡计分卡确定的是组织战略。

第 **9** 章

业绩的财务指标

9.1 财务控制的性质

控制是指为保证企业的经营行为不偏离其目标而使用的工具和方法。控制过程通常包括设定业绩目标、衡量实际业绩、将实际业绩与目标进行比较、计算实际业绩与目标之间的差异，如果有必要的话，还要对差异进行分析、处理。

本章将讨论一些主要的财务控制工具，包括利润差异分析、利润中心、转移定价和生产率指标。

控制过程的核心是设定业绩的目标水平。业绩指标可以是财务性的，也可以是非财务性的。不过业绩的财务指标（即财务业绩指标）一直是而且也将继续是使用最广泛的指标。本章将讨论最普遍的财务控制方法。

9.2 运用财务指标进行总体控制

财务业绩指标的广泛使用有两个主要原因：第一，财务业绩指标，如利润，直接和企业的长期目标相衔接，而企业的长期目标几乎总是纯财务性的；第二，恰当的财务业绩指标能综合地反映企业业绩。

总体的财务业绩指标，如企业或部门获利能力，是对企业战略和经营策略成功与否的概括性衡量。低于预期的利润水平，表明企业的战略或策略没有实现预计的结果，因而有可能是不合适的。企业会对此进行研究、分析，以揭示存在不利的利润差异的原因。以往这种研究、分析主要关心销售部门是否实现其销售量和销售收入目标，以及生产部门是否实现其成本目标。现在重点有所转移，20 世纪 80 年代，着眼点集中在发现企业的成本动因上——这一过程称为作业成本法。正如我们在第 4 章看到的，作业成本法的作用是揭示企业的成本性态，从而对成本进行管理和预算。90 年代，管理者们还希望发现收入的动因（如客户满意度和员工创新）——这一过程被广泛地称为战略性业绩指标或平衡计分卡，这些内容在第 5～8 章和第 10 章中讲述。当企业知道影响收入水平的因素后，它将采取措施去管理创造销售收入的因素。

9.3 运用非财务指标进行具体控制

尽管企业一直从大处着眼，运用财务指标对企业总的业绩进行控制，但它们也运用非财务指标，对细节即具体的流程进行控制，以弥补财务指标的不足。例如，对一个生产部门，可以既衡量单位产品成本，又衡量次品数量。一般说来，对非财务业绩指标的关注反映了对财务业绩指标的如下认识：

- 财务指标是对成果的短期衡量；
- 对于管理者而言，财务指标既不熟悉也不直观。

非财务指标，如质量，不仅解释了目前的销售水平，还可以预测未来的销售水平。遗憾的是，很少有企业系统地考虑诸如质量或生产率这样的非财务指标是如何影响获利水平的。[1] 因而非财务指标主要是评价业绩的相关指标，以期提高工人的工作质量和生产率，从而产生更高的利润。我们在平衡计分卡一章中看到，关键是建立一个系统的业绩衡量体系，使企业能够识别影响其长期财务业绩的动因。

尽管诸如平衡计分卡这样的战略性业绩衡量系统使我们具备了重要的洞察力，但财务控制——运用财务指标进行的控制——因具有综合性并且与营利组织的主要目标直接联系，仍将是重要的管理工具。

9.4 运用差异分析进行经营控制和例外管理

长期以来，差异分析一直是广泛使用的财务控制工具。差异分析是将收入或成本的目标水平与实际水平相比较，并计算差异的过程。差异表明制订财务计划时所依据的假设没有实现。差异分析（尤其是不利差异）对于了解没有完成目标的原因以及采取什么相应的措施是重要的。

9.4.1 示例：泽西河图书出版公司

案例能够最好地阐明差异分析的过程，下面的例子说明了财务控制中常规的财务分析的范围和性质。

泽西河图书出版公司（Jersey River Book Publishing Company）出版学术书籍。主编艾玛·巴克（Emma Barker）正在研究一本现有教材的财务报告。这个分析将帮助她决定是否再版这本书。泽西河图书出版公司不仅出版图书，同时也印刷图书，这在出版行业中较为少见，出版企业通常与外部企业签约以解决印刷和发行问题。

营销和开发部门的人员预计这本教材在其三年的生命期内能以平均55美元的价格售出160 000册。该书实际以平均52美元的价格售出了180 625册（因为竞争对手出人意料地发行了一本新书）。泽西河图书出版公司按批别生产图书以控制与存货有关的总成本（包括准备成本和存货持有成本）。该书计划批量为每批4 000册。实际批量达到每批5 000册，因为生产部门相信，较大的批量能防止销售部门抱怨仓库中存货太少。批量相关成本包括设备准备成本，计划为每批1 200美元，因印刷设备的原因实际为每批1 225美元；在制产品搬运成本，计划为每批400美元，因改进了印刷厂布局实际为每批390美元；存货持有成本，计划为每单位平均持有量32美元（平均持有量是批量的一半，假设该书在其生命期内的需求是均匀的），但因存货的保险费上升和部分书遭水浸泡，实际为每单位34美元。

泽西河图书出版公司确认了七种单件相关成本。各单件相关成本分别为：纸张——计划为9.8美元，但因前几批纸张质量过差遭到投诉而改用较高档次的纸，实际成本为10.2美元；油墨——计划为0.95美元，因采购部门找到了新的供货商，实际为0.8美元；印刷厂物料成本——计划为1.35美元，因电费等项目的价格下降，实际成本为 1.3 美元；销售佣金——合同中明确规定为售价的 5%；版税——同样为合同所规定，是售价的 15%；装订成本——计划为 1.5 美元，但因购置了新装订设备，实际为 1.63 美元；装运成本——计划为 0.5 美元，因降低了纸箱成本并与运输公司达成新的协议，实际成本降为 0.44 美元。

该书产品相关成本为：编辑人员成本——预算成本为 875 000 美元，因为有一个空缺的编辑岗位没有被及时补上，实际成本为 825 000 美元；前期制作成本——预计为 750 000 美元，因出人意料地发生了图表软件开发成本，实际为 950 000 美元；宣传促销成本——预计为 475 000 美元，实际上升为 540 000 美元（为对抗竞争对手的新书，同时还调低了价格）。

泽西河图书出版公司按书的规格和生产复杂程度的不同，将印刷厂维持成本分配到每种图书，该教材的分配率为每册 8 美元。泽西河图书出版公司同时还把一般管理成本（生产能力维持成本）分配到各产品中。该分配以编辑人员工资为基础，因为它反映了生产能力维持成本的长期成本动因。该书的分配率为编辑人员工资的 75%。

图表 9-1 概括了以上所有有关内容。[2] 注意该书（总预算）计划利润为 619 750 美元，实际利润为 394 914 美元，存在着－224 836 美元的差异。艾玛·巴克对这一结果很不满意。她想知道为什么销量比预计上升 20 625 册，而实际利润却下降了。

9.4.2 差异分析的作用

如图表 9-1 所示，差异分析的注意力仅仅集中在可能暗示着差异原因的财务数字上，但并没有明确指出产生这些差异的原因。差异分析引发对差异原因的寻找。本例的相关介绍已经指出了成本偏离计划的原因，这些原因很有可能会在由差异所引发的调查中发现。

9.4.3 计划差异

常规差异分析把预算利润和实际利润间的总差异分解为若干因素。本例中所要讨论的差异－224 836 美元，是总预算利润 619 750 美元和实际利润 394 914 美元之间的差异。一般说来，计算差异是用实际数减去计划数。这样，正的收入差异是有利的——收入高于计划，正的成本差异是不利的——成本超过了计划水平。

调整的第一步是用实际销量重新计算综合预算，去除销量对差异的影响。这一步是在弹性预算中做的。如图表 9-1 所示，当预算按实际销量 180 625 美元重新计算时，期望利润由总预算的 619 750 美元上升到弹性预算的 1 062 638 美元。因此，如果公司保持价格不变并实现所有收入和成本的计划目标，利润将因销量的上升而上升 442 888 美元。这种差异称为**计划差异**（planning variance），它反映了实际业务量水平与总预算业务量水平不同所产生的财务后果。注意图表 9-1 反映了所有收入和成本项目的计划差异。

9.4.4 弹性预算差异

销量的影响并没有解释计划利润和实际利润－224 836 美元的差异。事实上，销量的影响应使利润上升 442 888 美元，而实际利润低于原来的计划。问题是：是什么导致利润减少了 667 724 美元？这个差异称为**弹性预算差异**（flexible budget variance），它将通过弹性预算和实际结果之间的对比进行解释。销量对差异的影响已经剔除，剩下的差异都是由预算项目的价格和对它们的使用所造成的。

图表 9-1 泽西河图书出版公司

金额单位：美元

项目	目标值	总预算	计划差异	弹性预算	弹性预算差异	实际结果
销售量	160 000	160 000	20 625	180 625	0	180 625
单价	55	55		55		52
每批批量	4 000	4 000		4 250		5 000
收入		8 800 000	1 134 375	9 934 375	(541 875)	9 392 500
单件相关成本						
纸张	9.80	1 568 000	202 125	1 770 125	72 250	1 842 375
油墨	0.95	152 000	19 594	171 594	(27 094)	144 500
物料	1.35	216 000	27 844	243 844	(9 031)	234 813
销售佣金	2.75	440 000	56 719	496 719	(27 094)	469 625
版税	8.25	1 320 000	170 156	1 490 158	(81 281)	1 408 875
装订	1.50	240 000	30 938	270 938	23 481	294 419
装运	0.50	80 000	10 313	90 313	(10 838)	79 475
单件相关成本总额	32.00	4 016 000	517 688	4 533 688	(59 606)	4 474 081
批量相关成本						
准备成本	1 200.00	48 000	3 600	51 600	(6 275)	45 325
搬运成本	400.00	16 000	1 200	17 200	(2 770)	14 430
存货持有成本		64 000	4 000	68 000	17 000	85 000
批量相关成本总额		128 000	8 800	136 800	7 955	144 755
产品相关成本						
编辑人员	875 000	875 000	0	875 000	(50 000)	825 000
前期制作	750 000	750 000	0	750 000	200 000	950 000
促销	475 000	475 000	0	475 000	65 000	540 000
产品相关成本总额		2 100 000	0	2 100 000	215 000	2 315 000
设备维持成本						
印刷厂维持成本	8.00	1 280 000	165 000	1 445 000	0	1 445 000
一般管理费用	75%	656 250	0	656 250	(37 500)	618 750
设备维持成本总额		1 936 250	165 000	2 101 250	(37 500)	2 063 750
总成本		8 180 250	691 488	8 871 738	125 849	8 997 586
利润		619 750（总预算利润）	442 888（总预算利润差异）	1 062 638（弹性预算利润）	(667 724)（弹性预算利润差异）	394 914（实际利润）

9.4.5 单件相关成本的弹性预算差异——价格和数量效应

预算中的数字是价格因素和数量因素的乘积。因此，一般情况下，任何差异（无论是成本差异还是收入差异）都有两个因素：成本因素和数量因素。

泽西河图书出版公司产生收入差异的其中一个原因是每册书的单价低于计划的单价。收入差异为每册 3 美元乘以 180 625 册，共为 541 875 美元的不利差异。注意，价格差异反映了价格变化的结果，而不是其变动的原因。这是财务控制工具的共同特征：它们反映的是财务影响的变化而不是原因。这个差异将引发一个关于价格下降原因的调查，究竟是对竞争压力的反应还是为提高销量而打了折扣。

注意那些单件相关成本的差异。对这些差异进行分析，其结果就是例子中提到的对成本变化的解释。对于小的差异，无论是有利的还是不利的，都没有必要进行分析。大多数计划都因预测成本的不确定性而容易发生细小的差异。只有当差异大到足以表明某些因素严重偏离了计划或需重新考虑某些因素以改进未来的计划时，公司才应对差异进行调查。[3] 例如，准备成本会因机器和从事准备工作的人的随机性而变动。但是较大的差异可以表明，有些事情与计划的偏离不是偶然的。

为理解弹性预算差异的含义，在这里只考虑纸张的差异。纸张的标准成本定额是每册 9.8 美元，这个成本定额包括价格和数量因素。假设每册书需 20 单位纸，每单位纸价格 0.49 美元，则弹性预算中 1 770 125 美元的目标成本定额可以写成：

目标成本定额＝180 625×9.8＝1 770 125（美元）

也可以写成：

目标成本定额＝3 612 500×0.49＝1 770 125（美元）

实际纸张成本为 1 842 375 美元。假设经过进一步的调查发现总成本的价格因素和数量因素如下：共用 3 500 000 单位纸，每单位纸 0.526 美元。纸张成本的上升反映了原纸张出现的问题和改用高档纸的决策（反映在单位纸张成本的上升）。这个例子说明了差异分析的标准要素：一部分差异是由于超额使用（数量因素），另一部分差异是因为原材料成本（价格因素）。

要注意到弹性预算差异可为公司的两个部门所控制。价格差异与采购部门有关，而数量差异与生产部门效率有关。差异可能不易归因到各责任中心。例如，采购部门可能购买低于计划质量的原材料以产生有利的价格差异，然而，原材料质量较低会导致次品，进而造成生产过程中原材料的超额使用。因此，价格差异必须要建立在原材料质量计划水平之上，对差异的调查必须要确保差异并非由非计划性的原材料质量差异所导致。

9.4.6 批量相关成本的弹性预算差异——批量和批成本效应

弹性预算要求对 180 625 册的总产量以每批 4 250 册分批生产，共 43 批。实际生产每批是 5 000 册，共 37 批。这样，因为实际批量大于计划批量，批量准备成本应该降低 7 200 美元（6×1 200），降至 44 400 美元。然而实际的批量准备成本为 45 325 美元，这意味着每批成本为 1 225 美元（45 325÷37），而不是计划的 1 200 美元，即每批的批量准备成本比计划增加了 25 美元，这里仍可将弹性预算差异分解成数量因素和价格因素。同样的分析过程也适用于分解和调查与原材料搬运成本有关的弹性预算差异。

9.4.7 产品相关成本的弹性预算差异

单件相关成本和批量相关成本的弹性预算差异在短期内可以由采购人员（原材料价格）或生产人员（数量）所控制，而产品相关成本的弹性预算差异的性质则完全不同。单件相关成本与产量间存在着设计关系，因此称为**技术性成本**（engineered cost）。例如，每辆汽车都有一个方向盘、一个发动机、一个交流发电机等。技术性成本与产量间的关系是确定的。生产人员的任务是管理生产，从而使产量和投入之间的确定关系能够实现。

产品相关成本则有很大的不同。产品相关成本源于周期性的决策需要，不直接和产量相联系。例如，编辑人员成本和前期制作成本反映了为使该书能够出版所做的工作，与销量无关。所以，这些成本常被称作**酌量性成本**（discretionary costs），以与技术性成本相区别。对酌量性成本，通过保证要求的工作全部完成及将实际成本和计划成本相比较来加以控制。[4] 因此酌量性成本高于或低于计划水平并不一定反映管理水平较差或较好，它可能只说明实际酌量性工作量（与产量无关的工作量）低于计划。

9.4.8 设备维持成本

本例中设备维持成本是由公司的设备维持成本分配给各产品的。它们被认为是因为生产该书而造成的长期成本的增加。因此，它们不是生产人员在短期可以控制或管理的。从长期角度看，改进生产方法可以降低这些成本，但是改进生产方法所带来的低成本未必会在成本分配过程中得到反映。

9.4.9 总 结

图表9-1综合了弹性预算差异的各个要素，有助于我们了解为什么弹性预算中的目标利润水平没有实现。一般说来，这些弹性预算差异反映了与单件相关成本和批量相关成本的价格差异和数量差异，也反映了产品相关成本和设备维持成本的酌量性支出差异。本例中，批量相关成本差异反映了该成本的批量相关动因在实际运用与标准运用（弹性预算）方面的不同。

差异分析[5] 是财务控制中较传统的方法，它包括对比实际财务数据与目标财务数据并计算差异。重大的差异表明一些计划要素（价格或数量）没有实现。差异是要求调查为什么计划没有实现的一个报警信号。

9.5 运用利润指标进行组织控制

9.5.1 运用利润指标衡量分支机构业绩

对于企业来说，利润是使用最广泛的业绩指标。通过用利润指标衡量分支机构业绩，高级管理层希望把焦点集中在获利能力上来促进分支机构和企业这两者目标的一致性。

关于利润中心已经有许多定义。从一个纯描述性层次讲，可以把利润中心定义为所有需要定期制定某种利润指标的组织单位。[6] 但这个定义没有体现我们使用利润中心的一个重要目的：激励各组织单位主动地制定决策。仅仅计量组织单位所产生的利润并不能使其更加独立自主。

从我们的目的出发，**利润中心**（profit center）是指一个管理者有权制定资源供应决策并选择市场的组织单位。一般说来，利润中心应将其产品大部分销售给外部客户，而且对于大部分原材料、商品和服务都有权选择供应来源。根据这个定义，即使很多企业通过对生产部门和销售部门之间的产品转移来制定价格以激励单位管理者制定决策，生产部门和销售部门仍不能成为利润中心。虽然企业可以为各部门计算出一个利润数字，但因它们只有有限的资源选择和产品定价权力，所以它们只能算是准利润中心。

很多利润中心经理不仅按照利润进行评价，同时还按与该部门固定投资相关的利润水平进行评价。这时，我们称之为**投资中心**（investment center）。投资报酬率和剩余收益（也叫经济增加值）是最普遍的衡量投资中心业绩的指标。投资中心及其业绩指标将在第 10 章阐述。如果车间和设备的数量是固定的或不为利润中心经理所控制的，那么利润中心（与投资中心相对）用于评价该部门经理的业绩是适当的。例如，如果所有重要的资本支出决策都是由高级管理层制定的，那么下级利润中心经理并不控制投资水平，也不应对过去的关于车间和设备的决策负责。因此，经理的业绩和组织单位的业绩应分离，尤其当最好的经理被指派到一个较差的单位以试图振兴它时，更是如此。

计量利润遇到的问题包括：（1）选择一个利润指标，包括把共同成本和共同收入分配到各中心；（2）为利润中心间的产品转移制定价格。

9.5.2　选择利润指标

考虑伊斯勒公司某部门的数据（单位：美元）：

部门销售收入	15 000
随生产能力的使用而变化的成本	10 000
短期可避免的随生产能力水平变化的成本	800
长期可避免的随生产能力水平变化的成本	1 200
分摊公司一般管理费用	1 000

我们可以建立一个结构化部门利润表（单位：美元）：

收入	15 000
随生产能力的使用变化的成本	10 000
1. 短期营业毛利	5 000
其他短期可控成本	800
2. 可控贡献	4 200
其他长期可控成本	1 200
3. 部门毛利	3 000
分摊公司费用	1 000
4. 部门税前利润	2 000

我们至少有四个指标可用以评价该部门的业绩。

9.5.3　短期营业毛利

对于控制收入和控制随生产能力的使用而变化的成本来说，部门短期营业毛利 5 000 美元是重要的，但它对业绩评价没有用。部门经理还可以控制其他不包含在这个业绩指标中的成本，而且可以在随着生产能力变化的使用成本（如人工工时）和购置成本（如机器工时）之间做出选择。所以，部门经理的业绩评价至少应包括可控的随生产能力变化的购置成本。

9.5.4 可控贡献

可控贡献 4 200 美元是部门总收入减去直接归属该部门的成本和为该部门经理控制的成本的结果。这个指标包括诸如间接人工、间接材料和公用设施等提供生产能力的成本。部门经理可以通过提高经营效率或减少产品系列和销售渠道的复杂性和差异性来减少这些成本。

可控贡献也许是评价部门经理业绩最好的指标，因为它衡量了在部门经理的权限和控制下，资源能否得到有效的运用。这个指标的一个重大局限是难以区分与生产能力有关的可控的和不可控的成本。例如，如果部门经理有权处置固定资产，则这些资产的折旧、保险费和财产税就是可控成本，但如果他没有这项权力，这些成本就是不可控成本。同样，员工和管理人员的工资水平是由企业制定的，但部门经理有权决定该部门雇用多少员工和管理人员。无论如何，可控贡献忽略了一些理应归属部门的涉及生产能力的成本，也忽略了一些部门给企业造成的成本。

在这里，我们要在评价部门经理的业绩和部门对整个企业的经济贡献之间做出权衡。部门业绩受到经理不可控制的市场环境的影响。例如，一个好的部门业绩可能是绝佳的市场机会和糟糕管理的结果，一个不好的部门业绩又可能是糟糕的市场环境和出色管理的结果。运用部门的利润指标进行评价时，必须考虑该部门的潜力，正如在制定部门年度预算时所做的。但是，部门经理通常参与预算的制定过程，因而可能歪曲潜在的机会，以避免承担较高的业绩标准。肯尼思·麦钱特（Kenneth Merchant）描述了一些企业是如何解决对分支机构进行控制和使其更具责任心二者之间的矛盾的。[7]

可控贡献在一定程度上衡量了部门经理的业绩，且不受由其他经理所造成的成本的影响。此外，可控贡献由于忽略了应归属但是不可控的（短期内）与生产能力有关的成本，所以不能全面反映该部门对整个企业的经济贡献。

9.5.5 部门毛利

3 000 美元的部门毛利反映了部门为创造企业利润和弥补与产能有关的成本所做的贡献。与产能有关的成本是指职能部门，如行政部门等的成本。由于上文所述原因，它评价的是部门业绩而不仅是部门经理业绩。部门的一些与产能有关的成本，如场地成本、仓库成本、管理成本、机器成本，可能是过去高级管理层所制定的投资决策的结果，而且部门管理人员的工资也可能是企业制定的。部门毛利是衡量部门获利水平的重要数据，除非部门经理有权调整部门的投资决策和关键人员，否则，这些成本是不可控的，因而与评价部门经理业绩是不相关的。

9.5.6 部门税前利润

很多企业把在企业层面发生的与产能有关的所有成本分配到各部门。这样做显然是为了提醒部门经理注意这些共同成本，使他们明白，只有当各产生收入的部门都产生了足够的边际贡献来弥补这些成本时，整个企业才有可能获利。因为只有各部门利润超过企业的共同成本才能获利，所以，将这些成本分配到各部门以明确它们对企业的贡献也是有一定道理的。

把在企业层级发生的与产能相关的成本分配到部门会引发两个主要问题。第一个问题是这种分配常常是主观的。这个问题可以通过将这些成本分成两部分来解决：一部分提供基本的生产能力，另一部分是为满足部门需要增加的生产能力成本。对第二部分成本可以用它的成本动因（反映了为满足部门需要而增加的生产能力成本）将其分配到各部门中去。然而，基本生产能力成本的分配仍然是主观的，因而对其分配结果的解释较为困难，常在企业内造成一些混乱和抱怨。

第二个问题是这些企业发生的与产能有关的成本对于部门经理来说是不可控的，因为它反映的生产能力决策不是由部门经理做出的。这个问题可以部分地通过要求企业中央机构吸收未使用生产能力成本来解决。[8] 这样由过高的企业费用造成的不利的利润差异就不会被分摊到部门经理那里（他们根本无法控制企业职能部门的成本）。

如果中央管理部门希望各部门获利能力不但足以弥补它们自己的费用而且包括企业费用，它最好建立一个能补偿企业层次发生的与产能相关的成本的部门贡献标准。这样，部门经理就可以集中精力提高收入和减少其可控制的成本，而无须关心他们不能够控制的主观分摊来的成本。否则，部门经理会努力协商分摊比例以提高业绩报告中的利润，而不是花时间创造真正的经济价值。

9.5.7 共同收入

在利润中心间分配收入有时会产生矛盾。当一个部门的销售活动提高了另一个部门产品的销售，或当整个企业是一个复杂的价值链，每个部门都向最终产品中添加一个独特的组成部分时，这种矛盾就可能发生。

如果一个部门不会因为销售其他部门的产品而得到任何好处，它就不会有动力继续为别人销售。当银行对各分行按利润中心进行评价时，也会出现类似的问题。一个顾客可能会在其住处附近的分行开设一个账户，而在他工作地点附近的分行做大部分银行交易。如果该顾客储蓄带来的所有收入都归于住处附近的分行，而所有提供银行服务的成本都由工作地点附近的分行负担，两家分行间就会发生矛盾。在这种情况下，似乎应建立一个费用制度，由产品部门或顾客住处附近的分行提供补偿给销售部门或提供服务的工作地点附近的分行。这种做法是非常复杂的，但这是分散经营必须面对的。

9.5.8 转移定价

我们已经注意到了分散经营的业务单元发生内部交易时所遇到的困难。在这种交易中，最容易发生矛盾的莫过于将一个业务单元的产品转移给另一个业务单元。如果两个业务单元都是利润中心，就必须对这种产品转移制定价格。这个价格对产出部门来说是收入，对购入部门来说则是成本。转移价格同时影响了两个部门的获利能力，因此两个部门的经理都很关心转移价格是如何制定的。

早期的转移价格是用来促进对单位业绩的评价的。通用汽车公司是最早也是最积极倡导使用转移价格评价单位业绩的企业之一。这种做法表现在今日的通用汽车公司历史上是通过收购一些独立的公司组建起来的。使用转移价格评价业务单元的获利能力是为了使以前独立的公司保持它们的特色和竞争优势——让它们仍像独立的公司一样经营并接受评价。

阿尔弗莱德·斯隆（Alfred Sloan）和唐纳森·布朗（Donaldson Brown），这两位通用汽车公司20 世纪 20 年代的高级管理者十分了解转移定价在这方面发挥的重要作用：

> 对从一个部门转移到另一个部门的产品制定价格非常重要。若非保持一个关于价格的真正的竞争局面，就没法对各部门业绩进行衡量。任何部门都没有被明确要求从另一部门购买产品，它们被鼓励相互间如同与外部交易者一样进行交易。从我们任何一个部门购买产品的独立购买者都

可以确信，他所面对的价格和我们自己的部门面对的价格一样。如果没有足以形成竞争的外销，购入部门将决定竞争的形态——有时部分外购可使竞争形势更加完美。[9]

在对加拿大大型企业进行的一项调查中[10]，接受调查的企业中85％使用内部转移价格。在这些企业中，制定转移价格的依据为：

成本	57％
市价	30％
协商价	7％
其他	6％

使用转移定价的目的包括：

评价利润	47％
确定成本	21％
控制和责任	23％
其他	9％

转移价格有两个作用，遗憾的是，这两个作用常相互抵触。首先，作为价格，它能指导各部门制定决策，它帮助产出部门决定提供多少产品，购入部门决定购买多少产品；其次，有了价格就可以计算利润，它们有助于高级管理层将利润中心视为独立个体进行评价。

用可被操纵的或受管理行为影响的数据（如部门利润）来评价业绩，就有产生矛盾的可能性。现在的问题是，如果管理者采取行动操纵业绩指标，决策制定就会受到影响。如果部门经理被鼓励最大化自己部门的利润，他们将会考虑其他部门经理的反应并采取行动，这将使整个企业的利润下降。例如，购入部门会向以低于成本价格出售产品的外部供应商寻求供给，但这显然不能维持长久。

决策制定和业绩评价间的抵触是转移定价的难题。如果部门经理在制定转移价格的协商过程中，以本部门和企业的长期获利能力为代价，过分强调短期业绩，就会与决策制定形成进一步的抵触。

9.5.9　市场价格法

在一系列现实条件的限制下，转移价格的选择是较为明确的。如果中间产品存在着高度竞争的市场，则市场价格（减去某些调整）就是很合适的转移价格。高度竞争的市场意味着产出部门可以向外部顾客出售任意多的产品，购入部门也可以从外部供应商购买任意多的产品，而且不影响价格。在这种情况下，市场为中间产品提供了客观的估价，这个价格可用来制定转移价格并指导决策。

如果产出部门不能以市场价格获得长期利润（假设市场价格是长期价格的近似值而不是短期的低于成本的价格），则该企业最好不要在内部生产这种产品，完全由外部市场解决供给。同样，如果购入部门必须以市场价格获得这种产品而不能产生长期利润，该部门应停止对这种产品的购入和加工，并允许产出部门把产品都销售到外部市场。因为竞争性市场的存在，市场价格可以使产出部门和购入部门的决策独立制定。[11]

对纯市场价格法的一些修订可以促进它在实际中的应用。进行内部交易，而不是使产出部门向外销售一部分产品，同时购入部门又从外部购买同样数量的产品，对企业来说通常更有利。通过对市场价格的折扣可以促进内部转移，这一折扣反映了节约的销售和收款费用以及与外销有关的交货、售后服务等条件。

与企业内其他部门经理协商转移条件时所遇到的困难可能会打消进行内部交易的热情。如果购入部门对产出部门提出了不合理的交货要求（这些要求可能不会强加到外部供应商上），或者产出部门经理担心，产品质量的任何差错都会在整个企业内传扬开来，这将会发生一些隐含成本。产出部门经理很有可能发出这样的抱怨：

> 与内部人打交道比跟外部人打交道还难，一点儿差错就会有人向上级反映。没有人希望老板批评他不合作。要想把工作做好很难，所以你需要财务性激励或做点别的什么，如承认你是一个好的合作伙伴。

有时为保证产品的质量或产品的保密性，交易必须在内部进行。这时，对市场价格要做出相应的调整，以反映为满足严格的质量标准或只有内部生产才能满足的特殊要求而增加的额外成本。这时要防止因这些额外成本而使价格比外部市场可购买的类似产品价格高出太多。一个关心利润的购入部门经理会经常注意各种价格信号。

从长期目的和短期目的两个不同的角度考虑市场价格法时还会产生其他问题。外部供应商可能会先以很低的报价获取一笔业务，但它的目的是以后提高价格。只有企业能够确信外部供应商能在相当长时期内维持报价时的价格水平，企业才能把供应来源从内部部门转向外部供应商。当中间产品或服务在长期合同中和在现货市场中的报价不同时也会产生类似问题。随着这些影响因素被一个一个地引入价格制定过程中，我们关于中间产品的高度竞争市场的假设已经不能成立了。当市场不是充分竞争的时候（大多数情况下如此），转移价格问题变得更加复杂。

随着介入转移定价机制的因素越来越多、越来越复杂，使用市场价格协调企业内部交易变得更加困难。如果市场价格能使得企业内的资源实现最优配置并进行业绩评价，我们就没有理由把不同部门组合成一个企业。既然企业的中央控制没产生任何好处，各部门就应作为独立的市场主体进行经营活动。因此，用以市场价格为基础的转移价格把各部门经营分离开的可能性与在一个企业内经营这些部门所产生的利润[12]，二者之间相互矛盾。

9.5.10　使用边际成本确定转移价格

经过简单的数学运算就会发现，当价格等于边际成本时，生产水平最优，从而中间产品的转移水平也最优。遗憾的是，经济理论中关于边际成本的意义是含糊的。古典经济学理论做了这样一个在现实中永远不能实现的假设：生产能力可以不断调整且不需调整成本。在古典微观经济学理论中，这不仅意味着企业永远处于使平均成本最小的生产能力水平上，同时也意味着成本的任何增加都要求生产能力进行调整，从而使与能力有关的成本发生变化。因而在古典微观经济学理论中，边际成本包含与能力有关的成本。

遗憾的是，会计人员在使用上述微观经济理论制定价格时非常粗心。他们试图使用这一经济学推论：最优转移价格应是使供给和需求相等的价格。运用这一原理意味着转移价格将等于提供中间产品的短期变动成本加上一个增量以反映现有生产能力成本。如果生产能力尚未对产量构成限制，这个方法就意味着转移价格应等于边际成本。在这里，会计人员把边际成本解释为短期变动成本。

一般我们会对这种方法做一下变动，即使转移价格等于短期变动成本加上用于生产该产品的生产能力的机会成本，当然结果是一样的。所以，如果这种产品有外部市场，转移价格就等于市场价格，因为内部使用该产品的机会成本就是放弃外销所带来的利润。

尽管被学术界倡导了许多年，这种使转移价格等于短期变动成本加上一个增量以使生产能力供求平衡的方法一直为实践者所拒绝。原因是与产品有关的决策是长期决策，必须考虑长期价格，而且这种方法在实践中也不易于实行。

企业必须要考虑定价方法的所有后果。记住企业是一个价值链，这个价值链上的各个环节之间存在复杂的相互作用。转移价格是用于促进管理和协调工作的，随着生产能力的变化，上下波动的转移价格将为价值链的其他环节提供一个关于所转移产品经济价值的混杂的信号，下游环节为适应不断变化的转移价格将会在整个价值链中产生巨大的混乱。长期规划要求价格较为稳定，并且准确估计长期成本（包括所有维持和生产产品的成本），这对大多数产品都是必要的。

因此，用短期变动成本确定转移价格的方法有以下两个原因不为人所接受。第一，短期变动成本转移价格没有提供产品长期供应成本的经济信号，而这是长期规划和保证价值链的稳定所必需的。第二，通过加上一个主观的加成来修正短期变动成本转移价格，以反映生产能力成本并没有解决上述问题。这种转移价格不仅没有反映长期成本，同时由于不断变动，也会使价值链出现混乱。

9.5.11 用作业成本法确定转移价格

经济学家建议使用长期边际成本确定转移价格，而在实践中成本计算方法并不满足这一要求，现在我们可以用作业成本法解决这个问题。[13] 在这种方法下，购入部门承担转移给它的产品的单件相关成本和批量相关成本，同时每年还承担一个固定费用，这个固定费用是根据产品相关成本和设备维持成本来计算的。这样，购入部门可以发现内部转移的长期边际成本，并据以选择生产水平，通过使长期边际成本和边际价格相等来达到利润最大化。同时产出部门可以补偿所有成本，包括与能力有关的成本。如果转移价格考虑了所用资产（如第5章和第10章在经济增加值中的有关论述），产出部门还可以通过每期的固定费用获得利润。对产品和设备维持成本的分配反映了购入部门以短期边际成本（单件成本和批量成本）获得中间产品的保留价格。

每年以固定费用的形式分配产品和设备维持成本，产生了一些有趣的激励和控制问题。假设分配到各用户的固定费用是以用户对产品或设备的计划用量（或长期平均用量）为基础的。例如，如果一个部门使用20%的生产能力，它就应分配20%的固定费用。预定的生产能力应为支付这些生产能力的费用的部门保留。这个方法有两个优点：第一，短期内，内部转移成本就是短期边际成本（单件成本加批量成本），这与经济学理论一致；第二，人们在生产能力购置阶段更加诚实。如果他们为了保证能充分使用生产能力而夸大了对生产能力的需求，他们就必须在之后的时间里付较高的固定费用。如果他们想避免固定费用而少报对生产能力的需求，他们在经营过程中可能就会捉襟见肘。[14]

如果各部门没有完全按照预期使用生产能力，企业最好对生产能力进行重新分配。如果预期没有实现，则以预期为基础对生产能力进行的分配可能不是目前最有利可图的办法。这个问题可以通过允许各部门相互之间转包生产能力来解决，这时有更好机会的部门可以租用为其他部门所保留的生产能力。

这个灵活的转移价格制定办法，同时考虑了边际成本和与能力有关的成本，易于推广。例如，假设一个汽车销售企业经过与新车部门和旧车部门协商，确定了服务部门生产能力水平。协商结果是新车部门预订20%的生产能力，旧车部门预订30%的生产能力，服务部门自身消耗50%的生产能力（为外部顾客）。假设旧车部门业务大幅下降，但它仍必须支付服务部门生产能力成本中它所占的份额。这是合理的：在生产能力购置决策中已经考虑了旧车部门所要消耗的生产能力。如果这些生产能力成本不分配到旧车部门，它们将被分配到其他两个部门——事实上，这将使它们承担由于旧车部门未能使用自己预订的生产能力而造成的成本。这与责任会计是一致的。

在较为特殊的极端情况下，固定费用加短期变动成本法所产生的或者是纯市场价格，或者是纯成本加成价格。例如，假设服务部门不对外提供服务，这时它不对生产能力成本负责，是纯成本中心。工作按标准成本定价，包括了所用生产能力成本，服务部门的唯一目标就是按时以低于标准成本的成本提供高质量服务。相对地，假设服务部门不为内部服务，这时它是纯利润中心，所有转移价格都按市场价格制定。因而，这种方法模糊了纯成本中心和纯利润中心的界限。同时，这种方法也为把生产和购买两种活动都集中在企业内提供了理由。如果各部门不处于集权控制状态下的话，这个两种价格的内部转移定价方法就很难实施。

以预算固定费用补偿生产能力成本并拥有一定的利润，再加上短期变动成本来制定转移价格，这种方法在部门间进行了更有效率的资源分配，同时使购入部门能够知道其他部门所控制的产品或服务的全部成本。可能有人会问：这么好的方法为什么没有被广泛应用？我们只能推测，需要系统地、有计划地计算生产能力是该方法没能被广泛应用的原因。

9.5.12　完全成本法

最近对转移价格的一项调查表明，实践中最广泛使用的制定转移价格的方法是完全成本法，而且在计算制造成本时使用的是传统的标准成本系统，而不是作业成本系统。[15]

当会计人员用传统方法主观地分配与产能有关的成本时，会产生严重的问题。一个比较流行的方法是把产能相关成本除以产量，得出单位产能相关成本。这个成本分配率被用于把生产能力成本分配到产品中。用这个方法制定转移价格有三个缺点。

首先，它使转移价格不断变化，因为随着生产能力使用情况的不断变化，单位成本发生变化；其次，因为混淆了成本的短期成分和长期成分，它使决策制定者无法知道成本结构，从而也不能知道更有效地运用生产能力将节省多少成本；最后，更糟的是在实际使用完全成本法时，常在变动成本基础上加上一个主观的加成以弥补生产能力成本和目标利润。换句话说，很多完全成本法并不是成本计算系统，而是成本补偿系统，并不反映真实的成本性态。

我们用下面的例子来说明不恰当的完全成本转移价格所带来的不良后果。考虑一个大型工业企业，它将所有的企业管理费用分配到各部门，对所有内部转移都按成本加利润加成制定转移价格。假设它的产品在最终销售前必须经三个部门的加工。企业把管理费用 12 000 美元分配到三个生产部门。部门间的转移价格为完全成本加 20% 的加成，对最终产品也用同样方法制定价格。

假设管理费用被平均分配到各部门，每个部门 4 000 美元。部门 1 接到分配来的 4 000 美元，加成 20%，然后转移到下一个部门（与其他产品成本一道）。部门 2 现在既有自己分配到的 4 000 美元，还有从部门 1 分配来的 4 800 美元（4 000 美元＋20% 的加成）。部门 2 把管理费用 8 800 美元加成 20%，即合计 10 500 美元转移到部门 3。部门 3 把自己分配来的 4 000 美元加上转移来的 10 560 美元，共 14 560 美元，再加成 20%，得 17 472 美元。这样 12 000 美元的管理费用不是加成了 20%，而是 46%（(17 472－12 000)÷12 000），是由于产品在部门之间转移的过程中产生了放大效应。我最后一次听到这个企业的消息是，该企业正请顾问研究为什么它的竞争对手能把价格定得那么低，而它自己则一直在丢失市场份额。糟糕的转移价格能造成极大的危害。

我们要问，既然完全成本法存在这么多问题，为什么这个方法的使用如此广泛呢？我们必须区别两种情况。

当存在市场价格时没有理由使用以成本为基础的定价方法。当不存在市场价格时，如果成本计算方法较为合理，完全成本可以近似看作生产该产品的长期边际成本。如我们在第 4 章中看到的，作业成本法通过确认与能力有关的成本动因，完全可以做到这一点。但短期成本为什么不能如经济学理论所要求的用于制定转移价格呢？一位经理这样认为：

> 当我们推出一种新产品时，我们希望能够持续地生产它。仅在条件好时短期性地生产产品，而在条件不好时对我们的顾客说，我们现阶段不生产这种产品了，因为成本太高。这种做法在实践中难以实施。

这位经理相信产品决策反映长期义务，应建立在长期成本基础之上（包括生产能力成本），而不是短期成本。产品决策有保证产品的持续性和产品系列完整的义务，因而为完全成本法提供了理由。第4章关于作业成本法的论述说明了这种方法如何计算长期变动成本，以制定反映长期成本的转移价格。

9.5.13 双重转移价格法

在双重转移价格法下，供应商收到它所转移产品的可变现净值（市场价格减变现成本），而购买者支付生产该产品的付现成本和机会成本。这样，购买者和供应商都希望达到需求和供给的最优数量。这种方法要求估计机会成本，当对经理的奖励取决于部门利润时，会鼓励供应商去歪曲机会成本。可能由于这个原因，双重转移价格法在实践中用对生产能力成本的分配代替机会成本。这样产出部门收到了产品转移的完全成本，而购入部门只支付边际成本。

双重转移价格法看上去很吸引人，但是几个尝试过它的企业最终都放弃了。[16] 高级管理层不同意使各部门利润之和超过整个企业的利润。有时甚至产出部门和购入部门都有利润，而企业却亏损。各部门利润虽然达到或超过了预算水平，但在企业结账时，重复计算的利润都会被剔除，因而没有任何实际意义。一位企业总裁说：

> 双重转移价格法失败在自身的复杂性和自相矛盾上。有时一些部门从内部取得一些并不真正满足它们需要的东西，仅仅是因为实际成本比市场价格低得太多。

双重转移价格系统以优厚的条件刺激各部门把兴趣转移到内部销售和购买中来。内部销售大大超过预计。当经济不景气时，产出部门无法实现外销预算时，它们就进行了过多的内部销售。类似地，因为购入部门以成本获得内部产品，它们没有动力与外部甚至内部供应者协商更有利的价格。一般说来，双重转移价格系统下的各部门都没有兴趣监督另一部门的活动。因而，双重转移价格法降低了购入部门和产出部门在外部市场交易的兴趣，也降低了整个企业的获利能力。

9.5.14 以市价为基础的协商价格法

因为缺乏中间产品的完全竞争的市场，以成本为基础的价格制定方法又存在局限性，也许最可行的制定转移价格的方法就是两个部门经理间的协商。协商过程通常从生产部门提出报价和有关交货条件（时间、质量等）开始。购入部门可能会：

- 接受这笔交易；
- 讨价还价以获得更低的价格或更好的条件；
- 获得外部报价并与外部供应商协商；
- 拒绝这个报价，从外部购买或者根本不购买。

在不同的情况下，采购部门可能向生产部门提出购买其当前产出的一部分或增加当前产出的提议。然后，生产部门可以与采购部门就条款进行讨价还价，与其现有客户进行沟通，或决定不接受采购部门的报价。

无论如何，制定协商性转移价格都允许两部门经理在协商过程的任何阶段有权接受或拒绝某个价格。否则我们就只能得到指定价格，而不是协商价格。

要想成功地制定协商性转移价格，应满足以下条件：

● 对中间产品存在某种形式的外部市场。这避免了最终价格在太大范围内波动，出现双边垄断的情况，这种状况下价格取决于协商双方的实力和谈判技巧。

● 各协商者都享有全部市场信息。这使得协商价格接近一方（最好是双方）的机会成本。

● 各协商者都可以自由地外购或外销。这为讨价还价提供了必要条件。

● 高级管理层的支持和不时地介入。双方的协商应努力解决大部分问题，否则就失去了分支的意义。高级管理层必须在出现无法解决的问题时进行调解，或者在发现协商过程正引向次优决策时进行干预。但这样的参与应是有限的而且有较高的技巧。

协商价格法有以下缺陷：

● 对于有关经理来说协商很花时间；

● 在部门间造成矛盾；

● 使对部门获利能力的评价受经理协商技巧的影响；

● 要求高级管理者花时间监督并不时介入协商过程；

● 如果协商价格高于提供转移产品的机会成本，有可能导致次优的产量水平。

协商价格法还依赖于外部供应商或购买者是否愿意向企业提供有效的报价。如果每次都以外部报价为基础制定协商价格，然后拒绝了外部报价，则外部报价者就会失去继续参加这一游戏的兴趣。因而，一定数量的外购或外销有助于保持外部参与者的信心，从而使企业能够一直获得有效的外部报价。虽然有这些缺陷，但协商价格法提供了可取的机制，允许部门经理充分利用他们所掌握的有关部门获利机会的信息。

9.5.15　转移定价——对实务的总结

转移定价是企业用来协调组织单位活动的工具。使用这个财务业绩方法的目的是使部门为了自己的利益对局部信号（如它们自身的成本、价格、市场机会）做出反应，从而做出最有利于企业的行为。

但是，正如我们所看到的，因为转移定价常常是在困境中实施的，所以可能相当复杂。如罗纳德·科思（Ronald Coase）[17] 所发现的，规模经济、相互协调、节约交易成本使得企业更愿意在企业内部进行交易，而不是与外部供应商和顾客进行市场交易。如果成功的话，这样的纵向结合会因交易在相互关联的部门间进行而降低成本。但企业不能指望纯转移价格方案能够把购买部门和产出部门按独立个体对待。

没有一个转移定价系统能在所有企业都适用。某一企业所选择的转移价格制定办法必须反映该企业的要求和特性，而且最终必须看它是否促进决策的制定。

我们已经就转移价格讨论了许多，并在较强的限制条件下取得了一些结果，我们还讨论了不恰当地使用转移价格所造成的危害，把建议归纳如下：

● 当存在中间产品的竞争性市场时，市场价格减去销售、分配费用和对外部客户的收款费用，就是很好的转移价格。

● 当存在中间产品的外部市场，但并不是完全竞争的，而且只有较少数量的产品被转移时，协商价格可能更合适，这时市场价格可作为机会成本。如果协商双方都想在协商过程中让对方信服，同时获得可靠的外部报价，偶尔与外部供应商和客户进行交易都是必需的。

● 当不存在中间产品的外部市场时，应以长期边际成本制定转移价格。这个成本提供了制定长期规划所需要的稳定性，同时揭示了成本结构以便于进行短期调整和改进，从而有助于购入部门制定决策。在计算边际成本时，依据为购入部门保留的生产能力计算了一个期间固定费用。这个固定费用最好是以作业成本法中的产品和设备维持成本为基础计算出来的，它按各用户对设备的计划用量分配生产能力成本。固定费用使购入部门认识到了生产中间产品的全部成本，并使生产部门协调选择合适的生产能力水平。

● 以每单位完全成本（用非作业成本法计算出的）或完全成本加成制定转移价格没有明显的优点。尽管以现有方法计算出的完全成本转移价格缺乏经济上的合理性，它仍被广泛应用。用作业成本法计算出的边际成本使管理者们能够使用完全成本法，而且不违反经济理论。

罗伯特·艾克尔斯（Robert Eccles）经过广泛的实地调查，发现可以把转移价格政策和以下两类战略决策联系起来：资源决策和定价决策。[18]

资源决策

一些企业遵循着纵向结合战略，这要求部门间进行内部转移。纵向结合在生产、销售、分配利润中心间建立起相互信赖关系，但内部转移价格并不是决定中间产品来源的因素。当企业没有明确的纵向结合战略时，内部转移不是强制性的，中间产品的价格决定了是外购还是内部转移。

定价决策

定价决策决定了中间产品是否包含边际利润（或亏损）。当产出部门因转移产品而被看作利润中心时，边际利润（或亏损）应包括在转移价格中。产出部门也可以看作内部转移的成本中心和外销部分的利润中心。这时，内部转移价格应以成本为中心，该产品的所有利润或亏损都由最终销售它的部门实现。

艾克尔斯发现，没有明确的纵向结合战略的企业主要依靠购买和产出部门协商制定转移价格。一般说来，这个价格包含产出部门的边际利润（或亏损）。

对于遵循纵向结合战略的企业，某些产品在部门间进行强制性的内部转移，这时一般按两种方法制定价格。当所有交易中产出部门都被看作利润中心时，使用市场价格法。当产出部门仅被看作内部转移的成本中心时，使用完全成本法，有时也使用双重转移价格法。

9.5.16 国内与国际的转移定价比较

内部转移定价的激励效果一直是管理会计人员关注的焦点，近来随着跨国企业的兴起，又产生了对转移价格的新的兴趣和视角。国际转移价格是企业把产品从一国转移到另一国时所使用的价格。注意两个重要问题。第一，这种转移不是面对面的交易。第二，不考虑纳税问题，这种交易同样适用我们上文关于转移价格的所有论述。

纳税问题为转移价格的制定平添了一层复杂性。考虑一个企业在 A 国生产产品，并在 B 国销售这些产品。A 国边际税率为 20%，B 国边际税率为 30%。很明显，这个企业希望把大部分利润留在税率较低的 A 国。因而，它将尽量为这种产品制定最高的转移价格。对于很多企业，在制定转移价格时，纳税角度的考虑超出了行为角度的考虑，转移定价政策的目的是使该企业在全球的纳税最低。[19]

当然，税务机关了解企业的这种心理，而且已经采取措施规范企业的行为。各国税务机关都仔细检查在该国经营的企业的国际转移定价政策，以确保这些企业不通过使用转移价格来避免在该国纳税。与国际转移定价有关的最重要的文件是经济合作与发展组织（Organization for Economic Co-Operation and Development，OECD）1995 年的意见书[20]，这份文件之所以重要是因为它为各国制定自己的规范转移价格的法规提供了基础。

关于转移定价问题，OECD 的意见书与现有关于国内转移定价的讨论非常相似。OECD 意见书明确地认为，只要有可能，转移价格应反映经济环境。

OECD 意见书把转移价格的制定方法分成两类：一类是**交易类**（transaction group），包括可比性非控制价格（Comparable Uncontrolled Price，CUP）、成本加成法和转买价格法。另一类包括利润分离法、交易净毛利法和其他把利润从交易中分离出来的方法。OECD 意见书认为，只要有可能就应使用 CUP 法，即运用市场价格和有市场价格性质的其他价格。如果没有市场价格，最好使用成本加成法。

对实际情况的调查发现，成本加成法是制定国内转移价格时最广泛使用的方法，而市场价格法则是制定国际转移价格时使用最广泛的方法。显然，如果让企业自由选择，使用市场价格制定国际转移价格的企业将转向使用成本加成法。也就是说，有些企业是在税务部门的要求下才由以成本为基础的转移价格转向以市场价格为基础的转移价格的。这一调查结果也可能意味着，企业以市场价格为基础制定转移价格，从而满足税务机关的要求，是因为这些价格对企业有利。但企业并不真正相信这些市场价格提供的利润信号是有意义的，所以在制定内部决策时，更愿意使用以成本为基础的方法。

除了这个有趣的现象以外，税务机关对以成本为基础的转移价格中的成本因素的解释，对我们也有一定启发意义。大多数税务机关允许企业使用任何成本计算系统，只要外部审计证明它符合公认会计原则（GAAP）。例如，加拿大税法要求：

> 当使用成本加成法时，成本计算方法应与公认会计原则或加拿大常规商业会计相一致，尽管外国可能接受其他计算方法。

因为公认会计原则是为向外部报告而设计的，没有考虑如何制定经营决策，它允许在成本计算方法上有多种选择。这个灵活性使纳税人在计算以成本为基础的转移价格时，有机会选择使纳税最少的方法。

9.5.17 其他业绩指标

除了转移定价政策外，使用利润评价部门或企业业绩还有两个问题：

● 利润只是概括性地体现了企业实现对其意义重大的目标的能力。它无法直接地让组织成员知道他们自己应该做些什么来提高企业业绩。

● 利润有短期倾向，因而能为人所操纵。管理者能采取措施以长期利润为代价提高短期利润。

我们已经研究了与利润评价有关的一系列问题，但是把注意力狭隘地集中在期间利润报告上所产生的最严重的问题可能是：管理者会牺牲长期获利能力以提高短期利润，如降低质量控制和维护水平，不充分提供研究开发基金和员工培训，不充分注意客户关系和员工士气。

为了减少对会计利润的过分关注，一些企业建立了业绩评价系统，在这个系统中获利能力只是一个方面。例如，根据对一个部门的长期成功最重要的领域和能带来最大进步的领域，为该部门经理制定若干目标，如人力资源、分配、技术、产品质量、新产品等。对部门经理则按这些既定目标是否实现来进行评价。当然这是战略性业绩评价和平衡计分卡的内容，在第 8 章和第 10 章中讨论。

乍看上去，多元业绩评价系统好像是干扰了利润中心经理的决策制定权，但事实上并非如此，它实际上反映了对企业目标的更准确的定义，并把这些目标分解为各决策制定者的具体责任。跟每个管理者讨论他所应达到的目标和业绩水平，能使业绩指标的制定更加清晰。而且，因为对管理者目前行为的长期性后果缺乏计量，所以这种干扰是必要的。因为对部门经理行为的观察很有限，而且计量一个部门相关资产（包括顾客信誉、设备可用性和状况、工人素质、产品质量）现值的成本也是有限的，所以部门经理与企业之间最好的合约似乎是很多变量的函数，而不仅是会计报表利润这个变量的函数。对与企业长期利益有关的关键领域的关注意味着保证短期利润最大化并不是部门经理的唯一目标。

9.6　生产率指标

生产率指标也许是最古老也是最广泛使用的财务控制指标。生产率指标遵循以下公式：

$$生产率 = \frac{产出}{投入}$$

企业可以通过保持投入不变提高产出或保持产出不变减少投入来提高生产率。对于任何投入的生产要素都可以计算生产率指标，其目的是衡量用某种生产要素（投入）生产成果（产出）的能力。

与利润有关的业绩指标的一个主要问题是，对大多数人来说，利润并不是多数人考虑企业的正常方式。人们更愿意用实物来描述经营业绩，如每班产量。很多生产率指标不是以财务数据为基础的，如质量产出率——合格产品与总产品的比率，就是一个不含财务因素的生产率指标。然而，很多生产率指标或者分母是财务数据，或者分子是财务数据，从而成为财务控制指标。我们现在考虑用一些重要的财务性生产率指标来衡量企业使用不同生产要素的效率。[21]

9.6.1　投资报酬率

使用最广也最广为人知的财务控制比率是投资报酬率，它是衡量企业使用资本的效率的生产率指标。投资报酬率是净收益与投资额的比率。

$$投资报酬率 = \frac{净收益}{投资额}$$

投资报酬率衡量了一定数量投资（投入）所产生收益（产出）的能力。第10章将讨论投资报酬率指标的作用和局限性。

9.6.2　原料产出率

原料产出率是最终产品中的原料与投入全部的原料的比率。这种表述中，原料产出率不是财务指标。但是，我们可以把分子分母都用金额来表示，此时它就成了衡量企业原料产出率的财务指标。

$$原料产出率 = \frac{产品的原料成本定额}{实际原料成本}$$

在这个比率里，原料成本定额反映了一定数量产品的标准原料成本（标准数量乘以标准成本）。

原料产出率在某些行业，如石油、天然气、肉类加工、林产品、水产品和食品包装等行业，是非常重要的业绩指标。原料产出率衡量生产部门效率。原料产出率越高，一定水平的产出所需原料成本越少。所以对原料进行加工和原料成本占很大比重的企业都严格监控这个指标。

9.6.3 劳动产出率

同原料产出率一样,劳动生产率或劳动产出率指标可以用财务性和非财务性两种方式表述。财务性表达式是:

$$劳动产出率 = \frac{产品的人工成本定额}{实际人工成本}$$

在装配行业和手工业等人工成本占很大比重的行业,劳动产出率受到了严格控制。

9.6.4 设备产出率

沿着以上思路,我们可以计算如下设备产出率:

$$设备产出率 = \frac{产品的机器工时成本定额}{实际机器工时成本}$$

因为设备水平是由长期生产能力决策决定的,与原料和人工不同,资本在短期内不会变动,所以设备产出率中的成本将反映短期内固定的与生产能力有关的成本。对于设备来说,更有用的方法是评估超出机器工时使用的机会成本。

一个广泛使用但不甚恰当的设备使用指标是产品的机器工时定额和可用机器工时的比率。这个指标鼓励管理者努力运用机器工时生产存货,其后果是产生大量与存货有关的成本,而这正是准时制生产系统所要避免的。

9.7 小 结

本章集中研究财务控制,这也许是最古老也是使用最广泛的管理会计工具。财务控制之所以被广为使用是因为它集中关注企业最重要的问题:获利能力。财务控制的想法是确认一个能衡量业绩的指标,并在业绩与预期不一致时提供警报信号。这个警报引发的调查纠正了造成偏差的原因。财务控制指标的另一个用途是把注意力集中到问题的关键,即可以使组织成员去思考对组织来说成功的含义是什么。

组织控制的工具是多种多样的,且因组织的不同需要而有所不同。差异分析集中识别实际结果与计划结果相偏离的领域。它对结果的反映是概括性的。大多数企业发现等待用差异分析来识别经营中存在的问题是白白浪费时间,它们常常在财务控制结果出来前就觉察到问题并着手解决。但是,差异分析仍有助于对经营进行回顾和总结。在这个过程中,管理者可以讨论是什么产生了差异,应如何解决这些问题。差异反映了意外情况的财务后果。

我们看到企业使用转移定价把自身分解为若干单独的部门,这些部门共同努力实现整个企业的成功。转移定价有三个作用:第一,它提供了把所有业务单元共同赚取的利润分解为各单位利润的方法;第二,通过它能够知道每个单位对企业所做的贡献;第三,它为企业内提供了协调机制。

如果市场价格存在的话,它就是被转移的产品的客观和可验证的价值,应该被应用。如果没有市场价格,企业会使用以成本为基础的价格、协商价格或指定价格。以成本为基础的转移价格应建立在作业成本法计算出的长期完全成本基础之上,从而可以用于制定长期规划。协商成本或行政指定的成本可能不反映被转移产品的经济属性,会对利润产生不可预计的影响。

和所有财务控制指标一样,生产率指标综合地反映了财务性经营成果。生产率衡量企业用由经营人员所控制和管理的投入来生产有价值的产出的能力。

注　释

[1] 有一个值得注意的例外，见 R. D. Buzzell，*The PIMS Principles：Linking Strategy to Performance*（New York：Free Press，1987）。这项研究调查了质量和价格的联系。

[2] 我们用 Excel 建立这个图表。图表中数字的最后一位可能因四舍五入而有所出入。

[3] 计划制订者常会制定一个引发对差异的调查的控制限度（如超过标准偏差的 2～3 倍）。

[4] 如果不对工作量进行控制，管理者可以操纵这个差异。例如，维修预算可能是以所需的维修工作量为基础的，根据定义，维修工作量与产量和销量无关。管理者可以通过把维修降到目标水平之下来产生一个有利差异。

[5] 差异分析的统计方法参见 R. S. Kaplan，"Investigation and the Significance of Cost Variance：Survey and Extensions," *Journal of Accounting Research*（Fall 1975），pp. 278－96。

[6] R. F. Vancil，*Decentralization：Managerial Ambiguity by Design*（Homewood，IL：Dow Jones-Irwin，1978）。

[7] K. A. Merchant，"How and Why Firms Disregard the Controllability Principle," in *Accounting & Management：Field Study Perspectives*，ed R. S. Kaplan and W. J. Bruns Jr.（Boston：Harvard Business School Press，1987），pp. 316－38.

[8] 这可以通过用生产能力成本除以全部已购置生产能力，计算出一个成本分配率来做。这就使成本分配不受其他部门对生产能力的使用影响。否则考虑用生产能力使用量计算出的分配率成本的情况。

[9] D. Brown，"Centralized Control with Decentralized Responsibilities," Annual Convention Series No. 57（New York：American Management Association，1972），p. 8. 有趣的是，随着岁月变迁，通用汽车公司不强制各部门内部采购的原意已经完全被改变——事实上装配部门已经成了供应部门的俘虏。20 世纪 90 年代通用汽车公司因为想重新允许装配部门外部采购零件，它一直经受着罢工和工人的不满。

[10] A. A. Atkinson，*Intra-Firm Cost and Resource Allocation：Theory and Practice*，studies in Canadian Accounting Research（Toronto：Canadian Academic Accounting Association，1987）。

[11] 在竞争环境中可以市场价格作为最优转移价格，参见 J. Hirshleifer，"On the Economics of Transfer Pricing," *Journal of Business*（January 1956），pp. 172－84；"Economics of the Divisionalized Firm," *Journal of Business*（April 1954），pp. 96－108. D. Solomons，*Divisional Performance：Measurement and Control*（Homewood，IL：Dow Jones-Irwin，1965），pp. 167－171。

[12] R. H. Coase，"The Nature of the Firm," *Economica*（November 1937）。

[13] 以作业成本法作为转移定价的成本基础，参见 R. S. Kaplan，D. Weiss，and E. Desheh，"Transfer Pricing with ABC," *Management Accounting*（May 1987），p. 28。

[14] 用这种方法制定转移价格，其经济上的和行为上的效果参见 Atkinson，*Intra-Firm Cost and Resource Allocations*。

[15] 实践中的做法往往会有一些变化。例如，很多使用以成本为基础的转移价格的企业，喜欢对（会计人员所说的）变动成本制定标准成本。这样可以使产出部门更有效率，而购入部门可以有一个稳定的成本用以制订计划。随着产出部门效率的提高，如果它们仍维持原来的转移价格，不把因效率提高而带来的成本节约传递给购入部门，购入部门对产品的需求就不会改变。这时，整个企业只能获得提高效率所产生的成本节约，不能获得以较低的价格转移更多产品带来的数量效果。

[16] R. G. Eccles, "Control with Fairness in Transfer Pricing," *Harvard Business Review* (November-December 1983), pp. 153 - 54.

[17] Coase, "Nature of the Firm".

[18] Eccles, "Control with Fairness in Transfer Pricing"; R. G. Eccles, "Analyzing Your Company's Transfer Pricing Practices," *Journal of Cost Management for the Manufacturing Industry* (Summer 1987), pp. 21 - 83; and Eccles, *The Transfer Pricing Problem: A Theory for practice* (Lexingtor, MA: Lexington Books, 1985).

[19] 可能有读者会问：为什么不用两套转移定价系统，一套用于国内转移定价，另一套用于国际转移定价？很快我们就会看到，国际转移定价惯例要求，只要有可能，转移价格应反映市场或经济环境。因此，至少在表面上，如果一个企业考虑经济环境制定了一个国内转移定价系统，在国际转移定价中也应使用这个系统。两套转移定价系统在过去吸引了税务机关的注意，被要求做出修改。

[20] Organization for Economic Co-Operation and Development, *Transfer Pricing Guidelines for Multinational Enterprise and Tax Administration* (Paris: OECD, 1995).

[21] 对于使用生产率指标和其他指标来衡量业绩的更广泛的讨论，参见 H. M. Armitage and A. A. Atkinson, *The Choice of Productivity Measure in Organizations: A Field Study of Practice in Seven Canadian Firms*. The Society of Management Accountants of Canada Research Monograph Series (Hamilton, ON: Society of Managements Accountants of Canada, 1990).

习 题

[9-1] 差异分析

贝菲尔德化学工业公司用 A、B、C、D、E 五种化工原料生产 1、2、3、4 四种化工产品。下表列示了这四种产品的相关数据：生产 100 升产品所需原料的计划投入量，投入原料的标准成本，各种原料所能购买到的数量，每 100 升产品的预期售价。

产品	计划原料投入					价格（美元）	成本（美元）	利润（美元）
	A	B	C	D	E			
1	23	45	0	32	0	8 500	5 567	2 933
2	12	29	33	18	14	9 300	7 047	2 253
3	12	19	34	14	43	9 000	7 169	1 831
4	23	57	10	0	10	7 200	4 779	2 421
原料单位成本（美元）	67	34	107	78	23			
原料可用量	120 000	240 000	320 000	190 000	280 000			

化学产品 1、2、3、4 每次可批量生产 2 000 或 5 000 升。每批产品都有生产前的混合槽准备成本和生产后的清洗成本。下表列示了这些成本以及每种产品的计划批量。

计划批次产量			
产品	2 000 升	5 000 升	成本（美元）
1	12	0	14 400
2	240	0	288 000
3	237	0	284 400
4	0	0	0
成本（美元）	1 200	1 900	

由生产计划可得如下原料使用计划。

计划化学原料使用量					
产品	A	B	C	D	E
1	5 520	10 800	0	7 680	0
2	57 600	139 200	158 400	86 400	67 200
3	56 880	90 060	161 160	66 360	203 820
4	0	0	0	0	0
总计	120 000	240 060	319 560	160 440	271 020

　　除存货持有成本外，所有与产品生产有关的成本都是约束性生产能力成本，贝菲尔德公司认为这些成本在短期内是不可避免的，因此在做短期计划时这些成本不予考虑。存货持有成本是因持有存货而发生的，包括存货所占用资本的机会成本、报废成本、损失、浪费等。假设投入的原料随用随购，且马上到货，因此不发生持有成本。产品1、2、3、4的存货成本计算步骤如下。

　　1. 对每种产品，计算加权平均批量，即用总产量除以总批次。

　　2. 因为在计划期内各种产品的销售是均匀的，对每种产品，用加权平均批量除以2，可得存货的平均持有量。

　　3. 对于1、2、3、4各种产品，分别用其平均持有量乘以400美元、800美元、300美元、500美元可得各自的存货持有成本。

　　根据生产计划可计算存货持有成本见下表。

计划存货持有成本		
产品	平均数（升）	成本（美元）
1	1 000	400 000
2	1 000	800 000
3	1 000	300 000
4	0	0

计划利润总额见下表。

单位：美元

计划利润总额				
产品	利润	批量	库存	净额
1	703 920	14 400	400 000	289 520
2	10 814 400	288 000	800 000	9 726 400
3	8 678 940	284 400	300 000	8 094 540
4	0	0	0	0
合计				18 110 460

实际批量产出见下表。

实际批量产出			
产品	2 000 升	5 000 升	成本（美元）
1	52	18	100 000
2	36	15	73 800
3	42	53	150 000
4	22	9	44 800
成本（美元）	1 300	1 800	

实际投入使用的化工原料用量、每种产品的售价以及投入的产品成本见下表。

实际材料构成								
产品	A	B	C	D	E	价格（美元）	成本（美元）	利润（美元）
1	22	48	0	30	0	8 200	5 402	2 798
2	11	31	30	21	12	9 600	6 793	2 807
3	11	18	32	12	46	9 100	6 607	2 493
4	23	54	9	0	11	7 300	4 429	2 871
原料单位成本（美元）	71	30	105	80	21			
原料可用量	130 000	250 000	300 000	180 000	300 000			

实际原料总投入见下表。

实际原料总投入					
产品	A	B	C	D	E
1	42 680	93 120	0	58 200	0
2	16 170	45 570	44 100	30 870	17 640
3	38 390	62 820	111 680	41 880	160 540
4	20 470	48 060	8 010	0	9 790
用量	117 710	249 570	163 790	130 950	187 970

实际存货持有成本见下表。

实际存货持有成本		
产品	平均数（升）	成本（美元）
1	1 386	582 000
2	1 441	1 124 118
3	1 837	587 789
4	1 435	645 968

实际利润总额见下表。

单位：美元

实际利润总额				
产品	利润	批量	库存	净额
1	5 428 120	100 000	582 000	4 746 120
2	4 126 290	73 800	1 124 118	2 928 372
3	8 700 570	150 000	587 789	7 962 781
4	2 555 190	44 800	645 968	1 864 422
合计				17 501 695

要求：

对本期经营情况进行差异分析。

[9-2]

本章把差异作为预警指标，它显示出实际结果与计划结果不同。差异的产生表明有必要对其原因进行调查。因为差异经常是在事情发生很长时间后才被计算出来，所以经营者很少依靠差异来发现问题。事实上，他们常通过直接观察来预测是否会发生差异。既然如此，在企业中差异分析是否真能发挥作用呢？

[9-3] 成本分配和部门获利能力的衡量 *

帕利丝公司有三个经营部门。公司对各部门经理按税前部门净利进行评价。税前部门净利包含了按各部门销售额比例分配公司总部管理费用。该公司1998年第一季度的损益报告如下：

	部门（千美元）			
	A	**B**	**C**	**合计**
销售净额	2 000	1 200	1 600	4 800
单位成本	1 050	540	640	2 230
制造费用	250	125	160	535
利润	700	535	800	2 035
摊销费用	400	240	320	960
税前利润	300	295	480	1 075

---

* C. Homgren, *Cost Accounting*, 5th ed. (Englewood Cliffs, NJ: Prentice Hall, 1982).

面对这一经营结果，部门 A 的经理心情很不愉快，因为尽管他的销售额远高于另外两个部门，但他的利润都与部门 B 相差无几，并且大大低于部门 C。部门 A 的经理知道他所经营的一些产品获利能力非常低，他一直想更换这些产品，但未能如愿，因为这些产品仍能产生少量利润，而且，如果不生产这些产品将使一些设备闲置。但他现在意识到，这些产品的销售额占用了相当数量的公司制造费用（其分配率为销售净额的 20%），因而对他来说，这些产品可能早已经无利可图。

本季度这些薄利产品的有关数据如下（千美元）：

销售净额	800
单件相关成本和批量相关成本	600
制造费用	100
部门利润	100

因此，这些产品占部门 A 销售额的 40%，却只占部门毛利的近 15%。

要求：

(1) 假设第二季度部门 A 完全放弃了这些薄利产品的生产，其他情况保持不变，为帕利丝公司编制损益报告。这样做对部门 A 是否有利？对帕利丝公司是否有利？

(2) 应如何改进帕利丝公司的评价系统，才能促使各部门做出最有利于公司的决策？

[9-4] 解释部门毛利

普列夫纳旅馆设施齐备、服务项目周全，它提供客房服务，对外开放餐厅，并可举行宴会和各种会议。该旅馆被分成五个责任中心：客房、餐饮服务、其他服务、维修和管理。客房、餐饮服务和其他服务作为利润中心来经营。该旅馆的会计系统按每个责任中心归集收入和成本。维修和管理的成本被分配到三个利润中心。维修成本以维修工时为基础进行分配。管理费用被分成两部分：与旅馆有关的成本，如折旧、电费等，按所占用空间分配到各利润中心；另一类成本，主要是管理人员成本，按各利润中心的直接成本分配。在分配管理费用的过程中，把所确认的分配基础作为成本动因。

在这个系统下，会计报告表明客房利润中心一直盈利，其他服务利润中心盈余平衡，而餐饮服务利润中心则常有较大数额的亏损。

这种情况持续了几年时间，因为奖金和提升都取决于利润中心的利润，所以餐饮部门和其他服务部门的人员情绪非常低落。

最近，有人建议不再对外提供餐饮服务，也不再举办会议，将空出的空间全部改建成豪华套间和客房。几年前的一次利润分析表明，该旅馆利润与占地面积的比值在同类旅馆中处于平均水平，高于只提供住宿的旅馆。

要求：

你受雇评价目前这套系统并做出改进。请编写一份报告。

[9-5] 关于转移定价的争执

某运输设备制造商实行分散化经营。每个部门主管都有权决定产品是内销还是外销。部门 P 一直从部门 S 采购某种零件。然而，当得知部门 S 将把单价提高到 220 美元时，部门 P 的经理决定以 200 美元的价格从外部购买该零件。

部门 S 最近购置了专用设备，主要用于生产这种零件。其经理以这些设备所产生的高额折旧费为由，提高了零件价格。他请公司总经理命令部门 P 必须以 220 美元的价格从部门 S 购买零件。他提供了以下信息：

部门 P 年采购量	2 000 个
部门 S 每单位产品与单件和批量有关的成本	190 美元
部门 S 每单位产品的生产能力成本	20 美元
部门 S 所要求的投资收益	10 美元

假设部门 S 的设备没有其他用途。

要求：

（1）如果部门 P 以 200 美元每个的价格从外部购买，公司作为一个整体会受益吗？

（2）如果外部供应商的单价降低 15 美元，为 185 美元，部门 P 应从外部购买吗？

（3）不考虑要求（2）的假设，假设部门 S 再投入每单位 10 美元的变动成本，就可对该零件稍加改动，并以 225 美元每个的价格把 2 000 个零件全部销售给外部客户。在这种情况下，部门 P 以 200 美元每个的价格从外部购买 2 000 个零件是否对全公司有利？

（4）假设部门 S 的设备可用于其他产品的生产，并可使公司节约 29 000 美元的支出。部门 P 是否应以 200 美元的价格从外部购买零件？

[9-6] 短期与长期转移定价

艾洛拉制造公司制造汽车零件，并销售给汽车生产厂。艾洛拉公司同时也生产自己品牌的汽车零件，用于在汽车的售后市场进行销售。每种零件都是按客户的要求加工的。

艾洛拉公司的产品价格是以成本为基础制定的。产品成本包括单件相关成本和批量相关成本以及一定份额的生产能力成本。

目前艾洛拉公司有四个主要客户：巨人汽车公司、远东汽车公司、虎牌汽车公司和远行汽车公司。这些客户都与公司保持着长期的合作关系，分别使用公司现有生产能力的 10%，20%，15% 和 15%。艾洛拉公司使用现有生产能力的 30%，用于生产自己品牌的汽车零件。有时，它也会从其他渠道接订单，这些订单往往是一次性的。

艾洛拉公司有三个部门：制造部门、汽车生产厂销售部门、售后市场销售部门。

汽车零件的售后市场竞争十分激烈，利润很低。

由汽车生产厂支付给汽车生产厂销售部门的价格是一个不变的合同价格。这个合同价格是汽车生产厂和汽车生产厂销售部门在充分信息和资料交流下而定下的协议价。也就是说，汽车生产厂可以获得艾洛拉公司的所有成本记录。汽车生产厂通常要求艾洛拉公司在合同期内提高效率，从而降低价格。在这四个汽车生产厂中，有三个经常派出顾问拜访供应商，帮助流程改进、降低成本。通常，合同中规定价格等于制造成本加上一定的加成，这个加成可以弥补公司生产能力成本并带来一定的投资收益。在合同期内，制造成本通常每年下降 5%～10%。

高级管理层希望尽可能激励下级部门，因此，三个部门都被当成利润中心，公司为部门间的产品转移制定了转移价格。因为两个销售部门所面临的市场环境不一样，所以在制定转移价格过程中，出现了一些问题。

要求：

假设艾洛拉请你评价目前的情况。高级管理层将根据实用性和是否能区别对待不同部门来评价你的建议。

[9-7] 运用作业成本法制定转移价格

圣·雅各布电子公司制造电子元件。该公司有四个部门：制造部门、家用产品部门、商用产品部门、工业用产品部门。制造部门满足了另外三个部门的全部产品需求。因为制造部门不能控制产品价格及销售情况，所以它被作为成本中心来经营。制造部门以完全成本加上一定的利润作为转移价格向其他部门提供产品，来弥补制造部门的资本投入。

1995年下半年，圣·雅各布公司实施一套作业成本系统，以便更准确地计算产品成本，满足制订计划的需要。这项改革的中心内容就是将新的成本系统作为计算转移价格的基础。

这个成本系统在四个层次上进行作业成本计算：单件相关成本、批量相关成本、产品相关成本以及设备维持成本。经过对该公司成本结构的详细分析，了解到以下情况：

大多数产品相关成本发生在三个利润中心。唯一的例外是发生在制造部门的各利润中心专用设备成本。这些发生在制造部门的产品相关成本分别为：家用产品部门1 500 000美元，商用产品部门500 000美元，工业用产品部门600 000美元。制造部门的生产能力成本为2 400 000美元，其中包括了投入资本的资本成本，按另外三个部门对设备的长期预计使用量进行分配，即家用产品部门分配50%，商用产品部门分配30%，工业用产品部门分配20%。实际分配到各部门的生产能力成本是实际使用的生产能力和预定的生产能力二者中的较大者。每个部门都有权使用它预计的生产能力。如果某部门没有全部使用它所预计的生产能力，而剩余生产能力为其他部门所使用，则没有用完生产能力使用定额的部门将因此得到好处。

除生产能力成本外，制造部门还在完成订单的过程中发生单位成本和批次成本。各订单的成本表归集该订单的单件相关成本和批量相关成本。

有些产品由多个部门销售。例如，三个部门都销售连接器。所有的连接器都使用同种塑料，但是使用不同的铜制或黄铜制零件。制造部门待连接器订单足以生产一批塑料时才生产塑料。一批塑料的成本包括原料成本和机器准备成本。

塑料生产完毕后，就被不同部门用于生产不同的连接器。这些连接器中唯一共同的零件就是塑料部件。因此，每种连接器的其他原料成本分别归集并直接归属到该种连接器中。最近，制造部门为家用产品部门和工业用产品部门完成了一个连接器订单。这批塑料的成本是105 000美元，被用于制造50 000个两种类型的连接器——每种连接器都使用同样数量的塑料。连接器在一台机器内被插入铜制零件，每生产一批连接器的机器准备成本是2 000美元。在这个订单中，为家用产品部门生产了30 000个连接器，为工业用产品部门生产了20 000个连接器。每个家用连接器的铜制零件成本是0.56美元，每个工业用连接器的铜制零件成本是1.78美元。

要求：

(1) 按下列家用产品部门、商用产品部门和工业用产品部门的使用水平，确定生产能力成本的分配结果：

(a) 45%，35%，15%。

(b) 45%，25%，10%。

(c) 45%，30%，25%。

(2) 上述家用连接器的单位成本是多少？可做适当假设以计算单位成本。

[9-8] 生产率指标

阅读商业期刊，寻找一个产出率类型的生产率指标的例子，并说明它是如何计算的，应如何运用。通过这个生产率指标发现了什么？它的缺陷是什么？

[9-9] 使用生产率指标

戈根林产品公司从自有林地中采伐树木。这些树木一部分在公司的锯木厂中被加工成木材，其余部分被销售到附近的纸浆厂。

该公司董事长兼总经理罗尼·戈根非常关心锯木厂的获利能力。通过与其他小锯木厂老板的交谈，罗尼发现尽管他加工的原木较多，但他的利润水平却比较低。

锯木厂可以充分利用树木的各个部分。树皮被剥掉后，大块的可直接销往育苗场，小块可加工成林地覆盖物再销往育苗场。木屑和锯末可以加工成板材，剩余的锯末可用于在干燥窑内干燥木材。

罗尼认为："以可锯木的市场价格为基础，原料成本在我们的木材产品成本中占65%，我们应对原料使用进行控制。我曾考虑使用原料产出率，但因为我们充分运用了所有原木，我们的原料产出率为1。"

要求：

你能否为罗尼设计一个财务性生产率指标，使他能全面了解经营状况？

[9-10] 计算一个成本加成的国际转移价格

如果不存在市场价格，企业用成本加成的转移价格来近似地代替合理的市场价格。正如这个名称所表明的，成本加成转移价格有两个组成部分：成本部分和加成部分。

大多数的税务机关允许企业使用由传统财务会计系统（满足外部报告需要的）计算出的成本。加成部分的制定通常考虑内部转移的产出部门所完成的职能。例如，假设全球公司（Global Company）在A国生产产品，在其他国家销售产品。如果全球公司在A国进行全部研究开发和市场分析工作，其加成率显然与A国只是按合同加工产品的情况有所不同。

要求：

假设你受雇于一国税务机关（全球公司在该国从事经营活动）。你认为成本加成转移定价法在实践中存在什么问题？应如何解决？

[9-11] 计算存在共同成本的国际转移价格

再回到问题9-9的戈根林产品公司。假设原木按批加工。每批原木的总成本为35 000美元，每批搬运和安装成本为600美元。生产能力成本为11 000美元，按各批机器工时进行分配。

平均每批生产：

40 000单位木材

75 000单位木屑

65 000单位锯末

罗尼正考虑在国外建一个板材厂。届时，每批将有45 000单位木屑和15 000单位锯末被运往国外。

要求：

假设不存在木屑和锯末市场。罗尼认为应按成本加成法计算木屑和锯末的转移价格。你将如何计算木屑和锯末成本？可做适当假设。

案 例

汽车经销商的转移定价——舒曼汽车股份有限公司[*]

克拉克·舒曼（Clark Shuman）是一家汽车经销公司的合伙人兼经理，即将退休。他希望逐渐减少他

---

[*] 本案例由 James S. Reece 编写。Copyright © 1976 by the President and Fellows of Harvard College. Harvard Business School case 177-033.

个人对公司经营活动的控制（目前的财务报表见表 1）。由于他在本地区有良好的声誉，他相信公司目前的成长势头还会持续下去。在他看来，公司长期以来重视新车销售并将其作为公司主要业务的政策已经取得了成效。对新车销售的重视以及对顾客关系的密切关注为公司赢得了大量回头客，也促使公司的销售达到了新高。因此，他想对公司组织架构做一下调整，以适应新的形势，尤其想把自己从日常管理中解脱出来。舒曼公司的另外三个"隐名合伙人"[①] 都表示同意。

表 1　舒曼汽车公司利润表（截至 12 月 31 日）　　　　　　单位：美元

新车销售收入			7 643 746
新车销售成本[a]		6 312 802	
销售人员薪酬		324 744	6 637 546
			1 006 200
销售折让[b]			232 224
新车销售毛利			773 976
旧车销售收入		4 791 392	
旧车销售成本[a]	3 814 554		
销售人员薪酬	183 308		
		3 997 862	
		793 530	
销售折让[b]		122 236	
旧车销售毛利			671 294
			1 445 270
客户服务收入		695 022	
客户服务成本[a]		513 968	
		181 054	
修理服务工作			
收费收入	473 160		
成本[a]	488 624	(15 464)	
服务工作毛利			165 590
			1 610 860
管理费用			983 420
税前收益			627 440

　　a. 这些成本包括所有可以归集到各个部门的成本，但是不包括分配到各个部门的公司产能成本。
　　b. 销售折让是指在销售过程中在评估价与原价之间的差额。

　　相应地，舒曼把公司分成了三个部门：新车销售部门、旧车销售部门和服务部门（同时也负责销售零配件）。他同时任命了三个最值得信任的雇员担任新部门的经理：吉恩·莫耶（Jean Moyer），新车销售部

---

　　① 所谓隐名合伙，是指当事人的一方对另一方的生产、经营出资，不参加实际的经济活动，但分享营业利益，并仅以出资额为限承担亏损责任的合伙。出资的一方称为隐名合伙人；利用隐名合伙人的出资以自己的名义进行经济活动的一方称为出名营业人。——译者

门经理；保罗·菲德勒（Paul Fiedler），旧车销售部门经理；内特·比恩奇（Nate Bianci），服务部门经理。这些人都已在公司供职多年。

每个经理都被要求像经营一个独立企业那样经营自己的部门。为充分激励这些新上任的经理，他们的薪酬将直接按部门毛利的一定百分比计算。

刚刚就任新车销售部门经理不久，吉恩·莫耶就遇到了一个棘手的问题。一位顾客希望将他的旧车折价作为一部分购车款，购买一辆标价为 12 800 美元的新车。莫耶必须决定那辆旧车在这次以旧换新的过程中价值是多少。他知道，如果不涉及以旧换新的话，为了与本地区其他经销商竞争，新车一般在标价的基础上折价 15％销售。但是，他想避免在这次以旧换新交易的过程中对新车折价过高而蒙受损失。

经过与顾客的交谈，莫耶发现顾客对他的旧车估价很高，远远高于通常水平。看来莫耶要想完成这笔交易，只有准备好做出一定牺牲。这辆新车已经在仓库存放了一段时间，而且这种车型的销售情况并不好，所以，只要有利可图，他是非常急于将这辆车卖掉的。

为确定旧车的价值，旧车部门经理菲德勒同莫耶和顾客一起在停车场检查了这辆车。经过评估，菲德勒估计这辆车需花费 700 美元进行维修，维修后的零售价格为 3 700 美元。如果将类似这样的旧车按照批发价格进行买卖的话，价格大约为 3 200 美元。由于颜色、样式、维护状况的不同，批发价格的波动远比零售价格的波动大。幸运的是，这辆旧车的样式还较为流行。在汽车零售商旧车价格手册（"蓝皮书"）中，状况良好的同种类型汽车的现金买入价为 2 750 美元到 2 930 美元。这是上周本地区汽车经销商对这类汽车的现金买入价的区间分布。菲德勒估计他可以毫不费力地在下周的拍卖中以 2 200 美元购得同款汽车。

新车销售部门经理有权在任何他认为合适的价位购入旧车，但他必须负责处置这辆车。他可以说服旧车部门经理接手这辆车，同时接受旧车部门经理对该车的估价，也可以自己通过批发市场或拍卖市场售出这辆车。不论选择什么方法，莫耶的主要责任是要从新车销售中赚得利润，不能在这笔以旧换新业务中因为折价过高而影响自己的业绩。莫耶说他的主要目标是"既要让顾客满意，同时也要把新车销售出去，对旧车的折价是适当的，还是过高的，这两者之间的空间非常小"。

经过对这些因素的全面考虑，特别是考虑了顾客的个性之后，莫耶确定这辆旧车的价值为 4 270 美元，同时要求顾客以新车价目单上的标价购买新车。经过一番讨价还价，旧车的价值如莫耶所希望的确定为 4 270 美元。签署完有关文件后，顾客离开了。

莫耶回到办公室向刚来公司不久的会计师安娜·布伦纳（Joanne Brunner）说明了有关情况。听完莫耶的解释后，布伦纳开始在会计记录中记录这笔销售业务。但当她发现新车是以 8 890 美元从厂家购入的时候，她不知该如何确认旧车的价值。既然新车标价为 12 800 美元，而成本为 8 890 美元，布伦纳认为新车销售的毛利应为 3 910 美元。然而莫耶对旧车的估价为 4 270 美元，同时还需 700 美元的修理成本才能以 3 700 美元的价格零售或 3 200 美元的价格批发出去。这是否意味着新车销售中包含一部分损失？布伦纳不知道应怎样解释这个问题，而且她也不知道从存货计价的角度应如何确定旧车价值。布伦纳决定先以 4 270 美元入账，然后等待上级的指示。

当旧车部门经理菲德勒发现了布伦纳的做法，他来到办公室声明他不接受 4 270 美元的旧车价值。他说：

> 我们部门必须处理这辆旧车，除非吉恩·莫耶愿意自己接手。我绝不会把那个破烂作价 4 270 美元卖给我的顾客。我的出价不会超过 2 500 美元，即批发价减去修理成本。你知道，我的部门也要赚取利润。我自己的收入就取决于我销售旧车的毛利，我不能接受吉恩为讨好他的顾客而使我的收入受损。

布伦纳解释说，她并不想制造麻烦，只是以这辆车的取得成本入账，因为在她学习会计的时候，就被告知这是最好的会计方法。正当菲德勒想进行反驳时，总经理克拉克·舒曼和服务部门经理内特·比恩奇来到办公室。舒曼打电话叫吉恩·莫耶也马上过来。

"好吧，内特，"舒曼道，"既然大家都在这儿，把你刚才对我说的再对他们说一遍好吗？"比恩奇显然非常着急，他说："好的，克拉克。问题就是这笔以旧换新业务。吉恩和保罗都认为这辆车只需要 700 美元的修理成本。遗憾的是他们没有发现后车轴有裂缝，我们必须更换后车轴才能把这辆车卖出去。这将花费大约 530 美元的零件和人工成本。"

"除此以外，"比恩奇继续道，"还有一件事一直困扰着我。在我们目前使用的会计系统下，同样的工作，我对内部的收费低于对外部顾客的收费，你可以从我的部门的报表（见表 2）中看到，去年我因内部工作损失了 8 000 美元。像目前这辆车的修理工作，如果按 1 230 美元收费，我无法保本。如果我为外部顾客做了一项成本为 1 230 美元的工作，我能向他收费 1 660 美元。'蓝皮书'① 中列示这类车的维修费为 1 620 美元到 1 700 美元，我还只是取了一个平均数。这样，我的部门就会有 430 美元的毛利，而我个人的收入是与部门的毛利挂钩的。因为现在看起来，我这个部门中相当一部分工作是修理以旧换新交易换回来的旧车，我认为我们今后对内部旧车的修理收费应与对外部顾客的修理收费相同。"

表 2　舒曼汽车公司服务部门费用分析（12 月 31 日）　　　单位：美元

	客户工作	维修工作	合计
工作量	2 780	1 051	3 831
直接人工	213 860	197 640	411 500
物资用品	74 124	65 510	139 634
部门产能成本	63 116	52 134	115 250
	351 100	315 284	666 384
零部件	162 868	173 340	336 208
	513 968	488 624	1 002 592
收费收入	695 022	473 160	1 168 182
毛利	181 054	(15 464)	165 590
公司产能成本分摊			114 160
部门年利润			51 430

菲德勒和莫耶立刻开始对这个问题发表看法。菲德勒说话的语气更加强硬："这个轴的问题的确很遗憾，但是发现一个轴有裂缝是非常困难的。但愿内特下次像其他人一样幸运。但是无论好坏内特都必须承受，因为把车修好是他的责任。"

莫耶也为没有发现轴上的裂缝感到非常遗憾，但他说："出现这样的差错并不是我的过错。而且，服务部门从为公司其他部门提供的服务中赚取利润，这听起来很荒谬。公司不可能通过两个部门间左手和右手的内部交易来赚钱。"

克拉克·舒曼现在感到有些困惑。他觉得每个人说的都有道理，但又不全对。很明显他应采取一些措施解决目前的问题，并防止它再次发生。他要求布伦纳计算一下"整个业务到底赚了多少钱"，然后他回到了自己的办公室，开始思考怎样才能更好地使他的经理们为公司更多地赚取利润。

---

① 除了旧车价格蓝皮书外，还有一本维修项目价格蓝皮书。像旧车价格蓝皮书一样，维修项目价格蓝皮书一般每周发布一次，通常都是根据当地汽车修理店报告的实际收取企业修理价格。

一周后，克拉克·舒曼还没有想清楚应如何激励他的经理们。在这一周里，服务部门经理比恩奇向他反映那辆旧车的总修理成本为 1 376 美元，其中 640 美元的成本是在旧车购买的时候就确定下来的修理成本，736 美元用于更换主轴。为了支持他这些修理成本的合理性，比恩奇还查阅了过去几个月的发票副本，发现了一些与这辆旧车类似的情况。这些发票平均价格为 1 610 美元，顾客毫无疑义地接受了这个价格，每次修理的平均成本为 1 192 美元（一般制造费用没有分配到各次修理工作）。此外，比恩奇从会计师布伦纳那里获得了如图表 2 所示的成本分析。比恩奇告诉舒曼，表中关于服务部门的费用数据是很有代表性的。

要求：

（1）假设这项新车销售业务全部完成，旧车被以 3 700 美元销售出去，修理成本为 1 376 美元。同时假定所有销售人员都只付薪水（没有佣金，且部门制造费用是固定的），则公司从整个交易中获利多少（即新车和旧车的销售）？

（2）假设如案例中所述每个部门（新车、旧车和服务部门）都被看作利润中心。同时假设事先明确知道修理成本为 1 376 美元。

（a）你认为这辆旧车（未修理的）应以什么价格从新车部门转移到旧车部门？为什么？

（b）你认为服务部门应向旧车部门就这辆旧车的修理收取多少修理费？为什么？

（c）根据 a 和 b 的计算结果回答，这笔业务中，各部门毛利是多少？

（3）有什么策略能使这笔交易能够比上述假设产生更多的利润（即修理和出售这辆旧车）？请解释。在回答这个问题的时候，假设服务部门满负荷运转。

（4）你认为三个利润中心的方案是否适合舒曼公司？如果是，为什么？解释这个方案为什么比其他方案好。如果不是，请设计一个更好的方案，并且说明为什么这个方案比三个利润中心的方案或其他方案好。

关联企业间的转移定价——柯克帕特里克联合股份有限公司 *

40 年前，老理查德（瑞克）·柯克帕特里克（Richard (Rick) Kirkpatrick Sr.）创建了哥伦布房地产公司（Columbus Realty, Inc.）。在他的诚信经营下公司业务蒸蒸日上。大儿子约翰·柯克帕特里克（John Kirkpatrick）毕业并获得工程学学位后，老柯克帕特里克组建了 K&S 建筑公司（K&S Construction Company），并任命约翰管理公司业务。约翰持有公司 40% 的股份，另 60% 由柯克帕特里克控股公司执掌（老柯克帕特里克持有该控股公司 100% 的股份）。经过对住房市场的仔细研究，在老柯克帕特里克的建议下，约翰把建筑公司的主要业务集中到价位在 100 000 美元到 200 000 美元之间、按顾客要求设计并建造的住宅上。约翰具有扎实的专业技能知识和丰富的想象力，因此建筑公司取得了良好的业绩。

老柯克帕特里克的二儿子科特（Court）获得建筑学学位后，在家人和朋友的建议下，继续攻读 MBA 学位。在学习过程中，因为一个特殊的课外项目，科特对开发以购物中心为核心的生活小区产生了兴趣。在这个项目中，生活小区和购物中心被设计成一种风格。进一步的研究使科特相信这个项目不仅可行而且非常有利可图。他把自己的想法和收集到的信息告诉了父亲，他的父亲也很赞同，并认为这会成为一个未来的风格。科特毕业后，老柯克帕特里克成立了哥伦布房屋出租公司（Columbus Rental Company），其股份分配方法与 K&S 建筑公司相同。

科特购买了一块地皮，设计建造了一座购物中心和一些公寓楼，公寓楼围绕着购物中心。这个项目的确很成功。购物中心的铺位毫不费力地全部租出，公寓的入住率也达到了 85%。住户大多是年轻的中上阶层人士。

科特拥有一支庞大的维修队伍，从事购物中心和公寓楼的维修工作。一直到几年前，他的弟弟小理查德（小瑞克）·柯克帕特里克（Richard Kirkpatrick Jr.）毕业后，这项工作才从科特的公司中分离出来，老柯克帕特里克在此基础上成立了哥伦布房屋重建公司（Columbus Remodeling Company），其股份分配与兄长们的公司相同，小瑞克负责这家公司的经营。

近年来，家族成员逐渐淡出公司的日常管理活动。他们只制定公司政策和发展目标，把日常的经营交给总经理负责。总经理参与公司利润的分成。尽管各公司间仍相互密切合作，但它们彼此已相当独立。如果内部一家公司想从另一家公司获取某项服务，那么这项服务的价格与对外部顾客的价格是完全相同的。因此，经理们基于竞争的压力，都争取以最低的成本提供最好的服务。例如，哥伦布房屋重建公司要获得哥伦布房屋出租公司的维修业务，就必须与其他维修公司竞争。

这种做法一直很成功，尽管有时会有些抱怨。但最近抱怨越来越多，在一定程度上这要归因于糟糕的经济形势。去年经济衰退，尽管柯克帕特里克联合企业的盈利水平高于房地产业的平均水平，但各公司总经理的利润分成还是有相当程度的减少，因此他们对任何减少利润的业务都非常关心。

去年，柯克帕特里克家族开创了房地产的新业务——住房以旧换新。K&S建筑公司为本地购房者建造一幢新住宅，同时把他的旧住宅折价作为一部分购房款。这可以减轻购房者的付款压力，同时也避免了出售旧住宅所带来的不便。

旧房的价值由哥伦布房地产公司和哥伦布房屋重建公司共同确定。哥伦布房屋重建公司决定对旧房做何种程度的维修并对必要的修复工作给出大致的估计，哥伦布房地产公司做出一些能使旧房更有价值也更好卖的改建方案。改建方案由哥伦布房屋重建公司作出严谨的评估。最后哥伦布房地产公司向K&S建筑公司提供旧房的实际市场价值。

K&S建筑公司用翻新后房屋的价值减去维修成本来确定旧房业务的利润。K&S建筑公司向购房者报出的旧房折价额为修复后价值，同时提高新房价格以弥补修复成本。以修复后价值作为折价额是因为购房者可能会从旧房销售广告中看到它的售价，如果这个价格比他所得到的高，他会有上当受骗的感觉。他一般不会想到修复成本。

在旧房出售前，K&S建筑公司对它享有所有权，并相应承担所有维修成本和利息、税金、保险等费用。哥伦布房地产公司负责出售旧房，并向购买者收取6％的佣金。这个计划很成功，也让柯克帕特里克成为全国房产业中家庭住宅的代名词。但是这个计划并不是完美无缺的。下面的交易就是一个例子，需要征求你的建议。

K&S建筑公司向贝斯特先生出售了一幢新建住宅，有关资料如下（单位：美元）：

新房售价	200 000
旧房折价	50 000
现金收入（按揭贷款）	150 000
实际收益	
现金	150 000
旧房实际价值	40 000
合计	190 000
新房成本	160 000
利润	30 000

旧房价值是这样计算的：哥伦布房地产公司确定该房修复后的公允市价为 50 000 美元，所需的修复工作由哥伦布房地产公司经理和哥伦布房屋重建公司经理共同决定，这些修复工作具体由哥伦布房屋重建公司负责，成本为 10 000 美元。

交易后的两天下了一场大雨，使得旧房的屋顶需要更换，地下室要重新做防水层。这两项维修成本哥伦布房屋重建公司报价分别为 4 000 美元和 2 000 美元。

哥伦布房地产公司和 K&S 建筑公司经理认为这些维修的费用合计仅为 3 000 美元，因为哥伦布房屋重建公司的变动成本率为 50%。但哥伦布房屋重建公司经理说他不会接受这个价格。因为现在是旺季，他有足够的外部顾客，他有可能在 7 个月后的淡季考虑接受这个价格，但这将意味着至少一年内不能出售这幢房屋。而且下一年的房价也没法预计。

让事态进一步复杂的是，哥伦布房屋出租公司经理表示他想购买这幢房屋，因为它正处于他想扩张的地段上。生活小区的有些住户更喜欢独立的住宅，而不是公寓。他不接受 5 000 美元以上的价格，而且不想付佣金。他估计租金收入为每月 500 美元，入住率为 80%。房产税为每年 951 美元，维修费估计为每年 500 美元，每年分配管理费用 500 美元。管理费用是固定的，不因购置整幢房屋变动，所得税税率为 50%，土地价值估计为 8 000 美元。房屋使用年限为 30 年。

要求：

(1) 计算 K&S 建筑公司这笔业务的利润。

(2) 旧房维修费应为多少？

(3) 谁应承担维修成本？为什么？在这个过程中你认为有需要改变的方面吗？

(4) 如果该房将出售给外部顾客，公司有什么备选方案？

(5) 如果该房出售给房屋出租公司，价格应是多少？

(6) 该房应出租还是出售？

第 10 章

业绩的财务指标：投资报酬率与经济增加值[1]

10.1 将利润与占用资产联系起来

在大多数分支利润中心（或通常所说的"战略业务单元"），总经理不仅有权制定关于产品结构、价格、客户关系和生产方法的决策，而且有权决定业务单元使用资产的类型和水平。对于这样的单元，用于评价管理业绩和业务单元业绩的财务计量指标必须将所取得的利润与资产占用水平相联系。通过衡量业务单元与资产占用相关的利润，企业管理人员可对下面的事项做出判定：利润是否对业务单元投资的资本产生足够的回报。

由于资本是可以选择使用的，因此企业的管理者必须关心在业务单元中，其投资资本的回报是否超过资本成本（资本成本是指该项资金投资于其他项目能获得的回报）。评价资本报酬的另一个原因是为加强企业在资本预算过程中的约束，大多数公司都有复杂的资本支出审批系统（详见第 12 章）。如果不对事后资本报酬进行某种形式的评价，则在资本预算过程中，对于业务单元管理者准确估计未来现金流量而言，几乎没有激励作用。对投资资本相关回报进行评价时，也可以将管理者的注意力集中到如何降低分支机构使用的营运资本——特别是应收账款和存货的水平。

10.2 历史回顾

尽管直觉上要求人们对与资本占用相关的利润进行评价，但一直到 20 世纪早期，才出现投资报酬率标准。尽管在 20 世纪以前，企业使用净收益来衡量业绩，但收益水平的计量也是相对于销售收入或经营成本而言的。它尚未与企业的经营性资产的投资额联系起来。[2] 19 世纪前典型的所有者兼企业家——无论是纺织厂、铁路、钢铁厂的或是零售商的——只需关注单一类型经济活动的经营效率。从短期看，所有者必须对他的单一业务进行经营成本的管理。他不必在不同类型的作业投资中进行选择，只需决定主要业务范围的适当作业规模。出于这个目的，成本与收入的比率或是销售收益率足以满足所有者对投资获利能力的判断需要。

1903 年由几家分离且独立经营的企业合并而成的杜邦公司面临着 19 世纪的企业所不曾面对的管理挑战：从事不同作业的部门，如制造、采购、销售等作业，如何在它们之间协调与配置资源。当进行分配投资资金的决策时，杜邦公司的发起人强调："如果相同数量的资本可以用于公司其他分部前景更好的项目，则对已有收益性设备不进行追加投资。"

这些创立者明白：

如果一种产品价格的成本加成率仅为 10%，且需要价格较低的厂房设备；而另一种产品价格的成本加成率翻倍，却需要价值昂贵的厂房设备，则前者的投资报酬率可能会高于后者。收益高低的真正衡量标准是这项业务的投资报酬率，而不是这种产品的成本利润率。[3]

为了指导自身的投资决策行为，杜邦公司创建了投资报酬率指标，投资报酬率以净收入（扣除折旧，但不扣除长期负债的利息）除以净资产（全部资产减去商誉、其他无形资产、流动负债以及折旧准备）来计算。

杜邦公司的财务主管唐纳森·布朗（Donaldson Brown）（之后在 20 世纪 20 年代初就任于通用汽车公司）极大地扩展了投资报酬率的使用价值。他把投资报酬率改写为两个在 19 世纪企业中广泛使用的公式的乘积：销售利润率（P）与资产周转率（T）的乘积。

$$投资报酬率 = \frac{利润}{销售额} \times \frac{销售额}{资产} = PT$$

销售利润率与资产周转率可进一步分解，其分解后的组成部分均可取自利润表和资产负债表。因此，高级管理人员可以明白个体活动的业绩如何有助于组织有效性的全面衡量。图表 10-1 真实描述了 1923 财年的经营情况。

图表 10-1 反映了总体的投资报酬率（37.2%）是如何由销售利润率 P（25.62%）和资产周转率 T（1.452）的乘积得出的。销售利润率 P 可以从收入与费用账户的数据计算得出，资产周转率 T 可分解到与销售相关的资产与负债账户中。

10.3 松下公司的内部资本系统

有意思的是，20 世纪 30 年代，日本的松下公司出现了类似于投资中心的组织形式。显然，这是与美国公司差不多同时，但是又相互独立地发展起来的。公司的创始人——松下幸之助（Konosuke Matsushita）坚信"最优规模企业"。这位创始人考虑到自己的身体状况，知道自己不可能到每一个新成立的企业视察。他深知不能只靠自己来管理一个生机勃勃、不断成长的公司。他的管理策略是为每一个业务领域选择一个合适的人选，并将生产与销售的权力下放给那位经理。公司总裁的作用只是控制这些部门经理，保证他们的活动有助于实现企业目标。[4]

松下幸之助认为每个业务部门在资金和研究开发能力方面必须有独立、自治的权力（松下与其他日本公司不同，它不需要靠负债融资来维持其经营活动的运转）。每个业务部门都需要拥有储备资金（和其他公司资源——包括设备、人力资源和技术）来适应市场变化和企业的持续发展，以确保即使在不利的经济条件下，公司也能持续成长。因此，每一个部门必须依靠其自有资本，同时也要管理好自有资本。部门经理必须担负起两项重任：利润管理和资金管理。

公司为贯彻分支资金管理而建立了自己的内部资本系统。一个部门的内部资本是它的固定资产与营运资本之和。营运资本按照销售额和生产成本的预算标准来确定（如图表 10-2 所示）。例如，应收

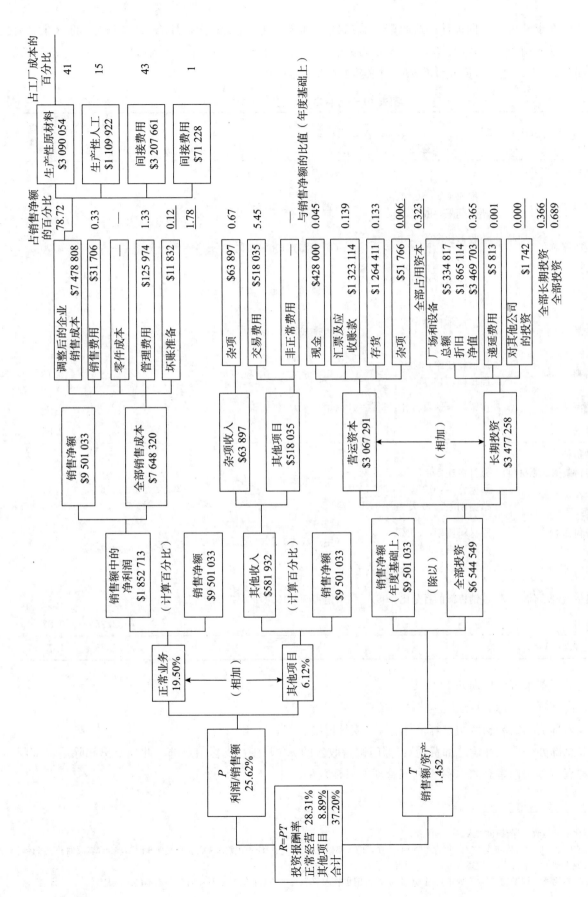

图表10–1 投资报酬率分析（1923财年，截至12月31日）

账款的标准定额可以根据预计的应收账款收款期来确定，比如说 30 天，那么，应收账款的标准定额就是一个月的销售额。我们计算应付账款的标准定额时，假定原材料占全部制造成本的比率是 50%，周转期是 35 天。然后再据此计算出应付账款的标准定额。

图表 10 - 2　标准营运资本的构成

账户名称	标准计算基础		标准量（日元）	占月销售额比率
	基础	计算		
流动资产				
应收票据	票据比率①：30% 票据期限：90 天	（销售额）$100 \times 30\% \times \dfrac{90 \text{ 天}}{30 \text{ 天}}$	90	0.90
应收账款	应收款比率②：70% 周转期：30 天	（销售额）$100 \times 70\% \times \dfrac{30 \text{ 天}}{30 \text{ 天}}$	70	0.70
产成品	销售成本比率③：70% 周转期：30 天	（销售额）$100 \times 70\% \times \dfrac{30 \text{ 天}}{30 \text{ 天}}$	70	0.70
在产品	加工成本比率④：70% 周转期：3 天	（生产成本）$70 \times 70\% \times \dfrac{3 \text{ 天}}{30 \text{ 天}}$	4.9	0.05
原材料	原材料比率：50% 周转期：15 天	（生产成本）$70 \times 50\% \times \dfrac{15 \text{ 天}}{30 \text{ 天}}$	17.5	0.18
其他流动资产	占销售额的百分比：3%	（销售额）$100 \times 3\%$	3	0.03
合计 A			255	2.55
流动负债				
应付票据（原材料）	原材料比率：50% 票据比率：10% 票据期限：90 天	（生产成本）$70 \times 50\% \times 10\% \times \dfrac{90 \text{ 天}}{30 \text{ 天}}$	10.5	0.11
应付账款	原材料比率：50% 账款比率：90% 周转期：35 天	（生产成本）$70 \times 50\% \times 90\% \times \dfrac{35 \text{ 天}}{30 \text{ 天}}$	36.75	0.37
其他流动负债	占销售额的百分比：35%	（销售额）$100 \times 35\%$	35	0.35
合计 B			82.25	0.82
余额：A－B＝运营资本			172.75	1.73

内部资本系统的规则如下：

1. 内部资本＝标准营运资本＋固定资产－准备金。

2. 内部资本的利息费用是每个月 1%，按月付给总部。

3. 总部办公费（补偿总部费用）：部门销售收入的 3%，按月支付给总部。此项支出扣除后，部门的净利润应等于销售额的 10%（利润管理的目标）。

---

① 票据比率＝应收票据/销售收入。——译者

② 应收款比率＝应收账款/销售收入，因为在销售收入中，应收票据占 30%，所以应收账款占 70%。原文无此比率，为译者添加。——译者

③ 销售成本比率＝销售成本/销售收入。——译者

④ 加工成本比率＝加工成本/生产成本，因为销售成本占销售收入 70%，所以后面计算过程中，生产成本的标准是 70。——译者

4.占部门利润 60％的费用和股利将在下月上交给总部，剩下 40％的部门利润用于增加营运资本或固定投资。

5.如果部门资金少于需要的数量，部门可临时从总部借用。多余的现金可存入松下银行，可获得优厚的利率。

6.当一个部门需要为一项新投资计划筹集大笔资金时，可向总部提交报告，以期获得批准及资金支持。

利润管理业绩根据其销售收益率的等级来评价：

A 级：大于 9％

B 级：大于 6％并小于 9％

C 级：大于 4％并小于 6％

D 级：小于 4％

任何一个连续两年获得 D 级评价的部门主管将被调离。销售收益率的计算不涉及利息收入。松下幸之助认为利润应来自制造低成本高质量的产品，而不是来自财务上的交易。

10.4 投资报酬率控制的危险

在杜邦公司及随后通用汽车公司对投资报酬率的早期使用过程中，该指标被用来补充对分支机构的技术和竞争条件非常熟悉的经理人员的直觉和洞察力。松下公司使用投资报酬率以鼓励分支机构制定决策，而公司高级管理人员对于分支机构的产品、生产进程和客户市场都有很好的了解。然而，第二次世界大战后，企业开始扩大经营范围，实施多元化，特别是跨行业的并购。大量快速增长的多元化，意味着企业的最高管理层对并购过来的业务知之甚少，缺乏特定的知识、经验、技术以及对市场状况的把握。同时，业务的扩张也使得对决策制定的需求增加，而这些决策已不能再由公司管理层执行。正如一位知名的权威商业史学家所言：

> 关于业绩、利润和长期计划的统计性投资报酬率指标不再是公司管理层与分部管理层讨论的基础。相反，投资报酬率变得更具现实性——成为公司总部为分部经理设定的目标。由于分部经理的报酬和晋升前景取决于实现目标的能力，因此，这些中层管理人员有很强的动机据此调整相关数据。[5]

简单示例

从下面的例子中，我们可以明显地看到投资报酬率指标有被操纵的可能性，下面是某部门连续三个季度的业绩情况：

时间	投资报酬率	获利能力	周转率
第一季度	12.6％	17.1％	0.736
第二季度	13.4％	20.2％	0.664
第三季度	15.4％	22.7％	0.679

乍一看，该部门的经营业绩似乎非常优秀，每个季度投资报酬率指标都在提高。然而，分解以后，我们看到获利能力（销售利润率）的显著上升弥补了资本周转率的降低。在对获利能力的上升和周转率的下降进行调查后，总部管理者了解到各部门在第二、第三季度大量增产，造成产成品存货大

量积压。较高的产量使得期间成本被存货吸收，导致当期出售的产品获得较高的销售利润率。周转率的降低反映了与销售相关的存货增加。这样，通过对获利水平与周转率变化的相反趋势的分析，总部管理层便能发现部门管理者是如何操纵其业绩评价的。

在很多多元化经营的公司，投资报酬率的衡量似乎提供了洞察力和控制感的错觉，但实际上，管理者采取的措施虽然提升了投资报酬率，却降低了其业务单元的长远价值。这类问题我们已在前面的章节中论及。前面我们指出，如果过分关注某一短期经营评价指标，如利润，则会促使分支机构管理者采取某种我们不希望看到的行动。这些缺陷导致了平衡计分卡的产生（见第 8 章），这种方法在短期财务评价中补充了那些有利于提高长期财务业绩的指标。

10.5 投资报酬率指标的技术缺陷

除了使用利润来评价长期经济价值的不足所产生的问题外，使用投资报酬率作为短期盈利业绩的评价指标，也会产生问题。部门所做的提高其投资报酬率的活动有时会使公司的经营状况恶化，而有时降低部门投资报酬率的活动却可以提高公司的价值。[6] 当我们使用比值或百分比的形式来评价业绩时，常会出现这种反常的情况。例如，在投资报酬率中，通过投资指标规范营业收入。假设某部门拥有资产 90 000 美元，税前净利（NIBT）是 20 000 美元，则该部门的投资报酬率是 22.2%：

$$投资报酬率 = \frac{税前净利}{资产} = \frac{20\ 000}{90\ 000} = 0.222$$

假定部门的资本成本是 15%，有一个投资项目需要资本 15 000 美元，该项目每年可得到 3 000 美元的收益，则该投资项目的投资报酬率是 20%，高于部门的资本成本。但如果投资于这个项目，部门的投资报酬率将变成：

$$投资报酬率 = \frac{20\ 000 + 3\ 000}{90\ 000 + 15\ 000} = \frac{23\ 000}{105\ 000} = 0.219$$

21.9% 低于先前 22.2% 的水平。因此投资报酬率评价指标会使得部门经理拒绝投资于这类项目。因为虽然这样的投资收益超过了资本成本（在扣除了 15% 的投资融资成本后，还有 750 美元的收益），但此项投资却降低了部门投资报酬率。如果采用的指标不当，这个缺点会使投资报酬率成为一个不恰当的部门业绩评价指标。

同样，在考虑资产处置时也会产生这种问题。如果部门有一项 20 000 美元的资产，它的年收益是 3 600 美元（投资报酬率是 18%），即使它高于部门的资本成本，部门经理也有可能出于提高部门投资报酬率的考虑而卖掉该项资产。部门经理会计算出售该项资产之后的投资报酬率：

$$投资报酬率 = \frac{20\ 000 - 3\ 600}{90\ 000 - 20\ 000} = \frac{16\ 400}{70\ 000} = 0.234$$

当比较投资额不同的两个部门时，也会产生类似的问题。例如，部门 2 的资产为 50 000 美元，净利润为 12 500 美元，其投资报酬率是 25%。由于部门 2 的投资报酬率超过了部门 1（前面所给出的部门）的投资报酬率（22.2%），因此部门 2 看起来似乎更能获利。但是，我们进一步观察到，部门 1 的资产比部门 2 多出 40 000 美元，相应的利润多出 7 500 美元（20 000 − 12 500），其增量投资报酬率是：7 500 ÷ 40 000 = 18.75%，高于 15% 的资本成本水平。因此，在扣除了资本成本后，部门 1 比部门 2 更具获利能力。

前面的问题产生于将投资报酬率作为评价部门业绩的指标。部门经理希望通过增大分子（基于现有资产，取得更多的利润）或减小分母（减少投资额）来使这个比率最大化。当投资项目的报酬率高于资本成本而低于部门目前的投资报酬率时，部门经理会放弃这个有利可图的投资机会而缩减投资额。总而言之，任何低于部门投资报酬率的投资项目或资产项目均会成为不投资或被处置的对象，因为这些项目或资产会降低部门的投资报酬率。部门经理依据这个看似符合逻辑却十分荒唐的道理，会将部门的投资额缩减到只剩一个投资项目，虽然这个项目的投资报酬率最高，但其投资额极少。

10.6　经济增加值（剩余收益）

使用比率来评价部门或管理人员的业绩所导致的局限性和不正常行为我们已了解并讨论了数十年。产业界（例如 20 世纪 50 年代的通用电气）和学术界[7] 提出使用一种替代的业绩评价方法，即剩余收益，来克服投资报酬率的局限性。为了实施剩余收益方法，公司管理人员必须定义一个附加参变量，即部门资本的风险调整成本，风险调整成本乘以部门的净投资额得出部门的资本成本。细心的读者会注意到剩余收益与由松下公司采用的计算方法具有一致性。从税前净收益中减去资本成本得到的结果就是剩余收益：支付资本成本后剩下的收益。剩余收益也符合经济学家（不是会计人士）对收益的评价。

仍以前面的两个部门为例，剩余收益可计算如下（见图表 10-3）：

图表 10-3　剩余收益的计算　　　　　　　　　　单位：美元

	部门 1	部门 2
投资额	90 000	50 000
税前净收益	20 000	12 500
资本成本（@15%）	13 500	7 500
剩余收益	6 500	5 000

由图表 10-3 可知，由于部门 1 的剩余收益高于部门 2，所以部门 1 更具获利能力。对于剩余收益的差额 1 500 美元（6 500－5 000），可解释为是由于部门 1 的增量投资 40 000 美元（90 000－50 000）和与其对应的报酬率超过资本成本部分 0.037 5（0.187 5－0.15）相乘的结果。

同样，如果部门 1 投资于投资报酬率为 20% 的项目（投资额为 15 000 美元，收益为 3 000 美元），它的剩余收益会上升；反之，如果部门 1 处置了一项资产（价值 20 000 美元，年收益 3 600 美元），它的剩余收益会下降（见图表 10-4）。

图表 10-4　部门 1 的决策项　　　　　　　　　　单位：美元

	目前	选项 1（新投资 15 000）	选项 2（处置资产 20 000）
投资额	90 000	105 000	70 000
税前净收益	20 000	23 000	16 400
资本成本（@15%）	13 500	15 750	10 500
剩余收益	6 500	7 250	5 900

如果我们增加收益超过资本成本的投资或减少收益低于资本成本的投资，则剩余收益会增加。因

此，剩余收益使得对部门的业绩评价与使部门和公司价值最大化的行为相一致。公司希望部门有较高而不是较低的剩余收益。从这个意义上讲，剩余收益与投资报酬率相比，具有较大的优势。我们已经知道提高部门投资报酬率的活动有时会降低公司的价值。而剩余收益评价指标却有较大的灵活性，原因是对于风险不同的投资项目可以选择不同的资本成本。不仅公司内不同业务范围的资本成本可能不同，同一部门内不同风险水平的资产其资本成本也有可能不同（试比较现金或应收账款与长期专用固定资产的风险）。剩余收益允许管理者设定不同的风险调整资本成本，而投资报酬率不允许。

尽管剩余收益在计算与理论上均优于投资报酬率，但事实上各公司没有广泛地使用剩余收益评价部门业绩。在 20 世纪 80 年代后期，当一些财务咨询公司的研究表明，公司剩余收益变化与其股票市值变化高度相关时，一场业绩评价革命开始了。剩余收益变化与股票价格变化的相关性显著高于投资报酬率变化与股票价格变化的相关性。当斯特恩·斯图尔特公司（Stern Stewart）将剩余收益重新命名为一个更易于理解和接受的概念——经济增加值时，以剩余收益作为业绩评价指标开始逐步普及。斯特恩·斯图尔特公司是经济增加值概念的首要倡导者，该理念以论文的形式发表于《应用公司财务》（*Journal of Applied Corporate Finance*）[8] 杂志，并在 1993 年 9 月 20 日的《财富》杂志上，以《EVA——创造财富的真正关键》（EVA—The Real Key to Creating Wealth）为题进一步阐述。该文介绍了许多公司在使用经济增加值激励并评价公司和部门经理业绩后取得的显著成就。

经济增加值概念从不同角度扩展了传统的剩余收益评价方法。首先，它基于金融经济学的新发展，特别是"资本资产定价模型"（capital asset pricing model，CAPM），推导出反映该行业的资本成本和部门的风险特征。因此，基于传统的资本加权平均成本，而不是平均的资本成本率，资本资产定价模型能得出一个特定的、以市场为基础的单独业务单元的风险水平。其次，经济增加值是在对财务报告所需的公认会计原则（GAAP）带来的扭曲进行调整后计算得出的。这些内容将在本章论及。

一百多年前，杜邦公司花费了较长的时间观察对投资报酬率进行改变所带来的收益。这种改变可以克服投资报酬率计算带来的难点。思考杜邦为什么花费如此长的时间是有些益处的。

● 管理人员一直没有把专注于会计收益或投资报酬率所导致的功能失调行为视为实际问题，所以，在 20 世纪 80 年代这种感性认识或许是在杠杆收购和管理层收购活动的影响下发生了改变。这些收购活动发生在那些没有有效运用股东资本基础的公司。杠杆收购和管理层收购活动可对公司的收益留存与资本投资决策产生一种外在的、以市场为基础的约束性和可见性。这种约束性及可见性有助于企业管理者在 90 年代更注重股东收益最大化，而不是单纯最大化会计指标。

● 经济增加值要求企业制定公司全面的资本成本，或是制定某个部门或业务单元的资本成本。公司的高级管理人员一直不愿详细测定公司或部门的资本成本，尤其是他们必须为部门或各类资产的适当风险调整进行明确的计算时。在 20 世纪 60 年代中期学术界推出资本资产定价模型并被普遍接受和使用之前，公司管理人员在估计风险调整的资本成本时，使用的多是随意的、特定的技术和方法。

● 在经济增加值计算中，权益资本成本需要准确地确认和计算。由于这部分资本成本要从部门的净收益中扣除，而在公认会计原则中并不把权益资本成本作为费用（或利润扣除）项目，因此，采用经济增加值计算的净收益要少于向股东报告的基于公认会计原则计算的会计净收益，这导致许多企业长期不使用经济增加值。

● 或许管理人员更偏爱以百分数表示相对获利能力，如投资报酬率，而不是以绝对数表示获利能力，如经济增加值。当公司将部门获利能力同其他财务指标相比较时，如利率、通货膨胀率、公司其他部门或其他公司的获利能力，以百分数表示获利能力可能更方便。

然而，尽管长期以来不接受剩余收益或经济增加值作为评价部门业绩的指标，但有趣的是，在第 13 章中我们发现，高级管理人员的奖金计划就是根据各部门的经济增加值来制订的。在这些计划中，将按照各部门的净利润扣除按照特定比率（比如 10%）计算的资本成本后的余额，作为部门奖金发放的依据。

上面的讨论过分地集中于经济增加值区别于投资报酬率的特征上，然而所有的评价方法在评价部门或业务单元业绩时，都存在应改进的重要问题。

10.7　费用与资本化

对于一项支出，尤其是用于无形资产的支出，当决定是在它发生的当期作为费用，还是在支出的当年作为资本性支出，并在未来收益能实现的年份摊销时，我们必须慎重。美国的财务会计准则委员会（Financial Accounting Standards Boards，FASB）不赞成将大部分有关无形资产的支出资本化（如，"研究与开发会计"报告 2[9]），但内部的业绩评价不必为对外报告规则所束缚。在经济发展平稳时期，每年用于无形资产的支出大体上相等，每年支出的摊销与当年支出额大体相等，因而，净收益不受影响。对于能够产生未来收益的应资本化的支出进行的错误处理，会使部门在收益平稳时期到来前处于不利地位，并且在经济发展平稳时期高估投资报酬率和经济增加值，其原因是在被评价投资的投资额中没有包括在无形资产上的支出。

我们来分析一个部门，这个部门拥有 5 台相同的但使用年限各不相同的设备，我们通过分析来解释这种信息的扭曲。每台设备成本为 30 000 美元，5 年内每年的现金净流量为 10 000 美元（现金净流量是收入扣除变动成本和可归属固定成本）。使用 5 年后，资产毫无价值，其处置残值为零。这个部门目前处于一种平稳状态，每年有 1 台使用了 5 年的机器报废并购买 1 台新的同样的设备。为了简化分析，我们忽略税负的影响，并假定所有的现金流动和投资均发生在一年的最后一天。[10] 同时，我们假定部门在财务报告中使用直线折旧法（每台机器每年折旧 6 000 美元）。

5 台设备，每台设备每年折旧 6 000 美元（30 000÷5），则该部门全年的折旧费用为 30 000 美元。从每年的净现金流入 50 000 美元中减去 30 000 美元，我们得到了 20 000 美元的净收益。资产的账面价值很容易得出。

资产使用时间（年）	账面价值（美元）
0	30 000
1	24 000
2	18 000
3	12 000
4	6 000
总账面价值	90 000

因此，该部门的投资报酬率约为 22.2%＝20 000÷90 000。[11]

假定这个拥有 5 台设备的部门每年都从事研发工作。研发成本是 3 000 美元，但在以后的 5 个年度内每年会产生 1 000 美元的现金流入（这个研发类似于每年购买现有的 1 台设备的 10%）。如果将这种支出作为费用，我们来看下面对于净收益的计算。

单位：美元

	年份					
	0	**1**	**2**	**3**	**4**	**5**
现金流入	47 000	48 000	49 000	50 000	51 000	52 000
折旧	30 000	30 000	30 000	30 000	30 000	30 000
净收益	17 000	18 000	19 000	20 000	21 000	22 000

首先，3 000 美元的支出降低了净收益，但没有任何补偿收益。到第 5 年，3 000 美元的研发费用已被前 5 年的研发费用所带来的 5 个 1 000 美元的增量收益所抵销，并从这种累计投资带来的收益中得到了 2 000 美元的增加收益。

如果每年 3 000 美元的支出被资本化，并在 5 年收益期内摊销，则净收益将是：

单位：美元

	年份					
	0	**1**	**2**	**3**	**4**	**5**
现金流入	50 000	51 000	52 000	53 000	54 000	55 000
折旧或摊销	30 000	30 600	31 200	31 800	32 400	33 000
净收益	20 000	20 400	20 800	21 200	21 600	22 000

这样，在经济发展平稳时期，两种方法最终能实现相同的净收益。但折旧或摊销能使变化更平稳、渐进。

然而，当评价投资中心的业绩时，这两种方法却产生了不同效果，如下所示：

公认会计原则处理：研发费用作为当期费用					
年份	1	2	3	4	5
投资报酬率	18.9%	20.0%	21.1%	22.2%	24.4%
经济增加值（美元）	3 500	4 500	5 500	6 500	8 500

研发费用支出的资本化并摊销					
年份	1	2	3	4	5
投资报酬率	21.5%	21.4%	21.5%	21.8%	22.2%
经济增加值（美元）	6 090	6 220	6 440	6 750	7 150

我们可以从这个例子中得出结论：如果把能带来收益的支出视为发生当期的费用，将会：

● 此类支出水平达到稳定水平之前或在发生一项异常大额支出的当年，部门利润将偏低。

● 由于对这类应作为投资的支出做了不恰当的分类，导致在经济发展平稳时期产生一个比实际要高的投资报酬率和经济增加值指标。

研究与开发、客户与市场开发、雇员技能提升等无形资产支出比例较高的部门，其经济发展平稳状态下的经济增加值和投资报酬率往往会高于大部分未来期间收益支出为可以被看见和感知的有形资产的部门。这也是有大量广告与销售费用的销售部门和有大量专业化雇员的部门（它们的人力资本不反映在资产负债表中）的投资报酬率与经济增加值出奇高的原因。它们实际的获利能力并非这么高。它们目前较高的获利能力（用投资报酬率或经济增加值评价）源于先前的获利能力被低估，即在无形资产上的支出均在发生的当期计入损益。现在的部门正处于先前无形资产投资的收益期，但这些收益没有和以前的无形资产投资基础联系起来。因此，这些部门看似较高的投资报酬率和经济增加值是它们拥有许多未纳入投资基础的资产的结果。

租赁资产

当聪明的管理者知道将依据投资报酬率或经济增加值指标来评价其业绩时，另一个费用与资本化选择的问题会出现，即用租赁资产代替购买资产。我们已经注意到一个普遍的趋势，对外报告驱动了部门会计的发展。在 FAS 13[12] 之前存在的租金资本化的限制促进了管理者通过租赁而不是购买来取得资产，因为公司的租赁费不反映在投资额中。FAS 13（以及随后的修改及解释）的灵活条件使得公司可以采用租赁资产，以便为了符合财务报告中可以不计入投资额的要求而不对这部分资产资本化，因而这部分资产可以不计入投资额。

我们可以简单地描述部门愿意租赁而不是购买资产的倾向。仍以上文拥有 5 台设备的部门为例，假定部门管理者在年末没有购买设备，他找到了一个供应商，这个供应商可以提供 1 台租赁时间为 5 年的设备。供应商的资本成本与部门相同，都是 15%。供应商采用使用期为 5 年、资本成本为 15% 的年金系数 3.352 2 来计算租赁费（每年都相等）。

$$年租赁费 = \frac{30\ 000}{3.352\ 2} = 8\ 950(美元)$$

一年后，部门拥有同样的 5 台设备以及同样的年收入，只不过多了 8 950 美元的额外现金费用。同时，原先 30 000 美元的报告投资基数减少了，6 000 美元的折旧费用（直线法）也减少了。前几年的投资报酬率与经济增加值列示于图表 10-5。

图表 10-5　租赁资产取代自有资产的影响　　　　　　　　　　单位：美元

	年份			
	0	**1**	**2**	**3**
投资额	90 000	60 000	36 000	18 000
净现金流量	50 000	41 050	32 100	23 150
折旧	30 000	24 000	18 000	12 000
净收益	20 000	17 050	14 100	11 150
资本成本金额	13 500	9 000	5 400	2 700
经济增加值	6 500	8 050	8 700	8 450
投资报酬率	22.2%	28.4%	39.2%	61.9%

当租赁资产取代自有资产后，投资报酬率急速上升。最终，当公司的全部资产均为租赁资产后，部门的投资报酬率将会无限大。因为其净收益为 5 250 美元，而其报告的投资额为 0。部门的经济增加值最初会增加，但最后当租赁资产的租赁费超过自有资产较低的资本成本时，经济增加值会减少。经济增加值与投资报酬率的这种波动纯粹是由于人为地使投资额不包括租赁资产造成的。部门的规模与获利能力都与部门购买并占有这 5 项资产具有一致性。除了财务报告目的，我们找不到其他理由解

释投资额不包括租赁资产。由于投资额不包括租赁资产，因而鼓励部门采用租赁代替购买的方法，即使这种方法明显没有经济上的好处（即公司面临的购买或租赁具有相同的购买价格和资本成本）。

这种情况可以通过将租赁资产以其公允市价计入投资额来加以修正。如果得不到资产成本的公允市价，可以以租金的贴现值来计量该项资产的价值。这种计量方法听起来好像更简单，然而选择合适的贴现率是一个值得考虑的事情。我们忽略的税收影响在此变得很重要。

一旦公司要将租赁费用记入账册，有两种处理方法。一是将当期全部的 8 950 美元作为费用，但这样做是不正确的，因为租赁费中的一部分是财务成本，而财务成本在计算投资报酬率或经济增加值时，是不能归属到某一特定资产的。我们可能重复计算了利息费用：第一次是从经营现金流量中减除，第二次是在计算经济增加值时作为资本成本。这也解释了为什么我们在进行资产购置的折现现金流量分析中不减除利息成本。更好的方法是为资本化的租赁费用设计一个折旧方案，以便按期摊销。摊销与折旧方案如下，只有最后一列的折旧费用将被作为部门费用的支出。

单位：美元

年份	债务（年初）	应付租赁款	实际利息费用	分期偿还债务（折旧费用）
1	30 000	8 950	4 500	4 450
2	25 550	8 950	3 833	5 117
3	20 443	8 950	3 065	5 885
4	14 548	8 950	2 182	6 768
5	7 780	8 950	1 167	7 783*

* 化整误差是由于使用年租赁费 8 950 美元，而不是 8 949.5 美元。

然而，大多数公司在进行租赁资产资本化折旧时选用了传统的直线法。在本例中，每年的折旧费用为 6 000 美元（与自有资产相同），每年的折旧费用也与每年应付的 8 950 美元租赁费毫无关系。正如我们随后解释的，直线折旧法曲解了投资报酬率与经济增加值计算，但是至少公司对自有资产和租赁资产的曲解方式是相同的。

总之，公司应改进其向外部报告财务状况的方法，以便在使用投资报酬率与经济增加值评价部门业绩时更有经济意义。调整能产生未来收益的无形资产的投资（如研究与开发）、租赁与自有资产，这两种调整类型的例子可供公司管理人员在评价部门业绩时参考。

10.8　按物价水平进行调整

对投资报酬率和经济增加值产生曲解的第三个原因是假定在全过程中物价水平稳定。在通货膨胀期间和过后，投资报酬率和经济增加值都被较大程度地高估，除非采取了专门的方法来补偿已知的物价变动水平。这种曲解的产生主要是由于收入与现金成本是以现时货币价值计量的（如现时美元或巴西货币克鲁塞罗），而投资基数和折旧却是以取得资产时的货币单位计量的（如 1985 年的美元或克鲁塞罗）。以历史成本为基础的折旧大大低于按现时成本或现时重置成本计算的折旧。这种折旧的低估会导致公司净收益的高估，同时，公司的投资额也被低估，因为大多数公司的资产是在早些年以较低的价格水平购置的。净收益的高估与投资额的低估会导致投资报酬率与经济增加值指标明显高于不存在通货膨胀时的情况。投资报酬率与经济增加值的提高并不代表公司获利能力的加强，仅是由于没有对由通货膨胀引起的货币假象进行调整而产生的。我们把好像是使用同一单位尺度的 1985 年的美元和 1995 年的美元相加，然而，实质上它们却使用了不同的计量尺度。

在 20 世纪 70 年代的高通货膨胀时期，一些钢铁企业声称它们给股东以较好的回报（如投资报酬率提高等），但当时的客观情况却是这些企业不能为新的投资项目提供资金。这对矛盾（收益超过资本成本时，没有钱投资）明显起因于公司没有对受通货膨胀影响的收益和投资基数进行调整。这种由于没有对通货膨胀进行调整而将信息曲解的情况可以前文的有 5 台设备的部门为例加以简单说明。我们计算该部门的投资报酬率是 22.2%，然而，这个结果是假定物价水平在 5 年内不变得到的。假定经济运行中的通货膨胀率是每年 10%，部门所拥有的资产价格也应以 10% 增加，在通货膨胀时期，部门不能将售价与资产成本和投入变动成本同步增加。在 4 年通货膨胀时期，部门的净现金流量以每年 6% 的速度增加。4 年后，该部门的净现金流量为：

$$50\ 000 \times (1.06)^4 = 63\ 124（美元）$$

投资和在过去每年中取得资产的折旧费用列示于图表 10-6。

图表 10-6　投资与折旧：10% 的年通货膨胀率　　　　　　　　　　　　单位：美元

资产年龄（年）(1)	资产成本 (2)=30 000×(1.1)^{4-(1)}		年折旧 (3)=(2)/5	第 4 年底的账面净值 (4)=(2)-(1)×(3)
0	$30\ 000\ (1.1)^4$ =	43 923	8 785	43 923
1	$30\ 000\ (1.1)^3$ =	39 930	7 986	31 944
2	$30\ 000\ (1.1)^2$ =	36 300	7 260	21 780
3	$30\ 000\ (1.1)^1$ =	33 000	6 600	13 200
4	$30\ 000$ =	30 000	6 000	6 000
		183 153	36 631	116 847

部门的投资报酬率与经济增加值计算如下（单位：美元）：

$$投资报酬率 = \frac{26\ 493}{116\ 847} = 22.7\%$$

投资	116 847
净现金流量	63 124
折旧	36 631
净收入	26 493
资本成本（15%）	17 527
经济增加值	8 966

在经历 4 年的通货膨胀率为 10%、部门净现金流量年增 6% 之后，部门的投资报酬率为 22.7%，超过通货膨胀前的指标。其经济增加值是 8 966 美元，也超过了通货膨胀前的 6 500 美元。最后，净收入 26 493 美元也超过了通货膨胀前的 20 000 美元。这样，在经历了 4 年通货膨胀后，部门的财务成果看起来似乎显著提高。然而，很明显，这样报告的数字没有任何经济意义。这些被曲解了的数字信号除了错误地反映了公司的经济基础外，还可能欺骗公司及部门的管理者，使他们认为虽然对于市场上成本的上升无能为力，但在这样一个困难的通货膨胀时期，部门仍能很好地应对变化。

净收益、投资报酬率、经济增加值的增长都起因于没有将资产的原始取得成本重新表示为现时单位成本或现时购买力成本。如果在第 4 年年底通货膨胀突然停止（类似于 20 世纪 80 年代早期发生在美国及其他国家的通货膨胀率突然下降），部门将会维持第 4 年年底的经营净现金流量，同时以第 4 年年底的设备价格 43 923 美元更新一台应报废的设备。然后让我们来看一看该部门的最终结果：

投资[a]	<u>131 769</u>
净现金流量	63 124
折旧[b]	<u>43 923</u>
净收入	19 201
资本成本（15%）	<u>19 765</u>
经济增加值	<u>(564)</u>

　　a. 投资［纯账面价值（物价水平调整）］=43 923×(1+4/5+3/5+2/5+1/5)=131 769（美元）。
　　b. 8 784.60×5=43 923（美元）。

$$投资报酬率=\frac{19\ 201}{131\ 769}=14.6\%$$

　　净收益下降了，经济增加值出现了负数，投资报酬率为 14.6%，低于通货膨胀前。在通货膨胀结束后，公司必须更新旧资产时，投资报酬率与经济增加值指标低于在通货膨胀期末报告的带有误导性的高指标。像上面的例子一样，这种在通货膨胀突然停止时所出现的影响很具有戏剧性。如果通货膨胀率持续维持在之前的高位上，同时部门的净现金流量继续紧跟通货膨胀率的步伐，那么部门会在设备更新前依然保持令人满意的利润水平，直到在设备更新时，部门管理人员才会发现已经没有购置新设备的资金了。

　　此例中反映的信息简单而直接。在通货膨胀期间，用历史成本计算的折旧和投资基数会导致虚高的净收益、投资报酬率和经济增加值，而且公司与部门的管理人员发现获利水平很容易就上去了，并没有对这些指标进行调整。更糟的是，管理人员会认为资产收益比实际要好。当通货膨胀循环被打破，资产却必须以当前的高价格更新，而在销售市场上，其销售价格的增长不再维持，一切就真相大白了。

　　未对物价水平变动进行调整不仅影响了对单一部门随着时间推移进行的评价，而且影响了公司内部各部门间在同一时点的业绩比较。占有新资产的部门与拥有在较低物价水平购得资产的部门相比，即使后者的获利能力低于或等于前者，后者的投资报酬率与经济增加值仍会高于前者。除非采用某种规定去抵消通货膨胀的影响，否则部门管理人员不愿投资于新项目，因为这会对他们的投资报酬率与经济增加值产生消极影响。相反，管理者会延缓更新历史成本较低的资产，因为虚高的投资报酬率与经济增加值正是这些资产带来的。

　　调整通货膨胀对财务报表的影响至今仍是一个有争议的会计问题。数以百计的专著、论文就这个问题发表见解；强制性的对外披露在美国已执行了数年，但目前已停止使用；许多权威人士在区分总体物价水平变动与相关价格变动问题上也是混淆不清。因此，在这个问题上没有一个统一的看法。即使在通货膨胀调整必须向外界披露的时候（所有美国的大公司都会披露这些信息），也只有一小部分公司在评价内部部门及其管理者时使用经通货膨胀调整后的报表。[13]

　　在这个问题上，最后一个讨论的对象是通货膨胀对资本成本的影响。在预期通货膨胀时，投资者和债权人会要求更高的回报率，以弥补他们将来收回投资时产生的购买力下降。因此，由市场利率和预期权益资本报酬率推导得出的名义资本成本是一个预期通货膨胀的函数。理解对资产进行通货膨胀调整的经济意义和名义利率与权益报酬率变化对资本成本产生的影响不再是一件小事。对这个问题，我们给出以下建议（没有证明），以指导管理人员、学生和他们的老师。[14]

我们在前面的例子中假定资本成本是 15%，条件是没有通货膨胀或物价水平的变动。[15] 然后，再假定通货膨胀率为 10%。投资者与债权人并不笨，除非在未来取得现金时能获得高额补偿，否则他们会在通货膨胀期间将资金从企业撤走。虽然没有精确认识预期通货膨胀与资本成本间的确切关系，但有一个较好的近似值，即目前的资本成本等于无通货膨胀时的资本成本（例子中的 15%）加上预期通货膨胀率（10%），即本例中的 25%，为管理者评价经营情况提供了一个基准线。但如果在资产估值时就已经对通货膨胀进行了调整，那么运用 25% 作为名义资本成本就会造成重复计算。在对资产成本进行通货膨胀调整后，应该使用真实的资本成本 15% 来计算投资报酬率和剩余收益的资本成本。

例如：假定 3 年期项目的名义现金流量是：

年份	现金流量（美元）
1	10 600
2	11 236
3	11 910

这些现金流量反映了一个 6% 的年预期通货膨胀率。

通货紧缩的现金流量是（以当年美元价值计量）：

年份	现金流量（美元）
1	10 000
2	10 000
3	10 000

按每年实际利率为 10% 计算，这项 3 年期的工程的现值为 24 869 美元。

另外，我们还可以使用名义利率 16.6% 来贴现我们预测的名义现金流量：

$$[(1+0.10) \times (1+0.06)] - 1 = 16.6\%$$

年份	现金流量（美元）	现值（贴现率为 16.6%）（美元）
1	10 600	9 091
2	11 236	8 265
3	11 910	7 513
总计		24 869

其得到的结果完全相同。

10.9　折旧方法

从投资报酬率计算中得出的会计报酬率常常被假定为部门投资报酬率的估计值。然而，非常不幸的是，除了极特殊的情况外，会计投资报酬率与部门的基本资产收益率一般是不相等的。资产收益率与会计投资报酬率的区别仍然可以用上文的例子（部门资产 90 000 美元，年净收益 20 000 美元）来说明。尽管部门的投资报酬率是 22.2%，但每台设备的实际报酬率只有 20%。图表 10-7 中指出了用 20% 的利率去贴现 5 年时间里每年 10 000 美元的现金流量的现值低于初始投资 30 000 美元。[16]

图表 10-7 现金流量现值的贴现

年份	现金流入（美元）	现值系数 20%	折现现金流量（美元）
1	10 000	0.833 3	8 333.33
2	10 000	0.694 4	6 944.44
3	10 000	0.578 7	5 787.04
4	10 000	0.482 3	4 822.53
5	10 000	0.401 9	4 018.78
	50 000	2.990 6	29 906.12

在本例中，会计投资报酬率是 22.2%，不等于资产收益率（稍低于 20%），在本例中，实际的资产收益率可用插值法求解。因此，我们不能简单地以会计投资报酬率推知公司或部门的资产收益率。这两个评价指标间差异的产生主要归结于使用了财务折旧方法，本例中是直线折旧法，而这种方法与资产现值期间损失的承担毫无联系。为了使会计投资报酬率等于资产收益率，我们必须使用由资产现值下降推导的折旧方法。

对财务会计折旧方法的不恰当使用所产生的不当激励可以说明如下：观察上文的部门管理者是如何通过消极工作来提高部门的投资报酬率指标的，即他们可以通过在一台使用了 5 年的设备报废后不进行更新的方法来实现这个目标（见图表 10-8）。部门的投资报酬率指标随着投资基数的缩小而稳步上升，原因是资产减少的速度快于净收益减少的速度。注意，采用这种提高投资报酬率政策的部门管理者会希望在第 4 年末到来之前提拔或调走。在这之后，该部门的营业资产会极为缺乏。

图表 10-8 年投资报酬率，无资产重置，直线折旧法   单位：美元

	年份				
	0	**1**	**2**	**3**	**4**
净现金流量	50 000	40 000	30 000	20 000	10 000
折旧	30 000	24 000	18 000	12 000	6 000
净收入	20 000	16 000	12 000	8 000	4 000
投资额	90 000	60 000	36 000	18 000	6 000
投资报酬率	22.2%	26.7%	33.3%	44.4%	66.7%

我们认为多数管理者不会这样明显地操纵投资报酬率评价指标。然而，这个例子有助于说明在资产报废的边际时间里，管理人员如何通过推迟更新资产，继续使用已提完折旧或快提完折旧的资产来提高他们的投资报酬率评价指标。[17] 相反，我们发现，投资于新设备的部门管理者的投资报酬率指标低于继续使用旧设备的部门管理者的投资报酬率指标。这种不良的结果不仅是由于之前所讨论的要以较高的物价水平购买资产，还由于财务会计折旧方法人为地在设备投入使用的最初几年中降低了会计投资报酬率评价指标。

由于使用直线折旧法和投资报酬率指标使得部门管理者对新投资有偏见，所以一些公司使用账面

资产总额，而不使用账面资产净额来进行评价。自杜邦公司从 20 世纪 20 年代使用这一方法开始，这一方法沿用了数十年。在采用了账面资产总额评价后，避免投资于新资产的激励被消除了。实际上，一种新的激励——以新资产替代现有资产——产生了，因为投资基数的增加只是现有资产的历史成本与新资产的购买成本的差额，这个差额（购买成本减去旧资产的换新价值或残值）低于新资产的实际净支出。

基于每年资产现值的下降，有可能设计一种折旧方法，使会计投资报酬率等于资产的经济收益率。我们可以从调整资产购置的现金流量表中直接推导出经济价值折旧法或现值折旧法。[18] 但在使用现值折旧法时，公司要使用一种出于管理会计目的的折旧方法，这与用于财务或税务会计目的的折旧方法完全不同。在 20 世纪 70 年代，当时的通货膨胀率超过 10%，但仍不足 1% 的美国公司出于内部评价的目的而调整了财务报表，虽然这些数据在对外报告的强制补充披露中已经存在。所以，我们对于管理人员出于内部激励与评价的目的采用这个全新的折旧方法并不抱乐观的态度。在此，我们不给出经济折旧法的推导。

在资产的经济价值或现值折旧法中不计算利息是少见的，因为这种计算方法已为世人周知。实际上，它已用于财务报表，只不过是用于摊销负债，而不是用于资产折旧。在抵押贷款计算中本金的摊销，或是债券折溢价的摊销都产生了一种非线性的摊销额，以便维持负债稳定的到期收益率。我们不知道为什么对于负债而言，这种具有稳定收益率的方法容易接受；而对于摊销资产购置成本而言，这种方法却不为人们所接受，尽管这只不过将此方法从资产负债表的右边移到左边而已。鉴于现有知识，我们只能警告读者，在使用财务会计的折旧方法去进行管理会计的计算时要小心这样的圈套，但也不要过多地寄希望于通过使用现金流量基础的折旧法来消除这种圈套。

10.10　对投资报酬率和经济增加值计算进行技术性调整的总结

很明显，财务管理人员为了获得改进后的投资报酬率和经济增加值评价指标，必须对总分类账中记录的费用进行大量的调整。为财务报告和短期经营控制准备的信息对于评价部门的经营业绩而言并没有太大的用处。我们已经讨论了针对如下项目的调整：

- 所使用的资本成本；
- 在无形资产上的投资（如研发、广告和培训支出）；
- 租赁的资产；
- 总体物价水平与特定价格水平的变化；
- 折旧方法。

这仅是对依据公认会计原则编制的报表所进行的调整中的一部分。斯特恩·斯图尔特公司依据调整的重要性和情况，列出了 164 项用来修正报告会计结果的项目，以提高使用这些结果得出的经济增加值评价真实经济收入的准确性。[19]

很明显，有效的管理会计要求财务管理人员清楚他们报告的前提假设。他们不应只进行机械的计算，否则这些计算只能向管理者提供扭曲甚至有误导性的信号，而这些管理者又恰恰对为财务报告目的所采用的假设与限制不清楚。

10.11　作业成本计算与经济增加值的联系：分配资产

推动投资报酬率与经济增加值改进的巨大力量来自作业管理层次的决策（作业层次、产品层次、顾客层次——作业成本管理，见第5章），而不是来自业务单元或是公司层次的决策。将作业成本计算从分配经营费用扩展到资产配置是一件容易的事情，毕竟一些支出（如购置厂房、装备及原材料）在它们被作为费用反映在利润表中之前，是作为资产被管理的。许多资产在它们变成费用的过程中代表着支出。

我们可以用一个简单的例子来说明作业成本法与经济增加值的结合。选取一个业务单元的利润表，如图表10-9所示。

图表 10-9　业务单元利润表

	利润表（美元）	（%）
销售额	1 000 000	100
销货成本	480 000	48
销售毛利	520 000	52
销售费用	210 000	21
分配费用	116 000	12
管理费用	108 000	11
营业利润	86 000	9
投入资本	840 000	84
资本成本（@12%）	100 800	10
经济增加值	（14 800）	−1

图表10-9反映了一个获利能力较弱的业务部门，其营业利润占销售额的9%，在分配了12%的资本成本给占有的净资产后，该业务单元出现了负的经济增加值。也就是说，它的利润低于用于产生利润的占有资本成本。

当主管经理面对图表10-9中负的经济增加值时，他的第一反应是寻找途径来增加边际利润（提高售价或削减成本）或者增加资产集约度。他会要求业务单元负责人削减销售费用或管理费用占销售额的百分比，或全面调整价格，削减辅助费用，降低存货及应收账款水平，以增加报告的经济增加值水平。但是，这些削减"浮肿"及浪费的全面调整活动可能最终会"伤筋动骨"。让我们想象一下一个拥有两条不同生产线的部门，第一条生产线已经建成并有效运作，生产过程集成化，并且有长期稳定的顾客；另一条生产线则是为进入一个全新的市场而建造的，这是一个定制化程度较高的业务，产品品种多样，生产周期短，具有较高的销售费用及促销费用来服务已有顾客和开发新顾客。作业成本分析将按生产线编制利润表，如图表10-10所示。

图表10-10中用作业成本法编制的财务报告说明了对于所有成本"一刀切"的危险。生产线1没有任何问题，有效的生产过程，稳定的客户基础使之能够取得较高的毛利润和营业毛利。任何尝试进一步降低成本或提高价格的做法都会对这个有吸引力的部门产生不利影响。这个部门的获利能力和经济增加值问题都源于生产线2。部门管理者不应致力于全面支出的削减，而应针对生产线2的获利能力开展特定的行动。

作业成本法与经济增加值的联系反映在图表10-10的底部。经济增加值分析补充了盈利能力分析所提供的信息。它为管理者指明了对生产线2的边际利润和资产集约度改进的可能性。对于使用资产的作业成本分析揭示：生产线1的每1美元销售收入只需要0.7美元的资产，而生产线2的每1美

图表 10-10　应用作业成本法（ABC）分析经济增加值　　　　金额单位：美元

	传统		生产线 1		生产线 2	
	利润表	（%）	利润表	（%）	利润表	（%）
销售额	1 000 000	100	600 000	100	400 000	100
销货成本	480 000	48	240 000	40	240 000	60
销售毛利	520 000	52	360 000	60	160 000	40
销售费用	210 000	21	90 000	15	120 000	30
分配费用	116 000	12	36 000	6	80 000	20
管理费用	108 000	11	48 000	8	60 000	15
营业利润	86 000	9	186 000	31	−100 000	−25
投入资本	840 000	84	420 000	70	420 000	105
资本成本（@12%）	100 800	10	50 400	8	50 400	13
经济增加值	(14 800)	−1	135 600	23	(15 400)	−38

元销售收入需要 1.05 美元资产。这种差别主要来自生产线 1 的管理人员与一部分供应商建立了密切的联系，因此，原材料的运送是基于实时生产过程；同时，它可预测的需求模式能使机器以接近生产能力的水平运转（没有多少未利用能力）；专业化效率和实时生产过程使得生产线 1 能保持较低的在产品与产成品存货水平，而且密切的客户关系使得应收账款总是很低。而生产线 2 却相反，其生产各环节的存货水平较高，机器的准备和空闲时间过长，其顾客付款缓慢，所以每 1 美元销售收入需要 1.05 美元资产。这就造就了巨大的差别，其资本成本占销售收入的比值分别为：生产线 1 是 8%，生产线 2 是 13%。

经济增加值从部门到作业的推广以及对单个产品或客户的经济增加值的计算，为管理者提高业务单位的经济增加值提供了更多的手段。管理者没有使用"一刀切"——削减全部的费用、资产、产品和客户，而是仅针对那些经济增加值分析为负的特定作业、单个产品和客户实施外科手术刀式的改进。

将某些资产分配到单个产品是很简单的。一些资产如存货，已经直接归属于单个产品。专项资产，如专门的生产设备、工具、测试设备等，可以分配到使用该资源的产品。其他资产，如通用设备，可以在大量的品种间分配，在这种情况下，这些资产的分配可采用与经营费用相同的成本动因——机器工时，将这些设备的经营费用（如折旧、维修、动力费用）分配进单个产品。斯特恩·斯图尔特公司的经济增加值方法鼓励企业将很多费用资本化，如研究与开发支出、销售与促销支出等，并在它们的有效年限内分摊。[20] 将这样的无形资产分配进产品是显而易见的。

与经营费用一样，并不是所有资产都分配给各种产品。一些资产是与客户行为联系在一起的。最容易找到的顾客特定资产的例子是某一客户的应收账款，其他的例子还有，如一些客户要求生产商为他们储存专门的存货。在这样的情况下，这部分资产（存货）应归属于这个顾客，而不应归属某一产品。同样，企业或许会为某一顾客或某一类顾客而购买专用设备，进行专门的研究和工序设计，或开发专用软件。这些无形资产的资本化价值应归属于这位客户或这类客户。

作业成本分析与经济增加值分析的结合是自然的。它们都是为了解决公司财务报告被曲解的问题。作业成本分析法修正了将公司间接制造费用主观分配进产品的倾向，也修正了没有将其他间接费用分配进产品及客户的问题。经济增加值分析法修正了以往在财务报表上的问题，即在得出获利数字之前，辨明资本成本，并将它作为经济费用（见图表10-9中的例子，例子中部门实现了会计利润，但利润没能补偿它占用资产的资本成本）。当将这两种方法一同使用的时候，管理者能够对业务单元的经济损益情况有一个清晰的认识，并可以通过经营性和战略性的作业管理将其注意力集中在经济亏损的业务，同时维持、保护和扩张经济上盈利的业务。

10.12 小 结

投资中心是一种分支机构或部门，它的管理者在制定短期经营决策（诸如产品品种组合、定价、生产方法等）以及确定中心的投资水平及类型上有极大的自主权。对于投资中心而言，投资报酬率是最常用的业绩评价指标，但这一评价指标也有它自身的缺点。试图使投资报酬率评价指标扩大的管理者会有下面的倾向：拒绝那些投资报酬率低于部门目前投资报酬率，但高于部门资本成本的投资机会。这个问题可以通过使用经济增加值指标来克服（经济增加值也可称为剩余收益）。它可通过从部门净收益中减除部门平均投资的资本成本而得到。投资报酬率与经济增加值都会因为没有调整财务会计工作而被曲解。财务管理人员应对财务会计工作做出调整，以得到更贴近真实经济情况的管理信息。

📚 注 释

[1] EVA™属于 Stem Stewart & Co., New York。

[2] H. T. Johnson and R. S. Kaplan, *Relevance Lost: The Rise and Fall of Management Accounting* (Boston: Harvard Business School Press, 1987), chap. 2.

[3] 有关杜邦公司的原始数据参见 H. T. Johnson, "Management Accounting in an Early Integrated Industrial E I. duPont de Nemours Powder Company, 1903-1912," *Business History Review* (Summer 1975), pp. 187-88.

[4] 松下公司的历史和控制系统的讨论参见 Y. Monden, "Japanese Management Control Systems," in *Innovations in Management: The Japanese Corporation*, ed. Y. Monden et al., (Institute of Industrial Engineers, Industrial Engineering and Management Press, 1985), pp. 41-58。

[5] A. D. Chandler Jr., "The Competitive Performance of U. S. Industrial Enterprises Since the Second World War," *Business History Review* (Spring 1994), p. 19.

[6] ROI 方法的技术限制参见 D. Solomons, *Divisional Performance: Measurement and Control* (Homewood, IL: Richard D. Irwin, 1968), chap. 5; J. Dearden, "The Case against ROI Control," *Harvard Business Review* (May-June 1969); J. Dearden, "Measuring Profit Center Managers," *Harvard Business Review* (September-October 1987)。

[7] Solomons, *Divisional Performance*, chap. 5.

[8] G. B. Stewart, "EVA™: Fact and Fantasy," *Journal of Applied Corporate Finance* (Summer 1994), pp. 71-84.

[9] Financial Accounting Standards Board, *FASB Statement No. 2*, Accounting for Research and Development Costs (Issue Date 10/74), Stamford, CT.

[10] 这一假设的提出是为了消除使用连续折现程序的需要，并且不会减少后续分析的一般性。

[11] 该部门本可以用来说明本章早些时候提到的 ROI 与剩余收益之间的差异。

[12] Financial Accounting Standards Board, *FASB Statement No. 13*, Accounting for Leases (Issue Date: 11/76).

[13] J. Hertenstein, "Management Control System Change: The Adoption of Inflation Accounting," in *Accounting & Management: Field Study Perspectives*, ed. W. J. Bruns Jr., and R. S. Kaplan (Boston: Harvard Business School Press, 1987); also J. Hertenstein, *FMC Corporation's Use of Current Cost Accounting* (Montvale, NJ: National Association of Accountants, 1988).

[14] F. Modigliani and R. Cohn, "Inflation, Rational Valuation and the Market," *Financial Analysts Journal* (March-April 1979), pp. 24 - 44.

[15] 15% 的利率仅用于示范目的。如第 12 章所述，对于大多数组织来说，资本成本的加权平均实际成本通常远低于 10%。

[16] 如果在计算中使用 19.86% 的利率，折现后的现值将正好是 30 000 美元。

[17] 德国公司通常会根据资产的替代价值来计算折旧，即使这些资产在财务和税务上已经完全折旧。

[18] 现值折旧法参见 Dearden, "Case against ROI Control," and Solomons, *Divisional Performance*。

[19] Stewart, "EVA™: Fact and Fantasy," p. 73.

[20] Stewart, "EVA™: Fact and Fantasy," p. 77.

习 题

[10-1] 投资报酬率与部门业绩

所罗门公司使用投资报酬率来评价经营部门的业绩。两个部门年度报告的摘要列示如下，公司的资本成本是 12%。

	部门 A	部门 B
投资额（美元）	2 400	4 000
净收益（美元）	480	720
投资报酬率	20%	18%

要求：

(1) 哪个部门的获利能力较强？

(2) 资本成本在何水平时，两部门的获利能力相同？

(3) 哪种业绩评价方法可以更清晰地说明两个部门的相对获利能力？

（4）假定部门 A 的经理面对一个为期一年的项目，该项目当年增加的投资基数为 1 000 美元，收益为 150 美元。试问，如果该经理的业绩取决于部门投资报酬率，他能接受该项目吗？他应该接受该项目吗？

[10-2] 评价部门业绩

达门公司是民用建筑业中预制房的主要生产商。公司内设两个部门：

● 贝尔部门，其工作是将原材料加工成房屋的基本组件，然后将它们组装成套。

● 柯尼诗部门，其工作是接收贝尔部门的成套组件并为最终的购买者建造房屋。

公司实行分支管理，部门经理的评价方法是采用部门收益和投资报酬率指标。

贝尔部门将从市场上以现行市场价格购得的原材料加工成七种型号的房屋，并以 45 000～98 000 美元的价格卖给柯尼诗部门。其交易价格是由公司管理部门依据柯尼诗部门从外部市场购买同类产品的价格制定的。由于最终购房者面临房价上涨速度比个人收入上涨快的情况，因此，价格较低的小型房屋的销售量占很大比重。今年，贝尔部门买了一处厂房用于制造组件和组装套房，该部门在过去的四年中一直在租赁的厂房中生产。

1997 年 12 月 31 日贝尔部门的年终业绩报告 　　　金额单位：美元

	1997 年	1996 年	与 1996 年相比增加（减少）	
			合计	变更比例（%）
概要数据				
净收益（以千美元为单位）	34 222	31 573	2 649	8.4
投资报酬率（%）	37	43	(6)	(14.0)
完工套房量（套）	2 000	2 100	(100)	(4.8)
生产数据（套）				
投入的套房量	2 400	1 600	800	50.0
完工的套房量	2 000	2 100	(100)	(4.8)
年末在产品	700	300	400	133.3
年末在产品增加（减少）	400	(500)	—	—
财务数据（以千美元为单位）				
销售收入	138 000	162 800	(24 800)	(15.2)
单位产品生产成本				
原材料	32 000	40 000	(8 000)	(20.0)
人工	41 700	53 000	(11 300)	(21.3)
公司间接费用	29 000	37 000	(8 000)	(21.6)
单位成本	102 700	130 000	(27 300)	(21.0)
其他成本：公司分配的				
人事	228	210	18	8.6
会计	425	440	(15)	(3.4)

续表

	1997 年	1996 年	与 1996 年相比增加（减少）	
			合计	变更比例（%）
资金成本	300	525	(225)	(42.9)
合计	953	1 175	(222)	(18.9)
对收益的调整				
未补偿的火险损失	—	52	(52)	(100.0)
因存储不当导致的原材料损失	125	—	125	—
合计	125	52	73	(140.0)
全部减除额	103 778	131 227	(27 449)	(20.9)
部门收益	34 222	31 573	2 649	8.4
部门投资基数	92 000	73 000	19 000	26.0
投资报酬率（%）	37	43	(6)	(14.0)

贝尔部门在收到柯尼诗部门的订单后开始加工，套房加工完毕后，直接装上柯尼诗部门的卡车运走。因此，贝尔部门没有成品存货。

贝尔部门是基于实际成本基础编制会计账目和财务报告的。在贝尔部门，没有为任何产品设立预算和标准。部门的间接费用分配率在每年年初计算得出，用于将每年的间接费用分配到产品。如果出现少分配或多分配的间接费用，则计入产品销售成本账户和在产品存货。

贝尔部门的年度报告如上所示。这份报告构成了公司管理层评价业务部门及其部门管理者业绩的基础。

关于公司和部门生产活动的附注信息列示如下：

● 公司替每个部门管理人事及会计事项。

● 公司的人事成本是依据各部门的雇员人数进行分配。

● 公司的会计成本是以扣除公司分配来的费用后的全部成本为基础进行分配的。

● 部门的管理成本包含在工厂间接费用（即间接制造费用）中。

● 筹资成本包括：(a) 部门占用的公司资产的利息费用；(b) 部门支付的租赁费用。

● 在计算部门投资报酬率时，部门的投资基数指部门的存货、厂房和设备的账面总原值。

要求：

(1) 试依据下列情况，讨论在评价贝尔部门及其管理者的业绩时，提供给贝尔部门年度报告的价值。

(a) 在部门作业评价中使用的会计技术；

(b) 披露的方式；

(c) 披露年度间异同点的有效性。

使用上述信息说明你的观点。

(2) 试着给达门公司提出一些建议，以改进其会计系统和财务报告系统。

[10-3] 折旧对投资报酬率的影响

Streetorn 公司目前计划购买一台新设备。这台设备预计使用年限是 5 年，估计在未来 5 年中将产生如下表所示的税后现金流量：

年份	税后现金流量（美元）
1	50 000
2	46 000
3	42 000
4	36 000
5	30 000

该项设备将花费 138 300 美元，因此其税后收益率是 16%，高于公司 15% 的税后资本成本。随着设备使用年数的增加，维护成本越来越高，同时，由于选用了年限总和法进行折旧，每年的税收优惠也慢慢下降，所以每年的税后现金流量呈下降趋势。例如，第 3 年的全部现金流量（在折旧与税收之前）为 51 560 美元，可以通过下面的计算得出税后净现金流量（单位：美元）：

全部现金流量	51 560
折旧（138 300×3/15）	27 660
应税收入	23 900
税收（@40%）	9 560
税后净收益	14 340
＋ 折旧费用	27 660
税后现金流量	42 000

（请读者自行计算 1～5 年的全部现金流量。）

总经理的奖金是以公司的投资报酬率（税后净收益÷年初投资基数）为基础计算的。公司一向以会计政策的稳健而著称，因此它在财务报告中使用了与计算应税收益一样的折旧方法——年限总和法。Streetorn 公司的总会计师为总经理准备了下面的报表，来说明新设备每年的投资报酬率：

金额单位：美元

年份	年初账面价值 (1)	税后净现金流量 (2)	年限总和法折旧 (3)	税后净收益 (4)=(2)-(3)	投资报酬率 (5)=(4)/(1)
1	138 300	50 000	46 100	3 900	2.8%
2	92 200	46 000	36 880	9 120	9.9%
3	55 320	42 000	27 660	14 340	25.9%
4	27 660	36 000	18 440	17 560	63.5%
5	9 220	30 000	9 220	20 780	225.4%
5 年平均	64 540	40 800	27 660	13 140	20.4%

总经理看到这张表时非常惊讶，他说："什么地方出错了呢？从你的现金流量分析中，我知道这台设备的税后收益率是 16%，但你的财务报表中不是这个数。我的奖金会由于头两年较低的投资报酬率而化为乌有。的确，这台设备在最后两年的投资报酬率非常神奇，但到那时，我可能已经离开这家公司了。我需要现在的结果，而不是 4 年后的。"

总会计师认为问题出自公司稳健的会计政策。如果公司也像行业中其他企业一样在财务报告中采用直线折旧法，那么财务报告的数字或许会好些。于是，他又编制了如下报表：

金额单位：美元

年份	年初账面价值	税后净现金流量	直线法折旧	税后净收益	投资报酬率
1	138 300	50 000	27 660	22 340	16.2%
2	110 640	46 000	27 660	18 340	16.6%
3	82 980	42 000	27 660	14 340	17.3%
4	55 320	36 000	27 660	8 340	15.1%
5	27 660	30 000	27 660	2 340	8.5%
平均	82 980	40 800	27 660	13 140	15.8%

总经理对这个报表十分满意，尤其是该设备在初期产生了较高的投资报酬率。但是他仍然不太明白，为什么设备的收益率是16%，而每年的投资报酬率却不都是16%？

要求：

(1) 证明该设备的收益率是16%。

(2) 使用现值折旧法，如何能得出该设备的投资报酬率每年都是16%？

(3) 为什么使用直线折旧法得出的投资报酬率较接近实际收益率（至少在该资产的前4年中是这样）？

[10-4] 通货膨胀对投资报酬率的影响

卡特公司使用投资报酬率指标来评价部门业绩。对于审批新项目时使用的规范的资本预算程序以及在新项目实施后评价项目业绩的控制程序，公司引以为自豪。然而，最近的一段时间，公司发现用于反映投资项目业绩的投资报酬率指标在统计业绩数据时产生了偏差。公司认为目前较高的通货膨胀率是导致偏差的原因。这个问题可以通过比较两个部门的业绩来说明。

Y部门在10年前投资了一个项目，投资成本为3 000 000美元，预计寿命期是15年，每年的税后现金流量是525 000美元。该项目的投资报酬率略高于15%，超过了公司的资本成本。在过去的10年中，价格水平上涨了67%，投资的税后现金流量也增至每年800 000美元。Y部门最近一年的投资报酬率计算如下：

金额单位：美元

投资的账面价格（年初）	1 200 000
投资的账面价格（年末）	1 000 000
平均投资额	1 100 000
净现金流量	800 000
折旧	200 000
净收益	600 000
投资报酬率（Y部门）	54.5%

与Y部门不在同一地区的Z部门在两年前也投资了一个与Y部门类似的项目。由于建筑成本与设备成本的增加，投资成本上涨至4 500 000美元。项目预计寿命期是10年，每年税后现金流量是900 000美元。该项目的收益率也略高于15%，因此，公司认为Z部门的业绩指标应该与Y部门类似。实际上，Z部门项目的获利能力似乎远不如Y部门，甚至没有达到预期的15%的投资报酬率。最近一年的数据如下：

	金额单位：美元
投资的账面价格（年初）	4 050 000
投资的账面价格（年末）	3 600 000
平均投资额	3 825 000
净现金流量	1 000 000
折旧	450 000
净收益	550 000
投资报酬率（Z 部门）	14.4%

10 年前 Y 部门投资时的价格指数是 120，而 2 年前 Z 部门投资时的价格指数是 180，在准备上述数据时最近 1 年的价格指数平均为 200。

要求：

对上述情况进行分析，并说明为什么两部门投资于相似的项目（通过折现现金流量分析得出的税后收益率为 15%），但其投资报酬率指标相差如此之大。

[10-5] 投资报酬率与租赁

玛龙部门是斯涛特公司下属的投资中心。由于经营业绩突出，公司给玛龙部门经理特里·特罗卡诺较大的投资决策权。特里·特罗卡诺知道公司总部是以投资报酬率指标来评价部门业绩的。因此，对她来说，维持部门 20% 的税前投资报酬率和 14% 的税后投资报酬率是非常重要的。她的年度奖金取决于这些目标指标的完成水平，并且，如果能获得更高的投资报酬率，那么她的报酬将会有更大的增长。

特里·特罗卡诺刚刚制定了一份玛龙部门的五年业绩展望报告。最佳的估计是，当前 20 000 000 美元的净投资水平应该在这一期间保持不变（即每年新增的投资等于当年的折旧），那么每年的税前净收益将是 4 000 000 美元，税后净收益将是 2 800 000 美元。

预测的结果显示特里·特罗卡诺将能够实现税前与税后的投资报酬率目标，她对此也感到高兴，但她还是在积极寻找超过目标投资报酬率的投资项目。最近有一个投资项目似乎很有希望。这个项目需要初始投资 15 000 000 美元，在以后的 5 年中，每年将产生税前现金流量 6 000 000 美元。折现现金流量分析表明，该项目的税前收益率将超过 28%，税后收益率将超过 19%（斯涛特公司的边际税率是 40%，使用年限总和法计算应税所得）。税前和税后的收益率均超过公司的目标投资报酬率，因此，这个项目看起来非常具有吸引力。

在最后决定是否投资时，特里·特罗卡诺要求部门总会计师在考虑新项目收益的情况下，预测部门第一年的经营业绩。当特罗卡诺收到以下预测报告时，她非常惊讶。

税前分析（千美元）	
已有项目的净收益	4 000
新项目的现金流量	6 000
减：折旧（直线法，5 年）	(3 000)
净收益	7 000
已有项目的投资	20 000

续表	
新项目的投资	15 000
总投资	35 000
投资报酬率	20%
税后分析（千美元）	
已有项目税后净收益	2 800
新项目税前净收益	3 000
新项目的税收*（年限总和法）	(400)
税后净收益	5 400
总投资	35 000
投资报酬率	15.4%

* 在向部门分配税收费用时，公司基于加速折旧法分配实际税收费用。

　　虽然该项目没有对玛龙部门的业绩指标产生负面影响，但也没有像特里·特罗卡诺预期的那样，使部门投资报酬率指标有较大提高。

　　总会计师对于这项投资计划提出了另一个方案。他获知另外一家公司想投资于该项目，再将投资的资产以每年 5 200 000 美元的租赁费租给玛龙部门，期限是 5 年。租赁条款可以设置成经营租赁的形式，因此该项租赁不会增加公司财务报表上的资产数额。总会计师编制了下面的预测分析表分析该租赁选择权：

税前分析（千美元）	
已有项目的净收益	4 000
新项目的现金流量	6 000
减：租赁费用	(5 200)
净收益	4 800
已有项目的投资	20 000
投资报酬率	24%
税后分析（千美元）	
已有项目税后净收益	2 800
新项目净收益——扣除租赁费后的金额	800
新项目的税收	(320)
税后净收益	3 280
投资额	20 000
投资报酬率	16.4%

　　显然，第二个方案对特里·特罗卡诺更有吸引力，因为它能使部门税前和税后投资报酬率都有较为显著的提高，特里·特罗卡诺将第二个方案报送总部，并期待总部例行的批准。

要求：

假设你是公司财务总监新近聘用的助手，并被安排对玛龙部门的项目计划进行评议。

（1）证明玛龙部门申请报批的项目能否达到预期的收益率，即税前投资报酬率超过28%，税后投资报酬率超过19%。

（2）分别计算在购买与租赁的情况下，玛龙部门未来5年的税前与税后投资报酬率。每年的投资基数为年初投资的账面价值（使用直线折旧法）。

（3）如果公司的税后资本成本为14%，则购买与租赁两者谁更优？

（4）为什么与购买相比，租赁会产生较高的投资报酬率？

（5）给出一个方案，以减弱租赁资产优于购置资产的动机。假设玛龙部门打算实施一项年租赁费为5 200 000美元的5年期资产租赁，证明你的方案将如何发挥作用。

案 例

外包股份有限公司的 EVA 和 MVA 应用*

"最近我听到许多关于 MVA 的事情，所谓 MVA，就是市场附加值（market value added），不知道 MVA 是否可以用在我们外包股份有限公司（OutSource, Inc.）。"这是基思·马丁（Keith Martin）在一次午饭后提到的问题。基思·马丁是外包股份有限公司的总裁兼首席执行官。那天和他一起吃午饭的客人是在当地一家经纪公司任职的计算机行业证券分析师。基思邀请他吃午饭就是要了解更多有关 MVA 及其使用情况的信息。

分析师回答说："是的，我也听到了许多有关 MVA 的事情。它是以经济增加值（EVA）为基础的，EVA 是一种剩余收益，即公司的税后经营净利润（NOPAT）与公司总资本应得最低回报相比之后的剩余价值。"

分析师接着说："你看最近一期的《财富》杂志了吗？"同时，他递给基思一本杂志，"这份杂志中有一篇文章[1]对斯特恩·斯图尔特公司（Stern Stewart）按照 MVA 进行排名的前1 000家公司做了更新。在早期的《财富》杂志中还有一篇关于 EVA 的文章[2]，你应该也会感兴趣。但你不要被文章中 EVA 的简单计算误导。税后经营净利润和资本金额不是从财务报表中直接获得的。你必须对报表附注进行分析，然后进行调整计算得出这些金额。班尼特·斯图尔特称之为权益当量（equity equivalents）。"

基思说："我正关注这一领域，我想这些文章一定很有意思，你能将那篇早期的文章发一份给我吗？"

分析师说："当然，我会发一份给你。但是，你能否告诉我，你为什么要考虑在外包股份有限公司中使用 MVA 和 EVA？"

基思回答："在做行业调查时，我发现我们的一些主要竞争对手的股价上涨了，例如易快传真。但是，当我将我们最近的销售额和盈利增长情况与它们相比时，发现我们的权益报酬率（ROE）和每股收益（EPS）上升都不错，但股票没有它们上涨得那么好，我不知道是什么原因。"

分析师说："也许这些公司已经从 EVA 的运用中受益了，股票的市值可能正是它们开展了这项工作之后的结果。与传统的业绩指标（例如 ROE 或 EPS）相比，EVA 与股票市值的相关性更高。"

浏览了一遍分析师提供的文章后，基思说道："按照 MVA 排行的前1 000家公司都是大公司，EVA

---

* 本案例由维克森林大学巴布科克管理学院的 Paul A. Dierks 教授编写并发表在 Management Accounting（January 1997），pp. 56 - 59。

[1] "Who are the real wealth creators?" R. B. Lieber, *Fortune*（December 9, 1996），pp. 107 - 08, 110, 112, 114。

[2] "The real key to creating wealth," S. Tully, Fortune（September 20, 1993），pp. 38 - 40, 40 - 48, 50。

在类似于外包股份有限公司这样的小型服务公司中也能起作用吗？"

分析师回答道："大多数的美国最大型公司都包括在斯图尔特公司的 MVA 排行榜中，但是我曾经也读到过有关 EVA 应用于小公司的报道。同时，在排行榜中也有一些公司是服务性公司，例如 AT&T（美国电话电报公司）、麦当劳、万豪国际酒店集团和邓白氏。我不是 MVA 或 EVA 方面的专家，但是我认为它同样适用于外包股份有限公司。"

基思说："我想更深入地了解 MVA 和 EVA 以及如何将它们应用到外包股份有限公司。例如，我们有一个新的激励计划，不知道 MVA 与 EVA 是否可以运用到这个方面？如果可以的话，它们是否可以帮助我们在未来的扩张与成长中组织和管理我们的经营？你能否尽快帮我找到关于这方面更多的信息？"

分析师说："EVA 有一个重要作用就是用于激励计划中。我这有一组来自维克森林大学的 MBA 学员小组，他们要完成一个与行业相关的项目，我正在为他们找这样的机会呢，我想你这个机会正好。我会向他们简要地介绍一下你公司的情况，并介绍他们来拜访你并获取一些必要的信息。"

"太好了！我希望见到他们，这顿饭我请了。"基思一边说着一边赶过去买单。

公司情况

外包股份有限公司是一家计算机服务公司，它为很多企业客户提供基本的数据处理和一般性的商业支持服务，包括几家当地的大型企业。它的办公机构在美国中部濒临大西洋地区的一个大城市中，它的客户主要来自美国中部濒临大西洋地区的几个州。[①] 近年来，随着企业界的"瘦身化"倾向的出现，越来越多的企业将基础性支持服务外包，外包股份有限公司的收入快速增加。

企业信息库服务机构（CIDS）将外包股份有限公司的行业分类为信息服务类企业（行业代码为 SIC7374）。这类公司大多数是小型的独立法人企业，它们为公司及政府提供一系列不同的服务。市场分析师认为经济的持续健康发展将会为这类企业提供强劲的盈利潜力。随着企业界越来越重视控制成本，并将非核心业务外包，例如人事定职、薪金发放、人力资源、保险和数据处理等，这个因素导致了经济成长期的延长。这种趋势还将持续下去，并且发展的速度会更快，至少还会持续十年。这个行业内的数家公司利用它们成长和区域扩张的机会赢得了一些大客户的青睐。在这之前，这些大客户基本上不太看重这些服务公司。

虽然外包股份有限公司的经营活动主要依靠自身的设施，包括一些计算设备和设施，但是其大多数计算处理能力来自当地剩余的计算机能力，主要是租用了当地一家大型银行在每天第三次轮班时计算机的空档时间。然而，从长远发展的角度考虑，外包股份有限公司的管理者认为必须大力扩张业务，确保所有的经营活动都在自己的充分控制之下，因此，公司必须要自己建立起大规模的计算设施。这些考虑都已经列入了公司的长期战略计划。

随着外包股份有限公司因其准确、可靠、反应及时的服务而备受注意的时候，公司发现有很多跟数据处理与支持服务相关的新业务找上门了。公司一直在考虑，在现有的外包股份有限公司计算资源的约束下，应该保留哪些业务，应该放弃哪些业务，以确保公司能够继续为客户提供高质量的服务。这些利好信息导致最近一段时间行业证券分析师开始看好公司的股票。

1993 年，公司董事会决定在工资发放和报税服务方面进一步开拓市场。为此，公司买下了一家中型公司。这家公司已经有一个自己的市场。在这个市场中，它为《财富》500 强那些东海岸公司提供工资计算、处理和报告服务。外包股份有限公司目前正处于开发新的工资处理系统 PayNet 中间阶段，这套系统将代替收购进来的那家公司早先开发的目前已过时的系统。

一旦 PayNet 开发工作结束，它将给用户一个综合的工资解决方案，该方案拥有一个简单明了的用户

---

① 美国中部濒临大西洋诸州包括纽约州、宾夕法尼亚州和新泽西州，通常还包括特拉华州和马里兰州。——译者

界面。从管理的角度看，PayNet 将会减少外包股份有限公司的手工数据录入工作，加快数据编辑和分析的速度，简化管理任务，简化在更新客户文件时的增加、移动和修改工作。PayNet 将会成为 OSI 工资处理业务方面的主力军。然而，开发与编程成本超过了预期，新处理程序的最终版本上市时间要推迟。Pay-Net 的 β 测试也将从第二季度推迟到第三季度。

额外的会计信息

外包股份有限公司 1995 年的财务报表见表 1。下面这些信息是出于 EVA 计算的需要从公司 1995 年财务报表附注中摘录出来的。

● 存货主要以不超过市价的成本列示（后进先出法），重置成本比 1994 年高出 2 796 美元，比 1995 年高出 3 613 美元。

● 递延税款费用是财务报告与税法在收入和费用确认过程中形成的时间性差异。

● 在 1993 年 7 月 1 日，公司收购了 CompuPay 公司，这是一家工资处理与报告服务公司。这是一次购买行为，购买成本超过公允市价的差额是 109 200 美元，这将在 12 年内以直线法摊销。1993 年半年的商誉已摊销。

● 与软件开发相关的研究开发成本在发生当期作为费用。从一项软件产品具有技术可行性起，到该软件被安装在生产线上处理客户数据这一期间内发生的软件开发成本将被资本化。用于服务的外购软件成本，在购买当期资本化。软件开发成本和购买成本将在 3～7 年内以直线法摊销。过去各年软件开发与购买成本的会计处理列示如下（单位：美元）：

年份	费用化	资本化	已摊销
1993	166 430	9 585	0
1994	211 852	5 362	4 511
1995	89 089	18 813	5 111
合计	467 371	33 760	9 622

表 1　外包股份有限公司财务报表（1995 年）　　　　单位：美元

外包股份有限公司资产负债表（12 月 31 日）		
项目	1995 年	1994 年
流动资产		
现金	144 724	169 838
应收账款	217 085	192 645
存货	15 829	23 750
其他	61 047	49 239
流动资产合计	438 685	435 472
非流动资产		
财产、厂场与设备	123 135	109 600
软件及开发成本	33 760	14 947
数据处理设施及设备	151 357	141 892
其他非流动资产	3 650	8 844

续表

项目	1995 年	1994 年
	311 902	275 283
减：累计折旧	85 018	57 929
非流动资产合计	226 884	217 354
商誉	88 200	96 600
资产总计	753 769	749 426
负债及所有者权益		
流动负债		
短期负债及长期票据中流通部分	27 300	31 438
应付账款	67 085	57 483
递延收益	45 050	32 250
应付税款	19 936	12 100
应付员工工资及福利	30 155	28 950
其他应计费用	28 458	27 553
其他流动负债	17 192	29 769
流动负债合计	235 176	219 543
长期负债减除流动部分	98 744	117 155
递延所得税	6 784	4 850
所有者权益		
累积不可转换优先股（面值 100 美元/股，授权 5 000 股，发行 1000 股）	100 000	100 000
普通股（面值 1 美元/股，授权 300 000 股，发行 219 884 股）	219 884	219 884
资本公积	32 056	32 056
留存收益	61 125	55 938
所有者权益合计	413 065	407 878
负债及所有者权益总计	753 769	749 426

利润表（1995 年 12 月 31 日）	
营业收入	2 604 530
减：服务成本	1 466 350
毛利	1 138 180
减：经营费用	
销售和管理费用	902 388
研究开发费用	89 089
其他费用（收益）	59 288
商誉及其他无形资产摊销	13 511
息税前利润（亏损）	73 904

续表

利息收益	1 009
利息费用	<u>12 427</u>
税前收益（亏损）	62 486
所得税	<u>21 870</u>
收益（亏损）	<u>40 616</u>

现金流量表（1995 年 12 月 31 日）	
经营活动的现金流量	
净收益（亏损）	40 616
折旧	21 978
软件与开发成本的摊销	5 111
应收账款的减少（增加）	(24 440)
存货的减少（增加）	7 921
其他流动资产的增加（减少）	(11 808)
递延收益的增加（减少）	9 602
应付账款的增加（减少）	12 800
应付所得税的增加（减少）	7 836
应付工资的增加（减少）	1 205
应计费用的增加（减少）	905
流动负债的增加（减少）	(12 577)
递延所得税的增加（减少）	1 934
经营活动的净现金流量	61 083
投资活动现金流量	
资本性资产的支出	(36 619)
商誉摊销	8 400
投资活动的净现金流量	(28 219)
筹资活动的现金流量	
支付长期票据	(4 138)
支付短期票据	(18 411)
优先股股利	(11 000)
普通股股利	(24 429)
筹资活动的净现金流量	(57 978)
净现金流量	(25 114)
年初现金	169 838
年末现金	144 724

额外的财务信息

外包股份有限公司的普通股市价为 2 美元/股。11 美元/股的优先股股利已于 1995 年支付，目前优先股的市价与面值基本相同，有关外包股份有限公司负债与股票的其他信息列示如下：

	美元	比率
短期负债	8 889	8.0%
长期负债		
一年或一个营业周期内到期的部分	18 411	10.0%
长期部分	98 744	10.0%
合计	117 155	
股票市场无风险利率（90 天国库券）		5.0%
市场期望报酬率		12.5%
公司普通股的 β 系数		1.2
股利成长率		8.0%
所得税		35.0%

要求：

外包股份有限公司的管理人员要求你提交一份报告，解释经济增加值和市场附加值，说明它们的计算方法，以及它们与公司传统的财务业绩指标的区别。外包股份有限公司的管理者同时也想知道使用 EVA 对公司业绩进行持续评估，以及在评价公司内部各部门经理业绩方面的优缺点。在报告中，要根据 1995 年外包股份有限公司的财务报告计算其 EVA 与 MVA。最后，外包股份有限公司的管理层想知道，如果 EVA 可以应用到员工激励系统中的话，他们应该如何在外包股份有限公司中执行这一系统。

西方化学股份有限公司：分部业绩计量[*]

目前的情况是我们仍然没有找到一种合适的方法来评价与报告国外子公司的业绩。不同的所有制形式及当地融资的使用，使得当我们用传统会计准则和标准时，从财务报告中得到的结论看起来经常与我们认为真实的结果相矛盾。

既然你计划从股东和分析家处得到有关投资项目业绩的情况，我就要向你说明一下我们目前在分部业绩评价时遇到的问题。

斯坦·罗杰斯（Stan Rogers）（西方化学股份有限公司（Western Chemical Corporation，WCC）的董事长）与萨曼莎·朱（Samantha Chu）（公司投资人联系部主任）和辛西娅·谢尔登（Cynthia Sheldon）（公司副董事长兼总计长）正在一起会谈。朱在当天早上从一份知名的化学行业分析员处拿到一份调查表，这位分析员对公司在欧洲及远东地区的投资提出了一些专业的问题，朱要对这些问题进行精确的回答。编制公司国外分部业绩信息的会计人员，同时也负责公司的日常账务处理和年、季度报表的编制。公司在早年建立了一个收集全部会计信息的数据库，公司认为它能满足公司管理者及外部人士对会计信息的需求。公司及其子公司都在会计工作中使用相同的账户类型和会计政策。在国际竞争中出现了一系列新的联盟和所有制结构，这加快了进入新的国际市场的速度，并缩小了投资基础及风险。罗杰斯意识到由会计人员准备的财务报告可能具有一定的误导性。正是由于这个原因，罗杰斯与谢尔登已经讨论了几种业绩评价方

---

* 本案例由东北大学的 William J. Bruns 教授和 Roger Atherton 教授撰写。Copyright © 1995 by the President and Fellows of Harvard College. Harvard Business School case 196-079.

法，同时谢尔登认为，朱在回答分析员的问题之前，应该参与他们的讨论。

公司与国际风险投资

WCC 是一家拥有 70 多年历史的《财富》300 强化工企业，它的最大业务市场是化工材料以及污水与废品处理的化学方法。其他产品和化学服务着重于从制造工艺上提高客户产品质量，公司以其高质量的顾客服务在行业内享有较高声誉。WCC 拥有 4 900 名员工，在 19 个国家开设了 35 家工厂，不同地区的财务信息见表 1。

表 1　不同地区的财务信息

西方化学股份有限公司从事世界范围内的高度专业化的化学过程设计的开发与销售。包括与污水处理相关的化学制剂与技术，以及污染控制、能量保存和其他行业的生产，例如一次性超强吸收力尿布市场。

在西方化学股份有限公司中，不同地区间的销售额是依据当地的实价减去预期的用于补偿其提供给顾客的服务成本。

可辨认资产是与地区经营直接相关的。公司资产主要包括现金及现金等价物、有价证券、在非关联企业及杠杆租赁的投资、使用的资本资产。

地区数据			单位：百万美元
	1994 年	**1993 年**	**1992 年**
销售收入			
北美	886.9	915.1	883.7
欧洲	288.9	315.6	346.5
拉丁美洲	72.2	66.4	60.7
太平洋地区	127.7	116.7	108.2
地区间销售	(30.1)	(22.4)	(24.6)
	1 345.6	1 391.4	1 374.5
经营收入			
北美	181.6	216.9	211.3
欧洲	(10.2)	41.8	48.9
拉丁美洲	9.3	11.4	10.0
太平洋地区	14.3	14.4	14.4
不归属地区费用	(20.3)	(21.6)	(24.3)
	174.7	262.9	260.3
可辨认资产			
北美	485.2	566.6	562.2
欧洲	245.2	227.4	225.5
拉丁美洲	66.9	45.4	42.7
太平洋地区	147.9	126.3	124.7
公司	377.0	246.7	395.5
	1 282.2	1 212.4	1 350.6
北美销售额中包括向下列地区的出口			
拉丁美洲	21.9	19.2	16.0
其他	7.3	13.0	12.0

1994 年经营收益下降主要是由于 680 万美元的合并费用准备。其中，约有 340 万美元包括在欧洲分部的经营之中。

WCC 在不同国家从事生产活动，有着一系列的所有制形式。一些是全资所有，另一些则是与当地厂商合作经营。下述三家工厂可以说明目前 WCC 所面临的问题，即如何计量和评价国际风险投资的业绩。

位于捷克布拉格近郊的化学工厂是与当地一家厂商合营的，该厂的全部投资额为 3 500 万～4 000 万美元，包括营运资本。WCC 拥有决策权，并负责日常经营。公司约投资 500 万美元。余额为当地合作者投入及借款。

位于波兰的工厂为全资所有，WCC 的投资额为 4 000 万～4 500 万美元，包括流动资本，该厂无负债。

第三家工厂是位于马来西亚的全资工厂。建厂的目的是提高在太平洋地区的生产能力。同时，该厂也是 WCC 全球市场的供应商。WCC 注资 3 500 万美元。

评价三家工厂的业绩

谢尔登准备了一些有典型数字的例子，她向朱解释了位于捷克的工厂的利润表。

第一个情形考虑的是布拉格的工厂。它很典型，我拿出的是该厂 1995 年前三个季度的基础性利润表（见表 2）。它反映了不同所有权结构情况下（如波兰与捷克）在报告利润上的明显区别。

表 2　1995 年 9 月底捷克工厂的利润表	单位：千美元
收入	11 510
销售成本	(9 541)
销售费用、技术费用、管理费用	(891)
其他收入/费用	(209)
息税前利润	869
利息	(1 120)
酬金费用	(867)
外汇损益	(60)
利润（亏损）	(1 178)
少数股权	532
税金	——
净利润（损失）	(646)

这是合营工厂 9 个月的工厂的利润表，869 000 美元的息税前利润是合并报表时用于报告全资子公司情况的，而布拉格的工厂并非 WCC 的全资工厂。当你继续向下看时，利润表上出现了一笔利息费用，这主要由于我们使用了较高的财务杠杆，为 60%～80%。这部分是外债的利息，即现金流出。虽然我们有管理控制权，并有能力影响工厂的经营，但我们使用这样的会计处理，因为工厂有它自己的董事会。利润表中的酬金费用，即 867 000 美元是 WCC 与合作方达成的技术性协议，按销售收入的一定百分比计提。在这种情况下，我们将少数股权从 WCC 的净利润中扣除，这是我们向外部报告的实际利润。

我们向外部报告了 646 000 美元的损失。很明显，在总额近 120 万美元的损失中，532 000 美元由合作者分担，而 646 000 美元由我们自己承担。

罗杰斯说明了这项投资：

在这项投资中，除了投入了专利性知识与技术外，WCC 也投入了 500 万美元的资金。而且，公司没有为债务担保。我们分析这些业务的另一种方式是考察 WCC 的现金流量和投资报酬率。使用这种方法时，由于工厂向 WCC 支付了 867 000 美元，所以 WCC 是有报酬的。虽然数量较小，但在新业务开始初期这是合理的。由于酬金费用的存在使该业务处于亏损的状态，但也由于酬金费用的存在使得 WCC 拥有正的现金报酬率。

谢尔登继续说：

我们实际的收入，包括 867 000 美元的酬金费用与财务报告中的损失，一共是 221 000 美元的净收入。这是我们大约 500 万美元投资的报酬。如果总投资大约 4 000 万美元的子公司为 WCC 全资所有，则由 4 000 万美元投资总额产生的 869 000 美元的息税前利润将需要纳税。这是我们评价全资子公司业绩的方法。

几年前，公司的管理部门放弃了内部与外部共享一个数据库的做法，分别为外部报告与内部管理建立了一整套的数据库体系。这个决定非常好，这就排除了外部人士不理解财务数据的可能。

现在，让我们看一看波兰子公司的报告（见表3）。这家子公司是全资子公司，因此我们无须报告任何利息或酬金费用。全部投资由公司支付，总额在 4 000 万～4 500 万美元，包括营运资本。子公司没有外债、少数股权及酬金费用。其他费用中包括工厂筹建期间资本化利息费用的摊销。销售成本中包含了一部分原材料中的利润，这些材料是从其他工厂购得的，但价格与竞争性价格相比较为优惠。这是需要讨论的问题，因为工厂间的关联购销活动使工厂报告了 200 万～300 万美元的利润。但是，也将像对待布拉格工厂那样，从利润中扣除 300 万美元债务的利息以及占销售收入 8% 的费用，结果将会怎样呢？我们将看到大约 300 万美元的亏损。会计人员不会考虑这些，他们会认为这家工厂运行得不错。

表3　1995年9月底波兰工厂的利润表	单位：千美元
收入	32 536
销售成本	(28 458)
销售费用、技术费用、管理费用	(2 529)
其他收入/费用	(121)
息税前利润	1 428
利息	—
酬金费用	—
外汇损益	34
利润（亏损）	1 462
少数股权	—
税金	—
净利润（损失）	1 462

朱说道：

你的解释表明一定有其他方法可以查清这些工厂的业绩情况。那么，是什么方法呢？

谢尔登继续说：

我们使用预算和最初的业务计划。我们将比照实际的业绩与计划间的差异。

罗杰斯插话道：

虽然我们对于监督现金流量的工作没有达到应当达到的水平，但在我们的头脑中，却将回报的现金与投资进行了比较。在捷克，我们能预测到在将来的报酬中，现金会占到 35%～40%。波兰的工厂正在不断地抽走我们的现金，而我们却仍没有一个有效的方法来阻止。目前，我们还有大量悬而未决的问题。与最初的投资计划相比，还没有产生我们所预测的收入，而且成本太高了。我们不向上级经理提交现金流量报告，因此这些分析必须由我们自己完成。将这一程序正规化所需的信息是可获得的，只是没有做而已。

我们面对三家几乎同时设立的工厂，每家工厂都有复杂且不同的财务问题，使你对各厂的经营状况产生不同的观点。谢尔登递给朱一份马来西亚工厂的财务报告，告诉他当我们推行经济增加值（EVA）时，情况将会……

谢尔登道：

第三家工厂的建立是为了扩大公司的业务范围。当我们做出在马来西亚建立工厂的决定时，我们耗尽了我们的能力。我们通常不单独为某个产品建造一个工厂，因为销售数量与装运数量过于有限。同时，提供技术服务的技术专家系统与工厂实验室使得工厂变得十分不经济。除非在同一工厂能生产出大量的其他产品，以分摊这些必要的成本。

看一下"生产区域"这一列，你可以看到在马来西亚工厂的销售额及获利情况（见表 4），它的销售额约为 1 200 万美元，同时，你也可以看到由于巨大的成本，公司目前面临着亏损。我们给出的资本成本是为了计算经济增加值而使用的。同波兰的工厂一样，这份财务报告也没有包括 3 500 万美元投资额中的利息费用以及各种酬金费用。

表 4　1995 年 9 月底马来西亚工厂利润表　　　　单位：千美元

	生产区域	销售区域
收入	12 020	36 052
销售成本	(12 392)	(26 648)
销售费用、技术费用、管理费用	(3 775)	(4 845)
其他收入/费用	(685)	(285)
息税前利润	(4 832)	4 274
税金（40%）	—	(1 710)
净利润	(4 832)	2 564
资本成本	(3 600)[a]	(6 686)[b]
经济增加值	(8 432)	(4 122)

　　a. 30 000×12%＝3 600（美元）。

　　b. (110 000×12%)×[(36 052−12 020)÷102 800]+30 000×12%＝6 686（美元）。

EVA 方法所使用的 12% 的资本成本是以公司占用的资产为基础，包括应收账款等固定资产，折旧包含在销售成本中。我认为我们使用的 EVA 过于简单。同时，其他人也在使用此方法，但他们在摊销、资本化、研究开发等方面有进行详尽的分析，我们没有那样做。

另外，我们最近不仅审查"生产区域"，同时还查看"销售区域"，这主要是为了了解一个市场是否具有吸引力。标题为"销售区域"，是指所有在东南亚销售的产品，而不管这种产品是否产自本地。

因此，它包括产品的生产成本、运输成本以及在当地的配送成本。在此基础上，息税前利润约为400万美元。如果我们想计算经济增加值，还需要扣除税金和资本成本。经济增加值仍为负，但不至于使我们对经营业绩较差的分部失去信心。

罗杰斯突然插话道：

在复杂程度上，该工厂又增进了一层，该工厂耗尽了我们的能力，同时，该工厂仅仅是作为一个过渡性的工厂。装运的货物将反映在生产区域的数字中，而不反映在销售区域中。我们还不能将这些分离出来，但我怀疑你们还未能注意到这一点，可能会得出不正确的观点。我们可能不得不分析整个系统，并分析全部业务的增量收入及成本。

我之所以将它视为另一个同样问题的重述或另一个问题复杂性的再现，是因为在波兰与捷克我们有不同的公司结构，这导致了不同的会计处理方法（包括对利息与酬金费用），然而却都给我们以歪曲的信息。

朱打破了短暂的寂静，说道："你们找到这个问题的解决方法了吗？"罗杰斯答道：

我们明白这是怎么一回事，但我们没有使管理报告制度系统化。管理报告制度可以使一个局外人（他不知道背景材料，但他较聪明）知道正在发生什么。我们还没有一个合适的管理报告制度，也无法明确地表明三个工厂的财务报告业绩，在此基础上，业绩系统无法开展。

业绩计量问题的解决办法

谢尔登开始说明一些业绩问题可能的解决方案：

我们目前正在找寻一些问题的解决方法，可能使用经济增加值的概念。我们可能也要将会计人员划分为两大类，一类编制对内的管理报告，另一类编制对外的财务报告。即使两类仍将使用同一数据库中的信息。到目前为止，我们向外部公众和内部董事会报告工厂业绩时，仍然采用外部报告的标准和基础。

罗杰斯赞同地说：

我们认为，应该从我们所能理解的商业立场出发。当我们希望描述一下的时候，我们必须将我们认为能够真实地反映情况的多种因素集中在一起进行一次细致的分析。但是我们缺乏一个有约束的、独立的报告系统，这样的系统可以从另一方面报告业务是如何进行的，而不同于以往的外部报告体系的作用。这是一个应优先考虑的事情。然而我们目前却没有时间与资源来设置这样一个系统。不是我们不明白这个问题，也不是我们不能做到。我想我们知道这个问题，我们也知道解决方案的智力基础。

我知道这无助于今天分析问题。因此，你们仍需仔细考虑。

谢尔登继续说道：

目前我们已开始使用EVA来使人们了解这些项目。虽然使用现金流量、资产报酬率和其他类似的财务评价办法也没有错，但任何一种单独的财务指标总会有一些问题。我们知道为了使我们在东南亚的业务能开展下去，我们必须走一条扩张之路。但在扩张时，EVA会下降，因此我认为你们不应该只把精力集中在风险上，因为这不是正确的方法。我们已经看到了这类问题。EVA使人们开始意识到将资本成本与他们的收益联系起来，并且更加重视现金流量，但是也不能单纯依靠现金流量。

罗杰斯总结了他关于部门业绩评价问题的感觉，响应了谢尔登的一些总结。

你知道，我也这么认为，公司里没有一个计划部门考虑 EVA 及其他相关问题，我们可能使用更精确的指标，但任何单一的指标都不利于业务的发展，并且不能有效地工作。

要求：

（1）在西方化学股份有限公司，是什么导致了在评价部门业绩时的问题？

（2）存在其他业绩评价方法以便于避免部门目前正在使用的方法所导致的问题吗？

（3）评价西方化学股份有限公司管理部门讨论并试验性使用的经济增加值方法。这种方法的优缺点是什么？

（4）西方化学股份有限公司的部门业绩应如何衡量？

（5）如果分析员详细询问在捷克、波兰、马来西亚的投资情况，朱将如何回复？

第**11**章

衡量客户、内部业务流程及学习与成长维度

第 8 章介绍了平衡计分卡，它是一个完整且相互联系的业绩计量系统，涉及财务、客户、内部业务流程、学习与成长这四个维度。第 9 章、第 10 章讨论了投资报酬率、经济增加值等财务业绩指标。本章将深入探讨平衡计分卡其他三个维度的衡量。

11.1 客户维度

正如第 8 章所讲，从客户维度衡量表达清晰、目标明确的组织战略的指标有很多，例如，市场份额和客户账户份额、客户保留、客户获得、客户满意度、客户盈利能力。本节将逐个讨论。

11.1.1 市场份额和客户账户份额

市场份额（market share）反映了一个经营单位在一个特定市场中的销售额占比。市场份额可以用客户数量、金钱支出或销售量来计算。特别是针对目标客户群而言，市场份额揭示了公司对目标市场的渗透程度。例如，一个公司可能通过非目标市场客户保持，而不是增加目标市场份额，暂时性地实现销售增长的目标。测量目标客户群市场份额可以补充单纯财务指标（如销售收入）信息，反映预定战略是否符合预期。

当企业拥有特定目标客户群或市场时，公司可以使用另一个市场份额指标——客户业务的账户份额（account share）（一些分析师将其称为客户钱包份额）。整体市场份额指标，即目标客户群的业务量，可能受给定时期内目标客户所提供业务总量的影响。即目标客户的业务份额会随着目标客户提供给供应商业务量的减少而减少。企业可以计量针对每个客户和每个市场的业务量，以引导目标客户群购买其提供的产品或服务。

11.1.2 客户保留

客户保留率和忠诚度可以通过经营单位保留或维持与客户持续关系的比例来衡量。显然，维持或

增加目标客户市场份额的一个可取方法是保留住这些细分市场的现有客户。关于客户忠诚和服务利润链[1] 的研究表明了客户保留的重要性。许多公司能够容易地识别它们的目标客户，例如，工业企业、分销及批发公司、报纸及杂志出版商、计算机网络服务公司、银行、信用卡公司和长途电话供应商。这些公司可以很容易地计量其各个期间的客户保留情况。除了单纯的保留客户，许多公司希望通过现有客户的业务增长百分比来衡量客户忠诚度。

11.1.3　客户获得

客户获得可以用经营单位吸引和赢得新客户及业务的比例来衡量。寻求业务增长的企业通常以增加目标客户为宗旨。客户获得既可以用新客户数量来计算，也可以通过在特定范围内对新客户的总销售额来计算。许多公司通过广泛且通常很昂贵的市场营销活动来吸引新客户。这样的例子在信用卡服务、杂志订阅、手机服务、有线电视、银行及其他金融服务业中随处可见。这些公司可以考察客户对市场营销的反应及转换率——以实际新客户的人数除以预期可获得客户的人数。它们可以计算吸纳每个新客户的平均成本以及每个客户销售收入与吸纳成本之比。

11.1.4　客户满意度

客户保留和客户获得指标都是结果指标，揭示了企业能否成功地满足客户需求。而客户满意度指标解释了导致这些结果的原因，是对企业基于现有客户的运行情况的反馈。近来的研究表明，客户满意度得分合格，企业是无法实现更高层次的客户忠诚度、客户保留和客户获利的。只有当客户对他们的购买经历完全或特别满意时，企业才能指望他们产生再次购买行为。[2]

客户满意度指标有其局限性，它只是评估态度而不是实际行为。因此，满意度指标不能作为企业测度客户方面的唯一指标。当满意度指标用来衡量重复发生业务和新业务所必需的关键因素时，它会产生极大的效果。因此，客户满意度指标应与更客观的行为结果，如客户保留、新客户获得等指标相结合。

11.1.5　客户盈利能力

尽管核心客户衡量指标——市场份额、客户保留、客户获得及客户满意度等在某些方面运用很成功，但不能保证销售策略的成功。很明显，让客户绝对满意（或者让竞争者愤怒）的一个方法就是以低价提供多元化的产品。由于客户满意度和高市场份额本身只是获得更高财务回报的一种手段，因此公司可能不仅希望衡量它们与客户的业务范围，还希望衡量该业务的盈利能力，特别是针对目标客户群。该衡量标准将平衡计分卡的视角与第 4 章和第 5 章中描述的作业成本法相结合，允许公司衡量单个和总体客户的盈利能力。公司想要的不仅仅是满意和快乐的客户，而且是有利可图的客户。财务指标，如客户盈利能力，有助于防止以客户为中心的组织变得唯客户论。[3]

客户盈利能力指标能发现某些不盈利的目标客户。新赢得的客户很可能是不盈利的，这是因为企业为获得一个新的客户而进行大量促销活动的营销费用抵销了企业销售相关产品与服务的盈余。在这种情况下，生命周期盈利能力成为决定是否保留目前不盈利客户的基准。[4] 新获得的但不盈利的客户由于有增长潜力，所以还是有价值的客户，但是对于和企业有多年关系的不盈利客户，企业就需要采取行动来解决其所产生的损失。

11.1.6 核心之核心：满足客户的期望

一旦企业确定了目标客户，管理人员必须明确吸引客户购买企业产品和服务的因素，这些因素连同核心客户指标——客户满意度、客户获得、客户保留、市场份额及客户账户份额共同促进了企业策略的成功。例如，客户重视短订货期和按期交货，重视产品和服务的创新，重视供应商能否预见他们的需要、是否有能力开发新产品来满足新的需求。正如第8章所讲的，这些属性可以被归为三种：

● 产品、服务属性；

● 客户关系；

● 形象和声誉。

企业按这三个维度建立指标来制定销售策略和确定目标客户群。[5] 然而，实际上在所有的平衡计分卡上，时间、质量、价格是特别重要的三个方面。下面我们将讨论企业为了提高其在目标客户中的业绩而衡量时间、质量、价格时使用的有代表性的指标。

时间

时间已经成为当今一种主要的竞争武器。对客户的要求做出快速、可靠的反应是获得并保留有价值客户的关键。例如，赫兹租车（Hertz）的1号卡片业务可以让忙碌的旅行者一下飞机就直接坐上他们租的汽车，车里事先准备好租车合同，后备箱开着方便放置行李箱，空调调节到冷暖适中；银行通过缩短批准抵押及贷款申请时间，把客户等待的时间从先前的几个礼拜缩短到现在的几分钟；日本汽车制造商给客户定制一辆新车所用的时间，甚至短于车主从政府部门申请一个停车证的时间。企业在时间上的竞争可以用客户订货期来计量，客户订货期是指从客户最初提交产品或服务订单到企业把产品或服务交付给客户的这段时间。这个指标说明，企业通过完成并不断缩短客户订货期来满足目标客户的期望是非常重要的。

相比提前交货，有些客户可能更关心交货时间的可靠性。例如，许多托运人宁愿用汽车运输而不用铁路运输，这并不仅是因为汽车在长途运输中价格便宜或速度更快，而是因为大多数铁路运输仍不能可靠地保证按客户所指定的时间段交货。因此，许多托运人（和他们的客户）宁愿选择费用更高甚至时间更长但能保证在所要求的时间段内到达的运输方式。这种可靠性对于采用准时制的制造商来说是特别重要的，他们希望原材料送抵工厂的时间误差小于1小时。迟到的送货将导致原材料及外购部件零存货的生产车间停工。对于一个服务公司来说，更要考虑到晚交货或不交货对客户造成的不便，因为客户们往往是抽时间在家里等待接货，而现在不得不多等几个小时。如果可靠的交货对于目标客户群来说是重要的，那么及时交付（on time delivery，OTD）指标将成为客户满意度和客户保留的有效的业绩动因。

及时交付指标应以客户期望为基础。当本田公司和丰田公司的生产流程要求在不超过±1小时的范围交货时，你交货的时间却是±1天，你就无法从这些公司获得业务。

订货期的重要性不局限于已有的产品和服务，一些客户非常重视那些能连续推出新产品及服务的供应商。对于这样的市场而言，缩短引进新产品及服务的时间是促进客户满意的有价值的业绩动因。订货期可以用从获得一个新的客户需求开始到将新产品或服务交付给客户所经历的时间进行计量。在讨论创新过程的指标时，我们将更多地讨论这个上市时间指标。

质量

质量在20世纪80年代是一个关键竞争要素，如今仍具有重要作用。然而，在90年代中期，质量从战略优势转化成了竞争必需，那些不能保证产品及服务质量的企业在竞争中被淘汰。由于在过去的15 年中人们一直关注提高产品质量，因而在当今的商品竞争中，通过提高质量来提升公司竞争优势的成效已不再显著，即客户理所当然地认为厂家应按说明书提供高质量的产品及服务。然而对于特定的行业、地区或市场来说，优异的质量还是能使企业在竞争中胜出。在这种情况下，客户认可的质量指标被包含在平衡计分卡的客户维度是非常合适的。

产成品质量指标可以用废品率来计量。摩托罗拉公司有名的六西格玛管理把废品率控制在百万分之 3.4 以内。作为提供产品质量反馈信息的第三方中介机构，J. D. 动力（J. D. Power）可以提供有关汽车和航空公司的缺陷和可感知质量的信息及排名。美国运输部提供有关每家航空公司航班延迟和行李丢失事件频率的信息。

其他的质量指标包括客户退货、保修条款、现场服务要求。服务公司通常面临制造商不曾面对的问题。当制造商的产品或设备发生故障或不能令客户满意时，客户通常要求退货或让公司来修理。然而，当一家服务公司的服务质量发生问题时，客户的反应不是退货或者抱怨，而是不再光顾这家公司，当服务公司逐渐发现业务和市场份额下降时，为时已晚。一般来说，公司无法确定哪些客户曾接受过服务，也无法确定哪些是不被客户认同的服务。因此，一些服务组织提供服务保证。[6] 这项保证意味着不仅可以立即退款，而且通常会向客户支付高于购买价格的赔偿，这为公司提供了一些宝贵的好处。首先，它使公司留住了可能将永远失去的客户；其次，它对有缺陷的服务起到警示作用，使公司能做出改进行动；最后，服务保证意识可以进一步刺激那些为客户提供服务的公司采取措施以避免不足，因为任何一点服务缺陷都可能会引起客户根据服务保证提出索赔。使用服务保证的公司，可以用服务保证事件的发生率和成本作为以客户为基础的质量指标。

质量也可以用于反映时间维度。前面讨论的及时交付指标实际上衡量的是公司在实现其承诺交货日期方面的绩效质量。

价格

在强调了时间和质量之后，人们可能还想知道客户是否还关注产品价格。可以确定的一点是，无论经营单位采取的是低成本策略还是差异化策略，客户都会继续关注他们购买的产品或服务的价格。在价格对购买行为产生主要影响的市场上，经营单位可以将其净销售价格（扣除折扣和折让的价格）与竞争对手进行比较分析。如果产品或服务是通过竞争性投标销售的，那么在其细分市场内，中标率将反映出经营单位的价格竞争性。

然而，即使是对价格敏感的客户也希望供应商提供的不单是售价低的产品或服务，还是购买和使用成本低的产品。乍一看，你可能会认为我们是在强调低成本和低价格间不同的语义，但是二者之间确实存在很大的差别。对于一个制造企业来说，当它从供应商那里购买关键零件时，不难发现低价位的供应商往往也是高成本的供应商，因为这样的供应商很可能是大批量交货的。因此，购货企业除了提前支付购买存货的资金，还需要大量的贮存空间以接收和处置货物。低价供应商也可能不是经过认证的供应商，即可能无法保证买方收到的零件的质量符合其规格要求。因此，购货企业还要对购进的货物进行检查，把不合格的产品退回去，并再次检查更换回来的产品。低价供应商也可能不具备出色的及时交付能力。在这种情况下，由于其不能按时可靠地送货，购货企业必须在市场需求产生之前提前定货并且持有储备存货以防不能按期交货的情况发生。供应商晚交货将导致企业发生针对缺货配件的加急赶工及重新安排生产的高额成本。同时，低价供应商可能无法与客户进行电子连接，导致客户在订购零件和支付贷款时成本较高。

相反，一个低成本的供应商可能价格稍高一些，但能按客户要求交付无瑕疵的产品，直接且及时地把货物送到车间。低成本的供应商可以让客户通过电子方式订货和付款，从而使其不会产生订货、收货、检查、贮存、处理、重新安排生产及付款成本。供应商努力组织生产和业务流程，以便成为其客户的低成本供应商，在为客户节约成本方面构建竞争优势，而不是仅提供低价格及折扣。这个指标要求供应商制定一个目标，以便降低客户订货的整体价格。

多个行业的公司都有机会做得更好，而不是成为客户的低价供应商。如果客户是将购买的商品转售给自己的客户和消费者，例如分销商、批发商或零售商等，则供应商可以努力成为其客户"最可获利"的供应商。使用作业成本技术，供应商可以与客户共同开发一个作业成本模型，使客户能够按供应商计算盈利能力。例如，冷冻烘焙食品公司玛普勒赫斯特（Mapleburst）直接与超市的面包店客户合作，按不同类别的产品计算盈利能力，其产品类别包括成品面包、蛋糕和松饼，店内预制商品和店内加热的冷冻烘焙产品等（玛普勒赫斯特公司的产品线）。玛普勒赫斯特已经能够向客户证明，冷冻的可在店内加热的商品是产品线中最有利可图的商品之一，这一发现必然导致玛普勒赫斯特的业务增长。

当前，可口可乐和百事可乐等制造商品牌与 Presidents' Choice 和 Safeway Select 等零售商品牌之间竞争激烈，零售商通过计算来确定哪些产品对商店来说更有利可图。该计算比大多数分销商、批发商和零售商按产品线或供应商计算其盈利能力的传统毛利率（净销售价格减去购买价格）法更复杂。例如，制造商品牌饮料公司将其产品直接送到商店，并使用自己的送货员将产品放置在货架上。零售商品牌饮料公司将产品运送到仓库，需要商店来接收、处理、储存、交付和销售。制造商品牌产品往往占据商店中最显眼和最有价值的空间，零售商品牌产品则占据普通的货架空间。因此，在比较供应商的盈利能力时，必须注意正确和充分地考虑所有成本。

对于优秀的供应商来说，从客户的盈利能力计算中获得的好处是巨大的。对一个公司来讲，难道还有什么信息比让客户明白自己才是最优秀的供应商更好吗？因此，为库存和转售其产品或服务的客户提供服务的公司可以通过衡量客户的盈利能力并努力成为高利润的供应商来提高客户满意度、忠诚度和保留率。当然，供应商还必须计算自己向每个客户提供的盈利能力来平衡这一措施。降低自身盈利能力以增加客户的利润可能会带来满意和忠诚的客户，但不会让股东和银行家满意。

11.2 内部业务流程维度：经营和创新流程

一旦公司确定了吸引、留住和满足目标客户所需的关键因素，它就可以为关键的内部流程设定措施，在这些流程中，它必须表现出色，才能按照确定的因素提供绩效。正如第 8 章所讨论的，公司通常必须在创新过程中既要善于创造价值的"长波"，又要善于"短波"经营。我们首先关注卓越经营，从内部业务流程的时间、质量和成本三个方面衡量其绩效。

11.2.1 卓越经营：时间、质量和成本指标

流程时间指标

目标客户常常将供应商迅速的反应时间作为一个重要的业绩评价因素。许多客户很重视缩短订货期，即从发出订货到收到所要求的产品和服务的时间。客户们也很重视可靠的交货期，用及时交付指标加以衡量。制造公司通常有两种方式为客户提供短而可靠的交货时间。一种方法是拥有高效、可靠、无缺陷、短周期的订单执行和生产流程，快速响应客户订单。另一种方法是生产和持有大量库存，通过现有成品库存满足客户要求。第一种方法使公司成为低成本和及时的供应商。第二种方法通

常会导致非常高的生产、库存持有和报废成本，以及无法快速响应非库存商品的订单（因为生产流程通常忙于为常规商品建立库存）。许多制造公司正试图从满足客户订单的第二种方式（为以防万一，生产大批量库存）转变为第一种方式（及时生产小订单），因此缩短内部流程的周期或生产时间成为关键的内部流程目标。

生产周期或生产时间可以通过多种不同的方式进行测量。生产周期可以从以下时点开始：

- 收到客户订单；
- 为客户的订单或生产批次安排时间表；
- 按照客户的订单或生产批次订购原材料；
- 收到材料；
- 开始生产订单上的产品。

类似地，生产周期可以于以下时点结束：

- 订单或批次的生产完成；
- 订单或批次转入成品库存，可以发货；
- 订单产品运出；
- 客户收到订单产品。

起点和终点的选择取决于公司意欲缩短的操作过程的范围。最广泛的定义，对应于订单履行周期，即从收到客户订单开始，在客户收到订单产品时终结。一个更狭义的旨在改善工厂内物理材料流动状况的定义，可以从批次开始生产到批次处理完毕。无论使用什么定义，组织都将持续测量周期时间并为员工设定目标以缩短总周期时间。

在许多工厂中，加工时间不到整个循环时间的 5% 或 10%，即对于一个月（22 个工作日）的总周期时间，实际处理时间可能少于 8 小时。在剩余的时间内，零件在仓库或工厂车间等待，或者在加工操作之前或之后等待，直到可以安排下一个操作并将零件固定到位。在理想的准时制生产系统中，零件的生产时间正好等于其加工时间。虽然这个目标就像零缺陷一样可能无法实现，但它设定了一个可以衡量进展的目标。

为了激励员工达到准时制业务流程的要求，一些企业使用制造周期效率（manufacturing cycle effectiveness，MCE）指标，这个指标定义为：

$$MCE = \frac{加工时间}{生产时间}$$

这个比率是小于 1 的，这是因为：

生产时间＝加工时间＋检查时间＋搬运时间＋等候或储存时间

在设计和实施准时制系统方面处于领先地位的日本制造商强调了通过将上述公式改写为以下公式来缩短生产时间的重要性。

生产时间＝增值时间＋非增值时间

增值时间等于加工时间（在产品上实际执行工作的时间）；非增值时间表示零件等候、搬运或检查的时间。许多日本制造商也将非增值时间称为浪费时间，以强调产品未加工时没有为客户创造价值。生产流程中的低效率浪费了时间。

质量差和不稳定是延误的主要原因。检查零件、返工零件、通过生产新产品来更换报废零件或等待机器故障修复所需的时间都会导致生产时间延长。因此，当一家公司减少其生产过程中故障的发生率时，也可以缩短其生产时间。

也许传统生产流程延迟的主要原因是生产的产品数量超过当前需求。这种生产过剩的传统理由是为了节省生产准备和订购成本。高昂的设置和订购成本使得小批量生产不经济。美国企业和大学的传统智慧使得经理们使用数学模型来确定最优批量。工程师和经营分析师计算的经济订货量（economic order quantities，EOQ）似乎在生产准备或订购成本、储存和持有成本以及缺货成本之间提供了最佳平衡。毋庸置疑，这种处理大大低估了创建库存的成本。此外，大批量的经济订货量导致大量的生产延迟——首先完成批量产品生产，然后将其搬运到仓库，直到可以腾出后续处理操作来处理大批量工作。

获得最优批量的方法与通过控制瑕疵产品来降低制造成本的思想是一致的。主要制造商不再相信制造总成本和总瑕疵率之间是需要权衡的，而是努力持续降低每百万个零件的瑕疵率；类似地，许多同类型的公司也开始努力把生产准备时间降为零。

对经济订货量公式的依赖对生产过程产生了进一步和更微妙的影响。由于人们认为经济订货量公式很好地处理了批量大小和生产准备的经济性，因此很少关注生产准备所花费的时间或生产订单是否按时完成。临近月底，当必须满足生产和销售定额时，或者当重要客户对延迟发货感到不满时，生产专家（称为催促员）有权将生产订单优先安排，凌驾于"科学"计算的生产计划之上。

准时制理念对如何优化生产采取了更动态的观点。经济订货量公式接受给定的现有生产准备或订购成本，并试图选择相对于这些参数最优的批量。使用准时制，生产批量不是最优的；通过将准备成本率降低至零，生产批量可以达到最小化。在准时制下，存货被视为一种浪费，是延迟的原因，也是生产效率低下的信号（因为堆积存货是为了缓冲各生产阶段的衔接）。

将生产流程的时间指标用于服务业

准时制生产流程和MCE是为制造业务开发的，但同样适用于服务公司。如果说有什么不同的话，那就是消除服务交付过程中的浪费时间比在制造公司中更为重要，因为消费者越来越不能忍受被迫排队等候服务交付。

举一个银行的例子。我们大家都很熟悉购房贷款申请的审批流程，这个流程从找到当地银行开始，然后填写大量的申请表，包括工作简历、工资、资产、负债及对房子的介绍。在完成这些表格之后，银行员工对我们选择了他的银行表示感谢，并告诉我们在3～4周后才能知道贷款申请是否被批准。

一个银行的副总裁知道这个流程要经过26天的时间，他要求员工记录在26天的申请流程中有多少时间是用来实际处理贷款申请的，结果是：在26天的时间里，只有15分钟的工作时间用于处理贷款申请，MCE为0.000 4（0.25小时÷（26天×24小时/天））。副总裁制定了对审批流程进行再设计的目标，即从客户完成申请到银行作出批贷决定只有15分钟的时间。这一目标对应的MCE为1，银行员工要继续做那些增加价值的工作，删除所有不增加价值的等候时间。开始时，所有从事贷款申请工作的员工都说这是一个不可能实现的目标。例如，资信调查需要核实，这个流程至少要花费1～2周的时间。但进一步的研究显示，几乎所有客户的信用情况都可以从网上获得。许多的分析工作和批准程序可以由机器自动完成。再设计后的贷款审批程序以发达的信息技术为支撑，可以在15分钟内做出决策，客户填写完贷款申请后，可以去喝一杯咖啡，回来时就可以知道结果了。[7] 这样一个15分钟就可以完成的贷款申请流程对于客户产生了巨大的吸引力。

在其他服务行业，相关的研究也得出了类似的结论，客户服务周期较长，实际的服务流程时间相当短。汽车租赁公司和一些连锁酒店在客户的登记和结账等各方面都是自动化的，可以节约客户在接受服务时的等候时间。因此，按要求给目标客户提供产品和服务的公司可以设定 MCE 为 1 的目标，从而缩短完成客户订单的订货期。

流程质量指标

现今，几乎所有组织都制定了质量计划。测量是质量计划的核心部分，因此组织已熟悉各种流程质量测量，所用的指标主要有：(1) 每百万个零件的废品率；(2) 产出合格率；(3) 一次性产出合格率；(4) 浪费；(5) 废品；(6) 重新生产；(7) 退货；(8) 由统计程序控制的加工程序百分比。

尤其是服务企业，应该识别其内部业务流程中可能对成本、响应能力或客户满意度产生不利影响的缺陷，然后制定质量提升措施。在第 8 章的案例研究中，化学银行开发了一个名为"巨魔之路"（巨魔是指不满意的客户）的指数作为其服务质量的衡量标准之一，以表明其内部流程中导致客户不满的缺陷。该指数包括以下项目：(1) 过久的等候时间；(2) 不准确的信息；(3) 无法得到服务或服务被推迟；(4) 请求或交易没有完成；(5) 客户的财务损失；(6) 对待客户缺乏应有的重视；(7) 无效率的交流。

流程成本指标

在对流程时间和流程质量测量予以关注时，人们可能会忽视流程的成本维度。传统的成本会计系统测量单个任务、运营或部门的费用和效率。但这些系统无法在流程层面测量成本。通常，订单执行、采购以及生产计划和控制等流程使用来自多个责任中心的资源和作业。直到作业成本系统出现，管理人员才能测量其业务流程的成本。

通常，作业成本分析使组织能够测量流程成本，这些测量值与质量和周期时间指标一起，提供三个关键参数来表征重要的内部业务流程。当公司进行持续改进（如全面质量管理）或非持续改进（如重新设计或业务流程重新设计）时，成本、质量和时间这三方面的测量标准将提供相关数据，以反映这些改进计划的目标是否正在实现。

质量成本

在 20 世纪 80 年代，企业建立了把质量和成本结合在一起的质量成本（cost of quality，COQ）指标。在 1980 年以前，质量提倡者发现很难让高级管理者注意并采用全面质量控制计划，虽然管理者在原则上同意较好的质量比差一点的质量更可取，但他们仍把努力放在能迅速提高短期财务指标（如每股收益和投资报酬率）的活动上。与财务指标相比，质量指标则显得抽象、虚无。

为了克服这种对质量改进的漠不关心，质量倡导者设计了一种财务方法，希望能够吸引以财务为导向的高级管理者的注意力。质量成本方法收集当前用于预防缺陷并在缺陷发生后修复它们的所有成本。质量成本，也称不合格成本，是对因生产不符合规格的产品而产生的所有显性成本的单一汇总度量，它是综合性的、对工厂或全公司的质量绩效的财务衡量标准。不合格成本可以分为四类[8]：

● 预防成本：设计、改进并保持一个积极的质量保证及控制系统的成本，包括设计和工艺成本、质量控制成本、质量规划成本和质量培训成本。

● 检查成本：保证材料和产品达到质量标准的成本，包括对原材料及购买的零件进行检查的成本、对在产品及产成品进行检查的成本、实验室检测成本、质量审查成本和在生产地检测成本。

● 内部缺陷成本：材料和产品达不到质量标准而引起的生产损失的成本，包括废品、修理、返工、升级、停工时间成本和销售达不到标准的零件和材料而给客户折扣的成本。

● 外部缺陷成本：把低质量产品发售给客户的成本，包括处理客户意见和投诉的成本、质保和更换产品的成本、运送及修理退回商品的成本。

质量成本通常仅包括已记录在公司成本系统中的成本，不包括未记录的成本或机会成本（例如未来销售损失），或采购的不符合要求的材料和生产的不符合要求的产品而造成的难以衡量的中断成本。质量成本衡量活动的目标只是确定组织目前在质量上花费了多少。大多数公司惊讶地发现，它们将销售收入的15％～20％用于质量相关的成本。这个数字可以用来引起高层管理人员的注意，也许可以通过更明智地布局四类质量成本来显著减少这一大笔资金。

需要注意的是，那些不注意质量的公司以前一般都是选择检查质量而不是设计质量，这导致了大量的内部缺陷成本、外部缺陷成本和检查成本。一个半导体公司在采用全面质量控制计划后，它估计在目前的生产步骤下要达到客户要求的质量水平，所需要的检查人员比工人还要多。一个电子设备公司在生产流程开始前找到并更换一个2美分的有问题的电阻，远比在给客户安装好设备后修理或更换价值为5 000美元的设备部件要便宜得多。

这些公司发现，通过在预防成本上花费更多，可以大大减少在内部和外部缺陷成本上的支出。随着产品设计、供应商关系和流程控制的改善（再次通过增加预防成本），公司还可以大大降低检查成本。一旦在产品和流程设计中加入质量因素，所需的检查就少得多。因此，通过监控质量总成本及其在四个类别中的分布，公司可以评估总质量成本的下降，因为它将工作从检查和维修重新转移到了预防上。

虽然质量成本指标用于上述方面是有吸引力的，但它不能作为衡量全面质量管理计划是否成功的唯一基础。首先，像大多数的财务指标一样，它对质量的显示是滞后的，员工需要连续的反馈来指导他们改进质量、减少浪费，他们不能一直等到报告期结束才知道他们的学习和改进活动取得了什么样的成效。其次，质量成本的最优化没有长期目标。将销售收入的15％～20％花在与质量有关的成本上显然是过高的，但最优质量成本支出的水平是未知的，并且因公司的不同而不同。有些公司发现它们可以将质量成本降至销售收入的5％，但进一步的削减则事与愿违。同时，虽然最初将质量成本从检查成本、内部缺陷成本和外部缺陷成本转移至预防成本可以获得较大的利益，但质量成本总额在四个类别中的最优分布仍然未知。通常，公司可以通过提高预防机制的效率来降低内部和外部缺陷成本，而不是增加对预防和检查活动的投入。[9] 而且，质量成本在四个类别中的分布是一个合理的但有争议的主观判断行为。因此，虽然数据为质量成果和进步提供了有用的管理经验，但不能作为一个好的业绩评价基础。

虽然现在的成本是四类质量成本的总计，但质量不合格导致的总成本仍然被低估。计算中忽略的成本包括：由于不合格购货或产品引起的生产中断成本、实际外部缺陷成本及相关声誉影响导致的销售损失。虽然一些安排生产时间成本、生产准备成本和改变订单的成本可以分配进一项或多项成本中，但工厂混乱、过量存货的隐含成本是很难追溯的。

总之，质量成本指标非常具有价值并应该引起高级管理者的注意。首先，他们需要意识到目前公司在生产不合格项目上花多少钱。其次，通过把发现并改正错误的努力重新分配到预防错误上，公司确实可以得到收益。但是，非财务性质量指标（如产出率、每百万个产品废品率、废品指标、返工指标和不在时间计划内的机器停工时间）可以给员工提供更及时、更客观的反馈，并成为他们努力改进质量的进一步目标。

供应商关系

对于许多企业特别是制造装配业（如电子、光学仪器和设备、汽车、航空、农业设备等行业）和零售业的公司来说，成功往往依赖于好的供应商和供应商关系，这些公司依靠供应商来实现价格、质量和客户订货期的目标。当卓越的供应商关系成为策略成功的关键时，公司可建立供应商评级系统，这个系统可以确认哪些供应商是不需要检查可直接交货的，哪些供应商的进货项目需要实施检查。每个供应商的质量指标，如废品率、废品金额占比，都需要加以计算并跟踪记录，除了一些来料质量指标，公司也可以记录准时制绩效与价格趋势。[10]

11.2.2　创新指标

对于许多公司特别是制药公司、半导体公司、计算机公司、电子通信公司和化学工业公司来说，创新流程中创造的价值比在优质经营中创造的价值更为重要。对于这些公司来说，准确地计量新产品或服务的设计和开发流程特别重要。

在产品或服务的设计和开发流程中，企业的研发小组的主要任务包括：

- 针对能给客户带来价值的全新产品和服务进行基本研究。
- 针对现有的技术用于下一代产品和服务进行应用性研究。
- 把开发活动的重点放在把新产品和服务推向市场。

过去，人们很少把注意力放在建立产品设计和开发流程的业绩指标上。这种忽视是由若干因素引起的。几十年前，大多数企业设计业绩指标系统时，把注意力集中在制造和业务流程而不是研发流程上。因为大量的资金是花在生产流程中而不是研发流程中，并且成功的关键是有效率地生产大量的产品，所以在当时这种侧重是合理的。然而，今天的许多企业是从不断地开发创新产品和服务中获得竞争优势的。因此，研发流程成了商业价值链上重要的一环。这个流程需要通过明确的目标和指标来激励和评价。

研发流程重要性的增加也使得企业把大量的钱花在其中。事实上，一些企业花在研究、设计和开发流程的支出比用在生产和业务流程的支出还要多。然而，许多企业的业绩衡量系统仍然停留在业务效率上而不是研发流程的效果和效率上。

当然，研发流程中的投入（工资、设备和材料）和产出（创新产品和服务）间的关系比制造流程更弱、更不稳定。制造流程的标准可以通过把劳动力、材料和设备资源转入完工产品而相对容易地建立起来。在电子行业中典型的产品研发流程有两年的产品开发期，及其后五年的产品销售期。因此，产品研发流程在三年之内不会表现出获利。生产周期从几分钟到几天的制造流程更适于使用标准产出及各种生产率指标来进行评价与控制，但是不能因为在计量研发流程的投入和产出关系方面存在困难，就阻止企业为这样一个关键的流程设计明确的目标和指标。企业不应该有"如果不能评价所希望的事情，就期望评价能评价的事情"这样的想法。

产品开发指标

尽管许多产品开发活动具有不确定性，但仍能找到一个衡量流程的固定模式。例如，药品的开发需要经过一个系统的、有次序的流程，从筛选大量的化合物开始，然后对有希望的化合物进行更详细的检查，再从实验室测试转为动物测试，从动物测试转为人体测试，最后还要经过复杂的政府检查和批准流程。每一个阶段都可以通过指标来显示其特征，如产出率（能应用于下一个步骤的化合物数量除以从前一个流程获得的化合物的数量）、周转时间（化合物在一个阶段停留的时间）和成本（在一个阶段里加工化合物花费了多少）。管理者可以通过建立目标来增加产出和减少在开发流程每一阶段的周转时间和成本。

一个电子公司对耗时长、成本高的新产品开发流程做了一个原因分析。分析显示，新产品要很长时间才能进入市场的最大原因是产品不能一次达到设计要求，通常要重新设计并重新测试好几次。因此，公司仍把进入市场的时间作为产品开发流程的关键性结果指标，但增加了业绩动因指标：一个业绩动因指标是一次设计就能完全达到客户对产品性能要求的产品的百分比；另一个业绩动因指标是在设计交付生产前需要修改的次数（甚至包括细微修改）。公司估计每个设计错误的成本是 185 000 美元，每个新产品平均有两个错误，并且每年有 110 个新产品，花在设计错误上的总金额是 40 700 000 美元，这超过了收入的 5%。为了消除错误重新设计产品会导致延误，进而造成产品上市推迟，所以还需要加上由于这个原因而损失的销售额。

惠普的工程师开发了一个指标，即损益平衡时间（break-even time，BET）来衡量其产品开发周期的效果效率。[11] BET 是指从产品开发开始，到产品被生产出来，并产生利润弥补开发流程初始投资所需的时间（见图表 11-1）。BET 把有效的产品开发流程中的三个关键部分融进了一个单一的指标。第一，公司要达到它开发流程的损益平衡，必须弥补在产品开发流程的投资。BET 结合了产品开发流程的结果和设计及开发流程的成本，使产品开发流程更有效。第二，BET 强调获利能力。市场部经理、生产人员和设计工程师一起工作来开发满足客户实际需要的产品，包括在一个有效的销售渠道以有吸引力的价格和能使企业获利的成本来提供产品。企业获得的利润将用来偿还产品开发的投资成本。第三，BET 主要反映的是时间。它促使企业快速地推出新产品，以便迅速实现较高的销售收入，来弥补产品开发投资。

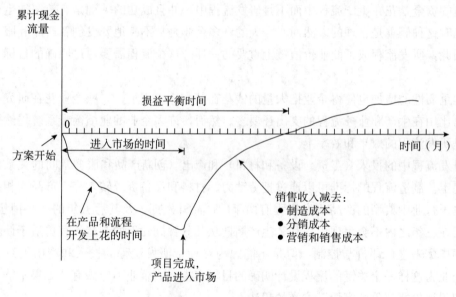

图表 11-1　损益平衡时间

11.3　员工能力

公司平衡计分卡的第四个维度是学习与成长，强调员工的能力。为了提高员工的能力和业绩而进行的投资给员工终身学习和提高提供了平台，也为其未来的发展提供了前提条件。过去 15 年里，在管理理念上最大的改变之一就是企业员工角色的转变。事实上，没有什么比新管理哲学中的员工贡献理念更能证明工业时代到信息时代理念的革命性转变。一个世纪前，大工业企业的出现和科学管理运动的结果是使企业雇用员工从事具体工作，工程师和经理详细规定每个工人日常且重复性的任务，并建立标准和监督系统来保证工人像设计的那样工作，雇来的工人只是做体力劳动而不需要思考。

今天，几乎所有的日常工作都已自动化，计算机控制的制造流程代替了工人日常的生产和装配活动，日益增多的服务公司通过先进的信息系统和通信手段与客户建立直接联系。另外，一遍又一遍地做同样的工作，同一水平的效率和生产率已不能使企业获得成功。对于一个只想维持现有业绩的公司来说，它必须不断地改进。如果它想超过今天的财务业绩和客户业绩，那么仅依靠由企业精英们制定的标准业务步骤是不够的。必须结合那些最接近内部流程和企业客户的一线员工的想法来改进流程和客户业绩，过去执行的内部流程和客户响应的标准给企业提供了一个持续改进的基本标准，但不能作为现在和未来的执行标准，这个转变要求企业对员工进行再培训，以调动他们的思维和创造力。

11.3.1　核心类员工指标

我们发现大多数公司根据三个核心结果性指标的思想来制定其员工目标。这些核心结果性指标是对结果的明确动因的补充，它们是：

- 员工满意度；
- 员工保留；
- 员工生产力。

在这三个核心指标中，员工满意度通常被认为是其他两个指标——员工保留和员工生产力的驱动力。

员工满意度指标

对大多数公司来说，员工满意度指标使它们认识到员工士气和对工作的满意度是非常重要的。高员工满意度是提高生产力、积极性、产品质量和客户服务的前提条件，公司会发现在平衡计分卡中得分越高的员工会在满意度调查中表现越好。因此公司想要获得高客户满意度，就需要这些高满意度的员工来服务客户。

员工的士气对那些使用低工资和低技术的员工与客户直接进行联系的服务公司来说是特别重要的。公司衡量员工满意度的典型方法是进行年度调查或滚动调查，每个月按指定的百分比随机选择员工来进行调查。员工满意度的调查项目包括：

- 决策参与度；
- 对做好工作的认知度；
- 获取充分信息的途径；
- 对创造性及其运用的激励度；
- 职能部门的支持水平；
- 对公司总体的满意度。

员工被要求以 1～3 分或 1～5 分的分数给他们的感受打分，最低分就是"不满意"，最高分是"非常满意"，从而计算出反映员工满意度的综合指数，高管可按分部、部门、地点、监管人员进行深度分析。

员工保留指标

员工保留是以保持员工长期被公司雇用为目标。这个指标的基本理论是，企业在员工身上进行了长期投资，因此，员工的辞职反映了企业在智力资本投资上的损失，尤其是那些长期在企业工作，熟悉企业生产工艺、业务流程的员工更是如此。因为他们能及时了解客户的需要，给企业带来价值。员工保留一般是通过重要的人事变动百分比来衡量的。

员工生产力指标

员工生产力是评价员工技术和士气、创新、内部流程改进，以及客户满意度的效果的一个综合结果性指标。目的是把员工生产的产品与生产这些产品的员工数量联系起来。衡量员工的生产力有很多方法。

最简单的生产力指标是员工人均销售收入，这个指标代表了每个员工能生产多少产品。当员工和企业能更有效地销售大量且具有较高附加值的产品和服务时，员工人均销售收入就会增加。

11.3.2　战略性岗位胜任率

不同行业的企业为它们的员工再培训目标建立了一个新的以员工为基础的指标——战略性岗位胜任率。为了计算这个指标，经理必须首先确定为了有效地开展工作并从组织的角度推广组织战略，重要一线员工及管理职位应具有的技能。然后，经理必须评估目前在职位上的员工所具有的知识和技术，以及这些知识和技术能否转化为关键的生产能力以达到特定的财务、客户和内部业务流程目标。战略性岗位胜任率可以用从事战略性关键工作的合格员工的百分比来计算。

通常，战略性岗位胜任率揭示了现有能力（如技术、知识和态度）和未来需要之间的差距。这个人力资源的差距促使企业在开始制定战略时就缩小差距。由于企业需要大量的再培训，因此，另一个指标可以是使现有员工适应新技术要求所需的时间。为了实现大量的再培训目标，企业必须善于缩短每名员工实现再培训目标所需的时间。

11.4　小　结

客户、内部业务流程（既有业务流程也有创新流程）及学习与成长维度的指标为公司提供了创造长期经济价值的先行指标。财务指标能充分反映过去的业绩，但不能同时反映出企业生产能力的增加或减少。在本章，我们明确了经理们应如何选择指标来帮助他们交流、激励并评价未来财务业绩的动因。一套来源于业务单元战略并与其相关联的、均衡的财务指标与非财务指标集，有助于公司管理短期和长期价值创造活动。

注　释

［1］F. F. Reichheld, *The Loyalty Effect* (Boston: Harvard Business School Press, 1996); F. F. Reichheld, "Learning from Customer Defections," *Harvard Business Review* (March-April 1996); and J. L. Heskett, W. E. Sasser, and L. A. Schlesinger, *The Service Profit Chain* (New York: Free Press, 1997).

［2］T. O. Jones and W. E. Sasser, "Why Satisfied Customers Defect," *Harvard Business Review* (November-December 1995), pp. 88 - 99.

［3］R. S. Kaplan, "In Defense of Activity-Based Cost Management," *Management Accounting* (November 1992), pp. 62 - 63.

［4］客户获得、客户保留和客户盈利能力之间的相互作用是赖希霍尔德（Reichheld）在《忠诚效应》（*Loyalty Effect*）第 8 章中提出的综合指标系统的核心。赖希霍尔德提倡的方法与我们在平衡计分卡的客户维度方面所用的方法非常相似。

［5］R. S. Kaplan and D. P. Norton, *The Balanced Scorecard: Translating Strategy into Action* (Boston: Harvard Business School Press, 1996), pp. 73 - 84.

［6］C. Hart, "The Power of Unconditional Service Guarantees," *Harvard Business Review* (July-August 1988), pp. 54 - 62; J. Heskett, E. Sasser, and C. Hart, *Service Breakthroughs: Changing the Rules of the Game* (New York: Free Press, 1990).

［7］申请程序的某些方面无法在 15 分钟内得到验证。批准决定取决于申请中提供的信息是否有效，包括工作经历、工资和所购房屋的市场价值。这一信息将在几天内得到确认。但分析工作和信用记录检查可以在 15 分钟的处理窗口内完成。

［8］W. Morse and H. P. Roth, "Let's Help Measure and Report Quality Costs," *Management Accounting* (August 1983), pp. 50 - 53; J. Clark, "Costing for Quality at Celanese," *Management Accounting* (March 1985), pp. 42 - 46; W. Morse and H. P. Roth, *Quality Costs* (Montvale, NJ: National Association of Accountants, 1987).

［9］C. D. Ittner, "Exploratory Evidence on the Behavior of Quality Costs," *Operations Research* (January-February 1996), pp. 114 - 30.

［10］C. D. Ittner and L. P. Carr, "Measuring the Cost of Ownership," *Journal of Cost Management* (Fall 1992), pp. 42 - 51.

［11］C. H. House and R. L. Price, "The Return Map: Tracking Product Teams," *Harvard Business Review* (January-February 1991), pp. 92 - 100; M. L. Patterson, "Designing Metrics," in *Accelerating Innovation: Improving the Process of Product Development* (New York: Van Nostrand Reinhold, 1993).

习　题

［11 - 1］

斯通兰德公司是从事建筑业的公司，为建立平衡计分卡，管理层访谈了许多现有的和潜在的客户。他们发现许多客户对价格高度敏感，并且想继续发展与本公司的业务。这些客户为其招标设立了规格，把详细的投标文件发给投标人，并从所有符合条件的供应商里选出报价最低的一个。在访谈时，一个对价格敏感的客户说：

> 我们没有时间来取悦供应商，由于近些年价格和毛利的下降，业务竞争变得非常激烈，我们需要尽力降低成本，除了价格最低的供应商，我们别无选择。

历史上，斯通兰德公司也是通过向价格敏感的客户提供最低投标价格的方式来展开竞争。

但访谈也显示出几个大客户有所不同，他们正在寻求一些除低价格外的更有价值的建筑服务项目，他们说：

> 我们要尽力削减成本。但我们要寻找能在这个目标上帮助我们的供应商，如果他们能便宜并更有效地承担一些我们的工程，我们就会让他们做，并且相应地减少我们的内部工程人员。在建筑上我们没有任何特殊的生产能力，因此我们要的是能对业务提出新方法、开发出改良技术的供应商。我们最好的工程和建筑服务的供应商将能预计到我们的需要，并通过新技术、新项目管理方法和新财务方法来满足这些需要。

这些公司承认快速变化的技术、产品市场竞争的日渐激烈促使它们寻找能用创新方法来降低公司成本的供应商。虽然价格是一个因素，但供应商创新和降低成本的能力对供应商的选择有重大影响。斯通兰德公司把这些公司称为要求差别化服务的公司。

要求：

（1）若斯通兰德公司选择价格敏感或要求差别化服务类型的客户作为它的未来战略目标，斯通兰德的平衡计分卡的客户和内部业务流程维度有什么不同？根据斯通兰德的战略详细说明指标有什么不同。

（2）如果斯通兰德公司想要满足有差别化服务要求的客户的期望，那么它必须在哪些内部业务流程维度做得更好？

［11－2］

凯尼恩商店是一个大型的服装零售商店，它为目标顾客设计的形象是：（1）20～40岁的女性（目标是29岁）；（2）受过大学教育；（3）全职的专业管理人员；（4）潮流领导者；（5）自信，有幽默感。

通过把一个清楚的形象传达给潜在的顾客，凯尼恩商店使其现在和未来的客户意识到去凯尼恩买衣服能达到她们满意的形象。除了以合理的价格销售高质量的服装，还为客户创造了一个客户能实现的形象。

凯尼恩商店通过确立客户策略来建立其顾客方面的目标：

● 提高其对顾客衣柜份额的占有量；

● 通过顾客忠诚来提高其顾客衣柜份额（我们希望顾客全年都来光顾我们公司，并且我们能提供其所需的所有衣服）；

● 为了创造这种忠诚：

a. 我们的商品必须按顾客的需要和顾客渴望的形象来确定；

b. 我们的品牌必须满足顾客的渴望和生活方式目标；

c. 在本商店的购物经历应当促进顾客的忠诚度；

d. 我们必须很好地确定谁是我们的顾客及她们的购买行为。

凯尼恩商店确定了三个目标作为顾客价值观念的关键产品属性：价格、款式、质量。价格目标是：以公平价格向顾客提供时尚且高质量的产品。款式目标是：在凯尼恩品牌的产品范围内，提供时尚的商品以满足顾客期望与着装要求。质量目标是：确保单一类型及所有类别产品都具有高质量且一致。

购物体验也是非常重要的。核心因素是商品的充足性和店内购物体验。店内购物体验可以用"完美购物体验"的六个方面来反映：

● 商店给人以炫酷的视觉感受；

● 导购人员衣着时髦，面带微笑迎接顾客；

● 导购人员在销售服装时能与顾客进行清晰的交流；

● 导购人员有良好的产品知识；

● 导购人员要记住顾客的名字；

● 真诚地感谢顾客并请她再次光顾。

目标是每次顾客进店时都给顾客进行这六项服务。

凯尼恩商店确立了"理想顾客"的明确定义，该理想顾客形象向全体员工传递了顾客的时尚期望。凯尼恩的品牌形象是："通过明确识别目标顾客并以不同的方式满足她们的需求，使凯尼恩成为全美知名的品牌。"

要求：

选择凯尼恩商店在客户和内部业务流程维度合适的指标。

[11-3]

对于一家处于技术进步非常迅速的半导体行业的制造商，哪些指标适用于该公司的创新流程？

[11-4]

在本章里，我们讨论了创新流程中的若干指标的使用，包括新产品销售的百分比和损益平衡时间度量指标。虽然这两个指标都能很好地表达从成功的产品开发流程中获得的经济效益和收益，但如果经理人员狭隘地将其视为业绩评价指标，则其同时也存在一定的局限性和内在冲突。请确定这两种新产品开发流程的结果性指标的潜在局限性和不足之处。

[11-5] 改进生产流程

"嗨，约翰，生产线上进展情况如何？"

"嗨，弗雷德，还不算太坏，不过最近几天我必须仔细一些。一些来自工业工程标准部的人到处跟着我，我不得不按照我们以前那样的方法来工作。我不想让我们现在采用的新工作方法把他们惹火了。"

"你是什么意思呢？你找到了他们没有注意到的新方法吗？"

"并没有，我们现在变得更聪明了，当然这要感谢我们的部门经理莫蒂，尽管所有的效率指标显示出我们正在按目标计划进行，但是几个月以来我们的产量一直在下降。"

"怎么会这样呢？"

"基本来说，莫蒂发现我们大部分时间没有花在生产产品上。让我给你举个例子，我们的产品通过4次焊接才能把金属部件焊接在一起，我们对每个步骤所花费的时间都有详细的标准。

"一天，莫蒂看见麦克在做焊接工作，这件事需要按规定流程完成，麦克先到仓库，挑出能生产10件产品的零件，把它们放在台车上，然后推到工作地，接下来，他要阅读说明如何工作和所需工具的工作卡片。他从工具箱里找到合适的工具，用装配架把零件固定在适当的位置，这样他就可以把零件焊接成10个产品。生产完10个产品之后，麦克检查所有的产品，把其中一个打错洞的挑出来，这是以前的操作流程中不正确的钻孔所导致的，然后把9个合格产品放在台车上，把它们推到下一个工作地，把有问题的产品送到返工区。

"从开始到结束的整个流程要花费100分钟，这100分钟生产了9个合格的产品。然后莫蒂继续观察麦克完工的9个产品，检查员用一种新型的X光设备检测焊接的产品，发现又有两个不合格。另外一个人在这两个不合格产品上贴了一个附有简单说明的标签，然后把它们送到返工区。但事情还没有结束，莫蒂注意到一些人在清点存货是否与工作卡片所要求的批量一致，另一些人检查工具与相关固定装置。这样，从事检查工作和运送零件的人比实际需要的人数多。

"莫蒂这回生气了。他叫住了一个正巧路过他身旁的工业工程部门的人，对他喊道：'我刚刚看到一个工人花费了100分钟去焊接10个产品，而其中却有3个不合格。我们用了100分钟才生产了7个合格产品，进行了28次成功的焊接。与我所要求的用1分钟进行一次焊接相比，用100分钟进行28次成功的焊接是正常的吗？'

"工业工程部门的人试图对莫蒂解释有关科学管理和生产率标准是如何计算的。首先，工业工程部门证实了莫蒂的观察结果，进行一次焊接的标准时间是1分7秒，但是取零件、把零件固定在适当位置、组装和准备工具、产品检测和小修、运送产品到下个工作地都需要时间，由于生产线的工作进度不同，可以允许有一些间隔和空闲时间，这些都被记录并进行相应处理。事实上，生产10个产品的标准时间应该是108分钟，因此，麦克所用的100分钟可以认为是较好的工作业绩——生产率大约提高了8%。

"这种解释使得莫蒂更加恼火。莫蒂根据工业工程的标准，算出麦克进行 28 次焊接所用的时间应是 30 分钟左右。因此，莫蒂指出目前的生产率仅为预期标准生产率的 30%，而不是工业工程部门向他解释的 108%。然后，他开始考虑所有的其他辅助人员所做的工作，他对从事质量控制、维修保养、储存和管理工作的辅助工人人数做了估计。他得出每个像麦克这样的生产工人至少需要一个辅助工人支持，所以实际生产率仅为他最初计算的 30% 的一半。"

"我可以想象他一定很恼火。但他究竟怎么做了？"

"莫蒂要求质量控制人员分析是什么导致两个产品发生问题，致使麦克焊接了它们以后又被退了回来。结果显示原料并不完全符合规格，焊接的结果不如设想的那样。为了弄清楚这些不符合标准的原料是如何购入的，莫蒂调查了采购部门。他发现这批原料是从一个新供应商处购入的。采购员过于追求低成本，他发现这个供应商的价格比标准购入价低 4%。尽管新供应商的价格更便宜，但最终导致 20% 的产品需要返工，我真希望能亲眼看看采购主管是如何向莫蒂做出解释的。"

"公司目前的情形不会使莫蒂的观点成为主流。"

"等等——事情还没完。几天后，因为一台机器出了故障，一件已经拖延了几周的工作又被耽搁了。修理人员用了几天时间才修好它，又用了两天才把它安装好，让它正常运转。这期间大家都在等待，莫蒂派了两个人去调查这台机器上次维修是在什么时候。显然机器应得到定期维修，但因为生产太忙没有人想中途停下来进行检修，结果这台机器的维修工作就完全被维修部门遗忘了。这不应过多地责怪维修部门，因为他们要不断应付突发事件，没有时间进行定期检查。"

"很多工人也不希望在他们的工作时间检修机器，因为他们是按照人工和机器效率进行考核的。打断生产流程给机器上润滑油，并更换零件，显然会招来车间会计的非议。他们认为这降低了生产效率，因为工人们这时只能闲着。"

"我敢说莫蒂现在成天都在和采购、维修部门打交道。"

"不完全是这样。他是个决不让步的人，不允许有任何持反对意见的人阻止他。上个月他拿出了他的月度业绩报告。我不了解报告的全部细节，也不知道它们是如何计算出来的，但我听出他在嘀咕场地费用。我想他说的是按各部门所占用的场地面积分摊制造费用。莫蒂想知道为什么有的部门占用那么多场地。他让一名工业工程人员计算了一下机器和生产人员到底需要多大空间。机器和工人占用了不到 25% 的场地。让莫蒂感到不满的是检测和返工区所占用的场地和生产工人及机器所占用的场地面积相同。他认为检测和存放次品所占用的场地不应与生产用场地相等。"

"听起来你这几个月过得很有意义。"

"过去几个月我所看到的变化比过去 20 年看到的还要多。"

要求：

你认为莫蒂实施了哪些改进？会计和评价系统应相应地做出哪些改进？

[11-6] 通用联合公司

布莱德·劳伦斯是通用联合公司的总经理，通用联合公司是一个由 12 个从事不同行业的公司组成的集团。布莱德·劳伦斯不知道是否应在公司的平衡计分卡里包括生产周期时间。现在，每个公司的高级管理人员都在建立平衡计分卡，用来评价他们的策略，衡量他们的业绩。

GND 机械公司是制造包装机器的公司。GND 的客户——包装公司，通常很难估计它们的客户需要，因此很重视供应商能否在很短的生产周期内供货。劳伦斯意识到，如果 GND 机械公司能缩短它生产产品的时间，那么销售额和市场份额将可能会显著增加。

另一家公司，布莱德里航空公司与政府签订合同，生产定货期较长的产品和系统。根据合同规定，布莱德里公司不能从提前交货中获得利益，但会对公司产生的存货持有成本给予补偿。

哈维斯特公司是一个生产农业机械的公司。它的客户只是在春季两个月的播种季开始前才订购机器。哈维斯特公司现在的机器生产周期超过两个月。因此，实际上所有的产品都是在销售预测的基础上，预计客户订货的数量来生产的。通常，预测是不精确的。当实际需求量小于预测需求量时，将导致较高水平的存货及无订单机器的报废；而当实际需求量大于预测需求量时，又会发生缺货。如果能够将生产周期时间缩减到两个月的订货时间之内，哈维斯特公司就可以将其生产计划由预测导向转变为实际客户订单导向。

要求：

在这三个公司的平衡计分卡里，生产周期起着什么样的作用？

[11-7]

一些公司把员工人均销售收入作为一个简单并容易理解的员工生产率指标。

(1) 为什么员工人均销售收入可以作为员工生产率及生产能力指标？

(2) 使用员工人均销售收入作为员工生产率指标有什么局限性？如何克服？

[11-8] 国民航空集团——衡量供应商的业绩

国民航空集团（National Aerospace Group，NAG）是一个生产军用及商用飞机和飞机零件的制造商。由于近来国防工业的巩固，国民航空集团在降低成本、提高质量上面临的压力增加了。降低成本并提高质量的一个最大可能是降低材料成本，材料成本占公司成本结构的70%。最近的一项研究显示，在去年从供应商那里收到的超过100 000单交货中的50%，或是实际零件与说明有差异，或是没有按时交货。保守估计，这些问题每年消耗掉国家航空集团2 000万美元。

对更高质量的产品和能及时交货的供应商的需要促使企业建立了供应商业绩评级系统。这个系统衡量国民航空集团解决供应商的产品、说明书和交货上的缺陷而产生的额外管理成本。在对解决问题所需的时间进行研究的基础上，给每种类型的"非符合事件"分配了一个标准成本。用去年发生的"事件"数乘以分配的标准成本，就得到了"非符合事件"的总成本。供应商业绩指标（supplier performance index，SPI）可以这样计算：

$$SPI = \frac{非符合成本 + 采购成本}{采购成本}$$

在选择供应商时，可以用SPI来确定全部"所有权成本"。例如，如果每单位产品的报价是100美元，SPI是1.2，那么在选择供应商流程中，每单位产品的价值是120美元。20%的加价反映了如果选择这个供应商，国民航空集团预计将发生的额外的与质量相关的成本。除了SPI，国民航空集团还通过年度供应商审计来评估供应商的技术和制造能力，以及它们对降低成本和新产品开发活动的帮助程度。审计得分范围是0～100。

国民航空集团的采购部门收到了4份对工厂新生产的商用飞机的关键性零件的投标，其中3个投标者是现有供应商，第四个投标者是受到极力推荐的新供应商。表1列示了4个供应商的信息。

表 1

	每个事件的标准成本	Alpha	Beta	Gamma	Delta
单位产品报价（美元）		100	115	130	105
以前从供应商处购货的金额（美元）		250 000	200 000	750 000	0

续表

	每个事件的标准成本	Alpha	Beta	Gamma	Delta
事件的数量					
文件错误	79	5	0	2	不详
退货	300	2	0	0	不详
返工	837	8	5	0	不详
装货量过少	350	1	2	0	不详
装货量过多	112	0	1	1	不详
交货延误	500	8	2	0	不详
审计分数		60	100	80	不详

采购部经理南希·吉尔伯特同工程部和制造部的经理们共同开会讨论这些投标。讨论的一个问题是对 Delta 供应商的产品缺乏了解。其他使用过这4个供应商的公司反映，Delta 供应商的产品质量最高，并能最好地按时交货。然而，国民航空集团要求新供应商既要开价低又要有最低的"所有权成本"。

另一个问题是 Alpha 供应商的审计分数。工程部经理罗勃特坚持认为在做决策时审计分数应予以考虑。他说："虽然 Beta 供应商的投标价比 Alpha 供应商的高15%，但是在降低成本和产品开发上它能给我们很大帮助。这反映在 Beta 的审计分数上，Beta 的审计分数比 Alpha 的高出40分，在选择供应商时，我们要让审计分数至少占50%的比重。"

考虑到这个零件的重要性以及需要大批量地进行采购，经理们认识到要同能提供给国民航空集团最好的整体价值的供应商签合同，而不是报价最低的供应商。

要求：

（1）在考虑 SPI 后，计算对 Alpha、Beta、Gamma、Delta 供应商的调整后的投标，在所有权成本的基础上，哪个供应商的成本最低？

（2）使用 Alpha、Beta、Gamma 供应商的平均 SPI 来计算 Delta 供应商的调整后的投标。这个调整后的投标将如何改变对供应商的选择决策？这个方法能被用来评价新的供应商的投标吗？

（3）假设国民航空集团决定让审计分数和根据 SPI 调整后的投标各占50%的比重，也假设 Delta 供应商的审计分数是其他三个供应商审计分数的平均数，那么这些条件会改变供应商的选择决策吗？在供应商的选择流程中到底应不应该考虑审计分数的影响？

案 例

得州仪器：材料及控制元件集团*

尽管在每个数字上都能发现技术性错误，但是，质量成本系统已经成功地实现其预期目标。质量成本的数字可能只反映了一半与质量相关的成本，对进一步的质量改进缺乏足够的推动作用了。质量成本数字应尽可能地反映需要改进的问题。在过去的五年里，我们已经解决了最大的障碍。现在我们

---

* 本案例由 Christopher Ittner 在 Robert S Kaplan 的指导下完成。Copyright © 1988 by the President and Fellows of Harvard College. Harvard Business School case 189 - 029.

必须要让一些小一点的问题暴露出来，为此，我们必须要解决可比性和指标重新定义之间的冲突问题。当今的社会，竞争成功的机会大都在于间接领域，这就需要我们更多地关注间接质量成本的计量，这是一个很大的转变。

——人员和资产效果部副总裁沃纳·斯凯勒（Werner Schuele）

材料及控制元件集团（Materials & Controls Group，M&C）是得州仪器下属七个主要企业中的第三大企业。材料及控制元件集团主要有两项核心业务。

● 冶金材料：材料及控制元件集团目前在工业与恒温合金的设计和制造领域居于领先地位。合金由两种或者多种不同金属用冶金方法合成，具有一般金属所没有的性质。例如，铜铝线兼具铜的导电性与铝的重量轻和成本低等特点；不锈钢与铝的合金既具有不锈钢的光泽，又有铝的耐腐蚀性；恒温金属则通过把两种热膨胀率不同的金属合成在一起，实现了对恒温元件的控制。合金可用于炊具、制币、电线电缆的防护、集成电路以及汽车的防腐蚀装饰等领域。

● 控制元件：控制元件的产品品种相当多，它结合了电子和电子机械技术，发挥了得州仪器在半导体和合金领域的优势。这一业务在全世界都有工厂，以实现与 OEM 厂商的长期稳定顾客关系。该产品的主要市场包括汽车、取暖、通风、空调设备、一般工业用途和航天国防工业。控制元件产品具有控制、调整、发送信号和保护等功能，可用于发动机保护、继电器、汽车发动机控制、压力开关、断路器、恒温器和电子传感器等领域。

过去的十年里，随着日本、意大利和巴西公司在提高产品质量的同时降低了成本，行业内的竞争变得日益激烈。面对竞争，材料及控制元件集团也相应地提高了产品质量和服务水平，以避免单纯的价格竞争。

公司组织结构

产品顾客中心（Product Customer Center，PCC）是得州仪器的业务基石。产品顾客中心是利润中心，需要计算产品和顾客的盈利能力。材料及控制元件集团一共拥有 4 个经营分部（两个在国外，两个在国内），下属 11 个 PCC 和 2 个装配顾客中心（Fabrication Customer Centers，FCC）。公司另外 3 个 PCC 位于拉丁美洲分部。每个 PCC 有自己的销售、工程、财务和制造部门。FCC 生产 PCC 通用的元件和零件，以发挥规模经济和专业知识优势。

公司有 4 个辅助部门：研发、财务、人员和资产效果（负责质量保证、人员培训、采购及材料管理）、人事和后勤服务（负责设备、工具制作、办公自动化、人力资源）。

得州仪器的质量管理

在得州仪器，生产效率、团队配合和解决问题一直非常重要。早在 20 世纪 50 年代，公司就建立了"工作简化项目"（work-simplification programs）[1]，即现在的"质量圈"（quality circles）[2] 的前身。在 60

---

① 工作简化指改进工作方法或工作程序，以便更经济更有效地利用人力、物资、机器来从事某项特定的工作，提高工作效率。工作简化一般可分为以下六个步骤：（1）选定准备进行研究的工作项目，一般应为经济价值高、对整体工作影响重大的项目。（2）以直接观察法分析所研究工作项目的全部情况，并在生产流程图上用各种符号作详细而精确的记录。（3）分析生产流程图所表现的事实流程。（4）考虑整体工作情况，对各项作业按照具体情况予以取消、合并、重排或简化，以便找出一种最好的工作方法。（5）衡量所选定方法中的工作量，并计算所需的标准时间。一般工作可在这一步骤中把改进的方法付诸实施。（6）就已确定的标准方法和容许的时间，确定新的工作方法和工作程序。——译者

② 质量圈又称质量控制圈、解决问题组、小组或质量组，是 20 世纪 50 年代末期由日本质量管理专家石川馨提出的。质量圈是员工参与计划的一种形式，强调员工和团队自我管理的重要性。员工在工作中参与得越多，工作会更有效，完成得就越好。质量圈非常适合人数较小的团队或小组，一般不超过 12 人，团队人员在自愿的基础上解决与质量有关的问题。——译者

年代和70年代，得州仪器的生产效率计划扩展到管理人员和资产效果方面。在70年代后期，国际竞争加剧，得州仪器的"人员和资产效果活动"开始更加集中于质量改进方面。然而，尽管总体趋势上是更加强调质量，但是得州仪器还是继续强调财务控制和合理质量水平的质量管理理念，即便从未正式地表达过这种思想，实际上它始终都认为顾客退回一定数量的次品是不可避免的。

在1980年，公司抛弃了关于质量方面的短期经济权衡观念，决定采用全面质量管理。全面质量管理观念的引入是受到惠普当时公布的一项研究结果的影响。惠普是得州仪器的一个重要顾客。其研究发现，即使是美国最好的供应商所提供的产品也比不上日本最差的供应商所提供的产品。得州仪器的管理部门充分地理解了这项研究的含义：长期的竞争成功取决于全面的质量控制。

得州仪器的全面质量管理基于以下几个原则：
- 产品的质量和可靠性是管理层的责任；
- 每个部门都应该对产品的质量和可靠性负责；
- 经理在产品质量和可靠性方面的业绩将作为其业绩评价的关键指标；
- 对经理在产品质量和可靠性方面的业绩，不看其投入如何，只看其结果如何；
- 产品质量和可靠性方面唯一的目标就是在任何时候都要超过得州仪器在全球的最佳的竞争对手。

为了强调质量并不只是一项计划，而是要成为得州仪器的一项日常工作，得州仪器任命了一位人员和资产效果部副总裁。随后，公司CEO签署了一份政策公告，并在公司范围内传达。该公告声称：

> 对于我们提供的每项产品和服务，我们不仅要清楚顾客的需求，还要毫无例外地满足这些需求。评价公司每个员工每项工作的标准是：一次性把工作做好。

公司对所有业务人员在质量改进基础知识方面进行了大规模的培训。在第一阶段，有450名高级经理（其中有22位来自材料及控制元件集团）参加了由顶尖质量专家菲利浦·克罗斯比主持的培训课程。随后，材料及控制元件集团通过播放另一位顶级质量专家约瑟夫·朱兰的16盘录像带，加上高级和运营经理的授课，对其余员工进行质量理念和方法的培训。经理和运营人员也接受了一些质量工具方面的培训，如控制表和统计过程控制。这些培训课程有助于给员工灌输质量改进的意识并传达公司在质量改进上的投入和决心。

为了完善得州仪器内容广泛的财务指标体系，公司启动了质量报告系统。多年来，得州仪器通过每个月公布的蓝皮书上的一系列财务指标来评价公司每项业务的盈亏。1981年，得州仪器建立了"质量蓝皮书"，其中包括诸如产品的可靠性、顾客在公司产品质量方面的反馈、质量成本数据等内容。质量蓝皮书得到精心设计，目的是向公司经理们表明质量业绩应该与财务业绩同等重要。

质量蓝皮书

与财务蓝皮书一样，质量蓝皮书一共包含三页指标。这些指标分别标明了实际值与目标值的对照、本期与前期的比较、以后三个月的预测值。然而，与结构严谨的财务蓝皮书不同的是，质量蓝皮书的业绩指标通常是由PCC的经理确定的。因为这样可以让经理更好地设计出每项业务的关键质量指标。发动机控制中心是一个典型的PCC，它的业绩指标如表1所示。

表1 质量蓝皮书的业绩指标——发动机控制中心

同步指标

可接受批数（%）	出货检验中可接受批数的百分比，按产品分类计算。
平均出货检验水平	每百万零件中有缺陷的零件数，按产品分类计算。

续表

退回商品百分比	报告的退货百分比。由于质量不合格而从顾客手上退回的商品数量的百分比。
总计退回商品百分比	因质量和其他原因退回的商品百分比，包括装运数量错误、零件错误、包装出错等。
顾客报告卡	顾客接受水平。通过抽样，调查顾客对材料及控制元件集团产品质量的反馈。顾客记录的缺乏会影响这个指标定量数据的获得。
竞争力排名	竞争力的自我评估排名。由营销和现场销售人员进行排名，主要反映公司产品与其他竞争者的竞争能力。
及时交付	至少有 90% 的订单准时或提前交货（这个指标是在 1984 年增加的）。*
先行指标	
一次校准合格率	大部分 PCC 的产品都以特定的温度来打开校准，然后全部用人工或自动的方式来检查是否校准成功。这个指标主要反映产品一次通过校准检查的数量百分比。
质量成本	质量成本占销售净额的百分比。质量成本由质量不合格产品的成本和防止产生不合格产品的成本组成。

　　* 有些人对"及时交付"这个指标是否应该作为质量指标进入质量蓝皮书还存在一些争论。直到 1987 年第四季度，公司中的大部分部门才开始使用这个指标。及时交付率是以事件而不是金额为依据计算的，这样就能确保对小顾客和大顾客采取一样的权重。以前交付货物方面的指标衡量的只是顾客是否被迫停工，忽视了由于晚交货而迫使顾客修改生产时间表的情况。在 1981 年，及时交付率小于 50%。到了 1987 年，每周 2 000 次装运中有 97% 都能及时交付。

质量成本

　　质量成本（cost of quality，COQ）指标是每个业务单元质量蓝皮书里必有的业绩指标。质量成本反映了由于质量不合格产品或为了防止产生质量不合格产品而发生的费用。设计质量成本指标的目的是衡量生产质量不合格产品所发生的成本，以及事情做错所花费的费用。得州仪器的总裁兼首席运营官布雷德巴斯在写给公司员工的一份公告中提到：

　　　　有些人认为质量是要花钱的，因为他们看到了调试设备和增加检验人员等所付出的成本。然而，这些成本大都是由最初的生产错误造成的。如果我们能一次设计并生产出好的产品，那我们就节约了重新设计成本、返工成本、废品成本、重新测试成本、维护成本、返修保修等许多成本。

　　　　请大家想一想，在重做一些事情上面，你花了多少时间；有多少资产被返工、重新测试、返修和制造次品或废品占用了；这到底浪费了得州仪器多少材料。如果我们一次就把事情做好从而减少这些成本，我们就真的能实现人员和资产的效果了，而且不必增加一分钱投资就能提高盈利能力。

　　质量成本系统是全面质量管理的关键组成部分。质量成本系统从财务成本的角度对质量指标进行衡量，让质量与公司"净利"这个众所周知的财务指标建立了联系，改变了材料及控制元件集团的管理文化。冶金材料部的主计长汤姆·哈德称：

　　　　质量成本把质量进步和为使我们成为世界一流水平的制造商而进行持续的质量改进紧密地联系在一起。质量成本的数字令 PCC 的经理们大受震动。在开始时，我们告诉他们，质量成本是销售额的 10%，占的利润百分比更大，深不见底。现在，质量成本骤减至 4%～5%。经理们认为尽管他们过去也从来没有看到所有的这些成本，但他们认为趋势是正确的。现在，即使这么低的百分比，他们也感到不满意。公司需要进行一种文化上的彻底更新。例如，过去我们对废品的预算是 5%，现在不能这样了。我们现在意识到对质量不合格产品编制预算是荒谬的。

　　质量成本系统从 1981 年第四季度开始执行，当时，质量部门自上而下对公司的质量成本进行了简单估算。在随后的一个季度里，一个以会计数据为基础的质量成本系统诞生了。目前，控制与财务部门在月末结账日后的第六个工作日为PCC的质量部门提供会计系统的数据。然后，质量部门对这些信息进行处理，写进质量蓝皮书里。

最初的质量成本包括77项，后来通过削减部门间的内容重复项目和把没有重大意义项目合并入其他成本因素，项目数减少到了19项，可分为四大类：

（1）预防成本：预防生产出不合格产品而产生的成本。

（2）检验成本：为保证在发货前找出没达到质量标准的材料和产品而产生的成本。

（3）内部缺陷成本：废品成本以及在产品交给顾客前更正检验阶段发现的错误而发生的成本。

（4）外部缺陷成本：把产品交给顾客后改正错误而产生的成本。

不同PCC在各类成本中所包含的项目是不同的，这取决于各个PCC业务的性质。发动机控制中心使用的成本因素见表2。

表2　质量成本项目——发动机控制中心

预防成本

技术质量成本	每月实际报表中的全部质量工程费用。
收货检查成本	每月实际报表中的总收货检查费用。
设备修理/保养	预计预防维修费用占实际维修费用的百分比（1981年，控制中心预计预防维修费用是实际维修费用的15%，这个比例一直都没有修订过）。
制造工艺	预计预防制造工艺费用占实际制造费用的百分比，由制造工艺的管理者每六个月修订一次。
设计工程	预计预防设计工程费用占实际设计工程费用的百分比，由设计工程部的经理每六个月修订一次。
质量培训	人力资源报告中所反映的质量培训费用。质量培训时间已记入专门的人力资源项目中。

检验成本

TSL实验室	每月报表中技术服务（TSL）实验室的总费用。技术服务实验室负责与质量有关的复杂实验。
设计分析	预计设计分析费用的估计百分比，由设计分析的管理者每六个月修订一次。
产品验收	每月报表中反映出的总验收检查（质量控制）费用。
制造检查	人力资源报告中反映出的制造检查成本，记录在专门的费用中。

内部缺陷成本[a]

废料	＝（按标准领取的材料费用－按标准生产用的材料费用）×人工和间接费用因素。人工和间接费用因素即废品组装之前发生的人工和间接费用[b]，存货中的废弃零件不包括在内。
返工	人力资源报告中反映出的返工成本，已记入专门的费用中。
制造/流程工艺	内部缺陷的制造或工序技术费用占的估计百分比，由制造工艺的管理者每六个月修订一次。

外部缺陷成本

退回商品[a] 净销售成本	将质量瑕疵商品退回作存货的成本[c]。用于外部缺陷商品的实际销售费用的估计百分比，由销售部门的管理者每六个月修订一次。
制造/流程工艺	用于外部缺陷的制造或工序技术费用的估计百分比，由制造工艺的管理者每六个月修订一次。
修理	人力资源报告中反映的修理成本和修理时间，已记入专门的费用。

续表

运输	与质量问题相关的运输成本，从每月的报告中算出。
责任索赔	非经常性索赔，在事故发生或提取准备金时，应考虑责任索赔。不在利润表上反映的法律费用不包括在内。

a. 内部缺陷成本和商品退回的净成本分产品获取。其他项目分部门获取。

b. 在 1981 年，进行了一项研究以确定在装配流程哪一点上产品变成了废品。研究表明，人工和间接费用在废品材料中所占的比例超过 88%，而且从那以后该比例一直都没变过。

c. 如果一个 5 美元的产品由于有质量问题被退回，这个产品可能成为废品或被返工或退回仓库。如果作为废品，那么商品退回发生的净成本为 5 美元；如果产品以 1 美元的成本被返工，那么这 1 美元作为返工成本反映出来，不包括在退回商品的净成本中。

有几类质量成本，如被认为是制造流程中固有的间接成本和损失，不包括在质量成本系统中。当辅助部门人员由于装运问题（零件有缺陷或与合同不符、溢短装、发货延期等）或是第一次工作没做对而重复工作时，就会发生间接质量成本。例如，重新打印订单成本、重新制造工具成本、重开发票成本及修改说明书的错误和不正确的日记账分录发生的成本等。我们现在正在努力做的是通过"隐藏工厂"（hidden factory）调查来决定间接质量成本的水平。

在最初执行时，质量成本系统不包括那些被认为是制造流程过程中应该发生的成本。例如，产品的校准过程不可能尽善尽美，这样就需要在生产线上进行人工检查。但是，人工检查零部件的成本没有包括在质量成本中，导致了质量成本被低估。此外，许多 PCC 的废品成本也被低报了。PCC 的经理们一直在争论"工程废品"问题，认为这是生产流程中固有的，如用一块方形材料制造一个圆形零件产生的剩余边角料。

自从使用会计系统中已有的数据后，质量成本系统就变得容易执行。然而，目前要求质量成本系统在时间上保持一致性，以便能够反映出前后各期的质量成本变化趋势。这样一来，如果要增加诸如间接质量成本和废品成本这样的新指标就非常困难。事实上，要使质量成本系统更准确和更相关，又要保持不同期间数据的可比性，这两者之间是相冲突的。

质量成本数据的运用

开始时，大家对质量成本系统很不满意，认为这又是一套考核数据，因此纷纷反对。发动机控制中心的总经理卡尔·谢菲尔回忆了当时他对质量成本系统的不满："我讨厌这个系统，感觉质量有属于它自己的特性。这个系统企图把成本分配到质量，这掩盖了质量本身的价值。价值不是体现在数字中而是体现在其自身所处的领域中。"

然而到了 1987 年，蓝皮书里的质量成本数据和质量指标成为材料及控制元件集团使用最广泛的管理工具。这个系统被广泛接受的原因有两点：首先，季度财务预测报告中增加了质量报告部分。PCC 的经理们现在可以用一个不太结构化的表格报告他们的经营成果，同时还可以突出每项业务的重点领域。

其次，质量蓝皮书不是用来"敲打"PCC 的经理们的工具。质量业绩指标并不只是计量质量目标的完成情况，也不单是不同业务量的质量指标的简单比较。更确切地说，质量指标主要用于反映质量改进的长期趋势和找出质量问题的潜在根源。

每个月的质量蓝皮书都分发给集团总裁、主计长、人员和资产效果部副总裁、有关责任部门和 PCC 的经理。虽然没有正式地发给运营人员，但是他们可以有很多方式获得相关信息。PCC 的质量经理吉姆·米哈说：

> 我没有把质量蓝皮书分发给 PCC 经理层以下的人员。PCC 的经理必须负责把复印件发给所有的业务部门。这样每个人都可能看到质量蓝皮书，而且任何人只要向我提出要求，都会得到一份复印件。不同部门的人使用不同的指标：PCC 使用质量成本指标，制造部门使用内部缺陷指标，业务部门使用及时交付指标，营销部门则想了解外部缺陷指标。

卡尔·谢菲尔介绍了他对质量成本数据的使用情况：

我把质量成本报告发给我所有的经理和团队成员。我个人对质量成本很有兴趣，并想知道具体数字。在每月的会议上，我与员工们一起讨论质量成本数据，找出质量上升和质量恶化的产品。我们主要关注内部缺陷指标和退回商品，因为它们是"硬"指标，其他的指标则对趋势研究更有帮助。

这一年，质量成本很好地反映了哪些问题是由生产引起的，什么问题导致了糟糕的亏损业绩。有部门反映废品率降低了，质量成本却显示其内部缺陷指标恶化了。这种差异是由于这个部门没有意识到一直没有减少仓库的超额货物量（overage，材料超过最低需求量）而引起的。最后，经实地盘存后发现了现场所有未使用的材料。因此可以说，质量成本报告能反映出许多难以一时发现的问题。

除了质量蓝皮书报告，谢菲尔还为其部门建立了专门的质量成本报告（见表 3 至表 5），但是，质量成本报告上反映的问题并不一定能证明实际存在的质量缺陷。谢菲尔说：

两年前，我们看到在质量成本上有不断变糟的趋势。调查之后，我们发现由于售价降低了 10%，同样的废品率却导致了由净销售收入的百分比计量的质量成本上升的趋势。很明显，这是获利能力问题而不是质量问题。

表 3　生产线缺陷成本——发动机控制中心　　　　　　　　　　　　　金额单位：美元

产品 A	9 月	10 月	11 月	1987 年全年
业务金额	522 833	467 380	424 051	5 398 635
内部缺陷质量成本金额	14 637	28 597	2 170	232 221
外部缺陷质量成本金额	425	0	85	4 420
全部缺陷质量成本金额	15 062	28 597	2 255	236 641
非一致性质量成本	2.88%	6.12%	0.53%	4.38%
以前年度差异	0.38%	−2.86%	2.73%	−1.12%
以前年度差异金额	1 982	(13 361)	11 569	(60 645)
累计金额	(58 853)	(72 214)	(60 645)	

表 4　产品错误率——发动机控制中心

	1 月	2 月	3 月	4 月	5 月	6 月	7 月	8 月	9 月	10 月	11 月	12 月	全年
产品 A													
超额货物	7.1%	8.7%	10.6%	11.5%	8.9%	1.7%	7.1%	−2.1%	15.8%	3.7%	4.4%	—	7.1%
内部缺陷	7 031	8 973	13 548	11 278	8 310	2 474	7 031	−1 595	15 341	3 995	5 914	—	82 300
外部缺陷	2 805	3 740	1 020	0	340	0	85	8 670	0	0	0	—	16 660
质量成本	5.6%	5.3%	5.6%	4.4%	3.5%	0.9%	5.1%	3.6%	7.3%	1.8%	2.8%	—	4.1%
产品 B													
超额货物	3.6%	4.0%	5.7%	4.2%	2.9%	3.7%	7.6%	1.2%	2.6%	3.7%	−8.5%	—	2.3%
内部缺陷	932	874	1 506	1 393	1 107	1 045	1 523	600	1 255	1 543	−2 894	—	8 884
外部缺陷	0	0	0	0	0	0	0	0	0	0	0	—	
质量成本	2.8%	4.1%	4.6%	3.7%	2.3%	3.0%	14.2%	1.0%	2.0%	4.0%	6.6%	—	2.1%

表 5　发动机控制中心部门非符合性成本

与 1986 年相比非一致成本节约额* （千万美元）		全年非符合性成本（%）	
产品 A	89	产品 A	1.6
产品 B	61	产品 B	2.1
产品 C	52	产品 C	3.1
产品 D	20	产品 D	3.3
产品 E	16	产品 E	3.4
产品 F	8	产品 F	3.5
	部门平均		3.1

* 反映 1987 年实际质量成本与按 1986 年质量成本百分比计算的质量成本之差。包括内部缺陷成本和外部缺陷成本。

质量成本方案

质量改进主要得益于管理层的意愿，并非出于严格的财务考虑。管理层愿意在诸如质量和服务这种能够产生无形收益的项目上进行投资。质量改进小组由部门经理、部门员工、辅助部门的代表（如营销、工程、制造、生产控制、质量、财务和采购等部门）组成，它们共同建立起质量成本改进方案，并在新一轮的财务计划过程中，优先考虑质量成本的预算。质量改进项目预期节约的成本经过估计之后，纳入产品的利润预测之中。质量改进项目所带来的成本节约额由制造工程部进行跟踪记录（见表 6）。质量保证和可靠性部副总裁鲍勃·波特认为，明确和执行质量成本项目是向员工灌输质量意识、改进企业质量业绩的关键：

关键的问题是"流程"。我认为管理层应当能发现质量改进的机会、区分事情的轻重缓急、确保资源供给和监督生产进程。我们在讨论这些问题时需要使用正确的语言，质量成本正是这种正确的管理语言。

支持流程的两个组织机制是质量改进小组（quality improvement teams，QIT）、人员和资产效果小组（people and asset effectiveness，P&AE）的检查。质量改进小组处于公司、分部、部门层面，由管理者和专业人员组成。他们定期指导质量流程，确保质量流程高效卓越。人员和资产效果小组对质量的检查每季度进行一次。这种检查由公司高层执行。通过检查，公司经理将质量方面的进展与公司的长期和短期质量目标进行对比。

在每年年初的时候，基层的质量改进小组提出质量改进机会。高层管理者也会经常加入部门的质量改进小组，与这些项目的支持者一起探讨和寻找质量改进的机会。这些项目是采用货币计量的、分时间阶段的、拥有特定拥护者的，并且按分公司进行汇总。在年度计划中要考虑到预计的质量成本节约额。核心质量成本项目则从集团层面进行汇总。在每次集团和部门的质量改进小组的会议上，都要对质量成本的趋势进行检查。

在人员和资产效果小组的检查中，经营部门讨论其短期及长期目标。这其中的许多讨论集中于关键的质量改进项目——质量改进小组如何使用质量工具（如统计流程控制）来推动质量成本的持续改进。这个流程并非准确的科学流程。它不是用来测试数字的准确性或对一个个体与另一个体进行对比。它主要集中在谁、什么、何时以及最终的结果上。

总之，经营业务各有隶属。它们有各自的轻重缓急以及对资源配置的精心权衡。质量组织提供许多支持，但是很明显，质量改进不是质量组织的任务，而是经营经理的任务，他们的工作就是达到质量组织确立的目标。质量在质量改进小组与人员和资产效果小组每年的检查监督中获得进步。

如果这个流程进展顺利，质量成本数据就会将这种进步反映出来。如果没有质量成本数据，这个流程将无法运行。

表6 发动机控制中心质量成本节约——1987年成本降低 单位：千万美元

质量成本项目	一季度	二季度	三季度	四季度	全年	年度计划差异
产出率提高	26	61	55	54	196	150
装配机器升级	20	24	32	44	120	53
重新设计模型	16	20	24	53	113	(55)
非损坏测试	10	11	14	17	52	13
激光编码	9	10	9	10	38	30
闪光减少	8	9	11	10	38	22
统计过程控制	93	119	128	127	467	(90)
总计	182	254	273	315	1 024	123

质量成本系统的效果

从1982年质量成本系统正式开始建立到1987年年末之间，质量成本从销售净额的10.7%下降到7.8%，质量成本的每类成本都下降了（见表7）。质量成本系统也使大家越来越注意到质量改进对成本和盈利能力的影响。尽管如此，卡尔·谢菲尔还是对现在的质量成本系统有着复杂的想法：

激励高级管理者已不再是问题。他们已经知道质量是至关重要的。质量成本也有助于让中层经理看到质量不合格给总收益带来的后果。质量成本是一个比较综合的指标。如果我们只关心废品，我们可能会有较低的废品成本，但是可能会因为消除废品产生的成本给顾客带来的影响而无法生存下去。另外，如果我们只关注如何通过检查来减少外部缺陷，而没有实际减少制造上的缺陷，那么我们可能会在成本上缺乏竞争力。质量成本要求我们必须思考这些因素之间的最佳关系是怎样的。你必须要对质量成本进行整体改进，而不能一次只改进一个方面。

质量成本系统确实很吸引眼球，迫使企业考虑质量问题的轻重缓急，激励企业开展质量改进活动。它最终也可以作为一个好的分数卡，但是它不能作为一个独立的诊断工具，部分原因在于它使用了会计技术。如果没有辅助性诊断工具的帮助，它通常很难发现问题。

尽管质量成本通常不需要经常报告，但是我们记录的一些事情（如内部缺陷）应该经常地报告。间接质量成本可能也不需要连续记录。我们应该审查每项职能，并问"为什么会存在这项职能"。如果该职能仅仅是为了改正错误，就可以削减它。放弃这样的职能比记录秘书工作时间、文件处理、给顾客打电话的成本等更合理。我们要把注意力集中在大项目上。

表7 材料及控制元件集团的质量成本占销售净额的百分比（%）

	1982年	1983年	1984年	1985年	1986年	1987年
预防	2.3	2.0	2.0	2.1	2.3	2.3
检验	2.2	1.9	1.7	1.9	1.9	1.8
内部缺陷	5.3	4.8	4.5	4.2	3.6	3.3
外部缺陷	0.9	0.7	0.6	0.4	0.4	0.4
总质量成本	10.7	9.4	8.8	8.6	8.2	7.8

未来展望

1987 年年末，在公司进行成本系统总体评估的过程中，人员和资产效果部副总裁沃纳·斯凯勒针对质量成本系统可能的改进进行了评价。虽然质量成本系统对于反映质量趋势、分配资源以及灌输质量意识是相当有价值的工具，但斯凯勒还不能确信它能否连续地推动质量的改进。他强烈地意识到，由于系统记录的质量成本只能反映实际质量成本的 50%，结果会导致对质量成本的主要来源重视不够。但是他也知道系统的改变可能会掩盖了数据所反映的趋势，这种趋势数据常常又是最有价值的信息。斯凯勒在谈到对间接质量成本进行记录时感到意犹未尽：

> 如果我知道怎么记录这些间接质量成本数据，我就会记录。我们可以通过将质量成本分为直接质量成本和总成本这两类来避免质量成本趋势被掩盖。我最关注的问题是不能准确地确定"间接废品"的真实成本，并且这在我们的会计系统中也没有相关数据基础。例如，我们无法记录因为拼写错误而重新打印一封信的成本。让我感到很为难的是，我不知道开发和建立这样一套跟踪记录系统的花费是否值得。而且，上级也没有要求我们建立一个精确的间接成本系统。

最后，斯凯勒认为月度质量成本报告是没有必要的。六个月以后，这些问题必须要得到解决，并且需要提出管理建议。

第12章

投资开发未来生产能力技术

我们已经描述了当今企业如何努力：（1）提高它们向目标市场客户提供优质产品与性能的能力；（2）开发新产品和服务；（3）改进现有流程；（4）为员工提供先进的信息技术。然而，这些能力很少是免费的。企业必须在当下进行投资，以获得未来的产品、服务和能力。如何引导这些投资？它们是否应该建立在信念的基础上，通过呼吁组织对其使命和战略的承诺来实现？或者仔细的财务分析还能发挥作用吗？在强调组织能力的时代，为工业化时代企业的资本投资开发的财务分析方法是否仍具有相关性？

与本书前面讨论的其他主题相联系，关于成本行为的章节对约束性成本和弹性成本进行了严格的区分。作业成本法概念演示了如何计量和分配约束性成本和弹性成本，并将其分配给成本对象，如产品、服务和客户。我们注意到，许多组织资源的供给在需求产生之前就得到了很好的承诺。

在本章中，我们研究获取资源的决策，特别是预期在未来若干时期内产生效益的资源的决策。一般情况下，这些长期资源如机器和信息系统，通常先发生支出，然后在未来几年提供一系列收益。但是，初始投资也可能用于新产品和流程（如研发），在这种情况下，投资有望在未来通过销售新产品以及改进流程的成本、质量和周期时间效率得到补偿。

每当为获得某种资源或能力而进行的支出预计在未来期间产生收益时，就会出现一个问题，即如何将未来期间的现金流入与项目开始时发生的现金流出进行比较。任何将钱存入银行或货币市场账户的人，或者正在偿付抵押贷款或借款的人，都明白未来收到或支付的现金流的价值低于今天收到或支付相同金额的现金。对未来现金流进行折现提供了一种逻辑，通过该逻辑，在许多不同年份支出和收到的现金可以加以比较，以便将所有现金流相加，提供投资价值的总体衡量标准。

20世纪50年代中期，评估长期资产投资的折现方法在企业中被广泛采用。今天，学生在财务和管理会计入门课程中深度训练了这些方法。因此，折现方法，尤其是净现值和内含报酬率的计算，本书的读者现在应该都熟悉了。随着电子表格在个人计算机上的普及，广泛使用折现方法来评估拟投资项目已不存在技术障碍。

但是，尽管许多企业对这项技术有着丰富的经验，且学生在会计和商业课程中接受了理论培训，仍有人认为这项技术太受局限。他们指出，在实践中，现金流量折现（discounted cash flow，DCF）

技术通常仅适用于厂房和设备投资以及新产品。DCF 很少被应用于研发、广告或员工培训，因为这类投资没有提供简单、可量化的现金收益流。

我们认为，对财务分析对未来能力投资的适用性的关注主要集中在两个方面：

● DCF 技术是否与当今的技术投资相一致，这些技术投资不仅是为了提高效率和降低成本，也是为了提高质量、缩短周期和增强灵活性。

● DCF 方法能否捕捉到可以从某些产品和流程投资中创造的所有学习、成长机会和组织能力。

在本章中，我们将讨论传统资本预算和净现值分析在以上两方面的扩展应用。

12.1　需要一个新理论吗

我们对企业在资本投资中使用 DCF 方法的实践进行了研究，发现了许多缺陷，但这些缺陷是应用上的，而不是理论上的。因此，许多学生希望在实践中应用 DCF 技术，他们需要了解这些缺陷，以及如何克服它们。缺陷往往发生在以下情况下：

● 管理者要求在任意短的时间内收回投资；

● 使用过高的折现率；

● 针对风险进行不当调整；

● 将新投资与不切实际的现状替代方案进行比较；

● 强调增量而非整体机会；

● 未能确认新投资的所有成本；

● 忽视新投资项目的重要收益。

我们将依次解决这些问题。

12.1.1　短期视野

许多企业要求在短期内（比如两三年）收回投资，特别是用于未经测试的流程技术的新投资。人们提出了各种理由来证明使用较短的投资回收期是合理的，包括管理者不相信未来现金流节省的估计值，以及需要保持流动性和自筹资金以降低企业的财务风险。所有这些都是临时的解释，它们都不是从 DCF 分析理论中产生的。当然，如果采矿业或木材行业的企业要求三年的投资回收期，那么这些企业几乎没有机会发展甚至生存。

DCF 分析理论中没有任何内容可以证明使用任意短的评估期是合理的。事实上，恰恰相反，DCF 允许将未来多年收到的现金流与现在或一年后收到的现金流进行比较。因此，批评者对短期视野的抱怨一定是关于他们的高级管理人员的决策跨度，而不是分析技术本身。

12.1.2　过高的折现率

当使用超过 20％和 25％的折现率来评估新投资方案时，使用 DCF 的主要缺陷可能就发生了。使用过高的折现率对长期投资的影响与使用任意短的评估期一样严重。由于折现率在每期内按照复利计算，因此未来五年或更多年份所获得的现金流将在分析中受到严重影响。例如，我们可以比较投资期分别为 5 年和 10 年，折现率分别是 12％和 25％的折现系数的差异，如下所示：

年份	折现率为 12% 的折现系数	折现率为 25% 的折现系数
5	0.567	0.328
10	0.322	0.107

显然，投资方案的投资期越长，受高折现率的影响越大。

对未来现金流量进行折现主要是为了补偿投资者因等待投资回报而失去的现金投资机会。因此，折现率应该反映这些投资者的资本机会成本：他们本来可以从具有可比风险的投资中获得什么。在过去 30 年中，金融和经济学领域广泛的实证和理论研究已经为确定投资资金的机会成本建立了有用的指导方针。

人们可以通过以下两种方式之一来估计权益资本成本：使用每年 12%～13% 的企业股票的历史名义回报率；或使用 8%～9% 的实际回报率（扣除通货膨胀），并加上项目生命周期内的预期未来通货膨胀率。这两种方法都是合理的，并且比一些企业使用超过 20% 的折现率的做法有显著的改进。

错误地使用超过 20% 的折现率来折现未来现金流可能出于多方面原因。第一，可能是一些企业的权益资本成本来自其会计报表。对于组织来说，股东权益的会计回报率超过 20% 并不罕见。但会计上得出的权益回报率数字存在很多缺陷，用它估计企业资本投资项目的报酬率非常不准确。除了杠杆作用（我们稍后将讨论负债融资），财务会计折旧方法、资本化和费用化决策以及租赁资产的使用都会使权益回报率数字发生歪曲。我们在第 10 章中已经讨论了会计惯例对分期投资报酬率的影响。我们注意到，一家企业的权益回报率很少能很好地估计其过去投资的回报率。

第二，可能是经理出于风险的考虑调整了折现率。由于对投资成本和未来现金收益的估计在分析中已经给定，折现率成为净现值分析中唯一可以"自由调整"的参数。因此，折现率不仅有助于使未来的现金流与当前的现金流进行比较（其唯一真正的目的），而且可以作为调整风险的"原始机制"。说它是"原始机制"，是因为利率的复利计算意味着项目风险也遵循复利法则，但这种假设往往是错误的。

新投资方案的大部分风险可能会在项目的早期得到解决。即使不确定新设备或新技术是否有效，我们也将在最初的 1～2 年内了解到结果。如果对新产品的需求也存在不确定性，无疑也会相对较早地为人所知。例如，对于租期为 20～30 年的新购物中心或办公大楼，当项目建成并确定入住率和租金时，主要的不确定性将得到解决。入住率和租金都可能存在很大风险，但是这种风险不能通过以总利率上升 10 个百分点或更多对 30 年期租金进行折现来适当量化。

举个极端的例子，投资赛马时，你相当于做了很多风险投资。风险是真实存在的，但从你下注到知道投资结果的时间间隔往往只有几分钟，所以不存在一个利率，即没有利率帮你决定是否下注或下注多少。除了对风险的狭隘定义（稍后将讨论）外，为了调整风险而武断地提高折现率是一个幼稚的手段，并将对长期投资造成不利影响。

第三，可能是企业使用名义利率（如 12%～13% 的长期权益投资回报率）对未来现金流折现时，对现金流本身不调整通货膨胀。许多企业使用今天的价格、工资率、材料成本和能源价格来预测未来的现金流。但是，如果资本成本估计中包含通货膨胀因素，如使用反映 4%～5% 的历史通货膨胀率的历史报酬率 13%，那么售出产品和投入资源的单价也应包含预期的未来价格上涨。在用折现率折现的资本成本中反映预期通货膨胀，而在预测拟投资项目的未来收益时忽略价格上涨，这是不一致的。另一个可选择方案是保留未来单价不变的假设，但使用 8%～9% 之间的实际（非名义）权益资本成本。

到目前为止，分析的重点是全部使用权益资本企业的资本成本。大多数企业通过长期债务融资取得其资产。公开交易的高等级企业债券的历史证据表明，债务融资成本远低于权益融资。长期投资级企业债券的回报率通常比通货膨胀率高出 1～3 个百分点。规模较小、风险较高的企业的回报必须稍高一些，以补偿债权人所承受的较高风险。

为企业债务支付的名义利息在计算所得税时具有抵税效应。因此，如果长期债务的名义成本为每年 $I\%$，则企业债务的税后资本成本是 $I\times(1-t)$，其中 t 是边际所得税率。

计算权益和债务混合筹资的资本成本时，最简单的方式是计算权益和债务资本的加权平均成本。[1] 权重应分别是股权和债务资本占总市值的比例。许多企业使用其资产负债表中的账面价值来估计其债务权益比率，这显然不如利用权益和负债市价计算的权重更合理。但是，当市价（尤其是私人持有或存在不列入资产负债表的负债）难以估计时，使用账面价值计算的权重可以提供一个大家能接受的估计数。

当把 13% 的股本成本与 5% 的名义税后债务成本相平均时，很显然企业的总资本成本将在个位数范围内。这一结果使得使用 20% 以上的折现率更加站不住脚。因此，对 DCF 技术的许多担忧除了反映企业长期资产投资的财务过程抑制项目革新外，什么也说明不了。

当一家企业的资本结构中存在负债，还有可能产生另一种错误。利息支出往往作为费用在企业利润表中反映出来。在预测投资的现金流时，企业经常从项目的现金流中按比例减去企业的利息费用。这种计算是错误的，因为利息费用（类似于股东的股利和资本利得）已经包含在用于折现未来现金流的折现率中。资本成本包括因项目而产生对负债还本付息的能力。从项目的未来现金流中扣减利息费用将导致重复计算利息（一次在分子、一次在分母），因此会导致项目的吸引力比实际的要小。

12.1.3　风险调整

我们已经对在项目风险调整中主观武断地提高利率以达到补偿项目风险的做法表示质疑。理论和证据都支持把一些风险调整考虑到折现率中。但这种风险调整应该是来自投资者的不可分散风险。如果结果的不确定性与其他企业面临的不确定性不相关，则结果的纯粹不确定性不需要风险调整。持有多元化投资组合的投资者需要补偿的唯一风险是系统性风险，即企业之间的不可分散风险。

系统性风险可能更多地来自企业产品市场的性质，而不是生产过程中的不确定性。因此，对于现有的和拟定的技术投资，这种风险是相同的。衡量企业或分部的系统性风险相当复杂，在金融课程中对此有深入的讨论。[2] 就我们的目的而言，当代传统金融思维引导我们使用根据资本资产定价模型估计的分部的 β 系数来调整风险。在实践中，β 系数调整可能会使权益资本成本上升或下降几个百分点，具体取决于该分部的典型业务和财务风险。

使用资本资产定价模型的 β 系数对一种类型的风险进行调整，可控制股东的系统性风险，并避免资本成本任意上升造成的扭曲。然而，每当经理们进行重大资本投资项目时，他们仍然面临项目及其职业生涯的特定风险。我们认为，提高折现率对控制此类风险不是一个好办法。较好的方法是管理者对一个重要投资项目依据不同的投资前景估计不同的后果。[3] 现在可以使用广泛应用的标准电子表格系统进行这些模拟。或者，管理者可能对投资项目设定最可能、最积极和最悲观的情况。我们以建设购物中心或办公大楼为例，这三种情况可能对应于正常的入住率和租金、完全的入住率、较低的入住率。在每种情况下，管理者将估计与假设情景一致的投资成本和未来现金流，然后，将所有未来现金流折现到当前，在考虑不同情况下的净现值之后，管理者对资本成本作出风险评估。

12.1.4 新投资项目的备选方案

任何新的投资都会被评估，无论是明确的还是隐含的，都要与不承担新投资的替代方案相比较。新投资项目是否可行关键取决于如何评估替代方案。许多企业使用当前条件，即现状，作为基准替代方案，即它们假设可以在不投资新技术的情况下维持当前的现金流。因此，拟投资方案必须以未来现金流的改善（例如，降低劳动力、原材料或能源的成本）来证明其合理性。这种情况如图表 12-1 所示，其中水平线表示在未来仍维持目前的净现金流，水平线上方的虚线表示进行新投资后的现金流。基于这种假设，在水平线上方的阴影区域所节约的现金流可能不足以偿还该项新技术的初期投资。

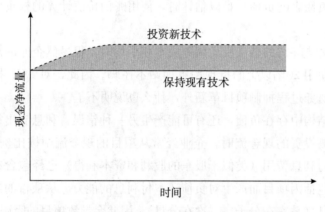

图表 12-1 新技术和现有技术比较：保持企业现状

但西方国家许多行业的经验清楚地表明，一家企业在错过新技术投资机会后，能继续维持现有水平的现金流是不现实的。因为当一项新的流程技术为一家企业所用时，它很可能也会为竞争对手所用。即使现有的竞争对手决定不采用新的流程技术，海外企业（比如新兴工业化国家）也可以在建造新工厂以生产有竞争力的产品时采用这项新技术。因此，不采用新流程技术的最可能的后果是相对于领先的竞争对手成本或质量出现下降。一旦一家企业失去了技术领先地位，它将很难维持目前的市场份额和毛利率。这一困难将导致未来几年的现金流下降。正是这种现金流下降的模式（见图表 12-2）代表了选择拒绝新技术维持现状的最可能的现金流模式。

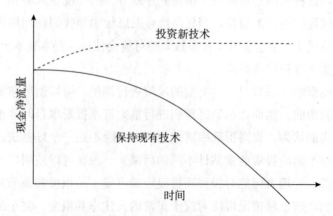

图表 12-2 新技术和现有技术比较：认识到丧失技术领先地位的损失

流程创新"魔鬼"一旦从瓶子里出来，就无法被捉住并塞回去，它将流向当前或未来的竞争对手，他们将颠覆现有市场结构。因此，投资新流程和维持现状之间的现金流差异将比图表 12-2 所示的差异更大。不幸的是，与我们目前可以相当精确地估计的现金流状况不同，我们可能无法确定图表 12-2 中的曲线在未来几年会以多快的速度下降。或许研究一下美国消费电子、钢铁和机床等行业企业的经验，就可以看出一旦技术领先地位被海外竞争对手夺走，美国企业的衰落速度如何。衰减率可能是每年 5%，也可能是每年 12%。敏感性分析可以有效地应用于检验结果如何随不同的衰减率而变化。我们可以肯定的是衰减率是零的假设是完全错误的。

12.1.5　增量与整体分析

当前实践的另一个问题是偏重增量式而不是革新性项目。许多企业的资本审批程序根据申请规模的不同，规定了不同的授权级别。[4] 例如，低于 100 000 美元的小额投资项目，可能只需要工厂经理的批准，而超过数百万美元的投资可能需要董事会批准。然而，这个看似合理的程序为管理者创造了一种动力，促使他们提出一系列小项目，这些小项目的投资金额略低于需要更高级别批准的临界点。随着时间的推移，一个分部可能会进行大量小额投资，对其基本设施进行微小的改进，每项改进都承诺充分节省劳动力、材料或间接成本，或通过缓解现有的生产瓶颈来提高收入。但总的来看，由于物料流动模式不理想，工厂的效率将会降低。该工厂甚至可能因为其核心生产设备中嵌入的过时技术而过时。

每年，分部经理可能会提出并实施一系列生产过程中的小改进，以缓解瓶颈，增加必要的产能，或者基于直接和易于量化的收益引进自动化孤岛等。这些项目单独来看可能具有正的净现值。然而，这些零星投资，使该分部永远不能获取基于有效利用最新的制造运营组织和技术进行流程再造和设备革新而实现的全部收益。可能有许多这样的年度增量式项目分散在各处，投资尚未收回。如果该工厂被废弃，过去几年的增量式投资将被证明是不合理的。

这种零星投资方法的一种替代方案是预测工厂的剩余技术寿命，然后确定一项政策，即不接受在该期限内无法得到补偿的流程改进。在具体期限结束时，旧设备将被报废，取而代之的是采用最新技术的新设备。尽管一切照常进行的增量式投资可能是正确的，但与推迟大部分投资而获得未动用资金的利息，然后革新工厂的替代方案相比，这些增量式投资的总净现值可能更低。同样，无法评估这种总体投资并不是 DCF 分析方法的局限。没有将分析应用于所有相关备选方案导致了失败。

12.1.6　前期投资成本

大多数投资方案严重地低估了与安装新设备相关的初始成本，特别是那些具有显著新技术特征的设备。一般来说，硬件成本会在获得供应商的报价后得到很好的估算。但是，许多新设备还需要大量的软件开发。不太熟悉数字处理技术的企业可能会忽视使其新设备正常运转并发挥作用所需的大量软件投资。财务会计要求将内部软件支出在发生时予以费用化也加剧了这种忽视倾向。这样的例子有很多，因为缺乏软件支持，许多昂贵的新机器从未发挥过其生产能力。

除了对新技术的投资成本进行更贴近实际的估计，还应明确认识到前期的软件和程序开发成本。许多企业将资本资金与运营支出分开预算。如果资本预算没有包含前期的软件和程序开发成本，则最终将不得不由运营资金提供。短期利润目标和预算压力将导致经理减少诸如新机器软件等"无形资产"的支出。在没有足够软件支持的情况下，机器过早上线实际上将导致推动新流程技术的最终失败。

另一类似错误是组织在投资新流程技术时，不能为重新培训和教育工人、主管和经理提供预算资金。我们观察一家汽车装配厂，在安装电子控制焊接、喷漆和输送设备的几个月里，工人们都在休假。安装完所有硬件后，工人们被召回，并被指示开始在新汽车生产线上工作。这家工厂后来表现出了其历史上最慢的产能增长，因为工人们在严峻的生产压力下努力学习如何使全新的生产设备运行，以及如何排除和维修经常发生的机器故障。正如电视广告提醒我们的那样，"您可以现在花钱（参加培训和教育），或者您可以晚一点付款（为低产量、频繁停机、士气低落、高离职率和昂贵的维修成本买单）"。20 世纪 80 年代通用汽车董事长罗杰·史密斯（Roge Smith）认识到，"单纯在新技术上进行投资而没有在培训和教育工人方面进行足够的投资，只会使工人们以更快的速度生产废品"。与软件和程序开发一样，财务会计要求培训和教育成本在发生时计入费用，这使许多企业无法认识到，这些成本与硬件成本一样也是新技术投资中的一部分。

此外，在弹性生产技术上的投资通常需要追加投资，以创造新产品开发的能力。现在，拥有弹性生产技术的企业可以定制产品和服务，而不是仅生产标准的产品组合。但要充分利用这种能力，企业必须改变销售队伍。以前，销售人员主要负责接受和谈判现有产品的订单。新的弹性生产技术则要求销售人员必须具备开拓市场，了解和预测客户需求，并执行定制的应用程序的能力。销售人员不仅要发现新的机会，还必须将这些机会转化为新产品。如果一家企业不追加投资来提高销售人员的技能，那么新的、弹性设备的能力将得不到充分利用。如果要实现这些技术的全部预期收益，就必须将这种技能提高的成本纳入新制造技术"投资"。

12.1.7 使用传统成本系统的潜在收益

对新技术的投资，尤其是信息密集型技术，如弹性制造系统（flexible manufacturing systems，FMS）、计算机辅助设计（computer-aided design，CAD）和计算机辅助工程（computer-aided engineering，CAE），使企业能够高效设计和生产小批量定制产品。但这些技术在直接人工、实际机时或直接材料使用方面几乎没有节省。在作业成本法出现以前，投资新设备的收益通常来自直接人工和机时的节省。这种人工和机时的节省可以直接与企业传统的以产量为基础的成本核算系统联系在一起，即间接费用根据直接人工分配率和机时分配率分配到产品中去。弹性设计和制造技术（如弹性制造系统、计算机辅助设计和计算机辅助工程）通常不能节省人工和机时，而使用成本低得多的"硬接线"专用机器可以实现人工和机时节省，这些机器不包含复杂的微处理器、微控制器和广泛的自动控制材料和工具处理设备。因此，很难判断为获得这些弹性生产能力而发生的追加费用是否合理。实际上，直接人工和机时成本核算系统无法反映快速推出新产品和从一种产品快速转换到另一种产品的收益。

作业成本法能够反映批量和产品开发及产品维持活动的成本（见第 4 章）。作业成本法揭示出传统生产制造过程所需的批量活动的高成本：

- 从一种产品转换（生产准备）到另一种产品；
- 原材料从一台专用机器传送到另一台专用机器；
- 每次生产运行后的检查项目；
- 计划生产运行，为生产运行准备原材料和工具。

作业成本法还揭示了多生产线、深度定制化生产的高成本，包括产品维持成本：

- 设计新的型号和差异，以满足客户的个性化需求；
- 维持生产大量产品所需的生产能力（如维护工程图纸、物料清单更新，人工和机器路线，以及标准成本信息）。

将作业成本法用于企业的整个供应链上，揭示出以下活动的高成本：

- 从许多不同的供应商处订购和安排小批量原材料；
- 处理小批量专门产品的客户订单。

因此，与引进弹性制造和设计技术以及客户和供应商之间的电子数据交换相关的许多收益——在实际的和可量化的成本降低及消除方面——是看不见的，因为企业将辅助业务活动的成本归集到间接费用中，而这个间接费用根据人工和机时进行分配。作业成本法的出现使企业能够更加可视性地理解先进电子制造、设计和信息技术投资对实现运营成本节约的影响。

12.2 衡量新流程的全部收益

传统的项目评价方法主要是估计未来在原材料、人工和能源方面的节约，因为企业成本会计系统通常可以很好地计量和跟踪这些投入。然而，这些生产流程创新技术提供了传统成本会计和项目评估系统无法计量的好处。这些好处包括减少库存、减少占地面积需求和质量改进。

12.2.1 降低库存水平

成功采用弹性自动化技术所享有的灵活性、更有序的产品流、更高的质量和较好的计划水平，将大大降低在产品（work-in-process，WIP）和产成品的存货水平。许多企业报告表明采用该技术使存货下降了 75%～90%。

当新设备投入使用并且降低存货时，库存水平的降低意味着大量现金流入。由于存货的减少通常发生在项目生命周期的初期，所以折现的影响并不是很大，这样减少存货带来的现金流特别有价值。

假设一条生产线，其预期的月度销售成本为 50 万美元。利用现有的设备和技术，生产部门的库存约为三个月的销售量。在投资弹性自动化技术后，分部主管发现浪费、废品和返工减少了，可预测性更高，生产周期更快，平均库存水平减少了 2/3。库存从三个月的销售量降到一个月的销售量，可产生 100 万美元的现金流入。如果销售量每年提高 10%，则企业在未来几年均可享受到因存货减少而增加的现金流。如果在下一年销售成本提高到 55 万美元，那么减少两个月的库存可以在当年节省 10 万美元，第二年节省 11 万美元，第三年节省 12.1 万美元。此外，当引入新品种或新模式时，过时存货将更少。

除了减少库存带来现金需求明显减少，许多由于持有、运输、计划和检查库存而产生的间接成本也会相应减少。研究表明，引入新资本设备会导致生产率下降，但存货水平的降低会产生更大幅度的生产率提升。[5] 因此，引进新设备而导致的最初生产率下降，可以被以低得多的库存水平运营所带来的更高生产率所抵消。此外，随着库存的减少和小批量的连续流动生产而非大批量的批量生产，对叉车和司机的需要将减少，甚至可能消除。

12.2.2 节约场地空间

新的流程技术通常能够以更少的占地面积完成相同的工作。在大多数工厂里，仅仅是消除储存在地面上或地面周围的库存，就能腾出大量的生产空间。通过更好地计划和协调来更高效地对机器分组，将大大减少占地面积。企业报告称安装柔性制造系统后，可节省 50%～70% 的空间。传统的财务和成本会计系统很少计量这些真实存在的空间节省。大多数组织对空间的需求不断增加，要么用于生产，要么为了工程、支持和人员管理，因此任何实现的空间节省都代表了企业真正的现金收益。减少场地需求所节省的成本既可以按年计算（基于新场地的单位面积租金成本计算），也可以一次性估算（类似于根据新场地建设成本计算减少库存节省的费用）。

12.2.3　质量改进

质量水平的大幅提高是新技术投资带来的一个主要的有形收益。正确安装和操作自动化生产设备，直接带来更标准的生产，并大幅降低废品、返工和浪费量。随着生产标准化水平的提高，企业所需要的检测工序和检验员数量减少。自动检测几乎可以消除所有零件的人工检测，同时不合标准的零件能够被立即检测出来，而不必等到一整批产品都被生产出来后才检测出生产问题。

因质量改进而节约成本的机会可以首先由收集的信息加以估计，这些信息包括组织当前在生产、修理和丢弃劣质产品上的费用。其中一些成本将出现在诸如检查、报废、损耗限额和返工成本等类别中。这些分类无法捕捉到质量不合格产品的所有成本。例如，在工厂内储存、搬运这些低质量产品，以及为这些瑕疵产品安排返工，都会增加组织的成本。通常，这些成本隐藏在间接费用中，然后分配到所有产品中去（包括合格产品和劣质产品）。我们的分析应该尝试确认生产劣质产品发生的所有成本，包括检查、稽查和返工成本。

所有这些费用反映了改进生产过程可以削减的当前费用池。一旦知道这个池子的规模，我们就可以估计新流程技术的好处，这些技术有可能将质量不合格产品的产出率降低 50% 或更多。

12.2.4　更加准确但不一定精确的估计

库存、场地空间和质量方面的预计节约数通常是根据类似企业或分部的经验进行估计的。这些节约很难估计成企业财务和成本会计系统中惯用的精确数字。但是，如果保守地认为难以估计的收益应当为零，错误就发生了。出于财务上的考虑，只要把第一位数或第二位数写对，并知道应是几位数即可。模糊的准确总比完全错误好。

12.2.5　难以量化的收益

在约瑟夫·鲍尔（Joseph Bower）关于资本预算方法的经典研究[6] 中有这样一个例子，一个特种塑料分部的经理想要引进一个弹性设备，以便能对变化的市场需求迅速做出反应，并能有效地把在研发实验室中开发的新产品投入小批量生产。当企业财务人员坚持要了解基本情况时，即如果不引进这个弹性设备，情况将会怎样，经理不得不承认弹性设备生产的产品也能够利用现有的闲置设备进行生产。但同时，经理坚持认为现有的生产能力并不能提供弹性设备所带来的质量和成本优势，可是他们不能用有形的现金收益来证实他们的想法。因此，企业管理者假定生产该新产品的增量成本基本为零。

甚至经理也不能清楚地说出这种拟定的设备项目（该设备使企业能够有效地生产不断变化的数量和产品组合）所带来的弹性收益。企业的资本预算表要对特定的产品组合估计现金流，这就迫使经理假定一个标准的产品组合。这一制约因素使分析无法捕捉到难以预测的产品组合和尚未实现的产品灵活性的优势。最终，由于难以估计弹性设备带来的节约额与收益，该项目最终被舍弃。

新的流程技术，尤其是那些信息密集型技术，为彻底改变经营方式提供了机会。其中一些变化将反映在前面所述的库存、空间和质量成本的大幅节约上。但是，除了目前正在发生的上述可见的成本降低，新的生产技术还可以显著提高弹性，更快地响应市场变化，显著缩短生产和交货时间，提供技术进步所带来的学习和成长机会等。

12.3　组织能力的投资[7]

最近对几项实地研究的分析发现了以下五种对组织生产能力非常重要的投资：

- 外部整合，提升品质。
- 内部整合，提升速度和效率。
- 弹性，改善响应能力和多样性。
- 试验能力，实现持续改进。
- 推陈出新，实现根本性革新。

我们对上述能力逐一简要总结。

12.3.1　外部整合：将产品设计和客户联系起来

日本制造商通过对将客户、工程人员、供应商和制造过程相联系的信息系统的投资，创造了高质量的产品。外部整合是将对客户的了解和产品工程设计细节联系起来以创造和改进产品的能力。外部整合必须：

- 构建系统来收集、整理和分析关于客户和他们使用产品方式的信息。这个过程包括培训销售人员和服务组织，去获得深入的有关客户需要的信息。
- 将客户需要和产品工程设计联系起来。

外部整合的这两个方面是相辅相成的。企业必须了解客户如何使用它们的产品，并将这种了解传达给正在设计或再设计产品的工程师。如果不进行这方面的大力投资，企业就不太可能按照客户需要的方式生产产品。

12.3.2　内部整合：将企业内部职能联系起来

当问题的解决需要各部门和各职能部门互相配合时，内部整合就应运而生。一个职能部门（如产品工程设计部门）的决策应考虑其他职能部门（如制造、销售和财务部门）的知识、技能和关注点。高度的内部整合使企业能够加快新产品推向市场的速度，并大大降低产品开发过程的成本。

订单履行流程中的内部整合——预订和接收客户订单、计划生产、执行生产以及将订货配送给客户——应该为业务单元提供及时的能力，以便在较短的交货期内满足客户需求。当竞争对手的交货期为60～90天时，企业提供1～2周的交货期就能够获得溢价和占有更高的市场份额。大大缩短交货期将使企业能够快速响应市场需求的变化。如果营销部门发现客户的偏好发生了变化，工厂可以对产品组合和设计迅速做出修改。该企业将击败市场上技术落后的竞争对手，并避免在产品和产成品的过时，但是生产周期为2～3个月的竞争对手则无法做到这一点。

内部整合要求来自企业不同部门的专家具有共同的语言、观点和目标，专家们还必须拥有专门的信息系统以促进互动，如共享数据库、计算机模拟和测试能力、快速地设计原型以及从客户到生产和分销的集成系统。企业职能部门之间的广泛交流和协作要求企业在员工教育、培训、职业发展和明确激励方面进行投资，以在交付现有产品和推出新产品的效率和速度方面产生期望的回报。

12.3.3　弹性：对变化快速响应

弹性使企业能够以低成本迅速地改变产品和生产过程，使企业能够快速响应顾客需求、市场状况和竞争对手的变化。弹性可以从以下几个方面来衡量：

- 品种：有能力生产多种产品，并随着需求的变化迅速改变产品组合。
- 数量：有能力改变生产速度，尤其在持续流动的生产过程中。
- 创新：有能力快速有效地将新产品引入制造过程。

例如，采用计算机集成制造（computer-integrated manufacturing，CIM）技术的企业可以轻松更改产品规格，快速处理生产订单变化，持续实施流程改进，以低成本适应产量和组合的进度变化，并在现有设备几乎不中断的情况下推出全新的产品。采用基于计算机的生产流程使一些企业能够在一个批量规模下高效生产。[8]

在短期内，计算机集成制造设备与较便宜的自动化设备执行的功能一样。计算机集成制造设备的弹性没有得到充分利用，因此很难证明与产品设计师及工程师的工作站、程序控制和弹性材料处理设备相联系的额外支出是否合理。随着时间的推移，计算机集成制造设备凭借轻松适应工程变化、产品再设计以及重要产品变化与革新的能力，其弹性优势终将体现。

再举一个例子，为了实现产品灵活性，企业需要在标准件设计上投资，这样组件和配件能够以一定的方式组合起来，以满足不同使用者的需要。标准件提高了设计的初始成本，但使企业能够提供更多样化的产品线，而无须为小批量定制支付较高的常规成本。过程弹性要求对操作程序和软件进行投资，以实现快速转换并能够应对意外的突发事件。将此类突发事件嵌入到日常操作程序中，需要在培训、模拟、设计和软件测试上进行巨额的前期投资。其回报来自能够在几分钟内改变输出的能力，而不是传统的、不灵活的流程所需的数小时或数天。

12.3.4　试验能力：实现持续改进

持续改进要求组织成员持续参与试验和学习活动。这个过程要求熟练的操作人员使用科学方法和统计分析来对生产过程进行系统调查。

试验能力要求两种互补的投资。首先，企业必须具有研究能力，包括额外制造能力，以便能在工厂内进行试验。这种研究能力包括用于收集数据的传感器和工具，以及用于组织、分析和报告数据的人员和系统。其次，企业必须具有科研人员和操作人员之间的沟通系统，以及人力和组织技能，以快速有效地从系统数据分析中得到启示。这些能力将使企业通过充分利用不断试验获得的知识，来修改和完善已有实践。

12.3.5　推陈出新：实现根本性革新

许多企业不愿意用无法证明成本改善的新流程取代现有流程。例如，美国钢铁制造商就曾在延误几十年后，才引进连铸生产技术，尽管与企业传统的批量生产过程相比，该技术具有成本和质量优势。这些希望保持现有市场地位的企业在资本预算中没有认识到这一点，即购置新技术的决策也为企业提供了参与未来改进的机会。那些在 20 世纪 70 年代投资于电子控制机床的企业获得了微处理器和微控制器技术进步的技术期权，类似于股票期权。随着集成电路芯片的能力提高了几个数量级，这些企业可以通过改装更先进的电子元件来提高机器的生产能力。继续使用机械的、人工操控机床的企业未能获得技术进步期权，因此无法从电子芯片的巨大性价改进中受益。在新生产技术方面的投资也使整个企业有机会了解前沿的生产过程技术。因此，许多启动成本最终能被使用类似技术的其他项目所分担。将所有的前期成本分配到特定项目使企业无法认识到未来项目的最终收益。

尽管存在这些收益，但面对快速的技术变化，一些管理者认为推迟投资直到技术进步和变化速度放缓时再投资，是一个较安全的策略。这些企业没有意识到在向全新生产技术转变时，学习过程的重要性。由于等待，它们推迟了学习过程，最终发现企业在组织和技术上都远远落后于竞争对手，也许将永远无法赶上。实际上，它们没有获得技术进步期权。

更普遍的情况是，企业抵制或推迟推出新产品，因为这将严重削减其现有产品的销售。IBM 和 Digital Equipment 对个人电脑和强大的工作站反应迟钝，部分原因是管理者担心蚕食他们更有利可图的大型机系统和微型计算机的销售。正像这些例子所表明的，引进同类新流程和新产品的意义远远超出在维持企业现状和拟订改进方案之间的简单财务比较。有时，看似对现有流程和产品的破坏性创新实际上会提供新的组织能力，从而产生可观的未来回报。但是，除了对实物资产的投资外，只有在引入新产品或新流程的同时，对程序、信息系统和新员工技能也进行投资，企业才能获得这些未来收益。

第一种类型的投资是以较低成本为企业提供试验新机会的能力，并在选定的市场中测试，这样不会影响支持和改进现有产品、客户和流程的努力。如果在试验和市场测试中被证明是成功的，那么将需要另一种能力来继续新的方向。第二种类型的投资涉及新产品设计和流程方面的卓越能力，加强新产品或流程的同时，有序地逐步淘汰旧产品或流程技术。

12.4 小 结

对组织能力的投资可能是业务部门可以做出的最重要的投资之一。例如，外部整合可降低产品风险；内部整合提高了机会产生的频率和业务部门响应客户需求的速度；弹性扩大了给定投资相关的投资范围；试验能力允许企业随着时间的推移进行系统性改进和价值创造；推陈出新可以阻止竞争者进入，并提高企业的市场份额。

这些组织能力的收益与传统资本预算系统所衡量的成本、库存、空间和质量节约同样重要，甚至更重要，但是更难以量化。我们可能不确定在我们的收益估计中应该有多少个零（它们是以千还是百万为单位），更不用说第一位数字的确定。这种困难很大程度上是由于许多收益表现在收入提高上，而不是成本的节约上。对已发生的成本降低百分比给出一个大致的估计是非常容易的。但对于尚未发生的收入提高来说，很难说它将在什么时候、什么领域发生，更不用说估计其大致数额了。但是，尽管这些收益难以量化，在进行财务分析时，我们也没有理由将它们估值为零。零和其他数字一样武断，我们必须避免将我们知道存在但是难以量化的收益估值为零的陷阱。

由于难以量化收益，对组织能力的投资往往被忽视。所有组织投资必须在常规资本预算系统要求量化收益的环境中被证明是合理的。一些"无形"支出，如研发、广告和培训，确实与常规的资本预算系统并存，因为这些支出的批准往往取决于高级管理人员的判断或他们对投资前景的信心。这些支出可以被正式地编制预算，定期报告的结果可以用来评估结果与预期是否一致。然而，对组织技能、系统和程序的投资很难清晰地界定，它们会以间接的、彼此非线性结合的方式影响企业价值。非线性或非可加性的来源之一是阈值效应，即由于忽略一个小而关键的因素，可能无法实现生产能力。同时，生产能力通常是相辅相成的。两种生产能力协同工作的价值通常要超过任何一种单独工作所创造的价值。

净收益问题

新的组织和会计系统除了需要记录资金流动，还需要记录质量、速度、弹性、革新及改良速度等指标。[9] 新的计划和资本预算制度必须建立，它们必须能衡量一个项目对企业业绩的主要动因的影响程度。随着时间的推移，投资的生产能力观与第二次世界大战后一直被使用的正式的、以财务基础为导向的资本预算系统融为一体。

但是，由于缺乏衡量企业生产能力价值增量的新方法，我们仍需要一些机制来评估这些投资。将难以计量的收益与那些易于量化的收益结合起来的方法之一是先估计我们有信心的年度现金流量。首先，我们应该估计相对容易计量的每年现金流量：新设备和新系统的现金流出，加上把它们引入企业生产过程中的现金流出，涉及数据库系统、软件培训及教育等方面。此外，对于计算机处理技术我们应估计来自人工、存货、场地和质量节约的有形收益。其次，我们要进行现金流量折现分析，使用一个敏感（但说得过去）的折现率，考虑相关且具有现实性的备选方案，并检查可能的方案。如果新技术投资的净现值为正，则可以采纳购置决策，这是因为即使不算那些难以计量的收益，我们也已经达到了投资的财务要求。

但是，如果净现值为负，就需要估计为了使投资可行，每年的现金流量必须增加多少。例如，假设在投资有效期内每年额外增加 1 000 000 美元足以使项目获得预期的回报。然后，管理层可以确定这项投资对组织在内部整合、外部整合、弹性和组织学习方面，以及技术上的预期提升，包括对未来项目的溢出效应，每年是否价值至少 1 000 000 美元。企业是否愿意每年支付 1 000 000 美元去享受这些收益呢？如果是，就采纳该项目。然而，如果证实投资可行所需的额外现金流量非常大，比如每年 10 000 000 美元，虽然管理层仍会评估组织能力的改进，但可能认为该投资不值得每年花 10 000 000 美元。此种情况下，拒绝提议的投资项目是相当理性的。

与其对难以计量的收益进行估值，不如对这个问题进行逆向思考，即首先估计需要多少收益才能进行拟定项目的投资。高级管理人员也许断定改进的弹性、快速客户服务、市场适应能力以及对新流程技术的选择价值为每年 100 万～200 万美元，而非 1 000 万～1 500 万美元。在这一最后阶段，我们可以依据信念投资，但正规分析至少减少了这种信念的代价。

◫ 注　释

[1] 如果这是财务管理课程，而不是管理会计课程，则我们必须花大量时间去选择合适的资本成本。现代财务经济学用一个调整的净现值来分别计算实际现金流量以及筹资（包括避税手段、破产风险、期权和对冲）对现金流量的影响。T. A. Luehrman, "What's It Worth? A General Manager's Guide to Valuation," and Luehrman, "Using APV: A Better Tool for Valuing Operations," *Harvard Business Review* (May-June 1997) pp. 132 - 54.

[2] Good treatments are available in R. Brealey and S. Myers, *Principles of Corporate Finance*, 5th ed. (New York: McGraw-Hill, 1996); J. Van Horne, *Financial Management and Policy*, 10th ed. (Englewood Cliffs, NJ: Prentice Hall, 1995).

[3] D. B. Hertz, "Risk Analysis in Capital Budgeting," *Harvard Business Review* (January-February 1964), pp. 95 - 106; and D. B. Hertz, "Investment Policies That Pay Off," *Harvard Business Review*

(January-February 1968)，pp. 96 - 108.

[4] 关于资本预算流程中的组织与行为问题的记录与讨论参见 J. L. Bower, *Managing the Resource Allocation Process：A Study of Corporate Planning and Investment* (Boston：Division of Research, Harvard Business School，1970).

[5] R. H. Hayes and K. B. Clark，"Why Some Factories Are More Productive Than Others,*"* *Harvard Business Review* (September-October 1986)，pp. 68 - 69；and "Exploring the Sources of Productivity at the Factory Level," in *The Uneasy Alliance：Managing the Productivity-Technology Dilemma*, ed. K. B. Clark，R. H. Hayes，and C. Lorenz (Boston：Harvard Business School Press，1985)，pp. 183 - 84.

[6] J. L. Bower, *Managing the Resource Allocation Process* (Boston：Harvard Business School Press，1986).

[7] 本节内容参见 C. Y. Baldwin and K. B. Clark，" Capital-Budgeting Systems and Capabilities Investments in U. S. Companies after the Second World War," *Business History Review* (Spring 1994)，73 - 109。

[8] 计算机集成制造的规模经济见 J. D. Goldhar and M. Jelinek，"Plan for Economies of Scope," *Harvard Business Review* (November-December 1983)，pp. 141 - 48；M. Jelinek and J. D. Goldhar，"The Strategic Implications of the Factory of the Future," *Sloan Management Review* (Summer 1984)，pp. 29 - 37.

[9] 在平衡计分卡中需要回顾战略与财务和非财务指标的结合，见第 8 章的讨论。

📖 习 题

[12-1] 朴次茅斯陶器公司

朴次茅斯陶器公司主要为纪念品和旅游行业生产陶器产品。公司生产部经理萨姆·富兰克林现在正考虑为第 5 条生产线购置一个新窑的可能性。这条生产线主要生产陶器纪念品。该新窑需耗资 700 000 美元，其寿命为 5 年。朴次茅斯陶器公司的边际税率为 35%。新窑在使用期内的折旧率分别为：第 1 年，16%；第 2 年，21%；第 3 年，21%；第 4 年，21%；第 5 年，21%。

新窑将替代现在的旧窑，旧窑的寿命也是 5 年。现在旧窑已提完所有折旧，其残值为 25 000 美元。

使用新窑生产目前的陶器每年节约的成本是 100 000 美元。此外，新窑的规模和特性能够使朴次茅斯陶器公司生产一种新款陶杯，在陶杯上可印上客户促销信息。该新产品业务每年的税前净收益预计为 120 000 美元。

5 年后新窑的净残值为 50 000 美元。朴次茅斯陶器公司要把高于资产未折旧历史成本的残值转入税前收益账户，并按正常税率缴税。

此项投资要求的税后报酬率为 14%。

要求：

(1) 应该购置这个新窑吗？

(2) 这项投资的报酬率是多少？

(3) 新窑每年节约的成本和增加的净收益至少要为多少，才能使投资方案得以实施？

(4) 该项投资所能接受的新窑最高购置价格为多少？

[12-2] 艾米电话公司（威廉·科顿）

艾米电话公司主要为美国东北部一个中等规模的社区提供电话服务。艾米公司总裁斯科特·怀特刚刚参加一场交易博览会，参会经历以及和其他公司同行的闲谈，让他对艾米公司在电信市场保持竞争优势的能力感到担忧。由于电信行业管制放松，以及当地新的竞争对手不断加入，艾米公司大量的客户已经被其他提供电信服务的公司抢走。

斯科特意识到，如果投资引进最先进的光纤技术和计算机设备，那么丧失的市场份额有可能被重新抢回来，同时，公司的经营效率也可能会得到提高。为此，他和一个提供光纤系统和计算机设备的供应商取得了联系，了解运营特点和成本方面的信息。该供应商能提供必要的光纤设备，加上相关的安装成本、计算机硬件和期初软件支持成本等总计为 30 000 000 美元。

该新设备功能强大且具有弹性，所占的空间要比现有设备小，所需的操作人员和辅助人员也较少。占用空间和人事辅助的成本节约可带来一定的收益。同时，新设备更加可靠且易于维护，在维护和修理上的成本也大大减少。当斯科特咨询了公司的产品工程和管理会计部门之后，这些部门提供了新设备运行后所带来的每年成本节约：

- 因占用空间减少而带来的占用成本减少额　　　2 000 000 美元
- 维护和修理成本的减少额　　　　　　　　　　4 000 000 美元
- 人工成本、福利和相关间接费用的减少额　　　7 000 000 美元

新设备也减少了所需营运资金数额。因为新设备可靠性的大幅提高，闲置存货以及需要修理的设备数量将降至最低水平。同时，高质量的客户服务也会使客户纠纷减少，更多的客户能及时支付账单。斯科特预计存货与应收账款将减少 5 000 000 美元，出于简化分析的目的，他假设这些节约在新设备投入运行之后立即发生。

除了硬件和软件的实际支出成本，斯科特也意识到新设备的安装可能产生大量内部费用。工程和管理会计部门对运行新设备的内部成本一次性估计为 10 000 000 美元，这其中包括对操作人员和维护人员再次培训的成本。出于内部报告的需要，这 10 000 000 美元的内部成本将要同 30 000 000 美元购置成本一起资本化。此外，这 10 000 000 美元的内部成本要在项目生命周期内摊销。出于简化目的，假设 10 000 000 美元内部成本与 30 000 000 美元购置成本同时发生。

该设备的供应商要求为每年维护计算机签订 1 500 000 美元的协议，同时计算机软件的维护和升级成本每年也需要 2 000 000 美元。该供应商坚信，如果给予适当维护，所有的设备至少可以有 10 年的使用寿命。该设备和软件系统估计 5 年后的变现价格是 5 000 000 美元，10 年后是 2 000 000 美元。在评估资本支出时，艾米公司通常使用 16% 的折现率和最多为 5 年的投资回收期。艾米公司以税前收益为基础对投资进行评估。

斯科特·怀特已经整理了所有数据，希望可以对新设备的投资进行评估。斯科特知道，除了这些可以计量的数据，新设备还会带来其他难以计量的收益，而这些收益并没有包括在分析中，他不知道如何处理这些收益。

要求：

（1）该项目的投资回收期是多少？

（2）假定艾米公司正常的资本成本为 16%，项目寿命期为 5 年，请计算该项目的投资净现值。考虑以现有投资标准，艾米公司是否应该采用新设备？

（3）斯科特阅读了一篇文章，文中称许多公司因折现率过高或投资回收期过短而拒绝新项目。他认为艾米公司应该使用 10% 的折现率和 10 年的投资回收期，请评价斯科特这种做法对净现值计算的影响。

（4）当决定是否采纳该项目时，你会建议艾米公司考虑哪些其他问题？这些问题应如何纳入分析之中？

案　例

伯灵顿北方公司：高级铁路电子系统的决策（A）*

高级铁路电子系统（advanced railroad eletronics system，ARES）可以帮助经营部门更好地管理资产。同时，我们可以更准确地安排机车和车厢，更高效地利用机车与轨道。另外，通过提供更加可靠和可见的运输服务，ARES 能使我们更好地满足客户的需求。

——运营部执行副总裁乔·盖拉斯（Joe Galassi）

1990 年 7 月，伯灵顿北方公司（Budinton Northem，BN）的高级管理者正在考虑是否投资一种自动化铁路控制系统，即 ARES。这项投资预期花费 350 000 000 美元，它将根本性地改变当时铁路运营的计划和控制方式。而且，这项投资的潜在影响相当大，实际上涉及了伯灵顿北方公司的所有组织部门。伯灵顿北方公司的管理者考虑是否进行这项投资已经有九年之久了。然而，管理者对于是否引入 ARES 项目仍存在一定分歧。

公司背景资料

伯灵顿北方公司始建于 1970 年，由 4 个独立的铁路公司合并而成。合并后的公司除了拥有一个庞大的铁路系统外，还掌握着储有矿产、木材、石油和天然气在内的丰富自然资源的大量土地的所有权。1989 年，伯灵顿北方公司每天发出的列车达到 800 个车次，其年收入达到 4 606 000 000 美元，净收益为 242 000 000 美元（见表 1）。

表 1　财务数据　　　　　　　　　　　　　　　　　　　　　　　单位：千美元

利润表	截至 12 月 31 日	
	1989 年	**1988 年重述**
收入		
铁路运输收入	4 606 286	4 541 001
公司和非铁路运输收入		158 516
收入合计	4 606 286	4 699 517
成本和费用		
薪酬和福利	1 701 146	1 630 283
燃料	327 606	288 477
原材料	319 497	341 126
设备租金	343 436	320 900
外购服务费	524 845	531 555

---

* Julie H. Hertenstein 和 Robert S. Kaplan 教授准备了本案例用于课堂讨论。Copyright © 1991 by the President and Fellows of Harvard College. Harvard Business School case 191–122.

续表

利润表	截至 12 月 31 日	
	1989 年	**1988 年重述**
折旧	309 206	350 948
其他费用	410 266	406 459
公司和非铁路运输费用	13 748	150 869
成本和费用合计	3 949 750	4 020 617
营业利润	656 536	678 900
长期债务的利息费用	270 272	292 050
诉讼费用		(175 000)
其他收益或费用（净值）	4 397	(32 655)
税前持续经营利润	390 661	179 195
计提所得税	147 670	80 493
持续经营利润	242 991	98 702
非持续经营利润		
净所得税		57 048
净利润	242 991	155 750

资产负债表	12 月 31 日	
	1989	**1988 重述**
资产		
流动资产		
现金及现金等价物	82 627	83 620
应收账款（净值）	430 355	685 018
材料和用品	133 286	157 954
递延所得税资产	119 589	98 339
其他流动资产	31 137	39 740
流动资产合计	796 994	1 064 671
财产和设备（净值）	5 154 532	5 078 262
其他资产	196 254	187 401
资产合计	6 147 780	6 330 334
负债和权益		
流动负债	1 287 966	1 218 757
长期债务	2 219 619	2 722 625
其他负债	268 721	270 702
递延所得税负债	1 277 715	1 186 124
负债合计	5 054 021	4 398 208

续表

资产负债表	12 月 31 日	
	1989	**1988 重述**
优先股——可赎回	13 512	14 101
普通股权益		
普通股	967 528	992 405
留存收益或亏损	131 544	(20 624)
权益小计	1 009 072	971 781
库存股本	(18 825)	(53 756)
普通股权益合计	1 080 247	918 025
负债和权益合计	6 147 780	6 330 334

资本性支出	截至 12 月 31 日	
	1989 年	**1988 年重述**
道轨	297	305
设备	154	155
其他	14	14
合计	465	474

资料来源：1989 年年报。

伯灵顿北方公司的各种经营和职能总部设在三座城市。其中，公司的首席执行官、总裁和职能部门（例如财务、战略计划、市场和人力资源部门）在得克萨斯州的沃兹堡。经营部门设在堪萨斯州的奥尔兰城，它是伯灵顿北方公司最大的部门，负责监督包括列车调度、运作和相关管理的各个经营分部。同时，它也负责管理诸如研发、工程和维修等支持性的辅助部门。公司其他职能部门（如信息系统服务部门）设在明尼苏达州的圣保罗城。

产品、市场、竞争对手以及取消管制的影响

伯灵顿北方公司的收入主要来自七种主要产品的运输：煤炭、农产品、工业品、林业产品、食品、消费品以及汽车。

煤炭运输是伯灵顿北方公司最大的收入来源，约占总收入的 1/3。公司承运的煤炭超过 90% 来自蒙大拿州和怀俄明州的帕得河流域。在 20 世纪 70 年代，伯灵顿北方公司已投巨资兴建帕得河流域的铁路线。如果美国政府能够针对酸雨立法，那么对帕得河流域出产的低硫煤的需求量将会大大增加。同时，伯灵顿北方公司的管理层认为帕得河流域的煤炭可以通过公司西部的海港出口到日本和太平洋流域国家。

煤炭的运输以车次或"列"为单位（每单位包括 108 节车厢，每节车厢载煤 102 吨，由 3～6 台发动机带动）。事实上，所有的煤炭运输业务都是与少于 24 个客户签订长期合同。要保证资产的利用率，周转时间非常重要。缩短平均周转时间能够使运输既定数量的煤炭所需的车次减少，从而减少对运煤车厢的资本投入。因此，运煤车次不会停运，伯灵顿北方公司的运煤业务几乎完全可以预测。运煤业务尽管对周转时间非常敏感，但对到达时间的准确性并不看重，这是因为煤炭不必使用特定的设备装卸或仓库储存，可以直接倾倒在地上。但是及时交付的电子设备的好处已被认识到。

伯灵顿北方公司运煤业务的主要竞争对手是其他铁路公司，尤其是联合太平洋公司。联合太平洋公司已经在运煤的高功率双轨铁路和新技术以及充分燃烧发动机上投入了巨资。伯灵顿北方公司的管理者认为联合太平洋公司已具有超强的运煤能力，而伯灵顿北方公司单轨铁路运煤正接近其运输能力极限。

农产品和主要粮食的运输是伯灵顿北方公司的第二大收入来源。战略性地服务于中西部和大平原的产粮地区，伯灵顿北方公司是春小麦的唯一指定承运人和玉米的两个指定承运人之一。虽然粮食和煤炭都是竞争较少的批量运输业务，但是运粮业务与运煤业务有很大不同。因为谷物的收获时间每年都有所不同，粮食的出口量也因市场粮价大幅波动而变化，所以运粮业务有更大的随机性。同时，谷物商人为追求最合适的价格，通常不会长期销售。伯灵顿北方公司的管理者预期，随着东欧经济政策的变化，这些国家的生活水平将会提高，从而导致对粮食需求的增加。根据在粮食产地及西海岸与海港的运输能力，公司预期这一运输业务在未来年份将会显著增加。

在20世纪80年代末期，伯灵顿北方公司通过"运输计划单据系统"改变了粮食运输方式。借助该系统，伯灵顿北方公司提出在未来6个月内每3天发出运粮车次的合同承诺。运输计划单据系统有助于降低粮食运输和价格上的随机性。不过，伯灵顿北方公司现在不得不保证合同所约定的运粮车次的车厢，不然的话，可能因无法履行合同而赔偿大量金钱。该系统是一个成功的革新，却使公司花费了额外的协调及计划费用。

销售部门经理约翰·安德森认为伯灵顿北方公司的其他五种商品的运输有许多相似之处：

> 尽管客户不同，但这五种商品都主要是由平板车厢和货车车厢来运输。客户有随机运输的需求，也有较强的服务质量敏感性。客户会在价格和服务质量上进行选择，这把我们置于和卡车运输激烈竞争的环境之中。

> 商品运输可看作连续的体系。体系一端是火车运输，如运煤和运粮。这些商品重量大、成本较低，同时对运输时效要求较低，而且往往都是大批量运输。体系的另一个端是卡车运输，如草莓、电子产品和服装。这些商品重量较轻、成本较高，同时对运输时效要求较高，而且往往都是小批量运输。在这相反的两者间，许多商品的运输是卡车和火车在价格与服务上进行竞争。

从历史上看，卡车运输已经占据越来越多竞争商品的运输业务。在第二次世界大战末期，大约70%的城市间运输由铁路承担。而第二次世界大战后，铁路在城市间运输所占的份额逐渐丧失，转为以卡车运输为主，特别是在服务易受影响的领域。高级铁路电子系统项目负责人埃德·布特解释了这种"卡车蚕食情况"的原因："卡车运输的收费是火车运输的两到三倍。但是卡车运输能送货上门，所以人们选择接受这种服务。"

近来在制造业出现的新趋向，如准时制和降低周转时间，使得卡车运输的服务优势越来越明显。铁路利用联运工具或集装箱车提供送货上门的服务，但是其对不可控延误的服务保障仍不能与使用高速公路网的卡车运输相比。对此布特这样解释：

> 我们目前准时交货率已达到75%，联运的可达到80%。但对于准时制服务来说，75%～80%的准时交货率远远不够，卡车运输的准时交货率是90%～95%，我们需要吸引采用准时制的客户，而这些客户一直对交货的保障性相当敏感。

取消管制的影响。1980年，对卡车运输和铁路运输管制的撤销改变了它们之间的竞争环境。1980年的《汽车运输法案》给了卡车运输在评级和进入市场条件等方面更大的自由度。而1980年的《铁路运输法案》给予了铁路运输定价的自由，同时也允许铁路公司从事其他方式的运输业务。

随着管制撤销，伯灵顿北方公司的铁路经营更加现代化。1980年时任主席理查德建立了经营研究与开发部门，并且聘请史蒂夫主管这个部门。许多新技术和革新方案都被纳入考虑范围，如果合适，将会在铁路运营中得到应用。20世纪80年代，铁路运输能力大大提高，雇员的数量下降了50%，而吨/英里收入提高了超过2/3。

但是取消管制之后，卡车运费率急剧下降，这对火车运费的优势——货物运输的低成本施加了不少的压力。在 1990 年，另一项调整是允许载货卡车加长和加重。这些改变使得卡车的运输成本进一步降低。不过，战略计划部副总裁迪克·刘易斯认为：

> 近年来的分析表明，我们主要的竞争对手是铁路公司而非卡车公司，这让我们很意外。取消管制之后，铁路公司间的竞争正在加剧，这使得运价以惊人的速度下降。卡车公司占据的市场份额已相当稳定，从目前来看，铁路想在这方面同卡车竞争还不大可能。

经营现状

1990 年，伯灵顿北方公司每天的发车数量达到 800 个车次，在其 23 356 英里的铁路线上大约运行 200 000 火车里程。5 000 个联轨站形成了 25 000 000 条铁路线，供伯灵顿北方公司的列车行驶。列车调度员小心管理火车的"会让/越行"——两列火车在单轨上"会让"时，一列火车要退到旁轨上，以使另一列火车顺利"通过"。伯灵顿北方公司的管理者认为每天都要发生数以千计的火车"会让/越行"，但是并没有一个准确的数量。一些人估计每天火车"会让/越行"的次数可能高达 10 000 次。

由于轨道的数量有限（在某些地方经常只有一个旁轨），如果一列火车误点，那么将影响其他列车。这样，控制火车运营意味着将要控制一个广泛、复杂的动态运输网，以及相互依赖的列车运行网。

列车调度员负责调度火车，并且每人负责一个独立地区。目前，调度员仍旧使用 1920 年之后就几乎没有更新过的技术。一名列车调度员在他负责的地区调控 20～30 列火车的运行。但据经营部门估计，一名优秀的调度员实际上只能集中和迅速处理 5～7 列火车，其余列车不可避免地被较少地注意和滞后处理。目前，调度员优先安排竞争激烈的产品运输，而对煤炭和粮食运输没有作相应的跟进。相对于降低煤炭运输周转期而言，调度员对联运车次延误更缺乏协调能力。

调度员所知的信息仅仅是其所在地区的信息，对其他地区的信息一无所知。这样，如果一个晚点列车进入一个调度员的管辖地区，那么他不会意识到在（他管辖之外的）更远的地区有缓冲时间供晚点列车赶上进度，他可以不必调整他辖区内其他车次的时间表。通常，列车被指示全速行驶，然后又要被指示停在旁轨上等候错车。

同时，列车调度员也负责安排铁路维修人员的工作。铁路维修人员要到需维修和保养的铁轨路段进行工作。然而，直到调度员确信维修人员工作期间不会有列车通过时，维修人员才可以在铁轨上开始工作。目前，火车到达维修地段能够提前 30～40 分钟预测，出于安全原因，维修工作人员必须在这一时间之前撤离工作现场。

列车调度员花费大量的时间与火车和运送铁路维修人员的车辆联系。列车调度员为建立与火车的联系，不得不寻找不同的无线电频率。运送铁路维修人员的车辆往往要长时间等待，直到调度员允许他们进入铁轨维修地段。实际上，在某些情况下，维修人员前往维修地段，但在维护窗口关闭之前和另一列火车按时到达前无法与调度员取得联系，结果白跑一趟。

有关铁路运营情况的当前信息很难获得。例如，为了知道有多少燃料可用，一名火车司机不得不停下列车（这不可能）到车外去看机车后面的油箱的计量器。即使剩余的路程不需加油，列车几乎每经过一个加油站都要加一次油。而且，尽管对于重要部件（如车闸、灯光和车笛）有每日保养，并且每 92 天实施一次定期检修，但机车运行不良的唯一依据仍来自维修人员对于已发现的错误或故障的报告。除了最新的机车，其他机车没有标准和记录系统监控诸如油压、温度变化等预警情况。

有关列车运行位置的信息也可能造成运行延误或事故。列车长会收到列车在每处出发和继续的指令，完成一个出发或继续的指令后，列车长会做记录。当列车到达下一个终点站时（几个小时后），这些记录将被交到一个负责输入资料更新管理数据档案的办事员手中。列车到站情况由办事员记录，如果他很忙，他可能并没有看清列车实际到达的时间。这样，可能把 12:00 到达的火车记录为 12:15 到达，在 1:00 输入到管理数据档案中。

伯灵顿北方公司的一些管理者为提高铁路计划系统，正在探索现代科学管理理念的应用。根据服务设计部副总裁马克·凯恩所说：

> 许多潜在的有效的经营研究和人工智能技术还没有应用到铁路上。决策支持技术是计量方法的一次飞跃，现在我们正尝试使用该技术。

刘易斯把伯灵顿北方公司和另一家拥有先进进度管理的运输公司做了比较，他说：

> 这一领域的楷模是 UPS 公司。UPS 有 1 200 个工程师来确定列车的位置，而伯灵顿北方公司只有 6 个人。

伯灵顿北方公司的高级管理者正在商讨联网管理的建议。使用这种方法，将会产生更加科学的计划方案，这些方案对每项工作都制定了标准，并对各地的分部运作人员辅以适当的教育和激励，促使他们按计划运营。一位运营经理对将该方法应用到列车计划上涉及的多方面道出了看法：

> 关于有计划地经营铁路，伯灵顿北方公司已经讨论了很多。不过，真正的问题是如何处理计划外的情况，如一个坏了的空气管或一段出现问题的铁轨。这些问题都不是发生在计划内的。

到 1990 年年中，伯灵顿北方公司服务设计部开始建立一个叫"服务测量系统"的报告体系。公司建立了可执行指标，并和实际结果进行比较。按时完成计划指标作为非工会经营人员的奖金激励制度的一部分。随着该报告体系的建立，服务目标明确，服务质量稳步提高。在目标指标方法的执行下，按计划到达的列车百分比从 1990 年 1 月的 25% 上升到 6 月的 58%。这向伯灵顿北方公司管理者表明，通过更好地收集和报告指标的执行情况就能提高服务水平。

战略性经营规划

1989 年年末，伯灵顿北方公司的管理者进行了战略规划，帮助构建公司未来的经营。公司首席执行官杰拉尔德·格林斯坦重点关注这样的问题，如"我们应该成为什么类型的铁路公司"。制定战略的人员分成八个小组来对下列领域进行更深入的探讨：经营战略、消费者行为、信息技术、劳动力、业务效益、组织行为、结构重组和竞争能力分析。

刘易斯归纳了这次战略规划所得出的结果。他说：

> 伯灵顿北方公司和整体铁路行业面临两个主要问题：服务和资本密集。我们必须提高运输服务能力，改革和重组我们所提供的服务项目，尤其是对服务高度敏感的业务。自从第二次世界大战以来，铁路在服务敏感性的产品运输上所占的份额已逐渐萎缩。例如，铁路已停止客运和低于最低载货量的货运。
>
> 如果我们提高服务水平，第一个可能是增加运输量，当然这会使其他铁路公司减少运输量。第二个可能是提高价格，但这存在更多的问题。为了能提高价格，我们需要对服务进行根本的改变，而不是微小的改变。这种根本的改变必须能使客户惊叹："哇！这确实是不同的服务！"例如，在化学制品运输业务上我们做了这样一次改变。我们缩短了平均交货时间（缩短了超过原来一半的时间），同时也降低了交货时点的不确定性。这样，托运人发现他可以减少 100 节车厢。这是让客户能够看到我们服务改进的一个明显的价值衡量。下一步，我们已经和托运人达成协议，对于我们更进一步提高服务水平，托运人将提供财务上的奖励。
>
> 另一个问题是公司必须提高资产的使用效率。我们现在的情况是资本高度密集，铁道设备使用效率低，资产周转率也相当低。实际上，对于铁路行业来说，伯灵顿北方公司的情况还算是不错的。铁

路行业本身的资产周转率就低，而且 20 世纪 90 年代资本需要量也令人气馁。仅仅在机车、货车厢和轨道重置等项目上的惯性投资就无法令人振奋精神。如果我们能提高这些资产的使用效率，那么我们将能在 90 年代减少所需的资本投资额。

高级铁路电子系统项目：起源

沟通与控制系统的首席工程师史蒂夫·迪特迈尔把手伸进抽屉拿出了一张便笺："对于机车有任何适用性措施吗？"伯灵顿北方公司的董事长布莱斯勒在 1981 年就写了这张便笺，那时史蒂夫刚加入公司。布莱斯勒把这张便笺发展成一篇关于通过提高燃料和其他方面经营效率来降低成本的新航运设备的文章。这张便笺和文章最后慢慢在许多铁路职能人员之间相互传递。

1982 年，伯灵顿北方公司研发部门为了探讨航空技术能否用于铁路行业，与洛克国际航空公司取得了联系。这两家公司已同意共同合作以确定可操作的方案。到 1983 年年末，它们发现航空技术可用于综合控制、沟通和信息方面。一个安装在火车上的电子装置能从全球卫星定位系统获得信号，且能在 ± 100 英尺的精度内计算确定火车的位置，相对现在的系统获得火车位置的误差为 $\pm 10 \sim 15$ 英里来说，这是一项重要的改进。通过每隔 1 秒计算一次列车的位置，列车的运行速度也可以被准确估计出来。然后，公司可以开发一个沟通网络，在列车与控制中心之间实现信息传递。

在研发筹划指导委员会的监督下，研发部门成功进行了高级铁路电子系统项目的早期安装。该委员会由运输、工程、机械、经营服务、销售和信息系统部门的高级主管组成。1985 年 7 月，董事会审查了安装在两列车上的高级铁路电子系统的示范运行情况。1985 年 8 月，伯灵顿北方公司的高级管理人员同意在原型项目上投资：在明尼苏达州的 17 台机车上安装该系统，在州府设立信息收集点，并建立在州控制中心可以联系和控制机车的信息控制环境。选择州府是因为它是公司火车控制系统中的一个封闭循环灵活多变的机车控制点，且只需一套设备作为支持。

到 1986 年，为数不多的研发部职员已经开始大规模地安装高级铁路电子系统，同时，公司任命东·亨德森领导一个独立的高级铁路电子系统小组来管理该项目的进展。亨德森确信小组成员代表着将受该系统影响的各个经营部门：调度、机械、铁路、维修、控制系统和联系、货车厢管理和信息系统服务。该小组成员在各自部门工作，同时也和其他人员（如总经理和经营副经理）确保高级铁路电子系统满足经营需要和在铁路环境下正常工作。经营经理把高级铁路电子系统作为服务改进、提高经营效率和充分利用资本的工具。经营部门把高级铁路电子系统加入它编制的战略计划，并提交给公司。

高级铁路电子系统的原型在 1987 年安装成功。高级铁路电子系统小组和系统的开发商洛克公司花了七年时间进行检验、评估和改进该系统。

在亨德森的指导下，高级铁路电子系统发展成一个完善的指挥、控制、通信和信息系统，使伯灵顿北方公司对经营部门能有更多的控制。高级铁路电子系统使用高速计算、数字通信和新流程电子技术，它们能生成有效的运输计划，同时将这些计划变为各个列车和铁路维修单位的移动指令，并且这些指令将发送给工程人员。通过获得列车的位置与速度和其他铁路设施的位置，高级铁路电子系统能自动地查出偏离计划的情况或潜在的问题，并且能把这些特殊情况传到控制中心调度员那里。调度员可以决定所需的正确措施和通过高级铁路电子系统来传递新的列车移动指令。一般来说，高级铁路电子系统类似于航空业中的空中交通管制系统。高级铁路电子系统包括三个部分：控制、数据和运载工具。

控制部分收到列车位置和速度的信息，从而制订计划，检查列车是否遵循。它向调度员预警违反授权和限速的情况，并授权其检查问题；帮助安排铁路维修人员来更加有效地利用维修设备和维修时间；向调度员显示在其管辖范围内的活动，同时也为任一列车提供关于人员、货物和工作指令的信息。

数据部分在控制部分与机车、维修人员车辆、火车监控器和控制设备之间传递数据。它利用伯灵顿北方公司现在的短波和高频无线电网。

运载工具部分安装在每列车和维修车辆上，包括能提供来自控制部分信息的电子显示系统、和调度员取得联系的键盘、监控机车各方面运行情况的计算机平台、机车人员无能为力或者列车违反运行指令或者失去与系统的联系时调度员或计算机平台可以主动停车的刹车界面。该部分通过一个卫星信号接收器来计算火车位置和速度，同时它也能够与控制中心联系。

运载工具部分引入了一个能量管理系统，该系统能收到轨道外观和条件、速度限制、动力和车厢承重的信息，用来确定一个满足服务需求的承托列车速度，同时将燃料的消耗量最小化，并提供良好的火车控制性能。

运载工具部分也包括机车分析和报告系统。该系统使用许多传感器和不连续的信号来监控机车的运行情况和效率，并且对于潜在的故障问题提供预警信号。机车分析和报告系统能在列车在偏僻区域发生意外故障之前将问题列车调离并进行维修。同时，机车分析和报告系统能为维修人员提供数据库，以防止将来机车发生故障。

高级铁路电子系统：目前状况

到1989年为止，伯灵顿北方公司已经在高级铁路电子系统上累计花费了将近15 000 000美元。伯灵顿北方公司的管理者估计洛克公司花费的数额大约是这个金额的3倍。通过试验，伯灵顿北方公司已经完成了"概念验证"，即在实际经营条件下，该项技术可以对列车进行定位，并且能在控制中心和机车之间相互传递信息。公司已经对铁路周转设备硬件的稳定性和可靠性进行检测。该系统的雏形不仅得到了伯灵顿北方公司的认可，而且得到了客户、其他铁路公司、许多工业企业及政府的认可。到1989年年末，雏形设备的检测已经完成。

高级铁路电子系统小组经过大量测试认为该系统能使伯灵顿北方公司提供更好的服务、提高资产使用率和降低成本。高级管理人员正在评估和决定是否认可在1990年投资的高级铁路电子系统是一个控制火车运行的命令、控制、联系和信息整合系统，正如高级铁路电子系统项目人员所认为的，该系统具有"前所未有的"安全性、精确性和效率性。下面是研究和开发小组以及项目人员编制的一份文件：

> 高级铁路电子系统将能使伯灵顿北方公司使用比目前的信号系统更少的职能人员和投资来经营铁路。它将能提供关于列车所运货物和所处位置的准确、及时的信息。其结果是服务质量提高，收入预期更高和成本降低。另一个重要的收益是将消除违反授权而导致的火车事故。

高级铁路电子系统小组现在正申请为完成所有系统开发和安装运行所需的资金。高级铁路电子系统小组及其主管亨德森（技术、工程与维修部副总裁）、运营部执行副总裁盖拉斯在准备提交这一投资申请时，需要考虑以下几个重要问题：

第一，自从高级铁路电子系统早期获批阶段以来，公司的管理层已经发生了巨大的变化。1981年该项目开发以来，包括现任的公司总裁杰拉尔德在内，已经有四位总裁管理过伯灵顿北方公司。在1982年和1983年的研发筹划指导委员会中的成员，没有一位副总裁仍留在铁路公司中。董事会成员中看到1985年7月高级铁路电子系统试验结果的，仅仅有一位，也就是目前的主席。因此，尽管高级铁路电子系统已经经历了一个漫长的开发过程，但是许多现在的支持和审批人员并不熟悉指导这个项目发展的抉择。

第二，是对高级铁路电子系统进行全面开发，还是仅仅进行初始阶段或第二阶段的投资也是问题。管理高层将了解全面开发高级铁路电子系统可获得的预期所有性能和给整个铁路全部安装该系统的最低投入成本：大约350 000 000美元（见表2的成本分解剖析）。尽管伯灵顿北方公司有一定的规模，但该项投资也是一个巨大的数额。高级铁路电子系统是一个复杂的系统，它不同于在现代化的机车、货车、轨道和铁路枕木上的典型铁路投资。正像亨德森所说：

> 我们目前没有在整个铁路上安装高级铁路电子系统，至少早期的应用不可避免地局限于特定地理区域。下一步，我们将决定是否对高级铁路电子系统的性能进行完全应用。很明显，机车分析和报告系统与能量管理系统是很独立的模块。

表 2　高级铁路电子系统的成本分解剖析

主要成本种类	成本	说明
控制中心	约 80 000 000 美元	软件开发是主要的成本之一。
数据链路（路边通信）	约 80 000 000 美元	不管对高级铁路电子系统的决定如何，伯灵顿北方公司计划用与该系统兼容的数据链路替代现在的大部分杆线通信网。但这种改变才刚刚开始。
车上通信设备	约 200 000 000 美元	每个路用机车大概需要 100 000 美元，调车机车和维修车辆相对少些。对此，安装机车分析和报告系统确定每个机车的总成本为 16 000 美元（包括软件开发），预期总成本不超过 35 000 000 美元。虽然预计不会超出机车分析和报告系统的金额，但能量管理系统的成本还没有详细地估计。

机车分析和报告系统与能量管理系统是高级铁路电子系统最后的两个独立模块。但是脱离了这两个模块，高级铁路电子系统的其他模块很难独立运作，例如，发送移动指令给火车要求控制职能部门检查其他车辆的指令冲突问题，数据连接网将指令发给火车，同时车上通信设备能接收和确认指令。因此，在任何一个确定的区域，组成高级铁路电子系统的三部分职能部门中的每一个都需要运行。虽然并不是所有的机车都需要安装这种设备，但是一个区域内没有装有足够多的这种设备的机车，整个系统就不能有效运行，因为高级铁路电子系统将不能确定所有火车的位置和火车运行的间距。伯灵顿北方公司减少数据链路和车上通信设备在一定程度上制约了高级铁路电子系统的作用，这就相当于减少列车和轨道、降低控制成本一样。

盖拉斯解释了实施高级铁路电子系统的目的，他说：

> 我认为高层管理者希望看到整体方案的框架，而不是每次一部分的增量决策，否则他们将无法知道计划的终点在哪里。

第三，如何确定该系统的优势和衡量该系统的价值仍旧是个问题。高级铁路电子系统小组确定的一些收益相当难计量，这是因为这些价值不为人所知，如一名客户愿意为服务水平提高 1% 付多少报酬；还因为铁路和机车的一些数据难以记录，如列车"会让/越行"将要损失多长时间。不过，高级铁路电子系统小组坚持认为，如果伯灵顿北方公司实施这项革新技术，将得到许多不可预期的收益。

为了帮助衡量高级铁路电子系统全面实施所带来的收益，小组的经济学家米歇尔雇用了六家顾问公司，每家顾问公司着重于一个明确的领域，如市场弹性、机车分析和报告系统的有效性、"会让/越行"效率和提高安全性（见表 3 的每项收益研究汇总）。有些收益只能部分地用财务指标来计算，如提高安全性能够降低设备和车厢的损坏率，每年可能节约 20 000 000 美元，虽然它对于人力和组织形式的价值更显著。正像史蒂夫所说的：

> 高级铁路电子系统通过两种命令系统降低了列车相碰的概率，这与我们现在的铁路控制系统形成了鲜明的对比。目前的系统中，一个失误或一个错误都可能导致事故，而高级铁路电子系统中，一个人或设备的部分失控并不会导致事故，只有两个命令系统同时失灵的情况下，才可能发生事故。

表3 顾问公司对高级铁路电子系统优势的研究结果

顾问公司	目的	方法	结果
A&L 事务所	衡量高级铁路电子系统对短期和长期载货服务业绩改进的影响	使用服务计划模型来衡量伯灵顿北方公司服务的改进，该模型由马特兰德公司、沃顿公司和泽特-泰科公司提供，是通过输入现时的状况来预测执行变化的情况	即使是在计划路线和战略不变的情况下，减少长途运输的时间和增加短途运输业务也将使总运输时间缩短 7%～8%
约翰莫顿公司	衡量在一定市场或产品区域内提高对客户的服务水平，运输业务的预期增加情况	定期向伯灵顿北方公司国内或跨国运输商品船只的决策者分发调查问卷。用联合分析建立一个需求弹性模型，校准、测试该模型，通过敏感性分析来计算每一服务属性的需求弹性	意识到卡车运输和铁路运输明显在运送时间、可靠性、设施利用和努力程度方面有不同的效果。提高可靠性给伯灵顿北方公司的收入增加带来巨大的杠杆作用，可靠性若提高 1%，则能在市场上产生 5% 的收入增长；可靠性提高 5%，则能提高 20% 的价格
波克顿事务所	评估机车分析和报告系统	用伯灵顿北方公司火车的实际资料、问题报告和维修情况在以下四个方面模拟测试机车分析和报告系统：(1) 检查各部分的运作单元；(2) 考察路轨事故的组成因素；(3) 当机车准备好时用预期诊断来安排额外的维修；(4) 在事故发生前，用预期诊断来确保每个单元正常运作	机车分析和报告系统最有效的是方面 (2) 和方面 (3)；方面 (3) 有较高的安全性，但需要开发预期诊断系统。提高 3%～5% 的安全性包括五方面：减少出发延误、在线延误、离线延误、维修工时和因早发现而减少重大维修
查理斯塔公司	与现有列车控制系统相比，高级铁路电子系统的安全性分析	使用马尔可夫分析模型	当使用高级铁路电子系统时，火车发生事故的概率降低。改善的主要原因是高级铁路电子系统联合系统结构提供了高度可靠的检查，减少了人为错误的影响
泽特-泰科公司	衡量能量管理系统和"会让/越行"计划的长期运输效率	记录从 16 条线路中选出的 846 列火车的实际运行资料（其中 55 列进行详细分析），这些数据体现伯灵顿北方公司全范围的运行环境、控制系统、运输数量和运输产品结构。建立实际运营的燃料耗用和运行时间底线的模式，这些模式用于能量管理系统模块和"会让/越行"计划	对于一些火车，能量管理系统只节约了 2% 的燃料，但大幅增加了运行时间，泽特-泰科公司指出这是因为软件在算法和优先权上存在缺点。"会让/越行"计划在所有 846 列火车中平均减少 21% 的运输时间。对于选出的 55 列火车，运行时间减少了 17%，燃料耗用减少了 2.5%，同时可靠性提高，运行时间的标准差减少
沃顿公司	衡量"会让/越行"的效率和可行性	对 16 条评估线路中选定的研究火车，采用多种"会让/越行"调度算法对燃料消耗和运行时间进行建模	高级铁路电子系统能使"会让/越行"计划与运行时间减少至少 30 秒且节约燃料的经营政策一致；一步步的运算法则使燃料进一步节省
马特兰德公司	衡量车场的工作	从伯灵顿北方公司几个车场收集详细资料，对提高列车营运可靠性对于以下几方面的影响进行建模：(1) 通过改进长途运输、终点站营运和人员委派的衔接，提高沟通能力和人员管理，车场的工作效率的变化；(2) 车场的处理时间；(3) 列车间联系的可靠性	列车的运行是变化不定的，这为提高可靠性、降低平均车场使用时间约 1 小时提供了较大的空间。通过更好地利用火车的人员，取得终点站运营效率和列车连接运行的模式改进，整个高级铁路电子系统能减少主要终点站的平均车场使用时间 0.5～2 小时，同时降低列车连接失误率 15～17 个百分点

伯灵顿北方公司雇用了战略决策咨询公司来帮助高级铁路电子系统小组把每家顾问公司的研究结果和公司的其他相关数据合并成一份单一的、有条理的收益分析。伯灵顿北方公司的计划和估价部门用该分析实施三种战略远景：基础、重点和扩张。伯灵顿北方公司的管理者通过估计不确定性因素的概率分布来建立一个计算机模型，计算在每种战略远景下高级铁路电子系统净现值的概率分布（每种远景情况的净现值累计概率分布详见图1）。图2列示了高级铁路电子系统每年现金流量和累计税后现金流量。战略决策咨询公司的报告总结道：

> 高级铁路电子系统的潜在收益巨大，但存在很高的不确定性。根据目前获得的最好信息，我们估计毛收益为4亿～9亿美元，期望净现值为6亿美元。这些收益中包含约2.2亿美元的成本（净现值）。但这些收益很大程度上要依赖项目的成功实施：合理的系统设计、建立强大的实施计划、整个伯灵顿北方公司的职能部门认可项目实施的所有好处。

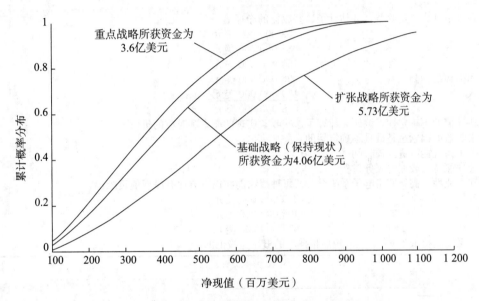

图 1　三种情况下的高级铁路电子系统收益累计概率分布

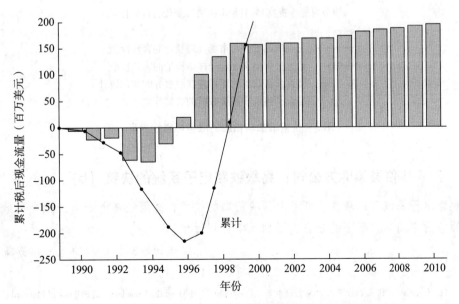

图 2　高级铁路电子系统预计的每年现金流量和累计税后现金流量

　　高级铁路电子系统小组断定该系统主要的已知收益（见表4）能够计量为燃料、设备、人工和旁轨上支出的减少，以及损坏的预防和收入的提高。不过，还有很多不确定的估计（见图3）。

表4　高级铁路电子系统的主要好处

高级铁路电子系统提供许多使伯灵顿北方公司实现铁路经营的安全和获利目标的好处。
以下是这些好处的汇总：
- 由于对路边信号、指示设备、列车运行和车厢状况持续监控，铁路经营的安全性提高
- 由于有计划地安排列车运行和处理偏离计划的列车，运输计划得到改进，经营效率和服务水平大幅提高
- 通过伯灵顿北方公司现有的计算机系统连续自动计算所有列车的实时位置、速度和预计到达时间，提供给铁路维修人员和客户，提高安全性和客户服务水平
- 由于使用自动常规调度活动，如危险监控、警告预报、运输计划和火车登记表，改进了列车调度员的工作效果
- 精确的列车定位信息和自动的火车移动授权提高了铁路线的运载能力
- 由于改进运输计划，改善了铁路维修人员的工作效果
- 由于提供准确、及时的经营、设备状况和业绩信息，业务管理水平提升

主要项目
- 研究测验了在以下几方面的收益，并估计了这些收益的净现值：

・燃料	52 000 000 美元
・设备	81 000 000 美元
・人工	190 000 000 美元
・轨道设备和损坏的预防	96 000 000 美元
・提高的收入	199 000 000 美元
总计	618 000 000 美元

- 考虑到这些估计值的不确定性，该研究计算了这些收益实现的概率和对应的价值
- 最有可能带来收益的因素也是最具不确定性的：
  - 高级铁路电子系统能改进运输时间
  - 大部分的客户愿意为较好的服务付费
- 考虑到范围和可能性，高级铁路电子系统对公司每种战略能在以下方面有净现值贡献：

・重点战略	360 000 000 美元
・基础战略	406 000 000 美元
・扩张战略	576 000 000 美元

- 高级铁路电子系统获得低于9%的实际税后报酬率的概率是极低的

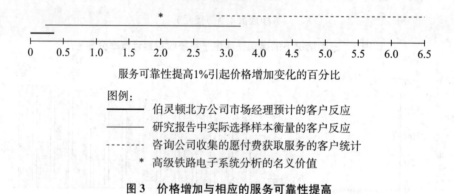

服务可靠性提高1%引起价格增加变化的百分比

图例：
　——　伯灵顿北方公司市场经理预计的客户反应
　——　研究报告中实际选择样本衡量的客户反应
　------　咨询公司收集的愿付费获取服务的客户统计
　＊　高级铁路电子系统分析的名义价值

图3　价格增加与相应的服务可靠性提高

伯灵顿北方公司：高级铁路电子系统的决策（B）＊

　　高级铁路电子系统可以看作不断寻求解决问题的技术。高级铁路电子系统预期的收益往往是通过自下而上的方法来得到，而不是来自高层的战略计划过程。

　　　　　　　　　　　　　——战略计划部副总裁迪克·刘易斯（Dick Lewis）

＊ 本案例由 Julie H. Hertenstein 和 Robert S. Kaplan 教授准备。Copyright © 1991 by the President and Fellows of Harvard College. Harvard Business School case 191-123.

　　高级铁路电子系统有点像研发项目。它不是公司长期资源分配的财务过程，也不是公司经营战略间的优先排列。

——财务总监杰克（Jack Bell）

　　高级铁路电子系统项目经理布特和技术工程副经理亨德森都向伯灵顿北方公司高级管理者介绍了高级铁路电子系统的好处。当高级管理者知道这些好处相当可观时，他们仍有一些疑问："我们需要这些好处吗？这 3.5 亿美元的投资会有回报吗？有更经济的方式来取得这些好处吗？"高级管理者有一种困惑：伯灵顿北方公司仅仅付出 20％的成本就可能获得 80％的收益。财务经理杰·贝尔这样阐述：

　　　　高级铁路电子系统是一个非常巨大和复杂的项目，它由许多部分组成，所以我们必须指出这一计划最重要的方面是什么。如果最重要的是"会让/越行"计划，那么我们应该以最有效的成本方式去执行"会让/越行"计划。不过，这种"分解"式的投资，并不是项目小组最想要的方式，尤其在开发过程的后期。

　　同时，管理者也担心高级铁路电子系统小组对于该项目过度负责，从而丧失分析问题的客观性。一些人谈及高级铁路电子系统的小组成员时，把他们称为"狂热者"。似乎只要高级管理者发现问题，高级铁路电子系统就会作为解决方案，这扰乱了一些高级管理者对高级铁路电子系统的好处的准确理解。

　　高级管理者也没有完全相信高级铁路电子系统的收益分析所列示的全部收益，尤其是服务价格弹性。销售部门经理认为夸大了预期收益（见案例（A）的图 3），并担心项目小组人员没有更多地展开分析，而是大量依赖来源于市场调研公司、调研场所和调查问卷的建议。

　　另一些人担心这项巨额投资本身。3.5 亿美元的投资不是伯灵顿北方公司所进行的最大的投资，尤其考虑到这项投资将在七年内逐步进行。但是，有人认为实际投资有可能比这个数额大得多。正像首席运营经理比尔所说的：

　　　　许多事情并没有在高级铁路电子系统中完成。因此，我不知道这 3.5 亿美元是不是投资的最低底线，或者说设计、计划、运行和调整高级铁路电子系统的实际成本是不是一个巨大的数额。同时，对于车辆确定、无线和卫星通信以及机车监控等技术几乎很少考虑到。仅仅靠技术并不能带来收益，我们必须改变不仅数量大而且紧密相连的基础业务流程。为了实现高级铁路电子系统的目标和收益，我们必须重新设计经营任务和职责。高级铁路电子系统没有采取这种计划程序，但这种计划程序对项目的成功和广泛推广是至关重要的。

　　另外，其他管理者关注需要改变组织机构的重要性。观察家指出这项投资将带领组织从铁器时代跃进电子时代。正像刘易斯所说的：

　　　　我们想增加信心对这个根深蒂固的、有百年历史的传统铁路组织进行必要的组织结构改变。

财务经营和结构重组

　　尽管证明高级铁路电子系统值得投资，但伯灵顿北方公司有足够的资金支持它吗？在 20 世纪 70 年代末期，铁路行业的整体财务状况已经很差，行业资金密集情况和资产的周转都很差，有些铁路公司已经被迫破产。

　　同时，伯灵顿北方公司大多数关注发展的高级管理者认为公司并没有充分开发所拥有的丰富的土地和自然资源，伯灵顿北方公司的股票并不能充分反映其铁路经营和自然资源的价值。这种情况在 1987 年布恩公司开始购置伯灵顿北方公司股份时，表现得更加明显。伯灵顿北方公司的管理层决定重组公司。伯灵顿自然资源有限公司在1988年5月作为伯灵顿北方公司从事自然资源经营的一个控股公司成立。1988年7月，伯灵顿自然资源公司完成了其股票的发行。同年12月，伯灵顿北方公司将其持有的自然资源有限公司普通股转让给公司的普通股股东，从而完成了对伯灵顿自然资源有限公司的剥离。为了完成这次剥离，伯灵顿北方公司发行了大量债券，使得公司的资产负债率达到76%，这一水平在同行业中是相当高的。

1988年在公司对股东的公开信中，总裁杰拉尔德称：

在伯灵顿自然资源有限公司以产易权结束后，我们必须承受这样巨大的债务负担。这将需要一个明显的战略重点，这样我们在减少巨额负债时，就能使资本结构改进而带来的现金流量最大化。

财务经理贝尔注意到外部投资者非常关心公司偿还债务的能力，他认为：

根据这种企业资本结构调整，投资机构估计伯灵顿北方公司的每股收益为3.20美元，股价为22美元，是每股收益的7倍。我们质疑为何股价对每股收益的倍数这么低，投资机构认为它关注的是持续经营企业的负债水平。为了使投资机构确信伯灵顿北方公司有较强的偿债能力，并且仍在铁路公司上投资，我们宣布一个偿还金额比债务契约规定数额更多的加速偿债计划。下一步，为了使该计划更有说服力，我们公布了伯灵顿北方公司1989年的现金流量和偿债减少金额（年底为5亿美元左右）的进度报告，以及1990年的现金流量预测（不包括净收益）（详见表1）。在这个报告公布后的几个月伯灵顿北方公司的股价大幅攀升。

表1		单位：百万美元
1989年现金流量		
现金来源		
净收益		243
折旧		310
递延税金		69
租赁筹资		100
现金余额最低限额		1
应收账款		250
营运资金		124
资产出售净额		19
合计		1 116
现金使用		
资本性支出		473
股利		109
偿债		505
必需	112	
随时	393	
ETSI		25
其他		4
合计		1 116

续表

1990 年现金流量预计

现金来源

净收益	?	
折旧	350	
递延税金	30	
租赁筹资	100	
现金余额最低限额	40	
其他	50	
合计	570	＋净收益

现金使用

资本性支出	537	
股利	92	
偿债	115	
ETSI	25	
其他	1	
合计	770	＋酌量性负债偿付

伯灵顿北方公司计划继续加快偿债的步伐，在 1989 年对股东的公开信中，杰拉尔德称：

我们最优先考虑的一个方面是改进财务结构。我们已经进行了一项改进计划，并且在第一年取得了巨大的进步，偿还的债务超过 5 亿美元（资产负债率为 68％）……我们的目标是在 1994 年实现 50％的资产负债率，而且每年平均偿还债务 2 亿美元。

为了使员工更加关注偿还债务的紧迫性，伯灵顿北方公司在 1989 年为 3 000 名员工制订了一个奖金计划。每年的奖金平均比率根据公司的每股收益、净收益和偿还的债务而定。根据每个人的业绩，个人所得奖金可能高于或低于平均水平。副总裁以下的员工奖金被分成三个等级，即奖金额分别占他们工资额的 10％，20％或 40％。副总裁以上的管理人员奖金单独计算。

在偿还债务的时期，投资基金相当紧张，并且许多有竞争力的项目需要资金支持。设备的正常报废需要巨额的支出替换机车、车厢及铁轨。近来，购置的混凝车轨所获得的收益已经超出了预计水平，因此需要对混凝车轨进一步投资。为了扩大出口运输，公司的一些管理者考虑是否增加通向西海岸港口的货运铁路。信息系统服务部副总裁布鲁克认为从公司的战略层面看，新战略需要增加信息控制系统的投资来支持。虽然具体战略还没有确定下来，但布鲁克粗略估计需要 1 亿～2 亿美元的投资。人力资源部副总裁吉姆·丹鲁指出，如果现时培训员工的劳动协议减少，需要投资 1 亿～2 亿美元用于雇用更多的人员，且在 18 个月以后这些人员才能胜任工作。

技术上的考虑

除了财务因素，一些管理人员考虑伯灵顿北方公司是否应采用不同于美国铁路协会（AAR）为其会员所开发的高级列车控制系统（ATCS）的自动列车控制技术，ATCS 控制的是列车，而高级铁路电子系统控制的是整个铁路系统的运营。1990 年，当伯灵顿北方公司测试高级铁路电子系统的雏形时，美国铁路协会仍在改进 ATCS 的规范制度。一些人认为高级铁路电子系统比高级列车控制系统先进五年。这两种系统的其他比较详见表2。

表2　高级列车控制系统和高级铁路电子系统的比较

特征	高级列车控制系统	高级铁路电子系统
精确度（英尺）	＋100	＋100
车上设备（每单位）	20 000～80 000 美元	20 000～80 000 美元
线路沿线通信设备	UHF 无线电	VHF 无线电
	146 000 000 美元	78 000 000 美元
设备维护	5％[a]	5％
车上信号	是	是
列车控制	是	是
在线车厢条件	是	是
列车员工发出指令和接收确认指令	是	是
所有安全收益	否[b]	是
定位系统	铁路间的应答器，加上车厢定位	GPS卫星定位，加上车厢定位

a. 加 $0～$2 000/机车/年。
b. 高级列车控制系统不能有效监控维修车厢的线上车辆，这是因为它们在铁路之间的应答器花费了大量的时间。

其他管理者对于伯灵顿北方公司是否将成为行业内第一家拥有列车自动控制技术的企业还存有疑虑。盖拉斯说：

> 如果这项投资在一段时期内是独一无二的，并且能占据一定的竞争优势，那么伯灵顿北方公司将成为第一个使用者，并会获得额外的业务。但是，如果这项技术没有巨大的市场优势，那么第一个进行投资并不是最好的。如果其他竞争对手先一步投资这个项目，伯灵顿北方公司可以借鉴它们的经验，避免它们所犯的错误。

许多人认为控制中心的开发意味着另一种巨大的风险。软件开发是控制中心8 000万美元成本的主要部分。尽管一些算法已经被检验，但是许多复杂的控制中心软件仍没有被开发和统一起来。这样，开发成本和所需时间有可能超过预期的水平。布鲁克认为一些先期计算机使用并没有正确地按计划要求实施。例如，加拿大太平洋铁路公司对计算机铁轨预警系统计划运行一年，但实际上运行了四年。不过，余下的高级铁路电子系统软件类似于现成软件（如航空运输控制系统）的使用。布鲁克·斯特罗姆说：

> 技术风险并没有想象中的那么大。硬件技术已经在其他行业使用过，所以问题不是引进一个全新的技术，而是把现有的技术引入到铁路行业。高级铁路电子系统是针对所有正常问题的软件开发成果，但这个成果具有相当的可行性，并将被实施。

杰拉尔德认为：

> 铁路行业要成功，就有必要引进一些新技术。我不想让伯灵顿北方公司成为高级铁路电子系统技术唯一的提倡者。我已经邀请了其他铁路公司来参观高级铁路电子系统原型的试运行情况。如果伯灵顿北方公司使用高级铁路电子系统，就有可能使其他铁路公司也使用它。其他铁路公司不得不保持竞争力，且高级列车控制系统现在未能实际使用，高级铁路电子系统是现时唯一能运用的方案。

高级铁路电子系统的决定牵涉其他生产过程，它塑造着伯灵顿北方公司的未来。所以我们必须回答这样一些主要问题："我们应该成为什么样的铁路公司？""如果我们提供更可靠、更广泛的服务，我们能获得多大利益？"

盖拉斯认为：

> 我们采用高级铁路电子系统实际上有两个原因。第一个原因是提供更好的服务。第二个原因是通过更精确地规划机车和车厢以及更有效地利用这些资产效用，提升我们对资产的控制能力。不过，问题的核心是服务于顾客。

服务设计部副总裁马克·凯恩也发表了看法，他认为：

> 高级铁路电子系统能提高铁路公司的运输可靠性。它可以通过较少的发动机故障来改进铁路的机械质量；它可以通过调度和计划来提高火车准点到达的可靠性；它也能通过缩短列车之间的运行空间来提高轨道的自身承运能力，使轨道上可以有更多的列车运行。如果高级铁路电子系统的成本是 5 000 万美元的话，我想我们早已实施了它，但是根据资本的竞争门槛，3.5 亿美元还是一个问题。

劳资关系部副总裁吉姆·达格农认为高级铁路电子系统为伯灵顿北方公司提供了很大的好处：

> 工会领导人员已经参观了高级铁路电子系统雏形设备，他们非常感兴趣，工人们与我所见到的其他人员一样都在准备采用高级铁路电子系统。对所有劳动者来说，高级铁路电子系统最重要的是安全性，工作安全是非常重要的，他们看到采用该系统安全性大大提高。同时，他们看到高级铁路电子系统使他们所做的工作更容易和更重要，尤其是工程师们。列车长会缺少一些兴趣，该系统会减少他们工作中的职责。最后，高级铁路电子系统将会有利于安排乘务员的工作，这使乘务员从今天的无计划的、不知是否或何时去工作的随叫随到环境转向高质量的工作。

当伯灵顿北方公司的管理者考虑是否继续采用高级铁路电子系统时，他们对该系统收益的真实性和乐观前景仍感到不安。他们也怀疑这些收益或这些收益中的大部分是否以较低的成本获得：还有比现在的可用原型更经济的技术来支持高级铁路电子系统吗？高级铁路电子系统的好处可以拆分获取吗？例如，服务衡量系统最近的经验表明，没有实施大额资本投入高级铁路电子系统，纪律和报告水平的改进也能够提高服务的质量。然而，与准时制生产这一在自动化之前已经指引生产企业固定生产流程的方法相反，伯灵顿北方公司正因为没有自动化，在使用高级铁路电子系统时管理者缺少经营需求的信息来固定运营流程。伯灵顿北方公司能有真正的实力吗？

在继续进行该项投资决策之前，伯灵顿北方公司的高级管理者决定雇用外部审计机构对高级铁路电子系统提出建议。SRI 国际审计公司实施了公司的收益分析审计，探讨了拆分获取高级铁路电子系统收益的可能性，并且研究了是否有更经济的可行性替代方案。

第 **13** 章

激励与薪酬制度

在管理学文献中，没有哪个话题比激励报酬更能激发人们的热情。没有良好的绩效薪酬制度，现代企业根本无法有效运转。

事实上，当所有者第一次聘请管理者管理他们的资本时，绩效薪酬似乎就已经出现了。中世纪早期和中期的利润分成、工业革命后开始使用的计件工资，以及现代企业的利润分享，都是绩效薪酬的例子。收成共享，即农民耕种地主的土地并分享一部分收成，这也许是绩效薪酬最古老的形态。绩效薪酬体现了这样一个广为接受的信念：如果想激励人们为实现组织目标而努力，就必须根据他们达到的业绩水平给予奖励。

13.1　行为的期望理论

本书采纳期望理论，该理论认为人们采取某种行动方式，是因为他们认为这种方式将产生他们期望的回报。在这一理论下，薪酬的作用是当个人的行为促进了组织目标的实现时，提供他们所重视的回报。

图表 13-1 描述了期望理论。企业制定薪酬制度，对推进企业目标实现的个人成果或行为给予回报。个人努力培养自己的知识和技能以做出决策，使决策所产生的结果为他们提供他们所重视和追求的回报。衡量结果（即管理会计领域）是这个激励过程的关键环节。结果必须有两个重要属性。第一，它们必须反映企业目标，即这些结果必须对企业目标的实现有所帮助。第二，决策者必须清楚他们所重视的结果和回报之间的联系。

13.2　内在回报和外在回报

人们重视的回报主要有两种：内在的和外在的。内在回报来自一个人的内心，如出色地完成一项工作的成就感，或对以符合内在价值观或信念的方式行事获得的满足感等。内在回报的体验不需要他人的介入。企业可以通过工作设计、企业文化和管理风格为个人创造体验内在回报的条件，但个人仍须独立地感受或体验内在回报。

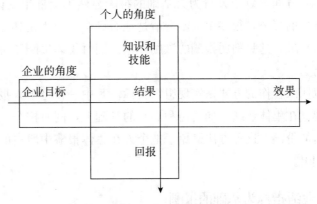

图表 13-1 期望理论

外在回报是一个人给予另一个人的奖励。外在回报包括表彰、牌匾、奖品、奖励等，当然还有基于绩效的薪酬，即激励薪酬或绩效薪酬。管理学期刊的兴趣和焦点大多集中在外在回报上，特别是激励薪酬。不过，有些人持有异议。他们认为内在回报的激励作用远比外在回报有力。[1] 我们将集中研究绩效薪酬（一种外在回报），不是因为我们认为内在回报和绩效薪酬以外的外在回报不重要，而是因为管理会计师的传统职责是明确企业所要实现的结果，并将结果与管理者和员工的薪酬联系起来。

13.3 将报酬与绩效相联系

管理会计师在明确企业所希望的长期成果（如盈利能力）和相应的短期成果（如产品质量和员工满意度）等方面所发挥的作用不属于战略规划过程。这种作用是第 8 章平衡计分卡的重点。激励薪酬的思想是将个人报酬和企业目标成果联系起来。

13.3.1 以财务业绩为基础的报酬

传统上，企业使用从财务控制系统中获得的指标，如公司或分部利润，作为个人报酬与结果挂钩的工具。艾尔弗雷德·斯隆（Alfred Sloan）是高管激励薪酬计划的积极倡导者之一。1918 年，他在通用汽车公司建立了奖金方案，以增强高管和股东之间利益的一致性。[2] 年度奖金由每个管理者对整个公司的贡献来确定。通用汽车将经营决策权下放，但在这个强调公司业绩，并将个人报酬与公司业绩相联系的奖金方案出台前，高管关心公司整体利益的积极性很低。相反，他们倾向于狭隘地关注自己部门的盈利能力，有时甚至不惜牺牲公司整体利益。奖金方案出台后，高管开始关心他们的个人努力对公司利益的影响。斯隆指出该方案成功地将高级管理层塑造成一个合作、建设性的团体，但没有破坏个人的雄心壮志和主动性。

通用汽车的奖金方案中，随着高管晋升到更高的职位，奖金增长的幅度将会高于薪金增长的幅度。因而，管理者们都积极满足奖金方案的要求，并不断保持出色的业绩水平以晋升到更高的职位。除了直接的物质奖励，这个方案还表彰高管对公司的突出贡献，以此来提供无形的激励。一位高管表示从这种表彰中获得的个人成就感与实际的物质奖励同等重要。

13.3.2 以集体或个人业绩为基础的报酬

通用汽车的奖金方案提出了一个激励方案设计者必须思考的重要问题：报酬应以个人业绩为基础

还是以团队业绩为基础？一方面，以个人行为为基础的报酬显然不会催生集体导向行为。另一方面，如果实施以集体行为为基础的报酬，很多个人不会清楚地看到个人行为是如何影响集体报酬的，更不会知道如何最终影响个人报酬，这将削弱报酬的激励作用。同时集体报酬还可能鼓励推卸责任和"搭便车"——依赖别人的努力。

许多公司要求员工以团队合作的方式来实现组织目标。其中一种将个人报酬和集体报酬结合起来的方法是，把集体报酬建立在集体业绩（如公司利润）的基础上，同时按个人实现其业绩目标的能力确立其在集体报酬中所占的份额。这种方法避免了把个人在集体报酬中所占的份额建立在薪水或职务而非个人实际业绩的基础上。

13.3.3 以非财务业绩指标为基础的报酬

多年来，企业一直使用以利润为基础的利润分享和奖金系统，这种做法几乎从这些系统首次使用以来就受到批评。批评的重点是利润的短期导向，以及个人能够并且将会牺牲长期业绩以获得较好的短期业绩，从而得到更多的奖金。例如，当一位管理者的报酬取决于他控制成本的能力时，他可能会在当期减少维修工作，即使他知道这将在未来造成停工等损失。

以利润为基础的业绩指标的短期导向推动了短期激励和长期激励相结合的业绩指标的发展。这些指标的建立方法有以下三种：（1）使用股票期权来奖励管理者，并假设市场能够评价当前行为的未来后果；（2）强迫管理人员逐步累积奖金并在几年的时间里分期发放；（3）使用一个包括短期财务指标（以利润为中心）和非财务指标（如产品质量、客户满意度、创新等创造未来财务业绩的动因）的综合业绩指标对当期业绩进行奖励。

使用包括短期和长期相结合的综合业绩指标对管理业绩进行奖励的做法仍在发展中。一项调查[3]表明，只有不到2%的被调查公司使用了非财务业绩指标评价长期财务业绩的短期动因。这项调查还表明，对短期业绩指标的选择常出于战略的考虑，通过创新进行竞争的企业使用非财务指标奖励业绩的可能性高于以成本为基础进行竞争的企业。

已经实施平衡计分卡的公司通常建立一个从财务和非财务两方面评价业绩的业绩指标。由于这种业绩评价系统正处于实施过程中，现在就对它的效果和价值下定论未免太早。

13.3.4 高管人员的薪酬

薪酬合同，尤其是激励和奖金方案，为公司高管提供了重要的导向和激励。如果对部门高管没有明确的奖惩办法，公司就无法进行分权经营。几乎所有高度分权的公司都为其高管团队（通常不到所有员工的1%）订立激励薪酬合同，以鼓励他们为分部和公司做出利润最大化的决策，同时激励个人达到更高的业绩水平。

高管薪酬方案应：

- 具有竞争力，吸引和留住高素质管理者；
- 通过把奖金与关键业绩指标联系起来，传达和明确公司的经营重点；
- 通过奖励（相对潜力而言的）出色的业绩，在公司内营造一种重视业绩的氛围。[4]

艾尔弗雷德·斯隆在通用汽车公司建立高管激励方案的做法现在已经普遍存在。在大企业中，超过90%的分权化利润中心的高管都在为年度奖金而努力。有报道表明，基于短期利润指标的高管奖金中位数约为其年度报酬的1/4。各公司奖金方案的形式各不相同。支付方式包括现金、公司股票、股票期权，以及业绩股份、股票增值权或分享单位。奖金根据公司（如通用汽车公司）或分部利润而定，可以基于年度业绩，也可以基于 4~6 年内的业绩。它可以当期支付、延期支付，或在 3~5 年内支付。

没有一个最优的奖金激励方案适用于所有公司。激励方案取决于分权程度、重要决策的时间范围、部门间的相互影响程度、公司面临的不确定性程度、业务活动的性质和行业结构等。此外，许多方案尽管宣称是为了激励管理人员，其主要作用事实上是减少管理者和公司的税负。例如，股票期权已成为最流行的激励形式，主要出于以下三个原因：第一，发行时不用支付钱的股票期权似乎可以最大限度地减少组织和经理的共同税收负担；第二，股票期权提供了一种协调管理者和所有者激励的手段；第三，相当长的时间里股东错误地认为股票期权是一种无成本激励方式，丝毫不关心向高管发放股票期权的性质和数量。

本章将从实务的角度出发，讨论不同激励计划的特征、优点和缺点。下一章将介绍最优激励合同领域的新兴文献，并介绍在所有者和主要高管之间以及中央管理集团与其部门高管之间的最优激励合同。

13.3.5　激励薪酬与委托代理关系

在研究激励薪酬制度前，先介绍委托代理理论。[5] 代理理论所提供的视角使我们能够系统地思考激励薪酬方案。

当一方（委托人）雇用另一方（代理人）完成一项服务，且委托人授予代理人一定的决策权时，就存在代理关系。从我们的目的出发，在管理控制系统中有两种委托代理关系。第一，公司所有者或股东作为委托人（可能通过董事会），聘请首席执行官（或更广泛地说，高级管理团队）作为其代理人，为股东的利益管理公司。第二，公司高级管理团队作为委托人，雇用部门经理作为代理人，管理公司的分权经营单位。

管理者工作是为了最大化自己因参与公司经营管理而获得的报酬。但他们在把时间、知识和精力投入公司时也发生个人成本。因此，代理理论假定代理人努力寻找收益与成本间的平衡点。同时，代理理论假设代理人没有道德负担。因此，只要有机会，他们就会背弃在签订合同时所做出的关于投入精力、技能和知识的各种保证。由于代理人的这一性质，同时也由于委托人无法准确监督代理人到底向企业投入了什么，这就产生了代理理论的**道德风险问题**（moral hazard problem），以及对代理人活动进行监督的需要。

例如，代理模型认为如果公司高级管理者只能得到固定的薪水，他们就不会有动力为公司价值最大化而努力。他们可能会过度消费非货币性项目，如闲暇、诱人的工作条件和公司特殊津贴，或者不为增加股东财富投入充足的时间和精力。如果所有者知道什么行动对公司最有利，并且能毫不费力地观察管理者行为，他们就能指挥管理者实施这些最优方案；如果这些方案没有得到有力执行，作为惩罚，可以取消管理者的报酬。但是，由于分散的所有者掌握的信息可能不充分，而且监督管理者的成本又很高，因此所有者不太可能知道什么是最优决策，也不知道代理人的行为是否符合委托人的最佳利益。

因此，为鼓励高管采取最有利于公司的行动，所有者引入了一项激励薪酬方案，使高管能够分享公司增加的财富，或更普遍地说，获得旨在使代理人和委托人利益保持一致的奖励。这些方案可以采取股票期权的形式或以财务业绩为基础的奖金形式。

激励薪酬方案旨在使委托人（所有者）和代理人（管理者）具有共同利益。但是由于风险态度不同，私人信息的存在（管理者比所有者更了解环境和他们的行为），以及实施监督的困难性，委托人和代理人之间永远存在一些利益分歧，从而产生**代理成本**（agency cost）。委托人限制代理成本的方式有：为代理人建立适当的激励办法，以及支付监督成本来监督代理人以牺牲委托人利益为代价增加自己福利的行为。

经审计的财务报告就是对管理行为进行高成本监督的一个很好的例子。这就向委托人（股东和债权人）提供了代理人（管理者）的经营责任报告。尽管有了代价不菲的激励和监督办法，代理人的决策仍然会与那些能使委托人福利最大化的决策背道而驰。例如，财务报表对管理者决策和行动的反映往往是不全面的。因此，在所有者-管理者关系中，代理成本为以下成本的总和：（1）激励薪酬方案的成本；（2）监督管理者行为的成本；（3）管理者所采取的偏离所有者利益的行动的剩余成本。

为了解代理成本如何影响高管的报酬管理，我们通过一个非正式的简单场景进行追踪。我们已经注意到由于管理者拥有私人信息，以及观察管理者行动成本太高，所有者会为高级管理者提供激励薪酬方案。一个明显的激励方案是为管理者提供股票期权或股票红利，因为管理者为提高股票价格而采取的行动应该以直接和明显的方式使所有者受益。尽管这种激励方案很流行，但并不是所有公开交易股票的公司都采用。

是什么因素限制了为高管制定股权计划呢？第一，风险厌恶问题。公司的高薪高管已经把他们的大部分财富以人力资本的形式（通过他们预期报酬的折现值来衡量）与公司经营状况联系起来。如果公司经营状况不好，他们的管理声誉就会受到影响，从而限制他们的外部工作机会，并减缓公司内部的报酬增长速度。如果高管报酬有相当一部分以股份的形式投资于公司，则当公司经营状况下降时，管理者不仅人力资本财富受到影响，其物质财富也会有大幅减少。

为避免这种情况，高管们往往会避免风险投资和风险决策。因为风险厌恶使高管们要求更高的风险报酬，从而对潜在收益的估计大大低于潜在损失导致的惩罚，结果一些具有较高预期回报率的投资项目有可能被拒绝。[6] 因此，高管的股票所有权强化了风险回避行为：回避所有者希望管理者承担的风险。所有者的风险厌恶程度较低是因为：（1）他们的人力资本可能独立于公司业绩；（2）他们可以通过持有多个公司的股票分散自己的财富，这样对某一投资项目而言，只有一小部分财富处于风险之中。因此，所有者可能在小的投机行为中是风险中性的，而对大的投机行为才像管理者那样厌恶风险。管理者已经把过多的财富（以不可分散、不可交易的人力资本形式）与公司牢牢地拴在一起。在同一个公司持有更多的股票，只会增加他在这个公司的特有风险。迈克尔·詹森（Michael Jensen）这样概括这个问题："我们所要解决的问题是，一方面使管理者承担大部分市场风险，另一方面又使他们避开一部分风险，从而实现管理者和股东利益的适当平衡。"[7]

高管持股的第二个问题是高管行为和股票市场表现之间缺乏直接的因果联系。不可控的随机事件，如总体经济形势，竞争对手的行动，政府的行动，意外的原料、能源或人力短缺，国际发展等，可能会抵消最出色（或最差）的管理努力。如果股票价格因不可控事件而出人意料地上涨，管理者将在牺牲所有者利益的情况下，获得一笔意外的收获；相反，如果股票价格下降，管理者在预期收入或财富方面会遭受重大损失。股市的不确定性为高管薪酬计划引入了不可控风险因素，因而无法为高管的决策水平和努力程度提供可靠的反馈。[8]

为获得比股票价格更能反映高管行为的业绩指标，所有者可以建立一个以对企业经营状况的内部评价为基础的指标。股票市场为公司资产的经济价值提供了估价信息，但它有以上我们所谈到的不足。评估公司资产价值有另一种办法，但这个方法成本太高，且因为其主观性而容易引起争议。然而，激励合同可以建立在为对外披露而编制并经过审计的（以历史成本为基础的）财务报告基础之上。业绩目标可以以每股收益或股东投资收益率为基础制定。这些指标比股票价格更容易为管理者所控制，且至少从长期角度看，与公司经济利益相一致。事实上，许多激励薪酬方案的确直接建立在每股收益和权益回报率的基础上。

但是，把以会计为基础的指标用于高管薪酬有其自身的问题，会计收益和公司长期经济利益间的联系并不紧密。高管能够采取很多行动提高报告收益，从而提高从激励薪酬计划中所获得的个人收入，却降低了公司价值。例如，在美国，公司管理者可能继续使用先进先出法计价存货，而不改用后进先出法。对于大多数公司而言，后进先出法可以减少为纳税而支付的现金现值（从而增加公司现金流的现值），但这将使短期收益减少，从而降低以收益为基础的业绩指标。

高管们还通过利用许多其他机会采取不利于公司甚至对公司价值有害的行动，提高报告收益。这些行动包括：

- 生产过多的产品以将固定成本吸收进存货，从而提高当期报告收益；
- 以折扣的形式回购债券或优先股；
- 使用直线法计提折旧，或为了财务报告的目的，对投资税收抵免采用当期全部计列法；
- 在符合权益联营法的条件下收购其他公司；
- 出售市价大大高于账面价值的资产；
- 通过发行债券来购置收益超过税后债务成本却低于风险调整资本成本的资产，增加公司的负债产权比率。

相反，高管们可能会拒绝能够提高公司长期价值但减少短期收益的投资项目。例如，有利可图的长期投资可能会因启动成本过高而遭拒绝；研发工作也可能因为其回报具有长期风险性得不到足够的资金支持；在以收益为基础的激励计划下，高管对影响报告收益的任何因素都会持怀疑态度，如新的强制性会计程序。

因此，以会计为基础的业绩指标可能比股票激励更可取，因为它们与高管所能控制的活动相联系。但不利的一面是，这种方案可能过于受高管的控制，他们可能会以对所有者不利的方式操纵这些措施。尽管董事会不得不批准所有只提高财务业绩指标而不增加公司经济价值的活动，但是董事会仍可以在减少所有者和管理者之间代理成本方面发挥重要作用。例如，董事会可以在计算高管奖金时，把收益定义为不包括无形资产（如研发、维修、质量控制、人力开发）的支出，这样高管就不会在这些重要领域投资不足。同样，董事会可以禁止使用提高报告收益却不直接有利于公司的会计政策（先进先出法、投资税收抵免的当期全部计列法、未经调整的历史成本、直线折旧法）。这样，管理者的报酬就更多地与提高公司长期获利能力的活动联系起来。这种做法尽管在理论上可行，但并不普遍采用。[9] 很显然，当奖励管理者时使用一个收益数字，向股东和债权人报告收益时又用另一个数字，董事们会感到很不舒服。而且，有大量证据表明，一些（甚至是许多）公司的薪酬委员会委员并不独立，他们常为了管理者的利益而牺牲股东利益。

13.4　薪酬制度的重要属性

从根本上讲，建立激励薪酬制度旨在使所有者和管理者的利益一致。为实现这个目的，管理者必须对以下几个问题有清楚的认识：

- 对于他们的工作，衡量哪些业绩变量；
- 他们的行为如何影响这些业绩变量；

● 业绩变量如何转化为个人报酬。

如果管理者对这个因果过程没有清楚的理解，激励薪酬制度就会失去激励或影响决策制定行为的能力。显然，在选择业绩评价指标、设计业绩评价系统、分析结果和报告结果等方面，管理会计人员处于这个过程的核心位置。业绩评价系统的结果被用于将业绩和员工个人报酬联系起来。这个过程就是图表13-1所要说明的内容，它把个人业绩同报酬联系起来，从而使报酬具备了激励功能。

应注意业绩评价系统的结果或者说业绩指标在这里所发挥的关键作用，因为它为个人动机和企业目标建立了联系。这些结果或业绩指标必须具有这样的性质，即当个人追求这些结果时，它们推动了企业目标的实现。因此，这些业绩指标必须能够体现个人的工作如何为企业目标作出贡献。被业绩指标忽略的工作，也将被个人所忽略或认为不重要。

例如，如果一个员工被告知及时完成工作是最重要的，而遵守时间表是唯一的业绩衡量标准，则该工作的其他方面如成本控制或质量等都会被忽视或牺牲，以实现所衡量的目标。这个例子反映了古老的绩效衡量格言："衡量什么就完成什么。"业绩评价系统向员工发出了关于其工作重点的强有力信号。因而，管理会计师作为业绩评价系统的主要设计者，必须清楚地理解企业的目标和战略，以及个人在企业中的作用。

即使明晰性和理解性反映了业绩评价系统为确保决策者理解业绩和报酬之间的因果联系所必须具备的技术性特征，业绩评价系统还必须重视：

第一，个人必须相信系统是公正的，这一点也是最重要的。例如，对于个人不能控制的行为进行计量和奖励将会降低或消除业绩计量系统的潜在激励作用。如果员工认为设立的业绩标准非常难或根本不可能达到，也会抑制业绩评价系统的激励作用。关键是员工必须相信他能用正当手段影响与其报酬相联系的业绩指标。如果没有这一信念，业绩评价系统将完全丧失激励的作用。

第二，个人必须相信企业的薪酬政策是公平的。例如，奖励高管上百万美元，而只奖励装配工至多几百美元，这将在企业内形成只有高级成员才受重视的氛围。在这种氛围下，即使一个很好的激励系统也会变得不那么有效。

第三，激励系统必须及时提供奖励，以强化决策制定、业绩评价和报酬之间的联系。随着时间的推移，在决策制定者的意识里，业务活动和报酬的联系会逐渐淡化，但及时的奖励能够增强决策者对业务活动和报酬的理解。

13.4.1 奖金激励合同的作用

亚奇·帕顿（Arch Patton）认为下列条件是使用激励系统的理想条件[10]：

● 利润受许多短期决策的影响；

● 管理者有权制定决策（这是以产品线为基础进行分权经营的公司的最大特征）；

● 控制系统设计良好，对业绩或者通过与计划相对比进行评价，或者通过与类似公司的业绩相对比进行评价；

● 管理者具有企业家精神和进取心。

另外，帕顿认为具有下列特征的公司不适合应用高管薪酬方案：

● 利润受少数长期决策的影响最大；

● 公司以职能为基础（如营销、生产、会计和财务）组织经营活动；

● 难以编制预算，或因竞争对手的资料不存在，而无法评价业绩；

● 决策制定无须迅速及时。

在组织行为学文献中，**公平理论**（equity theory）研究认为，以业绩为基础的个人报酬产生于西方文化，同时也最为西方文化所接受。[11] 1972 年，利文撒尔（G. S. Leventhal）、迈克尔斯（J. W. Michaels）和桑福德（C. Sanford）概括了这一理论：

> 公平理论认为人们倾向于按接受者的投入量或工作贡献分配报酬。对任务导向团体中报酬分配的研究支持了这一假设。当成员提供相等的投入时，每个成员都力图使其报酬与其他成员相等。而当各个成员的投入量不等时，成员们按工作贡献分配报酬。如果分配者不属于接受者的一员，则常按工作贡献分配报酬。[12]

以业绩为基础分配报酬的倾向因受许多因素影响而有所减弱，包括分配报酬的人是否将分配决策公开。一般说来，公平理论支持这一观点，个人报酬应反映他对企业的贡献。另外，劳伦斯（P. L. Lawrence）和洛奇（J. W. Lorsch）认为在企业中发挥协调和管理作用的人应按整体业绩分配报酬。[13] 劳伦斯和洛奇得出以下结论：

> 报酬系统有助于形成"你做你的工作，我做我的工作"的态度，或"让我们相互合作"的态度。在特定条件下，每种态度都是可取的。在设计报酬系统时，应充分考虑这些条件。

这一结论表明，在公司高层从事协调和管理工作的人应以公司业绩为基础给予报酬，而不从事这种工作的人应按个人业绩分配报酬。

例如，一项关于报酬实践的调查[14] 报告称，大公司首席执行官总报酬结构平均如下：

薪金	21％
短期激励	27％
长期激励	16％
以股票为基础的报酬	36％

这样，首席执行官总报酬的 79％是与业绩有关的，即处于风险状态，其中的 52％是以长期激励形式存在的。文章还指出随着职位的降低，处于风险状态的报酬的比例也在下降。例如，其他高管固定报酬的比例平均是：

运营总裁	23％
财务总监	26％
首席法律顾问	31％
管理信息系统负责人	41％
审计主管	49％

这种方案更多地使个人报酬处于风险状态，并把长期报酬与战略目标的实现相联系。在能源和批发零售贸易行业，奖金在总报酬中所占比例最高，在公用事业和建筑业中这一比例最低。这一情况与我们的预计相一致，即行业波动越大，以业绩为基础的薪酬制度所发挥的激励作用越大。

13.4.2 激励的类型

高管薪酬方案可按以下几个标准进行区分：

● 即期的和长期的：薪酬可以是即期的（通常以当期业绩为基础的现金或股票报酬形式）或长期的（通常以股票期权的形式，其价值与公司普通股或股票的长期表现相联系，在赎回前必须持有较长的年限）。

● 现金的和股权的：薪酬可以采取现金的形式或股权的形式（股份、股票期权、虚拟股份和业绩股份）。虽然现金和股权报酬都可以既与短期业绩相联系，又与长期业绩相联系，但是现金通常与短期利润业绩相联系，而股权常与公司普通股的长期价格表现相联系。

● 货币性和非货币性的：报酬可以是现金或拟现金（股权）形式，或者是特殊津贴和其他非货币性权利。特殊津贴有多种形式，调查表明，最常见的特殊津贴包括度假旅行、高管泊车权、使用公司的小汽车、人寿保险，以优惠利率从公司贷款，俱乐部会员资格和专门的健康保险等。有时，达到一定职位就可以获得一定特殊津贴；有时，特殊津贴又是根据非正式的业绩评价授予的。一些特殊津贴，尤其是度假旅行，可能与正式的评价相联系（常通过竞争的形式）。其他非货币性报酬包括用奖状或奖杯进行正式的表彰，高管的社交邀请——非正式嘉奖，参加为准备提拔的人员设立的人力开发计划。这些报酬经常以非正式业绩评价为基础。

本章我们重点介绍现金和股权类型的激励措施，但这并不意味着特殊津贴和其他非货币性形式不重要，只是因为现金和权益激励方案更常用。

13.4.3　货币性薪酬方案的具体形式

我们考虑下列形式的货币性薪酬方案[15]：

● 现金奖金或利润分享和股票奖励；

● 递延报酬；

● 股票期权；

● 业绩股份或单位；

● 股票增值权；

● 分享单位。

现金或股票奖励

当期奖金在会计期末以现金或股票形式发放。一般使用公司利润或个人业绩确定奖金额。它们奖励的是高管在通常为一年的奖励期内所完成的业绩。因此，这种奖励有可能过于关注短期成果而使公司长期利益受损害。短期业绩指标通常是财务性的，如利润或成本；但它也可以是非财务性的，如质量或交货及时性。当使用非财务业绩指标时，通常是因为它是长期财务业绩动因，且被奖励者所控制。

典型的奖金计算方法（后文会更详细地阐述）是按公司利润的固定百分比计算，或者是当利润超过规定的股东权益回报率后，对超出部分提取一定百分比。除现金和股票奖励外，另外一种混合型奖励是利润分享，即奖金用于购买股票，然后归于被奖励者名下。

当期奖金对公司和高管产生的纳税后果与薪金相同。但在企业经营不善的年份，奖金可以被削减或取消，而薪金很少被削减。股票奖励使高管和股东的利益具有更多的一致性。这种方法的一个不足之处是如果股票没有被立即出售，高管必须寻找足够的现金为这些股票奖励纳税。而且，正如我们在委托代理关系中提到的，管理者拥有大量股票将导致风险厌恶行为。

基于以下两个原因，利润分享方案被广泛地看做较差的激励办法。第一，该方案的受益者几乎看不到他们的努力和集体业绩之间的联系，从而看不到他们的努力和个人报酬间的联系。第二，因为不设法对个人业绩进行衡量，所以个人有搭便车的倾向。

现金奖金的另一种形式是以企业的经济增加值（第 10 章中讲述的以会计为基础的评价工具）为基础提供激励。事实上，斯特恩（Stern）和斯图尔特（Stewart）——经济增加值的创建者——非常重视将高管报酬与经济增加值相联系所产生的激励作用。

表面看，这好像又是一个短期业绩报酬系统。但是，研究发现，经济增加值与股票价格的相关程度比会计收益与股票价格的相关程度更高，这表明对会计收益进行调整以纠正其保守偏见可能有助于将短期利润指标（公认会计原则利润）转变为长期业绩指标（经济增加值）。

递延奖金和报酬

递延报酬指的是递延到将来的现金或股票报酬。递延股票报酬计划通常伴随一些限制条件，如禁止管理者出售股票，或规定公司在股票价格中的补贴部分要在一定时间后才归管理者所有，这样做的目的是把管理者牢牢地拴在公司。

在一些公司，奖金直到高管退休后才支付，这样在收到奖励时就会缴纳较低的税收。只要递延报酬尚没有真实的资金支持，完全基于雇主的无担保信贷，当期纳税就可以避免。只有当高管原来的利息收入税率超过公司税率时，递延报酬才对公司和高管具有减少纳税总额的好处。

一些方案把奖金递延 3~5 年支付，具体支付情况还要依该高管是否继续在公司工作和公司业绩是否持续走强而定。这些方案称做"金手铐"（golden handcuffs），它使关键的高管脱离一个企业所付出的代价非常高。这种方案对高技术企业非常有用，它可以减少因关键的高管转投竞争对手而造成的损失。

股票期权

股票期权使高管有权在将来以获得购股权时规定的价格购买公司股票。股票期权是为了鼓励高管努力做投资者认为有价值的事，从而使他们能够抬高股票价格，提高购股权的价值。出于激励和纳税的考虑，股票期权价格（发行购股权时所规定的股票价格）应高于当前市场价格。然而，证据[16] 表明，大多数股票期权都是价内期权，即其价格低于当前市场价格。一些商业杂志和美国证券交易委员会的报告表明，如果发行股票期权后公司股票价格下跌，公司将调低购股权价格。[17] 由于这种行为以及股票期权的价值和稀释作用，高管的报酬引发了很多争议。

拥有股票期权后，高管被认为将努力影响股票的长期价格，而不是短期利润。更重要的是，股票期权不会给高管带来任何损失（因为他们并不真正拥有股票），而它可能带来的利益却是没有限度的。因而，高管会减少风险厌恶行为，接受风险更大、回报更多的投资项目。

虽然大多数薪酬专家认为股票期权是有效的激励工具，但它仍有一个缺点，即不能直接为管理者所控制的事件可能会强烈影响股票价格。

20 世纪 90 年代中期，对高管报酬尤其是对股票期权持批评观点的人认为，当市场出现牛市，所有证券价格都上升时，一些公司的高管得到过多的报酬，而与类似企业相比，他们的业绩平平甚至更差。这种观点认为管理会计人员有一个重要的任务：制定指标或关注衍生证券的发展，使高管能参考可比公司的业绩报酬，从而消除市场变化带来的对股票期权的影响。而且对于所有者而言，股票期权的代价是很高的。据估计，对于一般公司而言，如果全部行权，股票期权将使利润稀释 5%，即每年 7 000 万美元。

业绩股份

业绩股份指的是高管实现规定的、通常是长期的业绩目标后，公司给予其一定数量的公司股票。最普遍的目标是在 3~5 年的时间里把每股收益增长率保持在一定水平。一般每股收益增长率目标为每年 9%~15%。当每股收益增长率超过目标时，超额部分通常也不会得到额外的奖励；如果部分地完成目标，只会获得一部分业绩股份。业绩股份与购股权有同样的缺陷：强加于管理者的风险和不为其所控制的因素对奖励金额的影响。当业绩股份建立在会计计量基础上时，也会出现管理者更重视提高被计量的财务业绩，而不是公司经济价值的决策倾向。

业绩股份方案可以被制定得相当复杂，反映战略和诸如平衡计分卡这样的战略性业绩评价系统的长期战略性思考。例如，在一家制造电子零件的公司：

● 通过六个属性来衡量业绩。这六个属性是：（1）质量（通过次品数量衡量）；（2）生产时效性（通过计划完工时间与实际完工时间相比较衡量）；（3）成本控制（通过弹性预算差异衡量）；（4）销售增长；（5）获利能力（通过报告中的公司利润衡量）；（6）员工士气（通过旷工情况衡量）。

● 报酬取决于：（1）实现年度目标的能力；（2）三年来的相关业绩增长情况。年度目标是经上下级讨论后制定的。这些讨论不仅考虑标准的选择，还考虑所衡量业绩属性的适当性和可控性。

● 每年以前三年的业绩为基础发放报酬。

股票增值权和虚拟股票

股票增值权是以奖励期到支付期股票价格的上涨为基础的递延现金报酬。股票增值权通常与购股权方案结合使用，为高管执行购股权方案时提供一种收益选择模式。虚拟股票方案是以股票的数量单位进行奖励。当高管获得既定的股份数量时，他将收到一笔现金，现金的数额等于股份的数量乘以股票的现时市价。股票增值权和虚拟股票事实上都是递延奖金，但奖金额是未来股票价格的函数。因此，它们具有当报酬是股票价格的函数时所产生的一切优点和不足。

分享单位

分享单位方案与股票增值权相似，但它与经营成果相联系，而不是与股票价格相联系。常用的经营指标包括税前收益、投资回报率、销量与积压量，或者是这些指标的综合。所奖励的单位可因经营结果的不同而有所不同。分享单位对于较小或没有公开交易股票的企业很适用，也适用于与公司整体经营情况联系不密切的专门的部门。分享单位可以更灵活地将高管激励与企业长期内在业绩指标相联系。这些指标不受股市波动的影响，因而减少了高管报酬的不受控制的不确定性。然而，因为高管与股东利益不一致，这些指标也有不足。分享单位方案，要求对企业长期经营成果给予细致可行的说明，并说明激励报酬是如何随部分或全部的经营成果变化的。

13.4.4 对以会计为基础的激励薪酬计划的评价

对于各种形式的激励方案，无论是年度现金奖金还是诸如业绩分享这类新颖复杂的方案，对股东来说很多重要的设计关键点就决定了激励方案是否以最低的成本提供了适当的激励。其中两个最关键的问题是：（1）每年的奖金总额如何确定；（2）奖金红利如何被分配到公司和部门高管手中。

奖金总额的确定

在确定奖金总额时，薪酬专家必须决定什么项目应包含在奖金中，什么项目不应包含在奖金中。理想的方法是对每个人都设计一个能反映其对企业贡献的业绩指标，并充分考虑各种不为高管所控制的环境因素对业绩指标产生的正面或负面影响。遗憾的是，衡量每个个人对企业的贡献一般来说是不可能的。使业绩指标完全不受超出高管控制范围的因素的影响也同样非常困难。例如，我们怎么能辨别出一个小提琴手对整个交响乐队的贡献呢？作为一种折中办法，一些企业通过对比实际成果与目标（或预算成果）来评价个人业绩。例如，对于一个生产经理，我们能以他达到按时完工、质量目标、成本控制等各方面要求的能力为基础计算一个加权业绩积分，然后按个人业绩积分分配奖金。

我们常常不得不使用一些不那么完善的激励办法，这使得管理者有时因不为其所控制的因素，或者企业的共同贡献而不是个人贡献的因素而受到惩罚或得到奖励。确定高管奖金数额的最简单方法是把奖金总额作为企业已实现利润的一个固定百分比。不过一些公司通过与计划相关的业绩联系确定奖金总额，而忽略了利润的绝对水平。在企业利润很低或亏损时仍然发放奖金，其目的是使非常不景气的企业能够留住高管。

利润作为一个业绩指标，与企业所有者的目标密切相关，能够为中立机构所验证，而且易于为企业成员所理解。最基本的方法是把奖金总额确定为报告利润的一个百分比，如 15%。然而在这种方法下，即使当企业利润相对于投入资本来说相当低时仍要发放奖金。对这种方法的改进可以引进剩余收益概念，即只有当投资报酬率超过了原先设定的投资回报率时（这产生了对投资量的定义问题）才发放奖金。另外，通常依照所支付的股利制定奖金总额的最高限额。

一个相当普遍的做法是在投入资本或股东权赚取了预先规定的收益后，再在其余利润中抽取一定百分比的金额作为奖金总额。例如，一家公司描述了在它的利润分享方案中，如何确定经理和关键员工每年的奖金数量：

在现行计算方案下，公司每年的税后合并净收益（调整后）必须超过股本合并账面价值平均值的 5%，才可以向参与者分发奖金。经董事会外部成员批准后，对于净收益超过股本额 5% 后的余额，可提取 10% 以现金或股票的形式分配给参与者。

另一家公司对重要员工的激励方案是这样规定的：

公司总收益在支付任何激励性报酬、利息、所得税和特殊项目前，扣除投入资本的 13% 后，提取不超过 5% 的数额作为激励基金。

而艾尔弗雷德·斯隆的得意之作——通用汽车公司奖金方案则这样规定：

公司每年保留一定数额作为奖金方案的基金，其数额由公司的独立公共会计师计算，计算方法为对净收益超过净资本 7% 而未超过 15% 的部分提取 8%，对于超过净资本 15% 的部分再提取 5%，但其总额不应超过当年支付的普通股股利的总额。

用这些方法会产生各种各样的问题。第一个问题是投资基数的界定：是股东权益还是投入资本（一般为股东权益加长期负债）。一旦所购置资产的现金净流量超过税后贷款成本和直线法计提的折旧，使用股东权益就会产生提高杠杆作用的倾向。如果把长期负债包括在投资基数中，我们就消除了增加债务的倾向。一个更全面的方法是把所有计息债务，不论短期长期，都包括在投入资本中。

如果只使用股东权益计算奖金就会产生第二个问题。多年的亏损将使股东权益减少到相当低的水平，导致奖金在将来非常容易赚得，尽管资产总收益仍然不高。

另外，有时也会出现比较有趣的问题，那就是一些非常规的巨额损失注销是否与激励薪酬制度有关。在使用巨额损失注销时，极低的收益（甚至是亏损）将使公司管理者在资产负债表上注销一些或有资产，这就把所有亏损信息都集中到一年（谁会去关心一个负的股价收益率是如何计算出来的呢），将亏损全部冲销，为未来的盈利减轻包袱。如果管理者按下面的思路思考，这种行动的发生则不难解释：

- 在这么低的收益下，今年无论如何也不会得到奖金。索性把这些应计项目全部冲平，免得在将来的收益中摊销。

- 适当的亏损会减少股东权益，从而更容易在将来盈利或赚更多奖金。

只单独使用股东权益，或者把它作为投入资本的一部分使用，会产生第三个也是更严重的问题，即没有对价格水平变化进行调整。股东权益反映的是公司历年来通过留存收益和发行股票筹集的资本。这个资本是在相当大的价格水平差异上筹集的，然而它们加在一起就好像都是上一年获得的一样。对于很多公司，一次简单的价格水平调整完全有可能会取消一个丰厚的奖金和激励报酬。如果按收益超过规定的投入资本收益后的余额确定奖金，不对股东权益按价格水平进行调整将使奖金总额大于其应有数额。

确定奖金总额的第三种方法（除了利润固定百分比和利润超过它的投入资本收益后的一定百分比之外的）是建立在利润增长的基础上。在这种方法下，奖金是因利润的年度增长而发放的。除了由会计手段所产生的利润增长，如我们前面在委托代理关系中所考虑的，这种方法还会因那些不为高管所控制的事件而对管理者进行奖励或惩罚。总体经济形势或特殊的行业因素可能使收益因那些不为公司高管所控制的因素而增加或减少。其结果将使这些高级管理者获得意外的收益或遭受意外的损失。

通过把一个公司的业绩与同行业其他公司的业绩进行对比可以降低不可控因素的影响。[18] 在这种方式下，如果一个公司收益增长 15%，而行业平均增长 25%，则即使其绝对业绩很好，因相对业绩差，它的高管也不会得到奖励。下面的引文来自《华尔街时报》，它提出了这样的观点：

> 我为人人，人人为我。这一主题传统上被用来确定有多少高管应接受激励性奖励。当整个公司的经营状况良好时，高管奖励的报酬也丰厚；当公司经营状况下滑时，激励报酬也减少，但是许多公司正开始脱离这个传统。它们现在按一个高管所在部门或经营单位 3～5 年的业绩来确定激励方案。其目的是激励高管，并当他们的单位业绩良好时给予公平的奖励——不管公司经营成果如何。[19]

这篇文章引用了两个负责公司薪酬方案的董事的观点，以强调企业不仅需要评价个人贡献，同时也需要明确对每一个经营单位所期望的特殊贡献应是什么：

> "如果你想让激励报酬改变行为，则管理者必须能够相信他对所衡量的东西有一定控制力。"汉尼威尔有限公司（Honeywell Inc.）薪酬董事约翰·希勒斯（John Hillers）认为。
>
> "部门薪酬计划把我们在企业中获得的薪酬同企业战略联系起来，有助于管理者关注对他所在的部门来说什么是重要的。"普雷玛克国际公司（Premark International Inc.）薪酬董事华莱士·尼科尔斯（Wallace Nichols）认为。

这篇文章意识到了以局部业绩指标为基础制定报酬所产生的问题，包括：

- 在经营单位相互高度关联的公司，分配共同收入（转移定价问题）和共同成本将造成很多问题，且内部高度关联的公司可能会假设各经营单位是可以独立经营的单个经济单位。衡量各单位业绩会导致部门竞争和矛盾，不利于对各单位活动进行协调。
- 因为每个经营单位的任务都有特殊性，同时各单位潜力不易确定，所以制定目标将十分困难。
- 如果使用长期业绩指标将无法使经理们在不同经营单位间进行调换。

以公司整体业绩而不是分部业绩为基础确定报酬对主导产品型企业最合适，这是因为：主导产品型企业是纵向结合、生产一种主要产品（如汽车、轮胎、钢铁）的企业，该企业内部部门间必须进行高度的相互联系与协调才能保证整个企业的有效运转。当公司高度分权化，部门间相互联系较小且都以利润中心或投资中心的形式经营时，以部门业绩为基础确定报酬也许是最合适的。例如，跨行业的联合大企业、风险投资公司或控股公司等就可以使用主要以部门业绩为基础的激励方案。对处于主导产品型企业和高度分权化企业中间类型的企业，可结合使用公司和部门业绩，这样能在激励局部业绩最优的同时满足整体目标。

最后，我们可以用利润计划或预算管理业绩，从而避免使用机械的盈利能力公式所带来的问题。如果董事会能够预计在以下条件下所实现的利润：预期经济环境、高质量的管理决策、管理人员的最佳管理，则完全可以以利润计划为基础制定激励报酬。当然，任何以业绩预算为基础的激励方案都必须获得不偏不倚、不被歪曲的信息，以控制实现预算目标的难易程度。

奖金总额对管理者的分配

奖金总额确立后，下一个问题是如何在有权分享奖金的企业成员之间分配奖金。最基本的方法是按照薪金比例分配。按这种方法，一个人所应分享的奖金比例等于其薪金占所有有权分享奖金的人的薪金总额比例。尽管这种方法易于实施，但它未免过于粗糙。首先，它假设一个人的贡献与他的薪金成比例。这种假设很脆弱。其次，因为所有有权分享奖金的人不论工作成绩如何，都能得到一份奖金，所以它产生了搭便车问题。一些人可能搭便车（放松或逃避责任），而依赖别人的努力工作去使整个奖金总额达到相当丰厚的水平。而没有努力工作的人最终会与工作勤奋的人一道分享奖金。

在极端的情况下，系统会因为人人都逃避责任，等待他人来工作，最后因什么工作都没有完成而崩溃。这就是为什么许多公司把奖金建立在个体业绩的基础上，如某位经理的部门业绩。但是要记住斯隆的劝告：以个体业绩为基础的报酬将不可避免地使管理者采取不利于整个企业的手段集中提高局部责任单位的积极性。很多日本公司对集体业绩进行奖励，从而使每个人都对整个企业的成功与失败承担责任。这种集体奖励系统必须包含正式或非正式的监督机制以解决搭便车问题。[20]

除了按薪金比例分配奖金总额外，另一种方法是把奖金作为以下两个因素的函数：（1）某人所从事工作的重要性；（2）这个人是否成功地完成了指定工作任务。这种方法要求对每个人在企业中所发挥的作用进行清楚的定义并为各方所理解：

- 个人及其上级就其工作内容达成一致；
- 个人建立该工作的业绩目标；
- 个人与上级讨论业绩目标并最终取得一致；
- 建立一个控制系统以监督目标的执行过程；
- 期末上级与下级讨论结果及结果与目标的关系。

例如，李·艾柯卡（Lee Iacocca）在福特和克莱斯勒所使用的业绩综合系统要求，每个季度上级都要求下级详细说明他的目标、工作重点以及实现目标的方式。

在这个方法下，步骤 1 是明确工作重要性的过程，它将决定个人最多能获得多少奖金。步骤 5 将决定步骤 1 中确定的奖金是全部发放、部分发放还是不发放。尽管这种方法看上去很合理，但在实践中很少应用。也许实施并维持这样一个系统所需的相当大的成本使它看上去不那么实用。

一般说来，如果高级管理层和董事会能够对奖金分配进行回顾和总结，奖金系统将发挥更大的激励与奖励作用。这种回顾和总结使奖金成为长期的不完全数量化的业绩标准的函数，从而减轻了完全使用短期财务业绩指标的压力。董事会所处的位置最适于把激励报酬与长期获利规划的制定与实施联系在一起。董事会的回顾与总结可使得在支付激励报酬时，通过与行业业绩进行对比，进行相关的业绩评价。

13.4.5 短期与长期业绩指标

对短期业绩的过分重视将严重损害公司将来的发展潜力。短期行为次优化后果的典型例子是削减酌量性成本支出，如研发、维修和人力开发等。

艾尔弗雷德·拉帕波特（Alfred Rappaport）指出大多数薪酬方案都缺乏远见。[21] 拉帕波特强调激励方案应与企业长期目标的实现相联系。激励的对象应是连续数年的业绩而不是仅仅一年的业绩。设计与长期战略性因素（而不是短期业绩因素）相联系的激励方案是否可行目前还是个问题。况且，如果高管在公司内不断调动工作，衡量其几年来的业绩非常困难。

麦当劳按以下方面评价它的连锁店经理业绩：

- 产品质量；
- 服务；
- 整洁程度；
- 销售量；
- 人员培训；
- 成本控制。

经理在以上各方面的表现都要被衡量，然后与经理及其上级共同制定的目标进行对比。很明显，以上各方面因素都会影响长期利润。麦当劳的高管显然认为在短期内评价这些关键的变量非常重要，并且注重这些关键的成功因素而不是短期利润，可以明确它们对长期获利能力的影响。

13.4.6　高管报酬是否过高

每年晚春，当各公司在年度报告和 10 - K 报表中详细公布高管报酬后，各种关于高管报酬的社论和文章便会纷纷见报，对高管报酬的性质和水平发表不同看法。这些文章引发了无数关于高管，尤其是首席执行官报酬是否过高的争论。

人们对首席执行官的报酬主要有两方面不满。第一，人们抱怨首席执行官的报酬应更密切地与企业业绩相联系。第二，人们控诉不论从绝对数量上看还是相对于企业其他成员而言，首席执行官的报酬都过高了。

首席执行官平均报酬的 79％ 是随某种企业业绩指标变化的。在短期报酬中最普遍使用的业绩指标是按公认会计原则计算的收益，或在其基础上进行的某种调整，如每股收益、资产或净资产回报率以及经济增加值；在长期报酬中使用最普遍的业绩指标是股票价格。

抱怨首席执行官报酬缺乏变动性的人认为，高管报酬与企业业绩间相关程度应该更高。即当企业经营状况良好时首席执行官应得到更多，而企业经营状况不好时首席执行官也应损失更多。高管报酬和企业业绩间较低的相关程度看来似乎是由两个因素造成的：（1）即使业绩低于标准水平时，高管的报酬也很少受到负面影响；（2）当业绩超过标准水平时，高管们能获得的报酬常有一个最高限额。

管理会计人员对设计以业绩为基础的激励方案负有不可推卸的责任。管理会计人员必须解决如何使高管报酬与业绩相关性更强这一问题，同时不能因业绩较差（高管不可能用个人资金弥补）而使高管遭受巨大损失，也不能因业绩很好而使高管收益过高（这样不可避免地招致批评，并可能对企业其他成员的激励造成影响）。也许其中一个方法是，对于短期业绩报酬设立一项基金，在经营状况好的年份这笔基金有所增加；在经营状况不好的年份这笔基金则有所减少；而在任一特定年份，高管只能得到这笔基金的一部分。

与首席执行官的报酬有关的第二个问题是首席执行官的报酬如何对企业其他成员的激励造成影响。在管理会计人员设计并实施企业其他成员激励系统时，这是个重要的相关问题。许多证据表明，首席执行官的巨额报酬影响了较低职位的管理人员和普通员工的士气。调查表明，人们觉得相对于企业其他成员而言，首席执行官的报酬分配是不公平的。公平分配的概念源远流长。古希腊哲学家柏拉图认为，出于道德和伦理的原因，在任何组织里收入最高的人员的收入不能超过收入最低人员收入的

5 倍。[22]　珀尔-梅耶合伙有限公司（Pearl Meyer & Partners Inc.）的一项研究报告表明，1965 年首席执行官的收入是生产工人平均工资的 44 倍，1996 年则为 212 倍。

这个现象在美国最严重。图表 13 - 2 列示了加拿大政策选择中心的报告，即 1995 年一个典型的首席执行官的报酬（包括薪金、奖金、购股权等）与一个典型工人的收入差异倍数。

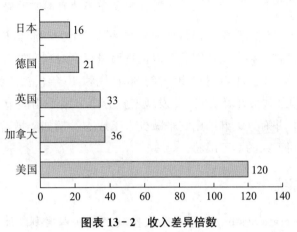

图表 13 - 2　收入差异倍数

资料来源：加拿大政策选择中心。

使首席执行官取得巨额收入（相对于包括其他高管在内的企业其他成员而言）的方法称做"胜者为王"或锦标赛（tournament）法。这种体育竞赛式的高管报酬方法能否激励所有人都努力工作并向最高职务努力，到目前为止仍须考虑。但有一点是不容置疑的，这种方法将疏远那些根本没有机会赢得最高职务的员工。这种不公平将使这些员工不再努力为企业作贡献。

解决这些问题是薪酬专家的任务，但是管理会计人员在设计薪酬方案时，必须清楚企业文化或氛围是否会影响激励的结果。因为相对报酬会影响企业文化氛围，管理会计人员在设计业绩评价系统时应充分考虑相对报酬对激励效果的影响。

13.5　组织中其他成员的报酬

薪酬专家似乎都认可，出于组织协调和激励的目的，所有企业成员都应参与激励薪酬方案，即使他们可能不全都参与同一个方案。遗憾的是在实践中并没有广泛地采取这种似乎很重要的做法。最近的一项调查[23]表明，在大中型企业中，只有 13％的员工参与利润分享方案，3％的员工参与股票所有权方案，只有不到 0.5％的员工参与购股权方案。

前面我们已经注意到，激励方案的影响范围及重点应考虑个人对企业承担的责任。所以，高管报酬通常以概括性的企业业绩指标为基础，而企业其他成员的报酬则可以以个人对企业的贡献为基础。

13.5.1　增益分享

增益分享（gainsharing plan）方案是奖励生产线工人的一种方案。最普遍使用也最为人所知的增益分享方案是斯坎伦方案（Scanlon plan）。1935 年，该方案被制定出来并首次实施，它使公司和员工分享由生产率在基期水平上的提高所带来的成本节约。[24]　随着时间的推移，斯坎伦方案产生了一些改进方案：

斯坎伦方案中，奖金取决于工资总额与产品销售额二者之比的变动。斯坎伦方案的改进方案之一，拉克方案（Rucker plan），同样使用工资总额，但它以生产增加价值取代了销售额，以去除原料成本和购入服务变化的影响，以及生产过程中的原料投入率变化的影响。改进方案之二，即最近的增益分享方案，完全不考虑经济性生产率指标，它把报酬建立在单位产品实际人工小时与标准人工小时之比的变化上，标准人工小时反映了基期生产单位产品的人工小时数。[25]

一般来说，增益分享可以包括分享任何目标业绩水平基础上的利润增长。例如，一些企业相信质量的提高会带来更高的销售收入和利润，因而，以估算质量提高对利润的影响为基础给予员工奖励。

增益分享方案的重点是人工成本，它在20世纪30年代和40年代被广泛采用，到60年代渐渐衰落。[26] 但是当1981年美国公共会计署研究[27] 发现增益分享方案平均能节约17%的人工成本时，企业对它的兴趣又迅速增加，并有兴趣继续用它来减少人工成本。例如，增益分享方案曾作为解决办法平息了加拿大国家铁路公司工人的罢工威胁。

13.5.2 计件工资系统

在计件工资系统（piecerate systems）下，个人按其产量获得报酬。计件工资系统在工业革命时期最流行，在19世纪和20世纪逐渐被薪金系统所取代。管理者认为小时工资是一种更加人道的支付方式，而且处于一体化的以工序为中心的生产过程中的工人已经失去了控制个人生产速度的能力。

计件工资系统现在极为少见，所以它们一被使用便马上吸引了人们的注意。例如，1995年一个汽车玻璃公司——西福莱公司（Safelite Glass Corporation）——开始从薪金系统变回使用计件工资系统。工人每小时的固定工资至少为11美元，而且每安装一块汽车玻璃可得计件工资20美元。安装不当的修理成本从原安装工人工资中扣除。因为每个最初安装工人的名字都被记录下来，所以大家都努力不犯错误，结果生产率提高了20%。公司和员工平均分享了生产率提高带来的利益。[28]

计件工资系统最著名的使用者是电焊设备和电动机制造商林肯电气公司（Lincoln Electric）。[29] 几乎所有林肯公司的生产工人都按计件工资系统领取报酬。在其计件工资系统下，以正常速度工作的工人所获得的工资与当地劳务市场类似工作的工资相同，返工成本由原工人负担，所以员工不会为了速度而牺牲质量。这个系统的结果是工人生产率大大高于平均水平，而且工资率是全国制造工人平均工资率的两到三倍。此外，所有工人还分享数额为工资总额50%~100%的奖金。个人在奖金总额中的份额由以下四个因素决定：可靠性（即不旷工）、质量、产量和合理化建议。

13.5.3 人工相关方案

20世纪30年代被首次广泛使用的人工相关方案致力于削减人工成本。在工人能够控制生产速度并有权力和技能实施改进的劳动密集型企业，人工相关方案使企业和工人能够分享生产率提高所带来的好处。这些方案有多种形式，但基本思想一致。首先确定基期某件工作的人工数量，这个人工数量就是以后进行比较的标准。当一定产品的人工数量低于预算时，节约的人工成本部分地（一般为25%~50%）归于奖金额度。当一定产品的人工数量高于预算时，超出的人工成本部分地从奖金额度中扣除。每年，奖金额度的一部分发给员工，且通常是平均分配的。这些方案的关键问题是：

- 基期标准如何确定；
- 标准如何以及多久被修正；
- 企业与员工间以及员工之间的分享规则；

- 发放规则。

这种方案直观且易于管理，所以仍将继续流行下去。

13.5.4 奖金系统

奖金系统是最简单的激励方案。在该系统下，如果员工完成或超过某一业绩目标，就会得到一定数量的奖金，通常是工资的一定百分比或一个固定数额。例如，如果一个员工连续 500 天工作无事故，就会得到一天的假期或一天的工资。奖金系统的目的性非常强，它一般只奖励特定行为。奖金系统的重点是短期可管理的行为。

13.6 小 结

高管激励方案的使用相当广泛。这些方案的参与者通常仅限于对公司业绩有巨大影响的员工。

激励方案所提供的报酬是多样的，包括现金、公司股权、特殊津贴和无形报酬。这些报酬中，现金、购股权、特殊津贴和对出色业绩的公开表彰是被普遍使用的。

一些人认为对个人业绩的评价应参照他的任务和企业要求其完成的目标来进行。按照这种观点，应在把个人业绩与计划相联系的基础上确认业绩报酬，同时适当考虑不为个人所控制且影响业绩的因素。

另一些人认为报酬应以集体业绩为基础。集体报酬的缺点是无法明显地确认（好的或差的）个人业绩。而且，如果没有有效的集体约束，集体报酬将导致个人逃避责任。

当前很多激励方案把注意力集中在短期财务业绩上。为抵消对短期目标的过分热衷，公司应建立适当的激励方法以使高管积极为长期目标而努力，公司也可以按对其成功非常关键的各种因素来评价业绩。

激励方案使高管具有很强的积极性为预定的业绩指标而努力。公式化的方案减少了业绩评价方面的不确定性和含糊性，但是设计一个不导致行为紊乱的机械的公式是非常困难的。以会计为基础的公式的一些缺陷，例如无法控制变动价格水平等缺陷，将导致当公司收益低于有竞争力的资本回报时，仍支付大量的奖金。

董事会，尤其是完全由外部董事组成的独立薪酬委员会，可以在弥补这些潜在缺陷方面发挥重要作用。这样的委员会能够控制下列情况的发生：

- 由会计方法而不是经营业绩导致利润增加或减少；
- 因未对价格水平进行调整而导致利润增加；
- 利润的增长低于同行业类似企业；
- 因关注短期业绩指标而不是长期业绩指标带来利润增加；
- 为使部门业绩指标最大而牺牲公司整体利益。

📚 注 释

[1] 对激励报酬的批评见 A. Kohn，"Why Incentive Plans Cannot Work," *Harvard Business Review*（September-October 1993）。关于对科恩的观点的讨论及其对批评的回应见"Rethinking Rewards；What Role—If Any—Should Incentives lay in the Workplace," *Harvard Business Review*（November-December 1993），pp. 37 - 45。

［2］通用汽车公司奖金方案可见 A. Sloan，*My Years with General Motors*（New York：Doubleday，1964），chap. 22。

［3］C. D. Ittner, D. F. Larcker, and M. V. Rajan, "The Choice of Performance Measures in Annual Bonus Contracts," *The Accounting Review*（April 1997），pp. 231 - 55.

［4］D. Swinford, "Unbundling Divisional Management Incentives," *Management Review*（July 1987），pp. 35 - 37.

［5］对代理理论的精辟论述见 J. S. Demski, *Managerial Uses of Accounting Information*（Boston：Kluwer，1994）。

［6］收益为投资项目的实际价值减去风险成本。风险成本通过决策者的个人风险厌恶系数和投资项目的方差衡量。

［7］M. Jensen, "A Roundtable Discussion of Management Compensation," *Midland Corporate Finance Journal*（Winter，1985）.

［8］为去除这些不可控因素的影响，可将本企业股票价格的表现与竞争者的股票价格进行对比。

［9］P. Healy, S. -H. Kang, and K. Palepu, "The Effect of Accounting Procedure Changes on CEOs' Cash Salary and Bonus Compensation," *Journal of Accounting and Economics*（April 1987），pp. 7 - 34 .

［10］A. Patton, "Why Incentive Plans Fail," *Harvard Business Review*（May-June 1972）.

［11］这一理论的正式表述和一些实证研究见 J. Stacy Adams, "Toward an Understanding of Inequity," *Journal of Abnormal and Social Psychology*（November，Volume 67，No. 5，1963），pp. 422 - 36；J. S. Adams, "Inequity in Social Exchange," in *Advances in Experimental Psychology*，ed. L. Berkowitz（New York：Academic Press，1965）。

［12］Gerald S. Leventhal, James W. Michaels, and Charles Sanford, "Inequity and Interpersonal Conflict：Reward Allocation and Secrecy about Reward as Methods of Preventing Conflict," *Journal of Personality and Social Psychology*（July，Volume 23，Number 1，1972），pp. 88 - 102.

［13］P. L. Lawrence and J. W. Lorsch, *Organization and Environment*（Homewood，IL：Richard D. Irwin，1969）.

［14］*Fortune*，March 31，1997，p. 119.

［15］对这些方案的详细论述及实例见 S. A. Butler and M. W. Maher, *Management Incentive Compensation Plans*（Montvale，NJ：National Association of Accountants，1986）。

［16］"Executive Pay," *Business Week*（April 21，1997）.

［17］例如，因为股票价格势不可挡地下跌，苹果电脑公司在12年里8次调整股票期权价格。

［18］M. W. Maher, "The Use of Relative Performance Evaluation in Organizations," in *Accounting & Management：Field Study Perspectives*，ed. W. J. Bruns Jr.，and R. S. Kaplan（Boston：Harvard Business School Press，1987），pp. 295 - 315.

［19］"Firms Trim Annual Pay Increases and Focus on Long Term," *Wall Street Journal*（April 10，1987），p. 25.

［20］例如，一项调查表明40.5%接受调查的企业把奖金建立在集体业绩的基础上，但通过个人激励方案决定个人奖金额，见 J. Sheridan, *Industry Week*（March 4，1996），p. 63。

[21] Alfred Rappaport, "Executive Incentives vs. Corporate Growth," *Harvard Business Review* (July-August 1978), pp. 81 - 89.

[22] 详细讨论见 "Inequality," *The Economist* (November 5, 1994), p. 29。

[23] S. S. Roach, "The Hollow Ring of the Productivity Revival," *Harvard Business Review* (November-December 1996), pp. 81 - 90.

[24] 斯坎伦方案的积极使用者还包括: Dana Corporation, Donnelly Corporation, 以及 Herman Miller Company。

[25] H. Y. Park, "A Comparative Analysis of Work Incentives in U. S. and Japanese Firms," *Multinational Business Review* (Fall 1996), pp. 59 - 70.

[26] 对增益方案一个有趣的探讨见 W. Imberman, "Is Gainsharing the Wave of the Future?" *Management Accounting* (*USA*) (November 1995), p. 35。

[27] *Productivity Sharing Programs: Can They Contribute Productivity Improvements?* (Washington, D. C.: Government Printing Office, 1981).

[28] *Business Week* (February 17, 1997), p. 25.

[29] 关于林肯电气公司薪酬方法的有趣说明见 K. Chilton, "Lincoln Electric's Incentive System: Can It Be Transferred Overseas?" *Compensation and Benefits Review* (November 1993), p. 21。

📚 习 题

[13-1] 高管薪酬方案

联邦信号公司从公司税前利润中提取高管奖金，奖金额为平均股东权益和平均长期负债的10%。

要求:

(1) 用这种方法提取奖金有什么样的激励效果?

(2) 这个方案有什么优点和缺点?

[13-2] 修改激励方案

1996 年，ICF 公司针对其首席执行官制定的奖金方案要求每股收益必须达到或超过 0.10 美元才能获得奖金。在失去一笔大宗业务后，这个目标看来已经无法实现了。但是，在 1996 年的最后一天，公司出售了它在一个煤矿的股份，从而使它实现了业绩目标，并向首席执行官发放了 175 000 美元的奖金。公司董事会的薪酬委员会认为这笔交易是正当的，因为公司需要这笔钱来偿还债务，而且转让不重要的投资对公司来说并不稀奇。

很多薪酬专家认为，当薪酬委员会成员觉得高管报酬过低时，他们就会调整激励方案的参数甚至完全改变报酬方案，从而使高级管理者能够获得激励性报酬。有大量证据表明，当报酬过低时，薪酬委员会会提高报酬，而当报酬过高时，他们却很少调低报酬。

要求:

薪酬委员会对激励薪酬方案的参数进行事后控制以向高级管理者提供目标水平的报酬，你对这一做法有何评价?

[13-3] 激励与决策制定

HS 木器公司专门生产精制木工产品，该公司使用多种类型的设备，为保证较低的运行成本和较高的产品质量，这些设备必须定期维修、更换。

最近公司经理尼洛·奥基批准购买了一台价值85 000美元的自动化车床，这台车床将用于生产楼梯中轴，该车床刚刚安装完毕。按预计运转水平，该车床能使用10年，每年运作成本为40 000美元，10年后残值为零。

尼洛一直关注着机床业的新发展。苏茜公司最近宣布开发了一种与HS公司刚刚安装的车床功能完全相同的车床，价格为130 000美元，可使用10年，每年运作成本为35 000美元。尼洛估计使用新车床将提高产品质量，使公司每年增加10 000美元的营业毛利，同时还可以减少运作成本。已安装的车床目前可变现净值为50 000美元。新车床使用10年后无残值。

尼洛的薪水是每年60 000美元，同时还可以得到公司净收益0.5%的奖金。尼洛打算再为HS公司工作两年，然后，转投能够给他加薪并升职的公司。

所有问题均不考虑所得税影响。假设HS公司所要求的税前收益率为12%，折旧采用直线法计提。

要求：

（1）该公司应使用新安装的车床还是购买苏茜公司的车床？

（2）尼洛个人更偏向哪种车床？

（3）使用短期财务性业绩指标制定报酬产生了什么激励问题？

（4）应如何解决要求（1）与要求（2）之间存在的矛盾？如何解决要求（3）所产生的问题？

［13-4］设计一个激励薪酬制度

（本题资料摘自林肯电气公司于1997年4月28日向美国证券交易委员会递交的报告。）

公司的报酬政策主要是面向所有员工且长期有效的激励性薪酬政策，高管也包括在内。公司的长期激励性薪酬主要通过现金奖金方案实施。多年以来，公司一直使用一个酌量性的员工奖金方案，这个方案主要以现金发放为特色，它考虑个人收入和个人业绩评价结果，然后发放现金奖金。基本上国内员工都参与了这一方案，目前正在努力使国外子公司员工也参与该方案。这个方案的成本不包括医疗费用但包括工资所得税，1996年为6 670万美元，1995年为6 640万美元，1994年为5 960万美元。

1996年，在（薪酬）委员会的指导下，公司管理层对多年来一直使用的很成功的激励管理系统进行了全面的总结。总结的结果使公司进一步增强了"付更高的报酬的同时得到更好的业绩"的信心，同时也使公司认识到对于生产工人来说计件工资系统的重要性。这次总结还表明，公司应更积极地进行业绩总结，而且员工和钟点工的生产率还可以进一步提高。这次总结同时也使公司业绩和现金奖金额间的联系更加清晰。

在重建公司激励管理系统（现已更名为激励报酬系统）的同时，委员会对公司高管薪酬政策进行了重估。自从1995年对高管实施管理层激励方案以来，委员会一直在不断提炼它的高管激励薪酬理论。管理层激励方案的目的之一是制定能够与类似企业相竞争的基本薪金和现金奖金。最初，管理层激励方案把基本薪金定为本行业同种工作的平均报酬水平，如果实现预先制定的业绩目标，则最大激励目标可使个人收入在本行业同种工作中居于前1/4的水平。管理层激励方案权衡了公司业绩和区域性业绩，使个人对公司所承担的责任能够得到充分反映。1996年年初，委员会为所有管理层激励方案的参与者设定了业绩目标和个人报酬目标，在此基础上，还包括那些等同于在薪酬摘要表中提到的高级管理职位的人员。但是，随后在1996年年末，通过对激励管理系统的总结，委员会意识到应对管理层激励方案和薪酬战略进行一定程度的改进。

　　为与公司薪酬制度的整体思路相一致，委员会决定管理层激励方案参与者的基本薪金应处于后 2/5 的水平，或者说应低于平均水平，而现金奖金应高于平均水平，按最高的目标来衡量，现金薪酬的总额应占 75％。委员会同时还决定，个人所处的环境和个人业绩应作为确定激励报酬的因素（包括正面影响和负面影响），不论公司整体业绩是否达到目标要求。1997 年的业绩目标是以息税前利润为基础制定的，现金奖金额则参考业绩目标制定。1996 年的业绩目标也以同样的基础制定。个人业绩因素（是否实现个人目标）被加进了管理层激励方案。这些改进在 1997 年取得了很好的效果。

　　在评价高管薪酬制度的过程中，委员会还注意到，公司没有强调长期权益性激励薪酬的作用，尽管早在 1988 年它就制定了一个权益性激励方案。权益性激励方案对象仅限于高级职员和对公司的管理、成长、获利能力有重大影响的员工，它包括四种类型：(1) 股票期权；(2) 股票期权附加的股票增值权益；(3) 受限制股票；(4) 利益后付股票。1996 年年初委员会根据权益性激励方案，向 31 位有关人员一次性发放了 167 590 股的公司股权。这些股票期权均以溢价发行，其执行价格为每股 30 美元和 34 美元。1996 年 9 月，为了执行长期激励薪酬程序，委员会又批准向 21 位有关人员发放 278 000 股无限制的股票期权。委员会希望权益性薪酬在将来能发挥更大的作用。到 1996 年 12 月，还有 1 454 362 股股份可用于权益性激励方案。

要求：

　　根据以上提供的信息，评价林肯电气公司对激励方案所做的改进，包括种类和构成等方面。

[13-5] 制定首席执行官奖金方案的依据

（本题资料摘自通用电气公司于 1997 年 3 月 12 日向美国证券交易委员会递交的报告。）

　　委员会在决定每位高管包括首席执行官的报酬时，要考虑他们所承担的责任、他们的业绩、现有薪水、上年的奖金和其他薪酬性奖励。1996 年委员会主要考虑了首席执行官的业绩和未来发展潜力、各种奖励形式的长期激励效果等因素，然后制定了当年的报酬决策。

　　1996 年，韦尔奇获得的薪金和奖金总计达现金 6 300 000 美元。委员会认为，从利润、资产负债表、股东价值创造和管理程序等各方面分析，韦尔奇对这个全世界一流大公司的领导都是非常出色的，因而这样的报酬水平并不过分。

　　在 1996 年，委员会还给了韦尔奇 320 000 股的股票期权，其中一半在 1999 年可行权，另一半的行权期为 2000 年。这样做主要是为了更有效地激励韦尔奇在剩余的雇用期里，不断为公司创造价值。

　　委员会支付给韦尔奇的报酬主要建立在以下各项依据的基础之上：韦尔奇极富进取精神的领导方式，使公司获得了出色的业绩并在全球竞争中处于更有利的位置；他全面提高公司产品质量和服务的决心和远见；他在公司内建立的更团结协作、更目标明确、更高员工参与度的企业文化。与往年一样，决定韦尔奇薪酬的关键的考虑因素仍是作为主席和首席执行官，韦尔奇能否以他的领导才能与独特眼光继续增加股东的长期利益。

要求：

　　(1) 你对薪酬委员会 1996 年对韦尔奇制定奖金的各项依据有什么看法？注意这是个典型的短期奖金方案。韦尔奇还获得了股票期权形式的长期奖励。

　　(2) 如果你是一名管理会计人员，在协助薪酬委员会制定奖金决策的过程中你将如何衡量现有的业绩指标？

　　(3) 你认为还应加入哪些业绩指标？为什么？

（4）你认为对哪些业绩指标的衡量是不必要的？为什么？

[13-6] 基于年度奖金的评价标准

（本题资料摘自洛克威尔（国际）公司于1996年向美国证券交易委员会递交的报告。）

年度激励。每个会计年度即将开始的时候，委员会都会与首席执行官和主席一起进一步回顾公司本年度的各项目标，包括可衡量的财务收益和股东价值增加目标，以及在一定程度上需要更多主观评价的长期目标。1995年的主要财务性目标包括：使每股收益超过1994年；达到20%的权益回报率；产生足够的现金以用来购置资产，偿还债务，回购股份和发放至少4亿美元的股利。在1995年，公司的每股收益增长了19%，权益回报率达到20.8%，而且充分实现了现金流方面的目标。1995年的股东价值目标包括：总回报（股票价格增值和股利）超过公司指定的同类企业；优化共享公司内各部门的现有生产能力、技术、产品开发能力、设备等以提高竞争优势。公司的长期目标包括开发新产品，投资新技术，采取有效的管理提高团队协作精神、组织效率，实行流线化、授权制，其关键是保证质量、缩短产品周期，提高对顾客要求的反应能力等。

每年年终，按公司各项目标对业绩进行评价，对于不直接负责管理经营单位的高管，其年度激励薪酬须考虑以上评价结果。在与首席执行官和主席协商后，委员会根据个人所承担的责任和贡献，向不包括首席执行官和主席在内的高管发放奖金。尽管委员会认为财务性目标、股东价值目标和长期目标同等重要，但在年度激励报酬中用于前两项目标的奖金更多。

公司高管和其他关键成员的年度奖金额由激励薪酬方案决定。按公司激励薪酬方案，任一会计年度激励基金的增加额都不能超过当年已发行股票所支付的股利，或按下述方法计算的最高限额：每年可分配利润中前1亿美元提取2%（合并子公司的国内外税前净利润），其余5 000万美元提取3%，剩余2 500万美元，则提取4%，若最后还有盈余，则提取5%。一般说来，委员会根据激励薪酬方案所发放的奖金远远低于以上限额。

要求：

评价洛克威尔（国际）公司对高管的奖金方案的优缺点。注意这只是年度激励方案，该公司的所有高级管理成员还参与一个长期激励方案。

[13-7] 奖金与经济增加值

（本题资料摘自阿姆斯特朗工业公司于1997年3月18日向美国证券交易委员会递交的报告。）

经济增加值作为公司的基本财务指标，可在公司的管理成就方案中用于制定奖金计划。经济增加值等于税后营业利润减去用于产生该利润的资本成本得到的收益。对于公司和各业务单元都规定了一个基本经济增加值水平，低于这个水平不会得到任何奖励。但对公司和各经营单位奖金的上限则没有任何规定，所以实现的经济增加值越高，奖金也越多。对于主席和首席执行官、执行副总裁、财务总监的奖励都完全取决于公司经济增加值水平；对于其他高管的奖励则取决于公司和（或）部门经济增加值目标完成情况。

按照管理成就方案，如果公司、业务单元和个人都实现了较高的业绩水平，现金报酬（基本薪金加年度奖金）会高于同类企业的中等水平。相反，如果公司和业务单元没有实现业绩目标，现金报酬则会低于同类企业的中等水平。

要求：

管理成就方案是用于激励高管的激励薪酬方案的一个组成部分，另一个组成部分是股票期权方案。试评价管理成就方案。

[13-8] 高管激励方案的各组成部分

（本题资料摘自 FMC 公司于 1997 年 3 月 18 日向美国证券交易委员会递交的报告。）

本方案包括三个组成部分：基本薪金、变动的现金与股票奖励、长期激励（股票期权）。

基本薪金。FMC 公司根据外部调查来为高管制定具有竞争力的报酬水平（薪金范围）。为尽可能获得最广泛的调查数据以便研究，被调查公司的范围比道·琼斯综合工业指数所包含的企业还多，包括《财富》杂志评出的 500 强中的大部分同类企业。

FMC 公司高管的薪金范围参考规模和复杂程度与之相似的企业职务制定。一般说来，公司把薪金范围的中间点定在被调查企业的中等水平上。对该薪金范围按不同业绩水平分出几个档次，从"初学者"或"有待提高"至"优秀"不等。所以，尽管名义上报酬只在同行业中居中游水平，但它可以因业绩水平不同而有较大差异。

一个员工在薪金范围中所处的档次取决于他的能力、经验、专业知识和预期业绩。每年都按共同制定的目标和业绩指标（可能是相当主观的）对业绩进行评价，然后确定业绩等级，最后决定是否对员工加薪。对业绩的衡量包括以下因素：能否对低迷市场做出及时反应；能否制定正确的策略；有没有对管理上的关键问题做出改进；有没有适时调整经营方向和获取新的业务；是否持续提高经营效率；是否提高了管理能力以及员工的工作能力。各因素孰轻孰重取决于各单位的战略重点和经营要求。

变动奖励（年度奖金）。1995 年，委员会和董事会建议对管理激励方案进行改进，这一建议得到了股东的批准。根据修改后的方案，如果实现了个人业绩目标并连续数年实现净贡献（税后营业利润减去 11.5% 的资本支出与所用资本的乘积）增长的目标，就可以获得年度奖金。所有高管都参与这一激励方案。如果单位和个人业绩都达到了高标准，则可获得股票和现金奖励；如果没有达到高标准，这部分奖励将很大可能拿不到。对于高管来说，目标奖励约占基本薪金的 50%～65%，而实际发放的奖励最低可能是零，最高可能是目标奖励的三倍。

跨年度奖励依据的是连续三年的净贡献目标，它从 1995 年开始实施。1997 年，每个参与者都从应属下一个为期三年的奖励期（1996 年、1997 年、1998 年）的奖金中提取一部分，提取的比例根据这个时期计划下他们的业绩目标而定，这个计划在 1998 年 12 月 31 日结束。1996 年和 1997 年提取的部分应在奖励期结束后，从应得奖励中扣除（扣至零为止）。以伯特为例，他提取的部分占基本薪金的 25%。

对高管来说，年底个人业绩奖励占总目标奖励的 40%～50%。这个奖励不像跨年度奖励那样易于量化。它随个人业绩水平的变化而变化，变动范围从零到目标比例的两倍。年度个人业绩奖励取决于个人是否实现了其最重要的责任目标。1996 年这些目标包括：利润与增长战略的实施，经营效率的提高和市场地位的改善，收购 Frigoscandia 公司，撤销 FMC 黄金公司和自助服务设备部门，在提高团队精神、差异性和营造增加股东价值的管理氛围方面所体现出的领导能力。

长期激励。这个方案的目的是把高管的长期报酬与股东价值的增长密切联系起来。1995 年一个通过股东修正后的股票期权方案，使委员会继续有各种可供选择的奖励形式。1996 年的奖励形式包括无限制的股票期权。股票期权奖励授予期为 3 年，10 年后行权。

给予某位高管的股票期权数量按如下方法计算：首先把该高管的薪金范围的中位数与反映了相似企业薪金水平的系数（由独立的外部顾问提供）相乘，然后用以上乘积除以 FMC 股票当时的市价，最后再乘以一个反映个人贡献和潜力的百分比（80%～120%），这样就得出个人所获得的股票期权。在决定奖给某位管理人员股票期权数量的过程中，要考虑其已获得的股票期权数量，但并不把它作为一个重要的因素。

股票持有政策。公司为高管的股票所有权制定了一些标准。这些标准是以员工总报酬的中位数的倍数为基础制定的。1995年对管理激励方案和股票期权方案进行的修订，有助于使高管达到这些标准。

要求：

评价FMC公司对高管的激励薪酬制度的结构和性质。

[13-9] 决定并分配奖金总额

（本题资料选自1997年4月3日艾美欣有限公司向美国证券交易委员会递交的报告。）

管理激励方案用于奖励参与者为实现公司业绩目标所作的贡献。所有高管和其他一些薪酬委员会认为的重要员工都参与这个方案。管理激励方案的依据在于，如果参与者的业绩超出一般水平，他所获得的奖金加上基本薪金将超过同类企业现金报酬的一般水平。

每次管理激励方案实施的期初，管理者都会与薪酬委员会制定一系列业绩目标，只有实现这些目标才能获得奖金。奖金总额中大于或等于50%的部分取决于是否已实现已动用资本回报率和收入增长率目标，其余部分取决于是否实现委员会制定的其他若干目标。参与者的目标奖金额依据基本薪金比例制定。如果实际业绩远远高于目标水平，奖金最高可达目标奖金额的150%。如果没有实现所有资本回报率和收入增长率的目标，无论其他目标的业绩或个人业绩如何，都不会向其发放奖金。

每个管理激励方案实施的期初，该方案参与者必须与上级明确他所要完成的个人业绩目标。他的上级和薪酬委员会在分析了他的目标完成情况后，确定他从奖金总额中应得到的奖金的数额。业绩目标是一个可能的业绩水平的区间。为获得奖金，每个参与者至少须实现其业绩目标的最低起始点。最低起始点的业绩水平也相当高，但仍低于计划水平。最低起始点奖金通常是目标奖金的50%。管理激励方案的任何参与者所获得的奖金都不能超过900 000美元。

截至1996年12月31日的这期管理激励方案包括如下业绩目标：已动用资本回报率、收入增长率、产品开发和税后利润。它们在确定奖金总额时的权数分别为30%，20%，25%和25%。根据管理层和薪酬委员会对业绩进行的评价，公司本期实现了业绩目标的142.2%。1996年，公司为激励新产品的开发，把最高奖金额的5%奖励给了两种新的化学分子的开发者。这些目标的实现使这个激励因素最终包括在管理激励方案的薪酬支付中。

要求：

（1）你对艾美欣公司的管理激励方案有何看法？请注意这个方案只是该公司薪酬制度的一部分，该系统还包括基本薪金和股票期权。

（2）假设你负责为这个方案制订业绩指标，对下列高管应运用什么业绩指标：（a）生产主管；（b）地区销售经理；（c）产品开发部门主任。为什么？

案 例

麦当劳：设计激励系统*

对于任何企业的高级管理层来说，设计一个公平合理的薪酬制度都不是一件容易的事情，本文尝试阐明该方面的内容。而对于服务企业来说，薪酬制度的设计尤其困难。它的产品，如函授课程、清洁办公室、烘制华夫饼或提供加勒比海旅游服务，几乎在生产的同时就被消费，没有重新再做一遍的机会。

银行出纳员、旅馆服务员和餐馆厨师看上去好像没有什么共同点，但他们都代表企业的形象。他们如

---

* 本案例最初由查尔斯·亨格瑞用于课堂教学，见 W. E. Sasser and S. H. Pettway, "Case of Big Mac's Pay Plans," *Harvard Business Review* (July-August 1974)。经许可改编。

何看待自己的工作，又如何完成自己的工作，这些都对企业的成败有着重要意义。因此，如何对他们进行适当而有效的管理一直是银行家、旅馆老板和餐馆老板所关心的问题。

随着服务业在经济中的地位越来越重要，服务企业的激励与报酬问题也越发突出。本文我们将介绍世界上最大也是最成功的餐饮服务企业是如何试图解决这一问题的，它的高管又是如何看待他们的激励方案的。

"我们认为公司自有连锁店的经理是我们的一线管理人员，"麦当劳的一位高管告诉我们说，"他们为我们做了大量的工作。我们必须设计一个薪酬制度以对他们的努力工作给予奖励，同时激励他们继续为公司努力工作，使麦当劳成为家喻户晓的名字。我们已经试用了多种薪酬方案，但没有一个被证实是完全成功的。"

公司考虑的不是学术问题，在 1972 年，位于全美国和加拿大的麦当劳及其子公司经营或授予特许权的快餐连锁店共 2 127 家，在其他国家也有一些。其中有 25％的连锁店为公司独自拥有并经营（现在这一比例达到了近 30％）。到 1977 年，公司估计连锁店总数将达 4 000 家，其中公司自有连锁店超过 1 000 家。

1971 年公司自有连锁店的平均销售额为 540 000 美元。公司预计 1972 年年底会上升到 600 000 美元。

麦当劳的创始人雷蒙·克罗克经常提及的成功宗旨是：质量、服务、整洁（quality，service，cleanliness，QSC）。为贯彻这一宗旨，麦当劳在伊利诺伊州的埃尔克格罗夫建立了全世界唯一的汉堡包大学，这所大学全年不断地进行人员培训。在这所耗资 200 万美元的学校里，麦当劳的连锁店经理们和获得了特许经营权的合伙人们全面学习关于麦当劳经营理念的各种课程。1973 年大约 1 200 人从汉堡包大学毕业。

对于一般的非管理人员，其工作大都相当简单，在操作手册和店内培训的帮助下，一般只需要几个小时就可以传授给新学员。

最初的尝试

1963—1972 年，麦当劳尝试了几个薪酬方案，希望能激励公司自有连锁店的经理们创造出更好的业绩。但是据记载，这些方案都未能使一线经理或高级管理层完全满意。

在 1963 年，连锁店经理的奖金完全取决于他在上年基础上的销售增长量。经理们抱怨销售额的变动常常不受他们控制，因此他们都希望被派到更有增长潜力的连锁店去。而这个方案对于那些很好地控制了成本的经理没有任何奖励。1964 年这个方案被废弃了。

在以后的三年里公司事实上没有正式的激励系统，完全按主观的业绩评价发放奖金。很多经理认为他们的区域经理没有给他们的业绩以足够的奖励。1967 年这个非正式的方案也被放弃了。

麦当劳于是决定建立一个内容更广泛、更公平的薪酬方案。公司把基本薪金和连锁店经理以及第一副经理实现 QSC 标准的能力联系起来。每季度还按利润发放奖金，利润被定义为销售额和经理能够通过判断、决策和行动直接或间接地加以控制的成本之间的差额。对评价经理业绩的可控成本还列出了一个完整的明细表，这张表上的评价标准看起来是合理的、完整的。

但这个方案并没有为一线经理所广泛接受，因为只有销售额相当高才能获得奖金。连锁店的利润主要取决于销售收入而不是成本控制，所以出色的管理和成本控制并不是总能获得相应的奖金。这个方案的结果是奖金差距非常大，中等水平为 2 000 美元，最低为 700 美元，最高则达 8 000 美元。到 1971 年这个方案也被废弃了。

1972 年的方案

在 1972 年的一线经理薪酬方案中，麦当劳努力平息经理们对以往方案的所有不满，同时保持管理激励方案和公司目标间的一致性。连锁店经理每年的报酬包括基本薪金和季度奖金，季度奖金奖励的是经理们在人力成本、食品和纸制品成本、QSC 和销售增长等方面实现既定目标的能力。

视察报告

连锁店地址：

门牌号码　　　　街　　　　城市　　　　州

该店在　　　　TV 市场。本报告由　　　于　　　年　　　月　　　日，星期　　　，　　　时　　　分完成。停车区域有　　　辆车，有　　　人在排队点餐，有　　　人在就餐。在本次视察中，店里正在工作的营业员有　　　人，他们的职务分别是　　　。该店的经理是　　　，监督员是　　　，操作员是　　　。本报告于　　　月　　　日与　　　人协商完成。

得分：外部环境（第 1 部分）：　　　（30）　　　内部环境（第 2 部分）：　　　（35）

　　　食物（第 3 部分）：　　　（35）　　　总分：　　　（100）

（每个问题的最高分数是 5 分）

题号	第 1 部分（外部情况）	得分
1	店铺所在的街口是否干净、没有垃圾？	
2	是否所有的指示牌都放置正确并且完好无损？入口和出口以及通道指示牌是否完好无损？	
3	是否及时清理垃圾筒？是否及时清理外面的垃圾？	
4	停车区域是否干净、没有垃圾，在营业期间是否够用？停车区域是否有计划进行维修？在拥挤时是否能很好地疏导？	
5	店铺周围的人行道以及店铺的外表是否有计划进行维修？在本次视察中这些区域是否都已修整好？	
6	店内和店外的照明应开的是否都开着，窗户是否干净明亮？	
		小计：

题号	第 2 部分（对外营业前的准备）	得分
7	是否整理好客户的休闲区域？是否整理好里面的休息区和用餐区？	
8	店中的主基调是否和谐一致？	
9	菜单板是否清洁？餐巾和吸管是否易取得？	
10	所有座位是否完好？不锈钢部分是否完好无损？	
11	店内工作人数能否满足营业期间的需要？是否各就各位？	
12	工作人员是否都穿着麦当劳制服、修饰得当、形象良好？	
13	收银员是否按六步法操作，操作所用时间是否符合麦当劳的标准？	
		小计：

题号	第 3 部分（客户下单后的情况）	得分
14	价钱、税是否计算正确？找零是否正确？	
15	包装食品的纸袋、托盘规格是否合适？整个包装是否干净？纸袋是否双折？	
16	食品制作传呼员是否恰当地安排好制作过程？	
17	三明治是否干净？能否体现出是按指定的操作流程准备的？	
18	三明治是否热气腾腾、香味四溢？	
19	油炸食品是否整块都炸透了，是否符合油炸标准？	
20	软饮料、摇动混合的食品以及咖啡是否符合麦当劳的标准？	
		小计：

● 固定薪金。在对各个市场进行调查后，麦当劳根据各地的工资率和其他经济因素制定了三个薪金档次。第一档薪金最高，通常适用于大城市。第二档适用于中型城市，在这些地区工业和农业对劳务市场的影响是相等的。第三档适用于受工业影响很小的小城镇。在每个档次内把员工划分成"优秀"、"满意"和"新手"三个级别。1972 年，第三档"新手"级的基本起薪为 6 800 美元，而第一档"优秀"级为 15 000 美元。

● 奖金。根据预计销售额和该季每月的人力需求，可以计算出最低人工费用，实现了这个目标的经理可获得基本薪金的 5% 作为奖金。

地区主管和连锁店经理根据当前的批发价格、产品结构和其他因素，共同决定食品和纸制品成本目标。实现了这类协商一致的目标，经理还可另外获得薪金的 5% 作为奖金。

每个月公司都要对各连锁店进行视察，同时对该店的 QSC 情况打分。根据该季度的平均分，连锁店被分成 A、B、C 三级。A 级经理得到的奖金是基本薪金的 10%，B 级为 5%，C 级经理没有奖金。

除此之外，经理还从销售额在上年基础上的增长中提取 2.5% 作为奖金，但不得超过其基本薪金的 10%。如果某连锁店的销售情况严重地受到了不为其所控制的因素的影响，地区主管可以每半年奖给其经理 5% 的基本薪金作为奖金。

因而，对于一个 A 级经理，如果他实现了所有既定目标，每年所得奖金最高为基本薪金的 20%，外加因销售增长带来的基本薪金的 5%（第一副经理的奖金约是经理奖金的 60%）。

实现成本目标所得奖金每季度发放一次，实现 QSC 标准和销售增长的奖金，每半年发放一次。

其他方案

尽管 1972 年的方案克服了以往方案的许多缺点，但连锁店经理们认为这个方案过于烦琐，而且主观性太强，对销售收入也过于依赖。麦当劳的高级管理层又提出了另外四个可供选择的方案。

方案 A。连锁店经理的基本薪金仍按 1972 年的方案所描述的那样分档确定。地区主管每月对连锁店经理从六个方面进行评分，这六个方面是：质量、服务、整洁、培训、销售收入和利润。对于每个方面，不满意是 0 分，满意是 1 分，优秀是 2 分。半年总分是 12 分的经理，可得基本薪金的 40% 作为奖金，11 分的经理奖金为 35%，依此类推。年底对本年的两个半年总分加和平均，平均分为 12 分的经理薪金涨 12%，11 分的经理薪金涨 11%，同样依此类推。

方案 B。在连锁店经理上任的第一年按 1972 年的方案确定薪金，以后则只获得佣金。佣金额为销售增长的 10% 加上利润的 20%（假设毛利至少等于毛营业额的 10%）。例如，如果本年销售增长 50 000 美元，达到 550 000 美元，利润 66 000 美元，则总报酬为 18 200 美元（10%×50 000＋20%×66 000）。

对这个方案可做适当变化。销售额为 500 000 美元以下时，从销售增长中提取 10%，从利润中提取 20%；销售额为 500 000~700 000 美元时，从销售增长中提取 7%，从利润中提取 17%；销售额为 700 000 美元以上时，从销售增长中提取 7%，从利润中提取 15%。

方案 C。本方案完全把报酬建立在销售额的基础上。销售额为 500 000 美元及以下时，会有不同档次的薪酬，例如，销售额为 300 000 美元时，薪金为 10 500 美元；销售额为 300 000~400 000 美元时，薪金为 11 500 美元；销售额为 400 000~500 000 美元时，薪金为 12 500 美元。

销售额超过 500 000 美元后，对超过的部分提取 2%，再加上 12 500 美元的基数作为连锁店经理的薪金。例如，销售额为 750 000 美元的经理薪金为 12 500 美元加 5 000 美元。新店或位置不利的连锁店，其经理前 12 个月薪金定为 12 500 美元。

方案 D。首先根据各连锁店管理层人数和销售额确定薪金总额，待地区主管对个人业绩进行评价后，再决定各管理者在其中所占的份额。薪金总额见表 1。

表1 按管理者人数确定的薪金总额　　　　　　　　　　　　　　单位：美元

销售额	2人	3人	4人	5人
0～300 000	19 500	28 500		
301 000～400 000	20 000	30 000		
401 000～500 000	22 500	32 500	45 000	
501 000～600 000		33 000	48 000	60 000
601 000～700 000		35 000	49 000	63 000
701 000～800 000			52 000	64 000
801 000～900 000			54 000	67 500
901 000～1 000 000			55 000	70 000

在编写这个案例的时候，麦当劳仍然未能决定应使用哪个方案。该公司的一位高管这样概括他们在薪酬问题上所处的困境：

公司最初成立时，全部精力都用于为生存而战，能发出工资就很不容易。随着公司的成长，我们才得以集中精力提高经营水平。我们在本行业内第一个提供了全面的快餐服务培训方案。

现在我们第一次研究这个多年前就应思考的问题——薪酬方案以及它的作用。我们明白这是一个机遇，但是坦白地说，我们不知道该怎么办。我们的业务每年增长30%，培训经理的问题非常关键，尤其是那么多的在岗培训。

简而言之，我们的问题是，面对这么多一线经理，如何简化并改进薪酬制度。同时，我们还必须设计一个系统鼓励他们重视对下属的培训。

要求：

（1）当为一线经理设计薪酬方案时，麦当劳应考虑哪些因素？

（2）假设你是一名一线经理。你怎么看1972年的方案和A～D这四个方案？你更希望麦当劳采用哪个方案？为什么？

（3）如果你是一名高管，你会建议麦当劳选择哪个方案？为什么？

达克沃思工业股份有限公司：激励薪酬项目*

在1992年早期，约翰·达克沃思是达克沃思工业股份有限公司的经理及控股股东，他正在考虑对管理层激励薪酬方案进行调整。如果能按照预期在达克沃思公司管理层贯彻这个新方案，则将会使管理者与股东的利益更紧密地联系在一起。一些本行业重点企业已采用类似的方案。采用这个新方案后，达克沃思公司在管理激励方案方面处于领先的位置。

背景

达克沃思坚持认为激励会引导管理层的行动。在20世纪50年代，达克沃思最初负责一家工厂的管理工作时，该工厂销售额900万美元，亏损270万美元。他推行了一套激励方案："技能阶段"方案。这份计划适用于全部管理者，凡达到目标的员工能拿到基本工资15%的奖金，达克沃思这样记述：

---

* William E. Frahan 准备了本案例用于课堂讨论。Copyright © 1993 by the President and Fellows of Harvard College. Harvard Business School case 293-091.

这份方案更严肃的一面是,如果员工没有达到目标,则要从基本工资中扣掉12%。没完成目标的员工工资支票将装在一个红色信封中。在我是工厂经营主管时,我就收到过几次红信封。在该项"12%惩罚"激励方案起作用并开始有收益的15~18个月后,国内劳工关系委员会发布了一项禁令,要求管理者不得降低工人基本工资。当然,我服从了。然而,该工厂获利的结果已经显示出来了。

达克沃思于1971年开设了自己的工厂,销售额从当年的40万美元一直发展到1992年的1.25亿美元(如表1所示)。1986年,建立了控股公司(达克沃思工业股份有限公司)。它包括最初的业务公司沃思公司——一家有较高获利能力的紧固件与胶制品生产商。1986年,以550万美元的价格买入医疗设备服务公司。1988年,以1 500万美元买入宾馆电信服务公司。这两家新并购的公司均为服务公司而非制造公司。但到目前为止,两家公司仍没产生令人满意的获利水平。在1992年,达克沃思公司雇用了755名员工,组织结构图如图1所示。

表 1 合并财务报表(1975—1992 财年,财年截止于 5 月 31 日)　　　　　单位:千美元

	1975 财年	1980 财年	1985 财年	1990 财年	1991 财年	1992 财年
销售净额	5 811	15 109	40 793	116 220	123 545	122 570
销售成本	4 294	11 164	30 142	85 875	89 865	86 720
销售管理费用	1 231	3 199	8 638	24 610	25 080	28 800
营业利润	287	746	2 013	5 735	8 595	7 050
投资收益	68	177	479	1 365	1 375	1 545
利息支出	129	334	902	2 570	2 390	1 635
利润分享费用	55	142	383	1 090	1 595	1 850
税前收益	172	447	1 207	3 440	5 985	5 105
税金	50	130	351	1 000	1 850	1 565
净收益	122	317	856	2 440	4 135	3 540
现金和市场证券[a]	1 067	2 775	7 492	21 345	24 790	26 085
应收账款	578	1 502	4 056	11 555	12 760	13 210
存货	572	1 487	4 014	11 435	11 380	12 995
减:后进先出准备	51	131	355	1 010	1 111	1 125
存货净额	522	1 356	3 661	10 430	10 270	11 870
其他流动资产	46	119	321	915	960	990
全部流动资产	2 212	5 752	15 530	44 245	48 780	52 155
在建工程	25	65	176	500	485	3 105
其他净 PP&E	799	2 076	5 605	15 970	15 450	14 330
其他资产[b]	290	753	2 032	5 790	5 735	5 685
全部资产	3 325	8 646	23 343	66 505	70 450	75 275
短期负债	734	1 909	5 154	14 685	17 390	15 910
其他流动负债	1 048	2 724	7 355	20 955	19 790	23 700
全部流动负债	1 782	4 633	12 510	35 640	37 180	39 610
长期借款	496	1 290	3 482	9 920	8 355	7 175
其他负债	63	164	444	1 265	1 105	1 140
净股东权益	984	2 558	6 908	19 680	23 810	27 350
全部负债与股东权益	3 325	8 646	23 343	66 505	70 450	75 275

a. 市场证券依成本市价孰低法计价。1990财年市值超过成本4 090美元;1991财年超过7 870美元;1992财年超过10 940美元。

b. 其他资产包括商誉,1990财年5 130美元;1991财年4 995美元;1992财年4 855美元。

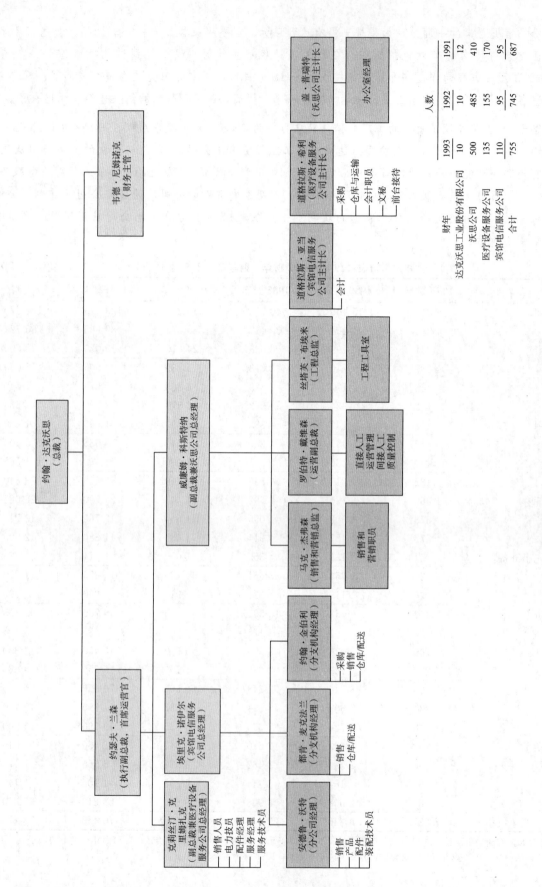

图1 达克沃思公司组织结构图（1992年6月1日）

达克沃思公司的六个激励方案

达克沃思公司的激励方案根植于其企业文化中。用一个主要管理者的话来说是："我们贯彻这个激励方案,并基于我们的能力理性地推行方案。"

对于工厂的员工,达克沃思公司设有出勤奖,只要在一个工资期内每次迟到不超过 2 分钟,就可得到每小时 60 美分的奖励。

对于工人和小组,设有质量激励方案(见表 2 至表 3)。质量的计量包括多个因素。例如,在规定送货时间内交货、减少顾客投诉等。质量激励支付目标是 100 美元/人·月。业绩通常是小组成员努力的结果。在此计划下,平均每人收到 600 美元/年的奖金。员工会每月收到一张质量奖金的支票,以强调质量在企业文化中的重要性。

达克沃思公司的所有员工都是利润分享计划的参与者。每个业务单元建立利润分享储蓄。该储蓄总额等于税前利润扣除年初业务单元占用股东权益的 10% 后余额的 15%。在年末,基于员工拿到的全部工资与奖金,将利润分享储蓄总额分配给员工。沃思公司近几年,利润分配从原来的占支付额 2% 上升至占支付额的 15%。工厂员工如果一年拿到 1.5 万美元,则其奖金是 2 250 美元。在达克沃思公司,有关利润水平与边际贡献水平的信息在员工间是共享的,因此,员工自己就可以计算利润分享的额度。

对于销售与管理人员而言,公司制定了个人激励方案。这个方案所提供的奖金额度是年基本收入的 10%~40%。顾客服务代表的激励计划如下(见表 4)。

表 2　1993 财年达克沃思公司质量激励奖金方案

质量激励奖金方案是在 1990 财年制定实施的(从 1989 年 6 月开始)。

随着我们发展成为一家大公司,修改我们的方案变得更加重要。我们应使方案反映出这种规模的变化,并更准确地反映质量业绩的"真实世界",经过全面讨论今年的质量业绩,我们于 1992 年 7 月 1 日对质量激励奖金方案做出如下改变(即从 1993 财年调整),每月投诉比率和奖金水平将是:

投诉比率	每月奖金(美元)
0.6%	100.00
0.6%~2.0%	75.00
2.0%~3.5%	50.00

正如你们所见,较低的下限已经调整了,支付底限变为 50 美元,上限调整到 100 美元。每年全部的最大支付额为 1 200 美元,以前是 900 美元。今年 11 个月支付了 800 美元。你们所看到的事实是:较高的业绩会得到更多的奖金。

达克沃思在 1991 财年的质量业绩猛增至 2.7%(投诉比率),其中后六个月的投诉比率平均为 2%。在此基础上,我们修改了这份方案,以使质量业绩达到世界水平。分析、分配任务的过程和计算全部投诉数量的过程没有改变。唯一增加的报告部分是增加了对开单错误的记录,如错误地开了账单,或订单上的价格出现错误。全面质量管理是一个全过程体系——从最初顾客提出需求一直到最后的付款全过程。

我们有着坚强的团队奉献精神,我们会不断地提高工作的质量,满足顾客的需求,我们相信目标能够实现,并最终超越它。从现在开始,我们期待着你们将达克沃思——你们的公司——建成高质量的公司。

威廉姆·科斯特纳
副总裁兼总经理

抄送至:约翰·达克沃思
约瑟夫·兰森

表3　1993财年10月沃思公司质量激励方案结果

发运单数	207
投诉次数	4
投诉比率	1.9%
质量奖金——10月	75 美元
质量奖金——本年累计	300 美元

以本月的发运单数估算，本月有可能成为"最佳质量月"。但是，我们还是没能阻止一些可预防性错误的发生。如果不是本月的发运量较大的话，本月的奖金不会是75美元。

如果分析下面的投诉表，你会看到，这些问题可以通过我们的这套系统发现，持续改进的关键是你对该系统的有效应用，并在该系统停止工作时通知其他人。

XXX与YYY的投诉可以说明正是该系统没有被恰当地利用导致了问题的产生；AAA与BBB的投诉则是由于员工没有指出该系统的缺陷（即系统不能恰当地发现该类缺陷）。

所有改进的目标均应被如实地记录下来。我们不能听天由命期望会有好结果。好结果是恰当的人在恰当的时间做恰当的事的结果。

投诉类型	顾客	投诉内容
生产过程	AAA	零件 AX47 有裂纹，存货未更新
生产过程	BBB	零件 AX47 有裂纹，存货未更新
色泽	YYY	颜色不符合标准（黄色）
标准	XXX	标签代码印刷错误
乔伊·梅多		托马斯·斯宾塞
质量经理助理		生产经理

表4　1993财年沃思公司为顾客服务代表提供的激励计划——最大支付额＝平均基本薪金的10%

	项目结果	奖金的比率	薪金的比率
1.订单准确性要求：			
4%的最大潜力			
	98.0%或更高	40.00%	4.00%
准确性即有正确的定价和其他关键信息的订单比例。销售总监跟踪这种准确性，并根据1993财年的整体结果支付奖金	96.5%	30.00%	3.00%
	95.0%	20.00%	2.00%
	<95.0%	0.00%	0.00%
2.订单通知及周转率：			
3%的最大潜力			
（有效期1992年1—9月）			
	2天或更少	30.00%	3.00%
从安排订单到打印全部已收到订单（除要求新零件编号的订单）的平均天数（除节假日及周末）。在其后的装运报告中将追踪结果	3天	15.00%	1.50%
	4天	5.00%	0.50%
	>4天	0.00%	0.00%

续表

	项目结果	奖金的比率	薪金的比率
3.销售成长:			
3%的最大潜力			
	7 000 000 000 美元	30.00%	3.00%
在 1992 财年 6 350 万美元净收入的基础上，公司销售净额的增长	6 000 000 000 美元	15.00%	1.50%
	3 000 000 000 美元	5.00%	0.50%
	<3 000 000 000 美元	0.00%	0.00%

现有的高管激励方案

达克沃思公司的高管（大约有 40 人）是年度激励方案的参与者。其中少部分人是长期激励方案的参与者。

为高管设立的激励方案（包括年度和长期激励方案）在 1983—1992 年十年间发生了重大变化。在 1990 年前，公司为每个管理者设定一个奖金目标，如果当年达到了业务单元的业绩目标，则发放基本薪金的 20%～50% 作为奖金。典型的业绩计量（在被评价管理者的责任范围内的业绩）至少应包括以下所列的三个部分：

- 现金流量；
- 自有产品的销售增长率；
- 直接人工差异；
- 存货周转率；
- 应收账款（收账时间）；
- 毛利润（减购买价格差异的部分）；
- 专门的个人项目。

在 1990 年，达克沃思公司放弃了传统的目标水平，因为目标的设定过于狭窄，所以采用了以销售增长和获利能力为基础的矩阵目标进行评价。每年都依据销售增长与获利能力为各个业务单元设立目标（见图 2）。这些目标的设定考虑了不同类型公司能完成的业绩水平（见图 3）。对管理人员都安排了奖金目标（一般是基础薪酬额的 25%～50%）。依据销售增长和获利能力的实现水平，一位管理者可以直接从矩阵中得到需要的系数，则该管理者应收到的奖金可以由该系数乘以预定的奖金得出。沃思公司的激励薪酬计划包含如下暗示：如果在 1992 财年中，沃思公司中的一位管理者有 40% 的目标奖金，公司的资产报酬率为 20%，销售增长率为 10%，则该管理者实际收到的奖金是 40% 目标奖金的 1.00 倍。实际上，在 1991 财年与 1992 财年，达克沃思公司的业务单元管理者从年度激励薪酬计划中实际支取了下列比例的目标奖金。

	1991 财年	1992 财年
沃思公司	170%	0%
宾馆电信服务公司	0	24%
医疗设备服务公司	0	0
达克沃思工业股份有限公司	90%	0

达克沃思公司每年销售收入增长（%）

总资产收益率（%）		4.90	5.00	7.50	10.00	12.50	15.00
					目标		
25.0		0	1.74	1.81	1.88	1.95	2.03
24.0		0	1.55	1.61	1.67	1.74	1.81
23.0		0	1.37	1.42	1.48	1.55	1.61
22.0		0	1.20	1.25	1.31	1.37	1.42
21.0		0	1.05	1.10	1.15	1.20	1.25
20.0	目标	0	0.91	0.95	1.00	1.05	1.10
19.0		0	0.78	0.82	0.87	0.91	0.95
18.0		0	0.67	0.71	0.74	0.78	0.82
17.0		0	0.57	0.60	0.63	0.67	0.71
16.0		0	0.48	0.51	0.54	0.57	0.60
15.0		0	0.40	0.42	0.45	0.48	0.51
14.9		0	0	0	0	0	0

图 2　1992 财年达克沃思公司激励计划

　　总资产收益率等于经营现金流量收益（operational cash flow earning, OCFE）除以平均投入资产总额（average gross performing assets, AGPA）。经营现金流量收益是净利润加上折旧，减去：（a）利息费用；（b）并购费用；（c）净投资收益；（d）与后进先出法相联系的费用或收益；（e）处置应计提折旧资产时的损益。所有调整事项均以税后为基础，使用沃思公司的现行税率。

　　平均投入资产总额是公司全部账面资产的 13 个月平均额。其中加进了累计折旧和后进先出准备金，减去了证券投资和内部应收账款。

　　董事会保留调整计算公式和公式组成的权力，即使调整，也是为了更好地贯彻该计划，实现目标。

紧固件与胶带

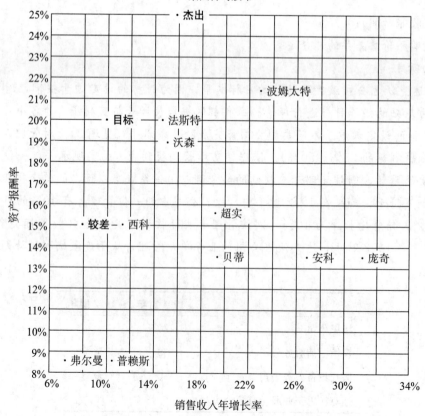

图 3　沃思公司资产报酬率和成长矩阵

同时，到了 1992 年，为高管设立的年度激励方案涵盖了数十名员工。长期激励方案的参与者较少，特别是在 1983—1992 年十年中的早期。在 1983 年，达克沃思公司推行了一份五年期的长期管理人员激励方案。这份方案仅包括两名员工，即当时的副总裁与沃思公司的总经理（现已退休）。该方案在五年期的期末一次性支付奖金。这是一个虚拟股票方案，它是每股账面价格增加额乘以杠杆因子（见表 5），业绩因子由多种计量因素决定，包括：（1）以银行同期利率加上两个百分点算得的利率为基础计算的年度权益资本报酬率；（2）年度每股账面净值年增加率。

表 5 沃思公司执行的长期激励计划 金额单位：美元

项目	1983 年 5 月 31 日	1988 年 5 月 31 日	五年变化
年末股东收益总额	8 616 500	16 379 000	
每股收益（50 万股）	17.23	32.76	
价值权数 "杠杆因子"		0.50	1.70
加权后的每股价格	8.62	55.69	47.07
（＝每股权益×杠杆因子）			
每位参与者	47.07×3 000 股＝141 210		
合计	×2 位参与者＝282 420		

对于参与者来说，这个方案过于繁杂。但该方案的一个优点是当你有一年或两年的不良业绩时，仍有可能拿到奖金。因为该奖金会在第五年年末一次性支付。一张 15 万美元的支票对于管理者而言是一个大数目，他会为得到这张支票而做出一些个人的牺牲。

在 1986 年，达克沃思公司重新制定了一份长期管理激励方案。这份方案扩大了涵盖范围（到 1989 年包括 15 人），并在最初的方案期满后，于 1989 年开始实施。从 1986 年开始，公司于每年年初设定目标。因此，每年都会支付激励奖金。如果计划波及的业务单元管理者完成了公司制定的具有进取性的息税前累计收益（达克沃思公司董事会认可），则他会得到基础基金一定百分比（通常是 25%～40%）的奖金。收益完成的较低水平会导致奖金的相应下降（见表 6 中沃思业务单元的情况）。

表 6 沃思公司——管理者的长期激励计划中的目标设立与实际结果

计划年度	具有进取性的收益水平 （3 年累计，百万美元）	目标奖金收益的百分比	期间实际收益
1986—1989	12.0	100%	1 340 万美元，112%
	10.0	50%	
	7.5	10%	
	<7.5	0%	
1987—1990	20.0	100%	1 930 万美元，97%
	12.5	10%	
	<12.5	0%	
1988—1991	28.75	100%	2 610 万美元，92%
	20.0	10%	
	<20.0	0%	

续表

计划年度	具有进取性的收益水平 （3年累计，百万美元）	目标奖金收益的百分比	期间实际收益
1989—1992	33.0	100%	3 010万美元，91%
	25.0	10%	
	<25.0	0%	

奖励决定：

在一个业绩执行期开始的时候，公司会为每一位计划参与者设计一个目标奖金，该目标奖金表现为参与者平均年基础薪金的一定百分比。公司将比较计划期内收益的业绩与董事会设定的目标收益水平，然后发给管理者一定的奖金（以目标奖金的百分比表示）。

如果实际值低于目标值，公司将依据比例发放奖金。如果参与者的责任或职位发生了重大变化，董事会会考虑一个恰当的调整方案使目标奖金更有效。

参与者的奖金受组织或环境条件的限制，它们会影响计划期中的业绩收益。不可预期的问题（不包括下段中的问题）或机会以及部门业绩会在评价过程中给予考虑。一旦在执行期末方案可行，董事会将评价目标的完成情况。同时，董事会对不可预期因素及机会进行评价。最后，董事会评价业绩的质量和努力的水平，调整奖金数额（目标奖金的25%～100%）。

该计划还可以确认由于某个特殊事件导致的管理人员业绩被低估或高估的情况。典型的特殊事件包括（但不仅限于此）：自然灾害、主要供应商或客户的财务困难、不可预期的税法变更、财产赠予、财产没收、合并、重大的结构变化。如果这些特殊事件发生，董事会采用某种方式调整激励奖金以反映特殊事件的影响。

这份在1986年制订的激励计划维持了四年。最后的更新于1989年执行，它历经三年，一直到1992年年末。

实际上，1989—1992年业务单元管理者从长期激励方案中分别得到了如下所示的奖金（以目标奖金的百分比表示）：

	1989年	1990年	1991年	1992年
沃思公司	112%	97%	92%	91%
宾馆电信服务公司	—	40%	20%	0%
医疗设备服务公司	—	—	40%	45%
达克沃思工业股份有限公司	85%	80%	75%	73%

达克沃思公司最高管理层的目标奖金与实际奖金支付额（以基础奖金的百分比计量）列示于表7。

表7　年度及长期激励计划中的目标和实际支付额（以基础薪金的百分比表示,%）

		1990年		1991年		1992年	
		目标	实际	目标	实际	目标	实际
管理者A	年度奖金	—	—	40[a]	68	40[a]	0
	长期激励	—	—	35[a]	32	35[a]	32
管理者B	年度奖金	—	—	25[a]	35	25[a]	0
	长期激励	—	—	25[a]	23	25[a]	23
管理者C	年度奖金	50[a]	50	50[a]	85	50[b]	0
	长期激励	40[a]	39	40[a]	37	40[b]	0

续表

		1990 年		1991 年		1992 年	
		目标	实际	目标	实际	目标	实际
管理者 D	年度奖金	25[a]	25	40[a]	35	25[a]	0
	长期激励	25[a]	24	40[a]	37	40[a]	36
管理者 E	年度奖金	40[a]	40	40[a]	68	40[a]	0
	长期激励	40[a]	39	35[a]	32	35[a]	32
管理者 F	年度奖金	—	—	25[b]	0	25[b]	6
	长期激励	—	—	25[b]	5	25[b]	0
管理者 G	年度奖金	40[a]	40	50[b]	0	50[b]	12
	长期激励	40[a]	39	40[b]	8	40[b]	0
管理者 H	年度奖金	—	—	25[b]	0	25[b]	6
	长期激励	—	—	25[b]	5	25[b]	0
管理者 I	年度奖金	25[a]	25	50[d]	46	50[d]	0
	长期激励	25[a]	25	25[c]	10	60[d]	44
管理者 J	年度奖金	—	—	—	—	25[d]	0
	长期激励	—	—	—	—	—	—
管理者 K	年度奖金	30[c]	0	30[c]	0	30[c]	0
	长期激励	30[c]	0	30[c]	12	30[c]	14
管理者 L	年度奖金	40[c]	0	40[c]	0	50[c]	0
	长期激励	35[c]	0	35[c]	14	35[c]	16
管理者 M	年度奖金	50[c]	0	50[c]	0	50[c]	0
	长期激励	50[c]	0	50[c]	20	50[c]	46
管理者 N	年度奖金	—	—	35[a]	60	35[a]	0
	长期激励	40[a]	39	40[a]	37	40[a]	36
管理者 O	年度奖金	40[a]	40	40[a]	68	40[a]	0
	长期激励	25[a]	24	25[a]	23	25[a]	23
管理者 P	年度奖金	20[a]	20	20[a]	34	20[a]	0
	长期激励	20[a]	19	20[a]	18	20[a]	18

a. 沃思公司。
b. 宾馆电信服务公司。
c. 医疗设备服务公司。
d. 达克沃思工业股份有限公司。

新设计中的经济增加值激励体系

随着 1992 财年的开启，经营管理者与达克沃思本人（控股股东）都在寻找一种使双方达到共赢的激励机制。一些因素使得目前的激励方案并不令人满意，虽然沃思公司 1992 年的业绩在很多方面都超过了 1991 年，但一个主要的因素影响了沃思公司 1992 年业绩激励方案的执行。

	沃思公司	
	1991 年	**1992 年**
总资产报酬率	23.65%	23.90%
销售增长率	13.90%	(2.30%)

总资产报酬率升高了，销售额却下降了（要求达到10%的销售增长率目标，低于5%，则没有奖金）。销售额的下降起因于失去了一位购买普通边际利润产品的大客户。1992 年大部分减少的销售额由一些新客户购买较高边际利润产品的收入所替代。这种客户结构的变化增强了股东的长期价值，然而沃思公司的管理者却由于没有完成销售增长率目标而没拿到任何奖金（见图2）。

在 1992 财年快结束时，达克沃思读了一本名为《价值探索》的书，作者是贝尼特·斯图尔特。这本书给出了一个管理激励方案，该方案将管理者的奖金与股东的长期经济价值直接联系起来。该方案的实施需要斯特恩·斯图尔特公司（一个财务咨询公司）提供服务。

斯特恩·斯图尔特公司开发的经济增加值薪酬体系需要：(1) 大量的数据分析；(2) 达克沃思公司高级管理层调整推动业务发展的思维方式。经济增加值基于下面的逻辑：

(1) 当投资报酬率超过资本成本时，创造了股东的经济价值。特定年份的经济增加值等于年平均资产占用额乘以资产收益率减去资本成本之差。

(2) 每年可以为每一业务单元计算其经济增加值。业务单元管理者可直接通过公式计算得出其从经济增加值贡献中得到的薪酬。该公式可以反映上一年的实际业绩并直接调整计算下一年奖金的水平。

经济增加值的主要动因

表8 给出了达克沃思工业股份有限公司的分公司沃思所计算的 1988—1992 年的经济增加值。同时，该表中也给出了 1993—1997 年的预测值。

决定一个业务单元经济增加值的主要变量有：

● 税后净营业利润（NOPAT）——表8 中第9 行。这不包括公司管理费用，资本化的研究开发费用及其在三年内的摊销。税后净营业利润不包括非经济非现金费用。

● 资本——表8 中第15 行。此处不包括在建工程，假定存货采用先进先出法计价。非经济非现金冲销将加回平均资本中。

● 资本成本——表8 中第17 行。该项参数每年重新设定，设定方式是由公司采用假定的资本结构和风险系数（p 值）设定。表中计算的资本成本是由 30 年期国库券利率加上一个风险利率。

计算激励薪酬的机制

斯特恩·斯图尔特公司为了将给定年份中的经济增加值与激励薪酬联系在一起而提出了一个机制。

第一，建立奖金目标。在沃思公司，大约是37%的基本薪金（表9 第1 行）。每位管理者将获得一定数量的奖金单位（如虚拟股票），如果奖金单位是1.00 美元，则管理者将得到奖金的期望水平见表9 第3 行。

第二，设立基准经济增加值水平（表9 第4 行）。在年末，基准经济增加值将做调整，调整量是当年实际与计划经济增加值差的一半（表9 第8～10 行）。这使得该系统可以"自我调节"。如果经济增加值每年都上升，则新的基准经济增加值会在原基础上增加当年增加量的一半。如果业绩下降，则目标也会逐年下降，以保证目标是能够完成的。

表 8　沃思公司的历史与预测经营业绩

金额单位：千美元

行号		历史							预测		
		1988 财年	1989 财年	1990 财年	1991 财年	1992 财年	1993 财年	1994 财年	1995 财年	1996 财年	1997 财年
	经营结果										
1	收入	47 255	54 615	57 125	65 035	63 565	69 500	76 100	83 330	91 250	99 915
2	增长百分比	15.0%	15.6%	4.6%	13.9%	(2.3%)	9.3%	9.5%	9.5%	9.5%	9.5%
3	一销售成本	34 985	40 305	41 760	46 020	42 025	47 355	51 950	56 915	62 415	68 445
4	销售百分比	74.0%	73.8%	73.1%	70.8%	66.1%	68.1%	68.3%	68.3%	68.4%	68.5%
5	一销售及管理费用	6 620	6 700	6 905	6 905	8 585	9 695	10 865	11 715	12 680	13 585
6	销售百分比	14.0%	12.3%	12.1%	10.6%	13.5%	13.9%	14.3%	14.1%	13.9%	13.6%
7	一税金	2 280	1 965	2 615	3 500	3 650	4 225	4 855	5 310	5 785	6 215
8	经营利润百分比	40.4%	25.8%	30.9%	28.9%	28.2%	33.9%	36.5%	36.1%	35.8%	34.8%
9	NOPAT	3 370	5 645	5 840	8 615	9 305	8 225	8 430	9 390	10 370	11 670
	资本										
10	应收账款净额	5 310	4 855	5 460	5 525	6 060	6 185	6 760	7 395	8 090	8 850
11	存货	2 865	2 965	3 360	3 865	4 020	4 030	4 260	4 585	4 945	5 325
12	固定资产	5 540	9 415	13 775	13 505	12 180	19 465	21 555	21 825	20 915	21 200
13	其他资产	620	350	1 455	1 565	3 765	3 210	2 450	1 800	1 245	1 185
14	一无息流动负债	(10 775)	(9 790)	(11 545)	(10 025)	(13 125)	(9 940)	(10 860)	(12 040)	(13 360)	(14 725)
15	资本	3 555	7 795	12 505	14 440	12 900	22 945	24 165	23 560	21 830	21 835
	经营分析										
16	NOPAT/平均资本	51.4%	99.5%	57.5%	63.9%	68.1%	45.9%	35.8%	39.3%	45.7%	53.5%
17	一资本成本	13.0%	12.6%	12.7%	12.4%	12.2%	12.2%	12.2%	12.2%	12.2%	12.2%
18	余额（16—17）	38.4%	86.9%	44.8%	51.5%	55.9%	33.7%	23.6%	27.2%	33.5%	41.3%
19	×平均资本	6 550	5 675	10 150	13 470	13 670	17 925	23 555	23 865	22 695	21 830
20	经济增加值	2 515	4 935	4 550	6 945	7 640	6 045	5 565	6 485	7 605	9 010

第三，公司会在每个确定的年份中设立一个基础单位价值（表9，第6行和14行）。在很大程度上，基础单位价值决定了在维持目前营业业绩时，管理者可得到多少奖金。如果经济增加值刚好达到了它的基准值，基础单位价值设定在1.00美元，则每年管理者可以刚好得到目标奖金。在沃思公司，第一年后其基础单位价值落至0.8美元。这意味着在1993年以后再简单地重复基础业绩将仅能拿到80%的奖金。

第四，设定奖金敏感系数（表9第7行和11行）。基础单位价值加上或扣除奖金敏感系数即得到总单位价值。在沃思公司，奖金敏感系数设定在1 625 000美元。在任何一年中，将经济增加值与基准经济增加值的差额除以1 625 000美元，其结果（又称业绩单位价值，见表9第12行与13行）加上基础单位价值，可以得出总单位价值（表9第15行）。为了仅从业绩单位因素中赚取更多的目标奖金，经营单位的管理者必须通过奖金敏感系数突破基准经济增加值水平。

正如表9所表明的，如果沃思公司每年经济增加值都达到了预测水平，则其管理者会在其后的五年中拿到下面比例的目标奖金：

	得到的目标奖金比例
1993 财年	100%
1994 财年	51%
1995 财年	122%
1996 财年	170%
1997 财年	211%*

*达到目标奖金数量两倍的奖金被立即以现金支付。超出最高值1/3的奖金也将用现金支付，剩下的被放在"奖金银行"以便在未来支付。由于不良业绩而产生的费用将减少"奖金银行"的余额，不良业绩产生的费用甚至可能会使"奖金银行"的余额为负数，因此为了在未来年份得到奖金，管理者应尽量避免不良业绩的发生。

表9 沃思公司

行号	输入表	1993 财年	1994 财年	1995 财年	1996 财年	1997 财年
	奖金总额特征					
1	目标奖金	37%	37%	37%	37%	37%
2	基础奖金（千美元）	1 710	1 795	1 885	1 980	2 075
3	单位量（千）	630	660	695	730	765
	奖金计算过程					
4	基准经济增加值（千美元）	6 045				
5	每年目标调整因子	50%				
6	基础单位价值	1.00	0.80	0.80	0.80	0.80
	经济增加值奖金敏感系数					
7	经济增加值奖金敏感系数（千美元）	1 625				

续表

行号	目前奖金计算	1993 财年	1994 财年	1995 财年	1996 财年	1997 财年	平均
	业绩单位价值						
8	经济增加值（千美元）	6 045	5 565	6 485	7 605	9 010	6 940
9	－基准经济增加值（千美元）	6 045	6 045	5 805	6 145	6 875	6 180
10	＝经济增加值－基准经济增加值（千美元）	0	(480)	680	1 460	2 135	760
11	÷经济增加值奖金敏感系数	1 625	1 625	1 625	1 625	1 625	1 625
12	＝业绩单位价值	0.00	(0.29)	0.42	0.90	1.31	0.47
	总单位价值						
13	业绩价值	0.00	(0.29)	0.42	0.90	1.31	0.47
14	＋基础单位价值	1.00	0.80	0.80	0.80	0.80	0.84
15	＝总单位价值	1.00	0.51	1.22	1.70	2.11	1.31
	目前奖金						
16	单位价值合计	1.00	0.51	1.22	1.70	2.11	1.31
17	单位量（千）	630	660	695	730	765	695
18	目前得到的奖金（千美元）	630	335	850	1 240	1 620	935

行号	如果 5 年前应用该系统，则过去的奖金	1988 财年	1989 财年	1990 财年	1991 财年	1992 财年	平均
	目前奖金						
19	单位价值合计	1.00	2.29	1.31	2.53	2.09	1.84
20	单位量（千）	695	720	720	740	530	680
21	目前得到的奖金（千美元）	695	1 645	945	1 875	1 115	1 255

在表 10 至表 13 中，如果宾馆电信服务公司和医疗设备服务公司每年经济增加值都达到了预测水平，则其管理者将在未来五年中拿到下面比例的目标奖金（表 11、表 12 第 15 行）。

	得到的目标奖金比例	
	宾馆电信服务公司	医疗设备服务公司
1993 财年	45％	79％
1994 财年	99％	85％
1995 财年	69％	71％
1996 财年	66％	65％
1997 财年	62％	66％

根据本内特·斯图尔特所说，经济增加值激励薪酬体系的优点在于它是"自我激励、自我调整的公司管理体系，它将资本预算、战略投资和薪酬体系联结在一起"。

单位：千美元

表10 宾馆电信服务公司历史与预测经营业绩

行号		历史					预测			
		1989 财年	1990 财年	1991 财年	1992 财年	1993 财年	1994 财年	1995 财年	1996 财年	1997 财年
	经营结果									
1	收入	29 115	32 540	29 980	32 285	46 600	55 920	60 115	64 625	69 470
2	增长百分比	NMF	11.8%	(7.9%)	7.7%	44.3%	20.0%	7.5%	7.5%	7.5%
3	一销售成本	20 750	24 120	22 395	24 730	36 150	43 435	46 735	50 205	54 005
4	销售百分比	71.3%	74.1%	74.7%	76.6%	77.6%	77.7%	77.7%	77.7%	77.7%
5	一销售、一般及管理费用	5 610	5 475	5 560	5 820	7 935	9 150	9 820	10 550	11 320
6	销售百分比	19.3%	16.8%	18.5%	18.0%	17.0%	16.4%	16.3%	16.3%	16.3%
7	一现金税金	455	1 000	700	500	815	1 060	1 135	1 235	1 325
8	经营收益百分比	16.5%	33.9%	34.5%	28.9%	32.4%	31.8%	31.8%	31.9%	31.9%
9	NOPAT	2 300	1 950	1 325	1 230	1 700	2 275	2 425	2 640	2 825
	资本									
10	应收账款净额	3 370	3 240	3 935	4 365	6 115	7 265	7 805	8 385	9 010
11	存货	4 525	4 145	4 570	6 245	7 120	8 520	9 150	9 820	10 550
12	财产、厂房及设备	1 365	1 250	1 355	1 525	1 520	1 405	1 395	1 255	1 085
13	商誉	4 395	4 395	4 395	4 400	4 400	4 400	4 400	4 400	4 400
14	其他财产	230	715	1 250	1 935	290	320	330	345	360
15	一无息流动负债	(4 720)	(3 860)	(4 630)	(5 490)	(5 575)	(6 985)	(7 505)	(8 085)	(8 685)
16	资本	9 170	9 890	10 891	12 975	13 870	14 920	15 570	16 115	16 710
	经营分析									
17	NOPAT÷平均资本	22.3%	20.5%	12.8%	10.3%	12.7%	15.8%	15.9%	16.7%	17.2%
18	一资本成本	13.1%	13.2%	12.9%	12.7%	12.7%	12.7%	12.7%	12.7%	12.7%
19	余额（17-18）	9.2%	7.3%	(0.1%)	(2.4%)	0.0%	3.1%	3.2%	4.0%	4.5%
20	×平均资本	10 345	9 530	10 390	11 935	13 420	14 395	15 245	15 840	16 410
21	经济增加值	950	695	(10)	(280)	0	450	495	630	745

表 11　宾馆电信服务公司　　　　　　　　　　　　　　　　　　　单位：美元

行号	输入表	1993 财年	1994 财年	1995 财年	1996 财年	1997 财年
	奖金总额特征					
1	目标奖金	38%	38%	38%	38%	38%
2	基础奖金（千美元）	905	950	1 000	1 050	1 100
3	单位量（千）	345	360	380	400	420
	奖金计量过程					
4	基准经济增加值（千美元）	(140)				
5	每年目标调整因子	50%				
6	基础单位价值	0.25	0.25	0.25	0.25	0.25
	经济增加值奖金敏感系数					
7	经济增加值奖金敏感系数（千美元）	700				

行号	目前奖金计算	1993 财年	1994 财年	1995 财年	1996 财年	1997 财年	平均
	业绩单位价值						
8	经济增加值（千美元）	0	450	495	630	745	465
9	－基准经济增加值（千美元）	(140)	(570)	190	340	485	160
10	＝经济增加值－基准经济增加值（千美元）	140	520	305	290	25	300
11	÷经济增加值奖金敏感系数（千美元）	700	700	700	700	700	700
12	＝业绩单位价值	0.20	0.74	0.44	0.41	0.37	0.43
	总单位价值						
13	业绩价值	0.20	0.74	0.44	0.41	0.37	0.43
14	＋基础单位价值	0.25	0.25	0.25	0.25	0.25	0.25
15	＝总单位价值	0.45	0.99	0.69	0.66	0.62	0.68
	目前奖金						
16	单位价值合计	0.45	0.99	0.69	0.66	0.62	0.68
17	单位量（千）	345	360	380	400	420	380
18	目前得到的奖金（千美元）	155	360	260	265	260	260

行号	如果四年前应用该系统，则过去四年的奖金	1989 财年	1990 财年	1991 财年	1992 财年	平均
	目前奖金					
19	单位价值合计	1.27	0.39	(0.68)	(.60)	0.08
20	单位量（千）	50	150	325	340	215
21	目前得到的奖金（千美元）	60	60	(225)	(205)	(78)

表 12　医疗设备服务公司历史与预测经营业绩

单位：千美元

行号		历史						预测			
		1988 财年	1989 财年	1990 财年	1991 财年	1992 财年	1993 财年	1994 财年	1995 财年	1996 财年	1997 财年
	经营结果										
1	收入	24 770	28 670	26 555	28 525	26 720	29 220	31 410	33 765	36 300	39 020
2	增长百分比	49.2%	15.8%	(7.4%)	7.4%	(6.3%)	9.4%	7.5%	7.5%	7.5%	7.5%
3	一销售成本	18 560	21 545	19 545	20 955	14 305	21 190	22 500	24 170	25 965	27 895
4	销售百分比	74.9%	75.1%	73.6%	73.5%	72.2%	72.5%	71.6%	71.6%	71.5%	71.5%
5	一销售、一般及管理费用	5 765	6 100	7 240	6 495	7 135	7 065	7 480	7 950	8 455	8 985
6	销售百分比	23.3%	21.3%	27.3%	22.8%	26.7%	24.2%	23.8%	23.5%	23.3%	23.0%
7	一现金税金	275	440	55	420	320	420	545	615	690	780
8	经营收益百分比	62.0%	43.0%	(23.7%)	38.8%	113.3%	43.6%	38.0%	37.2%	36.7%	36.4%
9	NOPAT	170	585	(290)	660	(35)	545	885	1 035	1 190	1 365
	资本										
10	应收账款净额	2 655	3 775	3 075	3 525	3 010	3 660	6 288	4 220	4 530	4 865
11	存货	2 830	3 420	4 115	3 205	3 105	3 365	3 560	3 815	4 085	4 380
12	财产，厂房及设备	545	965	815	515	360	950	1 160	1 370	1 580	1 790
13	其他财产	535	355	335	835	850	675	770	805	805	810
14	一无息流动负债	(4 295)	(4 845)	(4 095)	(3 250)	(4 045)	(3 295)	(3 520)	(3 805)	(4 110)	(4 440)
15	资本	2 270	3 675	4 250	4 825	3 280	5 355	5 900	6 405	6 890	7 400
	经营分析										
16	NOPAT÷平均资本	7.8%	19.7%	(7.3%)	14.5%	(0.9%)	12.6%	15.7%	16.8%	17.9%	19.1%
17	一资本成本	13.4%	13.4%	13.4%	13.4%	13.4%	13.5%	13.5%	13.5%	13.5%	13.5%
18	余额（16—17）	(5.6%)	6.3%	(20.7%)	1.1%	(14.3%)	(1.0%)	2.2%	3.3%	4.4%	5.5%
19	×平均资本	2 155	2 970	3 960	4 535	4 055	4 315	5 625	6 150	6 645	7 145
20	经济增加值	(120)	185	(820)	50	(580)	(40)	125	205	290	395

表 13 医疗设备服务公司 单位：美元

行号		1993 财年	1994 财年	1995 财年	1996 财年	1997 财年
	输入表					
	奖金总额特征					
1	目标奖金	42%	42%	42%	42%	42%
2	基础奖金（千美元）	705	740	775	815	855
3	单位量（千）	300	315	330	345	365
	奖金计量过程					
4	基准经济增加值（千美元）	(310)				
5	每年目标调整因子	50%				
6	基础单位价值	0.25	0.25	0.25	0.25	0.25
	经济增加值奖金敏感系数					
7	经济增加值奖金敏感系数（千美元）	500				

目前奖金计算

行号		1993 财年	1994 财年	1995 财年	1996 财年	1997 财年	平均
	业绩单位价值						
8	经济增加值（千美元）	(40)	125	205	290	395	195
9	－基准经济增加值（千美元）	(310)	(175)	(25)	90	190	(45)
10	＝经济增加值－基准经济增加值（千美元）	270	300	230	200	205	240
11	÷经济增加值奖金敏感系数	500	500	500	500	500	500
12	＝业绩单位价值	0.54	0.60	0.46	0.40	0.41	0.48
	总单位价值						
13	业绩价值	0.54	0.60	0.46	0.40	0.41	0.48
14	＋基础单位价值	0.25	0.25	0.25	0.25	0.25	0.25
15	＝总单位价值	0.79	0.85	0.71	0.65	0.66	0.73
	目前奖金						
16	单位价值合计	0.79	0.85	0.71	0.65	0.66	0.73
17	单位量（千）	300	315	330	345	365	330
18	目前得到的奖金（千美元）	235	265	235	225	240	240

如果五年前应用该系统，则过去五年的奖金

行号		1988 财年	1989 财年	1990 财年	1991 财年	1992 财年	平均
	目前奖金						
19	单位价值合计	0.71	1.10	(1.34)	1.20	(0.54)	0.22
20	单位量（千）	285	525	315	335	255	345
21	目前得到的奖金（千美元）	205	575	(425)	405	(140)	125

在约翰·达克沃思看来，不仅所有者与管理者的利益是一致的，而且确定奖金薪酬的基准也不必每年都重新谈判。两个方案（年度方案和长期方案）可以合并成一个方案，依据每年的结果发放奖金，更有利于长期股东价值的实现。该系统类似于自动表，你只需设定一次，它就会自行运转一段时间。

第 **14** 章

预算与激励合同的形式模型

14.1 形式激励模型中的问题与术语

14.1.1 财富、闲暇及风险态度

第 13 章讨论了企业使用的激励合同类型。基于这个制度基础，有关组织经济学、财政、会计等问题的现代研究被构建起来，这些研究从理论上深入探讨了如何设计一份激励合同来推动公司管理者从企业所有者的最佳利益出发。这些研究包括个人行为的形式上的经济学与数学模型，为所有者或委托人与管理者或代理人间的关系建立了模型。在这里，委托人与代理人都被假定为理性的、追求经济利益最大化的个体。他们在组织背景与契约关系条件下追求各自特定的目标，特别地，所有者仅对其向公司投资的预期货币收益有兴趣，而管理者不仅重视**财富**（wealth），还重视**闲暇**（leisure）。

本章分析假定管理者对财富的偏好是多，但是财富的边际效用或满意度随着财富的增加而递减。因此，管理者表现出来的是"**风险厌恶**"（risk aversion），这导致了管理者在评价风险投资收益的价值时，要低于期望的或实际的价值。然而，所有者被假定对风险的态度是**风险中性**（risk-neutral）的，即他们依照期望价值评估其投资。

假设有一家股权高度分散的大公司，持股人也很好地分散投资了许多其他公司。我们可以认为公司持股人会基于期望报酬（即风险中性）来评价其投资。然而作为对大额投资风险负责的管理者，他们所关心的是不利的结果对他们的薪酬和发展机会的影响。由于管理者无法分散经营不善所带来的不良后果，他们会回避风险，拒绝期望价值为正的风险项目。管理者与所有者对风险的不同态度，是导致两个利益集团对立的原因之一。

假定管理者也对闲暇进行评价。闲暇在这里被定义为与管理者在公司的投入努力相对立的行为，即如果管理者努力工作，就会牺牲闲暇时间以提高公司的价值。闲暇是一个一般性的概念，包括经营者对其特权和利益的享受。这类特权包括公司轿车、豪华的办公室、一流的旅行活动和其他非货币性

的利益。这样的特权侵蚀了所有者的生产性投资。闲暇也指管理者用于受尊敬或有报酬的外部活动的时间，如加入董事会，进行受托管理，这些会给管理者带来知名度和地位，而对公司却极少有直接的好处。

所有者雇用管理者（买断了管理者的时间），同时为公司的经营提供资本。管理者将其时间分为闲暇时间和生产性时间，同时将所有者提供的资金划分为生产性投资和用于个人享受的资金。代理合同试图为管理者设计一种激励，以限制过高的闲暇和特权。

需要注意的是，我们不是在讨论由法定代理人和审计人员负责监察的非法窃取问题。我们所关心的是对时间（管理者没有在期望的时间内工作，或工作不努力）和资本（管理者用超过合理水平的费用来完成所有者指定的管理任务）的更微妙的窃取问题。

14.1.2　个人诚信和合同监督的作用

一些代理范式的读者认为："代理合同涉及欺诈及偷窃，我相信大多数人是诚实的。因此，代理合同是见利忘义、不相关的。"但是，越来越多的证据表明，在这个世界上，对行为进行监督，同时抑制那些实际工作中发生的努力转向和时间窃取是有必要的。

另一种观点认为："即使我承认一些人逃避他们被委派的责任，或是在个人消费上花费了过多的资金，我还是能够经常发现并约束这种行为。"**监督**（monitoring）包括通过观察人们来决定他们是否遵守了合同的规定。如果工作已经被仔细定义，则监督非常容易。我们可以简单地度量产出，就像泰勒，通过度量管理者完成的工作量或创造的成果，就可以评价一项工作的业绩。然而，如果这项工作很复杂，评价产出就变得非常不实际，这是因为在投入与产出间存在许多干扰变量。

举一个例子，假设我们通过观察病人在治疗六个月后的效果来评价神经外科医生的业绩，评价的原则是如果病人死亡或是伤残了，则工作没有做好。例如，结果——病人伤残——发生了，但其原因是在病人接受治疗前，其情况十分严重，正是医生的技术很好，才避免了死亡，但还是发生了伤残；另一种情况就是病人的情况不严重，但由于医生能力有限导致了伤残的发生。干扰变量——不可被观察的环境（如病人的具体情况）——导致仅从结果（治疗后病人的情况）来推断经营者的投入（医生的技术、努力和对治疗的关心程度）变得十分困难。因此，我们所得到的结果是由管理者（医生）和环境（在治疗开始时病人的情况）共同作用形成的。任何给定的结果，都是环境与管理者技能和努力的不同组合造成的。

一般而言，我们对投入考虑两个方面，一是努力的程度，二是努力和技能的质量。代理合同关注第一个方面，即对努力的保留进行检查。努力的保留称为**怠工**（shirking）。计量或监督投入以核实是否达到合同要求，即管理者在工作中是否按合同要求投入时间，没有怠工。

我们似乎可以顺理成章地得出结论：对管理者缺少工作时间的记录会导致怠工，至少是与停止工作相关的怠工，然而这种怠工却不能成为管理者和所有者对立的关键点。但是，这种怠工或许十分微妙。回想一下第 7 章中的分权经营组织，管理者有机会专业化他们的行动（技能的组成部分）和信息。管理者需要开发市场与技术信息以确保成功地完成任务，因此不得不离开舒适的办公室和家庭，到各个经营单位视察，并在能积累相关市场、技术和竞争信息的地方花费大量时间。在这种情况下，怠工则包括没有投入充足的时间与能力去开发那些成功所必备的信息。同时，怠工者却准备好了借口应对可能出现的糟糕结果："我尽了全力，但一些我力所不能及的事情导致了这些不利的结果。"

14.1.3　选择合适的管理者及信息的作用

所有者肯定会关心管理者的技能，为一项特定的工作选择一个有恰当技能的管理者的困难称为**逆向选择**（adverse selection）问题。当所有者提出一份管理合同时，只有自身能力和要求的报酬水平等于或者低于合同规定的管理者才会被吸引。因此，除非合同经过仔细设计，否则是对那些不符合工作要求的人的鼓励。而且，一旦选择了管理人员并安排其工作之后，他可能不会全力以赴、努力工作达成业绩。

由于所有者与管理者在掌握的信息与技能上的差异，所有者难以弄清管理者的努力和技能与实际产出间的关系。这种信息上的差异称为**信息不对称**（information asymmetry）。信息不对称起源于所有者与管理者在技术、专长上的差异，以及所有者在监督管理者投入的量与质上的局限性，这使得管理者与所有者在订立合同时产生了一系列的问题。信息不对称也防止了合同中不合理的要求，即支付给管理人员工资，并证实管理人员遵守了合同中的规定。委托人在代理人的工作不能被核实的情况下，支付了与其实际工作不相称的工资，这种情况称为**道德风险**（moral hazard）。在存在道德风险的情况下，管理者有违约的倾向。道德风险是一个常用术语，它最早用于医疗保险条款中，用来说明下面一种情况：保险合同中的条款会促使当事人以合同阻止的或不希望的方式采取行动。[1]

信息不对称也会由于管理者掌握了用于控制与编制计划的最优信息，而所有者并不掌握这些信息而引发其他问题。而且，管理者没有公开私人信息的偏好，因为他们担心所有者会利用这些信息使他们处于不利地位。管理者的这种对于私有信息的保密行为称为**"信息封锁"**（information impactedness）。信息封锁使得所有者致力于设计改进方案，鼓励管理者披露他们的真实情况。

当不能计算投入量（管理者的努力与能力）时，唯一可以得到并用于构建激励合同的变量是产出。产出是管理者的决策、努力、能力的综合结果。但是如果一份激励合同中的奖励基于实际的产出，则该合同在管理者身上施加了不可预期的风险。管理者投入了努力（假定他们没有得到闲暇的效用），以改善公司的报酬率。但与此同时，决定产出的因素还包括一些管理者无法控制的因素。人们可以认为，管理者的努力会影响实际结果的分布的均值，但不会影响这一分布的实际实现。管理者会考虑，"等一会儿吧，我或许应该努力工作（牺牲闲暇），但我所有的努力都被我所不能控制的因素——例如经济或行业的不景气——全部抵消。"

因此，当他们决定是否牺牲个人的闲暇去增加产出（或者为了一项产生收益的投资而牺牲奖金）时，管理人员即面临一种风险或一种赌博。在进行权衡时，管理者对于分配努力与消费特权的态度会不同于对风险持中性态度的所有者。由于所有者对于风险持中性态度，因此他们会无视公司的任何风险。但是，由于管理人员的奖金基于实际产出，所有者最终将风险转移给了风险厌恶的管理者。这主要是由于所有者与管理者各自拥有的信息不均衡。由于所有者希望无成本地承担风险，因此他们必须给管理者额外的报酬，来补偿管理者承担的风险。正是由于所有者不了解管理者的信息、行动和能力，导致了合同的低效。

14.1.4　激励与回报的权衡

为了设计一个最优的激励合同，我们必须在让所有者承担公司的全部风险和让管理者承担风险之间进行权衡，以使怠工和过度消费特权同时达到最小。正是出于这个原因，合同中要求管理者承担风险是对激励减小问题或动机问题的**次优**（second best）解决方法。合同之所以是次优，是由于所有者难以监督管理者的投入而导致了经济损失。因此所有者也不能确信管理者是否遵守合同中的要求，却支付给管理者固定的工资（无风险工资）。

我们所能观察到的产出（例如利润、产品质量或客户满意度）与管理者的努力密切相关，它能为设计激励合同提供有用的基础。而且，产出越是与管理者投入密切相关，激励合同中的计量越有效。[2]　当然，这也正是用股票期权来支付管理人员报酬或以会计利润为基础提供奖励的原因。

代理合同中存在很多问题。首先，为了在雇用的时候控制逆向选择的问题，我们试图设计激励合同，以剔除不合适的人选。例如，在销售人员的合同中规定多卖多得，不卖则少得或不得。这样的一份合同将吸引那些有较强销售技巧的人士，将不适合此项工作的人士拒之门外。但是，通过将奖励与完成的销售额挂钩，我们将不由销售能力及努力水平决定的风险转移给了销售人员。因此，我们也不得不给销售人员提供一份高成本的合同，以弥补销售人员承担的风险。这样，我们就克服了逆向选择问题，却承担了额外的奖励成本。

为了避免将过高风险转移给管理人员，我们必须判定，产出是否表明了管理人员的投入。如果我们通过产出可以精确地推得管理人员的投入，那么我们可以使用一个简单的工资及惩罚方案。例如，由于采购管理人员的低效，导致购买了 100 件劣质的原材料。而且，只有当管理人员没有履行合约时，劣质的原材料才会被采购进来。该案例中的雇用合同是简单的，即只要不采购劣质材料，就能拿到工资，如果采购了劣质材料，该管理人员将受到惩罚，甚至被解雇。如果合同规定的惩罚非常严厉，并且能够实行，怠工现象将被彻底消除。

上面是从代理合同中得出的主要结论。这个理论试图解释或预测实际中存在的合同，但是我们必须小心解释这些表象的结果，因为这些结论是从有着约束性假设或不现实假设的模型中得出的。理论界的主要贡献是为我们提供了考虑激励模型的框架，指出了在风险分担上的相关问题。如果没有正式的分析，我们可能会较少关注这类问题。

14.2　标准和预算的信息获取问题

在成本会计、管理控制和组织理论的资料中，标准与预算占有较大比重。标准设立与预算活动在管理教学与实践活动中如此普及，以至于我们在接受它们时并未考虑使它们有吸引力的基础性原因。在一个凡事确定、信息无成本、信息可观察和计算能力无限的理想世界中，一个中央决策制定者可以制定出全球的最优决策，并指示下级（地方管理者）贯彻中央决策。在这个标准设定中，预算没有多大作用。

然而在现实生活中，地方管理人员拥有相当大的自主决策权。所有者会制订出利润分享激励合同，以激励管理者制定出符合公司最佳利益的计划，就像上文以及第 13 章阐述的那样。但是正如我们所见到的，单一的利润分享激励合同给管理者的补偿带来了不确定性，而管理者会采取某种措施（例如降低产出水平）来弥补这种不确定性。对于公司整体或其股东来说，这种避免风险的行为通常是不可取的。我们必须设计最有效的合同来平衡管理者与所有者间的利益冲突。

14.2.1　运用信息制定报酬和控制——道德风险问题

即便在非常简单的情况下，管理者与所有者的冲突也会产生。比如一位推销员，销售主管要求他提供一份未来时期销售额的预测报告。销售主管要使用这份报告来计划生产、开拓市场，并作为补偿计划的基础。具体地说，推销员的工资由底薪以及根据超过目标的销售额发放的佣金组成。销售主管会依据评估的可能销售额设定目标销售额。推销员只有完成目标销售额才能拿到佣金。在这种情况下，几乎所有的推销员都倾向于低报评估的可能销售额。与销售问题类似，生产管理人员可能低报一条组装线的产量，以便在发生意外时，可以找到一条完成定额的出路。

在下面两个重要条件下，私有信息会发生曲解：（1）下属人员占有专业化的信息；（2）上级领导出于计划与控制的目的需要该信息。这些问题是道德风险问题的另外一个例子，在这种情况下，管理人员（或下属人员）会被控制或者评估体系的结构所驱使而去错报私有信息。[3] 这些道德风险问题会在雇主无法直接观察到管理者信息或行动的情况下发生。

道德风险不一定是控制体系设计失败的结果。实际上，由于分权中心持有专门信息，同时，在控制中需要专家的信息，因此，道德风险总是出现在那些试图评估个人对公司贡献的分权公司中。

14.2.2 道德风险与信息封锁

道德风险导致了信息封锁的局面，公司需要的有价值信息是不会像要求的那样传递的。另一个信息封锁的例子是，一位管理者知道其做了一个错误的决策，却拒绝修正，因为他知道如果修正的话，大家都会知道这个决策是错误的。虽然错误决策可能对公司有害，但不损伤管理者的声望（或报酬），因为没有人知道这是一个错误决策。

当下级管理者拥有有价值的，也可能是唯一的、有关他们部门环境的信息但是他们不如实向外界传递时，就会出现信息封锁。我们并不倾向于认为下级部门的管理者对公司的业绩毫不关心，或者说管理者本质很坏。我们的意思是，当我们通过把实际业绩与标准相比较来评价或提拔管理者时，我们不能期望在要求他们提供有关标准的适当水平时，做出不利于自身利益的行动。自身利益会促使他们战略性地操纵他们的信息及意图。由于固有的不确定性及观察的高成本，所有者很少能够弄清楚，一个意外的结果究竟是先前的信息曲解所致，还是偶然性的结果。

以公司的业绩而不是以个人的业绩作为薪酬的基础会缓解信息封锁问题。在这种方法下，管理者会更加愿意分享信息并与人合作。但是当管理奖金基于公司全面业绩而不是基于个人业绩时，管理者将不能从他们付出的个人努力、信息取得和决策制定中得到全部的利益。结果，他们会降低在这些方面的投入，出现第 13 章中描述的搭便车行为。许多公司以个人业绩为基础发放奖金。很明显，通过衡量并奖励个人行为所得到的激励利益超过了信息封锁与避免风险行为的潜在成本。

14.3 代理模型

本部分的讨论主要集中在下面的例子。该例子阐述的是选择激励补偿方案的问题，所有者（或委托人）希望找到一个比纯工资合同更优的激励补偿方案。

14.3.1 背景

假定一位风险中性的委托人正与一位风险厌恶的代理人谈判，并且代理人的财富效用可以用一个指数效用函数加以模型化，其中风险厌恶参数 $r=-0.0001$。即管理者对于财富（ω）的效用[4] 可写成：

$$U(\omega) = -\exp^{r\omega}$$

委托人与代理人都认为公司的前景是由代理人的行动（其行动可能是高努力水平或低努力水平的）和代理人所不能控制的事件（自然的状态，可能有利或不利）共同决定的。

当代理人的努力水平高时（以 H 表示），他投入了大量的时间和精力积累信息，提高技能，并且抑制自己对于特权的过度享受，因为特权享受会降低企业的资产基数和获利能力。当代理人的努力水平低时（以 L 表示），代理人会在工作中投入较少的精力，同时享受更多的特权。[5]

代理人在外面工作时，其工资水平是 10 000 美元。我们称之为 m，即市场工资。代理人还有个人成本，以货币表示，当努力水平高时为 15 000 美元（以 ch 表示），努力水平低时为 5 000 美元（以 cl 表示）。[6] 代理人虽然同委托人签订了合同，允诺提供一定水平的努力，但如果实际上并未达到合同要求，他并不承担任何心理成本。

不利的状况意味着公司面对的总体情况是消极的。在不利情况下，一个既定的代理人行为会产生比有利时期更少的企业利润。

从代理人的行为和自然的随机状态中可得出两个可能的结果：50 000 美元的收益（称为高产出），或是 20 000 美元的收益（称为低产出）。下面给出在给定的代理人努力水平下的高产出与低产出的概率。

努力水平	高产出	低产出
高	0.9	0.1
低	0.2	0.8

代理人的行为与自然的状态均无法观察，或观察成本过高。因此，委托人无论面对何种产出，是高或低，他都无法知道代理人的努力水平。

14.3.2　激励问题：为什么固定工资不起作用

依照前面的讨论，我们知道了引发道德风险问题的条件。委托人无法推行 25 000 美元的固定工资合同（10 000 美元是机会成本，15 000 美元是较高努力水平的收入），无论产出如何，都会支付报酬给努力水平较高者。代理人会签订这份合同，并在实际工作中违约，只提供较低的努力水平。代理人从这份合同上得到的报酬或效用是：

$$效用 = -\exp^{-0.001 \times (25\,000 - 5\,000)} = -0.135$$

它高于市场工资水平 10 000 美元时的效用 −0.368。这是怠工的收益。委托人从这份合同中得到的期望收益是：

$$期望收益 = (0.2 \times 50\,000) + (0.8 \times 20\,000) - 25\,000 = 1\,000（美元）$$

14.3.3　委托人问题：如何将报酬与业绩联系起来

委托人想知道将代理人的报酬与产出联系在一起能否增加他的预期报酬。委托人面临的问题是找到一个业绩方案，它的支付成本最低，但同时它能激励代理人提供委托人认为对公司最有益处的努力水平。[7]

委托人提供给代理人的补偿方案必须反映出两个约束条件。首先，补偿方案必须能提供给代理人一定量的收益，这个收益必须不低于代理人在其他公司任职所能获取的收益。这称为**个人理性**（individual rationality，IR）约束。其次，如果代理人按要求付出努力，补偿方案必须能给代理人提供一个与其付出努力的水平相适应的收益，该收益不低于代理人付出较低水平努力时的期望收益，这称为**激励相容**（incentive compatibility，IC）约束。

如果委托人的最佳利益是在代理人的努力水平为最低时实现的，则问题就变得微不足道了。在这种情况下，委托人支付给代理人15 000美元固定工资。同时，代理人付出最低水平的努力。代理人的努力水平不会超过合同的要求。更值得探讨的问题是为了利益最大化，委托人应何时为较高的努力水平与代理人签订合同。[8]

在这种情况下，委托人希望支付给代理人的期望补偿降到最低，同时该补偿合同应至少能与外部机会成本（IR）相当，也可以激励代理人的努力水平（IC）达到较高。

如果代理人的产出高，则支付给代理人的补偿记为rh，反之，则记为rl。我们可以将委托人的问题记录如下：

$$\text{Min}(0.90 \times rh) + (0.10 \times rh)$$

$$\text{约束：} EU[w|H] \geqslant EU[w|L] \qquad IC$$

$$EU[w|H] \geqslant EU[m] \qquad IR$$

式中，(1) $EU[w|H]$是代理人在付出高水平努力条件下，签订补偿合同时的期望效用。在这种情况下，$EU[w|L] = (0.9 \times [-\exp^{r(rh-ch)}]) + (0.1 \times [-\exp^{r(rl-ch)}])$。

(2) $EU[w|L]$是代理人在付出低水平努力条件下，签订补偿协议时的期望效用。在这种情况下，$EU[w|L] = (0.2 \times [-\exp^{(rh-cl)}]) + (0.8 \times [-\exp^{r(rl-cl)}])$。

(3) $EU[m]$是代理人对市场工资的期望效用。在这种情况下，$EU[w] = -\exp^{rw}$。

记住，我们设计的是一个可以确保代理人付出高水平努力的补偿合同。因此，我们将使用高水平努力条件下的产出概率。

我们解决[9]这个问题，发现了最优的结果是rh为27 816.59美元，rl为13 339.76美元。则委托人的期望收益是：

$$\text{期望收益} = 0.9 \times (50\,000 - 27\,816.59) + 0.1 \times (20\,000 - 13\,339.76)$$
$$= 20\,631（美元）$$

这要比固定工资合同下1 000美元的期望收益高出许多，而且，我们可以证实这份补偿合同所提供的期望效用正好等于市场工资的效用。代理人在付出较高水平的努力与较低水平的努力上具有相同的效用。在此，我们假定如果代理人的效用在两种努力水平（即高或低）上无差别，则代理人不会选择怠工。[10]

记住给定的期望补偿是26 368.91美元（0.9×27 816.59+0.1×13 339.76），25 000美元与26 368.91美元间的差1 368.91美元是委托人必须付给代理人的风险奖金，以补偿代理人为激励相容约束承担的风险。风险奖金加上15 000美元（代理人付出较高水平的努力的报酬）是委托人必须支付给代理人的总代理成本。

当代理人的风险厌恶下降（即趋近于零）时，风险奖金也会随之下降，并最终达到25 000美元的期望补偿，如图表14-1所示。

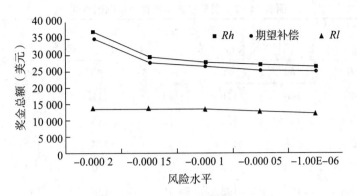

图表 14-1 风险的影响

在支付代理人补偿前，企业的期望收益是 47 000 美元（0.9×50 000＋0.1×20 000）。如果代理人是风险中性的话，则最优的解决方案是代理人以 22 000 美元的价格从委托人手中租赁企业，并承担企业的全部风险。

14.4 引导私人信念的诚实披露

企业的分权经营使管理者能够开发专业化信息。当计划人员希望使用信息来制定公司的整体计划时，他们面临如何得到这个信息的问题，因为这个信息常用于计划与控制的双重目的，即这个信息经常同时用于计划和评价管理者的后续业绩。

苏联的中央计划人员曾设计并实施了一套奖励准确预测和突出业绩的奖金体系。[11] 同时，在苏联之外，在销售组织和预算预测体系中，也都提倡使用一种基本相同的方案来获取准确的预测。[12] 这套方案对那些设定过低的产出目标以至于很容易实现的管理人员进行惩罚。同时，该方案也对那些付出更多努力而超过设定目标的管理者进行奖励。这套方案激励人们在设定目标的过程中真实披露他们的信息，一旦目标设定，就努力实现或超过目标。

依据这套预测激励方案，高管层建立了一个基本的奖励基金 B_0，并规定了三个正参数：α、β 和 γ。首先，管理者公布目标或预算产出水平 y_h，这将增加奖励基金 βy_h。这个因素会促使管理者公布较高的预算产出水平。如果实际的产出水平 y 高于预算 y_h，则付给管理者额外的奖励 $\alpha(y-y_h)$。这种奖金的组成会促使管理者在预算设定之后超过预算业绩。但 α 一定要小于 β，这样，如果产出将达到较高水平，它最好在预算中就得到反映，而不是以超额完成预算的形式表现出来（即使管理人员制定预算时不会有意压低目标，以便其后超额完成预算）。如果实际产出水平 y 低于预算 y_h，则会从奖金中扣除 $\gamma(y_h-y)$ 作为惩罚。在这种情况下，γ 要大于 β，以使管理者不能从预算浮夸中得到任何好处。简言之，这种制度的激励要求 $0<\alpha<\beta<\gamma$。

用公式表示，如果以 B 表示实际支付给管理者的工资，这个计划可以描述如下：

$$B=\begin{cases} B_0+\beta y_h+\alpha(y-y_h) & \text{当 } y \geqslant y_h \text{ 时} \\ B_0+\beta y_h-\gamma(y_h-y) & \text{当 } y < y_h \text{ 时} \end{cases} \qquad (0<\alpha<\beta<\gamma) \tag{1}$$

下面举例说明这个激励方案如何运作。图表 14-2 给出了奖金 B，作为 y_h 与 y 的函数。此时 $B_0=100$，$\alpha=100$，$\beta=100$，$\gamma=100$。

图表 14 - 2 引导以真实预算为基础的合同

实际产出 y	$B=\begin{cases}100+0.4y_h+0.2\ (y-y_h) & \text{当 } y\geqslant y_h \text{ 时}\\100+0.4y_h-0.6\ (y_h-y) & \text{当 } y<y_h \text{ 时}\end{cases}$							
	50	60	70	80	90	100	110	120
50	120	118	116	114	112	110	108	106
60	122	124	122	120	118	116	114	112
70	124	126	128	126	124	122	120	118
80	126	128	130	132	130	128	126	124
90	128	130	132	134	136	134	132	130
100	130	132	134	136	138	140	138	136
110	132	134	136	138	140	142	144	142
120	134	136	138	140	142	144	146	148

对于任何给定的实际产出 y，在图表 14 - 2 中任一行最高的奖金是在 y_h 等于 y 时达到。即最大奖金额在主对角线上。如果管理者确定知道实际产出水平的话，他会为了使奖金最大化而使预算量等于实际产量。任何其他的预算均会使奖金低于最高额。让我们看表中的数字，它反映的是当预算 y_h 公布后，管理者总希望产出越大越好。因此，就产生了一种使管理者将产出提高到最大的激励，而不仅仅局限在预算范围内。同样，参数的设定使得管理者如果完不成预算，其所受惩罚要高于超产的奖励。同时，对于任何预算产出，实际产出的增加会提高奖金的水平。

实现激励方案中所有的这些性质的关键是确保 $0<\alpha<\beta<\gamma$。管理者在使用这一原则时总结了这样一个原则，即 β 至少应比 α 大 30%，γ 至少应比 β 大 30%。

14.4.1 苏联激励模型中不确定性的作用

当我们在这个模型中论及超额完成预算，便引入了不确定性的预期，即便并没有用公式推导这种预期。不确定性是重要的，会产生在确定性模型中不会出现的两个方面：（1）管理者风险厌恶的概率，这一点我们暂不考虑；（2）进一步限定各参数之间关系的必要性。如果没有不确定性的存在，则该模型没有多大意义。如果所有者确信管理者知道结果将如何，则激励方案将只能严厉地惩罚管理者，因为他没有在计划阶段披露将会发生的情况。因此，确定性模型是没有价值的，并且也是不现实的。因此，假定管理者不能确定地知道产出究竟是多少，但是对于将发生的事情抱有信念。

利用式（1），并且假定管理者可以依据一个累计的概率分布 $F(y)$ 表达他对于产出 y 的不确定性，我们就能构想出管理者的期望报酬问题，此时，我们在不确定可实现价值 y 的情况下选择累计的目标 y_h。当累计目标具有以下特征时，本方案中管理者的期望报酬达到最大。

$$F(y_h)=\frac{\beta-\alpha}{\gamma-\alpha} \tag{2}$$

这里，函数 F 代表了管理者在评估产出 y 的分布时的累计分布。式（2）表明了管理者的目标产出是激励模型中参数的函数，同样管理者相信产出的概率性质。如果我们希望得到由 y_h 传递的有关管理者产出水平 y 的分布均值，则模型的参数可以选择如下：

$$0.5=\frac{\beta-\alpha}{\gamma-\alpha}$$

或　　　　$\gamma=2\beta-\alpha$　　　　　　　　　　　　　　　　　　　　　　　　　　　　　　　(3)

这个结果对模型参数的数量关系又增加了一个约束。

为了说明这个问题，让我们回到图表 14-2 中的例子，并假定管理者相信实际产出会在 50~120 之间，各种结果是等概率的。在这种情况下，管理者认为产出分布的均值是 85。同时，$\alpha=0.2$，$\beta=0.4$，$\gamma=0.6$。如前面的例子，由管理者传递的预算产出水平或目标 y_h 应满足：

$$F(y_h)=\frac{\beta-\alpha}{\gamma-\alpha}=\frac{0.4-0.2}{0.6-0.2}=\frac{1}{2}$$

即管理者选择了一个预算目标 y_h，它具有下面的性质：实际产出水平低于或等于预算的概率是 1/2。在我们的数学模型中，他会选择 85(50+0.5×(120-50)) 作为预算水平。

假设我们使用苏联激励模型，设 β 比 α 大 30%，那么，$\beta=1.3\alpha$，利用 $\gamma=2\beta-\alpha$ 这一公式，我们可得出：

$$\gamma=2\times(1.3\alpha)-\alpha=1.6\alpha$$

如果我们设 $\alpha=0.2$，我们可以得出：$\beta=1.3\times0.2=0.26$，$\gamma=1.6\times0.2=0.32$。现在：

$$F(y_h)=\frac{\beta-\alpha}{\gamma-\alpha}=\frac{0.26-0.20}{0.32-0.20}=\frac{1}{2}$$

Y_h 值同样选择为 85（50+0.5×(120-50)）。同类的激励方法得出了相同的均值，只不过后者的参数间的关系更加紧密。

总之，奖金预测激励体系已由式（1）给出，并在图表 14-2 中做了说明，这个体系对于奖励准确预测和鼓励高产出提供了有力的激励。参数 α、β、γ，可基于准确预测的相关数量、产出超过预测的收益和没有完成预算产出的成本设定。

14.4.2　实情诱导型预算方案的局限性

对于引导现实预测而言，预测激励方案提供了一个有吸引力的但并不完善的方法。由于实际资源（支付给管理者的现金）是基于预测的 y_h 转移的，而不是基于实际的产出水平，这导致了该机制的高成本。但它有助于按管理者的信息技术、知识（预测）和业绩（产出）提供报酬。如果资源的分配与协调决策以预算产量为依据，该方案的运作成本不仅是必要的，而且是值得的。

我们简单提及了苏联计划人员采用实际经验值定义的 α、β、γ 的相关数量关系，但这个讨论引起了下面的问题，即计划人员如何选择激励方案中 B_0、α、β、γ 的绝对水平。薪酬专家大都认为员工的基本市场工资不应考虑风险，因此，薪酬中固定或确定的部分应反映出员工的个人市场工资。薪酬中的固定部分等于 B_0 与 βy_h 之和，为说明这个问题，假定计划人员或控制人员制定了一个目标 y_t，基于过去的经验与修正奖金方案，我们得到：

$$B=\begin{cases} B_0+\beta(y_h-y_t)+\alpha(y-y_h) & \text{当 } y\geq y_h \text{ 时} \\ B_0+\beta(y_h-y_t)-\gamma(y_h-y) & \text{当 } y<y_h \text{ 时} \end{cases}$$

修正方案的激励特征与原方案一致。因此，强调目标 y_t 具有与调整固定工资相同的效果。这个效果决定了该全面薪酬方案是否为员工所接受。然而，它对于产出或预测水平没有影响。

修正方案的优点在于它建立了一个目标，通常称为"竞争标尺"，这个目标对奖金中反映平均业绩水平的部分施加了压力，同时，将奖金定在一个高于平均业绩水平的高度。因此，将 α 的值设定在能够鼓励额外努力，从而使业绩超过目标或高于平均业绩水平是可取的。β 和 γ 的值必须遵守前面讨论过的 30% 原则（即 β 比 α 大 30%，γ 比 β 大 30%）。假定这个原则反映的是决定分配原则的计划人员的经验，计划人员的分配原则可以给员工恰当的激励而不至于过高。严格地讲，调整的问题在于计划人员必须猜测出用于对宽裕收益施压的目标水平。

该方案还有其他一些主要的局限性。第一个局限性在于这一简单的单一期间激励计划没有考虑多期间决策的影响。例如，管理者认为下一期间的固定薪酬部分或等量产出的目标水平是本期预算和实际产出的函数。这种"棘轮效应"是一种众所周知的预算方法，特别是在政府组织。[13] 如果这种效应有一定道理的话，管理人员会在确定当期的预算产量和实际产量时，根据当期的预算产量和实际产量对未来奖励基金的影响，解决多期间最优化问题。当这些发生时，上文所描述的单期间特征（例如，最优预测等于期望产量）将不会存在。为了避免这种混乱情况的发生，必须使管理人员确信：（1）任何现时的联系不会影响未来标准或奖励基金的设定；（2）如果调整在将来发生，则在进行折现计算时，它们将会被有效地忽略。

第二个局限性来源于管理者对不确定性的风险厌恶，我们不能用简单的公式对情况进行正规的处理。由式（1）中的薪酬方案给定的线性分享规则没有得出式（2）中的结果，即我们在风险中性条件下的结果。除已经讨论过的参数，风险厌恶的管理者选定的预算也将反映出管理者对风险的态度。总之，我们希望如果式（3）用于激励方案中参数的设定，则风险厌恶的管理者会设定一个概率超过0.50 且同时能实现的目标。

第三个局限性更为重要，如果以预测为基础进行实际资源在各部门的分配（从整个国民经济来看，是在各企业间进行分配），则会产生歪曲预测的动机。当总部以预测为基础将实际资源在各部门间进行分配，部门会有隐瞒一部分生产能力和盈利机会的倾向。[14]

14.4.3 资源分配决策的实情诱导方案

当企业中存在两个或两个以上部门竞相使用企业的稀缺资源（例如资本或运算设备）时，对于如何设计真实性引导的激励机制，学术界已经做了一些研究。在这种情况下，中央计划人员将取得中央资源（动机可能是在管理和经营资源时的规模经济，或是严格控制资源的需求），然后将中央资源按期分配给各个部门管理人员。中央计划人员所从事的资源分配工作是以部门管理者提交的使用中央资源的收益预测为基础。如果一个系统中的管理人员的奖金是以部门的获利能力为基础，并且该获利能力没有反映部门使用中央稀缺资源的成本，那么，部门管理者会产生下面的倾向，即高估资源提供的收益，以便尽可能多地从中央获取资源。因此，设计一个激励方案的目标是找到一个可替代的业绩评价指标，这个指标不会造成部门高估使用稀缺资源的收益。

格罗夫斯机制[15] 能够得到真实的预测，它通过用部门 i 实际实现的利润加上其他部门实际分配资源水平上的预测利润来计算部门 i 的业绩指标。我们未证明下面的证据，但它能说明如果部门试图将它的格罗夫斯计量尺度最大化，将出现：

- 每个部门都试图将其实际利润最大化，因为格罗夫斯计量尺度是依据部门利润而严格增加的。
- 每一个部门都独立提供自己的准确预测，而不考虑其他部门的预测或是它如何相信其他各部门的预测。
- 每一个部门的业绩评价都独立于其他部门已实现的（或实际的）利润及经营有效性。

这样，该评价方法似乎具有我们更愿意在业绩评价中看到的令人满意的特性。格罗夫斯机制是通过下面的方法获得令人满意的特性的，即将已实现的部门利润同以公司期望利润为基础的利润分配计划相结合。激励方案的形式是：

$$报酬 = a + k(Q+R)$$

式中，a 是一个常数，可解释为工资；k 是常量（$0 < k < 1$），指利润份额；Q 是公司中其他所有部门的期望利润（在中央控制资源的最终分配时会被确定）；R 是该部门已实现的利润。$Q+R$ 等于公司所有部门的期望利润加上该部门利润的变化。因此，我们可以将该报酬函数改写为：

$$管理者报酬 = 工资 + K（公司全部期望利润 + 管理者所在部门的利润变化）$$

如果部门报酬完全基于部门已实现利润（R），则每个部门管理者都会有下述倾向：扭曲有关分配资源价值的交流信息。管理者会将分配来的资源视为一种免费商品，并尽可能地多要。报酬函数中的 Q 则可以消除这种倾向，并与公司的总体获利能力相关。它要求管理者考虑中央持有资源的所有用途，以及收取该部门使用所分配资源的机会成本（反映其他部门使用该资源的情况）。Q 是在中央资源分配最优决策和中央代理的先验信息基础上反映其他所有部门期望利润的总和。因为每个部门的报酬函数都表达了公司的总体利润，因而可以激励企业中各部门提供真实的而不是虚假的报告。最后，不需要关心部门的事后效率及其他部门的预测变化量，因为这样的变化量只归咎于应为该项不准确预测负责的部门。

由于对于一个部门的评价要依赖于其他部门的预测，因此对于部门来说，仍然存在不可控因素。但是由于各部门竞相争取公共资源，所以这种相关性似乎是不可避免的。由于这种不可控因素强调了部门间的相互依存性，以及各部门为整体利益而必须共同工作，因此在这种环境中，这些不可控因素具有积极意义。

遗憾的是，格罗夫斯计量方法在实际执行中是非常复杂的，这主要是由于格罗夫斯模型中的参数 a 和 k 必须在发生联系之前定义。这导致管理补偿可能非常大，或是无足轻重，甚至为负。[16]

格罗夫斯计量方法的另一个缺点在于它假定所有的管理者都是风险中性的。如果存在风险厌恶的或是偏好闲暇的管理者，该方法就很难发挥作用了。例如，假定一位风险中性的管理者认为另一位管理者具有较高的风险厌恶水平。出于管理者风险厌恶的本性，他会要求比风险中性时更少的中央控制资源。另一位风险中性的管理者觉察到了这种效应，他会低估自己的机会，以使更多的中央控制资源分配给前一个部门，以修正管理者的风险厌恶。当这类反应连锁发生时，格罗夫斯机制会失去其原有价值的特征，因为每位管理者都会猜测其他部门的决策及行动。

14.5 保险的作用

我们已经看到了这种不可控的随机结果的不确定性，这使得制定分权部门管理者的业绩评价方案变得十分困难。不确定性使管理者从事可能对公司而言并非整体利益最优的风险规避活动。这种不确定性同时也妨碍了企业内相互影响的部门之间合同的安排，导致需要主观信息来制定考核预算。

善于思考的读者或许想知道某种形式的保险合同能否有助于降低不确定性的不利逆向影响。毕竟，从个人角度看，我们购买保险是为减少限制不确定事件如死亡、疾病和意外事故等对于财务结果所产生的消极财务影响。为什么这样的保险合同安排不能运用到公司内部的商业交易中呢？如果区域管理者能够购买保险来保护自己（或其部门）免受不确定性的消极后果的影响，有害的风险规避行为就可以消除。

很遗憾，对于为什么应对不确定事件的保险不能在管理者中推行有较多的理由，本章前面介绍的两种因素，道德风险与逆向选择，使提出保险的合理价格变得十分困难。道德风险使得如何区分真正的风险（例如由外在的随机事件引起的消极结果产出）与因没有采取最有效的行动而导致保险事项发生的风险成为一个难题，采取最佳行动来避免保险事项的发生变得十分困难。一旦投保了的管理者受到保险条款的保护，从而远离不利事件的消极影响，如销售额下降、送货延期、产品质量的波动等，那么管理者对于尽自己最大努力克服商业困难的动力就会大大下降。我们不希望那些受保险条款保护的管理者消极被动地面对这些商业困难，我们希望他们尽其所能来完成销售目标、及时交货、改进产品质量等。

道德风险源于个人保险。在个人保险中，投保汽车险的司机在驾车时就比没有保险的司机粗心大意；投保全额医疗险的人会放弃一些有益健康的锻炼活动或是要求过度的医疗护理，这就是我们所说的道德风险。由于道德风险的存在，保险人必须确保不会因随机事件造成损失，同时也要确保被保险人的努力程度不下降，以避免保险事件的发生。

逆向选择问题也限制了保险在降低内部不确定性结果上的作用。总的说来，被保险人比保险人更清楚地知道其自身的风险。保险公司在观察了大量同类事件后，由保险公司精算出公司整体的保险费率。高风险的部门会认为购买保险比较合算，而低风险部门会认为保险费过高。对于保险人而言，他的实际经历会证实：实际发生的索赔要超过最初设定费率时估计的数额。当保险公司提高费率以反映这种超过预想的损失时，更多低风险的部门则会撤消保险协议。这样，保险公司与被保险人之间的信息不对称等，导致了一些部门的风险不能被充分弥补。道德风险与逆向选择都起因于观察能力的有限性（或是我们之前所说的私人信息或不对称信息）。

由于观察能力有限是企业内大多数行为的特征，因此，企业不太可能以保险来消除不确定性所带来的不利后果。弹性预算和年度预算业绩等方法可以被视为保险的一种有限形式，它们可以使管理者远离一些不可控因素带来的危害。但是，如果对于杰出的业绩而言，奖励是管理者补偿薪酬计划中的一部分，在评价管理者业绩时存在很大程度的不确定性就变得不可避免了。

14.6 小 结

在本章中，当管理者（代理人）与委托人间存在私人（或不对称）信息和风险厌恶态度时，如何在管理者与委托人间签订最优协议，本章给出了一些解决方法。代理理论试图设计一种高效并有影响力的激励方案以激励分权中心管理者按照委托人所有者的最佳利益行动。在这些情况下的最优方案是通过让管理者分享其行动的成果产出，让他承担比其要求或期望得到的要多的风险。让风险厌恶倾向的管理者承担出于激励目的的更多风险，这要求对管理者给予补偿，该补偿将使委托人即所有者蒙受损失。而且，由于管理者要承担风险，管理者可能会制定出与所有者风险态度不同的决策。同时，管理者也可能会有故意错误提供有关当地市场、技术和机会等信息的倾向。

研究人员研究了多种实际中应用的激励系统。其中最有意思的是苏联中央控制经济所应用的激励系统。格罗夫斯机制作为激励合同的一个替代方法，要在决策制定者能同时控制各自部门的努力水平与投资水平的前提下才能使用。

总之，激励合同主要运用于下面的情况，即具有良好技能与专业知识的管理者最可能是决定企业活动的相应进程的最佳人选。但问题在于管理者会在制定决策时追求自己支配的时间，这与所有者的目标相抵触。在制定决策时，管理者可能会从事与所有者目标相违背的个人事务。这种分歧是可能发生的，因为要监督管理者的行动是困难的，审查管理者的诚信更是不可能的，所有者难以辨别管理者的决定是否代表他们的最大利益。所以制定激励合同的目标是选择一种激励合同使所有者与管理者双方的共同利益达成一致。

📖 注　释

[1] 例如，在医疗保险协议中，研究人员想知道被保险人是否会由于投保而做事鲁莽，因为保险协议会补偿受伤者的损失。

[2] 注意，在极限情况下，如果评价方法与管理者的投入完全相关，就不必让管理者分担风险。因为我们完全可以从产出中推断出管理者的投入。

[3] 总的来说，协议假定人们在欺诈或说谎时不承担任何成本。即使人们承担说谎的成本，协议本身的结果也不会改变。

[4] 对于效用概念不熟悉的人可以将效用想象为对特定财富水平需求的指数。

[5] 更现实的分析是将代理人的努力视为连续变量。然而，结果的简化并没有改变随后结果的基本性质，因此，我们简化了代理人的行动选择。

[6] 这也就是说，代理人将评价个人时间的损失、提供努力的心理压力和特权事物的价值，三者之和预计为 15 000 美元，这与在外面提供较高水平努力时所获报酬等价。

[7] 相比低水平的努力，委托人会选择较高水平的努力，或是选择不与代理人签订合同。

[8] 读者可以证明，对于这个问题而言，代理人在合同中规定的较高水平努力可以使委托人利益最佳，这是我们要讨论的协议。

[9] 读者可以使用非线性规划来求解，或者向指导老师索取 Excel 软件（amach 14. xls）（作者也可以提供该软件）来求解。这个补偿合同可以给委托人提供一个净期望收益（付清代理人费用后）20 631 美元，使用同样的方法，你可以得出当代理人的努力水平很低时，委托人的净期望收益是 14 627 美元。

[10] 如果你认为后面的假设不合适，则给代理人依据产出的补偿费用增加一个百分点，代理人会愿意付出较高水平的努力。

[11] 该系统的说明见 M. L. Weitzan, "The New Soviet Incentive Model," *Bell Journal of Economics* (Spring 1976), pp. 251 - 257。基本模型的拓展部分可以参见 V. Snowberger, "The New Soviet Incentive Model：Comment," *Bell Journal of Economics* (Autumn 1977), pp. 591 - 600。另见 "The 'Ratchet Principle' and Performance Incentives," *Bell Journal of Economics* (Spring 1980), pp. 302 - 308。对于苏联激励系统的评述见 M. Loeb and W. A. Magat, "Soviet Success Indicators and the Evaluation of Divisional Management," *Journal of Accounting Research* (Spring 1978), pp. 1 - 28。

[12] J. Gonik, "Tie Salesmen's Bonuses to Their Forecasts," *Harvard Business Review* (May-June 1978); and Y. Ijiri, J. C. Kinary, and F. B. Putney, "An Integrated Evaluation System for Budget Forecasting and Operating Performance with a Classified Budgeting Bibliography," *Journal of Accounting Research* (Spring 1968), pp. 1 - 28.

[13] Weitzman, 'Ratchet Principle' and Performance Incentives."

[14] Loeb and Magat, "Soviet Success Indicators" and L. P. Jennergren, "On the Design of Incentives in Soviet Firms—A Survey of Some Research," *Management Science* (February 1980), pp. 193 - 97.

[15] 对于业绩评价分类的最早描述见 T. Groves，"Incentives in Teams，" *Econometrica*（July 1973），pp. 617 - 31。另见 Loeb and Magat，"Soviet Success Indicators" and Groves and M. Loeb，"Incentives in a Divisionalized Firm，" *Management Science*（March 1979），pp. 221 - 30。

[16] 如果在基本公式中加入一个常量或用一个常量乘以基本等式，格罗夫斯机制的激励特征不会改变。

📖 习 题

[14-1] 在风险项目选择中利润分配系数的作用

许多激励合同在业绩超过目标水平或竞争标杆时，给管理者发放奖金，但在低于目标时，并不惩罚管理者。此时，业绩方案是：

$$\begin{cases} 工资 + \alpha \times（业绩 - 目标） & 如果业绩 > 目标 \\ 工资 & 如果业绩 \leqslant 目标 \end{cases}$$

式中，α 在 0~1 中取值。

要求：

(1) 这类奖励系统会引起什么样的行为结果？

(2) 你认为应对这类奖励系统做何种调整，为什么？如果不调整，为什么？

[14-2] 当雇员具有厌恶工作的倾向时，设计最优激励合同

海姆是一家小农场的主人，他正在考虑如何制定他唯一雇员加利的雇用协议。

加利经营着海姆的这家小农场。农场的位置远离海姆家，因此海姆无法观察到加利的活动。农场的全部产出 X 是加利努力水平 α 与外部不确定事件 θ（如日照、降水、虫害等加利无法控制的事件）的函数。

海姆与加利研究了产量函数，发现它符合下列公式：

$$X = \alpha + \theta$$

这里 θ 是介于 0 与 b 之间的一个数字。

海姆使用期望价值的决策制定标准来做决策，而加利却厌恶风险且不愿努力，即加利的投入努力是有个人成本的。

基于这种认识，海姆付给加利一份产出报酬占有份额，以激励加利提供更高的努力水平。争论之后，加利同意提供 100 个单位的努力，同时要求 1 000 美元和农场产出 10% 的工资，产出将在生产季节结束后由第三方准确计算。

尽管有些事没有讨论，但如果加利被认定提供了少于 100 个单位的努力，他将立即被解雇。解雇将使加利面临不可弥补的声望损失，并会影响他未来的求职，因此加利会不惜代价避免被解雇的危险。

要求：

(1) 你认为这份协议会达到激励加利提供更多努力的目的吗？

(2) 假定海姆与加利达成协议，其中规定：如果产出超过依据周围农场平均产量设定的目标的话，将支付给加利 1 000 美元和产出的 10%。这项协议会改变加利的行为吗？

(3) 不考虑 (2) 中的变化，分别考虑如果加利是风险中立或是厌恶努力的，则将发生什么情况？你能想到一个更好的协议吗？

(4) 不考虑 (2) 中的变化，如果 X 服从 $X = \alpha\theta$ 时，最初协议的情况将会如何？

[14-3] 雇用协议中观察能力的作用

斯维投资公司的福德正考虑在马克维亚镇的农场进行风险投资。

他计划种植格郎克，这是一种被长跑运动员高度评价其营养特性的创新自然食品，马克维亚镇的气候与土壤条件唯一符合格朗克生产要求。

格朗克的生产技术已为世人所知。格朗克的生长取决于天气情况和农民在生长季节的努力程度，因此存在不确定性。

马克维亚镇是开发较晚且很偏远的地区，对于外来者而言，是很难找到的。虽然该镇有较好的法律体系，但商业发展是滞后的。

莫罗是马克维亚镇的一位农场主和推销商，他邀请福德和其他投资者来此投资格朗克的种植。莫罗将种植格朗克，并销售产品，随后向投资者分配收益。

福德与其他投资者均为风险中立型，而莫罗是风险厌恶者。

要求：

(1) 如果福德得不到其他信息，福德关于这个机会的最优行动过程是什么？

(2) 假定福德发现马克维亚镇有较好的且有名望的公共会计师。这样的信息会如何影响你对问题 (1) 的解答？

(3) 在公共会计师可能提供的信息之外，福德还需要什么样的信息？

[14-4] 应对故意曲解信息的激励

HS 建筑公司的业务是旧房翻新与新房建造。出于激励的目的，公司将其下属部门依照利润中心的构想划分为两个利润中心：维修部门与建造部门。

对于公司而言，其最稀缺的核心资源是技术熟练的木工。由于木工的短缺，HS 建筑公司对此的政策是由公司总部雇用所有木工，然后将木工分配到两个部门利润中心之中。木工的统一工资率是每工时 26.00 美元。在这个价位上，两个利润中心对于木工的需求都远远超过了供给。

在这种情况下，公司所面临的问题是如何分配已雇用的木工。每个利润中心的经营都受一些不确定因素的制约。因此，很难对事前管理者对于木工生产率的要求进行事后评估。主计长也不愿基于部门管理者事先确定的分配标准进行计量。

在维修部门，收益 (π_1) 与工时 (q_1) 的关系是：

$$\pi_1 = 600 - 0.18 q_1$$

在建造部门，收益是 (π_2)：

$$\pi_2 = 300 - 0.07 q_2$$

假定控制者随后宣布部门应为每工时支付的工资，并要求部门反馈在该价位上对木工的需求量。控制者力图找到工时的供给与需求的一致点，即 2 000 美元。部门需要为木工支付一定数额的小费，该笔费用是利润的减项。所有的管理者均为风险中性。

要求：

(1) 假定两个部门的管理者对于控制者的报价诚实答复：

（a）每个部门将分得多少工时？

（b）在这个市场上，明确的价格是什么？

（c）两个部门的报告利润是多少？

（2）假定维修部门倾向于诚实答复主计长，建造部门知道这个情况，并知道前者的收益函数。试解释建造部门不诚实反馈情况的动机。（提示：管理者的行为是如何产生 0 美元的转移价格的？）

（3）你能提出一种解决问题（2）的方法吗？

（4）在什么情况下，（3）中的建议方法没有预期的激励结果？

[14-5] 格罗夫斯机制：运用与局限性

对于苏珊·马丁（埃马公司的总经理）而言，每周最重要的工作就是将公司的 10 名园丁分配给公司的两个部门：商业部门与苗圃部门。此外雇不到其他园丁。

商业部门要求就环境美化和花圃保养制定一个协议。众所周知，该部门的收益固定，同时，协议反映了市场情况。邵·丹披斯是该部门的经理，他知道商业部门只要能支付给公司每个园丁 50 美元/小时的工时费用，就可以全部利用这 10 名园丁。

苗圃部门经营温室，向市场提供植物及灌木。它的收益是不确定的，根据不稳定的市场情况而定，卡里·巴顿是该部门的经理，他认为在目前的市场条件下，园丁每工时净利润的分配应在 40~55 美元。这种想法是卡里私人占有的信息，该部门的其他高级管理人员并不知道这个信息。

要求：

单独考虑每个问题。

（1）假定卡里的奖金是苗圃部门每周报告利润的函数。进一步假定苏珊分配园丁的依据是各部门管理者报告的期望收益。如果卡里是期望价值决策制定人，请说明在公司目前的结构下，关于报告部门每工时期望收益的问题，卡里有说谎的倾向。

（2）假定卡里的奖金是埃马公司每周报告收益的函数。如果卡里是期望价值决策制定人，在报告部门每工时期望收益时，他有说谎的倾向吗？解释下面的问题：如果管理者的能力影响部门收益，则会产生奖励机制内在冲突的结果。

（3）假定苏珊决定在公司内部两个部门分配园丁的问题上采用格罗夫斯机制。对于埃马公司而言，有关苗圃部门的格罗夫斯机制有如下形式：

$$G_N = \pi_N^A(X_N) + \pi_C^F(X_C) - K_N$$

式中，$\pi_N^A(X_N)$ 表示苗圃部门在有 X_N 个园丁时的实际每周收益；$\pi_C^F(X_C)$ 表示商业部门在有 X_C 个园丁时的预测每周收益；K_N 表示独立于苗圃部门的预测或实际收益的常量。

应如何使用格罗夫斯机制来改进卡里和邵得出的常量信息。

（4）进一步假定苏珊希望将与卡里有关的 G_N 并入卡里的奖金函数。卡里的奖金是：

$$y_E = W_E + KG_N$$

式中，y_E 表示卡里的全部奖金；W_E 表示卡里的固定工资；K 表示一个固定的正常数；G_N 表示苗圃部门的格罗夫斯机制。

令 EG_N（除去 K_N）表示公司期望利润，则卡里的期望收益是工资加上公司期望利润的一部分。假定卡里每周在农场外从事类似的工作可以拿到 550 美元，说明下面的事情：基于 y_E 的奖金政策不可能是最优的。G_N 是用于奖励部门经理的合理基础吗？

（5）利用本题原始的数据，同时假设商业部门每个园丁的工时费用为 47 美元。卡里有跟之前相同的信念，但此时是风险厌恶型。因此卡里的财富效用，即报酬（y_E）函数如下：

$$U(y_E)=-\exp[-y_E/500]$$

此时，$y_E=500+0.1G_N$。

当苗圃部门没有园丁的时候，K_N 被设定为等于公司的利润。也就是说，$K_N=47$ 美元/小时×10 个园丁×40 小时每星期＝18 800（美元）。

假定苏珊是风险中立型，那么在她看来，园丁的最佳分配方式是什么？证明在这种情况下，卡里有撒谎的倾向，以便所有的园丁都被分配到商业部门。这样的结果说明了什么？

（6）假定要求（5）中的数据不变，除了卡里的效用函数变成

$$U(y_E, X_N)=E(y_E)-0.1 X_N$$

X_N 是分配到苗圃部门的园丁数。换句话说，卡里是风险中立型，但当她被派去监管工人时，将承受效用的损失。

试证明，在这样的情况下，卡里会就她的前景撒谎而将所有园丁分配到商业部门。这样的结果说明了什么？

[14-6] 技术参数在制定激励计划公式中的作用

渔业出口公司是一家大型的综合鱼产品公司。该公司拥有一支捕鱼的拖捞船队，船队所捕获的鱼被送往公司的 11 个加工厂。最终的产品被标以"海边"商标，并销往世界各地。

由于对海产品的需求很大，而能捕捉并被加工的鱼很有限，因此，公司所产的鱼能全部销售掉。一些加工厂目前正处于不景气阶段，同时，雇员的工资又是较高的。最有声望和技巧的工作是制作鱼片，即将鱼肉与鱼骨分离。在分离过程中，两片鱼片（鱼体的两面）必须完整地分离下来，因为对整片鱼片的奖励比对鱼松的大。同样，鱼片要分离得足够彻底，以使最少量的鱼肉留在鱼骨上。如果分离不彻底，留下来的鱼肉将被浪费。留在鱼片上的鱼刺需要间接人工把它分离出来。出于这个原因，技能训练对于最终产品的价值具有重要的决定意义。所以相关工人的工资较高。

要求：

你如何评价相关工人的业绩？如何给他们支付工资？

[14-7] 为苏联激励系统设定参数

在苏联，其中央计划强有力地控制着制造企业的产量。为了计划与汇总经济中的总产量，中央计划层要求各企业管理者上报下一计划年度的预测产量。起初，依据管理者完成定额的情况给予奖励，而这个定额很大程度上是基于各企业管理者上报的预测产量制定的。

为了避免企业管理者将预测产量定得过于宽松，中央计划层提出了一套全新的激励计划。这个计划通过改变企业管理者奖励基础，消除对预测产量放松的情况。

该计划的详情已在本章中讨论过了。

要求：

（1）解释一下，为什么在苏联激励模型中三个参数的排序非常重要。

（2）什么样的关系必然存在于苏联激励模型的三个参数中，才能激励管理者在设定计划目标时，使其等于管理者对产量的预期？

（3）在应用该方案时，中央计划层允诺每五年修改一次激励模型中的参数。为什么这个特点很重要？如果参数每年都进行调整将会产生什么样的后果？这种结果对于一般情况下的预算方案中的目标制定有什么影响？

（4）解释一下，苏联激励模型中的特征在管理者是风险厌恶型时将如何变动。（这个问题需要用到微积分学和财富效用理论的基本知识。）

[14-8] 分配稀缺资源时的激励计划

班特福德公司在下一年度中可获得500单位的生产能力，这些生产能力将在两个部门间分配，即商控部门和计算机部门。任何一个部门的1单位产出都使用1单位生产能力。

两个部门的经理都在考虑对产出的需求，而且只有部门经理知道实际的需求。

商控部门产品的边际贡献是250 000美元。该部门经理认为全部的需求量在500~800单位，其中任何一个数值都是可能的。

计算机部门产品的边际贡献是320 000美元。该部门经理认为全部需求量在0~500单位，其中任何一个数值都是可能的。

由于生产线的准备与加工问题，一旦生产能力在生产初期分配给一个部门，则该生产能力就不可转让给另一部门，即使前一部门用不完分配的生产能力。公司要求两部门经理提供一份关于下年度对生产能力需求的报告。

要求：

（1）如果每个部门经理的奖金基于能否完成按分配的生产能力确定的生产计划，则每个部门经理对于生产能力的要求水平会如何？与产能分配相关的期望边际贡献是什么？

（2）如果部门经理的奖金取决于分配来的生产能力产生的边际贡献，同时，经理不需要为这些分配来的生产能力支付任何费用，那么，每个经理会需要多少生产能力？与产能分配相关的期望边际贡献是多少？

（3）如果部门经理的奖金建立在公司所取得的生产能力的边际贡献的基础上，那么，每个经理会需要多少生产能力？与产能分配相关的期望边际贡献是多少？

（4）问题（1）、（2）、（3）的分析结果，对分权组织中激励方案的设计有哪些暗示？为什么这些结果具有误导性？

[14-9] 预算制定中的揭示原则

肯特维乐果园公司种植并销售一系列水果，诺姆·威尔森是公司的副总经理并兼主计长，负责公司的全面预算与预测。诺姆对肯特维乐果园公司原有传统的预算体系非常不满意，也失去了信心，他总结道：

　　传统的方法是我们设定预算目标，并将目标与实际业绩比较进行评价。这种方法实际上作用不大。首先，这份预算是集中在错误的事情上。管理人员集中力量注重提高短期效益，而不会去做能够提高企业长期获利能力的工作。其次，我认为基于利润基础上的业绩评价模型不能全面评价管理人员所做的工作。他们所做的工作十分复杂，并非一个简单的利润评价体系能表达清楚的，对于他们所做的全部，我们需要一个更准确的评价。最后，现有的体系诱使管理者在设定标准和业绩目标时，留有较大的余地，以便他们能完成预算，并取得奖金。结果，我们的预测体系不能准确地预测销售水平和投入量。

诺姆表示他正考虑向肯特维乐果园公司高级管理委员会提出一些建议，他认为现有的预算体系需要用一个全新的体系——参与预算技术来取代。新体系要求每一项管理工作的目标都应该清晰明确，保证这些目标与企业战略目标一致，同时，制定的方式应该是员工与员工的上级共同协商。根据这些目标，每一年每一项工作的业绩目标，将由员工与其上级共同协定。目标可能是多方面的，工作属性中重要的方面可能被包括进去作为业绩目标。

年度评价将反映出业绩评价的两个方面。其一，评价员工对于开展被委派任务的方式的革新；其二，结合与上级协商制定的业绩目标，评价员工的业绩。诺姆总结了他的看法：

> 唯一令我遗憾的事情是建议达不到理想的效果。虽然这个建议克服了原来评价体系的不充分性，但是仍然未能激发管理者的潜力。因为管理者的业绩是与目标相比较来评价的，而目标是由管理者与其上级协商确定的。而且，新体系也像旧体系一样，是检查员工的工作，而不是让他们自主工作。或许我们应更进一步，并在实际中应用新体系，与以往不同的是，仅对管理者在完成分配的任务中的创新能力作出评价。如果员工的评价不与他们跟上级协商确定的目标相联系，他们将有动机不低报他们的潜力。最后我认为我们应完全摆脱标准的概念，无论谁设定了标准。摆脱标准概念后的预算会成为交流与协作的工具，而不是检查员工的手段与方式。

要求：

评价对于预算体系的最初修正建议，同时，评价放弃使用标准这一建议。

[14-10] 个人收益与企业收益

L&E 钢制品有限公司是一个综合性的钢产品生产企业，它生产一系列钢产品并在国际市场上销售。

该公司是在利润中心的基础上成立的，主要的初级利润中心是炼焦中心、采矿中心、废铁中心。主要的生产性利润中心是热轧中心、冷轧中心、成型中心。主要的最终利润中心是紧固件中心、管材中心和特种材中心。

公司的大部分产品都拥有良好的外部市场，实施以市场为基础的转移价格系统。这一部分大约占利润中心间交易的 75%。其余产品的交易价格使用固定成本加标准变动成本。

利用交易价格体系可以从两个方面评价部门利润中心的业绩。首先，利用业绩中心的可控边际贡献评价部门经理的业绩。其次，用利润中心的利润来评价不断发展的决策，决定是否保留该部门。

在公司中，除了董事会主席、总经理、副总经理外，所有员工都参与企业的利润分享计划（除外人士参与股票选择方案和基于战略目标业绩完成情况的奖金体系）。奖励基金是以公司获利为基础设定的，它等于公司实际获利超过每一特定年份年初设定的目标水平的部分乘以 10% 计算得出。

高级管理委员会将结合财务与经营目标评价每一个利润中心的业绩。利润中心的全部业绩被评定为差、可接受、优秀三个层次。业绩值分别为 0，0.25，1。因此，如果一个部门的业绩是可接受的，则其业绩值为 0.25。

接下来，上级会对每位下级员工进行分类评价（如果员工为利润中心管理者，则评价工作由其汇报的副总经理来完成）。评价时会将员工的业绩同他与上级共同制定的目标相比较。依照设计的方案，将会计量和评价员工工作的四个属性。四个方面均不是财务上的计量。员工的全部业绩也分为差、可接受、优秀三个层次。相应地，其业绩值分别为 0，0.25，1。

接着进行下面的计算：

- 加总员工的利润中心业绩值和个人业绩值来决定员工的合计业绩计量；
- 将每个员工的合计业绩计量与员工的工资相乘得出员工的加权工资；

- 加总所有参与利润分享计划的员工的加权工资，得出加权工资总和；
- 用奖励基金除以加权工资总和，得出单位加权工资的奖金；
- 将员工的加权工资与单位加权工资的奖金相乘得出员工奖金。

计算结果得出，平均占工资 18% 的奖励将在其后五年内支付。

要求：

评价激励方案，说出你对该方案的认识，包括优点与缺点。

[14-11] 代理理论在工资选择中的应用

康特农场生产人参。农场主长期不在，他雇用了一位管理人员负责人参的种植及收获。市场上对于雇用人员的平均工资是每个季节 40 000 美元。

人参的产量由两方面决定：其一，天气，这是一个不可控的随机因素；其二，管理者付出水平，有高、低两种水平。管理者的个人成本在低付出水平时是 10 000 美元，在高付出水平时是 25 000 美元。农场的主人不能观察天气与管理者付出水平，唯一能观察到的是人参的产量。

产量有两种可能：好或差。下表列出了产量与付出水平高低的概率关系。

	高付出水平	低付出水平
产量好的可能性	0.85	0.25
产量差的可能性	0.15	0.75

农场主认为他应激励管理者提供高水平的付出。管理者的财富效用可用负指数函数加以模型化，其风险参数为 -0.000 1。

要求：

农场主应支付多少才能保证管理者提供高水平付出？

[14-12] 设计一个激励方案以吸引目标管理者

S&C 公司制作房屋框架。赫利·斯卡尔是公司所有者，他希望找一个木匠，赫利不准备对这位木匠的工作进行监督。因此，他希望找到一个理想的木匠。

有两类木匠：合格与不合格。两个等级的不同之处可以体现在当班时的工作总量是高产出还是低产出。产出同样受到一些因素的影响，如原材料质量、因天气或供货不及时而造成的延误。这些都是赫利所不能观察到的，因为他不在现场。这使得从产出推断木匠合格与否变得不可能。

下表说明了合格与否与产出水平的关系。

木匠	高产出	低产出
合格	0.9	0.1
不合格	0.2	0.8

赫利想雇用一位合格的木匠。然而，虽然木匠知道自己合格与否，但他不会告诉赫利。合格的木匠市场工资是 15 000 美元，而不合格的木匠是 8 000 美元。赫利知道全部木匠的财富偏好可以通过构造一个负指数效用函数加以模型化，风险厌恶参数对于合格木匠是 -0.000 1，对于不合格木匠是 -0.000 05。

要求：

(1) 在上述条件下，为赫利设计激励方案，以保证他能找到一个合格木匠。

（2）假定不合格木匠的市场工资是 5 000 美元，而不是 8 000 美元，则你在（1）中设计的方案会发生什么变化？解释这种变化。

（3）假定凯西调查公司可以调查任何木匠的背景，并确定木匠的质量，其准确度达 100%。赫利愿意支付给凯西调查公司以找到一个合格木匠的最大费用是多少？假定凯西调查公司在与赫利的合作中是诚实的。

Pearson

尊敬的老师：

您好！

为了确保您及时有效地申请培生整体教学资源，请您务必完整填写如下表格，加盖学院的公章后以电子扫描件等形式发我们，我们将会在 2~3 个工作日内为您处理。

请填写所需教辅的信息：

采用教材				□ 中文版　□ 英文版　□ 双语版
作　者			出版社	
版　次			ISBN	
课程时间	始于　　年　月　日		学生人数	
	止于　　年　月　日		学生年级	□ 专科　　　□ 本科 1/2 年级 □ 研究生　　□ 本科 3/4 年级

请填写您的个人信息：

学　校			
院系/专业			
姓　名		职　称	□ 助教 □ 讲师 □ 副教授 □ 教授
通信地址/邮编			
手　机		电　话	
传　真			
official email（必填） （eg：×××@ruc. edu. cn）		email （eg：×××@163. com）	
是否愿意接受我们定期的新书讯息通知：　□ 是　□ 否			

系/院主任：_____（签字）

（系／院办公室章）

____年___月___日

资源介绍：

——教材、常规教辅资源（PPT、教师手册、题库等）：请访问 www. pearsonhighered. com/educator。（免费）

——MyLabs/Mastering 系列在线平台：适合老师和学生共同使用；访问需要 Access Code。　　　（付费）

地址：北京市东城区北三环东路 36 号环球贸易中心 D 座 1208 室（100013）

Please send this form to：cece.zhang1@pearson. com

Website：www. pearson. com

中国人民大学出版社　管理分社

教师教学服务说明

中国人民大学出版社管理分社以出版工商管理和公共管理类精品图书为宗旨。为更好地服务一线教师，我们着力建设了一批数字化、立体化的网络教学资源。教师可以通过以下方式获得免费下载教学资源的权限：

★ 在中国人民大学出版社网站 www.crup.com.cn 进行注册，注册后进入"会员中心"，在左侧点击"我的教师认证"，填写相关信息，提交后等待审核。我们将在一个工作日内为您开通相关资源的下载权限。

★ 如您急需教学资源或需要其他帮助，请加入教师 QQ 群或在工作时间与我们联络。

中国人民大学出版社　管理分社

📱 教师 QQ 群：648333426（工商管理）　114970332（财会）　648117133（公共管理）
　　　　　　 教师群仅限教师加入，入群请备注（学校＋姓名）

☎ 联系电话：010-62515735，62515987，62515782，82501048，62514760

✉ 电子邮箱：glcbfs@crup.com.cn

📍 通讯地址：北京市海淀区中关村大街甲 59 号文化大厦 1501 室（100872）

管理书社

人大社财会

公共管理与政治学悦读坊